Cartas

Dados Internacionais de Catalogação na Publicação (CIP)
(Câmara Brasileira do Livro, SP, Brasil)

Jung, Carl Gustav, 1875-1961.
　　Cartas de C.G. Jung / Carl Gustav Jung ; tradução de Edgard Orth ; editado por Aniela Jaffé ; em colaboração com Gerhard Adler. – Petrópolis, RJ : Vozes, 2002.
　　Título original : Briefe II

2ª reimpressão, 2021.

　　ISBN 978-85-326-2697-4
　　1. Jung, Carl Gustav, 1875-1961 2. Psicanalistas Correspondência 3. Psicologia junguiana I. Jaffé, Aniela. II. Adler, Gerhard. III. Título.

02-0549　　　　　　　　　　　　　　　　　　　　　　　　　　　CDD 150.1954

Índices para catálogo sistemático:
　1. Cartas : Jung, Carl Gustav : Psicanálise : Psicologia　　150.1954
　2. Jung, Carl Gustav : Cartas : Psicanálise : Psicologia　　150.1954

Cartas

Volume 2
1946-1955

Editado por Aniela Jaffé, Zurique
em colaboração com
Gerhard Adler, Londres

Petrópolis

© Walter-Verlag AG Olten, 1972
© das 8 cartas de C.G. Jung a S. Freud:
1973, S. Fischer Verlag GmbH, Frankfurt no Meno

Tradução realizada a partir do original em alemão intitulado *Briefe II*

Direitos de publicação em língua portuguesa:
2002, Editora Vozes Ltda.
Rua Frei Luís, 100
25689-900 Petrópolis, RJ
www.vozes.com.br
Brasil

Todos os direitos reservados. Nenhuma parte desta obra poderá ser reproduzida ou transmitida por qualquer forma e/ou quaisquer meios (eletrônico ou mecânico, incluindo fotocópia e gravação) ou arquivada em qualquer sistema ou banco de dados sem permissão escrita da editora.

CONSELHO EDITORIAL

Diretor
Gilberto Gonçalves Garcia

Editores
Aline dos Santos Carneiro
Edrian Josué Pasini
Marilac Loraine Oleniki
Welder Lancieri Marchini

Conselheiros
Francisco Morás
Ludovico Garmus
Teobaldo Heidemann
Volney J. Berkenbrock

Secretário executivo
João Batista Kreuch

Tradução: Dr. Edgar Orth
Revisão técnica: Dra. Jette Bonaventure
Revisão literária: Lic. Lúcia Mathilde Endlich Orth
Diagramação: Sheilandre Desenv. Gráfico
Revisão gráfica: Nilton Braz da Rocha / Nivaldo S. Menezes
Capa: Renan Rivero
Foto de capa: © Bettmann | Gettyimages

ISBN 978-85-326-2697-4 (Brasil)
ISBN 3-530-40759-3 (Alemanha)

Editado conforme o novo acordo ortográfico.

Este livro foi composto e impresso pela Editora Vozes Ltda.

Sumário

Cartas de 1946-1955 7

Apêndices 451

Lista dos destinatários das cartas.. 451

Índice de pessoas, autores e títulos 457

Índice analítico 469

CARTAS
1946-1955

Ao Dr. J.H. van der Hoop
Amsterdã

14.01.1946

Prezado colega,

Fiquei muito alegre por ter novamente notícias suas após esses anos terríveis. Pensei muitas vezes no senhor e senti-me tentado a escrever-lhe. Mas não o fiz porque temia comprometê-lo. Devido às minhas críticas fiquei "marcado" pela Gestapo, meus livros foram proibidos na Alemanha e na França foram em grande parte destruídos.

Nos últimos cinco anos tive a felicidade de chegar a uma colaboração agradável com os meus antigos opositores, algumas das mais notáveis cabeças freudianas daqui. Fundamos na universidade um "Instituto de Ensino da Psicoterapia"[1] que será dirigido por um conselho curador, composto de nove médicos. O "Instituto" visa à promoção de conferências regulares sobre psicoterapia. O conselho curador, para o qual são convidadas em torno de 10 pessoas, reúne-se regularmente a cada 14 dias para um trabalho científico conjunto. Atualmente estamos ocupados com a psicologia da transferência. Nesta reunião está participando inclusive o presidente da "Sociedade Psicanalítica"[2]. As discussões estão ocorrendo dentro de um espírito muito positivo, são úteis e agradáveis em todos os sentidos.

Só espero e desejo que ninguém se torne "junguiano"[3]. Eu não represento nenhuma doutrina, mas descrevo fatos e apresento certos pontos de vista que julgo merecedores de discussão. Critico na psicologia freudiana certa estreiteza e preconceito, e nos "freudianos" certo espírito rígido e sectário de intolerância e fanatismo. Não advogo nenhuma doutrina pronta e fechada e abomino "partidários cegos". Deixo a cada um a liberdade de lidar a seu modo com os fatos, pois eu também tomo esta liberdade para mim. As considerações que o senhor faz me são simpáticas e compreensíveis. Posso aprovar totalmente os fatos que Freud descreve e o método com que trata esses fatos, enquanto eles resistem à razão crítica e ao senso comum. Só divirjo na interpretação de fatos que Freud não soube demonstrar de forma satisfatória. Uma vez que a psique não é apenas pessoal, nem é de hoje, precisamos recorrer também à psicologia dos primitivos e à história do pensamento humano, deixando de lado certos preconceitos médico-biológicos. Um exemplo de método falho é *Totem e tabu* e *O futuro de uma ilusão*, de Freud[4]. Pressupostos doutrinários levaram aqui a conclusões erradas. Também é insatisfatória sua concepção do problema do incesto.

Ano 1946

O fato de que foram precisamente os representantes aliados que me impediram de renunciar naquela época à presidência da Sociedade Médica Internacional de Psicoterapia está agora se vingando em mim, pois sou suspeito de ter colaborado com os nazistas. Acusam-me, por exemplo, de ser culpado da morte de 600 judeus. Estas suspeitas procedem claramente dos círculos freudianos. Isto se chama discussão científica![5]

Ficaria satisfeito se pudesse reencontrá-lo em Zurique. Para mim viagens longas não entram mais em cogitação, pois meu infarto cardíaco deixou-me uma cicatriz perene com diminuição concomitante da *performance* cardíaca. Espero que o senhor possa recuperar-se agora do terrível período de sofrimentos. Para nós a incerteza e os constantes alarmes não foram fáceis de suportar, mas nada se compara ao que a Holanda sofreu e que nós acompanhamos de longe, com raiva impotente. X. teve o desplante de escrever-me de novo; ele pretende ter sido apenas um "ideólogo", jamais um nazista.

Se houver alguma coisa que eu possa fazer pelo senhor, peço que me informe.

Com os melhores votos e cordiais saudações,

(C.G. Jung)

1. O conselho curador do Instituto de Ensino da Psicoterapia foi fundado em maio de 1938, em Zurique. Jung era o presidente e Dr. Gustav Bally o secretário. Como relatores havia os psiquiatras H. Bänziger, G. Bally, M. Boss, Th. Bovet, K. Binswanger, R. Brun, C.G. Jung, A. Maeder, H.W. Maier e outros. Segundo relatório do Dr. med. K. Binswanger, Jung esforçava-se principalmente para unir os diversos métodos analíticos no "Instituto de Ensino" e trabalhou na elaboração de estatutos condizentes. Ficou muito decepcionado por não se chegar a uma unanimidade. Também os outros planos, como a formação psicológica dos médicos, ambulatórios psicoterapêuticos nos institutos universitários em colaboração com as policlínicas e a formação de psicólogos escolares fracassaram na época devido à oposição das instituições. Como faltassem os pressupostos para um trabalho fecundo, o "Instituto de Ensino" foi fechado em 1948.

2. Aqui parece haver um engano; dois membros da "Sociedade Psicanalítica" participaram das reuniões: Dr. Gustav Bally e Dr. Hans Bänziger, mas não o presidente na época, Dr. Philipp Sarasin, da Basileia.

3. Van der Hoop havia escrito que lhe interessava sobretudo a própria liberdade de ideias e: "Não posso dizer se algum dia poderei tornar-me junguiano".

4. S. Freud, *Totem e tabu*, Viena, 1913, e *O futuro de uma ilusão*, Viena, 1927.

5. Em algumas cartas, das quais tomamos conhecimento há pouco, Jung escreveu ao Dr. Henry A. Murray (agosto de 1938 a março de 1939) sobre o boato corrente e absurdo de que ele ficava muitas vezes em Berchtesgaden como "chief advisor" de Hitler. O que é verdade é que Jung recebeu um chamado telefônico do médico de Hitler, vindo de Munique, em que este solicitara que Jung submetesse o "Führer" a uma consulta psiquiátrica, pois os sintomas doentios de Hitler estavam se agravando. Jung recusou-se a atendê-lo. Cf. carta a uma destinatária não identificada, de 05.10.1939, último parágrafo.

Ao Prof. Alexander Willwoll[1]
Oberwil/Suíça

14.01.1946

Prezado Professor!

Agradeço de coração o gentil envio de seu ensaio muito interessante[2]. Admiro a solidez de sua documentação e a objetividade de sua argumentação num campo que certamente contém muita coisa irritante para os filósofos e os teólogos. Causa-me pena ver que representantes das ciências filosóficas se cansam com meus escritos para reduzir todas as minhas variações conceituais a um denominador comum. O filósofo deveria ter sempre em mente que nosso ponto de partida é diferente, pois abordo os problemas pelo lado científico e empírico. O que ele chama "ideias", isto eu observo e descrevo como *entia*, exatamente como procede o botânico com as plantas, o zoólogo com os animais e o químico com as substâncias. Não pretendo criar um sistema conceitual, mas uso conceitos para descrever fatos psicológicos e seus modos peculiares de comportamento. Para o zoólogo, um urso é sempre um urso, não importando sua procedência, seja do Himalaia, da Sibéria, da Europa ou da América; e assim procede a psicologia empírica com os *entia* psíquicos. O que ela chamaria de *accidentia* das ideias significa exatamente o essencial para o filósofo e ainda mais para o teólogo. Isto só pode ser irritante. Considero, pois, grande mérito seu ter conseguido tratar os meus conceitos com tanta boa vontade e objetividade.

Com elevada consideração,

(C.G. Jung)

1. Prof. Dr. Alexander Willwoll, SJ, 1887-1961, psicólogo.
2. Alexander Willwoll, "Vom Unbewussten in Aufbau des religiösen Erlebnis", in *Rätsel der Seele*, ed. por Emil Spiess, Olten 1946.

Ao Dr. med. Hans Meyer
Hamburgo

30.01.1946

Prezado colega,

O seu trabalho interessou-me bastante. Tentarei encaixá-lo na *Neue Schweizer Rundschau*. Em todo caso vou recomendá-lo à redação como a primeira tentativa alemã de examinar psicologicamente o próprio problema. Só posso concordar com suas reflexões. O senhor colocou-se com razão um limite que restringe o problema às ações e sofrimentos da Alemanha. Ir além talvez não fosse indicado no momento atual, ainda que o argumento em si devesse ser levado adiante, até abranger a Europa toda. A Alemanha é hoje em dia um caso à parte, mas representa apenas o ponto mais alto de uma montanha de grandes proporções. O europeu, e também a humanidade em geral, *foi tirado* pela primeira vez em sua história da ordem primitiva das coisas e cresceu num mundo que lhe roubou toda influência sobre sua vida psíquica e agora o sobrecarrega com uma responsabilidade opressora. Ao mesmo tempo o destino lhe coloca na mão a bomba atômica e, com isso, os meios de autodestruição definitiva.

Em vista dessa situação, há naturalmente no inconsciente uma reação compensatória, cujas consequências, considerada a incapacidade de nossa consciência, só podem ser uma catástrofe. Na verdade, porém, haveria necessidade de uma poderosa revolução do cristianismo, pois nossas concepções religiosas até agora foram superadas pelo desenvolvimento e precisam, por isso, de uma nova configuração. Há 400 anos foi a Alemanha que prestou ao mundo este serviço. O inconsciente é pura natureza e, por isso, o que está por trás do funesto primeiro plano é um fato natural, além do bem e do mal. Depende sempre da compreensão humana se o conteúdo arquetípico do inconsciente toma um rumo favorável ou nefasto. O inconsciente é futuro na forma ou disfarce do passado. É menos desejo do que dever.

O que acontece quando a pessoa humana introjeta Deus? Disso resulta a psicose do super-homem, porque todo bobo acha que, quando ele retém uma projeção, esses conteúdos já não existem. É estupendo! Levei uma vida toda tentando ensinar algum bom-senso às pessoas. Talvez um outro tenha mais êxito.

Com a estima do colega
(C.G. Jung)

Ao Pastor Max Frischknecht
Basileia

08.02.1946

Prezado Pastor,

Percebo em sua amável carta e em seu ensaio[1] que o senhor se esforça por entender corretamente os meus pontos de vista e, por isso, tomo a liberdade de escrever-lhe esta longa carta.

Li com interesse e prazer seu estudo cuidadoso sobre as visões aterradoras do Beato Bruder Klaus e agradeço de coração. Concordo plenamente com seus comentários até o ponto (p. 36) em que levanta a questão sobre o fundamento trans-

Ano 1946

cendental da visão. Sua alternativa é "Deus metafísico" ou "o próprio inconsciente" do Bruder Klaus. Este é o caput draconis! Inadvertida e sub-repticiamente o senhor me imputa uma teoria que venho combatendo há dezenas de anos, isto é, a teoria de Freud. Como se sabe, Freud deriva a "ilusão" religiosa do "próprio" inconsciente do indivíduo, portanto do inconsciente *pessoal*. Há razões empíricas que contradizem este ponto de vista. Eu as reuni na hipótese do chamado *inconsciente coletivo*. O inconsciente pessoal caracteriza-se pelo fato de que seus conteúdos são formados pessoalmente e são ao mesmo tempo aquisições individuais que variam de pessoa para pessoa, tendo cada qual o seu "próprio" inconsciente. O inconsciente *coletivo*, porém, apresenta conteúdos que são formados pessoalmente apenas em grau ínfimo e, no essencial, em grau nenhum; não são aquisições individuais, mas são essencialmente os mesmos em toda parte e não variam de pessoa para pessoa. Este inconsciente é como o ar que é sempre o mesmo em toda parte, que é respirado por todos e a ninguém pertence. Os conteúdos (chamados arquétipos) são condições prévias ou esquemas da constituição psíquica em geral. Eles têm um *esse in potentia* e *in actu*, mas não *in re*, pois como *res* já não são o que eram, mas tornaram-se conteúdos psíquicos. São em si imperceptíveis, não representáveis (pois antecedem toda representação), em toda parte e "eternamente" os mesmos. Por isso só existe um inconsciente coletivo que é idêntico a si mesmo em toda parte, do qual todo o psíquico recebe sua forma antes de ser personalizado, modificado, assimilado etc. por influências externas.

Para tornar mais compreensível este conceito um tanto difícil, gostaria de trazer um paralelo da mineralogia, isto é, a chamada estrutura do cristal. Esta estrutura representa o sistema axial do cristal. Na solução-mãe ela é invisível, como se não existisse, mas ela existe, agregando-se primeiramente os íons ao redor dos pontos axiais (ideais) de intersecção e, depois, as moléculas. Há somente *uma* estrutura do cristal para milhões de cristais da mesma composição química. Nenhum cristal individual pode falar de *sua* estrutura, pois ela é a única e a mesma precondição de todos (e nenhum deles a realiza perfeitamente!). Ela é a mesma em toda parte e "eternamente".

O paralelo teológico é a ideia da *imagem sempre igual de Deus*. Só existe uma *imago Dei* que pertence à razão de ser de todos. Não posso falar da "minha" *imago Dei*, mas apenas da *imago*. Ela é o princípio da formação do ser humano, uma e a mesma, imutável e eterna.

Al Ghasali[2] reconhece na força, em virtude da qual a pedra cai, a vontade de Alá; Shopenhauer vê nisso a vontade cega; e o físico, a lei da gravidade. Será que o teólogo hoje negará ao físico o direito de propor uma teoria da gravidade? Talvez com a observação de que esta teoria afirma que a pedra cai por motivos *exclusivamente físicos*, ao passo que este processo só pode ser explicado correta e satisfatoriamente se a pedra cai por vontade de Deus?

Quando, há mais de 30 anos, falei de Deus como um "complexo de representações", portanto uma *imagem*[3], minha intenção era dizer que havia na pessoa humana uma imagem de Deus e, bem-entendido, não em sua consciência, mas em seu inconsciente, onde não é passível de nenhuma crítica e de nenhuma modificação arbitrária. Logo me chamaram de ateu.

Nunca afirmei que a visão de Deus do Beato Bruder Klaus tenha provindo do inconsciente pessoal, mas antes daquela – poderíamos dizer – esfera misteriosa de fatores suprapessoais subjacentes à pessoa humana. Pelo fato de esta esfera ser anterior ao homem e ser uma *conditio sine qua non* de sua natureza psíquica, permito-me chamar esta "alma" (ou qualquer nome que tenha) "divina", em oposição à "humana", pois mesmo os teólogos não hesitam em conceber a imagem sempre igual de Deus como uma imago *Dei*, portanto, como *divina*. À "simples" alma humana está agora presa esta imago Dei que complica de certa forma a simplicidade. Além do mais, aqui o meu conceito de "divino" não deve ser tomado no *sensu strictiori*: há na farmacopeia antiga um *lapis divinus*[4], na alquimia uma ∇ divina s. ὕδωρ θεῖον[5] (que também significa ácido sulfúrico).

Sua dificuldade de entender o meu modo de ver as coisas deve-se a uma incomensurabilidade do ponto de vista. Como teólogo o senhor está no ponto de vista da *scientia divina* e olha o "mundo" através do olho de Deus. Como cientista eu só vejo com olhos humanos, julgo com os meios da razão humana e não me arrogo nenhum outro saber que não aquele que me é fornecido pelo conhecimento científico. Portanto, só posso afirmar que Bruder Klaus não viu sua imagem como uma figura concreta e material no espaço, que não foi um produto de febre ou intoxicação, mas que foi um fenômeno "psicógeno", isto é, um estado psíquico que deve ser considerado como produto espontâneo de certos processos no chamado "inconsciente". Este "inconsciente" consiste, conforme disse acima, de conteúdos empiricamente demonstráveis e subliminares (ou que se tornaram subliminares) – sendo por isso designado como "inconsciente pessoal" e podendo ser considerado como totalmente "psíquico" (em oposição a "somático"). Além disso parece haver conteúdos que não podem ser explicados como aquisições individuais (que correspondem às complicadas disposições instintivas no reino animal). Eles correspondem aos modos hereditários de comportamento que estão presentes *a priori* em qualquer tempo (estrutura do cristal). Eles agem sobre o comportamento psíquico e externam-se em formas psíquicas; por isso falamos de conteúdos psíquicos, um modo de falar que não está mal em vista de sua fenomenologia. Bem no fundo não sabemos naturalmente de que natureza eles são, pois só conhecemos os seus efeitos numinosos. Sabemos tão pouco de sua origem quanto da origem das radiações cósmicas. *Além disso não sei mais nada.* As chamadas existências "espirituais" são verificáveis para mim apenas como psíquicas (e naturalmente também todas as existências "metafísicas"). Este é o ponto de vista do cientista e fenomenólogo ao qual os mil anos da Idade Média demonstraram *ad oculos* que existe o fenômeno de um consenso comum que reivindica para si o direito e a capacidade de explicar o mundo a partir do ponto de vista de Deus. O cientista constatará apenas que houve e ainda há, em todos os tempos e lugares, muitas pessoas que pensam "teológica" e não cientificamente. *Ele não contesta a possibilidade e a possível validade desse pensamento*, apenas não pensa dessa forma.

O conceito do inconsciente não *estabelece nada*, designa apenas meu *desconhecimento*. Constata apenas o fato evidente de que a visão proveio do plano psíquico. Para além desse plano há somente suposições incertas. Mas é precisamente aqui que entra a *scientia divina*, afirmando possuir um conhecimento seguro de todas as coisas que a ciência ignora. Concordo de boa vontade que esta afirmação é sobremaneira interessante, mas não é verificável e, portanto, não é objeto da ciência, pois reivindica ser mais do que um fenômeno. A ciência é conhecimento humano, a teologia é conhecimento divino. Por isso as duas são incomensuráveis.

É claro que a teologia tem de "secularizar" a psique pois, em comparação com o Criador, todas as criaturas são "vasos frágeis de barro". Diante dos olhos de Deus as almas, pessoas, coisas, planetas e mundos de estrelas fixas não passam de miseráveis efemérides. O olho irrisoriamente pequeno do cientista vê coisas formidáveis nas profundezas da natureza e em sua correspondente interna, a psique. Coisas triviais parecem-nos extraordinárias como, por exemplo, esta coitada natureza psíquica à qual acontecem coisas maravilhosas. O cientista precisa contentar-se com a pobreza de seu conhecimento exclusivamente humano. O teólogo está sentado no alto de uma montanha gigantesca, ao passo que o cientista luta penosamente para subir, mas continua bem embaixo. Não nego a possibilidade de que Deus mesmo tenha enviado a visão ao Beato Bruder. Mas como posso *saber* que realmente foi assim? Se não *sei* alguma coisa, também não sei o que *acreditar* a respeito dela, a não ser que por razões por mim ignoradas seja *forçado* a uma convicção. Mas neste caso minha consciência científica dirá: "Também isto é um fenômeno, de cujo fundamento nada sabes". Parece-me pois ser minha obrigação esclarecer ao teólogo o meu ponto de vista, e não ele esclarecer-me o seu, pois este me é profundamente

Ano 1946

familiar por razões históricas e pessoais. Parece-me que eu não teria dificuldades de pensar teologicamente. Mas acho que os teólogos não entendem o ponto de vista científico. Como o senhor chegou, por exemplo, a acusar-me de fazer "teologia"? O físico também faz "teologia" com sua teoria da gravidade ou com outra teoria qualquer? (Concorre então com o teólogo Al Ghasali).

Notas marginais:

1. Entre interpretação e projeção não existe diferença em princípio: mesmo a teoria das ondas de luz é uma projeção, caso contrário não precisaria de uma teoria paralela dos corpúsculos.

2. Também eu escorreguei quanto à fonte de "Deus est sphaera". A expressão também não é de Alano de Insulis[6], mas de um certo tratado hermético, chamado *Liber Hermetis* ou *Liber Trismegisti*, que só existe em manuscrito (Codd. Paris. et Vatic.). Cf. M. Baumgartner[7], em *Beiträge zur Geschichte der Philosophie des Mittelalters*, vol. 2, IV, 118: "Deus est sphaera infinita, cuius centrum est ubique, circumferentia nusquam"[8].

Com elevada consideração

(C.G. Jung)

P.S. Espero que o senhor me perdoe esta exposição crítica. Lamento sempre quando os teólogos tomam uma atitude defensiva na suposição errônea de que eu queira colocar outra coisa no lugar da teologia. Pensei, ao contrário, que os teólogos, em vista de sua apologética, ficassem felizes com as provas psicológicas que confirmam a exatidão de suas afirmações também no campo empírico, mesmo que isto seja possível apenas em grau modesto. Eu mesmo pude comprovar que o pouco que fiz ajudou muitas pessoas a *entenderem* os fatos religiosos. O χάρισμα da fé não é dado a todos.

1. Max Frischknecht, "Das schreckliche Gesicht des Klaus von Flüe", *Theologische Zeitschrift* II, 1, 1946, ed. pela Universidade da Basileia. Cf. carta a Blanke, de 02.05.1945, nota 8.

2. Al Ghasali, 1059-1110, filósofo e místico islâmico.

3. Cf. carta a White, de 05.10.1945, nota 4.

4. Pedra divina. Cf. *Psicologia e alquimia*, 1952, p. 175; OC vol. XII, par. 159.

5. Água divina. Cf. *Psicologia e alquimia*, 1952, p. 492 e 604; OC vol. XII, par. 455 e 528. ∇ é a representação alquímica de água.

6. Alano de Insulis (Alain de Lille), século XII, escolástico francês.

7. Matthias Baumgartner, "Die Philosophie des Alanus de Insulis", in: C. Baeumker e G. Freiherr, *Beiträge zur Geschichte der Philosophie des Mittelalters*, vol. 2, fasc. 4, Münster, 1896, p. 118.

8. "Deus é uma esfera infinita, cujo centro está em toda parte e cuja circunferência, em parte nenhuma". A fonte dessa frase é incerta. É atribuída a São Boaventura (1221-1274) no livro *Itinerarium mentis ad Deum* ou a Giordano Bruno (1548-1600). Nesta carta Jung menciona como

fonte o tratado manuscrito *Liber Hermetis* ou *Liber Trismegisti* (Codex Parisinus 6319 e Codex Vaticanus 3060, ambos do século XIV). Na literatura posterior aparece como "Deus est circulus..." (Deus é um círculo...). Cf. OC vol. XI, par. 229, nota 6. Um estudo minucioso da fonte em Jorge Luis Borges, *The Fearful Sphere of Pascal*, Nova York, 1959.

Em sua resposta, de 27.02.1946, escreveu o Pastor Frischknecht entre outras coisas: "Mas para o senhor, "divino" é uma incógnita que o senhor coloca cuidadosa e respeitosamente no final de uma série de enunciados, pois caso contrário haveria de perder-se no infinito indizível. Existe aqui uma prova de que o senhor coloca em seu devido lugar esta palavra, que o senhor não termina sua proposição com um ponto de interrogação ou reticências. Pelo emprego dessa palavrinha o senhor confirma não só negativamente que daqui em diante nada mais pode dizer claramente a psicologia, mas também positivamente que este algo mais indizível não significa um nada para o senhor, mas uma *realidade*, mesmo que não possa dizer nada mais sobre ela. [...] Sob este aspecto estou disposto a retirar com satisfação minha acusação [...] de que o senhor fez "teologia".

To Father Victor White
Oxford

13.02.1946

My dear Father White,

Minha resposta à sua gentil carta vem realmente muito tarde: isto me deixa de consciência pesada. Mas existem certas razões que podem desculpar meu longo silêncio. Por várias semanas estive bastante mal devido a uma forte gripe, e além desse incômodo há um livro que parece devorar-me vivo se me puser a trabalhar nele[1]. Como ainda devo ver alguns pacientes, dar consultas, escrever cartas etc., meu tempo disponível para escrever o livro é escasso.

Esta noite farei um exposição a um grupo de médicos, que regularmente vem à minha casa a cada quinze dias[2], sobre a maneira como o senhor entende minha psicologia. Quando mencionei certa vez a este grupo o paralelo que o senhor traçou entre a filosofia de Santo Tomás de Aquino e a minha psicologia, encontrei o maior interesse. Pediram-me maiores detalhes. Voltei então aos seus escritos e encontrei um ponto que esqueci de mencionar em minha carta anterior. Está em seu artigo "St. Thomas Aquinas and Jung's Psychology" (*Blackfriars* XXV, 216): "A substituição que Jung fez da 'sexualidade' determinada de Freud pela 'libido' indeterminada foi um desafio" etc. (nona linha de baixo para cima).

Sua afirmação sobre a transformabilidade do instinto está correta, mas poderia ser criticada por alguns biólogos. Do ponto de vista biológico, o instinto é algo *extremamente conservador*, a tal ponto que parece inalterável. Este é um fato que não pode ser desconsiderado ao se falar com um cientista. É um fato constante no reino animal. É apenas a pessoa humana que mostra certa desconfiança em relação ao funcionamento de seus instintos, e apenas o civilizado é capaz de perder até certo ponto e sob certas condições o contato com seus instintos. Se a pessoa não é nada mais do que instinto, ela colide contra sua civilização; se ela se afastar demais de sua base instintiva, torna-se neurótica. Há um ponto ótimo entre os dois extremos. Portanto, transformação do instinto só pode referir-se a uma pequena parte, e levará incontáveis milênios até que ocorra uma mudança perceptível. Esta é a transformação encarada pelo biólogo. Mas o tipo de transformação que o psicólogo tem em mente é outra coisa e não pode ser comparada com o efeito biológico, uma vez que não é uma "mudança real" como a entende o cientista natural. É antes nossa mudança psicológica, causada por uma superestrutura psicológica: uma quantidade relativamente pequena de energia instintiva (isto é, energia do instinto) é levada para dentro de outra forma, isto é, uma forma de pensamento ou sentimento (ideia e valor) sob a base e com o auxílio de um arquétipo preexistente. Isto acontece, por exemplo, mediante uma anamnese ritual ou uma figura arquetípica[3]. Este procedimento pode ser observado em quase todos os mistérios de renovação ou renascimento: há uma invocação e representação dramática do ancestral (espiritual) e de seus feitos. O δεικνύμενον[4] e o δρῶμενον[5] "constelam" (ou estimulam) o arquétipo latente e análogo nos μῦσται[6], e sua fascinação inerente faz com que a energia instintiva (libido) se desvie de seu curso biológico original e se fixe em sua contrapartida espiritual. Veja-se, por exemplo, a concepção hermenêutica do Cântico dos Cânticos, onde Cristo corresponde ao "ancestral espiritual" ou arquétipo do homem (como segundo Adão[7]), enquanto a base instintiva fundamental do Cântico é representada por uma situação claramente erótica.

Agradeço-lhe a informação sobre Santo Tomás e as notícias interessantes. Eu não tinha ideia de que meu trabalho fosse merecer tamanha atenção.

Faço votos que goze sempre de boa saúde.

Yours sincerely,

C.G. Jung

1. Jung trabalhava na época em seu livro *Aion*, publicado em 1951.
2. Cf. carta a v.d. Hoop, de 14.01.1946, nota 1.
3. Cf. para isso *Símbolos da transformação*, 1952 (OC vol. V, par. 250s.).
4. O que é mostrado.
5. O que é praticado. Cf. *Von den Wurzeln des Bewusstseins*, em OC, vol. XI, par. 379.
6. Os iniciados.
7. Sobre a identificação de Adão (Adão Kadmon) e Cristo, cf. o capítulo "A natureza contraditória de Adão", em *Mysterium Coniunctionis* II. Cf. também M.-L. von Franz, *Mysterium Coniunctionis* III, par. 489.

Monsieur le Pasteur Olivier Vuille
Lussy s. Morges/Suíça

22.02.1946

Monsieur le Pasteur,

Sua pergunta toca numa questão difícil de resolver. Se Oseias fosse um homem de hoje, sua linguagem nos levaria a pensar numa relação intensa com sua mãe, pois em seu modo de se expressar predomina o sentimento. Seria perigoso tirar esta conclusão do velho profeta, pois não há detalhes biográficos que confirmem isto. Temos apenas um *texto*, cuja peculiaridade de linguagem e conteúdo pode ser atribuída também a outras causas que não a personalidade específica do autor. Não se esqueça que esta personalidade fala como profeta. Isto nos proíbe fazer uso de uma psicologia personalista, porque a imaginação de um profeta não nasce tanto de seu inconsciente pessoal, mas do inconsciente coletivo, e só pode ser explicada por este último. As ideias de Oseias não podem ser derivadas de uma idiossincrasia pessoal, mas é preferível explicá-las pela imagem arquetípica do "casamento divino", uma imagem que ele certamente encontrou muitas vezes em seu ambiente pagão. Assim como não podemos entender as ideias principais de *Fausto* a partir da atitude (de Goethe) para com seus pais, também não podemos tirar conclusões semelhantes de Oseias, um homem que viveu em condições psíquicas tão diferentes e das quais pouco conhecimento temos. Por isso não ouso nenhuma interpretação personalista e sobretudo porque, segundo penso, a linguagem profética não provém da imaginação pessoal, mas de representações coletivas. Como na grande poesia, nas experiências religiosas e nas visões proféticas, também aqui a causa originária está nas representações arquetípicas que pouco têm a ver com a disposição individual do profeta. A representação do relacionamento entre a divindade e o povo como "casamento" explica-se satisfatoriamente pela atmosfera espiritual da época na Palestina e na Síria, onde a ideia do hierosgamos tinha papel relevante.

Tomo a liberdade de enviar-lhe a pesquisa de uma aluna minha[1], com o pedido de devolvê-la assim que puder. Nela encontrará o método que usamos para estudar a psicologia de casos semelhantes.

Veuillez agréer, Monsieur le Pasteur, l'expression
de mes sentiments les meilleurs.
(C.G. Jung)

---

1. Dr. Riwkah Schärf, *Die Gestalt des Satans im Alten Testament*, dissertação de doutorado, mais tarde publicada em *Symbolik des Geistes*, 1948.

Ano 1946 ———

Ao Pastor Dr. A.F.L. van Dijk
Kampen/Holanda

25.02.1946

Prezado Pastor,

A questão da meditação é realmente um problema da maior importância. Li o seu escrito e percebi que deseja criar exercícios tipicamente espirituais numa base protestante. No Ocidente desenvolveram-se dois caminhos diferentes neste sentido: o primeiro é histórico e originou-se provavelmente da contemplação beneditina[1] – a mística beneditina, os vitorinos[2] e sobretudo o *Itinerarium* de São Boaventura[3]. Temos depois os exercícios de Inácio de Loyola, procedentes do islã. Todas essas diversas contemplações e meditações cristãs têm em comum que tanto a imagem a ser meditada quanto a maneira de meditar é apresentada de fora ao candidato. Esta meditação não pode outra coisa a não ser preencher a imagem dada de fora. Se quisermos comparar a técnica da psicoterapia moderna[4] com esses métodos antigos, podemos ver neles certa semelhança, pois também aqui certos conteúdos são observados e pensados a fundo, ainda que a sistemática seja diferente. Na psicoterapia, os sonhos são submetidos a uma observação meditativa com a finalidade de restaurar a conexão quebrada entre a consciência e o inconsciente, ou para integrar os conteúdos do inconsciente na consciência. Neste caso naturalmente não é prescrito nenhum objeto externo à meditação consciente, mas ele é dado oportunamente pelo inconsciente. Este tipo de vivência psíquica retrocede historicamente à alquimia filosófica e tem na tradição eclesiástica contato superficial com as seitas (dos Irmãos) de Espírito Livre (no século XIII)[5]. Podemos encontrar uma conexão bem mais profunda dessas duas orientações na psicologia de Orígenes[6]. Mas a origem propriamente dita está fora do cristianismo e é anterior a ele; está naqueles processos psíquicos peculiares de que nos falam Apuleio[7] nas *Metamorfoses*, a liturgia de Mitra[8], os Atos de Tomé e de João[9] etc. [...]

Agradeço a sua brochura e continuo ao seu dispor.

(C.G. Jung)

1. Entre as regras indicadas por São Bento de Núrsia (cerca de 480-543) para a vida monacal encontra-se a do silêncio como auxílio para a contemplação.

2. A congregação dos cônegos da Igreja de São Vítor em Paris, fundada por Guilherme de Champeaux (1070-1121). O elemento místico tem papel preponderante em seus ensinamentos.

3. Um dos escritos principais do teólogo franciscano São Boaventura, "Doctor Seraphicus", 1221-1274, sobre a contemplação mística de Deus foi o *Itinerarium Mentis ad Deum*.

4. Entende-se o método da "imaginação ativa". Cf. carta a Keyserling, de 23.04.1931, nota 2. Cf. também M.-L. von Franz, "Die aktive Imagination in der Psychologie C.G. Jungs", em *Meditation in Religion und Psychotherapie*, ed. por W. Bitter, Stuttgart, 1958.

5. As seitas dos Irmãos de Espírito Livre fizeram parte do grande movimento místico, surgido na Europa no início do segundo milênio. Cf. *Aion* (OC, vol. IX/2, par. 235).

6. Cf. para isso Hugo Rahner, "Das Menschenbild des Origenes", *Eranos-Jahrbuch 1947*, Zurique, 1948. Cf. também *Aion* (OC, vol. IX/2, par. 336).

7. Apuleio, escritor romano, nascido por volta de 125 dC em Madaura, África. Seu romance *Metamorfoses* contém a descrição, provavelmente autobiográfica, de uma iniciação nos mistérios de Ísis e das vivências ligadas a isto. Parte do romance é constituída pela narrativa *Amor e psique*. Cf. carta a Neumann, de 28.02.1952.

8. A liturgia de Mitra contém as visões do iniciado nos mistérios de Mitra. Jung interpreta parte das visões em *Símbolos da transformação* (OC, vol. V).

9. Os Atos de Tomé e de João pertencem aos apócrifos do Novo Testamento e datam do século II e III. Cf. Edgar Hennecke, *Neutestamentliche Apokryphen*, Tübingen, 1924. Jung interpreta um texto de cunho místico dos *Atos de João* em seu ensaio "A psicologia da missa", em OC, vol. XI.

A um casal não identificado
Suíça

Küsnacht-Zurique, 10.04.1946

Prezado casal!

Uma vez que sua carta de 10.01.1946 vem assinada por X. e Y., a saudação acima parece-me condizente, e tanto mais que estes X. Y. querem apresentar-se como uma dualidade homem-mulher. Devo apresentar ao nobre casal as minhas desculpas pela demora da resposta e, ao mesmo tempo, agradecer a carta enviada. O escritor da presente carta é um velho, já menos eficiente e mau nadador nesta torrente de papéis que ameaça afogá-lo, sobretudo desde a assim chamada paz e, com isso, a invasão do correio internacional de nosso país antes tão apreensivamente mas agradavelmente isolado. Mais tarde, quando o viajante anglo-saxão puder cruzar novamente as nossas fronteiras, já não lerei carta alguma, muito menos escreverei alguma. Só posso acenar rapidamente com o lenço, e mesmo isto como por acaso. Mas como a metade masculina da *coniunctio* a mim apresentada é um poeta, pode imaginar muitas respostas de minha parte e, assim, fazer luzir os olhos chineses da metade feminina. Pois desse par régio, que sempre é um e também dois, diz um velho mestre: "omnia in se habet, quo indiget"[1].

Com isso despede-se o claudicante mensageiro do Monte Sésamo[2]
e envia ao nobre casal saudações cordiais.
C.G. Jung

1. Tem em si tudo que precisa.
2. Referência a um calendário popular suíço.

Ano 1946

Ao Dr. med. Bernhard Milt
Zurique

13.04.1946

Prezado colega,

Com muito atraso consigo finalmente responder sua amável carta de 28.11.1945. Como desculpa posso dizer que não recuperei a minha antiga capacidade de trabalho. Peço portanto que desculpe minha negligência.

Em sua carta o senhor levanta o problema do arquétipo do si-mesmo. Como o senhor certamente supõe, este arquétipo não é tanto uma hipótese de trabalho, mas algo que foi encontrado. Conforme mostrei, por exemplo, em *Psicologia e alquimia* com base em material prático, há símbolos típicos nos sonhos que eu, na falta de melhor termo, chamei de símbolos da totalidade ou do si-mesmo. Expliquei também lá as razões dessa denominação. Muitas vezes me perguntei se este termo "arquétipo" (imagem primordial) era o mais indicado. Mas em geral acho muito prejudicial deixar que os neologismos invadam por demais uma ciência. Ela se torna então muito especializada numa maneira injustificada e perde o contato com o meio ambiente. Preferi sempre usar termos que pudessem ter validade também em outros campos – com o perigo de provocar às vezes mal-entendidos. Jacob Burckhardt, por exemplo, aplicou o termo "imagem primordial" a *Fausto*, e com toda justificação psicológica concebível. Acredito igualmente que a palavra "imagem primordial" ou "arquétipo" possa caracterizar as formas estruturais que estão na base da consciência, assim como a estrutura do cristal caracteriza o processo de cristalização. Devo deixar ao filósofo a questão se é possível hipostasiar o termo "arquétipo" como o *eidos* platônico. Mas isto não ficará muito longe da verdade. Além do mais, o termo é bem anterior a Agostinho[1]. Já é encontrado com conotação filosófica no *Corpus Hermeticum*, onde Deus é designado como luz arquetípica. Em Agostinho, que ainda é platônico, arquétipo tem o sentido de imagem primordial; e enquanto entendido platonicamente, não discorda muito da concepção psicológica. O velho termo platônico distingue-se do psicológico apenas por ter sido hipostasiado, enquanto nossa "hipostasiação" é mera constatação empírica, sem qualquer qualificação metafísica.

X. discute ferozmente comigo. De vez em quando recebo uma carta dele. Tive de explicar-lhe recentemente que o teólogo vê o mundo através dos olhos do bom Deus, ao passo que a ciência o vê através de olhos humanos. Também não percebeu [...] que me imputou tacitamente o ponto de vista pessoal de Freud que eu venho criticando há mais de 30 anos. No fundo tenho a maior simpatia pelas dificuldades dos teólogos. Não é pouco ter de admitir que todas as concepções dogmáticas são, em última análise, afirmações humanas em cuja base, como sempre enfatizei, há certas vivências da psique humana. Considerando a dificuldade extraordinária da autolimitação epistemológica, não é de admirar que venha a acontecer um grande número de mal-entendidos. Estou convencido de que, se tivesse escolhido qualquer outro termo para o arquétipo, teriam surgido mal-entendidos de outra coloração, mas teriam surgido de qualquer modo.

Com a estima e consideração do colega
(C.G. Jung)

1. Cf. carta a Frischknecht, de 07.04.1945, nota 3.

To Father Victor White
Oxford

13.04.1946

Dear Father White,

Fiquei muito contente com sua carta e apresso-me em respondê-la. É uma boa ideia sua querer vir à Suíça entre os meses de julho e setembro. A melhor época para mim seria entre 12 e 27 de agosto. Gostaria de tê-lo como meu hóspede durante sua estada aqui. Estou no campo, na parte superior do Lago Zurique, onde tenho uma pequena propriedade rural. Se o senhor for amigo da vida simples, terá todo o conforto de que necessita. Se o seu gosto for muito delicado, achará o ambiente um pouco rústico. Para dar-lhe uma ideia: eu mesmo cozinho, corto a lenha e cultivo minhas batatas. Mas o senhor terá uma cama decente, um teto sobre sua cabeça e teremos tempo bastante para falar de tudo que existe debaixo do sol. Quanto às vestes eclesiásticas não precisa disfarçar nada, pois estaremos num lugar católico, não muito longe do célebre Mosteiro de Einsiedeln. Mas aconselho-o a trazer alguma roupa velha e usada, para economizar a roupa boa, e um par de sapatos leves para eventual passeio de barco pelo lago.

Na alquimia o senhor pode encontrar muitas referências ao *homo quadratus*[1], que é sempre uma alusão ao *mercurius quadratus*[2], isto é, os *hermai*. A quadratura é um símbolo da totalidade.

Yours sincerely,
C.G. Jung

1. "Homo quadratus" é a designação do homem primordial gnóstico, composto de quatro terras, quatro elementos, quatro regiões celestes, etc. e caracterizado pela cruz.

Ano 1946

2. Além de muitos outros atributos, Mercúrio foi caracterizado como quadrado, pois também ele consistia nos quatros elementos, etc. Cf. *Psicologia e alquimia*, OC, vol. XII, par. 172 e fig. 63.

To Dr. Laurence J. Bendit
Londres

20.04.1946

Dear Dr. Bendit,

Lembro-me de X. Y. e fico triste em saber que ele morreu. Foi certa vez meu paciente. Estou satisfeito em saber que teve um bom fim.

Tratando-se de Ascona, devo dizer que os encontros[1] continuaram durante toda a guerra. O senhor deveria dirigir-se o quanto antes à Senhora Fröbe (Casa Gabriella, Ascona-Moscia, Tessin) para os ingressos. O encontro terá lugar no final de agosto. Será um prazer encontrá-lo lá e discutir alguns assuntos com o senhor.

Sua opinião sobre a percepção extrassensorial não é fundamentalmente diversa da minha. Eu apenas estava criticando a definição[2]. As pessoas gostam de considerar a intuição como algo bem especial, algo mais "elevado" do que a percepção sensorial. Como o senhor sabe, eu chamo de intuição *toda espécie* de percepção que ocorre de um modo que não pode ser explicado pela função dos sentidos. A intuição de pensamentos divinos não se diferencia da intuição de um pequeno tumor nos ossos, pois a natureza de um objeto nada tem a ver com a função da intuição. Ela tem tão pouco a ver com isso quanto a faculdade da visão tem a ver com a natureza do objeto visto. É sempre a função da visão ou audição, cuja natureza independe do objeto. Não faço distinção entre a intuição como percepção meramente inconsciente e uma intuição hipotética que produziria uma verdade espiritual ou pneumática por assim dizer. Quer a intuição ocorra num estado normal da mente, num êxtase ou num delírio, é sempre a mesma função que, em certos casos, porém, atinge uma agudeza ou autonomia que ela não tem em outros casos. Mas há pessoas com uma faculdade incomum de pensar, raciocinar ou de percepção sensorial extraordinária; há, por exemplo, em nosso país caçadores de veados que veem as estrelas no céu em plena luz do dia etc. Por isso classifico sob o termo intuição qualquer tipo de percepção extrassensorial, não importando qual seja o objeto.

Visto que toda função da consciência pode ser dirigida, controlada e diferencia-da, também a intuição pode ser treinada e diferenciada. O fato de a gente perceber coisas que os nossos sentidos não conseguem apreender ou que o nosso pensamento não consegue entender é outro problema. Isto nos força a especular sobre a natureza do tempo e do espaço. O fato de a percepção extrassensorial ser prova real de que tempo e espaço são psiquicamente relativos quer dizer que eles podem ser mais ou menos aniquilados. Quando for o caso, ocorre também a possibilidade extrema em que tempo e espaço já não existem de todo. Se uma coisa é capaz da não existência, então devemos supor que ela também é capaz da existência absoluta. Sabemos que tempo e espaço são condições indispensáveis e inalteráveis de nosso mundo tridimensional, o mundo do soma, como o senhor o chama. O tempo e espaço não existentes não podem ser objeto de nossa observação. Por isso não há possibilidade de provar que eles não existem. O máximo que podemos saber é que, sob certas condições psíquicas, tempo e espaço revelam certa qualidade elástica, isto é, uma relatividade psíquica onde começam a comportar-se como se dependessem da psique. Concluo desse fato que a psique humana (e presumivelmente a psique animal também) tem uma qualidade inespacial e intemporal, isto é, um poder relativo de tornar o tempo e o espaço inexistentes. Isto falaria em favor de uma imortalidade relativa, pois só no tempo pode alguma coisa chegar a um fim absoluto, mas num tempo relativo só pode chegar a um fim relativo. Quanto ao espaço, chegaríamos à conclusão de que a psique só pode ser localizada relativamente. Em outras palavras, a localização ou a extensão da psique no espaço são relativamente incertas.

Quanto ao espírito (pneuma), gostaria de dizer que espírito e matéria são um par de conceitos opostos que designa apenas o aspecto bipolar da observação no tempo e no espaço. Nada sabemos de sua substância. O espírito é tão ideal quanto a matéria. São meros postulados da razão. Por isso falo de conteúdos psíquicos dos quais alguns são rotulados de "espirituais" (pneumáticos) e outros de "materiais".

Sou-lhe grato por indicar um possível tradutor para as minhas obras. A grande dificuldade de traduzir minhas obras está no fato de raramente se encontrar um tradutor com suficiente preparo para entender minha linguagem técnica e o meu pensamento. Eu tenho uma formação totalmente humanista e minha linguagem está cheia de toda espécie de alusões que são completamente obscuras para quem não possui formação acadêmica. [...]

Yours sincerely,
(C.G. Jung)

1. Os Encontros-Eranos.
2. Cf. carta a Bendit, de 12.02.1945.

Ano 1946 ———————————————————————————————————

To Dr. J. Allen Gilbert
Portland (Oregon)/EUA

20.04.1946

Dear Dr. Gilbert,

Finalmente chegaram as suas cartas[1]. Foi uma grande satisfação perceber que o senhor não mudou, que ainda continua no "caminho do rinoceronte"[2]. Lembro-me bem daqueles rastos do paquiderme na selva africana e ainda mais das trilhas lisas do hipopótamo, cujos costumes são regulares como o relógio. Também fiquei contente em ver que o senhor descobriu a grande modéstia do analista que prefere falar de "análise" em vez de "síntese programática".

Podemos dizer com bastante certeza ao paciente o que está acontecendo, mas não podemos indicar-lhe o que ele deve fazer. É tão difícil estruturar nossa própria vida que somos cautelosos em não revelar demais a um indivíduo o que dele se espera, nem para onde as tarefas de sua vida poderiam levá-lo; sabemos como é difícil fazer alguma coisa qualquer. Por isso, quando um paciente se queixa de que sabe exatamente o que deveria fazer, mas não sabe como começar, eu digo: você está na mesma situação de todos os outros que sabem o que deveriam fazer. Ele então deve tomar a iniciativa e fazer ao menos alguma coisa e encontrar o modo de fazê-lo. Não haveria dificuldades na vida se alguém soubesse sempre de antemão como fazer uma coisa. A vida é uma espécie de arte. Não corre sobre trilhos certinhos nem é um produto acabado que se encontra em qualquer esquina.

Seu plano de submeter-se a um experimento[3] como uma cobaia seria uma boa ideia se o senhor tivesse coragem de fazê-lo com seus próprios meios. Eu poderia apenas mostrar-lhe como introverter, mas esta experiência não seria sua própria se um outro o forçasse. O ponto principal é exatamente que o *senhor* pode ajudar a si mesmo, como o faria todo aquele que tenta viver sua própria vida. Ninguém pode vivê-la pelo senhor ou em seu lugar. Sua vida é aquilo que o senhor tenta viver. Se eu tentasse forçá-lo a alguma coisa, então seria a minha vida e não a sua.

Com sua idade[4], não me preocuparia mais com o que alguém poderia fazer da sua vida. Melhor seria que pensasse o que *o senhor* pode fazer dela. Em seu lugar, eu não procuraria um experimento desses, pois já está bem próximo, e o fim da vida o colocará dentro daquilo que o senhor sempre tentou alcançar. Infelizmente o senhor o tentou de modo indireto e sob a orientação de um outro. Mas quando morrer, ninguém morrerá pelo senhor ou em seu lugar. Será um assunto total e exclusivamente seu. Isto foi o que se esperou do senhor a vida toda: que vivesse como se estivesse morrendo. Acontecerá com o senhor o que acontece com a maioria das pessoas. Elas morrem exatamente da mesma forma como deveriam ter vivido. Por Deus, de quantas encarnações acha que precisa para entender esta verdade tão simples?

Vejo em sua carta que o senhor está forte ainda e espero que assim continue por um bom tempo. É uma boa ocasião para meditar mais profundamente sobre a maneira como deveríamos viver.

Yours sincerely,
(C.G. Jung)

1. As datas das cartas eram 10.10.1944 e 17.09.1945.
2. O destinatário, também médico e analista, submeteu-se à análise de Jung durante alguns meses em 1926-1927. Naquela época Jung teve um sonho em que o destinatário era um rinoceronte ferido que causou grande estrago, o que encheu Jung de medo e compaixão. Em sua carta de 17.09.1945 a Jung, ele menciona "the fear that possessed you in the presence of my rhinoceros tracks [...]"
3. O destinatário havia proposto "that I submit myself as a Versuchsthier in introversion. In your opinion does such a program offer anything?"
4. Na época, o destinatário tinha 78 anos. Morreu três anos depois.

To Eugene H. Henley[1]
New York City

20.04.1946

My dear Henley,

Deveria ter-lhe escrito há mais tempo para agradecer sua gentileza e generosidade. O tabaco chegou bem, e devo dizer que "Granger" continua sendo o meu preferido. Espero que tenha recebido os dois livros que lhe mandei. Acabei de lhe mandar outro.

Desde minha recuperação estive muito ocupado e preciso apenas tomar cuidado para não trabalhar demais. Há tanto que fazer e sobretudo há tal enxurrada de cartas que é difícil tomar pé. Por certo tempo os assuntos corriqueiros tomaram todo o meu tempo, de modo que minha correspondência pessoal teve que esperar. Tenho agora as minhas férias da primavera e posso expiar ao menos alguns dos meus pecados. Estou em Bollingen e curto a mais bela primavera. Posso novamente velejar em meu barco, o que me dá um prazer imenso.

Li com grande interesse todas as notícias sobre as condições da América. Recebemos algumas informações através dos jornais, mas nem sempre são bem claras. Quando se esteve separado do mundo por tanto tempo, não se está mais a par da situação do mundo em geral. A nossa chamada paz é um assunto confuso e a maior parte da Europa ainda vive na histeria. Não é de admirar! A catástrofe mental, moral, social e financeira é gigantesca. Estou preocupado sobretudo com a devastação mental e moral, pois só agora tomamos conhecimento mais direto e pessoal dos fatos e atrocidades da guerra. Encontramos agora as pessoas que estiveram nas cidades bombardeadas e que passaram pelo pesadelo do inferno. A mentalidade criada pelos nazistas na Alemanha merece um estudo à parte. As pessoas se horrorizaram com minha afirmação de que os alemães foram psicopatas[2], mas isto é um julgamento ainda muito benévolo em vista da catástrofe que causaram ao espírito alemão.

Vi muitas vezes X. Pareceu-me de certa forma estar muito bem. É eficiente em sua profissão e pode realizar grandes coisas. Mas de vez em quando cai na bebedeira e então fica tão danado que não se sabe ao certo se vai envolver-se num escândalo fatal. Neste aspecto ele é – desculpe-me – tipicamente americano, pois é surpreendentemente eficiente de um lado e tremendamente infantil de outro. Um europeu de seu calibre seria bem menos eficiente porque seria infantil demais, e seria bem menos infantil porque seria mais esperto. Há grande distância entre o ego e a sombra num americano, e é esta a razão por que muitos rapazes americanos se entendem tão bem com os alemães – porque existe algo semelhante nos alemães, isto é, a grande tensão entre o polo positivo e negativo. A única diferença é que no americano a tensão existe entre o homem civilizado e o primitivo, enquanto que no alemão entre o homem culto e o demônio. Esta é uma das razões por que os americanos são facilmente iludidos ou influenciados pelos alemães. Acho que não é pequeno o perigo para os vossos rapazes na Alemanha. Percebo isto também em X. que está sempre em perigo de cair demais sob a influência dos alemães. Eles são tão detestavelmente plausíveis como o velho Hitler que, espero, esteja assando para sempre no inferno. Mas devo dizer em favor de Hitler que ele nos abriu os olhos. Ele abriu inclusive os meus um bocado. Em sua carta o senhor cita minhas palavras afirmando que eu não tinha ilusões. Contra esta afirmação devo dizer que antes da era de Hitler eu ainda tinha algumas ilusões, mas elas foram radicalmente destruídas pelos esforços prodigiosos dos alemães. Eu realmente nunca havia pensado que o homem pudesse ser tão absolutamente mau. Pensei que pudesse ser mau, tendo o mal ao menos certo caráter, mas na Alemanha o mal chegou ao extremo da perversão. Foi uma imundície de maldade, inimaginavelmente pior do que a perversidade normal. Mas como a Alemanha não está na Lua, tirei minhas conclusões com referência ao restante da humanidade.

As condições na Suíça estão melhores do que durante a guerra, ainda que nossa ração de pão tenha sido reduzida novamente a 250 gramas por dia; isto não é tão mau assim, pois temos mais condições de outros alimentos do que nos demais países. Durante a guerra fiz minhas próprias plantações. Plantei milho, batatas, feijão e mais recentemente também trigo e papoula para óleo. Comíamos polenta como os italianos. Não é ruim, mas também não é muito interessante.

Saudações à Mrs. Henley!

Gratefully yours,
(C.G. Jung)

1. Eugene H. Henley, Ph.D., analista, 1884-1968.
2. Cf. carta a Ullmann, de 25.05.1945 e nota 3.

To Wilfried Lay
Vermont/EUA

20.04.1946

Dear Mr. Lay,

Foi para mim grande alegria receber uma carta de sua mão. Seu conteúdo me agradou muito, pois trata de coisas substanciais. O senhor entendeu perfeitamente a minha intenção, inclusive o meu estilo "erudito". Foi de fato minha intenção escrever de tal forma que assustasse os tolos e que só os verdadeiros entendidos e pesquisadores apreciassem sua leitura.

Admiro-me muito pelo fato de haver aprendido e, ao que parece, também dominado a difícil língua chinesa. Eu nunca cheguei tão longe e por isso sinto-me desesperadamete tolhido em prosseguir mais a fundo nas complicações do *I Ching*. Tive certa vez a vaidosa e louca fantasia de escrever um comentário ao *I Ching*, mas reconheci imediatamente a enormidade dessa tarefa e a absoluta inadequação de meus recursos.

Ainda não sou tão velho como o senhor[1], mas devo dizer que não faz muito tempo que reconheci a grande verdade de ser hsiao-yên[2]. Esta compreensão é indispensável a toda pessoa que queira entender o que o senhor formula bem corretamente como equipolência[3]. Somente o hsiao-yên contém o chên-yên[4], a base universal para o seu conceito de equipolência.

O seu método de decifrar os mistérios de uma citação pelo estudo do contexto é muito sutil e, devo dizer, elucidativo. Curiosamente, ele coincide totalmente com o meu método de interpretação dos sonhos[5].

O que o senhor diz sobre "esta chamada paz", que não o torna particularmente feliz, já não tem nada a ver com a *pax romana* dos velhos tempos. Trata-se agora,

Ano 1946

como o senhor diz, da *pax americana*. O fato de o senhor ter ainda ilusões políticas deveria enchê-lo de orgulho. Para mim, esta paz não é paz de forma alguma. Acho que alguma coisa como paz não existe, pois mesmo uma democracia pacífica como a Suíça não passa de uma guerra civil mitigada que somos sábios o suficiente ou pequenos o suficiente para entreter cronicamente, a fim de escapar de coisas piores. Visto globalmente, o homem é um tolo e continuará sendo tolo. Mas parece indispensável crer num futuro melhor. Mas ele nunca foi melhor, apenas foi novo e aparentemente incomparável, de modo que as pessoas nunca estiveram bem certas se poderia talvez existir o futuro melhor e tão sonhado.

Sobre o chên-yên o senhor pode encontrar contribuições interessantes num dos textos complicados que Mrs. Baynes lhe mostrou[6]. [...]

Faço votos que tenha sempre boa saúde.

Yours sincerely,
(C.G. Jung)

1. Mr. Lay tinha 74 anos de idade. Morreu em 1955.
2. Hsiao-yên, literalmente "o pequeno homem". Cf. Helmuth Wilhelm, "Das Zusammenwirken von Himmel, Erde und Mensch", em *Eranos-Jahrbuch 1962*, Zurique, 1963, p. 343: "O destino do pequeno homem é suportar e tolerar. Se assumir este destino, isto significa salvação para o pequeno homem, ao passo que a mesma atitude traria declínio para o grande homem. Com isso o pequeno homem recebe intuições que devem ser negadas aos outros".
3. Em sua carta escreveu Lay sobre a "equipolência espiritual": "Everyone has a soul, and has as much chance as anyone else of becoming conscious of its extent".
4. Na alquimia chinesa de Wei Po-Yang (por volta do ano 142), o chên-yên (o "verdadeiro homem") corresponde ao homem interior e espiritual dos gnósticos. Ele é o resultado da *opus*. No taoismo ele encarna o grau mais elevado do desenvolvimento. Cf. *Mysterium Coniunctionis* II, par. 155.
5. É o método da chamada amplificação.
6. Trata-se provavelmente do tratado de Wei Po-Yang "Ts'an T'ung Ch'i", ed. por Lu-Ch'iang Wu e T.L. Davis sob o título "An Ancient Chinese Treatise on Alchemy", em *Isis* XVIII, Bruges, 1932. Jung menciona várias vezes esse texto em *Mysterium Coniunctionis*.

A uma destinatária não identificada
Inglaterra

28.04.1946

My dear N.,

[...] Sim, o seu distúrbio tem muito a ver com a dissolução do ego. É o ego que duvida, hesita, retarda, tem emoções de toda espécie etc. Em sua *paciência* terá o seu si-mesmo. A senhora não perdeu nada nem falhou em parte alguma; a senhora apenas sofre de coisas que lhe aconteceram. Não importa como as interprete. O ego quer sempre explicações para afirmar sua existência. Tente viver sem o ego. Tudo o que deve acontecer-lhe virá. Não se preocupe! Sua disposição de espírito no anoitecer (7 de abril) lhe diz tudo. Não se deixe desencaminhar pelos delírios do *animus*. Ele vai tentar de tudo para perturbá-la na realização da tranquilidade, que é realmente o si-mesmo. [...]

Yours cordially,
C.G.

À Lena Hurwitz[1]
Zurique

29.05.1946

Prezada Doutora!

Gostaria de agradecer-lhe mais uma vez a bela noite que passei em sua casa. Lamento apenas que tenha sabido de meu mal-estar. Mas ele nada tem a ver com a noite em sua casa, mas com o meu esgotamento que já existia antes. Eu tinha acabado no domingo anterior a reelaboração de meu livro *Transformações e símbolos da libido*, 4ª edição[2], com a sensação de um maratonista que chega à meta com o último fôlego. No domingo tive ainda uma longa e estafante conversa com J.B. Priestley que deseja entrevistar-me na BBC[3]. Na segunda-feira tive algumas consultas complicadas. [...] Quando estou cansado demais psiquicamente, a digestão não se processa direito, resultando daí efeitos em parte tóxicos e em parte mecânicos sobre o coração. O mal-estar acabou, mas sinto-me ainda extenuado. Isto está ligado ao esforço mental incomum que me custou a reformulação do livro.

Anexo os cupons devidos[4].

Com os meus agradecimentos e cordiais saudações também ao seu marido.
C.G. Jung

P.S. As maravilhas de sua cozinha ficarão gratamente em minha lembrança.

---

1. Lena Hurwitz, coeditora das Obras Completas de Jung até sua morte em 1965.
2. A 4ª edição de *Transformações e símbolos da libido* foi publicada em 1946.
3. A entrevista com Priestley foi ao ar pela BBC em 18.06.1946. Cf. carta a Priestley, de 09.08.1946.
4. Trata-se dos cupons de racionamento de mantimentos.

Ano 1946 ——

Ao Dr. Robert Eisler[1]
Stow-on-the-Wold, Glos./Inglaterra

25.06.1946

Prezado Doutor,

O que eu disse nos *Two Essays* sobre os arquétipos na psique animal foi apenas uma observação marginal[2]. Tenho a impressão, baseada em alguma experiência, de que as camadas inferiores de nossa psique ainda têm caráter animal. É pois muito provável que também o animal possua arquétipos semelhantes ou idênticos. É certo que ele possui arquétipos, pois as simbioses animais-plantas demonstram claramente que deve haver uma imagem hereditária no animal que o leva a ações instintivas específicas. Tratei desse assunto em apenas um ensaio: "Instinct and the Unconscious" (em *Contributions to Analytical Psychology*, Kegan Paul, Londres, 1928)[3].

Segue por correio uma separata de minha conferência sobre "Os arquétipos do inconsciente coletivo"[4]. Também pedi ao meu editor que lhe mandasse um exemplar de meu livro *Psicologia e alquimia*. É a minha obra que mais trata dos arquétipos.

Com elevada consideração,
(C.G. Jung)

1. Dr. phil. Robert Eisler, 1882-1949, com obras publicadas sobre história das religiões, filosofia e arqueologia.
2. Cf. "A psicologia do inconsciente", em OC, vol. VII, par. 109: "Nada nos impede de supor que certos arquétipos já estejam presentes nos animais, pertençam ao sistema da própria vida e, por conseguinte, sejam pura expressão da vida, cujo modo de ver dispensa qualquer outra explicação".
3. "Instinto e inconsciente", em OC, vol. VIII.
4. Em OC, vol. IX/1.

To Mrs. Alice Lewisohn Crowley
EUA

06.07.1946

My dear Alice,

Fiquei esperando por um sinal de vida seu desde que desapareceu do cenário de meus afazeres comuns, e eu muitas vezes me perguntei o que estaria fazendo e como estaria passando. Seu salto de Zurique para o distante caldeirão fervilhante de Nova York deve ter sido um verdadeiro *tour de force*. [...] Não me surpreende que a introversão não tenha nenhuma chance com a senhora. Além disso seria fantástico demais o simples pensar em introversão em suas condições atuais. Uma extrover-

Küsnach. 23 Dec. 1950

Liebe Regula!

Zu dem Tode Ihres Vaters, der mir solange in treuer Freundschaft verbunden war, möchte ich Ihnen mein herzliches Beileid aussprechen. Wenn die Kräfte versagen, die Theilnahme am Leben Anstrengung bedeutet, und die grosse Müdigkeit sich über Alles legt, dann bedeutet der Tod die Wohlthätigkeit des Schlafes. Man möchte die Welt, wenn sie einmal versinkt, nicht wieder erstehen sehen. Nur wir, die Lebenden, sind es, die etwas verloren haben und diesen Verlust beklagen. Alles geht vorüber, und Gräber sind die Meilensteine des Daseins. Für die Jungen schlägt der Tod der Eltern ein neues Kapitel des Lebens auf. Sie sind jetzt die Träger des Lebens und der Gegenwart und nicht, abwartet mehr über ihnen als ein noch unerfülltes Schicksal. Zu diesem wünsche ich Ihnen allen nötigen Muth.

Herzlichst   Ihr ergebener

C. G. Jung.

Carta à senhora Regula Rohland-Oeri (cf. p. 178)

Jung e Mary Churchill, 1946
Cf. carta a G. Steck-von Erlach, 25.09.1946, p. 47
(Foto ATP-Bilderdienst

Cabeça de um garoto da Antiguidade
Cf. carta a Ronald J. Horton, 22.04.1955, p. 411

Jung em Bollingen, 1955
(Foto A. Jaffé)

Ano 1946

são crua e insensível é a única coisa que a empurra através do mar revolto de suas inúmeras atividades.

Como a senhora supôs corretamente, comecei há pouco minhas férias em Bollingen. Gosto de velejar, do bater da água contra a proa e da brisa suave da manhã. Nada de atividade mental, a não ser a criação de menus atraentes. Ontem recebi a visita de um monge carmelita francês, homem erudito e interessado na psicologia da religião. Nosso tema principal foi o diabo e os demônios.

Espero que seja arrojada o suficiente para cuidar de si mesma. Desejo-lhe tudo de bom.

Yours affectionately,
C. G.

A Joachim Knopp
Düsseldorf

10.07.1946

Prezado senhor,

1. Infelizmente não conheço nenhum autor de nome Jakob Lorber[1].

2. Quanto à homeopatia, o senhor tem razão em considerá-la uma continuação da prática alquimista. Isto é realmente assim. Aconselho-o a dar uma olhada nos escritos de Hahnemann[2]. O senhor os encontrará mencionados em qualquer léxico.

3. Quanto à doença orgânica (acidente, ferimentos etc.), pode-se dizer com certeza que estas coisas têm ao menos síndromes psicológicas, isto é, há um processo psíquico concomitante que às vezes pode ter também significado etiológico de modo a parecer que a doença seja um arranjo psíquico. De qualquer forma há muitos casos em que os sintomas apresentam de maneira clara um significado simbólico mesmo na ausência de qualquer patogênese psicológica.

4. Não se pode dizer que todo sintoma seja um desafio e que toda cura ocorra no espaço intermediário entre a psique e o físico. Pode-se dizer apenas que é aconselhável abordar toda doença também pelo lado psicológico, porque isto pode ser de suma importância para o processo da cura. Quando esses dois aspectos atuam juntos, pode facilmente acontecer que a cura se dê no espaço intermediário ou, em outras palavras, que ela consista numa *complexio oppositorum*, como o *lapis*. Neste caso a doença é um estágio do processo de individuação no sentido mais pleno.

Ano 1946

5. Não saberia dizer em que condições o senhor poderia estudar na Suíça. Sugiro que escreva neste sentido ao decanato da Faculdade de Medicina. Talvez lá alguém possa orientá-lo. Já faz bastante tempo que eu não leciono na universidade nem na Eidgen. Techn. Hochschule. Por isso não posso dar-lhe maiores informações.

Infelizmente não conheço nenhum psicoterapeuta da Alemanha que seja da minha confiança para atendê-lo. Alguns estão mortos, outros desapareceram. Como o senhor sabe, minhas teorias foram suprimidas o máximo possível na Alemanha antes e durante a "era". Enquanto sou bastante conhecido nos territórios anglo-saxões, pouca gente me conhece na Alemanha – um país de mortos, como o senhor diz muito bem.

Com elevada consideração,

(C.G. Jung)

1. O destinatário havia perguntado a Jung sobre Jakob Lorber (1800-1864) que, influenciado pelos escritos de Jakob Böhme e Swedenborg, fez um esboço de suas "vozes interiores". Suas ideias foram mais tarde difundidas pela Sociedade Neu-Salem em Bietigheim, proibida em 1937.
2. Samuel Hahnemann, 1755-1843, fundador do método homeopático de cura. Obra principal: *Organon der Heilkunst*, 1810.

Ao Dr. Fritz Künke[1]
Los Angeles (Calif.)/EUA

10.07.1946

Prezado Doutor,

Tem esta a finalidade de acusar o recebimento dos livros de Stewart Edward White e agradecer-lhe o envio[2]. Eu os li conscienciosamente, e teria percebido pela simples leitura qual o tipo de problema que o senhor encontrou, mesmo que não o tivesse mencionado em sua carta.

O livro realmente importante é *The Unobstructed Universe*. Os dois outros não ultrapassam o nível da literatura espírita em geral que eu estudei a fundo no passado e por longo tempo, para descobrir o sentido desse movimento. Já naquela época concluí com absoluta clareza que em todo o movimento espírita havia uma compulsão inconsciente para fazer com que o inconsciente chegasse à consciência. Este fenômeno indica que nossa consciência está ainda muito separada do inconsciente mesmo em nossos dias, o que leva a um desenraizamento psíquico da pessoa. Isto explica também por que praticamente toda pessoa sucumbe a algum *ismo* e, assim, um assunto razoável em si adquire um aspecto patológico. A irrupção mais animalesca da consciência para fora da ordem natural das coisas pôde ser observada na Alemanha, mas o mesmo fenômeno podemos ver com outras nuanças e gradações no mundo inteiro do homem branco. Até mesmo o amarelo japonês foi tomado pelo diabo. Ele aprendeu tanto do desenraizamento e da loucura correspondente do homem branco, que não mais consultou o *I Ching* antes e durante a última guerra mundial. Na Primeira Guerra Mundial os governantes japoneses sempre consultavam o *I Ching* nos assuntos nacionais importantes, conforme aprendi de Richard Wilhelm.

O livro *The Unobstructed Universe* está escrito num estilo pavoroso, mas contém ideias de importância capital que, apesar da redação bárbara, merecem ser levadas em consideração. As coincidências com os resultados da psicologia do inconsciente são até surpreendentes. Neste livro aparece de modo especial a tendência compensadora do inconsciente para com a conscientização, isto significa que nossa consciência está muito dissociada da vinculação natural com o inconsciente, sendo por isso da maior importância uma nova vinculação. Isto é um princípio básico também da psicologia analítica. Digna de nota é também a atitude introvertida, necessária para isso, da consciência, sem a qual os conteúdos inconscientes não encontrariam guarida na consciência. Não é de admirar que os conteúdos inconscientes se manifestem na forma de personificações (espíritos). Em primeiro lugar, porque esta foi, desde tempos imemoriais, a forma tradicional da compensação inconsciente e, em segundo lugar, porque é difícil provar com certeza que não se trate realmente de espíritos. Mas a prova de que se trata de espíritos é igualmente difícil, quando não impossível. A prova da identidade[3] é sabidamente um assunto de extrema dificuldade e na qual já se empenharam as mais diversas pessoas. É possível ter uma convicção subjetiva, mas isto está longe de ser uma prova objetiva. Não consigo imaginar nenhum método que pudesse fornecer uma prova objetiva. Também as provas que White apresenta não são *eo ipso* convincentes, pois cada uma delas poderia ser explicada pelo conhecimento que temos hoje em dia do inconsciente (criptomnésia[4], clarividência etc.). Certa vez conversei longamente em Nova York com um amigo de William James[5], Prof. Hyslop[6], sobre a questão da prova da identidade. Ele admitiu que, considerando todos os fatores, a totalidade desses fenômenos metafísicos seria melhor explicada pela hipótese dos espíritos do que pelas qualidades e peculiaridades do inconsciente. Com base em minhas próprias experiências, preciso dar-lhe razão neste aspecto. Em cada caso particular preciso ser necessariamente cético, mas no geral devo conceder que a hipótese dos espíritos traz melhores resultados na prática do que outra qualquer.

Também não é de admirar que o livro tenha tido este grande sucesso. Vivemos outra vez um clima de pós-guerra em que, como aconteceu depois da primeira guerra, uma verdadeira onda de espiritismo invadiu o mundo. Outra coincidência com a psicologia do inconsciente é a ideia do espaço e tempo elásticos. Eu mesmo já empreguei este termo, sem conhecer este livro, em minhas conferências de anos passados[7]. A ênfase extraordinária que White coloca na consciência concorda igualmente com nosso ponto de vista de que a conscientização e a consciência em geral são a meta essencial do desenvolvimento humano.

Uma vez que *The Unobstructed Universe* não foi condicionado por nenhum conhecimento de psicologia, o autor não tem consciência alguma de que sua Betty, que se manifesta como sua *femme inspiratrice*, também está presente mesmo que nunca tivesse morrido ou que nunca tivesse existido. Por essa razão também não chamo esta figura feminina de Betty, mas de *anima*. A figura de Anne[8] comporta-se em relação a Betty como o arquétipo de mãe (a "Grande Mãe") se comporta na psicologia das mulheres em relação ao eu. Ela representa o aspecto feminino do si-mesmo. Este ponto é de especial interesse, pois não cabe na psicologia de um homem. Se Betty nada mais fosse do que uma *anima*, precisaria haver no caso de um homem uma figura masculina (o "velho sábio") correspondente à de Anne. Portanto Betty comporta-se neste sentido como verdadeira mulher e não como *anima*. Isto parece indicar que Betty é neste caso ela mesma e não uma *anima*. Talvez consigamos com a ajuda desses critérios constatar ao menos indiretamente se se trata de uma *anima* (que é um arquétipo que nunca falta na psicologia masculina) ou de um espírito. Devo adiantar que no caso de Betty tenho dúvidas em negar sua realidade como espírito; isto significa que estou inclinado a aceitar que ela seja mais provavelmente um espírito do que um arquétipo, ainda que represente supostamente as duas coisas ao mesmo tempo. Parece-me que os espíritos têm uma tendência cada vez maior de se aglutinar aos arquétipos. Estes podem de fato comportar-se como verdadeiros espíritos, de modo que comunicações como as de Betty podem provir igualmente de um arquétipo indubitavelmente autêntico. Mas, de outro lado, é preciso acentuar que a grande maioria das comunicações têm origem puramente psicológica e só aparecem personificadas porque as pessoas não têm noção nenhuma da psicologia do inconsciente.

O senhor tem toda a razão de achar que nessas circunstâncias seria tarefa da psicologia prática oferecer ao público conceitos mais palpáveis do que as sutilezas da psicologia analítica. Na prática analítica defrontamo-nos sempre de novo com as complicações terminológicas. Gostaria de distinguir claramente entre a psicologia como ciência e como técnica prática. Na prática, quando o caso me parece suficientemente seguro, não ouso falar simplesmente de espíritos, embora tudo indique que esses espíritos possam ser – em parte ou no todo – meras personificações de tendências inconscientes que mais cedo ou mais tarde serão integradas na consciência e então desaparecem. Observei um bom número desses casos em que o inconsciente apareceu inicialmente na forma de espíritos. Esses espíritos desapareceram depois que descarregaram seus conteúdos na consciência.

Seu ponto de vista de que o inconsciente coletivo nos cerca de todos os lados concorda plenamente com o modo como explico o inconsciente aos meus alunos. É mais uma atmosfera na qual vivemos do que algo que está dentro de nós. É simplesmente o desconhecido no mundo. Também não se comporta apenas psiquicamente, mas apresenta-se nos chamados casos de sincronicidade como uma condição geral, presente no mundo que nos cerca; é portanto muito mais do que um pressuposto psicológico. Onde quer que entremos em contato com o arquétipo, também estamos em contato com fatores realmente metafísicos e não apenas transcendentes à consciência. Eles estão tanto na base da hipótese espírita quanto dos efeitos mágicos.

A melhor ideia de *The Unobstructed Universe* é sem dúvida a da frequência[9]. É uma ideia que fui amadurecendo em minhas tentativas de explicar a realidade relativa dos fenômenos metapsíquicos. O paralelismo que White traça com a natureza do pensamento parece-me perfeito. O pensamento não tem nenhuma qualidade em comum com o mundo físico, com exceção da intensidade, que em termos matemáticos pode ser expressa como frequência. Observa-se uma elevação clara dessa intensidade ou frequência em todos os casos em que se manifesta o arquétipo ou em que, devido a um absoluto "abaissement du niveau mental"[10], o inconsciente chega ativamente ao primeiro plano como, por exemplo, nas visões do futuro, nos êxtases, nas visões de moribundos etc.

Eu até gostaria de deixar traduzir o livro, se ao menos estivesse escrito razoavelmente, mas há nele muita conversa insuportável que haveria de chocar o público europeu mais culto, pois ninguém gosta de pinçar as pérolas de dentro desse marasmo jornalístico. Mas o livro me deu algumas inspirações e agradeço ao senhor por isso.

Saudações cordiais,
(C.G. Jung)

Ano 1946

1. Dr. Fritz Künkel, 1889-1956, psicoterapeuta, originalmente adepto da escola de Adler. Emigrou para os Estados Unidos.

2. Stewart Edward White, escritor americano, 1873-1946. Ficou conhecido por seus "Betty Books" em que relata as afirmações feitas por sua esposa durante os transes (*The Betty Book*, 1937; *Across the Unknown*, 1939). Após a morte dela (1939) recebeu "mensagens" dela através de um médium, que ele juntou num livro (*The Unobstructed Universe*, 1940; o prefácio de Jung está em OC, vol. XVIII).

3. Uma prova da identidade do "espírito" que apareceu com a pessoa que ele representa é produzida, segundo a parapsicologia, quando o "espírito" manifesta coisas que posteriormente mostram ser verdadeiras, mesmo que elas só fossem do conhecimento da pessoa representada pelo "espírito" e de mais ninguém.

4. Cf. OC, vol. I, par. 138: Por criptomnésia entende-se "o acesso à consciência de uma recordação que não é reconhecida como tal logo de saída, mas só eventualmente depois, através de um novo reconhecimento ou de um raciocínio abstrato. Característico da criptomnésia é que a imagem que surge não traz as marcas distintivas na imagem da memória, isto é, não está ligada ao correspondente complexo supraconsciente do eu".

5. William James, 1842-1910, filósofo e psicólogo, professor da Universidade de Harvard. Realizou várias experiências com a médium Eleonore Piper. Sua opinião sobre a realidade dos espíritos era: "I remain uncertain and await more facts, facts which may not point clearly to a conclusion for fifty or one hundred years" (em Gardner Murphy with Robert Ballou, *William James and Psychical Research*, 1960).

6. James Hervey Hyslop, 1854-1920, psicólogo, fez pesquisas parapsicológicas, professor da Universidade de Colúmbia, amigo de William James. Estava convencido da existência de "espíritos" e acreditava ter recebido mensagens fidedignas dos mortos através de Eleonore Piper.

7. Jung escreveu pela primeira vez sobre o espaço e o tempo elásticos no ensaio "Alma e morte", 1934 (em OC, vol. VIII).

8. Anne (ou Lady Anne) é uma personagem de *The Unobstructed Universe*; segundo as "comunicações" de Betty, ela era uma Lady escocesa de inteligência superior que viveu no século XVI e que agora colaborava com Betty como "espírito".

9. Segundo as afirmações de Betty e de Lady Anne, o pensamento é um movimento psicológico e a frequência é a essência desse movimento. Todo grau de desenvolvimento da consciência tem sua própria frequência.

10. Pierre Janet criou a expressão "abaissement du niveau mental et moral", em *Les Obsessions et la Psychasthénie*, 2 vols., Paris, 1903, para explicar as dissociações, a origem dos automatismos e sintomas semelhantes. Jung, que estudou um semestre com Janet em 1902, emprega muitas vezes esta expressão para descrever o estado psicológico de fenômenos neuróticos, psicóticos e sincrônicos.

A um destinatário não identificado
Alemanha

10.07.1946

Prezado senhor,

Por pátrio poder entende-se normalmente a influência exercida por qualquer pessoa constituída em autoridade. Se esta influência ocorre na infância e de maneira arbitrária, como foi o seu caso, o efeito costuma enraizar-se no inconsciente. Mesmo que esta influência seja eliminada externamente, continua atuando no inconsciente e, então, a pessoa se trata tão mal quanto foi tratada anteriormente. Se agora o seu trabalho lhe traz certa alegria e satisfação, deve cultivá-lo como se deve cultivar tudo o que proporciona alegria de viver. O suicídio, por mais compreensível que seja humanamente, não me parece recomendável. Nós vivemos para alcançar o grau mais elevado possível de desenvolvimento espiritual e de conscientização. Enquanto a vida for possível, ainda que num grau mínimo, devemos agarrar-nos a ela e esgotá-la com vistas à conscientização. Interromper a vida antes do tempo é paralisar uma experiência que nós não iniciamos. Nós fomos jogados no meio dela e precisamos levá-la até o fim. O fato de isto lhe parecer extremamente difícil é compreensível com uma pressão sanguínea de 80, mas acredito que não lamentará se persistir até o fim, mesmo com esta espécie de vida que leva. Se, além do trabalho, ler um bom livro, como se lê a Bíblia[1], isto pode ser uma ponte para o seu interior sobre a qual fluirão para o senhor tantas coisas boas de que o senhor talvez não faça ideia agora.

Não precisa preocupar-se com a questão dos honorários.

Com os melhores votos e saudações cordiais de
(C.G. Jung)

1. Jung refere-se às palavras do destinatário: "Quase não passa um dia em que, ao final, eu não leia alguma coisa. [...] Isto me parece como antigamente quando alguém lia a Bíblia".

Excerto de uma carta a John B. Priestley[1]
Inglaterra

17.07.1946

Dear Mr. Priestley,

[...] Desde que o vi, tenho lido vários de seus romances e peças que me agradaram muito. Fiquei especialmente impressionado com dois aspectos de sua personalidade. Uma de suas faces está tão voltada para o mundo que sempre de novo nos surpreendemos ao encontrar uma outra face voltada para o grande abismo de todas as coisas. Queria apenas comunicar-lhe minha impressão, pois gostaria que soubesse o quanto admiro a faculdade sobre-humana de olhar para as coisas com um olhar direto e com um olhar voltado para dentro.

Yours gratefully,
C.G. Jung

1. John Boynton Priestley, nascido em 1894, contista e dramaturgo inglês. Ele colocou à nossa disposição esta carta nesta forma abreviada.

Ano 1946 ———

A uma destinatária não identificada
Suíça

Küsnacht-Zurique, 20.07.1946

Querida G.,

Acho que você espera demais das pessoas, sem uma entrega suficiente de sua parte. Devemos estar *sob* os outros se quisermos que algo deles flua para nós. Já que você está de novo enterrada até as orelhas no tinteiro, eu a convido cavalheires-camente a comparecer festivamente à minha presença na próxima quarta-feira às 4 horas da tarde. Aqui não há pessoas superiores, mas principalmente lesmas que se encantam com a chuva.

Saudações cordiais de seu saudoso avô
C.G. Jung

To Dr. Eleanor Bertine
Bailey Island (Maine)/EUA

25.07.1946

Dear Dr. Bertine,

[...] Estou agora passando um tempo muito agradável de descanso em minha Torre e velejo no lago, o único esporte que ainda posso praticar. Terminei há pouco a redação de duas conferências para o encontro-Eranos deste verão[1]. Tratam do problema geral da psicologia do inconsciente e de suas implicações filosóficas.

E agora tenho finalmente sossego e paz suficientes para ler suas últimas cartas e respondê-las. Já deveria ter agradecido suas gentis informações sobre a doença e a morte de Kristine Mann, mas nunca encontrei tempo suficiente para fazê-lo. Havia muitas coisas urgentes a serem resolvidas; elas tomaram todo o meu tempo, e eu já não consigo trabalhar tão depressa como antigamente.

É realmente um problema se uma pessoa atingida por uma doença tão terrível pode colocar um fim em sua vida. Minha atitude no caso é não interferir. Deixaria as coisas tomarem o seu rumo, pois estou convencido de que, se a pessoa está disposta a cometer suicídio, todo o seu ser caminha praticamente nesta direção. Presenciei casos em que seria quase criminoso impedir o suicídio, pois tudo indicava que isto estava de acordo com a tendência de seu inconsciente e, portanto, era um dado fundamental. Sou da opinião de que nada se ganha realmente interferindo no assunto. Talvez seja melhor deixar isto à livre-escolha do indivíduo. Tudo o que nos parece errado pode ser correto em determinadas circunstâncias sobre as quais não temos controle e cujo fim último não entendemos. Se Kristine Mann cometesse suicídio sob o estresse da dor insuportável, eu poderia pensar que isto foi a coisa certa. Como ela não o cometeu, acho que estava previsto em suas estrelas suportar uma agonia tão cruel, por razões que escapam à nossa compreensão. Nossa vida não é feita totalmente por nós mesmos. A maior parte dela provém de fontes a nós desconhecidas. Até mesmo complexos podem começar um século ou mais antes do nascimento da respectiva pessoa. Existe algo assim como carma.

A experiência de Kristine, que a senhora menciona, é de fato de natureza transcendente[2]. Se fosse efeito da morfina, então ela se repetiria regularmente, mas não foi o que aconteceu. Por outro lado, tem todas as características de um êxtase. Isto só é possível quando a alma se separou do corpo. Quando isto acontece e a pessoa continua vivendo, pode-se esperar com certeza certa deterioração do caráter, pois as partes superiores e essenciais da alma já deixaram o corpo. Uma experiência desse tipo indica uma morte parcial. Para os circunstantes é uma experiência exacerbante ver que uma pessoa, cuja personalidade é bem conhecida, parece perdê-la completamente e só apresenta uma desmoralização ou os sintomas desagradáveis de um viciado em drogas. Mas é a pessoa inferior que continua a viver com o corpo e que nada mais é do que a vida do corpo.

Acontece muitas vezes com pessoas idosas ou gravemente doentes que tenham estados peculiares de alheamento e ausência mental que elas mesmas não sabem explicar, mas que são provavelmente condições em que se realiza a separação. É um processo que às vezes dura bastante tempo. É muito rara a chance de se poder estudar o que acontece nessas condições, mas parece-me que estas condições têm uma consciência interna, tão afastada de nossa consciência fatual que é quase impossível retraduzir seus conteúdos nos termos de nossa consciência atual. Devo dizer que tive algumas experiências desse tipo. Elas me deram uma ideia bem diferente do que significa a morte.

Espero que me perdoe ter demorado tanto em responder suas cartas. Como eu disse, houve tantas coisas nesse meio-tempo que precisei de um período de calma para concentrar-me no conteúdo de suas cartas.

My best wishes!

Yours sincerely,
(C.G. Jung)

1. Jung, "Der Geist der Psychologie", *Eranos-Jahrbuch 1946*, Zurique, 1947. Ampliado como "Considerações teóricas sobre a natureza do psíquico", em OC, vol. VIII.

Ano 1946

2. Três ou quatro meses antes de sua morte, Mrs. Mann, que estava no hospital com dores horríveis e profunda depressão por causa de um câncer, viu certa manhã uma luz muito intensa que encheu o quarto. A aparição durou em torno de uma hora e deixou uma sensação de paz. A simples lembrança disso trouxe felicidade, ainda que o estado físico e psíquico piorasse. Segundo a opinião de Jung, a alma se separou do corpo durante esta experiência. Cf. carta a Mann, de 01.02.1945.

To Margret E. Schevill
Berkeley (Calif.)/EUA

25.07.1946

Dear Mrs. Schevill,

Muito obrigado por sua amável carta de aniversário, que chegou um dia antes da data festiva.

A ideia de um seminário para pessoas idosas é boa, ainda que seja muito difícil encontrar material adequado para discussão e troca de ideias. Talvez pudesse ser feito de um modo bem informal, com perguntas e respostas. Naturalmente todas as pessoas deveriam estar seriamente interessadas na questão da morte ou deveriam ao menos ter experimentado o sopro dela.

Lamento saber que Mr. Schevill tenha falecido. Não sabia do fato. Espero que tenha tido uma morte fácil e não uma agonia tão terrível como, por exemplo, a de Kristine Mann[1].

Lamento profundamente que X. tenha de sofrer de câncer; no caso dela o câncer chegou realmente cedo demais, mas é simplesmente um modo comum de matar as pessoas. A natureza é terrível em muitos aspectos. É um fato que o corpo parece sobreviver muitas vezes à alma, mesmo sem doença. É como se a alma se separasse do corpo, às vezes vários anos antes que a morte ocorra de verdade; às vezes esta separação acontece também com pessoas de saúde perfeita que, então, morrem em pouco tempo por doença fatal ou por acidente. Ao que sabemos, parece não haver uma decomposição imediata da alma. Poderíamos até dizer que acontece o contrário.

É curioso que a senhora mencione o problema da transferência e sua importância para o problema da morte. Estou na iminência de publicar um livro sobre a psicologia da transferência, onde procuro analisar o problema em relação a seus aspectos metapsíquicos[2].

Alegro-me por saber que seus livros têm êxito. Os meus também. Atualmente estou gozando as minhas férias de verão e estou cheio de boas intenções de restringir ao máximo o meu trabalho com pacientes, mas a senhora sabe que o caminho do inferno é pavimentado de boas intenções. A senhora sabe que para pessoas idosas a expressão

Ano 1946

"no próximo ano" ou algo semelhante é sempre problemática, pois aprendemos que tempo é uma coisa bem relativa e pode chegar ao fim quando ele o escolher.

Ficarei feliz em revê-la quando atravessar o oceano que nos separa.

Cordially yours,
(C.G. Jung)

1. Cf. carta a Bertine, de 25.07.1946.
2. *A psicologia da transferência*, 1946 (em OC, vol. XVI).

Ao Dr. Erich Neumann
Tel Aviv/Palestina

05.08.1946

Prezado Doutor!

Não posso deixá-lo esperar mais tempo, apesar de estar longe de terminar a leitura de tudo o que me enviou[1]. Estou impressionado com a clareza e exatidão de suas formulações. Para dar-lhe minha opinião mais abalizada preciso de mais tempo e peço que tenha a devida paciência. O senhor não faz ideia do volume de trabalho que tenho, sobretudo com as cartas. Nesses últimos 14 dias tive de escrever aproximadamente 100 cartas. Assim que o correio com o exterior se normalizou, recebi furacões de cartas. Também choveram manuscritos que são particularmente penosos de examinar. Além disso precisava olhar meus pacientes e cuidar de meus próprios trabalhos. Desde a minha doença já não tenho a mesma capacidade de trabalho como antigamente e preciso cuidar-me um pouco. O resultado é que não dou conta de tudo. Sempre pensei em escrever-lhe mas toda vez se interpunha um assunto que exigia solução imediata, de modo que nunca encontrei calma suficiente para escrever-lhe algo mais substancial. Também pensei em como trazê-lo de volta à Europa, mas não vejo por enquanto nenhum caminho. Como o senhor pode imaginar, a situação aqui está difícil e tudo é incerto. Vivemos em nossa ilha cultural como antes, só que ao nosso redor tudo é destruição, tanto física quanto moral. Para se fazer algo de razoável, é preciso fechar os olhos. A Alemanha está em frangalhos. As cartas que recebo de lá são, com raras exceções, infantis, esquisitas ou histéricas, o que confirma mais do que qualquer outra coisa que meu diagnóstico do estado espiritual da Alemanha estava correto.

Na França, Inglaterra e Suíça estão surgindo agora intelectuais católicos que se interessam por minha psicologia. Também saiu recentemente um livro de um teólogo reformado, Dr. H. Schär, *Religion und Seele in der Psychologie C.G. Jungs* (Rascher, Zurique). Poderá ser de seu interesse. É muito bom e positivo. O autor é professor de Psicologia da Religião na Universidade de Berna. Acabei de elaborar agora mesmo duas conferências sobre "o espírito da psicologia" para Eranos[2]. São discussões de princípios. Eu lhe mandarei uma separata. Em breve sairá publicado também o meu pequeno livro sobre a transferência[3]. É um assunto arriscado, mas quando se está velho, pode-se dizer mais coisas do que quando se tem toda uma vida pela frente.

Parece que a situação na Palestina está bem difícil. A nova era anuncia-se em meio a sofrimentos sem fim.

Há pouco tempo encontrei X. de visita a um de meus alunos cabalísticos. É um fenômeno interessante. Ele entra no inconsciente pelo teto e, como os calos (*Hühneraugen* = olhos de galinha) de seus pés são cegos, ele não enxerga para onde está descendo.

Por enquanto envio-lhe saudações cordiais com os melhores votos.

(C.G. Jung)

1. Neumann havia mandado a Jung o seu manuscrito *Ursprungsgeschichte des Bewusstseins*. O livro foi publicado em 1949 pela Rascher-Verlag de Zurique. O prefácio de Jung está em OC, vol. XVIII.
2. As duas conferências foram publicadas sob o título "Considerações teóricas sobre a natureza do psíquico", em OC, vol. VIII.
3. *A psicologia da transferência*, 1946 (em OC, vol. XVI).

To John B. Priestley
Inglaterra

09.08.1946

Dear Mr. Priestley,

Muito obrigado pela cópia de sua conferência e pelo livro[1]. Nesse meio-tempo li os dois. Não tenho palavras para dizer o quanto apreciei sua brilhante e abrangente conferência. É deveras impressionante como o senhor conseguiu juntar o vasto material e fazer dele um todo. Devo dizer que nunca vi um resumo melhor de minhas ideias principais numa forma tão concisa. É uma obra de mestre.

Também li com grande interesse o seu romance. O que me impressionou em especial foi o modo como conseguiu tornar reais os personagens. São caracteres completos. Outra coisa que me impressionou foi a atmosfera que criou em torno de lugares e situações. Como psicólogo sou obrigado a dirigir minha atenção para o seu herói extrovertido que vive a melhor parte da existência humana nada esquecendo a não ser a si mesmo e sua vinculação determinista com certas pessoas. Um introvertido teria esquecido a maior parte do mundo para descobrir o segredo de seu relacionamento com a moça e o seu mistério. E ela teria casado com ele o mais cedo

Ano 1946

possível para mostrar-lhe que ela não tinha nenhum mistério. Mas Gregory precisou de 30 anos e teve que cair em meditação profunda para se dar conta de si mesmo. A dissolução impressionante da família e sua magia representa uma das experiências mais características do extrovertido. Um introvertido – se os deuses lhe forem favoráveis – descobrirá o quanto as pessoas podem ser positivas e mesmo magicamente atraentes. Também ele precisaria de 30 anos ou mais.

Seu romance deu-me a chance de encontrar algumas pessoas a mais e de partilhar de algumas vidas humanas a mais. Nós vivemos em tantas vidas e tantas vidas vivem em nós – foi daí que o senhor tirou o argumento.

Muito obrigado!

Yours sincerely,
C.G. Jung

1. No dia 18 de junho de 1946, a BBC de Londres levou ao ar a conferência de Priestley "Description of a Visit to Carl Gustav Jung". Priestley enviou uma cópia a Jung, juntamente com um exemplar de seu livro *Bright Day*, Londres, 1946.

Excerto de uma carta à Dra. Jolan Jacobi
Zurique

19.08.1946

Prezada e distinta senhora!
[...]

A senhora é muito sensível a mexericos. Assim que alguém se dedica à análise, torna-se objeto de boatos. Se eu tivesse dado ouvidos a isso, já estaria morto há muito tempo. É melhor continuar ouvindo os seus sonhos do que os cochichos dos mêmures humanos.

[...]

Com os melhores votos de
C.G. Jung

To Mr. Roger Lyons[1]
Zurique

12.09.1946

Dear Mr. Lyons,

Estou ciente de que deve ser uma situação desconcertante para um americano racional esbarrar com uma psicologia tão estranha quanto a minha. Ela parece estar

Ano 1946

cheia de contradições indefensáveis. Por um lado, o senhor deveria conhecer mais o meu trabalho e, por outro, o senhor não tem oportunidade de falar comigo. Entendo que esta situação é mais ou menos incompreensível, mas eu o aconselharia a ler algo sobre o zen-budismo. Eu escrevi uma pequena introdução a um dos livros de Suzuki[2], e talvez o senhor possa conseguir alguns de seus livros. Isto lhe daria alguma ideia das dificuldades que está enfrentando.

Pode-se realmente usar a análise como uma fuga e no caso do senhor deve-se tomar um cuidado especial para que isto não aconteça; o senhor deve aprender a usar as suas próprias forças, e quanto mais alguém o ajudar a fazê-lo, mais pode prejudicá-lo. Deve haver um certo ponto otimal, e ele consiste em me ver e em não me ver, ambos na proporção correta. Porém, a proporção correta não pode ser estabelecida apenas pela pessoa. Será estabelecida por circunstâncias peculiares sobre as quais temos pouco ou nenhum controle. Provavelmente o senhor está cruzando o meu caminho no momento certo, e então está ganhando alguma coisa, mas se quiser forçar as circunstâncias, é bem provável que fracassará. Nosso último encontro em Ascona esteve absolutamente na linha certa. Isto pode acontecer de novo. Nesse meio-tempo o senhor precisa caçar sozinho e buscar onde possa encontrar o que procura.

Yours sincerely,
(C.G. Jung)

1. O destinatário, um americano, era na época estudante em Zurique.
2. Daisetz Teitaro Suzuki, *Die Grosse Befreiung. Einführung in den Zen-Buddhismus*, com introdução de C.G. Jung, Leipzig, 1939. O prefácio de Jung está no vol. XI das Obras Completas.

Ao Reitor da Universidade de Zurique,
Prof. Ernst Anderes[1]

22.09.1946

Vir Magnifice!

Permita-me agradecer novamente ao senhor e à universidade o honroso convite para a recepção de Winston Churchill e especialmente a honra de ter um assento reservado ao lado do ilustre visitante[2]. A conversa com ele colocou não poucas exigências de tato e engenhosidade, pois eu sempre estava em dúvida sobre o quanto de perguntas e respostas eu poderia esperar de um homem tão cansado. De qualquer forma, agradeço esta experiência muito interessante em minha vida.

Com a elevada consideração do colega
C.G. Jung

Ano 1946

1. Dr. med. Ernst Anderes, 1883-1952, professor de ginecologia, na época reitor da Universidade de Zurique.

2. De 23 de agosto a 16 de setembro, Winston Churchill passou férias em Bursinel (Vaud). Ao final, visitou também Berna e Zurique. Conforme relato do Dr. Beat Steck, de Allmendingen (Berna), Churchill queria agradecer ao Senado Federal o cuidado com os internados durante a Segunda Guerra Mundial, e o Senado também queria agradecer a obra do grande estadista. Para isso, convidou Churchill para ir a Berna e colocou à sua disposição durante três dias a residência "Lohn" em Kehrsatz. Antes da recepção oficial em Berna, o Senado organizou um almoço em que Churchill teve a oportunidade de conhecer algumas personalidades ilustres da Suíça, inclusive C.G. Jung. O almoço aconteceu no dia 17 de setembro, no castelo Allmendingen, que a família Steck-von Erlach cedeu para a ocasião. Sobre o restante da visita de Churchill a Zurique fui orientado gentilmente pelo Dr. Max Sauter, de Zurique. No dia 18 de setembro, Churchill fez um pronunciamento, que se tornou célebre, na Aula Magna da Universidade de Zurique. À noite houve, por iniciativa da universidade, um jantar festivo no "Schipf", Herrliberg (Zurique), propriedade do Prof. Dr. med. Hans von Meyenburg. Jung foi vizinho de Churchill à mesa e fora também, por expresso desejo de Churchill, vizinho dele na festividade da Aula Magna. Cf. carta a Steck-von Erlach, de 25.09.1946. Cf. também a fotografia de Jung com a filha de Churchill. O original desta carta está nas atas da universidade no arquivo nacional de Zurique.

Ao senhor G. Steck-von Erlach
Castelo de Allmendingen
Berna

25.09.1946

Prezado Senhor Steck!

Depois que as festividades de Zurique, às quais compareci de muito boa vontade, chegaram a um fim feliz e depois que me recuperei de meu esgotamento, gostaria de agradecer ao senhor e à sua esposa a maravilhosa tarde que passamos em Allmendingen[1]. Gostei muito do lugar, sem falar das pessoas interessantes que lá encontrei.

A fotografia da revista me encantou e fortaleceu o meu autoconceito, pois fui apresentado como o dono do castelo de Allmendingen[2]. Imagine o progresso em relação à minha caverna de salteadores em Bollingen!

Saudações cordiais de
(C.G. Jung)

1. Cf. carta a Anderes, de 22.09.1946, nota 2.
2. Numa revista ilustrada da Suíça apareceu a fotografia de Mary Churchill falando com Jung, com a legenda: "Mary Churchill no castelo de Allmendingen conversando com o senhor Steck-von Erlach, o dono do castelo". Mary Churchill conhecia os livros de Jung.

To Erlo van Waveren[1]
Nova York

25.09.1946

Dear Mr. van Waveren,

Levou bastante tempo para pôr em dia minha correspondência e responder sua carta. Poderíamos dizer que o mundo todo com seu tumulto e miséria está num processo de individuação. Mas as pessoas não se dão conta disso, e esta é a única diferença. Se soubessem disso, não estariam em guerra uns com os outros, pois quem tem a guerra dentro de si não tem tempo nem prazer de lutar com os outros. A individuação não é uma coisa rara ou luxo de poucos; mas aqueles que sabem que estão neste processo devem ser considerados felizes. Eles ganham alguma coisa, caso estejam conscientes o bastante. Coloca-se evidentemente a questão se podem suportar este procedimento. Mas esta é também a questão quanto à vida, insuportável para milhares de pessoas, como o senhor pôde ver nos acontecimentos recentes. A individuação é a vida comum e aquilo de que temos consciência. Se isto causa admiração a alguns, devem estar despreparados para aquilo que a vida reserva a cada qual.

Desejo-lhe tudo de bom!

Yours sincerely,
(C.G. Jung)

1. Erlo van Waveren, nascido em 1902, psicólogo analítico, Nova York.

À Dra. Jolan Jacobi
Zurique

27.09.1946

Prezada Doutora!

Parabéns por sua produtividade! Dito em poucas palavras, é um compêndio completo da problemática erótica[1]. Fiz a lápis algumas pequenas modificações, na maioria apenas estilísticas. O "homem que traz a sua Eva em si" provém da alquimia[2] e não da "boca do povo", ao menos enquanto conheço esse órgão coletivo. Espero que se tenha recuperado de certa forma. Sua notícia de que Churchill não se entediou em nossa mesa me traz alívio[3]. A conversa com ele não foi nada fácil, pois ele dirigia suas respostas quase sempre à Casa dos Comuns*

Saudações cordiais,
C.G. Jung

* Quase desmaiei de surpresa quando descobri que fui colocado ao lado de Churchill – também no jantar da universidade! "Acontecem sinais e milagres"...!

1. J. Jacobi, "Der Schattengeliebte und das Rautendelein", *Du*, Zurique, novembro de 1946.

2. O alquimista Gerardo Dorneo (século XVI) designa o lapis de "Adão que traz em si a Eva invisível" (*Mysterium Coniunctionis*, II par. 210). Num comentário medieval do "Tractatus Aureus Hermetis", de origem árabe (publicado pela primeira vez em *Ars Chemica*, Estrasburgo, 1566), fala-se da pessoa andrógina interior, o "homo Adamicus" que, "embora se apresente sob forma masculina, traz Eva, isto é, a mulher, escondida em seu próprio corpo". Cf. *Psicologia e religião*, 1940 (em OC, vol. XI, par. 47).

3. Cf. carta a Anderes, de 22.09.1946, nota 2.

A um destinatário não identificado[1]
Alemanha

07.10.1946

Prezado X.,

Não é nada fácil escrever esta carta. Estou tentando colocar-me no seu lugar para dar-lhe uma resposta inteligível. Evidentemente o senhor não está em condições de formar uma ideia da animosidade do meio ambiente para com tudo e todos que provêm da Alemanha. Todo relacionamento pessoal está enegrecido pelos acontecimentos, pois cada qual foi atingido por eles de uma forma bem pessoal. Se, por exemplo, os alemães tivessem visitado a Suíça, o senhor não poderia agora nem mesmo escrever esta carta para mim. Eu realmente não sei qual é a sua atitude em relação a esses fatos e reais possibilidades que por longos anos nos ameaçaram, ou como o senhor julga seus efeitos sobre os não alemães. Da resposta de seu conhecido sueco, o senhor deve ter percebido que existem certas dificuldades que, segundo pude verificar a partir de bom número de cartas da Alemanha, não são bastante consideradas na própria Alemanha. Mas para nós não alemães elas são absolutamente claras.

As cartas que recebo de conhecidos alemães começam sempre onde terminou 1939 ou antes. Essas pessoas se dirigem a nós como se nada tivesse acontecido nesse meio-tempo, à exceção de alguns contratempos como doença, ser bombardeados, perda de algum parente, etc. Consideram sem mais que os relacionamentos individuais são algo extramundano ou que o indivíduo existe em si mesmo, independentemente da família e do povo, e por isso não tem nenhuma solidariedade e responsabilidade por eles. Esta curiosa emancipação parece uma antecipação do objetivo mais alto da diferenciação psíquica e atua sobre o simples mortal com frio gélido, mais ou menos como um mestre do zen sobre o ocidental cristão. Quem conseguiu esta emancipação alcançou o nirvana, mas tornou-se também irreal.

Não há nada de errado nisso, apenas não se espera que esta pessoa se volte novamente para os outros. Isto seria fantasmagórico demais e, além disso, desprovido de estilo. Se o alemão em geral tivesse chegado, através de uma graça especial, a esta libertação do envolvimento social, o fenômeno de massa da "comunidade dos povos" seria inexplicável. Mas como um movimento de massa existiu em geral, então a emancipação do indivíduo deve ser espúria, pois precisaria da compensação. A verdade seria portanto que o alemão, como todo civilizado (sem mencionar o primitivo!), é responsável pela família e pelo povo. Nesse caso precisa levar em consideração seu relacionamento com o mundo ambiente se quiser evitar para si experiências desagradáveis. Fará bem em lembrar-se das concepções e sentimentos de outros povos, cujos indivíduos se sentem solidários com suas nações, para não se desgarrar completamente. Um não alemão pressuporia em si e nos outros tanta responsabilidade familiar que ele, se estivesse na situação alemã, não suporia como evidente encontrar uma porta aberta. Se, por exemplo, minha família tivesse prejudicado mortalmente ou arruinado outra família, não suporia como natural o restabelecimento de relações amigáveis com algum membro dessa família; de forma nenhuma poderia ignorar cabalmente o comportamento da minha família como o fazem os alemães que me escrevem cartas. Esta peculiaridade impressionante da psicologia alemã levou-me a concluir que deveria haver aqui uma consciência marcante da responsabilidade coletiva do indivíduo. Este fato poderia explicar também a suscetibilidade especial à psicose de massa, pois esta compensa a deficiência da consciência de maneira eficaz, *mas para baixo* (daí a suástica que gira para a esquerda![2]).

Entenderei perfeitamente se o senhor julgar minha resposta totalmente absurda, mas queria lembrá-lo de que *não fomos nós* que tivemos a psicose de massa. Eu teria guardado um silêncio discreto se o senhor não tivesse manifestado o desejo sério de ter uma resposta minha. Eu acho que o senhor não deveria mais considerar como evidentemente válida a psicologia alemã, mas deve levar em conta as reações dos estrangeiros se quiser travar relações com representantes das chamadas nações "de segunda classe". Sei que no âmbito de sua consciência individual o senhor não pensa assim. Mas sinto falta em sua carta da consciência de responsabilidade coletiva que para nós não é apenas um preceito de cortesia, mas um sentimento humano em geral. Sei que esta condição é muito difícil para o senhor porque ela lhe parece por demais ridícula. Não duvido porém de que possa admitir a lógica desta condição se fizer o esforço de refletir profundamente sobre isto.

Recentemente adentrou por minha porta uma carta de Z., o escritor, expressando o desejo de me ver imediatamente. Respondi-lhe que me era doloroso demais conversar com alemães, pois ainda não havia esquecido o assassinato da Europa. Isto o levou a despejar sobre mim uma enxurrada de imprecações por escrito. Eu lhe respondi: *quod erat demonstrandum*. Com sua resposta bem sintomática o senhor Z. desprezou novamente, de forma inconsciente, o sentimento dos não alemães da maneira bem típica dos alemães para intoxicar-se com a exaltação de sua nobre ira. Isto já não é moderno. O povo dos governantes que se julgam predestinados tornou-se obsoleto; isto ainda não sabe o monstruosamente ingênuo senhor Z. Ele não sabe absolutamente de nada e aparece aos seus olhos plenamente justificado. Essas pessoas me dão pena; não ouviram que o galo já cantou pela terceira vez.

Se eu tivesse pertencido a uma sociedade secreta que tentou assassiná-lo do modo mais infame, e o senhor tivesse escapado por milagre, não é de todo improvável que o senhor tenha certa cautela quanto a mim.

Saudações cordiais,

(Jung)

1. O destinatário era médico e ex-aluno de Jung.

2. A suástica que gira para a esquerda era um símbolo da religião tibetana, isto é, da magia negra. Ela gira para dentro do inconsciente. Mas a suástica que gira para a direita movimenta-se em direção à consciência e liberta do caos inconsciente. A cruz gamada nacionalsocialista era uma suástica girando para a esquerda. Cf. *Configurações do inconsciente*, 1950 (em OC, vol. IX/1, par. 564.

A uma destinatária não identificada
EUA

07.10.1946

Dear N.,

Muito obrigado por sua carta. Durante as últimas semanas tive uma espécie de dor de consciência, sempre pensando em escrever-lhe, mas tive um tempo muito agitado neste verão, de modo que a correspondência passou para o segundo plano. Perdi quase a metade de minhas férias por causa de Eranos, de um congresso[1] e por causa da visita de Churchill à Suíça[2]. O último evento foi muito interessante, pois tive a oportunidade de conhecer Churchill mais de perto e também a sua encantadora filha Mary. A recepção de Churchill em Zurique foi realmente algo que

Ano 1946 ──

a senhora perdeu. Churchill me disse depois que foi a recepção mais calorosa que teve em sua vida.

[...]

Yours cordially,
C.G. Jung

1. Cf. carta a White, de 06.11.1946, nota 4.
2. Cf. carta a Anderes, de 22.09.1946, nota 2.

Ao Prof. Fritz Verzár[1]
Instituto de Fisiologia da
Universidade da Basileia

31.10.1946

Prezado colega,

Peço desculpas pela demora em responder sua carta. Nos últimos tempos tive tanto trabalho que foi impossível dar a devida atenção à sua carta[2]. Mas agora não pretendo demorar mais e comunicar-lhe minha reação.

Estou convencido de que algo deve acontecer para conscientizar a humanidade do imenso perigo que persiste nesta sua caminhada. Em certo aspecto as pessoas já estão conscientes de que a situação é extremamente perigosa, como o prova o medo generalizado da guerra. É sumamente desejável humanizar a humanidade; mas quando se vê como as grandes nações se esforçam para chegar a algum entendimento sobre as medidas aparentemente razoáveis em vista do bem-estar dos povos e como fracassam porque um ou outro não dialogam ou não podem ceder, então isto é mais improvável ainda quando se toca em certas questões morais. Pode-se com certeza chegar a um acordo geral de que não se deve matar pessoas, mas isto é facilmente burlado internando-as, por exemplo, em campos de trabalhos forçados na Sibéria, onde as pessoas não são mortas, mas são tratadas para que trabalhem; e quando morrem de alguma doença, o Estado nunca admite que as tenha assassinado. Os americanos são uma nação humana, ou ao menos acham que são, mas isto não impede que anualmente sejam linchados tantos e tantos negros. Além disso, tenho minhas dúvidas se não teria sido mais humano, por exemplo, fuzilar, conforme era seu desejo, o Almirante Raeder[3], em vez de condená-lo a 30 anos de prisão. Eu pessoalmente preferiria ser fuzilado do que passar nem mesmo 10 anos na prisão. Quando se sabe que os prisioneiros degeneram moral e espiritualmente, e sob grandes tormentos, então não se tem tanta certeza se a pena de morte não seria mais humana. A pena de prisão só não é um horror infernal para os que estão de fora, que nunca conheceram esta realidade por dentro. Na minha atividade psiquiátrica conheci muitos casos em que a morte teria sido um benefício, se comparada com a vida na cela da prisão.

Infelizmente não se consegue pregar ao povo, pois se isto fosse realmente possível o mundo já estaria convertido ao cristianismo, não havendo mais nenhum crime. Mas esta é precisamente a dificuldade: nada se consegue com o ensinar e o falar. Qual foi, por exemplo, o efeito final que teve sobre a Alemanha a educação cristã de longos séculos? A barbárie não foi mitigada nem de leve, mas houve pregações contra ela todos os domingos em todos os púlpitos da Europa. Sei pela minha práxis o que significa inculcar numa pessoa a mais simples e óbvia verdade! Em certos casos é simplesmente impossível, e não se trata de loucos, mas de pessoas que na vida privada são consideradas plenamente responsáveis. É certo que os governos poderiam fazer algo, mas se hoje em dia quisermos alguma coisa de um governo, somos admoestados de que a situação mundial causa tanta dor de cabeça aos governos que não lhes resta tempo para refletir sobre a abolição da pena capital ou sobre a sacralidade da vida humana. No fundo, ninguém está convencido do valor absoluto e da sacralidade da pessoa, de modo a garantir-lhe a vida em qualquer circunstância. Pode-se ver isso nas indenizações em casos de acidente com morte: uma vida humana é avaliada em torno de 5.000 francos suíços. E infelizmente é verdade: quanto mais alguém valoriza a sua vida, tanto menos valoriza a do outro. Depois do que aconteceu na Alemanha também eu perdi as últimas ilusões sobre a capacidade de melhoria da humanidade. Se não for possível uma mudança da consciência humana, também não conseguiremos realizar um ideal que é reconhecido por todas as pessoas de são juízo, mas que sempre malogra diante da selvagem irracionalidade e inconsciência da humanidade em geral. Eu gostaria de estar cheio de esperanças e apoiar com todas as minhas forças os seus esforços neste sentido, se ao menos visse um mínimo de possibilidade de que isto leva a algum sucesso. Mas, infelizmente, sei que nenhum clamor e nenhuma discussão podem alterar as coisas em nada.

Saudações cordiais,
(C.G. Jung)

1. Prof. Dr. h.c. F. Verzár, nascido em 1886 em Budapeste. De 1930-1956 professor de Fisiologia na Universidade da Basileia. Desde 1957 diretor do instituto de gerontologia experimental.

2. Prof. Verzár havia pedido a colaboração de Jung em sua luta para abolir a pena de morte. Ele achava que "após os macabros assassinatos da primeira e segunda guerra mundiais e das revoluções, o mundo estava agora maduro para receber como verdade indiscutível a tese: não se deve matar! Não há problema que possa ser reparado ou melhorado pela morte".

3. Erich Raeder, 1876-1960, comandante da marinha alemã de 1935-1943. Em 1946 foi condenado em Nürnberg à prisão perpétua, mas foi solto em 1955.

Ano 1946 ———————————————————————————————

To Father Victor White
Oxford

06.11.1946

Dear Father White!

O seu sonho[1] atingiu realmente o ponto! Eu tive todo tipo de sentimentos ou premonições quanto ao senhor e aos perigos que estava correndo. Nós estamos de fato numa viagem aventureira e perigosa! Mas o princípio orientador é o "vento", isto é, o πνεῦμα. A Noruega é o país nórdico, isto é, o setor intuitivo da mandala[2]. [...]

Se pudesse me arranjar um ou dois exemplares das decretais contra a alquimia, eu ficaria muito grato[3].

Estou muito interessado naquilo que vai escrever e certamente farei um prefácio, se o senhor o desejar.

Após os congressos[4] tive de participar durante 5 dias na recepção de Churchill em Berna e em Zurique[5]. No último jantar tive de sentar inclusive ao lado dele. Ele estava muito cansado, mais do que eu. Depois disso precisei dedicar-me com afinco às minhas conferências de Eranos[6]. Terminei agora mesmo de dar-lhes o último retoque. Elas aumentaram em tamanho, pois inseri um material bastante longo para ilustrar as múltiplas "luminosidades" do inconsciente; elas representam núcleos "semelhantes à consciência" dos atos volitivos (provavelmente idênticos aos arquétipos). Espero que isto não seja chinês demais. Incluí a visão de Santo Inácio de Loyola da serpente com muitos olhos[7], como uma peça de evidência totalmente inortodoxa.

Muito obrigado pelas fotos. São uma bela e agradável lembrança de sua visita à Suíça. Espero que a próxima não seja adiada demais! Gostaria de poder viajar com mais facilidade, mas estou preso por uma infinidade de coisas. Agora devo finalmente atacar o meu perigoso ensaio sobre a psicologia da Santíssima Trindade[8].

O texto latino de *Aurora Consurgens* está no Museu Britânico. Uma edição rara de 1625. O título do volume é *Harmoniae Inperscrutabilis etc.*[9]

Espero que esteja bem de saúde e de disposição espiritual.

I remain yours,
C.G. Jung

1. Depois de sua primeira visita a Jung (agosto de 1946), o Padre White escreveu-lhe a respeito de um sonho em que ele e Jung velejavam da Noruega para a Inglaterra. Jung estava ao leme. Com grande velocidade passavam por recifes perigosos, mas não houve nenhuma sensação de medo, "because the wind was taking care of us".

2. Nos sonhos as quatro funções são simbolizadas às vezes por terras e sua situação geográfica.

3. Não foi possível encontrar uma resposta do Padre White. Mas encontramos em J.R. Partington, "Albertus Magnus on Alchemy", *Ambix*, Londres, 1937, vol. I, n. 1, que entre 1272 e 1313 foram publicadas várias proibições papais dos estudos de alquimia aos franciscanos. Apesar das ameaças de penas que iam desde a prisão até a excomunhão, o "escândalo" parece ter continuado.

4. De 8 a 9 de setembro realizou-se em Zurique um congresso da "Zürcher Naturforschenden Gesellschaft" junto com a "Schweizerische Naturforschenden Gesellschaft". Nesta ocasião foi incorporada nesta última uma "secção de psicologia prática".

5. Cf. carta a Anderes, de 22.09.1946, nota 2.

6. Jung falou sobre o tema "O espírito da psicologia", *Eranos-Jahrbuch 1946*, Zurique, 1947. Sob o título "Considerações teóricas sobre a natureza do psíquico", em OC, vol. VIII. O acréscimo mencionado por Jung é o capítulo "O inconsciente como consciência múltipla".

7. Nesta visão, Inácio de Loyola viu a figura de uma serpente; parecia coberta de olhos brilhantes que, no entanto, não eram olhos. Jung interpretou a visão como "um retrato impressionante do inconsciente com suas luminosidades disseminadas". A autonomia dos arquétipos confere-lhes uma qualidade semelhante à consciência que é simbolizada por olhos ou luminosidades no inconsciente. Cf. OC, vol. VIII, par. 395.

8. "A psicologia da ideia da Trindade", *Eranos-Jahrbuch 1940-1941*, Zurique, 1942. Sob o título "Tentativa de uma interpretação psicológica do dogma da Trindade", em OC, vol. XI.

9. Título completo: *Harmoniae inperscrutabilis chymico-philosophicae sive Philosophorum antiquorum consentientium decades duae*, ed. por Johannes Rhenanus, Frankfurt no Meno 1625. A *Aurora Consurgens* figura ali sob o título "Aurora sive Aurea hora", Decas II, p. 175-242. Cf. M.-L. von Franz, *Aurora Consurgens, um documento da problemática alquimista dos opostos, atribuído a Tomás de Aquino, Mysterium Coniunctionis III*, Zurique, 1957.

To Father Victor White
Oxford

18.12.1946

Dear Father White,

Muito obrigado por sua preciosa carta. É um grande consolo saber-se incluído nas orações dos companheiros. O *aspectus mortis*[1] é um assunto extremamente pessoal, quando somos desnudados de todas as coisas na presença de Deus. Nossa totalidade é testada sem compaixão. Um acúmulo de drogas, ainda que necessárias, fez de mim um farrapo completo. Tive de emergir dessa confusão e sou de novo um todo. Ontem tive um sonho maravilhoso: um diamante azulado qual estrela no alto céu refletia-se num pequeno lago, redondo e manso – céu em cima, céu embaixo[2]. A *imago Dei* na escuridão da terra, isto sou eu. O sonho trouxe grande consolação. Já não sou um mar escuro e sem fim de mistério e sofrimento, mas uma parte disso

Ano 1947

num vaso divino. Sou muito fraco. A situação é dúbia. A morte não parece iminente, ainda que uma embolia possa acontecer de novo a qualquer instante. Confesso que tenho medo de um sofrimento duradouro. Parece-me que estou pronto para morrer, mas parece também que ainda bruxuleiam alguns pensamentos poderosos como relâmpagos em noite de verão. Todavia não são meus, eles pertencem a Deus como tudo que é digno de ser mencionado.

Escreva de novo, por favor. O senhor tem uma pureza de propósitos que é benéfica. Muito obrigado pelas atas, são bem interessantes!

Não sei se ainda poderei responder sua próxima carta. Mas tenhamos esperanças.

Gratefully yours,
C.G. Jung

1. Um mês antes, Jung teve uma séria embolia cardíaca. Esta carta foi manuscrita, estando Jung deitado na cama. É a primeira de uma longa série de cartas manuscritas e longas ao Padre Victor White. Como houve um certo afastamento por ocasião da discussão sobre a doutrina da *privatio boni* (cf. carta a White, de 31.12.1949), Jung começou novamente a ditar as cartas a Victor White. Somente as duas últimas cartas, antes da morte de White, foram escritas a mão (29.03 e 30.04.1960). Em seu "Prefácio ao livro de V. White *God and the Unconscious*", 1952, escreveu Jung, ainda que a diversidade de pontos de vista tivesse levado, na época, a dificuldades: "Quando, há muitos anos atrás, expressei o desejo de trabalhar em conjunto com teólogos, não sabia nem sonhava de que maneira e em que medida se realizaria este desejo. [...] Nestes quase cinquenta anos de trabalho pioneiro que se passaram, recebi tantas críticas justificadas e injustificadas que sei avaliar toda tentativa de um trabalho conjunto. A crítica por parte desse lado é construtiva e por isso bem-vinda".
2. As palavras são uma referência ao verso alquimista: "Céu em cima / céu embaixo / estrelas em cima / estrelas embaixo. / Tudo o que está em cima / também está embaixo. / Aceita-o / e alegra-te". Citado de: Atanásio Kircher, *Oedipus Aegyptiacus*, Roma, 1652. Cf. "A psicologia da transferência", em OC, vol. XVI, par. 384.

À Dra. Georgette Boner
Zurique

17.03.1947

Prezada Doutora,

Infelizmente só agora consigo agradecer seu magnífico presente[1]. Estou me recuperando devagar da doença e tive de empurrar para segundo plano a minha correspondência para não me sobrecarregar.

Vou ler o livro nas minhas férias da primavera em Locarno, mas já olhei e admirei as esplêndidas ilustrações. O que me admirou muito foi a empatia com que desenhou no estilo chinês. A lenda chinesa é algo que prezo muito, pois está saturada não apenas de sabedoria da vida, mas também de uma psicologia espontânea e profunda, que brota naturalmente da terra. É simplesmente maravilhoso ver que os chineses cuidam de sua psique como de seus jardins de flores; ao mesmo tempo, porém, atrofiam os pés das mulheres e se entregam a todo tipo de crueldades. Mas também se diz que os astecas, precisamente por causa de sua religião terrivelmente sangrenta, eram as pessoas mais gentis e infantis. Exatamente o contrário do que fazemos com o nosso doce cristianismo!

Também soube que seu pai faleceu com idade bem avançada. Aceite os meus sinceros pêsames.

(C.G. Jung)

1. *Wu Ch'eng-ên. Monkeys Pilgerfahrt. Eine chinesische Legende.* Traduzido do inglês por Georgette Boner e Maria Nils com base na edição de Arthur Wailey, Londres, 1942. Com 76 ilustrações de Georgette Boner, Zurique, 1947.
Desde meados de dezembro de 1946 houve uma pausa na correspondência, devido à embolia cardíaca sofrida por Jung.

Ao Dr. med. Jakob Stahel[1]
Baden (Aargau)/Suíça

17.03.1947

Prezado colega,

Muito obrigado por seu cartão-postal e sua gentil lembrança. Só tenho coisas boas a contar. Sigo diariamente o meu regime: duas horas de trabalho científico pela manhã e, depois do almoço, descanso e mais uma visita. Agora passeio todo dia durante 3/4 de hora. As coisas estão indo melhor, ainda que não estejam maravilhosas. Na quinta-feira que vem vou a Locarno, Hotel du Parc.

Lamento que tenha por lá um tempo desagradável. Eu saio com qualquer tempo e alegro-me com o fato de poder fazê-lo, graças aos esforços do senhor. Espero que esteja se recuperando bem. O descanso também lhe faz bem.

Com os melhores votos, também pelo bem-estar de sua esposa, permaneço sempre agradecido

(C.G. Jung)

1. Dr. med. Jakob Stahel, 1872-1950, médico da família de Jung. Depois da morte do Dr. Jakob, assumiu o cargo de médico da família o filho dele, Dr. Rolf Stahel.

Ano 1947

To Father Victor White
Oxford

Hotel du Parc, Locarno até 10.04.
27.03.1947

My dear Victor,

Como vê, faço uso de sua gentil autorização de chamá-lo pelo primeiro nome. Espero que faça o mesmo e me chame de C.G., que é a designação comum de minha indigna "insignificância". Devo pedir desculpas por deixar sem resposta as suas interessantes cartas. A razão é que estive totalmente mergulhado num artigo que precisei elaborar para uma nova edição. Trata-se daquela questão arriscada sobre a Santíssima Trindade[1]. Minha eficiência ainda é bastante limitada, de modo que devo deixar de lado as outras coisas quando faço algo que exige muita atenção. Terminei agora o artigo. Vai ser publicado num livro com o título *Simbolismo do espírito*. O livro contém o ensaio do Dr. Schärf sobre satanás[2] e dois outros ensaios meus: "Psicologia do espírito" e "O espírito de Mercúrio"[3].

Nesse ínterim li com grande interesse o seu ensaio sobre a revelação[4]. Devo dizer que ele me deu uma nova luz sobre Santo Tomás. Seus pontos de vista são realmente impressionantes. Agora parece bem mais provável que seja ele o autor de *Aurora Consurgens*[5]. Agradeço-lhe o envio de seu ensaio. Se me permite, gostaria de citar alguma coisa dele em meu estudo sobre a Trindade. Acho que seus anjos e demônios são algo maravilhoso. [...]

X. está de fato na pista certa ao suspeitar que a física subatômica está em secreta vinculação com a psicologia. Eu também pairo sobre este ponto e penso constantemente nos fatos e teorias da física. Assim que voltar a Zurique vou reler o seu ensaio e escolher os tópicos que pretendo citar. Será sem dúvida aquele excelente trecho de que a revelação tem mais a ver com uma boa imaginação do que com uma boa moral[6]. Eu diria mesmo que só há um bom profeta quando o demônio agarrou uma de suas pernas. Desculpe! Suponho que o senhor deve ter muito tato em seu ensaio; há algumas facetas bastante escorregadias. Isto se deve evidentemente ao fato de Santo Tomás ser realmente um grande homem, sem considerar a sua santidade.

Estou ansioso pelo verão. O tempo aqui está execrável. Faz dez dias que chove, e nada de sol. Nevou inclusive abaixo da altitude de 900 metros. Em Zurique o tempo é bem melhor. Isto ajudou na concentração de meu trabalho. Não darei conferências em Ascona. A preparação de minha última conferência deu-me muito trabalho[7]. Foi

Ano 1947

agora para a impressão, mas ainda não recebi as provas. Até agora não vi Y., pois estou evitando os pacientes.

Espero vê-lo em Ascona!

Yours cordially,
C. G.

1. Cf. carta a White, de 06.11.1946, nota 8.
2. Cf. carta a Vuille, de 22.02.1946, nota 1.
3. "A fenomenologia do espírito nos contos de fada" (em OC, vol. IX/1) e "O espírito de Mercúrio" (em OC, vol. XIII).
4. V. White, "St. Thomas' Conception of Revelation", *Dominican Studies* I,1, Oxford, 1947. Em forma abreviada: "Anthropologia rationalis (The Aristotelian-Thomist Conception of Man)", em *Eranos-Jahrbuch 1947*, Zurique, 1948.
5. Cf. M.-L. von Franz, *Mysterium Coniunctionis* III (Aurora Consurgens), Zurique, 1957: "As fontes".
6. A passagem soa mais ou menos assim: "Um escândalo ainda maior para a razão ingênua é talvez a afirmação enfática de Santo Tomás de que a revelação profética como tal é independente da moral ou mesmo da santidade pessoal (*De Veritate* 5; I-II, 172, 4). Na profecia não se trata de qualidades morais (*bonitas morum*), diz laconicamente, mas da capacidade da imaginação (*bonitas imaginationis*). Cf. *Psicologia da religião ocidental e oriental*, p. 196, nota 1.
7. Em 1946 Jung deu uma conferência nos encontros Eranos sobre o tema "O espírito da psicologia". Sob o título "Considerações teóricas sobre a natureza do psíquico" foi publicada uma versão ampliada em *Von den Wurzeln des Bewusstseins* (1954) e em OC, vol. VIII.

Ao Prof. Loewenthal
Ramoth-Haschavim/Palestina

11.04.1947

Prezado Professor,

Li com interesse a sua carta. Acho que tem razão ao colocar o conceito de intro e extroversão em relação com todas as possíveis tendências intro e extrospectivas. Minha tipologia baseia-se exclusivamente em dados biológicos. Eu mesmo a coloquei em paralelo com o fato biológico de que a proteção da ninhada é pouca ou nula se houver muitos ovos, mas é muito forte se houver poucos ovos para a continuação da espécie[1]. Se estudarmos a pré-história ontogenética e filogenética da intro e extroversão, chegaremos necessariamente a todas as polaridades que o senhor menciona. Com isso o próprio conceito torna-se sempre mais geral, até perder sua aplicabilidade psicológica. Isto é o que acontece em geral com os conceitos psicológicos. Se forem reconduzidos a seus fundamentos biológicos, tornam-se tão imprecisos que perdem seu sentido psicológico. Com isso não quero afirmar que a recondução dos tipos de consciência aos dados instintivos seja supérflua. O conhecimento dos fundamentos biológicos é indispensável para a compreensão de sua estrutura. Mas como a natureza dos conceitos psicológicos se dirige, por assim dizer, para a frente, isto é, no sentido da enteléquia, seu sentido específico consiste na apreensão dos fatos psíquicos mais complicados. Mas, como já disse, os conceitos psicológicos perdem este sentido se forem vistos numa direção retrospectiva, principalmente no sentido de sua origem. Eles se dissolvem então em condições biológicas extremamente gerais.

Não sei se o senhor conhece a crítica, feita por Jeans[2], à concepção de espaço de Kant. Seja como for, precisaríamos hoje formular de modo diferente do que na época de Kant o apriorismo da chamada categoria espaço. A tridimensionalidade do espaço é uma condição inconsciente que não deve ser confundida com um julgamento *a priori*. Aqui entra a crítica de Jeans, demonstrando que o espaço não pode ser um *julgamento a priori*. A realidade psicológica dele é a de um *arquétipo*, isto é, é tão inconsciente e tão operante quanto este, por isso eu também chamei os arquétipos de "dominantes". Foi exatamente este ponto que mais me interessou em sua carta, pois estou atualmente me ocupando com as categorias *a priori*[3].

Com elevada consideração,

(C.G. Jung)

1. Cf. *Tipos psicológicos*, OC, vol. VI, par. 624.
2. Sir James Hopwood Jeans, 1877-1946, matemático inglês, físico e astrônomo. Professor de Matemática Aplicada em Cambridge e Princeton. Jung refere-se às obras dele, traduzidas para o alemão: *Die neuen Grundlagen der Naturerkenntnis* (1934) e *Physik und Philosophie* (1944).
3. Loewenthal havia escrito a respeito de "dominantes" ou "regularidades condicionantes de formas" às quais atribuía também espaço e tempo e concluía que elas atuavam sobre o acontecer psíquico e sobre os processos corporais.

To Dr. Eleanor Bertine
Nova York

17.04.1947

Dear Dr. Bertine,

Eu me recuperei tão bem de minha doença que já posso fazer meu trabalho científico e aproveitar novamente a vida. Já me sinto quase tão bem quanto antes da doença, mas devo cuidar, quando possível, para não trabalhar demais. Devo viver tranquilamente. Minha doença foi causada sobretudo pelo terrível conflito entre o trabalho prático com os pacientes e meu trabalho científico criativo. Durante minha doença descobri que havia um monte de pensamentos que eu devia ordenar e de cuja existência eu nem sabia. Tento agora acertar o passo com a minha fertilidade inconsciente. Eu me sinto como se fosse a mãe ancestral dos coelhos.

A senhora poderia ter vindo neste verão e também no ano que vem. Nada teria subtraído do nosso racionamento. Se a senhora não comer o que os hotéis na Suíça oferecem, um outro o devorará. Nós de qualquer forma não o receberemos. Mas devo dizer que o nosso sistema de racionamento é muito eficiente e que temos comida suficiente e de boa qualidade.

Eu gostaria de vê-la após tanto tempo. Se vier, deve levar em consideração que não estou mais em condições de me aprofundar nos mistérios de sua psicologia privada, pois o restante de minha força criativa precisa ficar reservado para o meu próprio uso. E isto não é piada. É uma coisa muito séria pecar contra esta lei. Posso responder a perguntas e discutir qualquer assunto, contanto que isto não esgote meus recursos criativos. Quando se faz análise, é preciso fazê-la com aplicação da criatividade. É por isso que evito atualmente a análise pessoal.

Espero que esteja sempre bem de saúde.

Yours cordially,
(C.G. Jung)

Ao Dr. med. Richard Otto Preiswerk[1]
Alexandria/Egito

21.04.1947

Prezado primo,

Muito obrigado por sua interessante carta em que confirma os meus maus pressentimentos sobre o Oriente Próximo[2].

Já me recuperei bem de minha recente doença, mas devo tomar cuidado ainda para não trabalhar demais. Alegrei-me bastante ao saber que você se interessa pelas minhas ideias. Mando-lhe, por intermédio de meu editor, um pequeno livro[3] que contém uma introdução resumida à psicologia do inconsciente. A psicoterapia é uma coisa extraordinária: não se pode aprender de cor algumas receitas e então aplicá-las de forma mais ou menos adequada, mas só se pode curar a partir de um ponto central; e este consiste em entender o paciente como um todo psicológico e tratá-lo como um ser humano, deixando de lado ao máximo todas as teorias e ouvir atentamente tudo o que o doente tem a dizer. Naturalmente, um diálogo profundo e minucioso com ele pode operar maravilhas. É imprescindível que o psicoterapeuta tenha certo autoconhecimento, pois quem não compreende a si mesmo também não vai compreender o outro, e também não poderá agir psicoterapeuticamente se antes não se tiver tratado com o mesmo remédio. Caso contrário nunca saberá o que está fazendo. Não se chega a lugar nenhum com alguns conhecimentos gerais e banais de que a neurose consiste numa sexualidade reprimida ou coisas assim. Uma pessoa como B. não entende nada de psicoterapia. O psicoterapeuta tem de ser um filósofo no sentido tradicional da palavra. A filosofia antiga era um modo de ver o mundo, assim como a conduta humana.

Para as antigas autoridades da Igreja, o próprio cristianismo era uma espécie de sistema filosófico com um respectivo código de conduta. Havia sistemas filosóficos que visavam uma forma gratificante e feliz de vida. A psicoterapia significa algo assim. Ela deve levar em conta sempre a pessoa toda e não apenas órgãos, e por isso deve provir do médico como um todo.

Acredito que se você se aprofundar de alguma forma na minha linha de pensamento, sem considerá-la uma espécie de novo evangelho, aos poucos se abrirá para você uma luz sobre a natureza da psicoterapia. Em sua vizinhança há um francês que parece estar bem a par do assunto. Trata-se de Godel em Ismaília, no Hospital Canal de Suez. Ele me convidou há pouco tempo para passar lá as férias de primavera. Infelizmente o convite chegou muito tarde, e as dificuldades de viagem que você menciona, bem como a precariedade de minha saúde, fizeram com que me decidisse por um lugar mais calmo. Já não sou tão jovem para me arriscar em aventuras. Antigamente o convite teria sido irresistível.

É pena que não possa vir à Suíça este ano. Mas entendo que nas condições difíceis de agora a viagem seria tão desagradável para você como teria sido para mim. É lamentável que tudo tenha de ir por água abaixo, mas as pessoas são tão estúpidas que não merecem destino melhor.

Com os melhores votos e saudações cordiais de seu
(Carl)

1. Dr. med. Richard Otto Preiswerk, nascido em 1884, primo de Jung por parte de mãe, era clínico geral em Alexandria.
2. O destinatário mencionou em sua carta de 01.04.1947 os perigos do nacionalismo exacerbado no Egito.
3. Provavelmente *A psicologia do inconsciente*, 1943 (em OC, vol. VII).

To Father Victor White
Oxford

23.04.1947

My dear Victor,

O senhor é mais consciencioso em escrever cartas do que eu. Fui devorado pelo meu trabalho. Mas agora chegou uma calmaria – muito bem-vinda, aliás! Acabei há pouco o manuscrito sobre *o Simbolismo do espírito*. Vai levar algum tempo até ser impresso. Precisei revisar completamente o meu ensaio "O espírito da psicologia"[1] ("Espírito" significando o mesmo que, por exemplo, em *Esprit des Lois*[2]). Aumentou consideravelmente de tamanho. Entendo perfeitamente que seja difícil compreender meu pensamento nesta primeira versão em forma de rascunho. Acho que concordamos em que o inconsciente é psíquico, isto é, uma espécie de mente. Mas é inconsciente, pois não está associado à consciência do eu, sendo esta a razão de ser "inconsciente". Pode ser consciente para um outro sujeito, para um *alter ego*, mas está de qualquer forma separado do eu. Mas, como indicam seus efeitos, é de natureza psíquica, ou ao menos assim o supomos. Abordei este assunto na nova versão. O ensaio está indo para a impressão agora, e assim que receber as separatas, eu lhe mandarei alguns exemplares.

Fiz um grande esforço para explicar o que entendo por "psíquico". Chamo de "psíquicos" aqueles fenômenos biológicos que apresentam ao menos traços de uma *vontade que interfere no funcionamento regular e automático dos instintos*. Esta formulação levanta um monte de problemas como, por exemplo: Quem é o sujeito dessa vontade? O que é o "saber" em relação aos atos volitivos? Etc. Tratei dessas questões da melhor forma que pude na versão ampliada, de modo que é melhor esperar que ela saia do prelo.

Li novamente o seu maravilhoso ensaio "De Revelatione"[3]. Se o senhor desse um rápido apanhado da psicologia de Santo Tomás no encontro Eranos, nossas expectativas estariam satisfeitas[4]. O senhor precisa entender que o seu público aprecia uma exposição da psicologia medieval, que soa estranha aos nossos ouvidos. Não estamos acostumados a ela, como o estão os seus colegas. Além do mais, um gênio como Santo Tomás, que leva em consideração a ação de anjos e demônios, será recebido com a maior atenção, porque nos dá a chance de entender como um pensador medieval aborda o problema moderno do inconsciente coletivo. Seria suficiente que o senhor adaptasse para a ocasião uma parte de seu ensaio sobre Santo Tomás. As concepções psicológicas de Aristóteles já foram tratadas anteriormente[5]. Como Santo Tomás foi influenciado por Avicena[6], mereceriam certa atenção também os pontos de vista dele.

[...]

O.[7] ainda está dilacerado pelos opostos e encontra-se numa espessa nuvem de inflação. Mas isto traz um grande problema. Já não tenho forças suficientes para assumi-lo eu mesmo. Eu me encontrei com ele. Só posso esperar que, pela graça de Deus, alguma luz o ilumine. Eu sei o que está errado, mas como convencê-lo disso? Ele não o engoliria. Não há motivo de otimismo no caso dele.

Quanto a X., achei que ela daria dores de cabeça cá e lá. Eu também as tive enquanto ela esteve perto de mim. "Deus me livre dos meus amigos", dizia Bismarck. O mesmo digo eu. Mas não ouvi nada dela nos últimos tempos.

Se vier a Zurique antes de Eranos, espero que nos dê o prazer de hospedá-lo da mesma forma como no ano passado.

Yours cordially,
C. G.

1. No encontro Eranos de 1946, Jung proferiu uma conferência sobre "O espírito da psicologia" e que ele reelaborou para o *Eranos-Jahrbuch*. Outra reelaboração aconteceu mais tarde e saiu publicada com o título "Considerações teóricas sobre a natureza do psíquico", em OC, vol. VIII.
2. *Esprit des Lois* (1748). Obra principal do filósofo e historiador francês Charles de Montesquieu (1689-1755).
3. Cf. carta a White, de 27.03.1947, nota 4.
4. O Padre White aceitou a proposta de Jung.
5. Prof. Dr. Walter Wili, "Probleme der Aristotelischen Seelenlehre", *Eranos-Jahrbuch XII*, Zurique, 1945.
6. Avicena (Ibn Sina), 980-1037, filósofo e médico islâmico.
7. Trata-se do destinatário da carta a seguir.

To Mr. O.
Zurique

30.04.1947

Dear Mr. O.,

Tendo estudado o seu material de sonhos e formado uma impressão pessoal sobre o seu estado psíquico atual, cheguei à conclusão de que há algo errado em todo o tratamento de seu caso, apesar de tudo parecer estar em ordem. O fato é que o senhor tem um material tão rico e inquietante que é quase impossível de ser manipulado; eu ao menos não consegui reunir a quantidade de energia necessária para lidar adequadamente com os seus sonhos. Para acompanhá-los alguém precisaria no mínimo de 3 horas por semana.

Como o senhor sabe, o princípio de minha técnica não consiste apenas na análise e interpretação desses materiais que são produzidos pelo inconsciente, mas também em sua síntese pela imaginação ativa[1]. Dessa última ainda não vi nada no senhor. Mas esta é precisamente a "técnica" que parece indicada em sua situação. O senhor não está apenas informado o bastante, mas também é inteligente o bastante para andar um longo caminho na suposição de que eu estou enterrado e de que não existe sob a Lua mutante nenhum analista para o senhor, a não ser aquele que mora em seu próprio coração. Como pode entender, isto não significa que vai analisar e interpretar os seus sonhos de acordo com todas as regras da arte, mas que fará o que em alemão chamamos de "entender-se com o inconsciente". É um procedimento dialético que o senhor executará consigo mesmo com a ajuda da imaginação ativa. Este é o melhor meio que conheço para reduzir uma produção desordenada do inconsciente. Não parece correto que um homem como o senhor dependa ainda de analistas. Também não é bom para o senhor, porque produz sempre de novo uma dissociação muito prejudicial de seus opostos, precisamente do orgulho e da humildade. Será bom para sua humildade se puder aceitar os dons do guia inconsciente que mora dentro do senhor, e é bom para seu orgulho que ele se humilhe a ponto de o senhor poder aceitar o que lhe é dado. Não pretendo comportar-me como se já fosse um defunto. Por isso estou disposto a ajudá-lo em sua tentativa nesta direção, mas recuso, em seu próprio benefício, atormentar-me com o seu material que será de ajuda somente quando o senhor chegar a compreendê-lo por seu próprio esforço. O orgulho é uma coisa maravilhosa quando se sabe como satisfazer as suas expectativas. O senhor nunca se perguntou quem é o meu analista? E, quando chega o final, devemos ser capazes de enfrentar sozinhos, face a face, o inconsciente, para o melhor ou para o pior. [...]

Yours sincerely,
(C.G. Jung)

1. Cf. carta a Keyserling, de 23.04.1931, nota 2. Na psicoterapia aplica-se a imaginação ativa não apenas na superprodução do inconsciente, mas também e sobretudo quando há poucos sonhos, bem como em situações internas, obscuras e aflitivas.

To Mr. O.
Zurique

02.05.1947

My dear O.,

Estou um tanto surpreso que o senhor não tenha aprendido a usar o que eu chamo de "imaginação ativa", uma vez que esta é a segunda parte indispensável de qualquer análise que deseja realmente ir a fundo. Gostaria que o senhor estudasse bem o que escrevi sobre isso em *O eu e o inconsciente*. É verdade que não se escreveu muita coisa sobre o assunto. A maior parte está nos meus seminários. É um assunto muito difícil para ser tratado diante de um público apenas intelectual.

Ano 1947

O sonho[1] de que fala em sua carta é sugestivo neste aspecto: é uma *massa informis*[2] que pretende ser modelada. Ela não deve escorrer pelo ralo, como sempre se espera, mas deve ficar na superfície porque é a *prima materia* de tudo o que o senhor dela fizer. O importante é que comece com qualquer imagem como, por exemplo, com aquela massa amarela de seu sonho. Contemple-a e observe cuidadosamente como a figura começa a desdobrar-se e a mudar. Não tente transformá-la em algo, não faça nada, mas observe quais são as suas mudanças espontâneas. Qualquer figura mental que o senhor contemplar dessa maneira mudará mais cedo ou mais tarde por meio de uma associação espontânea que provoca uma leve alteração da figura. O senhor deve evitar cuidadosamente pular de um assunto para outro. Mantenha-se firme na única figura que escolheu e espere até que ela mude por si mesma. Anote todas essas mudanças e entre eventualmente nela; se for uma figura que fala, diga a ela o que tem a dizer e escute o que ela (ou ele) tem a dizer.

Assim poderá não apenas analisar o seu inconsciente, mas também dará uma chance ao seu inconsciente de analisar o senhor. Assim o senhor criará aos poucos a unidade do consciente e do inconsciente, sem a qual não haverá individuação alguma. Se aplicar este método, então posso às vezes entrar como conselheiro, mas se não aplicá-lo, minha vida não terá serventia para o senhor.

Yours sincerely,
(C.G. Jung)

1. Uma substância amarela cresceu sob as mãos do sonhador. Tentou em vão empurrá-la para dentro do ralo da cozinha.
2. *Massa informis* tem o mesmo sentido de *prima materia* alquimista, a substância básica – na maior parte ainda caótica – do processo de transformação.

À Erna Asbeck
Wuppertal-Vohwinkel/Alemanha

07.05.1947

Prezada senhora,

Sonhos precógnitos só podem ser reconhecidos e verificados como tais quando o acontecimento precógnito realmente ocorreu. Caso contrário, permanece sempre a incerteza. Além do mais, esses sonhos são relativamente raros. Por isso não adianta olhar para o significado futuro dos sonhos. Via de regra a gente se engana.

Com elevada consideração,
(C.G. Jung)

To Mr. O.
Zurique

07.05.1947

My dear O.,

Como eu temia, o seu material é rico demais! Há necessidade de imenso trabalho mental para reduzi-lo.

Sua primeira visão, em que aparece Beatriz, contém um ponto onde lhe posso mostrar como o senhor pode entrar. Beatriz, como figura da *anima*, é sem dúvida uma personificação; isto significa um ser pessoal criado dessa forma pelo inconsciente. O senhor pode estar certo de que sua *anima* escolheu esta forma para mostrar-lhe como ela se parece. Uma Beatriz tão colossal é certamente uma visão inesperada. Em vez de reagir a esta visão espantosa, o senhor se satisfaz em continuar com a sua visão. Mas o natural seria o senhor aproveitar esta oportunidade e começar algum diálogo com sua *anima*. Todo aquele que tem um sentimento natural para essas coisas haveria de aproveitar esta surpresa e colocar-lhe uma ou duas perguntas: Por que ela aparece como Beatriz? Por que ela é tão grande? Por que o senhor é tão pequeno? Por que ela alimenta sua esposa e não o senhor? Etc. Poderia perguntar-lhe também – uma vez que ela é a "mensageira do Graal" – o que significa essa coisa engraçada da laranja? O que significa o anel mágico? O que significam todos aqueles –is? Trate-a como pessoa ou, se quiser, como paciente ou deusa, mas trate-a sobretudo como algo que existe. Além disso, o senhor entra diretamente na influência de sua *anima* nesta visão, e aí está a razão por que ela começa a alimentar sua esposa que fica desnutrida quando senhor sucumbe diante de sua *anima*. Por isso o senhor deve falar com esta pessoa para ver o que ela pretende e para descobrir o seu pensamento e o seu caráter. Se o senhor entrar em sua própria fantasia, esta superabundância de material logo chegará a proporções mais razoáveis. Mas se der livre-curso às suas intuições, será afogado por elas. Preserve sua cabeça e sua própria personalidade contra a multidão dominante de imagens e aspectos. Como já lhe disse, o senhor pode fazê-lo entrando no quadro com suas reações e emoções comuns e humanas. É um bom método tratar a *anima* como se ela fosse um paciente, cujo segredo o senhor quisesse descobrir.

Yours sincerely,
(C.G. Jung)

Ano 1947 ——————

Ao PD Dr. Albert Jung[1]
Villars-sur-Glâne/Suíça

20.05.1947

Prezado colega,

A interpretação da figura da Sofia no contexto em que a mencionei[2] só pode ser feita com os materiais que a própria Antiguidade nos forneceu, e assim a interpretação fica fácil. Ela é a *Sapientia Dei*, conforme aparece no livro da *Sabedoria de Salomão*. A esta Sofia é dedicada a *Hagia Sophia* de Bizâncio. Do nome próprio Sofia derivam os nomes das santas, e também a chamada "má Sofia"[3]. Naturalmente a *Hagia Sophia* ou *Sancta Sapientia* nada têm a ver com as bruxas, mas a chamada "má Sofia" está provavelmente relacionada com a ideia de bruxas, pois a inclemência do tempo era muitas vezes atribuída às bruxas. Não há como relacionar Eva com a Sofia, pois Eva nada tem a ver com magia, mas sim a primeira mulher de Adão, Lilith[4]. Em *Fausto*, o "eternamente feminino" é a *Sapientia Dei*, que é precisamente a Sofia. Não é de admirar pois que estas figuras tenham sempre uma sombra, também a *Sapientia*. Esta sombra seria sua perversão do divino para o mágico escuro. Isto é naturalmente a bruxa ou Hécate, a maga-mor, que, enquanto tricéfala e trissomática, representa o correspondente inferior da Trindade (psicologicamente, a tríade inferior das funções). O senhor encontra uma descrição dessas estranhas superposições trinitárias em minha conferência Eranos, "A psicologia do espírito" (*Eranos-Jahrbuch, 1945*).

Permita-me uma pergunta indiscreta com referência ao seu nome. O senhor é parente do Dr. A. Jung, o ginecologista de St. Gallen? Ele foi meu colega de estudos e amigo.

Com a grande estima do colega
(C.G. Jung)

1. Dr. Albert Jung, 1901-1972, professor de Medicina em Friburgo/Suíça e psicoterapeuta (não era parente de C.G. Jung).
2. Cf. "Tentativa de uma interpretação psicológica do dogma da Trindade", 1942 (em OC, vol. XI).
3. Depois dos três dias de festa dos "santos de gelo" ou "nígidos", 12, 13 e 14 de maio – Mamerto, Pancrácio e Servácio – segue em quarto lugar a "má" ou "fria Sofia". Dr. A. Jung havia perguntado sobre o significado da "má Sofia" e sobre uma possível conexão com a figura da Sofia.
4. *Sohar* I, 34 e III, 12 diz: "Quando Adão ainda jazia sem vida sobre a terra, voavam ao seu redor milhares de espíritos impuros que queriam entrar nele. Deus, porém, afugentou-os, permanecendo apenas Lilith, a 'senhora dos espíritos', que conseguiu prender-se ao corpo de Adão e dele ficou grávida. Só fugiu quando surgiu Eva". Cf. *Mysterium Coniunctionis* II, par. 255. Cf. também Is 34,14. Lutero traduz o termo hebraico Lilith por "cobolde", e a Bíblia de Zurique, por "fantasma da noite". Segundo a tradição talmúdica, Lilith foi a primeira mulher de Adão.

Ano 1947

To Mr. O.
Zurique

20.05.1947

Dear O.,

Muito obrigado pelo belo livro com as tapeçarias!

Os dois animais que estão se dilacerando sob a água representam uma luta dos opostos no inconsciente do senhor. A luta ocorre lá porque não ocorre na sua consciência. Ela configura um uróboro devorando a própria cauda sob a sua anuência; esta é a razão por que o senhor é ainda um bebê e tem uma *anima* tão enorme por causa disso[1]. Mas até mesmo um bebê pode crescer e afirmar-se. E é um fato que os bebês se afirmam. Se o senhor deslizar para dentro de sua *anima*-mãe, começará simplesmente a dormir e, então, os animais podem continuar a dilacerar-se até a eternidade. – Se houver muitos diamantes ou muitas laranjas, trata-se de uma desintegração ou multiplicação do uno. Isto naturalmente está errado, mas deriva do fato de o senhor permitir ser dilacerado. Isto é precisamente o estado-bebê e o dilaceramento. É cômodo sentir-se dependente do mundo todo, mas não é isto que importa. O que importa é que o senhor *não* dependa e que comece a sentir-se como *não* dependente. Sentir-se dependente é puro escapismo. Com uma atitude dessas o senhor está apenas se penalizando e esta é a razão por que não consegue manter-se sobre os próprios pés. O caminho certo é o seu próprio caminho, e o senhor precisa decidir-se a seguir este caminho. Isto o levará a algum lugar. – Não pretendo discutir sonhos com o senhor. Quero vê-lo primeiro fazendo o seu próprio trabalho. Pense em cada palavra que eu disse nesta carta. Talvez isto lhe traga alguma luz.

Yours sincerely,
(C.G. Jung)

1. Numa imaginação ativa apareceu uma mulher gigantesca: "She was a kind of *Mutter Gottes* and I the child. [...] I clung like a baby to her skirts".

À Julia Schmid-Lohner
Biel

20.05.1947

Prezada senhora,

Acho que posso tranquilizá-la quanto à questão de que os dias do Evangelho estariam contados. O Evangelho será lido sempre de novo, inclusive eu mesmo o leio repetidas vezes. A gente o lê com muito mais proveito quando se tem algum discer-

Ano 1947 ─────────────────────────────────────

nimento dentro da própria alma. Mas quem não conhece o seu próprio coração tem os olhos cegos, e eu sempre recomendo o uso de um pouco de psicologia para que possa entender melhor certas coisas como o Evangelho.

Com elevada consideração,

(C.G. Jung)

To Oluf Berntson
Basileia

18.06.1947

Dear Sir,

Muito obrigado pela gentileza de me enviar o interessante livro de Paul Petit[1], que eu não conhecia. Eu o li com o maior interesse. Tenho a mesma convicção que ele, isto é, que há um *telos* em cada comunidade. Mas acrescentaria que este *telos* é a soma dos *tela* individuais. Toda pessoa tem o seu *telos* e, na medida em que procura realizá-lo, é um autêntico cidadão. A comunidade não é nada sem o indivíduo e, se a comunidade consiste de indivíduos que não realizam o seu *telos* individual, então a comunidade não tem *telos* ou um *telos* muito ruim. Eis a razão por que o "conformismo social se transforma em idolatria quando se torna um fim em si mesmo"[2].

Transmita, por favor, ao Dr. Vischer[3] as minhas saudações quando encontrá-lo.

Yours gratefully,

(C.G. Jung)

1. *Résistance spirituelle 1940-1942*, Paris 1947, editado e apresentado por Jacques Madaule, com um poema de Paul Claudel. O livro contém excertos das cartas abertas e de artigos de Paul Petit que haviam sido publicados em *La France Continue*, um periódico clandestino na época da ocupação alemã de Paris. Petit foi denunciado e decapitado em agosto de 1944 em Colônia.
2. "Conformisme social se transforme en idolâtrie, quand il devient fin en soi". Citação de um artigo de Petit, "20 mars 1941", contido no livro acima mencionado. Critica o apelo de Pétain ao povo francês de um "redressement intellectuel et moral".
3. Cf. carta a Vischer, de 10.10.1944, nota 1.

To Erminie Huntress Lantero[1]
Nova York

18.06.1947

Dear Mrs. Lantero,

Desculpe a demora em responder sua carta. Não foi a negligência que me impediu de responder antes.

Ano 1947

O seu dilema ágape-eros é um problema bem interessante. Há na verdade uma grande diferença entre o conceito de ágape e eros. O primeiro tem caráter decididamente intelectual e ético, enquanto o segundo, como eu o emprego, tem muito mais a qualidade de um conceito empírico que formula certos fatos observáveis psicologicamente. É evidente que não fui eu que inventei o termo eros. Encontrei-o em Platão. Mas nunca teria usado este termo se não tivesse observado fatos que me indicaram como usar este conceito platônico. Em Platão, eros é ainda um *daimonion* ou *daemonium* naquele crepúsculo característico em que os deuses começaram a mudar para conceitos filosóficos durante o correr dos séculos. Como sou totalmente empírico, nunca empreguei um conceito filosófico por causa dele mesmo. Para mim eros era uma palavra que designava algo real e observável, e nada mais. Quando tentei formular a linha mestra da atitude masculina em geral, topei com o termo *logos* que me pareceu a palavra adequada para os fatos observados. O mesmo aconteceu quando tentei formular a atitude da mulher em geral: encontrei a palavra eros[2]. Sendo *logos* um elemento intelectual, tem naturalmente o caráter de discriminação que é a base essencial de qualquer julgamento intelectual. Eros, por sua vez, é um princípio de relação; e como eu queria usar um termo característico para relação, foi a palavra eros que se apresentou naturalmente. Esta expressão eu não a tomei de ninguém. Eu a tomei do meu vocabulário e expliquei em muitas palavras o que eu entendia por ela, isto é, um princípio de relação. Tomei este termo e não ágape, porque relação é uma propriedade natural da psique humana, mas ágape não é. É um conceito ético muito específico. Eros não é nada disso. Este é o motivo por que encontramos, como o senhor diz, eros não apenas na religião chinesa antiga, mas também em muitas religiões primitivas.

Como minha psicologia toda deriva da experiência imediata com pessoas vivas, é natural que meu conceito de eros também se tenha originado de experiências imediatas. A minha experiência é em primeiro lugar médica, e só após muitos anos comecei a estudar religião comparada, bem como a psicologia dos primitivos, em parte em contato direto com eles. Mas tudo isso foi posterior e apenas consubstanciou o que já havia encontrado nos indivíduos modernos. Não há nenhuma coisa em minha psicologia que não seja consubstanciada essencialmente por experiências genuínas.

Ao que sei, esta ideia do eros não foi antecipada na literatura moderna simplesmente porque ninguém mais a baseou na observação direta.

Sincerely yours,
(C.G. Jung)

1. O cabeçalho da carta da destinatária: "Religion in Life. A Christian Quarterly", Editorial Offices, New York.
2. Sobre o tema eros e logos, cf. "A mulher na Europa", 1927, em OC, vol. X.

Ao Pastor Werner Niederer
Zurique

23.06.1947

Prezado Pastor!

Foi muito gentil de sua parte escrever-me carta tão longa. Gosto de ouvir as reações de meu público, caso contrário sou acometido facilmente pela sensação de isolamento no mundo intelectual contemporâneo.

Só posso concordar com as suas ideias[1]. No ano passado encontrei-me com um dominicano inglês[2] que admitiu espontaneamente que *tudo* dependia de a Igreja poder acompanhar o desenvolvimento da psicologia moderna, ou não. Fiquei surpreso ao ouvir isto de um teólogo *católico*. Eu não teria ido tão longe. Parece-me, no entanto, que seria conveniente que a teologia tomasse ao menos conhecimento da existência do inconsciente. Isto lhe seria facilitado por meio de Agostinho: "Noli foras ire, redi ad te ipsum, in interiore homine habitat veritas"[3]. Seria preciso entender de uma vez por todas que há uma *existência psíquica objetiva* e que a explicação psicológica não é necessariamente psicologização, isto é, subjetivização. A concepção do que é dogma precisa ser revista. Certa vez eu disse ao falecido Dr. Temple, arcebispo de Canterbury, que na "Doctrine of the Church of England" o dogma do nascimento virginal estava clausulado e, por isso, tornado duvidoso. Torna-se, pois, mais difícil um entendimento concretista, e assim deve ser, pois "espírito" não é *materia cruda*, mas ar, fogo e éter, *volatile volatilior*[4], uma *quinta essentia*. O dogma é *credibile quia ineptum*[5]. Para sua mera subsistência deve ser entendido "typice" ou, em palavras modernas, *arquetipicamente*. Em nosso exemplo, a Virgem = *anima quae non novit virum*[6]. Ela não concebe de homem, mas concebe o próprio Deus do próprio Deus. Isto me parece melhor e mais compreensível, pois isto se pode observar e experimentar.

Vistos assim, os dogmas recebem nova vida, inclusive a controvérsia sobre a *homoousia*[7] torna-se viva outra vez. Nos próximos dias entra em impressão o meu livro *O simbolismo do espírito*. Ali são abordadas questões de dogmática.

Em seu ofício de pastor, não pode pensar alto, por consideração aos fracos. Mas é preciso saber que os símbolos, mesmo não sendo entendidos discursivamen-

Ano 1947

te, exercem efeito sobre as almas simples. Também nós, médicos, temos de falar a linguagem comum com muitos de nossos pacientes.

Com elevada consideração,
C.G. Jung

1. Na opinião do Pastor Niederer, a Igreja deveria levar mais em consideração a psicologia de Jung.
2. Padre Victor White.
3. Não vás para fora, volta para ti mesmo, a verdade mora no interior do homem (Santo Agostinho, *Liber de vera religione*). Epígrafe do ensaio de Jung "Tentativa de interpretação psicológica do dogma da Trindade".
4. Mais volátil do que o volátil.
5. Digno de fé, porque absurdo.
6. Alma que não conheceu homem.
7. Ario de Alexandria († 336) negou que o Pai e Cristo fossem da mesma substância (*homoousia*) e em vez disso defendeu a substância semelhante (*homoiousia*). Nos Concílios de Niceia (325) e Constantinopla (381) foi condenado o arianismo e definida como verdade de fé a identidade de substâncias no Pai e no Filho. Cf. o capítulo "As disputas teológicas na Igreja antiga", em *Tipos psicológicos* (OC, vol. VI).

Ao Dr. Erich Neumann
Tel Aviv/Palestina

01.07.1947

Prezado colega,

Ao ler o primeiro volume de seu livro[1], o único termo que me chocou foi o chamado "complexo de castração". Considero este termo não apenas como um erro estético, mas também como uma supervalorização errônea dos simbolismos sexuais. Trata-se nesse complexo do arquétipo do sacrifício, um termo mais abrangente e que leva em consideração o fato de que para o primitivo o sexo não tinha o significado que tem para nós. No caso da psicologia primitiva temos de considerar sempre que a procura de comida, ou a fome, tem um papel às vezes decisivo. Por isso os símbolos de sacrifício nunca são apenas castrações ou derivados delas, o que fica bem claro quando analisamos os tabus que têm um sentido óbvio de sacrifício. A tabuização de palavras ou sílabas, por exemplo, só pode ser derivada da castração de modo forçado. Devemos, antes, considerar a castração real ou pretensa no sentido do arquétipo do sacrifício, a partir do qual é mais fácil compreender todas essas formas variadas. Para meu gosto, a expressão complexo de castração é muito concretista e, por isso, unilateral, ainda que seja aplicável a toda uma série de fenômenos. Mas eu teria evitado tudo o que pudesse dar a aparência de derivar fatos psíquicos de um instinto

Ano 1947 ───

determinado. Devemos colocar no início a essência do psíquico como, um fenômeno *sui generis* e entender os instintos como estando numa relação especial com ele. Se não agirmos assim, toda diferenciação psíquica será no fundo "nada mais do que"...! O que fazer então com um Orígenes castrado?[2]

Este é o único ponto que eu questiono. De resto, devo dizer que admiro profundamente sua exposição clara e repleta de boas ideias. Falei com Rascher, e ele está disposto a assumir a edição, mas só no próximo ano, por razões comerciais. Espera-se uma queda inevitável dos preços e, por isso, todos os editores estão indecisos. Se eu tiver alguma novidade, eu o informarei de imediato. Darei agora uma olhada mais atenta nos seus escritos menores[3], pois existe a possibilidade de Rascher publicá-los numa coletânea. Mas isto ainda não está bem-definido. Por aí pode ver que, estando as coisas melhor para o meu lado, estou trabalhando por seus interesses e fazendo o que posso para facilitar a publicação. No meio de tantas outras coisas não é tão fácil.

Entrementes, saudações cordiais,

(C.G. Jung)

1. A primeira parte de *Ursprungsgeschichte des Bewusstseins*, Zurique, 1949, em manuscrito.
2. Orígenes, em torno de 185-253. Realizou a autocastração levando ao pé da letra a palavra bíblica em Mt 19,12. Considerações psicológicas sobre o sacrifício de Orígenes, ver *Tipos psicológicos*, 1930 (OC, vol. VI, par. 18s.). Cf. carta a Neumann, de 19.07.1947.
3. Não foi possível identificar a obra. Provavelmente estava entre esses escritos uma primeira redação de *Tiefenpsychologie und neue Ethik*, Zurique, 1949.

To Dr. M. Esther Harding
Nova Iorque

08.07.1947

Dear Dr. Harding,

Finalmente terminei de ler o seu volumoso manuscrito[1]. Tomei a liberdade de fazer nele algumas observações a lápis. [...]

A senhora reuniu praticamente toda a experiência analítica. Por isso o seu tratado será um instrumento valioso nas mãos do analista clínico. Fiquei particularmente surpreso com sua maneira magistral de tratar os problemas difíceis do processo da individuação e as complicações do simbolismo alquímico. O seu livro é um estudo extraordinariamente claro da psicologia analítica. A senhora tem uma incrível veia pedagógica, o que torna o livro acessível até a pessoas de inteligência média ("média", mas nem por isso rara!). Meus parabéns!

Yours cordially,
C.G. Jung

P.S. Não conheço T.S. Eliot. Se a senhora acha que este livro é de valor, então nada tenho contra a poesia[2]. Tenho meus preconceitos contra todas as formas de arte moderna. Na maioria dos casos é mórbida e ruim.

Lamento que não tenha podido atravessar o oceano este ano. Apesar de me sentir mais ou menos bem de novo, considero sempre mais a existência como algo provisório e sinto agora muitas vezes que estou fazendo determinada coisa pela última vez. Isto tem um tom peculiar. Depois de tantos anos, aconteceu pela primeira vez que não pude plantar minhas batatas e meu milho; o joio tomou conta da terra preta, como se o proprietário já não existisse. As coisas e a vida exterior passam por mim e me deixam num mundo de ideias que não são do mundo e num tempo medido em séculos.

Estou contente que a senhora e outros mais levem adiante um trabalho que eu comecei em tempos passados. O mundo precisa disso com urgência. Parece que se chega a uma demonstração geral quando se coloca a questão se o ser humano atual tem consciência suficiente para lidar com os seus demônios ou não. No momento presente parece uma batalha perdida. Não teria sido a primeira vez que a escuridão desabou sobre toda uma civilização, e Mestre Eckhart ficou enterrado por mais de 600 anos. Navios de 1.500 toneladas foram construídos de novo apenas 1.700 anos depois, e o correio começou a funcionar na Europa apenas na segunda metade do século XIX como funcionava no tempo dos romanos. A Suíça tornou-se uma ilha de sonhos no meio de ruínas de morte. A Europa é um cadáver em decomposição. Por volta do fim do Império Romano havia tentativas e ideias semelhantes às minhas. [...]

1. *Psychic Energy. Its Source and Goal* (1948), com um prefácio de C.G. Jung.
2. Segundo informação da Dra. Harding, tratava-se de *Murder in the Cathedral* ou de *The Waste Land*, que ela recomendou ou enviou a Jung.

À Dra. Jolan Jacobi
Zurique

08.07.1947

Prezada e distinta senhora!

[...]

Devo confessar que fui contra o "Instituto C.G. Jung" só pela aversão de colocar em evidência o meu nome[1]. Mas isto pode ser mudado. Não é fácil acostumar-se à ideia de que "C.G. Jung" não designa apenas a minha pessoa privada, mas também uma coisa objetiva. Seu artigo é excelente[2]. Onde conseguiu todas essas informações interessantes? Suas várias vocações são realmente notáveis. Em breve posso dizer

Ano 1947

com Schopenhauer: *legor et legar* (lerei e serei lido). Esforço-me para não fazer nada. Gostaria que também a senhora tivesse sossego.

Cordialmente,
C.G. Jung

1. O Instituto C.G. Jung foi criado em abril de 1948 (Discurso de Jung em OC, vol. XVIII). J. Jacobi participou ativamente na elaboração dos estatutos. Jung teria preferido a denominação "Instituto de Psicologia Analítica" ou "Instituto de Psicologia Complexa".
2. J. Jacobi, "Die Tiere bei der Christgeburt", *Du*, agosto de 1947, Zurique.

A Hermann Berger
Stuttgart

12.07.1947

Prezado senhor,

Lamento estar atrasado com a minha resposta. A doença me impediu de cuidar da correspondência.

Quanto à sua pergunta sobre minha posição diante do budismo, posso dizer que ele significa para mim quase a mesma coisa que o cristianismo. Só que é um pouco mais antigo e menos indicado para as pessoas do Ocidente.

Com elevada consideração,
(C.G. Jung)

A Günther Däss
Stuttgart

12.07.1947

Prezado senhor,

Sua posição de que procedo exclusivamente de modo indutivo é correta. Sou um empírico e não um filósofo. Se o senhor chama de metafísicos os seus pontos de vista, acredito que haja um pequeno erro. Eles são no fundo também constatações empíricas, pois não poderia tirar semelhantes conclusões se não tivesse uma experiência bem precisa da natureza alemã[1]. [...]

No que se refere ao "centro", o senhor tem razão; os pares de opostos da psicologia alemã deslocaram-se para os extremos porque o centro foi perdido. Este centro foi produzido indiretamente por uma fraude infernal através da figura do *Führer*. Isto acontece naquelas sociedades em que se perdeu o centro espiritual. Somente neste centro espiritual existe uma possibilidade de salvação. O conceito de centro foi designado como Tao pelos chineses, e que os jesuítas da época traduziram por Deus. Este centro está em toda parte, isto é, em cada pessoa, e quando o indivíduo não possui o centro ele contagia todas as pessoas com esta doença. Então os outros também perdem o centro. *Deus est circulus cuius centrum est ubique circumferentia vero nusquam*[2].

Com elevada consideração,

(C.G. Jung)

1. Günther Däss havia escrito sobre as razões que estão por trás da situação psíquica da Alemanha de então. Ele achava que a culpa do povo alemão estava num "abandono do centro".
2. Cf. carta a Frischknecht, de 08.02.1946, nota 8.

Ao Pastor Dr. Walter Uhsadel
Alemanha

12.07.1947

Prezado Pastor,

Fiquei muito satisfeito ao ter novamente notícias suas após tão longo tempo. Estou curioso para ver o seu livro[1] que prometeu enviar-me. Ainda não vi o livro de Thurneysen, *Lehre von der Seelsorge*, mas, agora que o senhor me chamou a atenção para ele, vou dar uma olhada. Seria para mim uma grande surpresa se proviesse da teologia dialética[2] alguma coisa de interesse prático para as pessoas. Nunca consegui estabelecer qualquer contato com esta teologia e sempre ficou obscuro para mim em que consistiria propriamente o diálogo. Parece-me que não existe. Tenho mais afinidade com os adversários da teologia dialética e também com os teólogos católicos, fato que julgo bem interessante. Ocupei-me um pouco com os Padres da Igreja, sobretudo com os heresiólogos. Minha experiência médica me levou a dedicar-me sempre mais ao simbolismo cristão, e nisto os Padres da Igreja foram de grande ajuda. Faz pouco tempo que entreguei à gráfica um livro intitulado *Simbolismo do espírito*; nele se encontra muita coisa que pode e deve interessar aos teólogos. Mas, como é praxe entre nós, levará bastante tempo até o livro ser publicado.

Se tiver oportunidade de vir à Suíça, ficarei muito feliz em revê-lo. Se encontrar a Dra. Froboese[3], transmita-lhe, por favor, as minhas lembranças.

Com elevada consideração,

(C.G. Jung)

Ano 1947

1. O Pastor Uhsadel mencionou em sua carta o título *Umweg zur Kirche*. O livro não foi publicado.
2. A teologia dialética defendia a opinião de que só era possível falar da natureza da fé em Deus e em Cristo mediante um discurso e uma réplica. Jesus Cristo era a "palavra" pela qual o Deus desconhecido, porque "totalmente outro", tinha falado à humanidade.
3. Dra. med. Felicia Froboese-Thiele, psicoterapeuta em Hamburgo, faleceu em 1971. Obra, entre outras: *Träume, eine Quelle religiöser Erfahrung?*, Göttingen, 1957. Prefácio de Jung, em OC, vol. XVIII.

A Heinz E. Westmann[1]
Londres

12.07.1947

Prezado Senhor Westmann,

Agradeço sua carta e as novidades sobre a "Present Question Conference". O tema de sua conferência é de fato muito atual: *What is the critical problem in human relationships today?* As relações humanas estão hoje ameaçadas pelos sistemas coletivos, sem mencionar que elas ainda apresentam, ou sempre apresentaram, uma condição duvidosa e insatisfatória. Os sistemas coletivos, denominados partido político ou Estado, atuam destrutivamente sobre as relações humanas. Mas podem também ser facilmente destruídos, porque os indivíduos ainda estão num estágio de inconsciência que não consegue assimilar o estupendo crescimento e a fusão das massas. Como o senhor sabe, o maior esforço dos estados totalitários destina-se a minar as relações pessoais através do medo e da desconfiança, para que surja uma massa atomizada onde a alma humana seja completamente sufocada. Até mesmo a relação entre pais e filhos, que é a mais íntima e natural, é rompida pelo Estado. Todas as grandes organizações, que perseguem exclusivamente fins materialistas, são as precursoras da massificação. A única possibilidade de deter esse processo é o desenvolvimento da consciência do indivíduo. Assim torna-se imune à sedução das organizações coletivas. Só assim fica preservada sua alma, pois ela se baseia no relacionamento humano. O acento deve recair sobre a personificação consciente e não sobre a organização estatal. Esta conduz inevitavelmente à catástrofe do totalitarismo.

Neste sentido desejo pleno sucesso à sua iniciativa. Escrevo estas coisas ao invés de uma saudação especial, e deixo-lhe liberdade para fazer o uso que lhe aprouver dessa carta.

Cordiais saudações,

(C.G. Jung)

1. Dr. Heinz Westmann, psicólogo analítico, emigrou para a Inglaterra; desde 1955, nos Estados Unidos.

Ano 1947

Ao Dr. Erich Neumann
Tel Aviv/Palestina

19.07.1947

Prezado colega!

O que eu puder fazer por seus trabalhos, que são de grande valor, eu o farei com muito prazer. Infelizmente tudo acontece com grande atraso devido à minha doença que me custou praticamente meio ano. Na velhice o tempo urge e os anos vão diminuindo cada vez mais, isto é, percebe-se agora palpavelmente: *utendum est aetate, cito pede labitur aetas – Nec bona tam sequitur quam bona prima fuit*[1].

Não posso contestar a justificação do termo "complexo de castração"[2] nem tampouco seu simbolismo, mas devo negar que "sacrifício" não seja um símbolo[3]. No sentido cristão ele é inclusive um dos símbolos mais importantes. A etimologia não é bem clara: há tanto de *offerre*, quanto de *operari*. "Sacrifício" (em alemão, *Opfer*) é ativo e passivo: tanto se pode oferecer um sacrifício quanto ser um "sacrifício" (vítima). (Ambos os aspectos estão presentes no simbolismo da missa.) O mesmo acontece no *incesto*, por isso tive de complementá-lo com o conceito de *hierosgamos*. Assim como o par de conceitos "incesto-hierosgamos" descreve a situação toda, o mesmo acontece com "castração-sacrifício". Por motivo de cautela, poderíamos dizer símbolo-castração, em vez de complexo-castração? Ou *motivo*-castração (como motivo-incesto)?[4]

O senhor ainda precisa passar pela experiência de ser malcompreendido. As possibilidades superam todos os conceitos. Talvez fosse bom que o senhor inserisse no texto uma breve explicação sobre o aspecto positivo e negativo do símbolo, e logo no começo, quando fala do complexo de castração.

Espero que consiga vir à Suíça. Atualmente estou gozando as minhas férias absolutamente necessárias em minha torre no Lago Superior. Nosso Clube quer fundar um "Instituto C.G. Jung de Psicologia Complexa". Os primeiros passos já estão sendo dados. A Senhora Jaffé será a secretária. Ela escreveu um trabalho maravilhoso sobre E.T.A. Hoffmann que eu também publicarei em meus "Psychologische Abhandlungen"[5].

Estou indo bastante bem, mas sinto o peso dos 72 anos.

Saudações cordiais,
C.G. Jung

---

1. Aproveitemos o tempo, o tempo corre a passo rápido – e aquele que vem não é tão bom quanto o que se foi. Ovídio, *Ars Amatoria*, 3,65s.

Ano 1947 ───

2. Cf. carta a Neumann, de 01.07.1947.

3. Jung explica todo sacrifício autêntico, isto é, o dar sem segundas intenções, como símbolo de um autossacrifício, em que a pessoa passa de oferente a ofertado. Cf. para isso o capítulo "Sobre o significado psicológico do sacrifício", em OC, vol. XI, par. 376s.

4. Neumann acatou a sugestão de Jung. Cf. sua obra *Ursprungsgeschichte des Bewusstseins*, Zurique, 1949, p. 68, nota: "Para evitar mal-entendidos, fique claro que toda vez que falamos de castração deve-se entender o símbolo da castração, e não um complexo personalista de castração, isto é, adquirido na infância individual através de uma ameaça e que se refira concretamente aos genitais masculinos [...]".

5. A. Jaffé, "Bilder und Symbole aus E.T.A. Hoffmanns Märchen 'Der Goldne Topf'", em Jung *Gestaltungen des Unbewussten = Pshychologische Abhandlungen* VII, 1950.

Ao Pastor Werner Niederer
Zurique

Bollingen, 05.08.1947

Prezado Pastor!

Agradeço as congratulações pelo meu aniversário! Peço que transmita o meu agradecimento também à sua esposa. Seu sermão sobre Deus é de fato atual. Ele exige (implicitamente) a tarefa extremamente difícil do *seguimento* de Cristo (o que não é o mesmo que *imitação* de Cristo[1]); esta exigência *é* a reivindicação de Deus aos homens. Mas "quem está perto de mim está perto do fogo"[2], e onde Deus está mais perto aí o perigo é maior. O homem de hoje é ainda excessivamente infantil, e nisso está o grande perigo e o constante estímulo de a concepção teológica também ser infantil. Há que haver prudência. A subida ao Montblanc requer muitos passos pequenos. Mas é preciso começar.

Saudações cordiais,
C.G. Jung

1. Sobre a ideia do seguimento de Cristo, de Jung, cf. *Psicologia e alquimia*, 1952 (OC, vol. XII, par. 7s.).

2. Cf. carta a Corti, de 30.04.1929, nota 5.

À Aniela Jaffé
Zurique

10.08.1947

Querida Aniela,

Agradeço de coração a sua resposta à minha "Trindade"; não poderia imaginar resposta mais bela. É uma reação "total" que teve efeito "total" também sobre mim.

A senhora retratou perfeitamente a imagem que eu coloquei em meu trabalho. Nesta sua carta tornou-se claro novamente para mim quanto se perde quando não se recebe resposta, ou uma resposta apenas fragmentária, e quanta alegria se tem quando acontece o contrário, ou seja, uma ressonância criativa que produz ao mesmo tempo o efeito de uma revelação da natureza feminina. É como derramar num cálice precioso o vinho que ficou maduro e bom após muito esforço, suor, cuidado e preocupação. Sem este recipiente e acolhimento, a obra do homem permanece uma criança delicada que se contempla com olhar duvidoso e se solta no mundo com incerteza interior. Mas quando se abre uma alma para a obra, é como se uma semente descansasse em boa terra, ou como se as portas de uma cidade fossem fechadas à noite, de modo que se possa gozar de repouso seguro.

Agradeço muito.

Cordialmente,
C.G. Jung

To Prof. B.V. Raman[1]
Bangalore/Índia

06.09.1947

Dear Prof. Raman,

Ainda não recebi a revista *The Astrological Magazine*, mas respondo assim mesmo à sua carta.

Se deseja minha opinião sobre astrologia, posso dizer-lhe que me interesso há mais de 30 anos por esta atividade específica da mente humana. Como psicólogo, interesso-me sobretudo pela luz especial que o horóscopo lança sobre determinadas complicações do caráter. Nos casos de um diagnóstico psicológico difícil, procuro muitas vezes um horóscopo para obter um outro ponto de vista, de um ângulo totalmente diferente. Devo dizer que constatei várias vezes que os dados astrológicos elucidaram certos pontos que eu não teria entendido de outra forma. Com base nesta experiência deduzi que a astrologia é de interesse especial para o psicólogo, uma vez que ela contém uma espécie de experiência psicológica que chamamos "projeção" – isto significa que encontramos os fatos psicológicos como que nas constelações siderais. Disso se originou a ideia de que esses fatores derivavam dos astros, ainda que eles estejam em mera relação de sincronicidade com eles[2]. Acredito que isto seja um fato bem curioso que lança uma luz peculiar sobre a estrutura da mente humana.

Ano 1947 ───────────────────────────────

O que falta na literatura astrológica é sobretudo o método estatístico, mediante o qual poderiam ser estabelecidos cientificamente certos fatos fundamentais.

Espero que esta resposta satisfaça a sua pergunta.

Yours sincerely,
(C.G. Jung)

1. O cabeçalho da carta é este: "Raman Publications, Proprietor B.V. Raman; *The Astrological Magazine* (India's Leading Cultural Monthly)".
2. Mais tarde, Jung modificou duas vezes esta concepção. Cf. carta a Jaffé, de 08.09.1951, nota 2, e carta a Bender, de 10.04.1958.

A Udo Rukser[1]
Quillota/Chile

06.09.1947

Prezado senhor,

Sua suposição de que o prolongamento da cruz para baixo signifique um predomínio do inconsciente faz sentido. Sempre considerei esta função como um movimento para cima da tríade, que está em conexão com o símbolo cristão da Trindade, isto é, com o predomínio da chamada "tríade superior"[2], representando o espírito. Quanto mais forte a manifestação do espírito, maior é o perigo de identificar-se com a consciência. E neste caso sobrevém o que o senhor corretamente supõe, isto é, uma ênfase compensadora do inconsciente.

O senhor também tem razão ao supor que uma orientação unilateral da consciência sempre leva a uma contrarreação. Quanto maior a ameaça da massificação, mais forte ficará por sua vez a ênfase do indivíduo. O fato, por exemplo, de que nossa época descobriu realmente o inconsciente já pertence a este capítulo, sobretudo o estudo da psicologia que inicialmente parecia um assunto exclusivamente subjetivo. Mas com a psicologia a pessoa real torna-se um problema, isto é, o indivíduo, pois não existem outras pessoas que não os indivíduos. Neste movimento, objeto de interesse por parte do grande público, há uma tentativa de combater a massificação e o totalitarismo dela resultante. O interesse na psicologia tem a inevitável consequência de fortalecer a consciência individual, o que, segundo a experiência, é o melhor instrumento contra a influência devastadora da psique massiva. Se este movimento vingar e assumir maiores proporções, controla-se a fechadura da maior ameaça à nossa civilização. Mas se esta reação não tiver êxito, temos que contar no futuro com outras catástrofes inevitáveis, pois o homem massificado significa catástrofe massificada. O maior perigo de hoje são os países massificados como a Rússia e a América. Mas a história mostra que tais formações monstruosas são em geral de curta duração. Isto ao menos é uma esperança!

Saudações cordiais,
(C.G. Jung)

1. No cabeçalho da carta de Ruksen lia-se: "Deutsche Blätter. Für ein europäisches Deutschland, gegen ein deutsches Europa. Quillota, Chile". Sua pergunta referia-se à mudança da forma isósceles da cruz numa cruz com a parte inferior mais longa, introduzida pelo cristianismo.
2. A "tríade superior" implica uma "tríade inferior", que foi descrita na alquimia como uma tríade feminina ou ctônica e como "contrapartida da Trindade", um "espelho das forças superiores no inferior" ou que significa a metade ctônica da divindade. A representação figurada se deu, por exemplo, como a serpente tricéfala de Mercúrio (*serpens Mercurialis*). Cf. OC, vol. XIII, par. 217 e vol. XIV/2, par. 309.

To Dr. G.H. Mees[1]
Wassenaar/Holanda

15.09.1947

Dear Dr. Mees,

Lamento profundamente que foi impossível responder suas três cartas desses últimos anos[2]. Primeiramente, estávamos cercados de todos os lados pelos nazistas e, depois, fui acometido por duas graves doenças que me impediram de colocar em dia minha enorme correspondência. Por isso estou atrasado também com a resposta de sua última carta que ficou quase que soterrada pela neve.

Pensei muitas vezes no senhor e fiquei preocupado em saber que passou por dificuldades. Espero que esteja plenamente recuperado.

Fiquei muito interessado em suas notícias sobre o Maharshi[3]. Entendo perfeitamente que ficasse irritado com minhas críticas do ponto de vista muito ocidental sobre um fenômeno como o Maharshi. Considero bem infeliz a vida de um homem, vivida em perfeito equilíbrio durante 65 anos. Estou satisfeito por não ter escolhido viver tal milagre. Isto é tão inumano que não vejo a menor graça nisso. É sem dúvida maravilhoso, mas pense bem: ser maravilhoso ano após ano! Além disso, acho muito mais aconselhável em geral não se identificar com o si-mesmo. Certamente aprecio o fato de que este modelo seja de grande valor pedagógico para a Índia. No momento atual esse exemplo maravilhoso de equilíbrio seria mais necessário no Punjab, ou em Calcutá, ou nos respectivos governos do Hindustão e Paquistão[4].

Quanto ao livro de Zimmer, não tive nenhuma influência em sua publicação; apenas o levei ao meu editor suíço. Portanto não sei como o texto veio a lume, nem conheço os seus defeitos. Devo deixar toda a responsabilidade ao meu amigo Zimmer que era grande admirador do Maharshi.

Quando nos encontramos em Trivandrum[5], tive a impressão de que o senhor me apresentou o seu amigo Raman Pillai como um discípulo remoto de Sri Ramana[6]; é pena que tenha sido um erro. Mas isto não importa muito, pois a coincidência básica da maioria das doutrinas indianas é tão espantosa que pouco significa se o autor se chama Ramakrishna, Vivekananda ou Sri Aurobindo etc.

Espero apenas que não coloque demais em perigo sua saúde. Viver ininterruptamente por seis meses numa sauna deve ser terrível. Ficaria muito grato se me contasse oportunamente alguma coisa sobre as atividades diárias do Maharshi. Gostaria de saber em que consiste sua autorrealização e o que ele realmente fez. Este negócio de sair de casa etc. nós o encontramos também em nossos santos! Mas alguns deles realizaram alguma coisa concreta, mesmo que tenha sido uma cruzada, um livro ou o *Canto di sole*.

Quando estive em Madras, poderia ter-me encontrado com o Maharshi, mas naquele tempo estava tão imbuído da atmosfera hindu da sabedoria irrelevante e do maya óbvio deste mundo que nem mesmo doze Maharshis, um sobre o outro, me teriam impressionado. Eu estava completamente extasiado, e o pagode negro de Bhubanesvar me havia tirado o fôlego[7]. A Índia é maravilhosa, única; e eu gostaria de poder estar uma vez mais em Cape Camorin e tomar conhecimento de novo que este mundo é uma ilusão insanável. Isto é uma visão muito útil e salutar, pressupondo-se que não é preciso viver dia após dia neste mecanismo maldito e nesta realidade inconteste que atua exatamente como se fosse real.

Mando esta carta para o endereço que me forneceu na Holanda, esperando que ela lhe seja reendereçada se já tiver viajado.

Yours sincerely,
(C.G. Jung)

---

1. Gualthernus H. Mees, sociólogo holandês e discípulo de Sri Ramana Maharshi, fundou um Ashram em Markala (Travancore). Jung encontrou-o na Índia.

2. As duas primeiras cartas datam dos anos 1944 e 1945; a última era de fevereiro de 1947.

3. Jung foi o editor do livro de Heinrich Zimmer, *Der Weg zum Selbst. Lehre des Indischen Heiligen Shrî Ramana Maharshi aus Tiruvannamalai*, Zurique, 1944 (Zimmer havia morrido em 1943). A contribuição de Jung "O santo hindu" está também em OC, vol. XI. Quando Jung esteve na Índia (1938), não visitou Sri Ramana; dá os motivos em seu ensaio.

4. Depois da declaração da independência da Índia, julho de 1947, e da separação entre Índia e Paquistão, houve agitações sangrentas.

5. Em 1938, Jung deu duas conferências na Universidade de Trivandrum, capital da província de Travancore.

6. Em "O santo hindu", escreveu Jung sobre este discípulo, um professor de escola primária: "Meu pequeno santo tinha, em relação ao grande (Santo Antão), a vantagem de ter de alimentar numerosa prole. [...] Seja como for, nesta figura humilde, amável e piedosa como uma criança, encontrei um homem que sorveu, de um lado e com toda a dedicação, a sabedoria do Maharshi e, de outro, superou seu próprio mestre, por ter 'comido o mundo'" (em OC, vol. XI, par. 953).

7. Trata-se provavelmente do Pagode Konarak (Orissa), cheio de esculturas eróticas, aonde se chega por uma estrada que sai de Bhubanesvar. Cf. *Memórias*, p. 243s. Cf. também *Aion* (OC, vol. IX/2, par. 339, nota 134).

Ao Dr. S.
Alemanha

08.10.1947

Prezado colega,

Deduzo de sua descrição[1] que o senhor de fato escalou muito alto. O sânscrito e sobretudo a Índia vão longe demais. O senhor precisa voltar às coisas simples, exatamente como diz o seu sonho[2], isto é, para a floresta. Ali está a estrela. O senhor precisa ir logo à procura de si mesmo e só se reencontrará nas coisas simples e esquecidas. Por que não passa um tempo na floresta, no sentido literal? Às vezes uma árvore nos diz aquilo que não podemos ler nos livros.

Saudações cordiais,
(C.G. Jung)

1. O destinatário havia escrito sobre suas crises psíquicas, sobre seus estados de angústia. Fazia cinco anos que se ocupava intensamente com o sânscrito e a filosofia hindu.

2. O sonhador encontra-se no alto de uma montanha coberta de neve, à procura de um caminho. No outro lado da geleira enxerga uma floresta escura, sobre a qual brilha intensamente uma estrela solitária.

To Father Victor White
Bollingen (por alguns dias)

19.12.1947

Dear Victor,

Nossas cartas parecem sentir que precisam cobrir uma grande distância![1] Esperei sua carta com grande curiosidade e ela confirma o que eu pensei que seria sua reação imediata. É tudo muito desconcertante!

Acho que o livro de Wylie[2] é uma boa descrição das coisas que um europeu tem grande dificuldade de entender. Na Europa seria impossível um livro desses, pois ele mata a si mesmo. Mas penso que ninguém poderá prever o efeito que possa ter sobre o americano médio. Não se esqueça de que "Mom" não é apenas o resultado de um processo de maturação, no qual uma encantadora jovem se transforma em mãe. O *animus* das mulheres é antes uma resposta ao espírito que governa o homem. Tem sua origem na mente do pai e mostra o que a jovem recebeu de seu encantador, gentil e incompetente pai. Por outro lado, o pai deve sua fraqueza dentro da família ao *animus* de sua mãe e, assim, o mal se propaga de geração em geração. Não acho que o livro de Wylie frustre seus próprios concidadãos na América. Em geral, os americanos têm uma pele muito grossa. W. é ético, mas não – ou ainda não – entende de religião. Esta é a razão de sua concepção do desenvolvimento futuro da moral ser tão confusa e incrivelmente superficial. Mas isto não quer dizer que não possa ser um apelo ao apetite americano, que muitas vezes prefere comer serragem em vez de boa comida.

O senhor se lembra da figura antipática do lógico e seco jesuíta que apareceu num dos meus sonhos? Pouco depois eu lhe escrevi dizendo que precisava escrever um novo ensaio, mas não sabia sobre o quê. Ocorreu-me então que poderia discutir em pormenores alguns pontos como *anima*, sombra e, por último, mas não em último lugar, o si-mesmo[3]. Eu me opus a isto, porque queria descansar a minha cabeça. Tinha sofrido ultimamente de grave insônia e queria evitar qualquer tipo de esforço mental. Apesar de tudo, senti uma força cega me impelindo a escrever, sem saber para onde isto me levaria. Somente após ter preenchido umas 25 laudas, começou a crepuscular em mim que Cristo – não o homem, mas o ser divino – era o meu objetivo secreto[4]. Isto me sobreveio como um choque, e eu me senti completamente incapaz de semelhante tarefa. Um sonho me contou que meu pequeno barco de pesca havia naufragado e que um gigante (que eu conhecia de um sonho de 30 anos atrás)[5] me havia dado uma embarcação nova e bonita, duas vezes maior que meu barco anterior. Então compreendi que nada poderia fazer. Tinha de continuar. Meu escrito levou-me ao arquétipo do homem-Deus e ao fenômeno da sincronicidade que está ligado ao arquétipo. Assim cheguei a discutir o 'Ιχθυ"[6] e o então novo eon de ♈ 0° (seguindo ♓ 30°), a profecia do Anticristo e o desenvolvimento deste, a partir do ano 1.000 dC, em misticismo e alquimia até os desenvolvimentos recentes que ameaçam aniquilar o eon cristão. Eu encontrei um material bem bonito.

Na noite passada sonhei com ao menos três padres católicos muito gentis, e um deles tinha uma biblioteca notável. Durante o tempo todo eu estava sob uma espécie de ordem militar e tinha de dormir em barracas. Havia poucas camas, de modo que dois homens partilhavam a mesma cama. Meu parceiro[7] já havia ido para a cama. A cama era muito limpa, branca e fresca, e o homem era uma figura venerável, muito velho, de cabelos brancos e com uma barba longa e branca. Ele gentilmente me ofereceu a metade da cama, mas eu acordei quando ia deitar-me. Devo dizer que até agora tratei o problema de Cristo estritamente no nível do dogma, que é o fio condutor no labirinto de "meus" pensamentos impensados.

Ad "neurose": naturalmente sou de opinião que geralmente é melhor deixar os neuróticos entregues a si mesmos, enquanto não sofrem nem procuram cura. Além do mais, o psicoterapeuta já tem trabalho suficiente.

Fiquei satisfeito em ouvir que "eles" o receberam bem em Nova York. Transmita-lhes, por favor, as minhas saudações.

As condições na Inglaterra estão de fato lamentáveis[9]. Talvez seja bom que o senhor tenha de se ocupar mais com os sonhos do que com escrever. O escrever pode esperar, mas aquilo para o qual está destinado não pode esperar. Meus melhores votos para o Natal e o Ano-novo.

Yours cordially,
C. G.

1. O Padre White estava nos Estados Unidos.
2. Philip Wylie, *Generation of Vipers*, Nova York, 1942. O livro contém uma crítica violenta à América. O capítulo "Common Women" trata do problema das mães americanas, da influência destrutiva das "Moms".
3. Trata-se do capítulo introdutório de *Aion* (OC, vol. IX/2): "O eu", "A sombra", "Sizígia: *anima* e *animus*", "O si-mesmo".
4. Cf. *Memórias*, p. 186: "No *Aion* (1951) retomei o problema de Cristo. Para mim tratava-se [...] de um confronto de sua figura com a psicologia. Não considerei o Cristo como uma figura livre de todos os seus aspectos externos; procurei, pelo contrário, mostrar o desenvolvimento através dos séculos do conteúdo religioso que ele representa. Também era importante para mim [...] como fora compreendido pelo espírito não só de seu tempo, como nos dois milênios de nossa era [...]".
5. Trata-se provavelmente do sonho de Jung na época em que trabalhava em suas grandes obras, talvez em *Tipos psicológicos*: um pequeno cavalo devia puxar para o cais do porto um enorme transatlântico, tarefa praticamente impossível. De repente apareceu um gigante que matou sem mais o cavalinho e puxou o navio para o cais.
6. Um tema central de *Aion* são os desenvolvimentos arquetípicos no decurso do "eon cristão", isto é, do primeiro milênio de nossa era, em conexão com o signo astrológico de Peixes. O peixe foi provavelmente nos primeiros tempos uma denominação secreta de Cristo. O segundo peixe do signo de Peixes é interpretado como sendo o Anticristo. Ao eon de Peixes (♓) precedera o de Capricórnio (♈). Cf. carta a Baur, de 29.01.1934.
7. Para a interpretação da figura do sonho, cf. carta a White, de 30.01.1948.

Ano 1947 ———————————————————————————

8. Jung havia dado ao Padre White uma carta de recomendação para o "Analytical Club of New York".

9. Ainda eram muito perceptíveis na época as consequências da guerra.

To Father Victor White
EUA

27.12.1947

My dear Victor,

Estou tão "distraído" na redação de meu livro que esqueci um ponto importante, sobre o qual eu devia tê-lo consultado: Existe um plano de criar um "Instituto de Psicologia Analítica" ("Institut für Komplexe Psychologie"), em Zurique[1]. Foi eleito um "comitê" de 5 pessoas (C.A. Meier, Dr. K. Binswanger, Dra. Jolan Jacobi, Dr. L. Frey-Rohn e eu)[2] que está preparando a lista dos fundadores. Fui incumbido de escrever-lhe e perguntar se autorizaria incluir o seu nome na lista. Não há maiores obrigações. Nossa expectativa é apenas que o senhor acrescentaria a autoridade moral de seu nome a este novo empreendimento. Já temos os nomes de Gebhard Frei, professor de Filosofia Moderna no Collegium Sacerdotale de Schöneck; Prof. Pauli, físico e Prêmio Nobel; Prof. Gonseth, matemático, ETH; Rob. de Traz, escritor famoso da Suíça francesa; Ad. Vischer, do Conselho Curador da Universidade da Basileia etc. Seu nome estará em boa companhia. Ficarei pessoalmente agradecido se o senhor nos der esta honra[3]. Posteriormente receberá maiores detalhes sobre o Instituto. Escrevi-lhe uma carta mais longa que provavelmente seguiu por correio normal[4]. Assim, este item esquecido chegará antes da carta em que deveria estar inserido. O que está me "distraindo" vem descrito naquela carta.

Como estou avançando em idade e devo reunir-me aos meus antepassados e avatares dentro de tempo previsível, a intenção é que o Instituto continue o trabalho. Meus antigos seminários ingleses[5] já foram substituídos por certo número de conferências e cursos sobre psicologia dos sonhos, psicologia dos contos de fadas, tópicos seletos do Antigo Testamento, psicologia da epopeia de Gilgamesh, psicologia da Renascença (século XV) etc. Isto deve ser consolidado na forma de um Instituto. O Clube de Psicologia oferece as salas, o uso da biblioteca e uma soma em dinheiro.

No momento estou muito ocupado, mas amanhã irei a Bollingen por uns quinze dias.

Cordially yours,
C. G.

Ano 1948

1. É o Instituto C.G. Jung, de Zurique.
2. Os quatro membros foram alunos de Jung e formaram depois o primeiro Conselho Curador do Instituto.
3. O Padre White atendeu ao pedido e tornou-se membro-fundador. Após a criação do Instituto, os membros fundadores constituíram o patronato do Instituto.
4. Cf. carta a White, de 19.12.1947.
5. Cf. carta a Körner, de 22.03.1935, nota 2.

A um destinatário não identificado

1947

[...] Lamento por ele. Agora ele desapareceu e saiu do tempo, no que todos o imitaremos. A chamada vida é um curto episódio entre dois grandes mistérios que, na verdade, são um só. Não posso chorar por nenhum falecido. Eles perduram, e nós passamos. [...]

Ao Pastor Jakob Amstutz[1]
Frauenkappelen em Berna

08.01.1948

Prezado Pastor,

Muito obrigado pelo gentil envio de seu livro sobre Rilke[2]. Eu o leio com prazer, sobretudo porque sempre fui consciente, desde que conheço Rilke, de quanta psicologia está nele escondida. Ele defrontou-se com o mesmo campo experimental que eu, só que de um ângulo bem diferente.

Com elevada consideração,
(C.G. Jung)

1. Pastor Jakob Amstutz, agora professor de Filosofia e Religião no Juniata College, Huntington, Pennsylvania, EUA.
2. Jakob Amstutz, *Die Seelsorge Rilkes*, Berna, 1948.

To Rev. Canon H. George England
Exeter, Devon/Inglaterra

08.01.1948

Dear Sir,

Lamento por responder com tanto atraso sua gentil carta. Estou um tanto sobrecarregado com minha correspondência e acho muito difícil colocá-la em dia.

Não é fácil responder sua pergunta, pois trata-se da relação extremamente problemática entre teologia e psicologia. Por isso devo lembrar-lhe antes de mais nada que nunca pretendi ser teólogo; movimento-me apenas dentro dos limites de uma ciência natural e empírica. Isto é importante ter em mente, pois determina certa terminologia que não coincide com as explicações teológicas. E nisto está principalmente o conceito de inconsciente. Chamamos esta esfera psicológica de inconsciente porque não conseguimos observá-la diretamente. Apenas observamos certos efeitos dela e a partir deles tiramos certas conclusões sobre a natureza e condição de possíveis conteúdos do inconsciente. O senhor poderia dizer: a esfera do inconsciente é a esfera da psique desconhecida sobre a qual nada dizemos quando lhe damos o nome de inconsciente. Não dizemos que *ela é* consciente ou inconsciente; ela é apenas inconsciente para nós. O que ela é em si mesma nós não o sabemos e nem pretendemos sabê-lo. Se o senhor a chama de consciência universal, não podemos contradizê-lo; só podemos confessar nossa ignorância sobre seu estado real. Mas se o senhor a chama de consciência universal, então ela é a consciência universal de Deus. Se o senhor fizer esta suposição, surge então a difícil questão de saber de onde provêm as influências definitivamente más que derivam do inconsciente – estas influências que o senhor identifica corretamente com o símbolo do dragão.

Desde eras remotas, o dragão é o diabo. Estou pronto a aceitar este termo, porque descreve certas experiências psicológicas, como acontece também com o termo "Deus". Mas a psicologia só pode confirmar que os impulsos mais elevados e mais baixos, melhores e piores, derivam da esfera da psique inconsciente. Isto é o máximo que podemos dizer dentro dos limites da ciência.

Em lugar de São Jorge e do dragão, o senhor poderia usar o simbolismo mais geral de Cristo e do diabo. São Jorge é uma formulação mais personalista desse simbolismo. O santo é sem dúvida o eu consciente, mas não a *persona*, pois não pressupomos que São Jorge seja apenas uma máscara que esconde a verdadeira personalidade[1]. A *persona* é aquilo com o qual queremos impressionar as pessoas, e aquilo que elas nos forçam a assumir como papel. Por isso é chamada de máscara. A espada, que o senhor identifica com o logos, é interpretada corretamente, pressuposto que São Jorge simbolize Cristo; pois ninguém mais seria capaz de brandir o logos. Mas se tomarmos São Jorge como pessoa humana, então a espada seria sua faculdade discriminadora; e esta é a característica principal da consciência: ela é discriminadora, principalmente por meio do intelecto. Por isso a espada representa muitas vezes o intelecto ou valores descriminadores. O dragão neste caso seria o comprimento total da sombra, isto é, a sombra humana mais a sombra animal (de macaco) do ser humano.

A *anima*, sendo psicologicamente a contrapartida feminina da consciência masculina, tem um aspecto decididamente dual, baseada na minoria de genes femininos no corpo masculino. Ela funciona como uma *persona*, sendo um elo de ligação entre o inconsciente coletivo e a consciência, assim como a *persona* é um elo de ligação entre a personalidade real e o mundo externo. Seu aspecto dual deve-se ao fato de que os efeitos do inconsciente coletivo também são duais em seu aspecto. Por isso a *anima* pode transmitir não apenas influências boas, mas também más. Realmente, não raras vezes ela é o pior demônio na vida de alguém. Gostamos de imaginar que Deus é todo luz, mas São João da Cruz[2] considera a escuridão e a aparente distância de Deus como efeito da presença divina – uma concepção tipicamente psicológica. Este estado de escuridão é sem dúvida a parte mais penosa e perigosa das experiências místicas. É sentido como um vazio, e é precisamente isto que o budismo cultiva como sendo o estado mais desejável do nirvana. O budista chega a ele exatamente da mesma maneira que o cristão, isto é, pela autoabnegação extrema. Isto é verdade ao menos no budismo clássico. Não é tão verdadeiro em seus desenvolvimentos mais recentes, como no zen, por exemplo.

É aceito em geral que a consciência deve ganhar uma vitória sobre as forças da escuridão. Mas como a escuridão não está totalmente sujeita à nossa avaliação moral, pois parece ser uma das características divinas, permanece a questão se o dragão deve ser considerado como totalmente mau. Mas esta questão é sumamente complicada. A serpente bem como o dragão e outros répteis simbolizam normalmente aquelas partes da psique humana que ainda estão ligadas ao lado animal da pessoa. O animal ainda vive nela: é o velho sáurio que é realmente o dragão e, por isso, o dragão é um símbolo bem apropriado. Estas partes da psique estão ligadas intimamente à vida do corpo e não podem faltar se corpo e consciência devem trabalhar juntos em harmonia. Por isso deve-se permitir uma certa quantidade – ou melhor, incerta quantidade – de escuridão, porque é vitalmente necessária, se o corpo e a mente quiserem simplesmente existir. Muitas neuroses surgem do fato de que houve uma vitória completa demais sobre o corpo e suas forças escuras. O velho Drummond[3], por exemplo, lamentava-se do horrível humor das pessoas piedosas. Eram os casos em que a serpente antiga foi espancada cruelmente demais por uma consciência excessivamente espiritual. Analisando-se estas pessoas, não se encontraria o menor vestígio de cobiça ou vaidade em suas aspirações espirituais. O psicólogo clínico sabe que está pisando solo perigoso aqui e, por isso, age cautelosamente quando chega à questão de vitórias sobre a escuridão.

Ano 1948

Isto naturalmente não é teologia, mas questão de saúde mental e física. Acreditamos que, quando Deus fez os animais, Ele os equipou precisamente com aquelas necessidades e impulsos que os tornavam capazes de viver segundo suas leis. Supomos que tenha feito o mesmo com o ser humano. Num certo sentido o animal é mais temente a Deus do que o ser humano, porque cumpre a vontade divina de modo mais perfeito do que o ser humano jamais sonhou. O ser humano pode desviar-se do caminho, pode desobedecer porque tem consciência. Por um lado, a consciência é um triunfo e uma bênção; por outro, é nosso pior demônio que nos ajuda a inventar todo motivo e meios imagináveis para desobedecer à vontade divina. Oh! sim, as coisas são bem mais difíceis do que deveriam ser! Por isso aplaudimos todo aquele que diz que as coisas são simples.

Fiz uma tentativa honesta de responder do modo mais completo possível suas perguntas. Infelizmente a maioria de meus livros mais recentes ainda não foram traduzidos para o inglês. Se fosse o caso, poderia recomendar-lhe algumas obras minhas que tratam mais amplamente dessas questões.

Sincerely yours,
(C.G. Jung)

1. O destinatário havia interpretado a figura de São Jorge como o eu da personalidade cristã, mas havia identificado erroneamente o eu com a *persona* da pessoa humana. Interpretou o dragão como a figura-sombra no inconsciente.
2. João da Cruz, 1542-1591, místico espanhol, poeta e Doutor da Igreja. Sua obra mais conhecida é *A noite escura da alma*.
3. James Drummond, 1835-1918, unitarista inglês.

Ao Prof. Gebhard Frei[1]
Schöneck (Nidwalden)/Suíça

13.01.1948

Prezado Doutor!

Em seu ensaio[2], que li com grande interesse, o senhor fez uma apresentação imparcial e correta dos pontos essenciais de minha concepção. Achei muito pertinentes as suas explanações sobre o "si-mesmo" e "Deus", às quais o senhor deu ênfase especial. Como poderá perceber, tomei a liberdade de escrever uma série de observações em seu manuscrito, o que não é muito recomendável de minha parte, mas que lhe pode ser útil.

A grande dificuldade é na realidade o choque entre o pensar científico e episte-mológico, por um lado, e o pensar teológico-metafísico, por outro.

No que se refere ao si-mesmo, poderia dizer que é um equivalente de Deus. Este tipo de colocação irrita os teólogos, pois parece que se criou um "substituto de Deus". Ao psicólogo isto parece tão absurdo que hesita em atribuir semelhante estupidez a qualquer pessoa. Para ele isto soa mais ou menos assim:

Quando digo "Deus", isto é *uma imagem psíquica*. Também o *si-mesmo* é uma imagem psíquica do transcendente, porque é uma totalidade indescritível e inatingí-vel da pessoa. Ambos são expressos empiricamente pelos mesmos símbolos ou por símbolos semelhantes, de modo que não se pode distingui-los entre si. A psicologia se ocupa única e exclusivamente com imagens experimentais, cuja natureza e com-portamento biológicos ela investiga (com a ajuda do método comparativo). Isto nada tem a ver com *Deus em si*. Como poderia uma pessoa em são juízo pretender tirar de Deus ou acrescentar a ele alguma coisa? Se eu possuir 20.000 francos e disser que são 50.000, logo perceberei que os meus 20.000 francos não sofreram acréscimo algum. Eu não sou tão louco a ponto de me atribuírem a ideia de querer criar um substituto de Deus. Como poderia alguém substituir Deus? Não posso nem mesmo substituir pela fantasia um simples botão, mas preciso comprar um novo!

Parece-me que o erro está em que esses críticos *só acreditam de fato em pala-vras*, sem disso se darem conta, e então pensam que *colocaram Deus*. Pelo fato de não se darem conta disso, aparece projetado em mim na acusação de que *eu* estou criando um Deus. Esta acusação é absurdamente ridícula, porque eu, na melhor das hipóteses, falo de uma *imago Dei*, conforme enfatizei repetidas vezes em inúmeras passagens de meus livros; e não sou tão idiota a ponto de supor que a imagem que vejo no espelho seja o meu real e verdadeiro eu.

O meu pensar é *substantivo*, mas o pensar teológico-metafísico está em cons-tante perigo, como demonstra o caso acima de operar com palavras desprovidas de substância e imaginar que então se produza no céu a realidade correspondente.

O que mais poderia o teólogo mostrar? Cristo está em nós e nós nele! Por que então não seria real e palpável em nós a ação de Deus e a presença do υἱὸ" τοῦ ἀνθρώπου?[3] Agradeço diariamente a Deus o fato de poder experimentar em mim a realidade da *imago Dei*. Não fosse assim, eu seria um inimigo feroz do cristianismo e da Igreja em especial. Graças e este *actus gratiae*, minha vida tem sentido e meu olho interior foi aberto para a beleza e grandeza do dogma. Posso ver que a Igreja é minha mãe e que o espírito de meu pai me leva para longe dela, para o campo de batalha do vasto mundo, onde sofro diariamente o perigo de ver apagada a minha luz pelo *princeps huius mundi*, a escuridão sufocante da *inconsciência* (*avidya*[4] é considerada um mal básico também pelos budistas). Ela é provavelmente o pecado e o *malum* κατ' ἐξοχήν[5].

A tensão que o senhor sente entre a Igreja e a psicologia não está, segundo penso, na moralidade, mas nos fatos psíquicos, isto é, nos conflitos de obrigações que provêm em última linha do fato de não termos um julgamento seguro sobre o bem e o mal; e quanto mais conhecimento psicológico adquirimos, tanto mais percebemos como ambos se interpenetram de modo espantoso. O mal do bem e o bem do mal são infelizmente, infelizmente mesmo, fatos inapagáveis. A psicologia tem tão pouca culpa nisso quanto a zoologia nos piolhos. Ela só toma consciência disso, e quem deseja permanecer inconsciente (e assim serve ao demônio), esse odeia a psicologia e dela desconfia. O príncipe deste mundo odeia a luz do conhecimento como a peste. Se o bem não tivesse o seu mal e vice-versa, seria uma blasfêmia absurda a ideia de que Deus poderia induzir em tentação a sua miserável e pequena criatura humana. Então seria muito simples decidir-se sempre pelo bem. Mas na verdade há necessidade da mais alta consciência e da mais alta perspicácia de conhecimento para uma decisão apenas medianamente inteligente. Muitas pessoas se vangloriam desse espírito de perspicácia, mas Cristo diz: "Μακάριοί εἰσιν οἱ πτωχοὶ τοῦ πνεύματος, ὅτι ὄφονται τὸν θεόν"[6]. Nada nos torna tão profundamente conscientes de nossa pobreza como o problema do bem e do mal. Será que agradou aos fariseus o fato de Cristo se ter sentado com os publicanos e as prostitutas? O que disse Deus a Pedro sobre os animais impuros?[7] Por que o senhor louvou o seu administrador mentiroso e desonesto pelo fato de ter agido φρονίμω"?[8]

Talvez fosse aconselhável que o senhor levasse o seu público a refletir que minha psicologia não trata de banalidades e generalidades, mas dos problemas mais difíceis que se possa imaginar e que só podem ser comparados aos da microfísica. Isto não é invenção minha, mas custa-me suor.

Desculpe-me esta longa carta! Ela indica que tenho profundo interesse em estabelecer um relacionamento correto com o pensamento católico, pois é o pressuposto de que não se pode fugir da solução dos difíceis problemas que nos são colocados pela psicologia do inconsciente.

Saudações cordiais,
C.G. Jung

1. Dr. Gebhard Frei, S.M.B. (Schweizer. Missionsgesellschaft Bethlehem), 1905-1968. Professor de Filosofia e História Comparada das Religiões no Seminário Teológico de Schöneck, Suíça.
2. Gebhard Frei, "Zur Psychologie des Unbewussten", *Annalen der philosophischen Gesellschaft Innerschweiz und Ostschweiz*, 1948. O ensaio foi publicado sob o título "Die Grundgedanken der Psychologie von C.G. Jung", no apêndice de V. White, *God and the Unconscious*.
3. Filho do Homem.
4. Avidya, sânscrito = ignorância, inconsciência.
5. Por excelência.
6. Felizes os pobres de espírito porque eles verão a Deus (cf. Mt 5,3 e 5,8).
7. Cf. At 10,10s. e 11,4s. Uma voz do céu lhe disse: "Não chames de impuro o que Deus purificou".
8. Com esperteza. Cf. Lc 16,8: "O patrão louvou o administrador desonesto por ter procedido com esperteza".

To Prof. Antonios P. Savides
Newton Highlands (Mass.)/EUA

13.01.1948

Dear Professor Savides,

Muito obrigado por seus votos de Feliz Ano-novo. Devo confessar que tenho uma vaga lembrança do senhor, mas já bastante apagada[1].

Uma autobiografia é a única coisa que nunca escreverei. Livros desse tipo nunca são bem verdadeiros e nem podem sê-lo. Vi muitas autobiografias em minha vida, e nelas sempre faltaram as coisas principais. As coisas verdadeiras podem ser deduzidas de minha obra científica, desde que o leitor seja inteligente o bastante para tirar as conclusões pertinentes. Saudações cordiais!

Yours sincerely,

(C.G. Jung)

1. Jung havia encontrado o Prof. Savides na "Harvard Tercentenary Conference of Arts and Sciences", em 1936. Na ocasião, Jung deu uma conferência sobre "Determinantes psicológicas do comportamento humano", em OC, vol. VIII.

A uma destinatária não identificada
EUA

15.01.1948

Dear Dr. N.,

A carta que me escreveu e sobre a qual refleti muito dá a nota inicial da análise. A senhora sabe que todo paciente, sem exceção, cai em sua sombra[1], assim que a análise começa corretamente. Em seu caso, X. foi útil e um instrumento – em parte porque seus sentimentos de inferioridade se referiram a mim, e a senhora supôs que eu naturalmente a subestimaria e a acharia totalmente desinteressante. Estes são apenas os pontos essenciais. Mas há ainda uma porção de outras coisas negativas que eu não gostaria de abordar numa carta; seria demais e eu temo que isto só levaria a reações-*animus* na senhora. Seu *animus*[2] já entrou em ação. Isto é inevitável quando a sombra está completamente constelada. A senhora não deve esquecer que a sombra apresenta aquilo que a senhora menos conhece. E, quando alguém começa a tomar consciência de si, reage sempre com ressentimentos. É o pasto preferido do *animus*.

Tudo o que a senhora experimenta na análise é a senhora mesma. Quando é um outro, por exemplo o analista, então é lamentável, pois a sua própria sombra se torna invisível. Nenhum erro ou falha podem ser melhorados se não forem os próprios. Se por acaso for a falha de outro, é melhor não tocar nela, pois não poderia melhorar nada. Nunca esqueça que os sentimentos de inferioridade compensam uma ambição incomum e uma vontade de poder correspondentes.

Não cometa o erro de assumir pessoalmente essas constatações. Elas se referem a fatos objetivos, a componentes essenciais da personalidade humana. Uma crítica moral impertinente não move céu nem inferno. A senhora deve lembrar-se de que fiz tudo para evitar uma análise curta, pois sabia que seu *animus* haveria de atormentá-la devido à sua sombra.

Os meus melhores votos para o Novo-ano!

Yours sincerely,
C.G. Jung

1. A "sombra" é a parte inferior da personalidade, a soma de todas as disposições psíquicas, pessoais e coletivas que, devido à sua incompatibilidade com as formas de vida conscientemente vividas, são reprimidas. A sombra atua compensadoramente em relação à consciência, por isso seu efeito pode ser negativo ou positivo.
2. Como todas as manifestações arquetípicas, também o *animus* e a *anima* têm um aspecto negativo e positivo, primitivo e diferenciado. Quanto mais inconsciente a personalidade – principalmente quanto à sua sombra – tanto mais negativa será o caráter dos efeitos de *animus* e *anima*: estão contaminados pela sombra.

Ao Pastor Jakob Amstutz
Frauenkappelen, em Berna

23.01.1948

Prezado Pastor,

Muito obrigado pela interessantíssima reprodução[1]. É uma espécie de Cavaleiro São Jorge, cuja parte inferior é, no entanto, um dragão. Uma reprodução bastante

Ano 1948

incomum! É como se ali se expressasse a consciência de que o dragão é a metade inferior da pessoa, o que na verdade é o caso. Pode-se entender esta figura como uma reprodução do conflito interno ou também como o contrário, isto é, como expressão do fato de que dragão e herói pertencem um ao outro e são uma coisa só. Este modo de ver pode ser documentado de certa forma já a partir da mitologia e poderia ter consequências de grandes proporções se fosse examinado do ponto de vista da religião comparada.

Com elevada consideração e muito agradecido,

(C.G. Jung)

1. Trata-se do desenho de um espelho de fechadura, encontrado no sótão de uma casa camponesa em Berna, datada de 1690.

To Father Victor White
EUA

30.01.1948

Dear Victor,

Muito obrigado por sua disposição de colaborar com os nossos esforços[1]. Nada ouvi até agora de Roma.

Muito obrigado também pelo conteúdo das suas outras cartas! Precisei de algum tempo para digerir tudo adequadamente*. Tudo me é muito útil. Até aí a sua interpretação está correta. Naturalmente o sonho prepara o caminho para nossa discussão pessoal. Ainda sou considerado uma espécie de representante do argumento em favor do Espírito Santo[2]. Mas o argumento começou no senhor. Uma coisa está bem clara: o inconsciente insiste muito no problema do Espírito Santo. Isto se confirma em muitos sonhos meus, inclusive naquele que lhe enviei, isto é, aquele sobre o *senex venerabilis*[3]. Em seu sonho, o senhor está separado de mim e ao mesmo tempo ligado a mim por uma figura-*anima*[4]; o mesmo vale para a *plataforma*; através dela o senhor está separado do mar, mas também pode chegar a ele. Depois, o senhor precisa celebrar em Zurique uma missa *diante de mulheres*. O fator feminino, isto é, a *anima*, é a ponte e a *conditio sine qua non*. A indistinguível *Veritas Prima* é uma solução provisória do problema.

A ênfase na *anima* significa naturalmente a totalidade do homem: masculino + feminino = consciente + inconsciente. O que quer que sejam o inconsciente e o Espírito Santo, o campo inconsciente da psique é o lugar onde se manifesta o espírito vivo, que é mais do que o ser humano. Eu não hesitaria em chamar o seu sonho de manifestação do Espírito Santo que o conduz para uma compreensão mais profunda da verdade viva, longe da estreiteza de fórmulas e conceitos.

Algo semelhante aconteceu em meu sonho que lhe contei apenas em traços gerais[5]. Enquanto estava diante da cama do homem velho, pensei e senti: *Indignus sum, Domine*. Eu o conheço bem: Por mais de 30 anos[6] foi meu "guru", um verdadeiro espírito-guru, mas isto é uma longa – e eu temo – demasiadamente estranha história. Ela me foi confirmada desde então por um velho hindu[7]. O senhor vê que algo me tirou da Europa e do Ocidente e me abriu também as portas do Oriente, para que eu entendesse alguma coisa do espírito *humano*.

Logo após este sonho, tive outro que continuou um assunto do sonho anterior, isto é, a figura do sacerdote, chefe da biblioteca. Sua postura e o fato de apresentar inesperadamente uma barba grisalha e curta fizeram lembrar-me vivamente de meu próprio pai. O segundo sonho é muito comprido e tem muitas cenas das quais só posso contar a última[8]. Todas as cenas tinham a ver com meu pai. Na última cena, eu estava no andar térreo da *casa dele*, totalmente preocupado com uma questão especial que fora levantada no começo do sonho: *"Como é possível que minha mãe comemore neste ano de 1948 o seu 70º aniversário, enquanto eu me aproximo de meu 74º aniversário?"* Meu pai vai dar-me a resposta e me conduz ao primeiro andar por uma escada em caracol muito estreita e fixa na parede. Chegando ao primeiro andar, estávamos numa galeria (redonda), de onde uma pequena ponte levava a uma plataforma semelhante a um cálice no centro da sala. (A sala não tinha assoalho, estava aberta para o andar térreo.) Da plataforma saía uma escada estreita, mais parecida com uma escada de mão, que dava numa porta bem no alto da parede. Eu soube que esta era a *sua* sala. No momento em que entramos na ponte, caí de joelhos, tomado pela repentina compreensão de que meu pai estava me levando para dentro da "presença suprema". Por simpatia, ele ajoelhou-se ao meu lado, e eu tentei tocar o chão com minha testa. Quando estava para tocá-lo, acordei.

O primeiro andar era exatamente igual ao famoso diwan-i-khas (salão de audiências) de *Akbar, o Grande*, em Fatehpur-Sikri, onde costumava discutir filosofia e religião com os representantes de todas as filosofias e credos.

Oh sim, este é o meu modo de ser. Eu não rejeito peixe de forma nenhuma[9]. Alegro-me ao poder compartilhá-lo com o senhor. Eu posso comer peixe às sextas-feiras. Eu tenho irmãos e irmãs no espírito, e onde me senti alguma vez abandonado e só, lá estava o meu guru. Certamente há algo de especial com a pessoa solitária[10]; se não for um animal, há de lembrar-se das palavras de São Paulo: τοῦ γὰρ καὶ γένο" εσμέν[11]. A presença de Deus é mais do que outra coisa qualquer. Há mais de um caminho para a redescoberta do *genus divinum* em nós. Esta é a única coisa que realmente interessa. Já existiu um homem mais solitário do que São Paulo? Até o seu "evangelho" lhe chegou de modo indireto, e ele se opôs aos homens de Jerusalém e a todo o Império Romano[12]. Eu queria a prova de um Espírito vivo e eu a consegui. Não me pergunte a que preço.

Quando eu disse que o protestante tinha de digerir sozinho os seus pecados, eu quis dizer na verdade que ele tinha de carregá-los, pois como poderia Deus assumi-lo com seus pecados se ele não os carregasse? E mesmo que tivesse sido aliviado do peso de seu fardo?

Quanto às "barracas"[13], o senhor tem toda a razão; elas significam a submissão e disciplina, sobre as quais pude contar-lhe uma longa história. Quem entendeu claramente o que significa "Quis fidelis est in minimo"[14] está dominado pela crua necessidade de submissão e disciplina, mas de um modo mais sutil do que na regra de São Bento. Eu não quero prescrever um caminho para outra pessoa, porque sei que o meu caminho foi prescrito para mim por mão que está bem acima de meu alcance.

Sei que tudo isto soa estupidamente grande. Lamento, mas não sou eu que o pretendo assim. *Isto* é grande, e eu estou apenas tentando ser um instrumento decente, sem me sentir grande.

Felizmente a nuvem da insônia desapareceu nos últimos tempos. Meu cérebro esteve ativo demais. Meu ensaio sobre o ʾΙχθύ"[15] perturbou a tranquilidade de meu espírito em suas camadas mais profundas, como o senhor pode imaginar.

Em uma revista católica (publicada por Routledge & Sons)[16], alguém "condena" meu ensaio sobre *Contemporary Events*[17], porque minha atitude diante da religião e da filosofia racional é, segundo diz, "ambígua". *O sancta simplicitas!*

Espero que sua atividade de escritor continue progredindo e que aproveite a interessante estadia nos Estados Unidos. Acabei de ler o livro de Kravtchenko sobre a Rússia[18]. Vale a pena lê-lo. Pode-se ter uma ideia do *princeps huius mundi* e de suas notáveis obras.

Cordially yours,
C. G.

Ano 1948

P.S. Minha *anima*-mãe é mais nova do que eu. Quando eu tinha 3 anos de idade, tive minha primeira experiência-*anima*, a mulher que não era minha mãe[19]. Isto significou muito, mas na época não me dei conta de nada.

* Estou particularmente feliz por me ter enviado o sonho que teve (1945), antes de nos conhecermos pessoalmente.

1. Jung havia perguntado ao Padre White se estava disposto a integrar o grupo dos "membros-fundadores" do Instituto C.G. Jung (cf. carta a White, de 27.12.1947). Parece que o Padre White não só anuiu, mas também procurou interessar as autoridades católicas de Roma pelo Instituto.

2. No sonho do Padre White, Jung falou sobre o Espírito que se manifestava no inconsciente.

3. Cf. carta a White, de 19.12.1947, par. 3.

4. No sonho do Padre White, a mulher de Jung estava sentada entre ele e Jung. No decorrer do sonho, o Padre White estava à beira do mar, mas separado da água por uma plataforma elevada. Finalmente teve de rezar uma missa na capela de um convento de freiras. O sonho termina com White falando a Jung sobre Tomás de Aquino que ensina sobre a fé na desconhecida e invisível *Veritas Prima*.

5. Cf. carta a White, de 19.12.1947, par. 4.

6. Foi uma forma interna ou figura da fantasia que Jung chamou de Filêmon e que personificava uma "iluminação superior".

7. Jung ficou irrequieto porque seu "guru" não era uma personalidade viva, mas uma figura da fantasia. Numa conversa com um amigo de Gandhi foi-lhe dito que isto não era nada de extraordinário para o hindu (cf. *Memórias*, p. 163).

8. Cf. *Memórias*, p. 191s.

9. O Padre White havia sonhado que ele e Jung jantavam juntos numa sexta-feira à noite. Ficou surpreso quando Jung pediu que lhe passasse a travessa de peixe, pois como não católico podia comer carne (carta de White, de 03.01.1948).

10. O Padre White havia mencionado em sua carta as palavras de Aristóteles de que a pessoa solitária era um animal ou um deus.

11. Cf. At 17,28: "Somos também sua geração". Citação do estoico Aratus de Soli, em *Phaenomena*.

12. At 9,1s.

13. Cf. carta a White, de 19.12.1947, par. 4.

14. Lc 16,10: "Quem é fiel nas menores coisas".

15. *Aion*. Cf. carta a White, de 19.12.1947, nota 6.

16. A editora Routledge and Kegan Paul, Londres, informou que nunca publicou uma revista católica.

17. *Essays on Contemporary Events*, Londres, 1947. "Ensaios sobre história contemporânea", em OC, vol. X.

18. Victor Kravtchenko, *I Chose Freedom*, Londres, 1947. O autor havia sido espião russo, e suas revelações sobre a situação na Rússia e sobre a espionagem russa provocaram grande sensação.

19. Cf. *Memórias*, p. 23.

Ao senhor P. Bächler
Berna

08.03.1948

Prezado Senhor Bächler,

Peço desculpas por escrever apenas hoje e agradecer-lhe a carta e o gentil envio do livrinho sobre as aparições de Maria em Fátima[1]. Eu já havia lido com muito interesse o livro, mas agora estou satisfeito também em possuí-lo.

Se o senhor acha que a psicologia fez, *nolens volens*, um trabalho preparatório para a Igreja, o senhor está um pouco enganado. Há uma intenção muito consciente naquilo que eu digo, pois sou da opinião de que a Igreja cristã é um dos meios mais poderosos para conservar as grandes massas mais ou menos conscientes.

O livrinho trouxe-me problemas que não posso simplesmente empurrar para baixo do tapete[2], mas não posso infelizmente dar-lhe maiores detalhes sem envolvê-lo no modo de pensar, que lhe será provavelmente muito estranho, de um cientista. Em todo caso, quero agradecer cordialmente o belo presente.

Com elevada consideração,

(C.G. Jung)

1. Trata-se provavelmente do livro de L. Gonzaga da Fonseca, *Maria spricht zur Welt. Geheimnis und weltgeschichtliche Sendung Fatimas*, traduzido do italiano, Friburgo/Suíça, 1943. Nas proximidades da localidade portuguesa de Fátima, três pastorinhos presenciaram várias vezes, entre maio e outubro de 1917, a aparição da mãe de Deus. Em outubro de 1917 aconteceu o chamado "milagre do Sol", presenciado não só pelas crianças, mas por milhares de peregrinos: no lugar em que a mãe de Deus havia aparecido às crianças, o Sol começou a girar com velocidade impressionante em torno de si, como uma roda de fogo. Cf. "Um mito moderno. Sobre coisas vistas no céu", em OC, vol. X, par. 597.
2. Jung interpretou os acontecimentos de Fátima e outros semelhantes como sintomas de um movimento anônimo, isto é, como expressão de uma vida inconsciente da psique do povo. Neste mesmo contexto ele considerou mais tarde o dogma da "Assunção de Maria" (1950). Do ponto de vista psicológico, isto não significa uma arbitrariedade da autoridade papal, mas uma resposta a uma necessidade psíquica coletiva de enaltecer o princípio do feminino e do materno. Em outras palavras, o motivo propulsor "foi, no fundo, o impulso do arquétipo que procura tornar-se realidade" (*Aion*, OC, vol. IX/2, par. 142; cf. também "Resposta a Jó", em OC, vol. XI).

Ao Prof. Pascual Jordan
Physikal. Staatsinstitut
Hamburgo

01.04.1948

Prezado Senhor Jordan,

Recebi há pouco o seu interessante livro *Verdrängung und Komplementarität*[1]. Infelizmente não tive tempo ainda para fazer um estudo mais profundo da obra, mas certamente chegarei lá.

Ano 1948 ───────────────────────────────────────

Ainda que os problemas parapsicológicos estejam na periferia de meu campo de pesquisas, acompanho com grande atenção os seus desenvolvimentos, uma vez que no campo psicológico encontramos com relativa frequência esses fenômenos. Tomei a liberdade de enviar-lhe o que recentemente escrevi sobre o assunto[2]. Espero que tenha recebido o meu pequeno ensaio.

Aqui estamos discutindo com Pauli as relações inesperadas entre psicologia e física[3]. Como era de se esperar, a psicologia figura no campo da física como teoria em formação[4]. A questão de maior evidência é uma crítica psicológica ao conceito de tempo e espaço. Neste ponto fiz recentemente uma descoberta impressionante[5], mas que ainda preciso examinar com Pauli do ponto de vista físico. Se eu publicar alguma coisa sobre isto no futuro próximo, não deixarei de informá-lo a respeito.

Agradeço mais uma vez a gentil remessa de seu livro.

(C.G. Jung)

1. Pascual Jordan, *Verdrängung und Komplementarität*, Hamburgo, 1947. O livro contém ideias sobre a relação entre a microfísica e a psicologia do inconsciente. Cf. Jung-Pauli, *Naturerklärung und Psyche* e OC, vol. VIII, par. 862, nota 43.
2. Trata-se provavelmente da separata "Der Geist der Psychologie", *Eranos-Jahrbuch, 1946*, Zurique, 1947.
3. Dessa troca de ideias nasceu o livro conjunto *Naturerklärung und Psyche*.
4. Cf. para isso *As raízes da consciência*, 1954 (cf. OC, vol. VIII, par. 438s. e notas).
5. Trata-se provavelmente do quatérnio espaço e tempo, que Jung aborda no capítulo "Estrutura e dinâmica do si-mesmo", em *Aion*, OC, vol. IX/2. Cf. carta a White, de 24.09.1948.

To Prof. J.B. Rhine
Duke University
Durham (N.C.)/EUA

01.04.1948

Dear Dr. Rhine,

Li o seu livro[1] com o maior interesse e agradeço ter-me enviado mais de um exemplar. Ele é muito lido aqui, e eu o recomendei a muitos físicos, interessados em assuntos psicológicos e parapsicológicos. Pessoalmente, acho que é uma das maiores contribuições para o conhecimento dos processos inconscientes. Os experimentos que o senhor fez atestam o fato da relatividade do tempo, espaço e matéria[2]. A prova experimental é especialmente valiosa para mim, pois observo constantemente fatos que vão na mesma linha. Minha preocupação principal é o problema teórico da conexão entre a psique e a continuidade espaço e tempo da microfísica. Temos aqui algumas discussões com físicos sobre este assunto. Acho que vou escrever alguma coisa sobre isso quando tiver decifrado o labirinto de simbolismo que leva a este problema bem moderno[3].

Infelizmente os meus livros mais recentes ainda não foram traduzidos para o inglês; caso contrário, eu lhe teria enviado alguns deles. Está em preparo uma edição inglesa de todos os meus livros; espero, pois, que não demorará muito até que eu possa enviar-lhe algo de seu interesse.

Sincerely yours,
(C.G. Jung)

1. J.B. Rhine, *The Reach of the Mind*, Londres, 1948.
2. Rhine fez experiências com cartas para estudar a percepção extrassensorial. Estas experiências consistiam resumidamente no seguinte: a pessoa experimental devia "reconhecer" as cartas apresentadas pelo experimentador sem olhá-las. Mesmo a grande distância mantinha-se em princípio o resultado positivo do teste entre experimentador e pessoa experimental. O mesmo verificou-se quanto aos intervalos de tempo: O "reconhecimento" de uma série de cartas apresentadas no futuro mostrou um número de acertos que ultrapassava a probabilidade. Como nessas percepções extrassensoriais testadas e de manifestação espontânea estivesse em jogo o inconsciente, Jung concluiu para uma relativização de tempo e espaço no inconsciente. Cf. Jung-Pauli, *Naturerklärung und Psyche* e OC, vol. VIII, par. 833s.
3. Jung escrevia na época o livro *Aion* (1951) que já continha as ideias básicas de seu futuro trabalho sobre sincronicidade.

Ao Dr. S.
Alemanha

01.04.1948

Prezado colega,

O fenômeno que o senhor descreve[1] consiste realmente no fato de que alguns conteúdos do inconsciente, que sempre e normalmente são projetados uns sobre os outros como as fotografias de Galton[2], chegaram mais perto da consciência, mas não possuem energia suficiente para ultrapassar o limiar. Há muitas razões para isso. Pode haver uma não disponibilidade na consciência, não havendo nela conceitos correspondentes mediante os quais pudesse ser apercebido o inconsciente. Ou existe um receio quanto a esses conteúdos; ou os conteúdos são muito fracos – por razões somáticas – uma vez que há necessidade de certa energia para trazer conteúdos inconscientes à apercepção. Aconselho-o por isso a ter paciência; e não se esforce demais, mas considere isto também como uma espécie de processo de crescimento que precisa transcorrer normalmente. Descanse enquanto puder e transforme seu medo em expectativa e esperança de que esses conteúdos um dia virão a ser conscientes para o senhor. Num caso desses não se pode falar de esquizofrenia. Só seria

Ano 1948

o caso, se esses conteúdos tivessem tanta energia que soterrassem a consciência. É essencial que o senhor não se aflija inutilmente. Em geral leva tempo até que esses conteúdos tenham atraído suficiente libido para atingir um estado capaz de consciência. Quanto mais eles se enriquecerem de energia tanto mais diferenciados e claros se tornarão, e é bem possível que, se este for o caso, sua atenção se volte em sonhos para esses conteúdos.

Ocupar-se com a filosofia hindu não é totalmente inofensivo. Do ponto de vista psicológico, ela está no nível da escolástica, isto é, de um realismo exclusivo de ideias que é totalmente prejudicial às tarefas do presente. Provavelmente foi esta ocupação que provocou no senhor uma compensação defensiva por parte do inconsciente. No entanto, podemos aprender alguma coisa da Índia, especialmente a atenção voltada para o interior e a contemplação. Mas isto não nos permite qualquer antecipação intelectual ou formulação do que seja ou possa ser o inconsciente.

Saudações cordiais,
(C.G. Jung)

1. O destinatário tinha muitas vezes a impressão de estar acontecendo algo que já ocorrera antes (a experiência do "déjà vu"). Também passavam diante de seus olhos imagens "de modo bem desordenado, como se estivessem sendo projetados diversos filmes uns sobre os outros". Temia que fossem "momentos esquizofrênicos".
2. Francis Galton, 1822-1911, antropólogo. Copiava filmes de fotografias uns sobre os outros para representar certos tipos fisiognômicos.

À Dra. Jolande Jacobi
Zurique

15.04.1948

Prezada e distinta senhora,

Entendo o que Fordham pensa, mas isto não concorda com minha concepção da psique objetiva[1]. Diz-se também "o mundo objetivo", sem com isso se entender que este mundo objetivo seja apenas aquele do qual temos consciência. Não existe objeto do qual tenhamos total consciência. Assim também o inconsciente coletivo torna-se em parte consciente e nesta medida então um objeto consciente. Mas para além disso está ainda presente inconscientemente, ainda que possa ser descoberto. Comporta-se exatamente como o mundo das coisas, que é em parte conhecido e em parte desconhecido, sendo o desconhecido tão objetivamente real quanto aquilo que eu conheço. Escolhi a expressão "psique objetiva" em oposição a "psique subjetiva",

Ano 1948

porque a psique subjetiva coincide com a consciência, ao passo que isto de forma nenhuma é sempre o caso com a psique objetiva.

Queria expor-lhe exatamente o meu ponto de vista para que possa usá-lo, se preciso for, em confronto com Fordham. [...]

Saudações cordiais,
C.G. Jung

1. Dr. Michael Fordham, médico e psicólogo analítico em Londres, propôs a expressão "psique objetiva" para aqueles aspectos do inconsciente coletivo que aparecem na consciência. Jung, ao contrário, designa o inconsciente coletivo como objetivo "pelo fato de permanecer sempre idêntico a si próprio em todos os indivíduos, sendo, portanto, um só. É deste único universal que se origina em cada indivíduo a consciência subjetiva, isto é, o eu" (em *Aion*, OC, vol. IX/2, par. 251). Em 1948 foi publicado em Londres o livro de Fordham *The Objective Psyche*.

To Mr. J.A. Howard Ogdon
Prestwich nr. Manchester/Inglaterra

15.04.1948

Dear Mr. Ogdon,

Apesar de não ter acabado de ler o seu interessante livro[1], não gostaria de retardar o meu agradecimento. Posso dizer que já aprendi muitas coisas dele. Vou cavando devagar e assimilando-o aos poucos. Ainda que não seja a única autobiografia após uma psicose curada, ela é única por causa de sua formação psicológica e geral. Isto o torna capaz de formular e exprimir em termos adequados o que outros pacientes não conseguiram formular até agora.

Posso confirmar inteiramente suas ideias sobre a hatha-ioga. A ioga, bem como outras práticas "místicas", imitam a natureza, e isto explica sua eficácia. As posturas da ioga são imitações de gestos, posturas e maneirismos catatônicos. Poderíamos dizer que a condição catatônica clássica é um mecanismo fixo ou congelado da ioga, isto é, uma tendência natural, liberada sob circunstâncias patológicas. Isto deve ser interpretado como tentativa teleológica de autocura, pois é um processo compensatório, causado sob a pressão da dissociação esquizofrênica da mente. A dissociação leva a uma espécie de ruptura caótica da ordem mental, e a tendência catatônica procura introduzir uma ordem, ainda que patológica, criando posições fixas em oposição ao inexorável fluxo de associações. A disciplina prâna[2] tem praticamente o mesmo efeito. Ela concentra a energia psíquica sobre os caminhos internos pelos quais escorre o prâna. A localização no cérebro é duvidosa, mas é correta em geral

Ano 1948

a suposição de que os processos inconscientes estão localizados principalmente nos centros inferiores do cérebro, do tálamo para baixo.

Agradeço mais uma vez o gentil presente de seu livro.

Yours sincerely,
(C.G. Jung)

1. J.A. Howard Ogdon, *The Kingdom of the Lost*, Londres, 1947.
2. Prâna, do sânscrito, respiração vital, vento da vida, corresponde ao pneuma grego. Exercícios para controle da respiração. Grau anterior aos exercícios da ioga.

To Walter Lewino
Paris

21.04.1948

Dear Sir,

Lamento responder com tanto atraso sua carta. Estive sobrecarregado de trabalho nos últimos tempos e muitas vezes não consigo dedicar-me pessoalmente à minha correspondência.

Não há dúvida de que a *anima* tem um aspecto muito importante como doadora de sabedoria. Ela é a *femme inspiratrice par excellence*. Deriva sua sabedoria do "pai" – no dogma representados por Maria (= *anima*) e Deus-Pai, respectivamente, Espírito Santo. "No ventre da mãe habita a sabedoria do pai". Por isso a *anima* está sempre associada à fonte da sabedoria e da iluminação, cujo símbolo é o velho sábio[1]. Enquanto o senhor estiver sob a influência da *anima*, está inconsciente em relação a este arquétipo, isto é, o senhor é idêntico a ele, e isto explica sua preocupação com a filosofia hindu. O senhor então é forçado a desempenhar o papel do velho sábio. O arquétipo se realiza através do senhor. Somente quando fizer a distinção entre o senhor e esta sabedoria, ficará consciente do arquétipo masculino do espírito. A *anima* é o caminho que leva a ele e ela parece ser também a fonte dele, mas é apenas uma aparência. A *anima* é o arquétipo da vida em si, que traz experiência e conhecimento.

O pensamento hindu (por exemplo, ramakrishna e muitos outros) baseia-se numa mentalidade ainda "contida na mãe", pois na Índia a atitude predominante é matriarcal. Nossa consciência ocidental sofreu uma diferenciação das imagens parentais: nós temos pai e mãe, inclusive despojamos a mãe, tornando-a menos divina do que o pai. Ultimamente, porém, o arquétipo da mãe está tendo um maior desenvolvimento dentro da Igreja Católica, com a ajuda de estupendos milagres (Assis e Fátima); também existem tentativas de conseguir um reconhecimento oficial da *conclusio* de que Maria foi assunta ao céu juntamente com seu corpo[2]. É extremamente difícil comparar a mentalidade hindu com a nossa. Poderia ser comparada ao espírito da filosofia escolástica, mas esta dista de nós uns 600 anos.

Agradeço as gravuras que me enviou.

Sincerely yours,
(C.G. Jung)

1. Sobre a figura do velho sábio como arquétipo do espírito e do sentido, cf. *As raízes da consciência*, 1954, OC, vol. IX/1, par. 74 e 79.
2. Em 1948 já existia o movimento que levou à *declaratio solemnis* do dogma da *Assumptio Mariae*. Cf. carta a Bächler, de 08.03.1948, nota 2. Trata-se de uma "conclusio", isto é, de uma conclusão teológica que foi formulada com base numa crença muito antiga e amplamente difundida, e não com base numa verdade contida nas escrituras reveladas.

To Dr. C.R. Birnie
Friern Hospital
Londres

14.05.1948

Dear Dr. Birnie,
[...]

Nunca encontrei um caso em que uma mulher tivesse sido engravidada pelo próprio pai, mas encontrei vários casos em que isto poderia facilmente ter acontecido, isto é, incestos com o pai ou a mãe. O caso real de incesto significa quase sempre um golpe terrível para a estrutura psíquica, exceção feita nos casos de mentalidades bem primitivas. O incesto tem a importância de um trauma real. Sua consequência é uma fixação ao tempo e às circunstâncias do incesto, bem como à pessoa do perpetrador. Este é o significado do sonho que se repete em sua paciente[1]. Ela é ainda a prisioneira de seu pai. Um sonho que se repete refere-se sempre à mesma situação psicológica que perdura enquanto o sonho se repete. O inconsciente traz à baila o fato como uma espécie de ato compensador com a intenção de que possa ser recordado e introduzido na consciência. Sendo um trauma, o incesto é sempre mantido longe da consciência e reprimido em parte. Ele não pode ser assimilado e, por isso mesmo, o sonho o traz de volta, na esperança mais ou menos vã de que a consciência seja capaz de assimilá-lo. Ele pode ser assimilado, se a consciência entender o sentido simbólico do acontecimento. Obviamente a consciência está apenas fascinada com o aspecto externo, moral e fatal do ato. Mas isto não basta: o ponto principal é que o incesto desperta um nível arcaico da mente (que eu chamo de inconsciente coletivo) no qual existe um sentido altamente arcaico do incesto paterno.

Ano 1948

Ao tratar semelhante situação, deve-se deixar que o paciente reproduza as fantasias inconscientes que cercam o incesto, aplicando o método da *imaginação ativa* se os sonhos não produzirem o material necessário. [...]

Há uma diferença interessante entre o incesto materno e paterno, sendo o primeiro mais arcaico e afetando a vida sentimental do filho. O incesto paterno é de natureza mais recente e afeta a mente da filha, porque o pai tem a ver com tudo que é mental e espiritual. Num caso desses é imprescindível uma explicação completa das implicações mentais e espirituais do ato incestuoso, uma vez que sua natureza é altamente simbólica e refere-se normalmente aos sagrados mistérios da fé, nomeadamente ao mito de Maria que gerou de novo seu pai ao dar a vida a seu filho ("qui de sa fille fit sa mère"[2]). Nas representações medievais do Anticristo encontramos sempre uma descrição cuidadosa de como o pai (o demônio) tem intercurso sexual com sua filha e, assim, gera o Anticristo. Esta é uma das representações clássicas do arquétipo do incesto paterno. Receio que isto seja um assunto assaz complicado.

[...]

Sincerely yours,
(C.G. Jung)

---

1. Trata-se de uma mulher de 35 anos, depressiva e com tendências ao suicídio que aos 25 anos de idade teria engravidado do próprio pai e dado à luz uma criança. Quase todas as noites sonhava que estava trancada num quarto escuro. Diante da porta ficava o pai. Era o quarto em que seu pai a trancara quando era pequena e a forçara a atos sexuais.
2. Citação de Chrétien de Troyes, autor de *Le Conte du Graal*, século XII. Correspondente inversa temos em Dante, *Paradiso*, XXXIII, 1: "Ó Virgem Mãe, filha de teu filho".

To Father Victor White
Oxford

21.05.1948

Dear Victor,

Finalmente consigo escrever-lhe. Agradeço penhoradamente sua excelente conferência sobre o gnosticismo. Admiro muito o seu julgamento equilibrado e sua justa avaliação de um assunto que muitas vezes foi apresentado numa ótica errada e mal-interpretado por todo tipo de preconceitos compreensíveis e incompreensíveis. Sua apresentação da *Pistis Sophia*[1] é ótima. Entre os escritores patrísticos sobre o gnosticismo senti a falta de Hipólito[2], o mais profundo e inteligente de todos. Epifânio[3], que o senhor também preteriu, não merece grande consideração.

Seu ensaio levou-me a pensar: *Será que eu tenho fé, uma fé ou nenhuma?* Sempre fui incapaz de crer em alguma coisa, mas esforcei-me tanto que ao final não soube mais o que é a fé ou o que ela significa. Devo ao seu ensaio o fato de ter agora, aparentemente, uma resposta: Para mim, fé ou o equivalente de fé é o que eu chamaria de *respeito*. Eu tenho respeito pela verdade. Aparentemente este respeito se baseia num sentimento espontâneo de que existe algo que corresponde à verdade dogmática, algo que é *indefinível* em princípio. Tenho respeito por isso, mesmo que não o entenda. Mas posso dizer que o meu trabalho de toda uma vida é essencialmente uma tentativa de entender o que outros aparentemente conseguem crer. Deve haver – assim concluo eu – uma força motivadora muito forte ligada à verdade cristã; caso contrário, não se explicaria o fato de ela me influenciar tanto. Mas note bem que meu respeito não é uma questão de decisão consciente; é um "dado" de natureza irracional. É o mais próximo que posso chegar daquilo que parece ser "fé". Mas não há nada de especial nisso, pois sinto o mesmo tipo de respeito pelos ensinamentos básicos do budismo e pelas ideias fundamentais do taoismo. No caso da verdade cristã poder-se-ia explicar este respeito *a priori* por causa de minha formação cristã. Mas o mesmo não se pode dizer no caso do budismo, do taoismo e de certos aspectos do islamismo. Curiosamente, a teologia hindu nunca teve o mesmo apelo, ainda que tenha prendido com muita força o meu intelecto em tempos passados.

Nos últimos tempos, o gnosticismo tocou-me novamente em toda a sua vitalidade, quando me ocupava a fundo com a questão de como a figura de Cristo foi recebida pela filosofia natural helênica e também pela alquimia. Desses estudos nasceu um pequeno livro no mês passado. Temo que seja um livro chocante e difícil[4]. Ele forçou-me à tentativa muito curiosa de apresentar o progresso do simbolismo nos últimos dois mil anos através da figura de 4 quaternidades[5], baseadas nos dois quatérnios dos naassenos[6], segundo menção de Hipólito.

[...]

De saúde estou razoavelmente bem, e espero que esteja tudo bem também com o senhor. O senhor deve ter tido um tempo interessante. Um jesuíta, professor de Teologia em Lovaina[7], virá visitar-me semana que vem. Eles estão abrindo os olhos. Espero ansiosamente pelo verão, quando terei a oportunidade de recebê-lo novamente em Bollingen.

Yours cordially,

C. G.

---

1. *Pistis Sophia*: escrito gnóstico em língua copta, século III.

2. Hipólito: teólogo da Igreja primitiva, bispo de Portus Romanus, por volta de 170-235. Em seus escritos ele disputa com os gnósticos, considerados hereges; por isso seus escritos são fontes importantes das doutrinas gnósticas. A obra mais conhecida é *Elenchos* (Refutatio omnium haeresiarum).

Ano 1948

3. Epifânio: Padre da Igreja, bispo de Constança, por volta de 315-402. Em sua juventude foi influenciado pelas doutrinas gnósticas; mais tarde ele as combateu, principalmente em sua obra mais importante *Panarion*, um escrito sobre as heresias.

4. *Aion*, 1951.

5. Cf. para isso o capítulo "A estrutura e dinâmica do si-mesmo", em *Aion*, OC, vol. IX/2.

6. A seita gnóstica dos naassenos colocava uma serpente no centro de seus mistérios. Naas (hebr. nachasch) = serpente. A parte omitida da carta é uma repetição quase literal de um pedaço do capítulo já mencionado de *Aion*.

7. Jung se refere provavelmente ao Padre Raymond Hostie, na época ainda seminarista. Mais tarde foi professor no colégio jesuíta de Lovaina. Cf. carta a Hostie, de 25.04.1955.

Ao Dr. Erich Neumann
Tel Aviv/Israel

17.08.1948

Prezado colega!

Terminei ontem de ler sua conferência[1]. Quero expressar minha admiração pela maneira como deu conta magistralmente de sua difícil tarefa. Tornou-se uma exposição clara e profunda do problema da mística em geral. Este problema nunca foi abordado em tal abrangência e profundidade como em seu trabalho. Senti especial simpatia pelo santo que comprou lenha em vez de um manto de pele[2]. É bom que não tenha dito menos, e dizer mais teria sido insensato. Τῷ καιρῷ πρόσεστι πάντα τὰ καλά (tudo o que é bom depende da medida certa).

Agradeço-lhe este trabalho. Com os melhores votos e saudações de

C.G. Jung

1. E. Neumann, "Der mystische Mensch", *Eranos-Jahrbuch 1948*, Zurique, 1949.

2. Quando se diz de um famoso rabino que ele é um "zaddik em manto de pele" (zaddik é um justo perfeito), isto se entende da seguinte forma: "Um compra para si no inverno um manto de pele, e outro compra lenha. Qual é a diferença entre eles? Aquele só procura calor para si, este procura esquentar também os outros". Citado de M. Buber, *Die Chassidischen Bücher*, p. 600.

To Father Victor White
Oxford

Bollingen, 24.09.1948

My dear Victor,

Sua carta me lembrou de que encontrei, logo depois que o senhor partiu[1], escondido na minha pasta, o seu artigo publicado no *Commonweal*[2]. Sinto muito! Eu nunca abri aquela caixa porque me senti péssimo no início de minhas férias. Sou-lhe grato por ter empunhado em meu favor a espada vingadora. O artigo de Reinhold é muito estúpido e preconcebido. Existe algo que se chama responsabilidade intelectual, mas parece que R. a desconhece. Tais pessoas envenenam a atmosfera espiritual.

No meu estado mental bastante distraído, esqueci de fazer-lhe uma pergunta que me preocupa há mais tempo: trata-se da *anima Christi*. Refiro-me à meditação sobre a *anima Christi* nos *Exercitia Spiritualia S. Ignatii*. O que é a *anima Christi*? Cristo tem uma "anima"? Entendo aqui "alma". Cristo é Deus. Deus tem alma? Não pode ser a *alma rationalis* humana, que não teria lugar da parte de Deus. Parece que Deus seria sua própria alma. Mas então, o que significa a "anima Christi"?[3]

Ficaria muito grato se me esclarecesse sobre o ensinamento da Igreja a este respeito. Não há pressa! O senhor certamente está muito ocupado depois de sua longa ausência.

Há quinze dias temos aqui um verdadeiro verão. Eu estava tão cheio de energia que exagerei em cortar lenha. Agora preciso parar um pouco, escrever cartas e fazer algum trabalho científico sobre o Anticristo[4]. O senhor se lembra dos dois peixes que satanás descobriu nadando nas águas escuras?[5] Talvez tenham alguma relação com os dois mártires (*testes*) do Apocalipse[6]. Um texto medieval diz sobre eles: "Sibylla nuncupat eos duo stellas"[7]. Isto pode referir-se à conjunção de Júpiter e Saturno ao tempo do nascimento de Cristo. Assim como "duo stellas" anunciaram a primeira vinda de Cristo[8], também podem ser o presságio de sua segunda vinda. Júpiter e Saturno são um contraste: ♃ é benéfico, ♄ é um típico maléfico, o *sol niger* dos alquimistas[9]. Note-se que o presságio consiste, em ambos os casos, numa *complexio oppositorum*. Isto poderia indicar uma intenção secreta de fazer de Cristo um *mediator oppositorum*, isto é, uma encarnação do arquétipo do si-mesmo.

Descobri há pouco que a palavra arquétipo foi empregada pela primeira vez por Filo: *De opificio mundi, 69*; ela se refere ao εἰκὼν τοῦ θεοῦ = κατὰ τὸν τῆς ψυχῆς ἡγεμόνα νοῦν[10]. Até agora achava que tivesse ocorrido pela primeira vez no *Corpus Hermeticum*: θεὸς τὸ ἀρχέτυπον φῶς[11]. Santo Agostinho não usa a palavra "arquétipo", como eu supus erroneamente no passado, mas apenas a ideia; mas ela ocorre em Dionísio Areopagita[12].

Espero que o tempo por lá esteja tão bom quanto o nosso.

Yours cordially,
C. G.

Ano 1948

1. Após seu retorno dos Estados Unidos, o Padre White passou os dias de 6 a 14 de setembro com Jung em Bollingen.

2. "The Analyst and the Confessor", *Commonweal*, 1948.

3. A "resposta proveitosa e profunda" do Padre White (carta a White, de 08.01.1949) não se encontra no arquivo. Segundo a concepção católico-romana, definida no Concílio de Calcedônia (451) e partilhada também por Lutero, Cristo é verdadeiro Deus e homem. Enquanto Deus, não tem alma, mas é puro espírito. Enquanto homem, possui a alma racional humana. Inácio de Loyola assumiu da tradição devocional dos séculos XIII e XIV a oração "Anima Christi" e a introduziu nos *Exercitia Spirtualia*. Jung tratou do aspecto psicológico da "Anima Christi" em suas conferências na Eidgen. Techn. Hochschule, semestre de inverno de 1939-40.

4. Isto se refere a *Aion*, 1951 (OC, vol. IX/2).

5. Num texto herético latino dos albigenses (século XII ou XIII) encontra-se um relato sobre uma presumível revelação do apóstolo João: satanás havia descido para a terra e viu que estava coberta de água. "Encontrou dois peixes que jaziam na superfície das águas, e eram como bois ligados (por um jugo), obrigados a arar a terra inteira por ordem do Pai invisível". O texto foi transmitido em Jean Benoist, *Histoire des Albigeois et des Vaudois*, 2 vols., Paris, 1691. Cf. *Aion*, par. 255s.

6. Ap 11,3-12.

7. A Sibila os denomina duas estrelas.

8. A conjunção de ♃ e ♄ ocorreu três vezes no zodíaco de Peixes no ano 7 aC. Cf. o capítulo "O signo de Peixes", em *Aion*.

9. Cf. carta a Schmied, de 05.11.1942, nota 3.

10. A passagem em Filo Judeu (século I aC), *De opificio mundi*, 69 soa assim no contexto: "Depois de todas as criaturas [...] foi criado o ser humano e, como está dito, segundo a imagem de Deus (κατ' εἰκόνα θεοῦ) e segundo sua semelhança (Gn 1,26). [...] Mas não podemos presumir esta semelhança na peculiaridade do corpo, pois Deus não tem forma humana, nem o corpo humano é semelhante a Deus. Aquela imagem fiel (εἰκον) refere-se apenas ao dirigente das almas, ao espírito (κατὰ τὸν τῆς ψυχῆς ἡγεμόνα νοῦν); pois o espírito em cada indivíduo foi formado segundo o único espírito dirigente do universo como imagem primitiva (arquétipo) [...]".

11. Deus é a luz arquetípica.

12. Cf. carta a Frischknecht, de 07.04.1945, nota 3.

To Sally M. Pinckney[1]
Nova York

30.09.1948

Dear Miss Pinckney,

Ainda que os perigos do indivíduo de identificar-se com a coletividade sejam realmente grandes, a relação entre esses dois fatores não é necessariamente negativa. Ela também tem seus aspectos positivos. Na verdade, uma relação positiva entre o indivíduo e a sociedade, ou um grupo, é essencial, pois nenhum indivíduo subsiste por si mesmo, mas depende da simbiose com um grupo. O si-mesmo, o verdadeiro centro de um indivíduo é de natureza conglomerativa. Ele é por assim dizer um grupo. Ele é uma coletividade em si e, por isso, quando atua de modo mais positivo, sempre cria um grupo. Esta é a razão, por exemplo, de existir algo como o Clube de Nova York. Esta unicidade exige uma expressão positiva que pode ser encontrada apenas num interesse comum a todos os membros de um grupo. Partindo dessa consideração, o Clube de Psicologia de Zurique fundou o novo Instituto[2], cujo Conselho Curador e leitores são todos membros do grupo.

Seria do maior interesse para o bem-estar do Clube de Nova York se pudesse ser encontrado um caminho para dirigir suas energias para um canal semelhante. Naturalmente é impossível para a senhora fundar um instituto de ensino da psicologia analítica[3], mas há muitas outras atividades proveitosas que me vieram à mente ao ler o seu *Bulletin*. É um *Bulletin* bastante inteligente e muito útil devido às informações que traz. Seria, por exemplo, muito interessante saber de livros ou artigos em que se menciona, critica, injuria e louva a psicologia analítica. Seria também de grande valia ouvir vozes críticas e preconcebidas. Como a senhora sabe, aprende-se muito das resistências e das dificuldades. Nesta espécie de trabalho, que pressupõe sobretudo uma leitura inteligente, muitos membros do Clube poderiam realizar tarefas específicas.

Lamento estar tão atrasado com minha resposta. Estive doente neste intervalo de tempo e só pude retomar agora o fio perdido da meada.

Yours sincerely,
(C.G. Jung)

1. Miss Sally Pinckney era, na época, editora do *Bulletin of the Analytical Psychology Club in New York*. Havia pedido a Jung uma colaboração sobre "the positive value to the individual of group participation". Em vez da colaboração, foi publicada esta carta no *Bulletin*, setembro de 1948.
2. Instituto C.G. Jung, fundado em abril de 1948, em Zurique.
3. Em 1962, o Analytical Psychology Club fundou o "New York Institute of the C.G. Jung Foundation for Analytical Psychology, Inc.".

Ao Dr. S.
Alemanha

30.09.1948

Prezado colega,

O medo é uma agressividade ao reverso. Consequentemente, a coisa de que temos medo significa uma tarefa. Se tiver medo dos próprios pensamentos, então a tarefa são precisamente os seus pensamentos. O senhor tem também toda razão em sua carta argumentativa sobre o espírito. Foi realmente intenção minha atribuir essas complicações à forma primitiva. Neste sentido, o meu ensaio[1] é deveras exotérico, mas é exatamente neste exoterismo que está um esoterismo especial, pois o espírito é originalmente e sempre um *agens per se*, não podendo nunca ser apreendido numa forma intelectual. Ele é um fenômeno primitivo. Mas, do ponto de vista empírico-psicológico, podemos também denominá-lo uma qualidade à qual estão presos certos conteúdos psíquicos, em oposição aos rótulos materiais e concretos.

Saudações cordiais,
(C.G. Jung)

1. "Zur Psychologie des Geistes", *Eranos-Jahrbuch, 1945*, Zurique, 1946. Sob o título "A fenomenologia do espírito no conto de fadas", em *Simbolismo do espírito* e OC, vol. IX/1.

To Sir Herbert Read[1]
Pro tempore em Rigi

17.10.1948

Dear Mr. Read,

Após ter lido o seu *Green Child*, senti quase uma obrigação moral de agradecer-lhe por me ter chamado a atenção para a existência dele. Não me sinto inclinado naturalmente para o que se chama "literatura", mas sou particularmente atraído pela "ficção" genuína, isto é, pela invenção fantasiosa. Quando a fantasia não é forçada, violada e subjugada por uma ideia bastarda, intelectualmente preconcebida, então é um produto legítimo e autêntico da mente inconsciente e, assim, me traz uma informação não adulterada sobre as coisas que transcendem a mente consciente do escritor. A maioria dos escritores odeia este ponto de vista. Mas presumo que este não é o seu caso, do contrário teria cuidado de não deixar o seu livro na minha proximidade. Eu o li até o fim no mesmo dia; causou-me um ribombar nas profundezas, o que me deixou acordado grande parte da noite.

O livro é sobretudo admiravelmente inglês: a gente vai para a cama sem pressentimentos especiais, sem planos e sem intuições de espécie alguma, e acorda de manhã como proprietário inexplicável de 30.000 milhas quadradas de terra virgem, onde é obrigado a ser imensamente útil e eficiente. Felizmente não se sabe que nunca se esteve lá, pois descobre-se após 20-30 anos que aquilo de que realmente se trata ficou para trás em seu povoado de origem. O que se redescobre é uma compensação de todas as coisas que se professou e pelas quais se viveu por longo tempo. Este povo verde[2] – hélas – foi muito real, mas teve um inferno de vida durante sua ausência.

Quanta coisa adoravelmente não convencional a gente perdeu! Desde os banhos promíscuos, sumamente deliciosos, até as regiões mais altas da sabedoria! Aqui o meu Aqueronte começou a tremer. O senhor tocou no arcano alquímico por excelência, a pedra filosofal, um problema realmente enorme que está enchendo a minha cabeça. O chocante é que a pedra simboliza uma elevadíssima ideia espiritual, isto é, aquela imagem antiquíssima e universal do *Anthropos* (p. ex. Cristo = ὁ υἱὸς τοῦ ἀνθρώπου)[3]. Isto é absurdo. Significaria que o próprio espírito, até mesmo o πνεῦμα[4] divino, seja a pedra ou que aquela pedra seja espírito? Estas ideias não são de modo algum invenções intelectuais; ao contrário, são produtos autênticos, desenvolvimentos naturais do inconsciente. Não há nada de arbitrário nelas.

Em sua história os dois mundos não se tocam, isto é, seu ponto de contato é antes doloroso. É um caso de ou/ou. Isto é totalmente correto, até mesmo infinitamente correto. A mão direita não sabe o que a esquerda está procurando às apalpadelas. Isto é a nossa "psychologie *à compartiment*" no mundo todo. Se um velho alquimista lesse sua novela, derramaria lágrimas de alegria. Ele não me fez chorar, mas induziu astuciosamente minha mente à ação, e tive que resolver todas as charadas que o senhor colocou sobre a mesa. Assim, por exemplo, o seu número 5[5], que na verdade deveria ser 4; e por que este submundo é tão verde, tão bolorento, tão esférico e tão semelhante ao purgatório? Não quero inundá-lo com os rompantes de minha mente estranha. Queria dar-lhe ao menos uma noção das reações que o seu livro provocou. Elas querem ser um pequeno sinal de minha gratidão por um dia de intenso prazer e interesse.

Yours sincerely,
C.G. Jung

1. Sir Herbert Read, 1893-1968, poeta inglês, crítico de arte e coeditor de "Collected Works" de Jung no âmbito da Bollingen Series, Nova York.
2. No romance de Read, *Green Child*, Londres 1935, o "green folk" mora num país para onde a menina verde, Siloen, leva Olivero, o herói do romance. Cf. a interpretação de Jung da cor verde, a partir de um conto popular russo em que os pequenos seres humanos que viviam no mato e debaixo da terra eram, juntamente com tudo o que lhes pertencia, verdes, em *Symbolik des Geistes*, 1953, e em OC, vol. IX/1, par. 406.
3. O Filho do Homem.
4. Espírito.
5. No país do "green folk" encontram-se muitas vezes grupos de cinco: 5 juízes, 5 bancos com 5 homens barbados etc. Sobre o significado simbólico do 5 como "número da pessoa humana natural", cf. *Configurações do inconsciente*, 1950; OC, vol. IX/1, par. 680.

Ano 1948 ———————————————————————————

Ao Prof. Fritz Blanke
Zurique

10.11.1948

Prezado colega,

Muito agradecido pelo gentil envio de seu livro sobre o Irmão Klaus[1].

O fato de o Irmão Klaus ter vivido, conforme ele mesmo declarou e segundo relato de testemunhas fidedignas, durante 20 anos sem alimento material é um ponto que não se pode facilmente menosprezar, por mais embaraçoso que seja. No caso de Teresa de Konnersreuth[2] também há relatos, cuja confiabilidade não posso comprovar nem negar, de que viveu por longo tempo só se alimentando da hóstia. Essas coisas são naturalmente incompreensíveis com os conhecimentos atuais da fisiologia. Mas rejeitá-las como totalmente impossíveis, há que ter certo cuidado. Há muitas coisas que foram consideradas impossíveis antigamente, mas que hoje são consideradas possíveis e comprováveis.

É óbvio que não tenho explicação para isso, mas estou propenso a examinar a possibilidade desses fenômenos no campo da parapsicologia. Eu mesmo observei processos de materialização e verifiquei que naqueles lugares do corpo de onde saíam materializações ectoplásticas, o grau de ionização da atmosfera próxima à pele era sessenta vezes maior que o normal. Isto significa que lá entravam ou de lá saíam moléculas ionizadas que evidentemente levavam à formação daquela névoa esbranquiçada (numinosa?) da qual surgiam partes materializadas do corpo. Se tais coisas podem ocorrer, então é concebível também que pessoas próximas de determinada pessoa podem funcionar como fontes de íons, isto é, a alimentação pode processar-se pela passagem de moléculas vivas de albume de um corpo para outro. Eu poderia ver nisto um possível auxílio para alguma explicação. Infelizmente essas coisas foram ainda pouco pesquisadas. É assunto para os próximos séculos.

Seu pequeno livro é muito interessante, e fiquei satisfeito em ver que o senhor não descarta sem mais as afirmações confiáveis do santo, mas que as toma a sério.

Com renovados agradecimentos,

(C.G. Jung)

1. Fritz Blanke, *Bruder Klaus von Flüe*, Zurique, 1948.
2. Teresa Neumann, 1889-1962, conhecida pelo nome de Teresa de Konnersreuth, portadora das chagas desde 1926. Ela experimentou em visões a paixão de Cristo.
Esta carta foi publicada em *Neue Wissenschaft*, Olten-Freiburg/Br., 1950/51, fascículo 7.

Ao PD. Dr. Albert Jung
Villars-sur-Glâne/Suíça

10.11.1948

Prezado colega,

Aceite meus agradecimentos pelo gentil envio de seus escritos[1]. Sou realmente agradecido por sua exposição simpática e bem compreensível. Acho particularmente meritório que se esforce por inculcar nos médicos um pouco de psicologia. Os médicos em geral não têm apenas aversão a ler livros mais ou menos volumosos, mas têm também um verdadeiro horror ao pensar, para o qual deixaram de ser treinados desde os tempos do curso colegial. Daí a enorme dificuldade deles; uma dificuldade tão grande que só conseguem ler os mais simples de meus escritos com pingos de suor na testa – se é que conseguem. Em última análise, a psicologia é apenas um campo limítrofe da medicina, mas em seus aspectos práticos tem importância tão fundamental que ao menos o lado psiquiátrico da medicina não pode deixar de adquirir algum conhecimento da natureza da psique que representa a quintessência da vida corporal.

A "Innerschweizer Philosophengesellschaft"[2] parece ter vivo interesse em minha psicologia. Ouvi isto ocasionalmente do Professor Gebhard Frei que também deu uma conferência sobre este assunto. Desejo-lhe pleno êxito em sua conferência. Lá o senhor terá ao menos a vantagem de um público que tem uma concepção mais pertinente quanto à psique e seu simbolismo do que o público médico.

Renovo os meus agradecimentos e subscrevo-me
com elevada consideração.
C.G. Jung

1. Cadernos mensais de medicina, Schwarzenburg, 1948, fascículo 8. Contém algumas conferências de A. Jung sobre a obra de C.G. Jung, _Symbolik des Geistes_, e alguns outros escritos.
2. Esta sociedade é um ramo da "Sociedade Suíça de Filosofia", cujos membros são na maioria católicos.

To Miss Piloo Nanavutty[1]
Londres

11.11.1948

Dear Miss Nanavutty,

Lamento estar atrasado com a resposta à sua carta de 19 de outubro. Como é do seu conhecimento, estou velho e impossibilitado de cuidar de minha correspondência como deveria.

Ano 1948

Nada tenho a objetar que leia meus volumes sobre Zaratustra[2]. Obviamente, eles nada têm a ver com o profeta Zaratustra. Devem ser lidos com espírito crítico, pois são apenas anotações de meus ouvintes e que eu nunca corrigi. Certamente haverá neles grande número de erros. Preferiria que não citasse nada deles em seus escritos.

Muito obrigado por sua interessante separata[3]. A ilustração de Blake é muito atraente. A caricatura dos quatro seres vivos de Ezequiel[4] nesta forma, que a gente supõe dever-se ao pecado original, representa exatamente o que a Cabala chama de os quatro *achurayim*. Estes formam o invólucro mais externo do mundo, junto com os *septem reges lapsi* – os sete reis decaídos[5] que representam éons passados. Eles têm o significado geral de espíritos impuros. A Cabala tornou-se acessível aos estudiosos não hebreus através do escrito de Knorr von Rosenroth, *Kabbala denudata*, de 1684[6]. Ali o senhor encontrará os dados necessários no "index latinus" sob o verbete "cortices".

Acho que o estudo de Blake é torturante, pois compila uma quantidade de conhecimentos meio ou nada digeridos em suas fantasias. Na minha opinião, trata-se mais de uma produção artística do que de representação autêntica de processos inconscientes. Ele viveu numa época em que tais misturas incríveis eram moda. Acho que eu precisaria conhecer uma boa parte dessa literatura insípida daquela época se quisesse fazer uma tentativa séria de interpretar corretamente os seus desenhos. Estou cônscio disto.

Recebi uma carta de sua irmã e estou na iminência de respondê-la.

Yours sincerely,
(C.G. Jung)

---

1. Miss Nanavutty era indiana, então na Inglaterra, por motivo de estudos.

2. Trata-se de dez volumes mimeografados das atas dos seminários ingleses de Jung sobre Nietzsche, *Assim falou Zaratustra*, que Jung deu no Clube de Psicologia de Zurique durante os anos de 1934-1939. Foram editados por este Clube.

3. Piloo Nanavutty, "A Title-page in Blake's illustrated Genesis Manuscript", *Journal of the Warburg and Courtauld Institutes*, vol. 10, Londres, 1947. A mencionada página de rosto foi produzida por volta de 1826. Representa as figuras-símbolo dos evangelistas de forma caricatural. Miss Nanavutty interpreta isto como uma forma degenerada do espírito, do intelecto, da paixão e do corpo. Representariam a concepção de Blake do homem decaído.

4. Cf. Ez 1,51: "quatro seres vivos".

5. Segundo a *Kabbala denudata*, os sete reis decaídos (*septem reges lapsi*) referem-se a éons primitivos, a mundos "esgotados"; os quatro *achurayim* são os chamados "posteriora Dei". Significam aquilo que está fora da santidade. Cf. para isso *Configurações do inconsciente*, 1950; OC, vol. IX/1, par. 576 e nota 115.

6. O cabalista cristão Christian Knorr von Rosenroth, 1636-1689, traduziu para o latim vários escritos cabalísticos, sobretudo partes do *Zohar*, e publicou-os sob o título *Kabbala denudata*,

Sulzbach 1677-1684. As seguintes palavras dos escritos de Rosenroth formam a epígrafe de *A psicologia da transferência*: "Quaero non pono, nihil hic determino dictans;/ Coniicio, conor, confero, tento, rogo..." (Procuro, não afirmo, nada determino aqui em definitivo;/Conjecturo, esforço-me, comparo, tento, interrogo...).

To Father Victor White
Oxford

16.12.1948

Dear Victor,

O Espírito levou-me a escrever-lhe.

Já faz tempo que nada ouço do senhor, e mais tempo ainda que nada ouvi do senhor pessoalmente. Posso estar redondamente enganado, mas confesso ter o sentimento de que quando o senhor esteve na América uma porta foi fechada, suave mas firmemente. Não quero incomodá-lo, mas parece-me que devo contar-lhe minha fantasia, para que conheça ao menos o meu lado do quadro. Sei que há coisas terrivelmente difíceis de serem apenas mencionadas, mas elas não devem cortá-lo completamente. Não faz mal para o senhor respirar de vez em quando um pouco do grande vento do mundo e ouvir um pouco das coisas escuras "que se entrechocam de noite".

Eis a razão de tomar a liberdade de bater à sua porta. Presumo que esteja muito ocupado. Não se sinta pressionado a uma resposta, por favor! Estou procurando minha própria paz, e este é o motivo por lhe falar de minhas aflições. Tendo feito o que fiz, posso recostar-me na cadeira de meu avô e continuar sonhando com o dito de Virgílio: "Tityre tu recumbans sub tegmine fagi..."[1].

A luz que deseja brilhar precisa da escuridão.

Cordially yours,
C. G.

1. Virgílio, *Éclogas*, I,1. O texto é: "Tityre, tu patulae recumbans sub tegmine fagi...". "Tityrus, tu estás deitado sob a proteção da faia frondosa".

Ao Dr. Erich Neumann
Tel Aviv/Israel

Dezembro de 1948

Prezado colega!

Desculpe esta carta manuscrita. Assim posso concentrar-me melhor nos meus pensamentos. O manuscrito *Mysterium Coniunctionis* ainda não está pronto para ser

Ano 1948 ——————————————————————————————————————

enviado, e o último capítulo ainda não foi escrito. Mas há um que outro manuscrito mais ou menos pronto para a impressão e do qual pode receber uma cópia.

Seu livro sobre ética[1] acabou de ser publicado aqui e já está levantando tanta poeira que chegará o tempo em que deverei manifestar minha opinião. No Instituto foi levantada a questão se seria aconselhável, nas circunstâncias atuais, usar de sua gentil autorização e publicar seu livro na nossa série de escritos. Teme-se que isto possa prejudicar a discussão futura e também que o Instituto se veria comprometido com certas formulações, mesmo que só moralmente ou segundo as aparências externas. Um pequeno Instituto, ainda fraco das pernas, não pode arriscar-se a ter muitos oposicionistas (olhando-se de esguelha para a universidade e a Igreja).

Li mais uma vez o seu livro e novamente tive a forte impressão, e com ela a certeza, de que seu efeito será o de uma bomba. Suas formulações são brilhantes e muitas vezes de acuidade cortante; são por isso provocantes e agressivas, uma tropa de choque em campo aberto, onde antes disso – infelizmente – nada havia. Evidentemente o adversário concentra seu fogo sobre a tropa exposta. E é precisamente a fórmula transparentemente clara e inequívoca que é a mais ameaçada porque tem um lado descoberto. Não se faz guerra sem perdas, e com um equilíbrio estático não se chega a lugar nenhum. O próprio título "Nova Ética" é clangor de trombetas: "Aux armes, citoyens"! Receberemos aqui algum gás venenoso no nariz e algum golpe na cabeça. Em Tel Aviv o senhor corre o risco de bombas egípcias.

Não sou dado a brigas, mas combativo por natureza, e por isso não posso esconder do senhor a minha satisfação secreta. Mas agirei com precaução e, se preciso for, cumprirei o meu dever de comandante do corpo de bombeiros. Seus escritos serão uma *petra scandali*, mas também o impulso mais poderoso de desenvolvimentos futuros. Por tudo isso sou-lhe grato profundamente.

Saudações cordiais,
C.G. Jung

1. *Tiefenpsychologie und Neue Ethik*, Zurique, 1949. Cf. carta a J. Fierz, de 13.01.1949.

À Alwine von Keller
Ascona

02.01.1949

Prezada e distinta senhora,

Estou em Bollingen, e sua carta chegou num momento propício, de modo que posso respondê-la já.

Não é de admirar que estejamos dispostos a um olhar retrospectivo no final do ano, ainda mais quando estamos bem longe dos anos da juventude. Também eu estou numa fase retrospectiva e me ocupando intensamente comigo mesmo – a primeira vez em 25 anos – coletando e organizando os meus velhos sonhos. Há muita coisa estranha entre eles. Estou impressionado com o fato de que sabemos muito pouco sobre o "inconsciente" (abençoado seja este termo sem preconceitos!).

Nesta oportunidade gostaria de chamar a sua atenção para um livro notável. Trata-se do livro de Monica Redlich, *The Various Light*, Londres, 1948[1]. Desconheço a autora, mas escreve sobre coisas que não desconheço. Irá interessá-la.

Se não conseguir este ano o *Eranos-Jahrbuch*, eu lhe enviarei o meu ensaio "Über das Selbst"[2], quando saírem as separatas.

Meu estado de saúde, com meus altos e baixos, tem muito a ver com o fato de eu ainda não saber bem o que se pode ou não pode fazer aos quase 74 anos de idade. A minha última doença foi sobrecarga de trabalho. Todo dia tenho de dizer a mim mesmo várias vezes: μηδὲν ἄγαν – não demais! Passo de lesma, seguido de períodos de descanso e mudança da parelha de lesmas.

Apesar disso consegui terminar um novo trabalho sobre as mandalas[3], que deverá ser publicado no decorrer deste ano.

Lamentei muito não poder ter comparecido ao encontro deste ano. Devo cuidar ainda de meu fígado. Sou como um carro velho, com 250.000km rodados e que não conseguiu ainda convencer-se da potência de seus vinte cavalos de força. Consola-me, porém, o fato de que só um louco espera alcançar a sabedoria.

Receba os meus melhores votos para o Ano-novo.

C.G. Jung

1. Trata-se de uma história que se desenrola tanto na realidade externa quanto no mundo dos sonhos.
2. "Über das Selbst", *Eranos-Jahrbuch, 1948*, Zurique, 1949. Com o título "O si-mesmo", em *Aion* (OC, vol. IX/2).
3. "Sobre o simbolismo da mandala", OC, vol. IX/1.

Ano 1949

To Father Victor White
Oxford

Bollingen, 08.01.1949

Dear Victor,

Muito obrigado por sua carta amável e humana! Pelo menos sei agora onde o senhor está. Temia que a América o tivesse arrebatado em espírito. É bem do meu jeito ter esquecido sua carta muito útil e compreensiva sobre a *anima Christi*, isto é, esqueci de agradecer-lhe[1]. Fico realmente muito agradecido por haver respondido de modo tão completo a minha pergunta. Tais coisas me acontecem às vezes, e sempre me aconteceram, isto é, que meus sentimentos ou certa espécie deles desaparecem de repente do campo visual, sobretudo naquele momento em que deveria reconhecê-los. É este o modo como se comporta a função inferior. [...]

Suas observações enigmáticas sobre "efeitos sincrônicos" em 16 de dezembro despertaram a minha curiosidade, uma vez que me sinto totalmente inocente quanto a motivos dissimulados em minha carta. Este sentimento de inocência pode provar o contrário. Lamento que o senhor não possa dizer mais sobre o assunto. De minha parte, foi uma compulsão interna que me levou a escrever. Senti necessidade de ouvir algo do senhor. O efeito que a América teve sobre o senhor parece-se com algo que passou diretamente para o inconsciente, donde surgirá de novo, após uma incubação mais ou menos prolongada, numa forma nova.

A combinação de sacerdote e curandeiro não é tão impossível quanto o senhor parece pensar. Ambos se baseiam num arquétipo comum, que irá afirmar-se, supon-do-se que seu desenvolvimento continue como até agora. É verdade que a "fímbria" de novas coisas se constitui sempre de figuras estranhas. Imagino que poderíamos ter observado lunáticos muito parecidos entre os primeiros seguidores do cristianismo, por exemplo as pessoas que foram curadas da possessão. Em suma, a Inglaterra e nosso velho mundo são o seu *Rhodes, hic salta!*[2] Nossa ansiedade sempre indica a nossa tarefa. Se dela fugirmos, perdemos um pedaço de nós mesmos, e um peda-ço altamente problemático com o qual o Criador das coisas estava para fazer uma experiência em sua maneira imprevisível. Seus caminhos podem de fato provocar ansiedade. E sobretudo quando não estamos em condições de enxergar por baixo da superfície. Nossa mente independente é sujeito e objeto do experimento divino. [...] Se o senhor se sente isolado na Inglaterra, por que não faz de um de seus *fratres* um verdadeiro irmão no espírito? Quando cheguei a Zurique, a cidade mais materialista da Suíça, não havia ninguém que correspondesse às minhas necessidades. Então

Ano 1949

plasmei algumas pessoas para mim. Elas estavam previstas para esta experiência. Era possível ver isso a partir de seus sonhos.

Lamento que esta tenha sido outra carta longa. Não se preocupe em respondê-la.

Yours cordially,

C. G.

1. Esta carta não está no arquivo. Cf. carta a White, de 24.09.1948.
2. "Hic Rhodus, hic salta"! (Aqui é Rodes, salta aqui). Texto de uma fábula de Esopo (cerca de 620-560 aC). Voltando de uma viagem, certo homem se gabava de ter dado um salto espetacular na ilha de Rodes; foi desafiado a repeti-lo em sua casa.

Ao Prof. Markus Fierz
Basileia

12.01.1949

Prezado colega!

Posso propor-lhe uma questão de matemática? Durante minha doença de 1944 tive, após minha embolia cardíaca, um intervalo de inconsciência (?) ou de amnésia (?), e não consigo lembrar-me de qualquer percepção externa. Mas guardei desse período uma visão impressionante em que vi, entre outras coisas, a terra a partir de uma grande distância[1]. Interessa-me saber o quanto era essa distância. Algumas indicações: todo o meu campo visual estava preenchido por um segmento da esfera terrestre. Em cima à esquerda eu via a margem noroeste da terra. Embaixo à direita, nas proximidades da margem de meu campo visual, estava Ceilão, e então à esquerda para cima estava a Índia toda. Mais para a esquerda e indistintamente estavam a Pérsia, a Arábia, o Mar Vermelho e, bem em cima à esquerda, o Mediterrâneo e a costa nordeste da África. A questão é esta: a que distância estava eu da terra para poder abranger em meu campo visual toda esta região?[2]

Espero que a resposta não lhe dê muito trabalho.

Agradeço antecipadamente.

C.G. Jung

1. Cf. *Memórias*, p. 253.
2. A distância seria em torno de 1.500km. Cf. *Memórias*, p. 253.

Ano 1949 ──

Ao Dr. Jürg Fierz
c/o Redaktion der "Weltwoche"
Zurique

Bollingen, 13.01.1949

Prezado Doutor,

Antes de mais nada, o senhor deve considerar que não costumo interferir nos trabalhos de meus alunos. Não tenho o direito nem o poder de fazê-lo. Eles podem tirar as conclusões que lhe pareçam corretas e devem assumir toda a responsabilidade por elas. Já são muitos os alunos meus que fabricaram todo tipo de bobagem a partir do que outrora aprenderam. Eu não disse em lugar nenhum que apoiava "irrestritamente" Neumann[1]. Sobre isto não há o que falar. Eu naturalmente faço as minhas restrições.

Se o senhor quiser entender Neumann corretamente, deve considerar que ele escreve no vácuo espiritual de Tel Aviv. De lá nada mais pode provir do que um monólogo. Ele escreve como ele supõe. Não há dúvida de que isto é provocativo, mas eu já percebi que os livros provocativos não são os piores. Eles irritam certas pessoas que não poderiam ser atingidas de outro modo.

Se alguém quiser saber o que eu penso dessas coisas, aí estão os meus livros, e cada qual é livre para ouvir os meus pontos de vista. Alguém poderia ler os meus livros em vez de alterar-se contra Neumann. Se eu recomendo o livrinho dele é sobretudo porque ele mostra a que conclusões podemos chegar quando levamos a extremos o nosso raciocínio sobre os problemas éticos. Devemos lembrar-nos também de que Neumann é judeu e por isso conhece o cristianismo a partir de fora; e além do mais é preciso saber que foi demonstrado aos judeus de modo muito drástico que o mal "sempre é projetado". De resto – no que diz respeito à confissão dos pecados – é um fato que, se uma pessoa não considera alguma coisa como sendo pecado, também não precisa confessá-lo. Quando Neumann recomenda a "voz interior", e não a consciência cristã, como critério do ético, ele está de pleno acordo com o ponto de vista oriental de que no coração de cada pessoa mora um juiz que conhece todos os maus pensamentos dela. E sob esse aspecto ele também pode contar com muitos místicos cristãos. Se doentes mentais afirmam o mesmo, assim foi desde sempre, é preciso saber apenas que as vozes dos doentes mentais são algo diferente daquilo que Neumann designa como "voz interior". Muitos doentes mentais arvoram-se em "éticos por excelência", sem que Neumann os tenha estimulado para tal. Não há justificativa externa para a voz interior, pela simples razão de ninguém saber o que é bom e o que é mau. Seria terrivelmente simples se

Ano 1949

pudéssemos proceder de acordo com o decálogo, ou conforme o código penal ou conforme qualquer outro código moral. Todos os pecados ali catalogados são tão obviamente sem sentido ou mórbidos que toda pessoa sensata reconhece logo sua impropriedade. Numa decisão ética entram em jogo coisas bem mais complicadas, isto é, conflitos de obrigações, a coisa mais diabólica já inventada e ao mesmo tempo a coisa mais solitária que jamais foi permitida sonhar pelo mais solitário de todos, o criador do universo. No conflito de obrigações, um código diz assim, e outro diz assado, e a gente sabe tanto quanto sabia antes. O caso é realmente este: o que para alguém é bom, para outro parece ruim. Imagine o caso de uma mãe preocupadíssima que interfere em todas as coisas de seu filho, com a solicitude mais desprendida, mas na verdade com efeito mortífero. É claro que para a mãe é bom se o filho não faz isto e não faz aquilo, mas para o filho é simplesmente a ruína moral e física – portanto dificilmente uma coisa boa.

O senhor tem razão ao dizer que a ética individual de Neumann coloca exigências bem mais difíceis do que a ética cristã. O único erro que Neumann comete aqui é de ordem tática: ele diz em voz alta, imprudentemente, o que sempre foi verdadeiro. Assim que a ética se arvora em absoluta, ela é uma catástrofe. Ela só pode ser considerada relativa, assim como Neumann só pode ser entendido de modo relativo, ou seja, como um judeu religioso de origem alemã e que vive em Tel Aviv. Se alguém imagina que se pode simplesmente varrer do mundo certas concepções, está redondamente enganado: Elas se baseiam em arquétipos de difícil apreensão. Parece que Neumann nos oferece o escoadouro de uma operação intelectual que ele tinha de realizar para si a fim de obter um novo fundamento para sua ética. Como médico, está profundamente impressionado com o caos moral e sente-se responsável no mais alto grau. Por causa dessa responsabilidade procura colocar em ordem para si o problema ético, não para editar um decreto absolutista, mas para explicar suas reflexões éticas, esperando naturalmente fazê-lo também para o mundo ao seu redor.

Ao ler semelhante livro, o senhor deve ter em mente também o mundo em que vivemos. Talvez já saiba que o cristianismo hodierno está relativizado pelo simples fato de a Igreja estar dividida em tantos e tantos milhões de católicos e tantos e tantos milhões de protestantes, e que o bolchevismo domina desde Thüringen até Vladivostok, e que existe além do mais um Oriente com bilhões de não cristãos que também têm suas concepções de mundo. E como este mundo é apenas um, estamos diante da questão: O que fazer? Não podemos simplesmente fechar-nos em nossa visão do mundo, mas devemos necessariamente encontrar uma posição

Ano 1949

a partir da qual seja possível uma visão que dê um pequeno passo para além do cristianismo, do budismo etc. Como cristão o senhor deverá esforçar-se e tomar como preocupação diária lançar uma ponte sobre o lamentável conflito na Igreja, através de uma posição mediadora. Não se pode simplesmente ser protestante ou católico. Isto é muito pouco, pois em última análise um é irmão do outro, e isto não pode ser eliminado do mundo por uma simples declaração de invalidade de um ou de outro. Neumann estabelece uma posição que é válida para cada um no sentido mais profundo. Se existe um fator interno decisivo, então deve valer para todas as pessoas. A questão é apenas esta: Existe uma voz interior, isto é, uma determinação? Sem dúvida ela não existe para talvez 99% da humanidade, assim como não existe para esta grande maioria uma porção de coisas pelo simples fato de as ignorarem. Não existe, por exemplo, uma higiene bem rudimentar que seria válida para mais de 90% da humanidade, sem falar de um código moral correspondente. Se a decisão ética não for, em última análise, algo inerente à natureza humana, então o caso é completamente sem esperança, pois nenhum código de leis resistiu ao tempo. Subjetivamente estou convencido plenamente da realidade do fator interno decisivo, e meu trabalho prático com os pacientes visa exclusivamente trazer este fator à consciência. O que se pode aprender de códigos morais, de manuais de moral e de códigos penais são conveniências que nenhuma pessoa inteligente há de menosprezar. Para os conflitos de obrigações nenhum código jamais foi escrito, mas é lá que realmente começa a questão ética. Somente ali é possível aprender responsabilidade ética. O restante é resolvido pela adaptação e pelo mais comum bom-senso. Não considero ser um mérito moral quando alguém evita tudo aquilo que chamamos normalmente de pecado. Valor ético recebem apenas aquelas decisões que são tomadas em situação de suprema dúvida. Esta é a questão que queima a alma de Neumann, e nisto ele conta com o meu apoio, não importando se isto relativiza ou não a minha posição. Não sou nenhum oportunista, mas observo a este respeito certas regras fundamentais que são éticas, e não utilitaristas.

Se eu tivesse que escrever sobre ética, jamais me expressaria como Neumann. Mas também não sou o Neumann que foi forçado por um destino cruel a uma contraposição militante. Se, por isso, propõe ao mundo uma dificuldade diante da qual tantas pessoas têm de se atormentar, não me admira nem eu o levo a mal por isto. Também não posso lamentar que os assim chamados cristãos sejam um pouco atormentados. Eles bem que o merecem. Fala-se muito e sempre da moral cristã, mas gostaria de ver aquele que a segue de verdade. Não se teve a mínima consideração com Neumann, e muito menos amor ao próximo. Desejo apenas que os cristãos de hoje reconheçam que aquilo que eles representam não é nenhum cristianismo, mas

Ano 1949

uma infeliz religião legalista da qual o próprio fundador tentou libertá-los, seguindo sua voz e sua vocação até o amargo fim. Se não tivesse feito isso, também não teria existido nunca um cristianismo. É certo que a "comunidade" foi magoada por este problema de ética individual, mas isto deve ser assim, pois a pergunta de hoje é esta: comunidade de quem ou com quem? Não comunidade em si, porque isto já sempre tivemos, e com que resultados: a comunidade do povo na Alemanha e coisas seme-lhantes. Por isso está na hora de as pessoas refletirem sobre como estão constituídas ou sobre como deve ser a constituição daquilo que querem introduzir na comunidade. Uma coisa ruim não se torna melhor se multiplicada por 10.000, nem 100 cafajestes somados formam uma pessoa decente.

Ao ler um livro, gostaria de recomendar-lhe como regra que considerasse sempre quem é o autor. Já devíamos ter aprendido que ideias expressas em palavras nunca representam algo absoluto, e que somente pessoas acríticas fazem para si vestes novas a partir de farrapos de ideias.

Saudações cordiais,
(C.G. Jung)

1. Dr. Jürg Fierz havia escrito a Jung sobre o livro de Erich Neumann, *Tiefenpsychologie und Neue Ethik*, muito discutido na época. Cf. carta a Neumann, de dezembro de 1948.

Ao Prof. Gebhard Frei
Schöneck (Nidwalden)/Suíça

17.01.1949

Prezado Professor,

Muito obrigado pelo gentil envio de seu mais recente escrito sobre magia[1]. A questão do "subtle body"[2] é algo que também me interessa. Como é costume meu, tento abordar o problema pelo lado científico. Começo pela fórmula $E = M$, energia é igual a massa. Energia não é mera quantidade; é sempre quantidade de algo. Quando consideramos o processo psíquico como energético, nós lhe atribuí-mos massa. A massa deve ser muito pequena, caso contrário seria demonstrável fisicamente. Nos fenômenos parapsicológicos ela se torna demonstrável, e indica ao mesmo tempo que obedece a leis psíquicas, não a leis físicas, pois é em parte independente do tempo e do espaço, isto é, a energia psíquica comporta-se como se tempo e espaço tivessem apenas validade relativa. Portanto ela seria abarcável apenas através de um esquema quadri- ou multidimensional. Isto pode ser repre-sentado matematicamente, mas em detrimento da evidência. A física atômica já faz isso para os fatos quantitativamente mensuráveis. Mas a psicologia ainda não vê a possibilidade de mensurar quantitativamente os seus fatos. Na melhor das hipóteses podemos constatá-los, mas não explicá-los. Há, sem dúvida, efeitos sincrônicos com caráter "vitalizante", isto é, fenômenos que não são apenas sincrônicos, mas também que fazem supor que a energia psíquica influencia de tal forma objetos vivos ou mortos que, "animados" por um conteúdo psíquico estranho a eles, são movidos a representá-lo de alguma forma. Estes efeitos não partem da consciência, mas de uma forma inconsciente de existir que parece estar de modo duradouro num estado espaçotemporal apenas relativo, isto é, num estado quadri- ou multidimensional. Neste estado os conteúdos psíquicos atuam tanto *em* mim quanto *fora* de mim, tanto *no* tempo quanto *sem* ele.

Creio que isto pode ser concluído com bastante certeza. Obviamente, isto ainda não é nenhuma explicação, mas apenas uma tentativa de formular as conclusões que parecem seguir das premissas empíricas. De fato, a psique me parece ser, em parte, extraespacial e extratemporal. "Subtle body" pode ser uma expressão adequada para esta parte da psique.

Com os melhores votos e agradecimento cordial,
C.G. Jung

1. Gebhard Frei, "Magie und Psychologie", *Schweizer Rundschau 48*, 1948-1949 (também em *Natur und Kultur*, 1950).

2. Para o pensar dos séculos passados, bem como para a mística e a alquimia, a alma não era um conceito abstrato ou intelectual, mas uma concepção sensorial: era considerada *corpus subtile* ou *volatile*, mas substância psíquica. Jung aproxima-se dessa concepção ao caracterizar como *psicoide* a psique inconsciente juntamente com os arquétipos, isto é, eles possuem uma natureza que não se pode designar com certeza como psíquica. Ela é tanto quantitativa como qualitativa, tanto massa como energia. Cf. para tanto *Mysterium Coniunctionis*, II, par. 403; *A dinâmica do inconsciente*, par. 439. Cf. também a carta a Smythies, de 29.02.1952, par. 2.

A uma destinatária não identificada
EUA

Carimbo postal: Küsnacht, 24.01.1949

Is 9,2

O povo que caminhava nas trevas viu uma grande luz. Sobre os que habitavam a terra da sombra, brilhou uma luz.

Saudações cordiais,
(C.G. Jung)

To Eugene M.E. Rolfe
Londres

03.03.1949

Dear Mr. Rolfe,

Lamento ter ficado tanto tempo com o seu manuscrito[1], mas eu queria vê-lo examinado completamente, e nisto fui ajudado por um amigo meu.

A primeira parte do seu livro é uma tentativa bem interessante de aplicar ao indivíduo a ideia da totalidade à luz de sua própria experiência, mas na segunda parte o senhor sucumbiu sempre mais à ideia de uma solução coletiva.

Em sua carta diz que teve um sonho enquanto escrevia a primeira parte do livro; o sonho era que teria um filho. E, enquanto redigia as partes finais, sonhou que tivera um bebê, pequeno mas parecido com o senhor, e que ao final teve medo de ter sido um aborto. Temo que estes sonhos se apliquem a seu livro, visto que a segunda parte e o final são tentativas prematuras de transferir suas experiências individuais para uma aplicação coletiva, o que é impossível. O senhor não pode ensinar certo tipo de moral ou de fé; mas precisa ser este tipo. Se o for, então pode dizer o que quiser, e isto funciona. Mas o senhor ainda não está livre das dificuldades. O senhor, por exemplo, esquece totalmente o fato de que o homem possui uma *anima* que faz misérias com ele – alguém se casa com ela, e a sombra o invade. Sob essas condições é quase impossível alguém dar-se conta de sua própria *anima*, porque a realidade dela está sempre sob o seu nariz, e sempre lhe é demonstrado que ela é sua mulher.

Quando se fala a alemães, existe grande tentação em nossos dias de procurar uma espécie de ensino coletivo ou ideal coletivo, mas a gente só encontra palavras que não funcionam. Tratando-se, porém, de uma personalidade realmente integrada, em outras palavras, de alguém que sabe tudo sobre a própria sombra e tudo sobre a própria *anima* (o que é pior), então pode ter a esperança de ser a verdade, isto é, de ser verdadeiramente ele mesmo, e isto é algo que funciona. Eu poderia repetir as palavras de um antigo papiro cristão: "Por isso procure conhecer primeiro a si mesmo, pois você é a cidade, e a cidade é o reino"[2]. [...]

Espero que não leve a mal o tom quase rude de minha carta. A minha intenção é boa, pois sei que, se publicar o livro como está agora, não terá sucesso algum, ou terá efeito pernicioso. Eu o aconselharia a manter o manuscrito inédito até que se resolvam devidamente as questões mais importantes da sombra e da *anima*.

Sincerely yours,
(C.G. Jung)

Ano 1949 —————————————————————————————

1. O manuscrito trazia o título "The Idea of Humanity". Os primeiros capítulos tratavam da "realidade subjetiva da divindade" e dos estágios da vida. Jung gostou dos primeiros capítulos, mas criticou os demais que tratavam da concepção cristã da família.
2. Papiro Oxyrinco, II.

Monsieur le Docteur Henri Flournoy[1]
Genebra

29.03.1949

Cher Confrère,

Acabo de ler o seu simpático relatório sobre o meu trabalho. Agradeço o interesse que dedicou à exposição objetiva de minhas ideias.

Fiquei muito interessado nas referências que fez aos arquétipos no epílogo de seu trabalho. Ao que me parece, há aqui alguns mal-entendidos. Não nego a existência de fatos que Freud demonstrou. Não acredito em teorias e não tenho a intenção de substituir a teoria dele por outra. Meu objetivo é mostrar fatos novos; por exemplo, a existência de arquétipos, uma existência que já foi reconhecida por outras ciências: na etnologia como "représentations collectives" (Lévy-Bruhl), na biologia (Alverdes), na história (Toynbee), na mitologia comparada (Kerényi, Tucci, Wilhelm e Zimmer que representam a Antiga Grécia, Tibet, China e Índia) e no folclore como "motivos". O conceito biológico muito conhecido de "pattern of behaviour" é sinônimo de arquétipo na psicologia. Conforme indica claramente o próprio conceito "arquétipo", a ideia em si não é nova, pois já se encontra no mesmo sentido em Filo Judeu, no *Corpus Hermeticum* e em Dionísio Areopagita. Creio haver demonstrado que é possível constatar o arquétipo não só na "migração dos símbolos"[2], mas também nas fantasias individuais a partir do inconsciente de qualquer pessoa. Esta descoberta é minha. As provas disso eu as apresentei em vários volumes bem grossos que, infelizmente, ainda não foram publicados em francês.

Segundo penso, a ideia de um "pattern of behaviour" psíquico não é de todo espantosa, pois a similaridade de produtos psíquicos autóctones foi admitida pelo próprio Freud. Dele é a honra de haver descoberto o primeiro arquétipo, o complexo de Édipo. Trata-se de um motivo que é tanto mitológico quanto psicológico. Naturalmente é um e mesmo arquétipo aquele que representa a relação entre o filho e os pais. Mas deve haver outros arquétipos em ação, pois temos também a relação entre filha e pais, a relação entre pais e filhos, entre homem e mulher, entre irmão e irmã etc.

É bem provável que existam também "patterns" representando as diferentes idades da pessoa, nascimento, morte, etc. Há uma grande quantidade de situações típicas, cada qual representada por certa forma inata que força o indivíduo a funcionar de uma maneira humana específica. As formas estruturais correspondentes obrigam os pássaros a construir seu ninho de um determinado modo. O instinto assume uma forma específica inclusive na pessoa humana. Esta forma é o arquétipo, assim denominado porque o pensamento inconsciente se expressa mitologicamente (ver Édipo). Nada mais faço do que levar avante o que Freud começou. Lamentei muitas vezes que a escola de Freud não soubesse dar prosseguimento à feliz descoberta de seu mestre.

Ao ler o seu epílogo, perguntei-me se o senhor duvidava de minha qualificação e competência científicas, conforme costumam fazer os freudianos. Gostaria de admitir que sua crítica tem fundamento. Infelizmente, porém, não sei em que fatos ela se baseia; seria muito útil para mim conhecê-los. Até agora ninguém conseguiu provar que minha hipótese está errada. Certamente Freud nunca pensou que era preciso conhecer a mitologia grega para ter um complexo de Édipo (nem eu). A existência de um arquétipo, isto é, a possibilidade de se desenvolver um complexo de Édipo não depende obviamente de mitologemas históricos. Onde está o erro lógico desse raciocínio?

Nunca consegui detectar a mínima diferença entre a fantasia incestuosa grega e moderna. Sem dúvida esta fantasia é, por assim dizer, universal; e certamente não é a única que pode ser expressa num mitologema. Não é provável a conclusão de que se trata de uma disposição instintiva, comum a todas as pessoas e inata, como é o instinto em todos os animais? De que outra maneira poderíamos explicar configurações idênticas ou análogas em clãs ou indivíduos que não poderiam saber nada a respeito da existência de formas paralelas? O senhor acredita realmente que cada pintinho inventa de novo a maneira de sair do ovo? Acredita o senhor que cada enguia toma uma decisão individual quando segue o caminho das Bermudas, como se isto fosse uma ideia completamente nova? Por que não levar em consideração os fatos bem documentados que apresento em meus estudos sobre a alquimia? Mas esses livros não são lidos, e as pessoas se contentam com preconceitos bem infantis como, por exemplo, de que falo de ideias herdadas[3] e de outras asneiras.

Ao mesmo tempo que admiro sua maneira conscienciosa de expor meus ensaios, constato com pesar que o senhor apresentou uma referência tão enganadora sem a menor prova ou explicação. Em conclusão ao seu belo esforço de rigorosa objetividade, teria bastado uma confissão de sua fé freudiana para aliviar a sua consciência. Parece-me que o senhor poderia ter feito isso sem desqualificar-me como herético.

Não costumo escrever este tipo de carta. Mas julguei necessário fazer uma exceção devido à estima pessoal que sempre caracterizou o meu relacionamento com seu pai e com o senhor mesmo.

Agréez, cher Confrère, l'expression de mes sentiments les meilleurs,

(C.G. Jung)

1. Dr. Henri Flournoy, filho do psiquiatra genebrês Prof. Théodore Flournoy (1854-1920). Sobre Théodore Flournoy, "estimado amigo paternal" de Jung, ver *Memórias*, p. 324.
2. Segundo a teoria da migração, a concordância de mitos e símbolos nos diversos povos é explicada pela transmissão externa. Jung indica outra possibilidade de explicação: a concordância acontece pelo surgimento espontâneo e sempre repetido de motivos em razão de arquétipos, que são iguais em toda parte, no inconsciente coletivo das pessoas. Cf. "O significado da constituição e da herança para a psicologia", em OC, vol. VIII, par. 228.
3. Somente a forma estrutural não determinada quanto ao conteúdo (do arquétipo em si) é hereditária. As representações arquetípicas múltiplas nos mitos, contos de fadas, sonhos etc. surgem sempre novas como variantes individuais e condicionadas ao meio ambiente daquelas formas estruturais. Cf. carta a Devatmananda, de 09.02.1937, nota 1.

À Emma von Pelet
Ascona

Bollingen, 04.04.1949

Prezada e distinta senhora!

Seu presente me trouxe grande alegria. Joh. Peter Hebel é nosso poeta basileu por excelência, e eu passei toda a minha infância na foz do Wiese que H. cantou tão bem. Temo que a senhora se tenha privado a si mesma ao entregar-me esta preciosidade hereditária. Agradeço de coração.

Aquilo que a senhora recebe do mundo e aquilo que a senhora responde é isto que constitui sua relação com o mundo. Isto é o "sair para o mundo". Atualmente a senhora faz isso na dissimulação de traduções. É um trabalho tão bom quanto outro qualquer. Uma introversão fecunda é possível apenas quando há também relação para fora.

Se Shanti[1] exige demais da senhora, então precisa reduzir exatamente ali, até que encontre uma medida suportável. Não deve permitir que a sobrecarreguem; seria uma fraqueza perigosa. Encontrar neste caso a medida certa também faz parte da relação com o mundo.

Com agradecimento e saudações cordiais,

C.G. Jung

1. Shanti era a casa da Senhora Von Pelet em Ascona.

À Aniela Jaffé
Zurique

Bollingen, 12.04.1949

Prezada Aniela!

[...]

Sua carta chegou num período de reflexões difíceis. Infelizmente nada lhe posso falar a respeito. Seria demais. Também eu ainda não cheguei ao final do caminho do sofrimento. Trata-se de compreensões difíceis e penosas[1]. Após longo vagar no escuro, surgiram luzes mais claras, mas não sei o que significam. Seja como for, sei por que e para que preciso da solidão de Bollingen. É mais necessária do que nunca.

[...]

Eu a parabenizo pela conclusão de "Séraphita"[2]. Ainda que não tivesse aproveitado em nada a Balzac desviar-se do si-mesmo, gostaríamos de poder fazê-lo também. Sei que haveríamos de pagar mais caro por isso. Gostaríamos de ter um Javé Sabaoth como $κύριος$ $τῶν$ $δαιμόνων$[3]. Compreendo sempre mais porque quase morri e vejo-me forçado a desejar que assim tivesse sido. O cálice é amargo.

Saudações cordiais,

C. G.

1. Jung trabalhava na época no livro _Aion_ que contém as ideias preliminares de "Resposta a Jó" e do ensaio sobre a sincronicidade.
2. Aniela Jaffé havia dado duas conferências sobre a vida e o romance _Séraphita_ de Balzac.
3. Senhor dos demônios.

Ao Senhor Christian Stamm
Gächlingen (Schaffhausen)

23.04.1949

Prezado senhor,

Muito obrigado por sua amável carta. Gostaria de responder às suas perguntas[1] do seguinte modo:

É melhor não querer afrouxar o inconsciente, mas "uma dose moderada, por ninguém será vedada" é um dito sacrossanto desde tempos imemoriais. Vinho = filho da terra (Cristo, a videira, e Dioniso, o vinho, na Índia, soma).

Não sei como um cego sonha as mandalas. As mandalas também são moldadas pelas mãos, dançadas e representadas na música (por exemplo, _A arte da fuga_, de Bach; morreu enquanto trabalhava nela).

Quando uma mandala é formada, tudo o que a pessoa conhece de redondo e quadrado atua junto também. Mas o impulso para esta conformação é dado pelo arquétipo inconsciente em si.

Todo ser vivo sonha com individuação, pois tudo procura sua própria totalidade. Isto nada tem a ver com raça e outras coisas. Existem sonhos típicos, mas não tipos oníricos, pois o inconsciente coletivo não é um tipo, mas contém tipos, isto é, os arquétipos.

O livro de Bunyan, *Pilgrim's Progress*[2] é um livro de edificação religiosa que emprega sobretudo o simbolismo cristão. O símbolo do espelho refere-se a Paulo quando escreve: "No presente vemos por um espelho e obscuramente, então veremos face a face"[3]. O simbolismo da montanha já se encontra nos vitorianos[4].

É totalmente natural que seu filho tivesse um sonho com mandala. Esses sonhos costumam ocorrer, e não raras vezes, entre os 4 e 6 anos de idade. A mandala é um arquétipo que sempre está presente, e as crianças que ainda não estão pervertidas têm uma visão mais clara das coisas divinas do que os adultos, cuja compreensão já está devastada. A mandala deveria ter 4 cores para ser completa. A razão da falta da terceira cor poderia estar no fato de ele já frequentar a escola ou ser filho de professor que tem um interesse instintivo na diferenciação das funções.

Hoje em dia os animais, dragões e outros seres vivos são substituídos preferentemente por ferrovias, locomotivas, motocicletas, aviões e outros produtos artificiais (assim como o céu de estrelas do hemisfério sul, descoberto tardiamente, contém sobretudo imagens náuticas). Aí se expressa o afastamento da mente moderna em relação à natureza; os animais perderam sua numinosidade; eles tornaram-se aparentemente inofensivos; em seu lugar povoamos o mundo com monstros uivantes, estrondeantes e tumultuantes que causam danos muito maiores do que os ursos e lobos de outrora. Quando faltam os perigos naturais, o ser humano não descansa enquanto não inventa outros iguais.

Saudações cordiais,
C.G. Jung

1. O destinatário enviou uma lista de perguntas a Jung. Aquelas que não são de interesse especial, bem como as respostas de Jung, foram aqui omitidas.
O senhor considera como relativamente útil ou como desacerto o afrouxamento, ou outro nome que se queira dar, do inconsciente através da ingestão moderada de álcool ou de outro narcótico? Como um cego de nascença sonha as mandalas?

Não poderiam as mandalas ser derivadas de fatores atuais: o redondo da pupila e projeção de uma busca geral de harmonia no espaço (geometria) e tempo (ritmo), ambos unidos por representações mecânicas?

Até que ponto os sonhos de individuação dependem de raça, tradição, caráter e experiência? Além dos tipos psicológicos existem também tipos oníricos?

O senhor conhece o livro de Bunyan, *Pilgerreise*, um sonho elaborado de forma literária? (A cidade brilhava tanto que só era possível contemplá-la através de espelhos que estavam ali para isso.)

Meu garoto de seis anos sonhou que de repente o livro de gravuras não se abria mais de jeito nenhum e, no entanto, havia dentro dele uma figura linda, um anel e uma flor azul. Não é cedo demais para uma mandala?

Quando "deveria" sonhar com um cavalo, aparece na maioria das vezes uma motocicleta!

2. John Bunyan, 1628-1688; sua obra principal é *The Pilgrim's Progress from This World to That Which is to Come*, 1678-84.

3. 1Cor 13,12.

4. A escola teológica de São Vítor foi um lugar de fomento da teologia mística no século XII.

A um destinatário não identificado
Suíça

25.04.1949

Prezado colega!

Examinei sem profundidade o seu ensaio simbológico[1]. O senhor tem boas ideias, mas falta-lhe disciplina e método científico, que são de grande importância sobretudo neste campo. Sem essas qualidades o senhor vai à deriva e não chega a resultados confiáveis. Então o assunto torna-se psicologicamente *perigoso*, pois o material simbólico constela o seu inconsciente; e se então o senhor não tratar o seu material de acordo com regras científicas estritas, mas apenas farejar analogias intuitivas, o seu inconsciente se dissolve ao invés de sintetizar-se. Devo *alertá-lo* para este perigo. Eu o aconselharia a selecionar *uma* determinada questão, por exemplo a configuração dos números de 0 a 9 na forma romana ou arábica, e estudar este problema com exatidão científica, evitando qualquer digressão.

Recomendaria ao senhor que entrasse em contato com a Dra. R. Schärf[2] no Instituto, para que ela lhe dê as necessárias indicações metodológicas. Raramente os médicos têm um pensamento diferenciado, pois os estudos que fazem não lhes oferecem este tipo de formação. Mas na psicologia isto é indispensável.

É *muito importante* para sua saúde mental que se ocupe, por um lado, com materiais psíquicos, mas que, por outro lado, o faça do modo mais sistemático e exato possível, caso contrário assumirá riscos de consequências perigosas. Não se esqueça

Ano 1949

de que o significado original de todas as letras e números foi *mágico*! Daí os "perils of the soul". Em seu trabalho há bons inícios, mas ele é ainda muito desordenado e um tanto disjuntivo.

Com os melhores votos de
C.G. Jung

1. É uma tentativa de interpretar o caráter imagístico de alguns números na escrita arábica moderna.
2. A senhorita Dra. Riwkah Schärf era psicóloga analítica e professora no Instituto C.G. Jung. Obra, entre outras: "Die Gestalt des Satans im Alten Testament", em *Symbolik des Geistes*, 1948.

A Armin Kesser[1]
Zurique

18.06.1949

Prezado Senhor Kesser,

Queria manifestar-lhe o meu sincero agradecimento por sua gentil recensão de meu livro *Symbolik des Geistes*[2] O senhor conseguiu apresentar este material difícil de forma tal que o leitor pode ter uma visão real de minhas ideias.

Gostaria apenas de chamar sua atenção para uma pequena discrepância: na perspectiva psicológica, não se pode designar o conceito do si-mesmo como *summum bonum*. Eu nunca fiz isso em parte alguma. Seria uma *contradictio in adiecto*, uma vez que, por definição, o si-mesmo representa uma união virtual de todos os opostos. Nem no sentido metafórico podemos designá-lo como *summum bonum*, pois ele não é um *summum desideratum*, mas antes uma *dira necessitas* que assim é caracterizado por todas as qualidades desagradáveis. A individuação é tanto fatalidade quanto realização. A psicologia do si-mesmo não é filosofia, mas um processo empiricamente constatável que, enquanto processo natural, poderia transcorrer harmoniosamente, se não recebesse uma conotação trágica no ser humano pela colisão com a consciência.

Com elevada consideração,
(C.G. Jung)

1. Armin Kesser, 1906-1960, crítico de literatura e de arte.
2. A recensão foi publicada em *Neuen Zürcher Zeitung*, n. 1194, de 11.06.1949 e n. 1223, de 15.06.1949.

Ao Prof. Markus Fierz
Basileia

22.06.1949

Prezado Senhor Fierz,

Li com muito interesse o seu grande trabalho no *Era*nos-Jahrbuch[1]. Achei-o estimulante ao extremo.

Mas, dirijo-me ao senhor por outro motivo: envio-lhe anexo um manuscrito que Pauli me animou a escrever[2]. É uma reunião de minhas ideias sobre o tema da sincronicidade. Como atualmente os físicos são os únicos capazes de trabalhar com sucesso estas ideias, espero encontrar num físico a compreensão crítica de meu trabalho, ainda que o fundamento empírico pareça estar totalmente do lado dos fenômenos psíquicos.

Ficaria muito grato se tivesse a gentileza de examinar criticamente a linha de meu pensamento. Toda e qualquer crítica será bem recebida. Trata-se infelizmente de um campo bem difícil e obscuro, onde a razão facilmente pode tropeçar. Mas como este problema me parece de importância capital, nada gostaria de omitir que pudesse ajudar a discussão.

Espero não tomar muito de seu precioso tempo com este assunto. Agradeço antecipadamente.

Com elevada consideração,
C.G. Jung

1. "Zur physikalischen Erkenntnis", *Eranos-Jahrbuch, 1948*, Zurique, 1949.
2. Era provavelmente o esboço do ensaio "Sobre a sincronicidade", *Eranos-Jahrbuch, 1951*, Zurique, 1952 (em OC, vol. VIII).

To Virginia Payne
Madison (Wisconsin)/EUA

23.07.1949

Dear Miss Payne,

Lembro-me bem da Clark Conference de 1909[1]. Foi minha primeira visita aos Estados Unidos e por isso as recordações são muito nítidas, ainda que os detalhes da *Conference* tenham desaparecido quase por completo. Mas recordo alguns incidentes.

Viajei no mesmo navio com o Professor Freud, que também fora convidado, e lembro-me muito bem de nossa discussão sobre suas teorias. Analisamos sobretudo os nossos sonhos durante a viagem, durante nossa estadia na América e na viagem de volta. O Professor William Stern[2], de Breslau, estava no mesmo navio, mas Freud não se entusiasmou muito com a presença de um psicólogo acadêmico. Não é de admirar, porque sua posição de pioneiro na Europa não era nada invejável. Ainda hoje simpatizo com os sentimentos negativos deles, pois também eu experimentei o mesmo destino por mais de 30 anos.

Duas personalidades que encontrei na *Clark Conference* causaram-me profunda e duradoura impressão. Uma foi Stanley Hall[3], o presidente, e a outra foi William James que encontrei lá pela primeira vez. Lembro-me especialmente de uma noite na casa de Stanley Hall. Após o jantar, apareceu William James, e eu estava particularmente interessado na relação pessoal entre Stanley Hall e William James, pois deduzi de algumas observações do Presidente Hall que William James não era levado muito a sério devido ao seu interesse em Mrs. Piper[4] e em suas percepções extrassensoriais. Stanley Hall disse-nos que havia pedido a James para discutir alguns de seus resultados com Mrs. Piper e trazer alguma coisa de seu material. Quando James entrou (estavam na sala Stanley Hall, o Professor Freud, uma ou duas pessoas mais e eu), ele disse a Hall: "Trouxe alguns papéis que talvez lhe interessem". Levou sua mão ao bolso interno do paletó e tirou um pequeno embrulho que, para surpresa nossa, era um maço de notas de dólar. Considerando os enormes serviços de Stanley Hall em prol do crescimento e bem-estar da Clark University e suas observações bastante críticas aos interesses de James, isto nos pareceu uma réplica especialmente feliz. James pediu muitas desculpas e, depois, tirou do outro bolso os verdadeiros papéis.

Passei sozinho duas noites agradáveis com William James e fiquei tremendamente impressionado com a clareza de sua mente e com a total ausência de preconceitos intelectuais. Stanley Hall também era pessoa de mente arejada, mas com traços decididamente acadêmicos.

A Conferência foi notável pelo fato de ser a primeira vez que o Professor Freud tinha contato direto com a América. Foi o primeiro reconhecimento oficial da existência da psicanálise, e isto significou muito para ele, pois era lamentavelmente ínfimo o seu reconhecimento na Europa. Naquela época eu ainda era um homem novo. Lecionava sobre testes de associação e sobre um caso de psicologia infantil[5]. Estava interessado também na parapsicologia, e minhas discussões com William James giravam principalmente em torno deste assunto e da psicologia da experiência religiosa.

Ao que me lembro, não fizemos muitos contatos com psicólogos ou psiquiatras, à exceção do velho Dr. Putnam[6] que, curiosamente, era adepto da filosofia de Hegel. Tirando isso, era uma personalidade sem preconceitos e muito humana de quem gostei e que admirei.

Como era a primeira vez que estávamos na América, achamos tudo muito estranho e tínhamos a impressão de não falar a mesma língua intelectual do meio ambiente americano. Tive várias discussões com o Professor Freud sobre a psicologia tipicamente americana que, ao menos para mim, era mais ou menos enigmática. Só captei o ponto essencial quando voltei em 1912[7]. Só então comecei a entender as características principais e distintivas da psicologia americana em comparação com a europeia.

Passamos uma semana muito interessante no acampamento do Dr. Putnam nos Adirondacks e continuamos a ser desnorteados pelos modos e ideias peculiares dos muitos hóspedes nativos do acampamento. Foi uma grande reunião de mais ou menos 40 pessoas.

Não consigo lembrar-me bem das palestras apresentadas na *Conference*, nem das discussões que se seguiram, mas sentimos perfeitamente que nosso ponto de vista era muito diferente e que dificilmente havia uma ponte entre os pontos de vista prevalecentes na América e os nossos de cunho europeu.

Não me cabe julgar o efeito (da *Clark Conference*) sobre a psiquiatria em geral, pois trata-se de um desenvolvimento especificamente americano e que eu não acompanhei. A influência da psicologia sobre a psiquiatria é ainda bem pequena por razões óbvias. Em qualquer instituição de grande porte não há tempo para a pesquisa científica individual – ao menos é o que acontece na Europa, e o número de psiquiatras que estudaram comigo é bem pequeno.

Espero ter-lhe dado ao menos uma ideia de minhas recordações da *Clark Conference*.

Yours sincerely,
(C.G. Jung)

---

1. Miss Payne estava trabalhando em sua dissertação de doutorado sobre a "Clark Conference 1909" e pediu que Jung lhe enviasse as suas recordações. Jung fora convidado para esta Conferência para falar sobre seus experimentos de associações. Também Freud fora convidado; viajaram juntos. Cf. carta a Forel, de 12.10.1909, nota 3.

2. William Stern, 1871-1938, professor de Psicologia em Breslau e Hamburgo, emigrou em 1933 para os Estados Unidos.

3. Stanley F. Hall, 1844-1924, professor de Psicologia e presidente da Clark University. Cf. cartas de Jung à esposa dele, com o cabeçalho: "bei Prof. Stanley Hall, Clark University, Worcester" e "Clark University, Worcester", em *Memórias*, p. 311s.

4. Cf. carta a Künkel, de 10.07.1946, notas 5 e 6.

5. "Sobre os conflitos da alma infantil", em OC, vol. XVII.

6. Dr. James J. Putnam, 1846-1918, professor de Neurologia na Universidade de Harvard, membro-fundador da "American Psychoanalytical Association". Cf. carta que Jung mandou à sua esposa do acampamento do Dr. Putnam, em *Memórias*, p. 313s.

7. Em setembro de 1912, Jung deu uma conferência sobre "The Theory of Psychoanalysis" na Medical School of Fordham University, Nova York (em OC, vol. IV).

Ano 1949

À Hélène Kiener
Estrasburgo/França

13.08.1949

Prezada Senhorita Kiener,

No meu ensaio "O espírito da psicologia" (*Eranos-Jahrbuch 1946*)[1] demonstrei, com auxílio de material histórico, que o inconsciente coletivo foi comparado simbolicamente ao céu estrelado – especialmente por Paracelso. Neste ensaio dediquei um capítulo inteiro ao inconsciente como "consciência múltipla". É impossível repetir-lhe este capítulo por inteiro. Sugiro que mande vir, por intermédio da biblioteca da Universidade de Estrasburgo, este ensaio que está na biblioteca da Universidade da Basileia. Eu, infelizmente, não possuo nenhum exemplar dele.

A fundamentação de uma analogia efetiva entre inconsciente e cosmos é uma tarefa praticamente impossível. Também não se pode afirmar a suposta organização planetária em torno do núcleo do átomo, pois é apenas uma imagem contestável pela qual certos físicos ilustraram a relação matemática entre os elétrons e o núcleo do átomo. Uso a mesma imagem para explicar a relação dos arquétipos com o arquétipo central do si-mesmo. Isto não prova nenhuma identidade ou semelhança efetivas, mas baseia-se no fato de que a explicação emprega a mesma imagem para tornar de alguma forma concebíveis certas relações irrepresentáveis. Isto vale também para os símbolos históricos da constituição do inconsciente dos quais tratei no ensaio acima mencionado. Não é apenas possível, mas, por certas razões, também provável que a constituição do inconsciente coletivo coincida, de maneira peculiar e totalmente inconcebível, com os acontecimentos objetivos. Tentei formular esta coincidência como sincronicidade, e estou atualmente ocupado com este trabalho. Mas não se pode dizer que a coincidência aconteça na analogia das leis do movimento dos planetas ou do céu estrelado. Como vê, trata-se aqui de um problema muito difícil no qual é melhor a senhorita não tocar. Para os seus propósitos basta o fato de que desde tempos remotos foi suposta uma analogia entre o céu de estrelas e o inconsciente, ao menos como símbolo.

Além disso, nada tenho a observar.

Saudações cordiais,
(C.G. Jung)

---

1. Redação revista sob o título "Considerações teóricas sobre a natureza do psíquico", em OC, vol. VIII.

Ano 1949

Ao Dr. Erich Neumann
Tel Aviv/Israel

Bollingen, 28.08.1949

Prezado colega!

Devido a inúmeras perturbações, só consegui até agora estudar a metade de seu manuscrito[1]. Para o público leigo, ainda que bem formado, ele é muito difícil porque pressupõe demais para entendê-lo. Para mim é muito interessante porque foi cuidadosamente pensado. Observo apenas que o senhor tem a tendência de apostrofar com muito pessimismo o inconsciente. Seria aconselhável colocar ao lado de cada observação negativa imediatamente a positiva, caso contrário tem-se a impressão de uma tragédia catastrófica sem misericórdia, vinda do alto. E isto não concordaria com a experiência: "Deus ajuda a quem arrisca". Além disso não tenho até agora a apresentar qualquer correção essencial. Estou surpreso com a profundidade com que examinou os problemas. Mas não esqueça que por trás dessa nuvem de ideias está um público que dificilmente poderá penetrá-la.

Entrementes, saudações cordiais,
C.G. Jung

1. Trata-se provavelmente da conferência Eranos "Die mytische Welt und der Einzelne", _Eranos-Jahrbuch, 1949_, Zurique, 1950.

To Dorothy Thompson[1]
Vermont/EUA

23.09.1949

Dear Mrs. Thompson,

É um prazer receber a carta de uma pessoa inteligente e normal, em contraste com a enxurrada maldosa de insinuações idiotas e malévolas que eu aparentemente provoquei nos Estados Unidos[2].

A senhora sabe que me preocupo tão profundamente quanto a senhora com a situação fora do comum e sinistra do mundo. (A propósito, li vários de seus comentários políticos e admirei sua inteligência prática e seu bom-senso.)

Eu poderia dizer muita coisa, do meu ponto de vista psicológico, sobre o dilema atual do mundo. Mas temo que isto levaria muito longe, adentrando o terreno das complicações psicológicas que precisariam de muitas explicações.

Tentarei ser simples[3]. Uma situação política é a manifestação de um problema psicológico paralelo em milhões de indivíduos. Este problema é em grande parte _in-_

Ano 1949

consciente (o que o torna particularmente perigoso). Consiste num conflito entre um ponto de vista consciente (ético, religioso, filosófico, social, político e psicológico) e um inconsciente, que se caracteriza pelos mesmos aspectos, mas é representado numa forma "inferior", isto é, mais arcaica. Em vez da "alta" ética cristã, temos as leis de rebanho, repressão da responsabilidade individual e submissão ao chefe tribal (ética totalitária). Em vez da religião, credo supersticioso numa doutrina ou verdade *ad hoc*; em vez de filosofia, um sistema doutrinário primitivo que "racionaliza" os apetites do rebanho; em vez de uma organização social diferenciada, uma aglomeração caótica e sem sentido de indivíduos desenraizados, mantidos submissos pela força e pelo terror, cegados por mentiras convenientes; em vez do uso construtivo do poder político com o objetivo de conseguir um equilíbrio das forças desenvolvidas livremente, a tendência destrutiva de estender a repressão ao mundo inteiro para obter mera superioridade de poder; em vez de psicologia, o uso dos métodos psicológicos para extinguir a centelha individual e inibir o desenvolvimento da consciência e da inteligência.

Encontramos este conflito em quase todos os cidadãos de todos os países do Ocidente. Mas a maioria não tem consciência dele. Na Rússia, que foi sempre um país bárbaro, o lado inconsciente do conflito alcançou a superfície e substituiu a consciência civilizada. E tememos que isto possa acontecer-nos também. Tememos ainda mais esta esquizofrenia, uma vez que a Alemanha mostrou com toda clareza que até uma comunidade civilizada pode ser presa de catástrofe mental semelhante, e isto do dia para a noite, por assim dizer (o que prova o meu ponto de vista).

Por isso temos de considerar o seguinte: 1) Não somos imunes. 2) Os poderes destrutivos estão precisamente dentro de nós. 3) Quanto mais inconscientes forem, tanto mais perigosos. 4) Somos ameaçados tanto de dentro quanto de fora. 5) Não podemos destruir o inimigo pela força; não devemos nem mesmo tentar vencer a Rússia, porque destruiríamos a nós mesmos, uma vez que a Rússia é, por assim dizer, idêntica ao nosso inconsciente que contém nossos instintos e todos os germes de nosso desenvolvimento futuro. 6) O inconsciente deve ser integrado devagar, sem violência e com o devido respeito pelos nossos valores éticos. Isto requer muitas alterações em nossos pontos de vista religiosos e filosóficos.

O Ocidente se vê forçado ao rearmamento. Temos de estar preparados para o pior. Se for o caso, a Europa terá de ser organizada pelos Estados Unidos *à tort et à travers*. E isto será de vital importância para os Estados Unidos. *Mas nenhuma agressão! Sob hipótese alguma!* Somente a própria Rússia poderá derrotar a si mesma. Não podemos derrotar os nossos instintos, mas eles podem inibir-se uns aos outros; e eles o fazem se nós os deixarmos correr livres dentro de certos limites, isto é, apenas até aonde eles não nos matem. A pessoa atira quando se sente ameaçada na própria existência, mas não quando é apenas ferida nos próprios sentimentos ou nas convicções tradicionais.

O acervo de armas, ainda que indispensável, é uma grande tentação para usá-las. Por isso, atenção com os conselheiros militares! Eles sentem comichão para apertar o gatilho. A Rússia realmente está no caminho da guerra, e somente o medo daqueles que disso sabem é que a retém. O seu país já está em guerra com a Rússia, como o *drôle de guerre* 1939/40. *Nem a racionalidade nem diplomacia são métodos para lidar efetivamente com a Rússia*, porque ela é dominada por um *impulso elementar* (como aconteceu com Hitler).

Para mim a principal dificuldade não está na Rússia, mas na Europa que se tornou uma extensão vital dos Estados Unidos. A grande questão é se as nações historicamente diferenciadas da Europa podem ser consolidadas o bastante para formar um bloco unido. Além das medidas de defesa militar, a Organização Europeia constituiu o problema mais premente e difícil da política americana.

Gostaria de chamar sua atenção para o meu pequeno livro *Essays on Contemporary Events* (Kegan Paul, Londres, 1947)[4]. Ali encontrará mais algumas contribuições ao grande problema de nosso tempo. Parece-me que na raiz de todos esses problemas está o desenvolvimento da ciência e da tecnologia, que destruiu a base metafísica do ser humano. *O bem-estar social substituiu o reino de Deus*.

A felicidade terrena só é conseguida através da desgraça de outra pessoa, pois a riqueza cresce às custas da pobreza. O "bem-estar social" tornou-se o engodo, a isca e o *slogan* das massas desenraizadas que só pensam em termos de necessidades e ressentimentos pessoais; mas elas não vêem que não há como escapar da lei da compensação. Sua filosofia marxista baseia-se na convicção de que num futuro qualquer o rio pode ser persuadido a inverter o seu curso correndo para cima. Não enxergam que elas mesmas deverão pagar por esta proeza com sofrimentos intermináveis. Por isso é bom saber que, na melhor das hipóteses, a vida nesta terra oscila entre uma quantidade igual de prazer e de miséria, e que o *verdadeiro progresso* é apenas a adaptação psicológica às várias formas da miséria individual. A miséria é relativa. Quando muitas pessoas têm dois carros, a pessoa com um só carro é um proletário privado dos bens deste mundo e, portanto, com direito de subverter a ordem social. A Alemanha não detinha a supremacia mundial, por isso era um "joão-ninguém".

Todos nós pensamos em termos de bem-estar social. E este é o grande erro, pois quanto mais se procura estancar as formas vulgares da miséria, tanto mais se é enredado nas variantes inesperadas, novas, complicadas, intricadas e incompreensíveis da infelicidade, numa forma nunca antes sonhada. Basta pensar no aumento quase sinistro de divórcios e neuroses! Devo dizer que prefiro uma pobreza modesta ou algum desconforto material (por exemplo, falta de chuveiro, de eletricidade, de carro etc.) a essas pragas. O pouco de progresso social conseguido pela Alemanha nazista e pela Rússia é compensado pelo terror policial, um item novo e muito considerável na lista das misérias, mas consequência inevitável do "bem-estar social". Por que não "bem-estar espiritual"? Não há nenhum governo no mundo preocupado com isso. No entanto, a ordem espiritual é *o* problema.

Se entendermos o que a Rússia é em nós, saberemos como lidar com ela politicamente.

A Antiga Roma, não sabendo como lidar com o seu problema social, a escravatura, sucumbiu às investidas das tribos bárbaras. A Idade Média cristã resistiu à primeira onda asiática e à segunda (os turcos). Agora o mundo se defronta com a terceira. O grande perigo é que não estamos conscientes do nosso problema espiritual, assim como Roma não esteve do seu. A tecnologia e o "bem-estar social" nada oferecem para superar nossa estagnação espiritual e não trazem resposta à nossa insatisfação e inquietação espirituais. Mas por elas somos ameaçados de dentro e de fora. Ainda não entendemos que a descoberta do inconsciente significa uma enorme tarefa espiritual que *deve* ser cumprida se quisermos preservar nossa civilização.

Espero que desculpe a maneira desordenada com que apresentei as minhas ideias que a senhora desejava ouvir. Sei que minha tentativa é bastante incompleta, mas não posso escrever um livro todo. Espero, porém, que possa ao menos aproveitar alguma coisa.

Yours sincerely,
(C.G. Jung)

1. Dorothy Thompson, 1894-1961, jornalista americana, casada com Sinclair Lewis. No início da década de trinta trabalhou como repórter na Alemanha, mas foi expulsa devido à sua posição contra o nacionalsocialismo.

2. O "Bollingen-Library of Congress Award" concedeu a Ezra Pound um prêmio por sua obra "Cantos" (1949). Isto provocou enorme controvérsia, pois o poeta, vivendo então na Itália, defendeu o fascismo em transmissões radiofônicas. Em 1945 foi preso pelo exército americano em Pisa, depois levado para Washington, onde ficou internado num manicômio durante 12 anos, até 1958. No primeiro de dois artigos em *The Saturday Review of Literature* (11 e 18 de junho de

1949), Roberto Hillyer envolveu Jung na discussão e, com base em afirmações maldosas, procurou apresentá-lo como nazista e antissemita. Jung nada teve a ver com a concessão do prêmio; apenas que este trazia o nome de seu lugar de férias "Bollingen", uma vez que a "Bollingen Foundation" colocou à disposição da "Library of Congress" a importância do prêmio ($ 1.000). Nas cartas de leitores, provocadas pelo artigo de Hillyer, continuaram os ataques a Jung "with mendacity and malice", como se expressa Dorothy Thompson em sua carta a Jung (10.09.1949).

3. Mrs. Thompson havia perguntado a opinião de Jung sobre a atual situação da América com relação à Rússia e pedido conselhos sobre a atitude da América. Ela temia que pudesse haver guerra entre os dois países.

4. "Ensaios sobre a história contemporânea", em OC, vol. X.

A Georg Krauskopf
Stuttgart

31.12.1949

Prezado senhor,

O seu livro *Die Heilslehre des Buddha* (1949) chegou bem às minhas mãos. Entendo perfeitamente sua predileção por Buda. É algo magnífico. Eu visitei os lugares sagrados do budismo na Índia[1] e fiquei profundamente impressionado com eles, sem falar da leitura dos escritos budistas. Se eu fosse hindu, certamente seria budista. Mas no Ocidente temos outros pressupostos. Não temos atrás de nós um panteão hinduísta, mas um pressuposto judeu-cristão e uma cultura mediterrânea; por isso outras perguntas esperam resposta. Buda resolveria cedo demais a nossa conta e então aconteceria o que já aconteceu uma vez quando nós, europeus bárbaros, colidimos de repente e ruinosamente contra o riquíssimo fruto da Antiguidade – o cristianismo – e não com proveito para o nosso desenvolvimento interior. Algo em nós continuou bárbaro; na Índia as coisas são bem diferentes. Não somos hindus.

Em breve lerei o seu livro com o maior interesse. Buda me "prende" sempre de novo. Como crítica, observo apenas que lamento muito não ter as notas de rodapé junto ao texto. Isto torna a leitura bastante cansativa; mas espero que numa próxima edição o senhor coloque as notas ao pé da página. Para mim, os livros com as notas ao final são quase ilegíveis.

Com meus agradecimentos e saudações cordiais,
(C.G. Jung)

1. Cf. *Memórias*, p. 241s.

Ano 1949

Ao Dr. Ernesto A.C. Volkening
Bogotá/Colômbia

31.12.1949

Prezado Doutor,

Como o senhor observa muito bem, o conceito de arquétipo é um assunto complexo. Em parte o arquétipo é um fator psicologicamente palpável, isto é, o inconsciente produz espontaneamente imagens arquetipicamente construídas. No que se refere à sua *expressão*, é evidente que estas imagens dependem sempre do lugar e do tempo. Mas o *esquema* das imagens é genérico e precisa ser considerado como preexistente, pois é possível comprová-lo até mesmo nos sonhos de crianças bem pequenas ou de pessoas sem cultura que não foram influenciadas de forma nenhuma pela tradição. A condição preexistente é irrepresentável, por ser totalmente inconsciente. Atua como um ordenador de material representável. E assim o arquétipo como fenômeno é, em parte, condicionado pelo tempo e pelo lugar, mas em parte é também um padrão estrutural, irrepresentável e independente do tempo e lugar, que poderia evidenciar-se como componente indispensável da psique, à semelhança dos chamados instintos. [...]

Com os melhores votos para o Ano-novo,
(C.G. Jung)

To Father Victor White
Oxford

31.12.1949

My Dear Victor,

Antes de findar o ano velho, gostaria de escrever-lhe – já tive intenção de fazê-lo antes, mas não encontrei o tempo suficiente. Primeiramente aconteceu (em fins de outubro) um acidente lamentável: minha esposa caiu no corredor (escorregando num tapete) e quebrou o braço direito à altura do ombro – uma fratura deveras grave. Ficou dois meses no hospital. Depois, eu mesmo fiquei acamado devido a uma gripe intestinal e problemas de fígado; a seguir, Marie-Jeanne Schmid[1] foi acometida de doença semelhante que a derrubou. Minha correspondência e outras obrigações poderiam ir, como de fato foram, pelos ares, isto é, entraram simplesmente no nirvana. Agora estou razoavelmente bem e posso escrever-lhe.

O senhor me deu o que pensar por um bom tempo com a sua "correctio fatuorum"[2] nos *Dominican Studies*. Achei a exposição muito interessante e esclarecedora, e ela me obrigou a recorrer a Basílio Magno[3], que é o perpetrador do "omne malum a homine"[4] (*Hom. II in Hex.* – Migne (P.G.) XXIX, col. 37s.): τῆς ἐν ἑαυτῷ κακίας ἕκαστος ἑαυτὸν ἀρχηγὸν γνωριζέτω[5]. O mal origina-se fora de uma "διάθεσις ἐν ψυχῆ"[6] e por isso é "οὐχὶ οὐσία ζῶσα"[7]. Ele apenas deriva da ῥαθυμία, da negligência e do desleixo, que são obviamente μὴ ὄν[8], já que são puramente psicológicos. E assim é também hoje em dia: se reduzirmos alguma coisa a um capricho ou imaginação, ela se desfaz em μὴ ὄν, isto é, em nada. Eu creio firmemente que a psique é uma οὐσία[9]. Também mergulhei em Santo Tomás, mas não me senti refrescado com isso. Todos desconsideram o fato de que o bem e o mal são as metades equivalentes de um julgamento lógico. Todos se omitem também de discutir a eternidade do demônio, do inferno e da condenação, coisas que certamente não são μὴ ὄν, nem são boas (isto é, boas apenas para os espectadores celestes).

Este assunto da "privatio boni"[10] me é odioso devido às suas consequências perigosas: provoca uma inflação negativa na pessoa[11] que não pode deixar de imaginar-se, se não como fonte do mal, pelo menos como grande destruidor, capaz de arruinar a bela criação de Deus. Esta doutrina leva a uma vaidade diabólica e é em grande parte responsável pela decorrente depreciação da alma humana como morada original do mal. Isto atribui uma importância monstruosa à alma, e nenhuma palavra sobre quem é o responsável pela presença da serpente no paraíso.

Minha preocupação com a questão do bem e do mal nada tem a ver com a metafísica. Para mim é um problema da psicologia. Não faço afirmações metafísicas, nem sou neomaniqueu em meu íntimo; ao contrário, estou profundamente convencido da unidade do si-mesmo, como fica demonstrado no simbolismo da mandala. Mas o dualismo está disfarçado nas sombras da doutrina cristã: o demônio não quer ser salvo, nem a condenação eterna chegará a um fim. A esperança otimista de Orígenes, ou ao menos a sua pergunta se o demônio não seria salvo no fim, não foi muito bem recebida.

Enquanto o mal for um μὴ ὄν, *ninguém levará a sério a sua própria sombra*. Hitler e Stalin continuarão representando uma simples "falta acidental de perfeição". *O futuro da humanidade vai depender muito do reconhecimento da sombra*. Psicologicamente falando, o mal é *terrivelmente real*. É um erro fatal diminuir seu poder e sua realidade, ainda que só metafisicamente. Lamento que isto vá até as próprias raízes do cristianismo. O mal realmente não diminui ao ser abafado como não realidade ou como simples negligência do ser humano. Existiu antes dele, quando não podia sequer alcançá-lo com a mão. Deus é o mistério de todos os mistérios, um verdadeiro *Tremendum*. O bem e o mal são relatividades psicológicas e, como tais, bem reais, mesmo que não saibamos o que eles sejam. Por isso não deveriam ser projetados sobre um ser transcendente. Só assim evita-se o dualismo maniqueísta sem "petitiones principii" e outros subterfúgios. Acho que sou um herege.

O senhor deve ter tido um tempo interessante na Espanha. Eu não tinha a menor ideia do que um *College* inglês poderia fazer em Valladolid.

Eu sei que o senhor precisa criticar-me. Decididamente não estou do lado vencedor, mas sou muito impopular tanto na esquerda quanto na direita. Não sei se mereço ser incluído em suas orações. Seja como for, encontrei uma consolação no abismo de um éon: καὶ ὅπου εἷς ἐστι μόνος, λέγω, ἐγώ εἰμι μετ' αὐτοῦ[12].

Com os melhores votos de um novo ano cheio de realizações e felicidades.

Yours cordially,

C. G.

1. Secretária de Jung por longos anos, agora senhora Dr. Boller-Schmid. Cf. carta a Schmid, de 06.11.1915, nota 1.

2. "Correção dos loucos". Jung refere-se às recensões do Padre White dos *Eranos-Jahrbücher 1947 e 1948*, em *Dominican Studies*, vol. II, n. 4, Oxford, outubro de 1949. O Padre White escreveu sobre o ensaio de Jung "Über das Selbst" (*Eranos-Jahrbuch 1948*, Zurique, 1949; mais tarde capítulo IV de *Aion*) e criticou que ele havia entendido mal a doutrina da *privatio boni* a partir de um "dualismo quase maniqueu". Chamou essas "somewhat confused and confusing pages" de "another infelicitous excursion of a great scientist outside his own orbit..." e falou de um "brief and unhappy encounter with scholastic thought" de Jung.

3. Basílio Magno, bispo de Cesareia por volta de 330-370. Seu *Hexaemeron* (Hex.) contém uma coletânea de sermões sobre os primeiros versículos do Gênesis e uma explicação dos Salmos.

4. "Omne bonum a Deo, omne malum a homine" (Todo bem vem de Deus, e todo mal vem do homem). Quanto à explicação dessas palavras por Jung, bem como das seguintes citações gregas, cf. *Aion*, OC, vol. IX/2, par. 74 e 81s.

5. Cada um de nós deveria considerar-se como o autor da maldade que está nele.

6. Disposição da alma.

7. Não uma entidade viva.

8. O que não existe, não ser.

9. Substância, essência.

10. *Privatio boni*, ausência do bem. É possível encontrar a doutrina do mal como *privatio boni* já em Orígenes (185-253), mas foi confirmada apenas por Agostinho (354-430). Jung viu nesta doutrina uma tendência de não atribuir substância e realidade ao mal, mas ele achava que tanto o bem quanto o mal tinham o mesmo caráter real. Para a doutrina da Igreja, o mal não tem em si existência positiva, mas é a ausência (*privatio*) do bem, só ele verdadeiramente *real*. Mas ele é real, como real é a escuridão, apesar de consistir na falta de luz. As duas posições antagônicas – a teológico-metafísica e a psicológico-empírica – sempre tiveram grande espaço nas conversas entre Jung e White, o que levou finalmente a um afastamento dos dois. Cf. *Aion*, OC, vol. IX/2, par. 75s. Cf. também Victor White, *God and the Unconscious* e *Soul and Psyche*, especialmente o capítulo 9: "The Integration of Evil".

11. A doutrina "omne malum a homine" confere ao ser humano o papel de um parceiro com os mesmos poderes de Deus.

12. "E onde alguém está sozinho, eu digo: eu estou com ele" (Papiro Grenfell & Hunt, Logion I, 5).

Ao Ministro Dr. Edmund Kaufmann[1]
Stuttgart

Janeiro de 1950

Exmo. Sr. Ministro!

Permita-me, como estrangeiro, a liberdade de tomar o seu precioso tempo num assunto que diz respeito ao seu país. Escrevo-lhe a pedido do Dr. W. Bitter[2], diretor do Stuttgarter Psychotherapeutischen Lehrinstitut. A existência desse Instituto está ameaçada, em parte pelas dificuldades financeiras e, em parte e sobretudo, pela associação dos neurologistas, sob a direção do Prof. Kretschmer. O Instituto forma não só médicos, mas também leigos para o trabalho psicoterapêutico. Por razões corporativistas e de prestígio, este trabalho é um espinho na carne dos psiquiatras e da associação dos neurologistas. Nós tivemos a mesma dificuldade na Suíça e, em parte, ainda a temos. Mas conseguimos com muito esforço que fossem dadas preleções nas Faculdades de Medicina (de Zurique) sobre psicologia e terapia das neuroses. E há dois anos foi fundado em Zurique um instituto semelhante em suas diretrizes ao de Stuttgart.

Com exceção de Londres, Berlim e Zurique, não há hoje em dia nenhuma Universidade ou Faculdade de Medicina, ou qualquer outro instituto em que os especialistas necessários e seus assistentes recebam um treinamento psicológico suficiente. O Instituto de Stuttgart é uma exceção digna de louvor.

A enorme disseminação das neuroses em nosso tempo torna urgentemente necessário que os médicos e seus assistentes recebam uma formação psicológica condizente. Pelo fato de haver poucos especialistas (porque não receberam formação psicológica nas universidades), o psicoterapeuta médico bem como um instituto psicoterapêutico dependem da colaboração de leigos treinados. Em minha longa prática internacional sempre tive, durante décadas, assistentes leigos e não poderia ter feito o que fiz sem a cooperação deles. Não houve e não há médicos suficientes que tenham uma formação confiável em psicoterapia. Isto requer um conhecimento profundo que não é transmitido nem mesmo nas clínicas psiquiátricas.

Os institutos de ensino da psicoterapia são de grande importância social e preenchem uma lamentável lacuna no currículo médico das universidades. Apesar de ser médico também – *medicus medicum non decimat*[3] – devo constatar com tristeza que são exatamente os médicos que mais impedem os nossos esforços. O

Ano 1950

espírito corporativista é sempre inimigo até mesmo das inovações mais proveitosas. Basta lembrar a lamentável atitude da classe médica quanto à antissepsia e sobretudo quanto ao combate à febre puerperal! Sempre de novo devo constatar a ignorância crassa de meus colegas mais próximos, os psiquiatras, no que se refere à psicologia e ao tratamento das neuroses. Comparada com o nosso atraso europeu, ao menos a *medicina psicossomática* faz notáveis progressos na América.

Seria portanto um ato cultural de grande importância se o florescente Instituto de Stuttgart pudesse continuar existindo[4].

Na esperança de que o senhor, Exmo. Ministro, não leve a mal a expressão de meu ponto de vista, subscrevo-me com elevada consideração.

(C.G. Jung)

1. Durante os anos de 1933-1945, Dr. Kaufmann retirou-se da política e trabalhou como livreiro. Morreu em 1953.
2. Cf. carta a Bitter, de 12.07.1958, nota 1.
3. Um médico não vai contra outro médico.
4. O Instituto de Stuttgart existe ainda hoje e desempenha papel importante sobretudo na formação de analistas e psicoterapeutas.

A Serge Moreux[1]
Asnières/França

20.01.1950

Monsieur,

Agradeço muito sua gentil carta, mas devo dizer que, infelizmente, devido à minha idade avançada e doença, sou forçado a limitar bastante minhas atividades, não sendo possível escrever um artigo para o seu projetado fascículo de *Polyphonie*.

É certo que a música, bem como o drama, têm a ver com o inconsciente coletivo; basta pensar, por exemplo, em Richard Wagner. De certa forma, a música expressa o movimento dos sentimentos (ou valores emocionais) que acompanham os processos inconscientes. O que acontece no inconsciente coletivo é por sua natureza arquetípico, e os arquétipos têm sempre uma qualidade numinosa que se manifesta na acentuação do emocional. A música expressa em sons o que as fantasias e visões exprimem em imagens visuais. Não sou músico e não seria capaz de desenvolver essas ideias em detalhe para o senhor. Só posso chamar a sua atenção para o fato de que a música representa o movimento, o desenvolvimento e a transformação de motivos do inconsciente coletivo. Isto está muito claro em Wagner e também em Beethoven; mas apresenta-se igualmente na *Arte da Fuga*, de Bach. A forma musical

Ano 1950

é expressão do caráter circular dos processos inconscientes como, por exemplo, nos quatro movimentos da sonata ou na perfeição do arranjo circular na *Arte da Fuga*.

Mais do que isto não poderia dizer-lhe sobre este tema. Somente um músico com conhecimentos psicológicos poderia escrever sobre a psicologia do contraponto, do arranjo circular etc.

Veuillez agréer, Monsieur, l'expression de ma parfaite considération.

(C.G. Jung)

1. Serge Moreux, editor da "Revue Musicale" *Polyphonie*, havia pedido a Jung que escrevesse um artigo para o número especial "La musique et les problèmes de l'Homme" sobre o tema "Le rôle de la musique dans l'expression de l'inconscient collectif".

Ao Dr. med. Aloys von Orelli[1]
Hohenegg
Meilen (Zurique)

07.02.1950

Prezado colega,

Li o seu trabalho com muito interesse e acho que está correto.

Sinto apenas alguma dúvida quando o senhor substitui o termo "afetividade" por sentimento. Afetividade é emocionalidade, e eu gostaria de fazer uma distinção rigorosa quanto ao sentimento; este, quando diferenciado, é uma função racional (de valor), enquanto os afetos permanecem sempre produtos espontâneos da natureza. O sentimento é contaminado pela emoção apenas em seu estado subdesenvolvido e primitivo, o que é característico de um sentimento indiferenciado.

O "Morbus Schlemihl" é uma invenção admirável![2]

Na página 9, a formulação de que a individuação também ocorre sem casamento, por via da introspecção e da meditação, parece-me um tanto positiva demais. Para evitar mal-entendidos seria preciso acrescentar logo que uma relação responsável, qualquer que seja sua denominação, é imprescindível; caso contrário permanece subdesenvolvido este aspecto particular do indivíduo.

Página 10: É duvidoso se a união de *animus* e *anima* pode ser chamada de *unio mystica*. A única certeza é que o hierosgamos representa uma ideia mitológica paralela. A *unio mystica* é mais uma dissolução do eu no âmago primitivo de Deus, o que é uma experiência bem diferente.

Quanto à sua pergunta sobre a primazia do intelecto ou do sentimento, gostaria de chamar sua atenção para o meu pequeno escrito *A mulher na Europa*. Ali apresento o

Ano 1950

meu ponto de vista de que a psicologia feminina se caracteriza em geral pelo princípio do *eros* e a do homem pelo princípio do *logos*. Expus bem detalhadamente este ponto.

Ficarei satisfeito em recebê-lo para uma conversa, mas não pode ser já, porque saio de férias na próxima semana. Depois disso poderia recebê-lo no dia 21 de fevereiro por volta das 8 horas da noite, se assim lhe convier.

Até lá, saudações do colega
(C.G. Jung)

1. Dr. med. Aloys von Orelli, nascido em 1909, psiquiatra e psicoterapeuta, médico-chefe da clínica neuropsiquiátrica "Hohenegg", Meilen (Suíça). Desde 1959, consultório particular na Basileia.
2. Na história de Adelbert von Chamisso "Peter Schlemihls wundersame Geschichte" (1814), o herói vende a sua sombra, e o nome de "Schlemihl" tornou-se proverbial na Alemanha para uma pessoa que é vítima constante de incidentes imprevisíveis e que resultam em toda espécie de infortúnios.

Ao Dr. Hans E. Tütsch[1]
Auslandredaktion der Neuen Zürcher Zeitung
Zurique

23.02.1950

Prezado Doutor,

Quanto à sua pergunta, gostaria de dizer-lhe que só tenho aquelas informações que apareceram nos jornais. Delas só posso tirar conclusões especulativas, mas nada de concreto e real.

É bem possível que, por meio da tortura físico-moral, da insônia e de envenenamento sistemático com derivados de ópio ou outra substância prejudicial semelhante, uma pessoa se torne tão desmoralizada e sugestionável que, para evitar outros tormentos, faça simplesmente a vontade da outra pessoa. Pelo simples fato de mostrar a alguém as torturas físicas que poderá sofrer, a maioria já desmorona de antemão e confessa o que o outro deseja. Uma vez que não se empregou mais a tortura na administração da justiça nesses últimos 150 anos, não estamos a par das sequelas psíquicas da tortura. Só nos campos de concentração pudemos observar os efeitos devastadores que a tortura psíquica teve sobre a moral do indivíduo. Não acho que seja necessário pensar num meio especial, quimicamente específico, para explicar as afirmações espantosas dos acusados.

Prefiro não escrever um artigo sobre isto, pois, como o senhor percebe, não tenho informações suficientes sobre o assunto.

Com elevada consideração,
(C.G. Jung)

Ano 1950

1. Dr. Tütsch, correspondente estrangeiro do *Neuen Zürcher Zeitung*, escreveu em sua carta a Jung (21.02.1950) sobre as confissões surpreendentes e pouco convincentes que fizeram o Cardeal Mindszenty, Rajk e outros no grande processo teatral (1950) em Budapest; o mesmo aconteceu com o inglês Edgar Sanders e o americano Roberto A. Vogeler. O Dr. Tütsch pediu um artigo de Jung sobre as causas das mudanças psíquicas e psicopatológicas dos acusados.

Ao Dr. Edward Whitmont[1]
Nova York

04.03.1950

Prezado colega,

Li com muito interesse o escrito que me enviou. A maneira como o senhor aborda o problema do paralelismo psicofísico parece-me correta em sua essência – ao menos enquanto posso julgá-lo do ponto de vista psicológico.

A dificuldade com que se defronta este problema está no seguinte: aquilo que conseguimos perceber psicologicamente nunca vai fundo o bastante para reconhecermos sua conexão com o físico. E vice-versa, o que conhecemos fisiologicamente não está suficientemente adiantado para sabermos o que poderia ser a ponte para o psicológico. Se fizermos a abordagem pelo lado psicológico, chegaremos àqueles fenômenos que eu chamei de arquétipos. Se não estiver enganado, estas formações irrepresentáveis correspondem em todo o seu comportamento aos "patterns of behaviour" da biologia, uma vez que parecem representar as formas básicas do comportamento psíquico em geral. Para saber o que estas formas são em si mesmas, precisaríamos ser capazes de penetrar no mistério total da psique. Mas ela nos é totalmente inconsciente porque a psique não pode apreender a si mesma. Aqui só podemos apalpar cuidadosamente a fenomenologia que nos informa sobre a essência da psique. De forma semelhante – por outro lado – a física entra num campo irrepresentável que ela só consegue visualizar indiretamente e através de modelos. Ambas as ciências, a psicologia do inconsciente e a física atômica, estão chegando a formas conceituais que concordam de maneira impressionante. Quero lembrar apenas o conceito de complementaridade[2].

Se levarmos em consideração tudo o que se refere à psique, chegaremos à conclusão de que a psique inconsciente se encontra também num contínuo de espaço e tempo em que o tempo já não é tempo e o espaço já não é espaço. E consequentemente ali deixa de existir também a causalidade. A física se defronta com o mesmo limite. Uma vez que uma das linhas de pesquisa vai de dentro para fora e a outra, de fora para dentro, e que não há esperança de chegarmos ao ponto

153

em que as duas se encontram, só nos resta procurar pontos de comparação entre as concepções mais profundas de ambos os lados. Mas é precisamente aqui que está a dificuldade acima indicada: nosso conhecimento dos instintos, isto é, dos impulsos biológicos subjacentes é precário, de modo que só podemos harmonizar com a maior dificuldade e incerteza os arquétipos com os impulsos conhecidos da biologia. E quando se chega à química do albume, cessa, a meu ver, qualquer possibilidade de comparação.

Mas existe certa possibilidade que eu não queria perder de vista, isto é, a sincronicidade. Basicamente ela não é outra coisa do que a *correspondentia*[3], entendida mais específica e precisamente, e que, como se sabe, era um dos elementos medievais para explicar a natureza. Seria concebível – e há fatos que apontam nesta direção – que uma situação arquetípica se refletisse também em processos corporais. Já encontramos, por exemplo, no livro dos sonhos de Artemidoro[4] o caso de alguém sonhar que seu pai havia perecido num incêndio e, poucos dias depois, o próprio sonhador morrer consumido por uma febre muito alta. Eu já vi coisas semelhantes. Estas correspondências podem ir mais longe e dar origem às mais curiosas e significativas coincidências. Esta questão só pode ser respondida de algum modo satisfatório se analisarmos sistematicamente os sonhos de pessoas fisicamente doentes. Então poderíamos ver que motivos oníricos correspondem a determinados estados corporais. Mas não foram feitos ainda estudos neste sentido.

O seu enfoque vai mais ou menos nesta linha. Como se sabe, foi Paracelso que trabalhou muito com estas ideias. Hoje em dia trata-se de encontrar provas conclusivas para isso. Se quisermos trabalhar este campo, encontraremos outra grande dificuldade, isto é, que o método estatístico da ciência, o único a fornecer provas condizentes, está numa relação de complementaridade com a sincronicidade. Isto quer dizer que, quando observamos estatisticamente, eliminamos o fenômeno da sincronicidade; e vice-versa, quando estabelecemos a sincronicidade, devemos abandonar o método estatístico. Contudo, existe a possibilidade de reunir uma série de casos isolados de correspondência em que cada caso isolado possa lançar certa luz sobre o fenômeno da correspondência em geral. Seria, por exemplo, concebível que o sal tivesse uma propriedade e eficácia biológicas que correspondesse em certo sentido ao significado simbólico do sal. Mas esta constatação só poderia ser fundamentada através de uma série maior de observações isoladas. Eu considero isto um empreendimento bastante difícil, uma vez que sabemos tão pouco sobre a natureza da sincronicidade que, diga-se de passagem, nada tem a ver com sincronismo, mas significa coincidência pertinente, o que não é necessariamente também sincronismo no sentido estrito. [...]

Se os seus colegas sabem muito pouco de psicologia, é também tarefa sua ensinar-lhes algo mais. Como também é tarefa minha ensinar mais psicologia no círculo dos psiquiatras e psicólogos.

Com a consideração do colega

(C.G. Jung)

1. Dr. med. Edward Whitmont, psicólogo analítico, EUA. Obra, entre outras: *The Symbolic Quest*, Nova York, 1969.

2. O conceito da complementaridade baseia-se na experiência de que estruturas microfísicas apresentam aspectos diferentes quando observadas sob condições experimentais diferentes. Por exemplo, na observação da natureza de onda do elétron não é possível obter qualquer conhecimento sobre a natureza corpuscular, e vice-versa. As duas naturezas – onda e corpúsculo – são complementares. W. Pauli formulou o comportamento complementar da seguinte forma: "Deixa-se à livre-escolha do experimentador (ou observador) [...] quais os conhecimentos que deseja adquirir e quais deseja perder; ou, em linguagem popular, se quer medir A e arruinar B, ou arruinar A e medir B" (cf. OC, vol. VIII, par. 440). Relação análoga entre observador e observado encontra-se no conteúdo do inconsciente: o arquétipo experimenta, através de seu tornar-se consciente e do ser percebido, uma mudança, e isto no sentido da consciência individual respectiva na qual ele aparece; por outro lado, uma observação exata do inconsciente só é possível à custa da consciência. Também entre consciência e inconsciente há uma relação de complementaridade (cf. carta a Jordan, de 10.11.1934, nota 4, e *Aion*, OC, vol. IX/2, par. 355). C.A. Meier foi o primeiro a chamar a atenção para a analogia entre complementaridade física e psicológica (cf. OC, vol. VIII, par. 440). Para o conceito de compensação, muitas vezes confundido com o de complementaridade, ver carta a Keller, de 26.03.1951, nota 2.

3. A correspondência ou simpatia de todas as coisas é uma doutrina filosófica da Antiguidade que admite haver uma relação e dependência dos conteúdos do cosmos. Baseia-se na crença de que existe também um princípio divino e universal na menor parte de algo e que, por isso, ela concorda com todas as outras partes e com o todo. Jung vê nesta doutrina um precursor da ideia da sincronicidade (cf. OC, vol. VIII, par. 914s.).

4. Artemidoro de Daldis, século II aC, escreveu nos cinco livros de sua *Oneirokritika* sobre os sonhos e interpretação dos sonhos. Cf. Jung, "Zugang zum Unbewussten", em *Der Mensch und seine Symbole*, Olten e Friburgo/Br., 1968, p. 78.

À Marie Ramondt
Utrecht/Holanda

10.03.1950

Prezada e distinta senhora,

Ao agradecer o gentil envio de sua separata[1], gostaria de pedir desculpas pela demora de minha resposta. Tive de pedir a outra pessoa que lesse o seu texto para mim, pois não domino bastante o holandês.

Se entendi bem, a senhora defende a opinião de que o material primitivo não pode ser interpretado porque não é uma afirmação apenas da psique, mas que o meio ambiente também tem nisso uma palavra muito importante. Em certo sentido isto é correto. No primitivo o inconsciente confunde-se com o mundo externo, o que se vê claramente nas inúmeras projeções da consciência primitiva. Com referência ao primitivo não se pode falar de uma relação eu-mundo ambiente, pois não existe praticamente um eu no nosso sentido. Sua consciência é uma imersão num fluxo de acontecimentos em que o mundo externo e o mundo interno não se diferenciam claramente. Talvez eu não tenha entendido bem, mas parece-me que este material pode ser interpretado com a devida consideração às suas condições. Não evidentemente de tal modo que o significado da cruz cristã pudesse ser aplicado à visão que um curandeiro primitivo teve da cruz. Isto seria, por assim dizer, um exagero de retrocesso. O primitivo simplesmente nos aproxima dos fundamentos arquetípicos do significado posterior da cruz, e na interpretação precisamos naturalmente levar em conta a mentalidade do primitivo – de que nela o mundo externo significa tanto quanto o mundo interno, porque no primitivo o inconsciente está tanto fora quanto dentro.

O inconsciente, como nós o conhecemos hoje, só veio à existência em sua forma atual através da diferenciação da consciência. No primitivo, o interior é também um exterior, e vice-versa. E isto numa medida muito maior do que no nosso caso. Mas é preciso admitir que para a nossa mentalidade diferenciada a reconstrução daquela semiconsciência primitiva não é coisa fácil. Quando interpretamos, por exemplo, histórias primitivas de fadas, cujos conteúdos já estão claramente formados, esta dificuldade se torna patente, porque percebemos que os objetos têm para o primitivo aspectos que nem sonhávamos ter. Para interpretar, por exemplo, visões dos primitivos, é necessário conhecer bem este entrelaçamento do objeto externo com o estado psíquico. Contudo, há também entre europeus relativamente primitivos sonhos muito difíceis de interpretar devido a este entrelaçamento. Mas isto não impdede que aqueles motivos que, nos estágios culturais posteriores, levam a ideias bem-formadas sejam encontrados já nas formas mais primitivas, faltando-lhes, porém, certo cunho de valor e, por isso, uma clareza correspondente.

Com elevada consideração,
(C.G. Jung)

1. A Senhora Ramondt menciona, em sua carta de dezembro de 1949, um artigo que havia publicado na revista *Volkskunde*, da Real Academia de Ciências da Holanda, mas não diz o título.

To Dr. Raymond F. Piper
Syracuse (N.Y.)/EUA

21.03.1950

Dear Dr. Piper,

Estou enviando as duas fotografias[1] que me pediu e também a figura de uma terceira mandala que ainda não foi publicada. Nada tenho a opor que faça uso delas.

As condições sob as quais se forma uma figura de mandala no decorrer de um tratamento são muito complexas. Descrevi este processo num livro que está para ser publicado em alemão: *Gestaltungen des Unbewussten* (Rascher & Cie., Zurique)[2]. O livro traz também uma quantidade de reproduções de mandalas, não publicadas até agora[3]. Seria longo dar-lhe uma descrição completa do pano de fundo psicológico das duas figuras que se encontram no livro *O segredo da flor de ouro*.

Tudo o que posso dizer é que o n. 1 foi pintado por uma jovem senhora, nascida nas Índias Orientais, onde passou os seus primeiros seis anos[4]. A dificuldade dela estava numa completa desorganização, provocada por sua vinda da Ásia para a Europa, para um meio completamente diferente, no qual não conseguiu adaptar-se pelo fato de estar impregnada da atmosfera oriental. Entrou num estado altamente neurótico e não conseguia encontrar-se de forma nenhuma. O inconsciente provocou sonhos caóticos e ela ficou cheia de confusão. Aconselhei-a a tentar expressar-se neste estado através de desenhos. Fez vários deles, que desenvolveu a partir de poucas linhas, sem saber para onde levariam. Essas mandalas ajudaram-na a restabelecer a ordem em sua vida interior.

A outra figura é de um homem bastante culto, com aproximadamente 40 anos de idade. Também ele fez o desenho como uma tentativa, a princípio inconsciente, de restaurar a ordem no estado emocional em que se encontrava, provocado pela invasão de conteúdos inconscientes[5].

A terceira mandala foi desenhada por uma paciente minha, com dotes artísticos, uma senhora de aproximadamente 50 anos de idade. Representa um labirinto, isto é, baseia-se num desenho de labirinto com quatro entradas, uma no centro de cada lado, e uma saída no centro, perto da quaternidade central. Representa todas as formas de vida, um verdadeiro oceano de vida orgânica pelo qual o ser humano deve procurar seu caminho para o objetivo central. É o que esta mulher quer dizer. É uma clara representação do processo de individuação. Entre a riqueza de figuras há dois pontos em destaque: um é uma lua e o outro, uma roda. A lua representa a essência da natureza da mulher, e a roda representa o curso da vida, ou o ciclo

Ano 1950

do nascimento e morte (segundo a epístola de Tg 3,6)[6]. As quatro entradas são alegorizadas por representantes dos quatro elementos. É um dos exemplos mais notáveis dessas representações que jamais encontrei. O desenho foi feito de maneira totalmente espontânea.

Presumo que haja na América um bom número dessas mandalas orientais nas coletâneas sobre o Oriente. Parece-me que São Francisco é um lugar onde poderá encontrá-las nas casas que vendem coisas orientais. Também o Musée Guimet, de Paris, tem várias peças de extraordinária beleza.

Yous sincerely,

(C.G. Jung)

1. Dr. Piper, professor de Filosofia na Universidade de Syracuse, Nova York, havia pedido autorização para incluir em seu livro *Cosmic Art* as figuras 1 e 6 que se encontram no livro *O segredo da flor de ouro* (em OC, vol. XIII).
2. Trata-se do ensaio "A empiria do processo de individuação" (em OC, vol. IX/1).
3. Cf. "O simbolismo das mandalas" (em OC, vol. IX/1).
4. A jovem senhora provinha de uma família europeia. Jung refere-se a este caso em OC, vol. IX/1, par. 656-659 e vol. XVI, par. 557.
5. "Sobre o simbolismo da mandala", fig. 28, texto no par. 682. O quadro foi pintado por Jung na época em que se aprofundava na questão do inconsciente. Cf. *Memórias*, p. 173s.
6. A bíblia católica diz "o ciclo de nossa existência", enquanto a bíblia de Lutero diz "toda a nossa transformação".

À Dra. Jolande Jacobi
Zurique

24.03.1950

Prezada e distinta senhora!

Estou ciente de que amanhã a senhora festeja o seu sexagésimo aniversário. Não poderia esquecer de enviar-lhe as minhas saudações mais cordiais. Mas este é um dia em que devo lembrar com gratidão todo o trabalho perseverante e abnegado que vem realizando durante esses anos todos para difundir e desenvolver as minhas ideias. Só posso esperar e desejar que sua saúde continue a sustentar sua energia característica e sua capacidade de trabalho, de modo que esta permaneça inalterada sem detrimento daquela. Neste sentido desejo-lhe também aquela sábia limitação que é uma arte a ser aprendida na sétima década.

In multos annos!

Com a amizade perene de

C.G. Jung

Ano 1950

To Dr. Emanuel Maier[1]
The University of Miami
Flórida/EUA

24.03.1950

Dear Mr. Maier,

Devo pedir-lhe desculpas pelo atraso em responder sua carta de 16 de janeiro. Estou sempre muito ocupado e sofro com a avassaladora correspondência da qual não dou conta.

Conheço a obra de Hesse e também o conheço pessoalmente. Conheci o psiquiatra que tratou dele. Morreu há muitos anos. Através desse psiquiatra, Hesse recebeu algumas influências de meu trabalho (que aparecem, por exemplo, em _Demian, Sidarta_ e _O lobo das estepes_). Foi mais ou menos nessa época (1916) que conheci Hesse pessoalmente. O psiquiatra era o Dr. J.B. Lang[2]. Era um homem esquisito, mas extremamente culto, que havia estudado línguas orientais (hebraico, árabe e sírio) e estava particularmente interessado na especulação gnóstica. Obteve de mim um rico conhecimento do gnosticismo, que ele transmitiu também a Hesse. A partir desse material, Hesse escreveu o seu _Demian_. A origem de _Sidarta_ e _O lobo das estepes_ é mais desconhecida. Até certo ponto, estas obras são resultado direto ou indireto de algumas conversas que tive com Hesse. Infelizmente não posso afirmar até que ponto ele assimilou conscientemente minhas indicações e referências. Não posso dar-lhe uma informação completa, pois meu conhecimento é estritamente profissional.

Não analisei sistematicamente nenhuma das obras de Hesse. Seria, acredito eu, um estudo psicológico interessante, especialmente do ponto de vista de minhas concepções teóricas. É possível para alguém suficientemente familiarizado com meu trabalho fazer as devidas aplicações. Infelizmente o meu tempo não me permite entrar em detalhes, porque isto importaria numa nova dissertação, o que exigiria um volume extra de trabalho que não estou em condições de assumir.

Estaria muito interessado em conhecer os resultados de suas pesquisas.

Yours sincerely,

(C.G. Jung)

---

1. Emanuel Maier, professor de Literatura Alemã na Universidade de Miami, escreveu na época um artigo sobre "The Psychology of C.G. Jung in the Works of Hermann Hesse". Nunca foi publicado e encontra-se, manuscrito, no arquivo Hesse no Schiller Nationalmuseum, Marbach (Württ.). A carta de Jung foi publicada em Benjamin Nelson, "Hesse and Jung. Two Newly Recovered Letters", _The Psychoanalytic Review_, vol. 50, 1963, p. 11-16.

Ano 1950

2. Dr. med. Josef B. Lang, discípulo de Jung que mais tarde rompeu com o mestre, psicoterapeuta em Luzerna, depois em Lugano. Cf. J.B. Lang, "Zur Bestimmung des psychoanalytischen Widerstands" e "Eine Hypothese zur psychologischen Bedeutung der Verfolgunsidee", ambos no primeiro volume, editado por Jung, de *Psychologischen Abhandlungen*, Leipzig-Viena 1914. Em 1916, Hesse estava na clínica de recuperação "Sonnmatt" em Luzerna e começou uma análise com o Dr. Lang, na época com 35 anos de idade, e que se tornou amigo leal dele. No livro *Demian*, Lang é homenageado na figura de Pistório. Cf. Hugo Ball, *Hermann Hesse, sein Leben und sein Werk*, Berlim, 1927, p. 153s. O professor Maier enviou esta carta de Jung a Hesse, cuja resposta (sem data) foi publicada no ensaio mencionado de B. Nelson:

Prezado Senhor Maier,

Como sou amigo da discrição, não abri a carta de Jung. Em 1916 submeti-me a uma análise com um médico amigo meu, que foi em parte discípulo de Jung. Naquela época tomei conhecimento da obra da juventude de Jung: "Wandlungen und Symbole", que me impressionou. Também li outras obras posteriores de Jung, mas apenas até 1922, pois a análise já não me interessou muito no futuro. Sempre tive muito respeito por Jung, mas não tive impressões tão fortes de seus escritos quanto dos de Freud. Certamente ele lhe escreveu sobre algumas sessões analíticas que tive com ele, pelo ano de 1921, por ocasião de uma noite de preleções que dei como convidado do Clube de Zurique de Jung. Também tive lá boa impressão dele, só que comecei a perceber que para o analista é inatingível uma autêntica relação com a arte; falta a todos eles o órgão para tanto.

Saudações cordiais de H. Hesse.

Hesse refere-se aqui ao evento "Hermann Hesse Abend. Vorlesung unveröffentlichter Dichtungen durch den Verfasser", em 19.02.1921. Não é possível saber de que poesias se tratava. A publicação desta carta foi autorizada gentilmente por Heiner Hesse.

Ao Dr. Gilles Quispel[1]
Wassenaar/Holanda

21.04.1950

Prezado Doutor,

Desculpe a demora em responder à sua pergunta[2]. Tenho tanto a fazer e tão vasta correspondência que minhas forças limitadas já não dão conta de tudo. Acontece então que uma carta, que eu teria preferido responder logo, fica submersa por longo tempo na enxurrada de outras menos importantes.

É muito difícil no julgamento de imagens gnósticas dizer o que é experiência interna genuína e o que é superestrutura filosófica. Contudo é possível reconhecer com bastante clareza que, na enumeração dos diversos símbolos naassenos do Ser Uno em Hipólito, trata-se em muitos casos de imagens primitivas genuínas. Mas outra questão é saber até onde retrocede a experiência imediata que está por detrás dessas imagens, isto é, até que ponto essas imagens são tradição. Sabemos da experiência de nossos pacientes que elas podem ser experiências espontâneas das quais devemos excluir com grande certeza qualquer conhecimento da tradição. Assim, por exemplo, as figuras que os pacientes desenham ocasionalmente são muitas vezes recriações espontâneas de imagens com sentido histórico-religioso.

Quando Valentino empregou a expressão ἀποκόπτειν[3] para a separação da sombra (de Cristo), pensou provavelmente no uso mitológico dessa palavra, pois a separação da sombra tem impreterivelmente o sentido de cortar fora o lado ctônico. Não me parece provável que, quando Cristo separa sua sombra, isto seja uma experiência diretamente visionária, mas sobretudo uma ideia filosófica, expressa drasticamente.

Outra coisa é a imagem da pessoa com asas. Isto é bem mais antigo do que *Fedro* (por exemplo, na Babilônia)[4].

No que se refere ao ovo[5], este ovo ou o útero não está restrito à esfera grega, mas ocorre também na Índia como hyraniagarbha (semente de ouro-útero). O romper da casca[6] é uma figura de linguagem que ocorre praticamente em toda parte. Isto não precisa ser necessariamente uma experiência primitiva e direta. Acredito que muitos símbolos derivam simplesmente da linguagem e das metáforas linguísticas. Por outro lado, acho improvável que da filosofia possa surgir mitologia. Da filosofia pode originar-se alegoria, mas não autêntica mitologia, pois esta é mais velha do que aquela. Mas tem afinidade com a filosofia devido ao seu teor de ideias filosóficas em embrião. Na filosofia as ideias são desenroladas. Seu aspecto mitológico significaria, porém, sua involução. Mas esta última nunca leva a uma mitologia, mas apenas a uma alegoria. A interpretação filosófica e a imagem primitiva estão sempre juntas, como o senhor observou muito bem, pois nada provoca tanto a reflexão filosófica como a experiência de imagens primitivas. Acontece o mesmo que no sonho: quando um conteúdo inconsciente passa para a consciência, ele só consegue esta passagem revestindo-se das ideias presentes na consciência, tornando-se então manifesto. Mas não temos a menor ideia de como as coisas estão no inconsciente. É por isso também que defino os arquétipos como formas irrepresentáveis que se revestem de outro material nas experiências respectivas.

Não se pode afirmar como experiência primitiva e direta o caráter arquetípico de certas imagens transmitidas historicamente. Só podemos chegar à conclusão de que exprima um arquétipo, quando conseguimos demonstrar, através da pesquisa comparada, que imagens idênticas ou muito semelhantes ocorrem em outras culturas e, ainda assim, como experiência primitiva, individual e verificável em pessoas da atualidade. Por isso devemos procurar em primeiro lugar a explicação histórica de um símbolo sempre em sua própria esfera cultural e, então, provar a existência de símbolos iguais ou semelhantes em outras esferas culturais para alicerçar a afirmação de que é um arquétipo. Mas esta afirmação só se torna plenamente segura

Ano 1950 ——————————————————————————————

quando a imagem pode ser encontrada também num sonho moderno e sobretudo num indivíduo que nunca teve contato com a tradição correspondente. Este é, ao menos, o método que eu adoto.

Na esperança de ter respondido à sua pergunta, permaneço

com elevada consideração,
(C.G. Jung)

1. Dr. Gilles Quispel, nascido em 1916, professor de História da Igreja antiga na Universidade de Utrecht. Autoridade no campo do gnosticismo.
2. Em sua carta de 10.09.1949, Quispel falou da "dificuldade da relação entre a interpretação filosófica das imagens gnósticas e a experiência espontânea delas".
3. Quispel mencionou que o gnóstico Valentino (século II) empregou esta palavra (= separar, cortar fora), que é usada para a emasculação por exemplo de Átis, também para Cristo: "Mas Cristo, 'sendo homem', cortou de si a sombra..." Valentino interpretou isto no sentido da filosofia grega como "um despir-se das paixões". Cf. *Aion* (OC, vol. IX/2), par. 75, nota 23.
4. Lê-se no gnóstico Basílides (século II) com referência à tríplice filiação: "O segundo filho [...] recebe asas, assim como Platão deu asas à alma em *Fedro*". Cf. *Aion*, par. 118. Quanto à tradição babilônica, cf. *Símbolos da transformação*, par. 113.
5. Segundo a gnose de Basílides, o "Grande Arconte" surgiu da casca quebrada de um ovo, o que Quispel compara à concepção persa do surgimento do mundo a partir de um ovo. Outra concepção gnóstica (Hipólito) foi a do mundo como útero.
6. Cf. carta a Kirsch, de 18.11.1952, nota 7.

To Father Victor White
Oxford

12.05.1950

Dear Victor,

[...][1] O seu pensamento metafísico "postula" dúvidas minadas, isto é, pondera apenas nomes para οὐσίαι[2] insuficientemente conhecidas. Esta é provavelmente a razão de o senhor ser capaz de integrar uma sombra μὴ ὄν, ao passo que eu só consigo assimilar uma substância; pois para um pensamento "que postula", o "não sendo" é exatamente tanto quanto um *ens* ou "ὄν" como "sendo", isto é, uma existência conceitual. O senhor se movimenta no universo do conhecido, eu estou no mundo do desconhecido. Suponho ser este o motivo por que o inconsciente para o senhor se transforma num sistema de concepções abstratas. A *anima* lhe encobre a vista.

Visto que num verdadeiro meteoro[3] (não na *lumen naturae*) o atrito intensifica a luminosidade, o senhor não deveria desprezar as diferenças de opinião. Estou plenamente consciente delas.

Espero que consiga arranjar as coisas para vir à Suíça quando estiver nas proximidades daqui.

Yours cordially,
C. G.

1. Na primeira parte (omitida) da carta, Jung interpreta um sonho do Padre White, cujo texto não temos. A segunda parte retoma a discussão sobre o problema do mal. Jung responde a uma carta de White (04.05.1950) na qual ele dizia: "No momento, sinto que *aquela* discussão (da *privatio boni*) chegou a um impasse. O que me deixa perplexo é o fato de que foi precisamente a sua psicologia que me tornou capaz de *experimentar* o mal como a 'privatio boni'. De minha parte não consigo atribuir nenhum sentido a termos psicológicos como 'positivo-negtivo', 'integração-desintegração' se o mal não for *privatio boni*. Também não consigo ver motivo algum para 'integrar a sombra' – nem qualquer sentido – se a sombra não for um bem privado do bem"! Jung retorna a este assunto em sua carta de 9-14.04.1952.
2. Realidades.
3. No sonho do Padre White, um meteoro voou sobre o lago de Zurique, perto de Bollingen, onde estava sentado em companhia de Jung. Jung havia interpretado o meteoro como "lumen naturae".

Ao Dr. Joseph Goldbrunner
Stockdorf bei München

14.05.1950

Prezado senhor,

Permita-me que, na qualidade de quase conhecido e quase desconhecido, expresse meu agradecimento por sua exposição objetiva e simpática de minha psicologia[1]. Há de fato poucos autores – como o senhor mesmo já deve ter percebido – que conseguiram fazer um julgamento objetivo de minhas constatações. Por isso tenho razões de sobra para agradecer o seu trabalho. Gostaria de contentar-me com uma apreciação elogiosa de seu livro, não fossem alguns pontos que me parecem merecer algum esclarecimento.

O senhor indica com razão que a pessoa, segundo a minha concepção, está encerrada *na* psique (não em *sua* psique). Pode o senhor mencionar alguma ideia que *não* seja psíquica? Pode a pessoa adotar algum ponto de vista fora da psique? Ela pode afirmar que sim, mas a afirmação não cria um ponto do lado de fora; e estivesse ela lá, não teria nenhuma psique. Tudo o que nos toca e que nós tocamos é reflexo, portanto, psique.

Não poderia ser diferente que minha psicologia estivesse toda ela encerrada na psique. Não se poderia acusar a geologia de só se preocupar com o solo, nem a astronomia de restringir-se apenas ao céu estrelado.

No sentido estrito, a psicologia é a ciência dos conteúdos da consciência. Seu objeto, portanto, não é metafísico, caso contrário ela seria uma metafísica. Pode-se

Ano 1950 —————

acusar a física de não ser uma metafísica? É evidente que todos os objetos da física sejam fenômenos físicos. Por que seria a psicologia a única exceção desta regra?

Tudo o que a pessoa humana entende como sendo Deus é imagem psíquica; e não é menos imagem mesmo quando afirma mil vezes que não é imagem. Se não fosse imagem, ele não poderia representar-se absolutamente nada. Por isso diz muito bem o Mestre Eckhart que "Deus é puro nada".

Como ciência empírica, a psicologia só pode constatar que o inconsciente produz espontaneamente imagens que desde sempre foram consideradas "imagens de Deus". Mas como a essência da psique nos é totalmente desconhecida, a ciência não é capaz de estabelecer o que é refletido pela imagem. Chegamos aqui ao "limite do humano" do qual diz G. von Le Fort[2] que é "a porta de entrada de Deus". Como ser humano individual posso concordar com essa concepção, mas apesar de toda minha boa vontade não posso afirmar que isto seja uma afirmação demonstrável, o que em última análise é o objetivo da ciência. É uma confissão subjetiva para a qual não há lugar na ciência.

Também é errado supor que a individuação seja *autorredenção*. É o que exatamente ela não é. Como o senhor escreve muito bem, a gente se expõe a todas as forças do não ego, do céu e do inferno, da graça e da destruição, para chegar àquele ponto onde nos tornamos suficientemente simples para aceitar aquelas influências ou o que quer que seja que chamamos de "vontade de Deus" – aquelas influências que provêm do Inescrutável e cuja fonte está atrás das imagens psíquicas que ao mesmo tempo revelam e escondem. Como se poderia olhar através desse "tapume de madeira", isto é para mim totalmente inimaginável. Como se pode ver, imaginar ou pensar o que é não psíquico? Mesmo que eu afirme que é não psíquico, ainda assim é a minha representação que está diante de um fato incognoscível; e se for não psíquico, também não pode ser representado.

Nós aceitamos como certo que as imagens são representações de algo. Enquanto este algo deva ser não psíquico, é necessariamente inconcebível, pois tudo que é representado é psíquico; mesmo o notório e evidente azul do céu não existe na física, isto é, é expresso pelo conceito matemático do "comprimento das ondas". Quem então, pelo fato de ver o azul, pode declarar que o azul existe em si e que não é psíquico? Isto seria *contrário ao melhor conhecimento* e, por isso, imoral.

Estou profundamente impressionado com o fato de as pessoas estarem tão sujeitas ao erro e à ilusão. Acho, portanto, ser obrigação moral não fazer afirmações sobre aquelas coisas que não podemos ver nem comprovar, e acho que é uma transgressão epistemológica fazê-lo assim mesmo. Estas regras valem para a ciência empírica. A metafísica se pauta por outras regras. Considero obrigatórias para mim as regras da ciência empírica. Por isso não há em meus trabalhos afirmações metafísicas, mas também *nenhuma negação* das afirmações metafísicas.

Espero que estas explicações talvez possam servir-lhe para alguma coisa.

Saudações cordiais,
(C.G. Jung)

1. Joseph Goldbrunner, *Individuation. Die Tiefenpsychologie von C.G. Jung*, München-Krailling 1949. Trata-se de uma reelaboração de uma edição particular do autor, feita em 1941.
2. Gertrud von Le Fort, 1876-1971, escritora.

To Roscoe Heavener, Jr.
Colmar (Pensilvânia)/EUA

16.05.1950

Dear Mr. Heavener,

Não saberia dizer-lhe precisamente por que e sob quais circunstâncias Adler separou-se de Freud. A razão geral – conforme ouvi dizer na época – é que Freud não conseguia admitir o ponto de vista de Adler. Isto eu posso confirmar. Freud não conseguia realmente enxergar que os pontos de vista de Adler eram justificados por fatos.

Escrevi diversas vezes sobre o meu desentendimento com Freud[1]. A primeira coisa foi que Freud não conseguia aceitar a minha ideia de que a energia psíquica (libido) é mais do que instinto sexual e que o inconsciente não só deseja, mas também supera os seus próprios desejos. Eu não podia concordar com a afirmação de Freud de que a técnica da psicanálise se identificava com a sua teoria sexual. Eu não podia concordar com sua teoria dos sonhos como realizações de desejos. Infelizmente Freud entendeu a dúvida teórica ou a crítica como ataque pessoal, mas eu não podia concordar com ele que seu ponto de vista estava correto. Estes foram os pontos principais que tornaram impossível a cooperação, e esta é também a razão por que tive de separar-me dele.

Yours sincerely,
(C.G. Jung)

1. Entre outros escritos, cf. "A divergência entre Freud e Jung", em OC, vol. IV; "Sigmund Freud, um fenômeno histórico-cultural (1932)" e "Sigmund Freud (1939)", em OC, vol. XV. Depois disso, o capítulo "Sigmund Freud", em *Memórias*, p. 133s.

To Philip Magor
Londres

23.05.1950

Dear Mr. Magor,

Refleti muito tempo sobre sua pergunta e não sei exatamente o que poderia responder. O senhor certamente conhece a singela verdade de que a oração não é apenas de grande importância mas também exerce grande influência sobre a psique humana. Se tomarmos o conceito de oração em seu sentido mais amplo, incluindo também a contemplação budista e a meditação hindu (como equivalentes da oração), pode-se dizer que ela é a forma mais universal de concentração religiosa ou filosófica da mente e, por isso, não só um dos meios mais originais, mas também mais frequentes para mudar a condição da mente. Se este método psicológico tivesse sido ineficaz, há muito teria sido extinto, mas ninguém com alguma experiência humana pode negar sua eficácia.

Isto é quase tudo o que posso dizer-lhe em poucas palavras. Caso contrário, deveria escrever um tratado inteiro.

Sincerely yours,
(C.G. Jung)

Ao Dr. Oskar Splett
Munique

23.05.1950

Prezado Doutor,

Confesso que sua pergunta[1] é bem difícil de ser respondida e peço que considere minhas observações neste sentido como mais ou menos hipotéticas.

Eu também estou em dúvida se o termo "precocidade" é o correto. Acompanhando o senhor, preferiria dizer que se trata de uma espécie de "despertar" ou "increased awareness". Observa-se este fenômeno em todos os países que foram atingidos mais ou menos diretamente pela guerra e sobretudo naqueles em que as ações bélicas e revolucionárias foram mais intensas. Contudo, o grau mais elevado verificou-se com relação às crianças abandonadas da Rússia, as chamadas "Besprisornji". Trata-se aqui não de verdadeira maturação, mas de um despertar precoce e de uma intensificação unilateral das tendências instintivas. Se quisermos entender por maturação uma expansão da consciência ou um aperfeiçoamento da personalidade, isto seria completamente errado. Na grande maioria dos casos não se trata de maior ou me-

Ano 1950

nor conscientização; mas, em compensação, de ouvidos em pé, olhos bem abertos e avidez exacerbada – tudo coisas que podemos observar também nos primitivos em circunstâncias semelhantes. Só em casos excepcionais trata-se de uma maturação real e acelerada, mas na maioria dos casos é mais um desenvolvimento regressivo na direção do primitivo. Considero este desenvolvimento consequência direta das subversões políticas e sociais, e parece-me que numa atmosfera mais calma esses fenômenos são menos frequentes. Penso, por exemplo, na Suíça e na América, onde a população foi poupada dos efeitos da guerra.

Como não fiz nenhuma pesquisa aprofundada neste assunto, minha opinião baseia-se em impressões gerais.

Com elevada consideração,
(C.G. Jung)

1. Dr. Splett havia perguntado a Jung sobre a impressionante precocidade intelectual da juventude de hoje, observada desde o Japão até a Europa Central.

A uma destinatária não identificada

10.06.1950

Prezada Doutora!

Com teorias não chegará a lugar nenhum. Procure ser simples e dar sempre apenas o próximo passo. Não precisa prevê-lo, basta que o examine depois. Não existe um "como" da vida, mas a gente o faz, como, por exemplo, a senhora escreveu a sua carta. No entanto, parece que para a senhora é tremendamente difícil *não* ser complicada e fazer o simples e o que está à mão. Com essas fantasias exageradas de salvação a senhora se isola do mundo. Desça, portanto, da montanha de sua humildade e siga o seu nariz. Este é o *seu* caminho, e o mais direto.

Saudações cordiais,
C.G. Jung

To Prof. Chung-Yuan Chang[1]
Nova York

26.06.1950

Der Sir,

Li o seu ensaio[2] com grande interesse e posso dizer-lhe que concordo basicamente com os seus pontos de vista. Vejo o taoismo na mesma ótica do senhor. Sou grande admirador da filosofia de Chuang-tzu. Estava exatamente imerso no estudo de seus escritos, quando chegou a sua carta.

O senhor certamente sabe que o taoísmo formula princípios psicológicos que são de natureza bem universal. Eles são de fato tão abrangentes que podem ser aplicados a toda a humanidade. Mas, por outro lado, exatamente por serem tão universais, os princípios do taoismo precisam de uma retradução e especificação quando se trata de sua aplicação prática. Evidentemente é inegável princípios gerais são da maior importância, mas é importante também conhecer nos mínimos detalhes o caminho que leva à sua compreensão real. O perigo da mente ocidental está na simples aplicação de palavras em vez de fatos. O que a mente ocidental precisa é da experiência concreta de fatos que não podem ser substituídos por palavras. Por isso estou interessado sobretudo nos caminhos e métodos que podem conscientizar a mente ocidental dos fatos psicológicos subjacentes ao conceito do tao, se é que este pode ser chamado de conceito. A maneira de o senhor colocar a questão corre o perigo de deixar o tao como simples idealismo ou ideologia para a mente ocidental. Se alguém pudesse chegar à verdade aprendendo as palavras da sabedoria, então o mundo já teria sido salvo nos tempos remotos de Lao-tse. Mas, como diz muito bem Chuang-tzu, o problema está em que os velhos sábios não conseguiram iluminar o mundo, pois não havia mentes suficientes que pudessem ser iluminadas. Pouco adianta ensinar sabedoria. Em todo caso, a sabedoria não pode ser ensinada por palavras. Ela só é possível por contato pessoal e por experiência imediata.

A maior e quase insuperável dificuldade está na questão dos caminhos e dos meios de induzir as pessoas a fazerem as experiências psicológicas indispensáveis que abram os seus olhos para a verdade subjacente. A verdade é uma só e a mesma em toda parte, e devo dizer que o taoismo é uma das formulações mais perfeitas que jamais conheci.

Sincerely yours,
(C.G. Jung)

---

1. Dr. Chung-Yuan Chang, professor de Filosofia Chinesa no Asia Institute, Nova York; mais tarde professor de Filosofia na Universidade de Hawaii. Em 1955, 1956 e 1958 falou nos encontros Eranos.
2. "An Interpretation of Taoism in the Light of Modern Psychology", em forma ampliada no livro *Creativity and Taoism*, 1963.

Ano 1950

À Senhora Sibylle Birkhäuser-Oeri[1]
Binningen na Basileia

13.07.1950

Prezada Senhora Birkhäuser,

Infelizmente costuma acontecer (quando se é tão velho como eu) que o *esprit d'escalier* começa a desempenhar o seu papel indesejado. O seu caso continuou me atormentando, até que descobri o que foi que eu *não* lhe havia dito: deixar entrar o inconsciente é apenas a metade da tarefa. A segunda metade, que não mencionei, consiste em *entender-se com o inconsciente*. A fantasia que me entregou para ler nada mostra desse "entendimento". Não sei se minha conclusão de que a senhora desconhece esta tarefa importante está certa. Exemplo disso pode encontrar em meu livro *O eu e o inconsciente*: é o caso de um jovem que deixa sua noiva cair numa fenda do gelo e se afoga[2]. A gente tem que entrar pessoalmente na fantasia e obrigar as figuras a falar e responder. Só assim o inconsciente é integrado na consciência, isto é, através de um processo dialético, através de um diálogo da senhora com as figuras inconscientes. O que acontece na fantasia deve acontecer com a *senhora*, que não deve deixar-se substituir por uma figura da fantasia. Deve salvaguardar o eu e só deixar que seja modificado pelo inconsciente, assim como este deve ser reconhecido como justificado e só ser impedido de suprimir e assimilar o eu. Aqui a senhora deveria ter a ajuda de uma *mulher*. O homem desperta sempre demais o inconsciente. Eu lhe recomendo a minha esposa ou a senhorita T. Wolff, Freiestr. 15[3].

Desse modo tranquilizei a minha consciência.

Saudações cordiais,
C.G. Jung

1. Quarta filha do amigo de Jung, Dr. Albert Oeri, 1914-1971, psicóloga analítica. Cf. carta ao marido dela, Peter Birkhäuser, de 02.11.1960.
2. *O eu e o inconsciente*, em OC, vol. VII, par. 343s.
3. Toni Wolff era colaboradora de Jung. Cf. carta a Kirsch, de 28.05.1953, nota 1.

O que Jung chama nesta carta de "fantasia" refere-se ao método da imaginação ativa.

Ano 1950 ──

Ao Dr. phil. Gustav H. Graber[1]
Berna

14.07.1950

Prezado e distinto colega!

Seu número especial pelo meu aniversário, com seu gentil prefácio, foi para mim grande surpresa e grande alegria[2]. Estou muito impressionado com o grande número de colaboradores e com suas excelentes contribuições. Reconheço o grande trabalho que deu ao redator reunir tanta coisa e tão boa. Esta publicação comemorativa, que antecipa a celebração de meu septuagésimo quinto aniversário, é em seu todo um notável resumo das minhas ideias que lançaram raízes na mente de meus contemporâneos. Por isso ela é importante para mim também como eco. O septuagésimo quinto aniversário é um momento em que se olha para trás, com um olhar sorridente e lacrimoso, para o longo caminho que foi percorrido, esperando que seja de proveito também para as outras pessoas. É confortador ver que não poucas sementes caíram em terra fértil.

Agradeço em primeiro lugar ao senhor que me causou esta alegria, mas agradeço também a todos que contribuíram com o seu trabalho para o êxito da obra.

Com elevada consideração,
C.G. Jung

1. Dr. phil. Gustav H. Graber, psicólogo clínico, editor da revista mensal *Der Psychologe*, Schwarzenburg (Berna).
2. Trata-se do número especial para o 75º aniversário de Jung, com o título "Komplexe Psychologie", *Der Psychologe*, julho/agosto de 1950.

Ao Prof. M. Bleuler[1]
Kantonale Heilanstalt Burghölzli
Zurique

19.08.1950

Prezado colega,

Sua gentil carta, com os votos de feliz aniversário[2], trouxe-me surpresa e grande alegria. Fiquei bastante comovido em receber esta mensagem cordial de meu antigo lugar de trabalho, onde começou tudo o que mais tarde aconteceu. Ainda mais que não tive o prazer de encontrá-lo em sua idade adulta. Lembro-me do senhor apenas como garoto, num tempo que para mim está no passado distante.

Mas estão vivas em minha lembrança as impressões e o estímulo que recebi de seu pai, a quem sempre serei grato. Devo muito à psiquiatria e sempre me conservei interiormente próximo a ela, pois desde o início me preocupou um problema bem geral: De que estrato procedem as ideias tão impressionantes da esquizofrenia? As questões daí resultantes levaram-me aparentemente para bem longe da psiquiatria clínica e fizeram-me perambular pelo mundo todo. Nessas viagens aventureiras descobri tantas coisas que nunca sonhei em Burghölzli; mas a maneira rigorosa de observar, que lá aprendi, acompanhou-me por toda parte e ajudou-me a entender objetivamente a estranha psique.

Ao agradecer a sua cordial mensagem, gostaria que transmitisse os meus agradecimentos também a todos aqueles que tiveram a gentileza de assinar a sua carta.

Com saudações do colega
(C.G. Jung)

1. Dr. Manfred Bleuler, nascido em 1903, professor de Psiquiatria na Universidade de Zurique e diretor da clínica psiquiátrica de Burghölzli (1942-1970), filho e continuador do Prof. Eugen Bleuler.
2. Jung havia festejado o seu 75º aniversário no dia 26.07.1950.

A Hermann Hesse
Montagnola (Tessin)

19.08.1950

Prezado Senhor Hesse,

Entre as muitas mensagens e felicitações que recebi pelos meus 75 anos, uma das que mais me surpreendeu e alegrou foi a sua. Agradeço especialmente a sua *Morgenlandfahrt*[1] que separei para ler num momento de tranquilidade. Mas, desde o meu aniversário, este momento ainda não chegou, pois fui cumulado de uma enxurrada de cartas e visitas além do meu controle. Na minha idade trata-se de ir "devagar e com cuidado", e minha capacidade de trabalho já não é como era, principalmente quando se tem no programa tanta coisa ainda a ser trazida à luz do dia. Comecei um pouco tarde com isso devido à dificuldade dos temas que me vieram à mente.

Permita-me enviar-lhe como retribuição ao seu presente uma prova de prelo de minha última publicação que aborda também o campo literário[2]. O senhor também já se encontra na categoria dos avançados em idade e por isso é capaz de entender bem a minha preocupação.

Com meus agradecimentos e elevada consideração,
(C.G. Jung)

Ano 1950 —————————————————————————————————————

1. H. Hesse, *Die Morgenlandfahrt*, Zurique, 1932.
2. Trata-se provavelmente de *Gestaltungen des Unbewussten*, 1950. Nele estão "Psicologia e poesia" (em OC, vol. XV) e A. Jaffé, "Bilder und Symbole aus E.T.A. Hoffmanns Märchen 'Der Goldne Topf'".
Com a gentil autorização de Heiner Hesse e da editora Suhrkamp transcrevemos a resposta de Hermann Hesse, escrita de Montagnola e datada de inícios de setembro.
Estimado Professor Jung,
O senhor retribuiu a saudação que julguei dever meu enviar-lhe por ocasião de sua festa com um presente excepcional que me alegrou muito e que agradeço. A temática de seu novo livro vem ao encontro dos meus interesses especiais, por isso espero tirar muito proveito do livro e me alegro antecipadamente com sua leitura.
Entendo perfeitamente sua preocupação de apresentar e colocar a salvo tanto trabalho planejado; o mesmo acontece com toda pessoa produtiva quando chega a uma idade avançada. Sabemos que em breve desapareceremos; estamos conformados no grande todo, mas assim mesmo sentimos haver coisas por fazer.
Desejo-lhe ainda boa safra desses frutos tardios e gostaria de ter a felicidade de ainda encontrá-lo mais uma vez pessoalmente.
Saudações cordiais,

H. Hesse

Esse encontro não se realizou.

Ao Dr. Ernesto A.C. Volkening
Bogotá/Colômbia

19.08.1950

Prezado colega,

Muito obrigado por seus votos de felicidade e por sua separata. Infelizmente não tenho grande familiaridade com a língua espanhola, mas pedirei a alguém para ler o seu trabalho e fazer um relato para mim.

Seu debate com a orientação freudiana merece espaço bem amplo, pois a simplificação que faz a psique coincidir com um instinto tão importante quanto o sexual tem algo de enganoso e sedutor. Esta simplificação é perigosa, sobretudo nos dias de hoje, que se caracterizam por uma tendência iconoclasta, porque resolve numa forma aceitável ao preconceito geral um assunto extremamente complicado e difícil como é a psique. Não se percebe então que a psique não pode estar baseada necessariamente apenas no instinto da sexualidade, mas na totalidade dos instintos, e que esta base é apenas um fundamento biológico e não representa o edifício todo. Uma redução da psique total a seus inícios mais obscuros não só a desvaloriza, mas desloca também o problema para uma simplicidade inadmissível, como se quiséssemos reduzir a pessoa a uma célula que, por mais complicada que seja, como por exemplo na forma

172

de ameba, tem uma construção bem mais simples do que a da pessoa humana. E assim, em sua compulsão de simplificar, Freud pôde explicar as neuroses, até certo ponto, pelo princípio da repressão, mas esqueceu completamente a psicologia do repressor, que é bem mais forte e importante do que o instinto – e isto também faz parte da natureza da psique, conforme o exprimiu muito bem já o velho alquimista Demócrito: "Natura naturam superat"[1]. Entendo perfeitamente que alguém formado em medicina ou em ciências naturais ache minha psicologia bastante difícil ou mesmo incompreensível porque ela não reduz a psique a processos simples, mas deixa-a em toda a sua complexidade – não descrevendo o edifício apenas como fundamento nem derivando tudo deste, mas fazendo-o objeto da descrição e explicação científicas em toda a sua incomensurável multiplicidade.

Outra dificuldade está no fato de o psíquico e todos os fenômenos de vida em geral não serem entendidos suficientemente se forem compreendidos apenas de forma redutiva e causal, pois não é possível derivar o sintético e o formador da vida de meras causas.

Por isso valorizo tanto mais seu esforço, por ter encontrado um caminho através dessas dificuldades para uma compreensão real de minhas experiências psicológicas.

Tomo a liberdade de enviar-lhe uma publicação recente em que encontrará uma análise, talvez a mais profunda, de um produto do romantismo[2].

Com elevada estima do colega
(C.G. Jung)

1. Provém do alquimista Pseudo-Demócrito (por volta do século I ou II) a frase que aparece com variações nos textos alquimistas: "A natureza se alegra com a natureza, a natureza vence a natureza, ou a natureza domina a natureza". Cf. *Mysterium Coniunctionis* II, par. 6, nota 21.
2. A. Jaffé, "Bilder und Symbole aus E.T.A. Hoffmanns Märchen 'Der Goldne Topf'", em *Gestaltungen des Unbewussten*, 1950.

Monsieur le Docteur Ch. Lichtenthaeler 1
Leysin/Suíça

07.11.1950

Monsieur et cher Collègue,

Ainda que interesse aos psicólogos também a personalidade singular de Paracelso, a psicologia se ocupa principalmente com suas ideias. Eu mesmo escrevi um livro sobre suas ideias principais (*Paracelsica*, Rascher-Verlag, Zurique, 1942). Entre elas está a ideia da "theorica", de especial interesse para a psicologia[2]. Através de sua "theorica", Paracelso transmite ao paciente uma noção de sua doença, dando-lhe assim a possibilidade de assimilá-la psiquicamente.

Além disso, é possível encontrar na doutrina esotérica de Paracelso um conhecimento exato dos processos inconscientes de doenças, bem como a compreensão de formas simbólicas que são de grande importância como expressão de conteúdos patogênicos, sobretudo para a terapia das neuroses. Paracelso desenvolveu essas ideias em sua *Vita Longa* (cf. também minha *Paracelsica*). Ele transmitiu o conhecimento desses pressupostos inconscientes aos seus alunos (sobretudo a Gerardo Dorneo); com o desenvolvimento do racionalismo e do materialismo científico, essas ideias quase se perderam de novo. Somente há pouco tempo foram redescobertas as causas psíquicas inconscientes de certas doenças. Nesse contexto é de grande interesse para o psicólogo a obra de Paracelso. As ideias dele apresentam evidentemente dificuldades fora do comum, e sei que elas permanecem quase incompreensíveis para um médico que não conhece de própria experiência o papel importante do pano de fundo inconsciente nas neuroses e psicoses.

Espero que minha resposta satisfaça a sua pergunta[3].

Je vous prie d'agréer, Monsieur et cher Collègue, l'expression de mes sentiments distingués.

(C.G. Jung)

1. Dr. Charles Lichtenthaeler era colaborador do Prof. Dr. A. Rollier, fundador do sanatório universitário de Leysin. Desde 1963 professor de História da Medicina na Universidade de Hamburgo.
2. Cf. "Paracelso, o médico", em OC, vol. XV, par. 41.
3. Trata-se da pergunta sobre a importância de Paracelso e de sua doutrina para a psicologia.

To Father Victor White
Oxford

25.11.1950

Dear Victor,

Agradeço penhoradamente a gentileza de me enviar um exemplar de *The Life of the Spirit*. Li o seu artigo[1] com a maior atenção e interesse. O senhor conseguiu pôr em máxima evidência a *petra scandali*[2]. Como sabe, não tenho muito a dizer sobre o "universale"[3], se me abstiver de tirar conclusões e fazer especulações sobre possíveis consequências psicológicas do novo dogma. É um assunto fascinante, muito discutido em Zurique. Provocou em mim uma série de sonhos ligados a desenvolvimentos ulteriores, isto é, consequências da nova situação. Contrariamente à minha expectativa, a declaração mexeu com algo no inconsciente, ou seja, no mundo arquetípico. Parece ser o motivo do hierosgamos: a árvore derrubada foi trazida para dentro da gruta da mãe, neste caso: o bojo de um navio. Ela ocupa tanto espaço que as pessoas que moram na gruta são obrigadas a sair e viver do lado de fora, expostas ao vento e ao tempo. Este motivo refere-se à viagem-marítima-noturna do herói no ventre do grande peixe-mãe[4].

O "universale", como o senhor o coloca muito bem, é o aspecto *mais interessante* do dogma. O "particular", por sua vez, é aquilo que me tira o fôlego, o que o senhor certamente entenderá. Se o milagre da Assunção não for um acontecimento espiritual, vivo e presente, mas consistir num fenômeno físico que se diz ou que se crê ter acontecido há quase 2.000 anos, então ele nada tem a ver com o espírito, ou tão pouco quanto qualquer evento parapsicológico de nossa época. Um fato físico nunca prova a existência e realidade do espírito. Ele apenas tenta concretizar o espírito numa visibilidade material. Certamente a vida e realidade do espírito não são demonstrados de modo nenhum pelo fato de que há 2.000 anos um corpo desapareceu ou que outros milagres aconteceram. Por que insistir na realidade histórica desse caso particular de um nascimento virginal e negá-la a todas as outras tradições mitológicas? Esta insistência é particularmente curiosa porque nada acrescenta ao significado da ideia; ao contrário, desvia o interesse do importantíssimo aspecto espiritual para um fenômeno físico, questionável e totalmente irrelevante. Só consigo explicar este típico *tour de force* como uma tentativa de provar a existência do espírito para uma mente rude e primitiva, incapaz de perceber a realidade psíquica de uma ideia, uma mente que precisa de milagres como evidência de uma presença espiritual. É mais que provável que a ideia viva da Assunção não começou a atuar nos tempos apostólicos, mas bem mais tarde. É comprovado que o milagre da Assunção só começou a operar a partir do século VI. Se a Assunção significa alguma coisa, então ela significa um fato espiritual que pode ser formulado como a integração do princípio feminino na concepção cristã da divindade. (A *declaratio solemnis* do novo dogma) é certamente o acontecimento religioso mais importante dos últimos 400 anos.

Envio anexo um artigo que apareceu em *Neue Zürcher Zeitung*[5]. Ele não insiste na historicidade concretista do milagre, mas na natureza cristã da ideia. Ainda não vi o texto da "definição". Poderia o senhor emprestar-me uma cópia? Devolva-me, por favor, o artigo, pois quero guardá-lo. A julgar por este artigo, a "definição" não insiste na realidade, mas antes na *crença na realidade* da Assunção e, portanto, na *realidade da ideia*. Assim como o senhor coloca a questão, soa mais como crasso materialismo, o que levanta as mais veementes objeções. Se a Assunção é um fato

Ano 1950

histórico, essencialmente concreto, então não é mais uma experiência espiritual viva. Degenera num efeito meramente sincronístico do passado, tão interessante e curioso como o arrebatamento ao céu de Elias[6], ou o sensacional desaparecimento de Henoc[7]. É simples desvio do verdadeiro problema, isto é, da Assunção como símbolo; pois o único fator real e importante é o arquétipo vivo que força sua entrada na consciência. Insistindo na historicidade, arrisca-se não só questões embaraçosas e irrespondíveis, mas leva-se os outros a desviar os olhos da ideia essencial para a crueza realista de um fenômeno meramente físico, pois é apenas o fenômeno físico que acontece num lugar e tempo determinados, enquanto o espírito é eterno e está em toda parte. Até mesmo o *corpus subtile* está apenas relativamente dentro do tempo e do espaço. Se designarmos a Assunção como um fato no tempo e no espaço, deveríamos acrescentar que ele acontece realmente na eternidade e em toda parte; o que nós percebemos com os nossos sentidos é matéria corruptível, isto é, não o vemos, mas inferimos a ideia ou acreditamos nela. A conclusão levou não menos de 1.900 anos para o seu final. Sob estas condições parece-me despropositado insistir na historicidade concreta. Mas se o senhor disser: creio que Maria, dotada de seu *corpus glorificationis* (isto é, caracterizada por uma determinação quase "corporal"), alcançou seu lugar perto da divindade, então posso concordar com o senhor. Esta parece ser também a opinião do Professor Karrer e, como ele diz, Maria não teria sido a única (que foi assunta ao céu). Parece haver certo consenso tradicional de que uma vida plenamente religiosa (isto é, uma integração consciente do arquétipo essencial) justifica a esperança de uma existência individual na eternidade. Estender esta consideração a Maria parece-me estar bem dentro do espírito da filosofia cristã.

Yours cordially,
C. G.

1. Victor White, "The Scandal of the Assumption", em *Life of the Spirit*, Blackfriars Review, vol. V, Londres, novembro-dezembro 1950. Trata-se de um número especial da revista, com o título "The Assumption in the Life of the Christian".
2. Pedra de escândalo, Isaías 8,14. O Padre White dirige-se em seu artigo àqueles fiéis para os quais a proclamação do dogma da *Assumptio Mariae*, a assunção corporal de Maria ao céu (agosto de 1950), significa uma pedra de escândalo. A "declaratio solemnis" do dogma, *Munificentissimus Deus*, aconteceu no dia 1.11.1950, após a publicação do artigo do Padre White.
3. Um capítulo do artigo do Padre White intitulava-se "The Scandal of Particularity" e trata da Assunção da Virgem Maria como de uma personalidade individual. Um outro capítulo, "The Scandal of Universality", aborda a crítica contra o sentido geral e cósmico da Assunção de Maria (contra o aspecto arquetípico).

Ano 1950

4. A relação do sonho com o motivo do hierosgamos no dogma da Assunção de Maria provém das ideias de Jung sobre o culto a Átis (cf. carta a White, de 10.04.1954): assim como a árvore de Átis é levada para dentro da gruta da deusa-mãe Cibele, também a árvore, no sonho de Jung, é levada para dentro do bojo do navio, interpretado como materno-feminino. Jung vê em ambos os casos um símbolo da conjunção de mãe e filho, uma analogia ao hierosgamos de Cristo e Maria. Cf. para tanto *Resposta a Jó* (em OC, vol. XI, par. 743s.). Para o motivo da viagem-marítima-noturna, cf. *Símbolos da transformação*, OC, vol. V, par. 311.

5. Otto Karrer, "Das neue Dogma und die Bibel", *Neue Zürcher Zeitung*, 26.11.1950.

6. 2Rs 2,1-12.

7. Gn 5,24.

À Hanna Oeri[1]
Basileia

23.12.1950

Prezada Doutora,

O grande cansaço que vi e senti em meu amigo por ocasião de minha última visita a Basileia o levou rapidamente ao fim. Não se deve lamentar os falecidos – eles levam grande vantagem sobre nós –, mas deve-se lamentar antes os que ficaram, que precisam contemplar a fugacidade da existência e suportar a despedida, a dor e a solidão.

Sei o que significa para a senhora a morte de Albert, pois com ele partiu também o meu último amigo que ainda estava vivo. Nós somos uma sobra do tempo que passou e isto cada vez mais, a cada novo ano. O olhar se desvia do futuro do mundo dos homens no qual viverão os nossos filhos, mas não nós. Invejável é o destino daqueles que ultrapassaram o limiar, mas a minha empatia está com aqueles que precisam continuar seguindo o rio de seus dias, cumprindo a tarefa da existência na escuridão do mundo, num horizonte acanhado e na cegueira da ignorância, para ver toda sua existência, outrora plena de imensa vitalidade e força, ruir pedaço por pedaço e precipitar-se no abismo do passado. Este modo de considerar a velhice seria insuportável se não soubéssemos que nossa alma vai chegar a uma região onde não será aprisionada pela mudança no tempo nem pela limitação do lugar. Nesta forma de ser, nosso nascimento é morte e nossa morte é nascimento. Os pratos da balança do todo estão em equilíbrio.

Com os meus sentidos pêsames,
C.G. Jung

1. A destinatária era a esposa do amigo de Jung, Dr. Albert Oeri.

Ano 1950 ───────────────────────────────

À Senhora Regula Rohland[1]
Riehen na Basileia

23.12.1950

Prezada Regula!

Quero expressar-lhe os meus pêsames pela morte de seu pai. Quando as forças falham, a participação na vida significa esforço e um grande cansaço cobre tudo, então a morte significa o benefício do sono. Uma vez que o mundo desapareceu, não se quer mais vê-lo surgir de novo. Somente nós, os vivos, somos alguém que perdemos alguma coisa e lamentamos esta perda. Tudo passa, e os túmulos são as mós da existência. Para os jovens, a morte dos pais abre novo capítulo da vida. Eles são agora os portadores da vida e do presente, e nada mais paira sobre eles do que um destino ainda não realizado. Para isto desejo-lhe toda a coragem necessária.

Cordialmente,

C.G. Jung

1. A Senhora Regula Rohland-Oeri, nascida em 1912, era a terceira filha do Dr. Albert Oeri, amigo de Jung. Cf. carta a Oeri, de 26.05.1945, nota 3.

To Dr. Beatrice Hinkle[1]
Nova York

06.02.1951

Dear Dr. Hinkle,

Devo-lhe muitos agradecimentos pelo gentil envio do livro de Donald Keyhoe sobre os discos voadores[2]. Já li diversos livros sobre o assunto e achei que o melhor deles é o de Gerald Heard, *The Riddle of the Flying Saucers*[3], que eu posso recomendar-lhe.

Surpreende-me o fato de que tal fenômeno, testemunhado ao que parece por ao menos centenas de pessoas, não tenha sido objeto de mais fotos e tratado da maneira conveniente – sobretudo em vista de sua possível grande importância. Naturalmente já aconteceu várias vezes que assuntos da maior relevância não tenham recebido a devida atenção de seu tempo. Contudo, é muito curioso que não se tenha chegado neste caso a uma evidência satisfatória, ao menos quanto eu saiba.

Estou simplesmente perplexo diante desses fenômenos, porque ainda não consegui ter certeza suficiente se tudo não passa de um boato, envolvendo alucinação

Ano 1951

individual e coletiva, ou se é um fato concreto. Ambos os casos seriam de grande interesse. Se for um boato, a aparição dos discos deve ser um símbolo criado pelo inconsciente. Sabemos o que isto poderia significar do ponto de vista psicológico. Se, no entanto, for um fato real e concreto, estamos diante de alguma coisa totalmente incomum. Numa época em que o mundo é dividido por uma cortina de ferro – algo jamais visto na história humana – podemos esperar qualquer tipo de coisa estranha: quando semelhante coisa acontece a um indivíduo, isto significa uma dissociação completa que é compensada imediatamente por símbolos de totalidade e unidade. O fenômeno dos discos voadores pode ser tanto boato como fato real ao mesmo tempo. Neste caso teríamos o que chamo de sincronicidade. É pena que não saibamos o suficiente sobre isto.

Agradeço também a sua oferta de me enviar os livros de Betty[4]. Penso que os tenho todos. É incrível como esta mulher farejou a espécie de psicologia que compensa o nosso estado moderno da consciência. Esta moça foi realmente uma profetisa. Escrevi um pequeno prefácio para uma edição em língua alemã de *The Unobstructed Universe* que foi publicada aqui na Suíça.

A edição revista de *Psychology of the Unconscious* está sendo finalmente impressa, isto é, a edição alemã, é claro. Sairá com o novo título *Símbolos da transformação*.

Exceto os *Essays on a Science of Mythology* (em colaboração com Kerényi)[5], nada foi publicado por ora em inglês, mas diga-me se quer que lhe mande algum de meus livros em alemão, e quais.

Como vê, ainda trabalho um pouco, mas procuro descansar o máximo. Espero que a senhora faça o mesmo.

Com meus agradecimentos e melhores votos,

(C.G. Jung)

1. Dra. med. Beatrice Hinkle, 1874-1953, psicóloga analítica, tradutora de *Transformações e símbolos da libido*, 1912, em inglês *Psychology of the Unconscious*, Nova York, 1951.

2. Donald Edward Keyhoe, *Flying Saucers are Real*, Nova York, 1950.

3. Gerald Heard, *Is Another World Watching? The Riddle of the Flying Saucers*, Londres, 1950, Nova York, 1951.

4. Cf. carta a Künkel, de 10.07.1946, nota 2.

5. Jung-Kerényi, *Einführung in das Wesen der Mythologie*, Zurique, 1951; a edição inglesa já fora publicada em 1949 (Bollingen Series, Nova York).

Ano 1951 —————

A Heinrich Boltze[1]
Münsterlager/Alemanha

13.02.1951

Prezado senhor,

Para sua orientação: eu sou psiquiatra e não filósofo, um simples empírico que se preocupa com certas experiências. *Psique* é para mim um conceito coletivo para a totalidade dos chamados processos psíquicos. *Espírito* é uma qualidade atribuída a certos conteúdos psíquicos (à semelhança de "material" ou "físico"). *Atlântida*: um fantasma mítico. *L. Frobenius*: um original imaginativo e um tanto crédulo. Grande coletor de material. Como pensador, menos bom.

Deus: uma experiência interna, não discutível como tal, mas impressionante. A experiência psíquica tem duas fontes: o mundo externo e o inconsciente. *Toda experiência direta é psíquica*. Há experiência fisicamente transmitida (mundo exterior) e experiência interiormente transmitida (espiritual). Uma é tão válida quanto a outra. Deus não é uma verdade *estatística*, por isso é tão estúpido querer provar sua existência, quanto negá-la. Quando alguém está feliz, não preciso para isso de nenhuma prova ou contraprova. Também não há razão para se presumir que a "felicidade" ou "tristeza" não podem ser experimentadas. Deus é uma experiência universal que só é obscurecida por um racionalismo imbecil ou por uma teologia igualmente imbecil (cf. para isso o meu livrinho *Psicologia e religião*, Rascher-Verlag, Zurique, 1940, onde encontrará alguma coisa sobre o assunto).

O que a humanidade chama "Deus" desde tempos imemoriais a gente o experimenta todo dia. Só que lhe damos um outro nome, por assim dizer "racional", como por exemplo "afeto". Desde sempre ele foi o psiquicamente mais forte, capaz de lançar para fora dos trilhos nossas intenções conscientes, frustrá-las e às vezes reduzi-las a estilhaços. Por isso, não poucos têm medo de "si mesmos". Nesse caso, Deus se chama "eu mesmo" etc. *O mundo externo e Deus são as duas experiências primordiais*, uma tão grande quanto a outra, e ambas possuem milhares de nomes que em nada mudam os fatos. As raízes de ambas são desconhecidas. A psique é o espelho das duas. Ela é sem dúvida o ponto em que as duas se tocam. Por que perguntar por Deus? Ele se agita dentro de nós e nos leva às especulações mais singulares.

Falamos de *fé* quando perdemos um *conhecimento*. Crença e descrença são meros sucedâneos. O primitivo ingênuo *não crê, ele sabe*, pois a experiência interna tem para ele o mesmo valor que a externa. Ele ainda não tem teologia e não se deixou engambelar por conceitos ladino-tolos. Traça sua vida – forçosamente – de acordo com os fatos externos e internos que ele não experimenta como distintos, como nós o fazemos. Ele vive em *um só* mundo, nós vivemos apenas numa de suas metades e acreditamos, ou não, na outra metade. Nós a tapamos com o chamado "desenvolvimento intelectual", isto é, vivemos com a luz elétrica que nós mesmos fabricamos e – o que é mais ridículo – acreditamos ou não acreditamos no Sol.

Em Paris, Stalin teria sido "une espèce d'existentialiste" como Sartre, um doutrinário desalmado. O que em Paris provoca uma nuvem de comentários, na Ásia faz o chão tremer. Em Paris é possível um potentado arvorar-se em encarnação da razão, em vez de encarnação do Sol.

Com elevada consideração,
(C.G. Jung)

1. O destinatário havia formulado a Jung uma série de perguntas, entre as quais, a diferença entre psique e espírito, sobre Deus, etc. Além disso manifestou seu pesar por Stalin não ter nascido em Paris.

To Fowler McCormick[1]
Chicago (Ill.)EUA

22.02.1951

Dear Fowler,

É muito gentil de sua parte enviar-me mais notícias sobre os discos voadores.

Nesse meio-tempo li o livro de Gerald Heard[2], uma defesa veemente da existência desses discos. Infelizmente ele prega um pouco demais para o meu gosto.

As afirmações mais recentes de que os discos voadores sejam apenas balões meteorológicos não condizem infelizmente com as supostas observações feitas, que por sua vez podem ser embuste ou alucinação. É realmente estranho que seja tão difícil chegar à verdade sobre a realidade desse fenômeno. Eu acho que se trata de um reiterado boato, mais ainda não se respondeu à questão se há alguma coisa real por trás de tudo isso.

Exceto um pouco de reumatismo, estou bastante bem e faço o meu trabalho como sempre. Suponho que o senhor esteja muito ocupado! Por isso minha satisfação é maior ainda quando recebo um sinal de vida seu de vez em quando.

Muito obrigado!

Yours ever cordially,
C. G.

Ano 1951 ——————————————————————————————

1. Fowler McCormick foi um velho amigo de Jung, desde a juventude. O escrito *The Undiscovered Self* ("Presente e futuro", em OC, vol. X) traz a dedicatória "To my friend Fowler McCormick". Ele acompanhou Jung em sua visita aos índios Pueblo (1924-25) e em sua viagem à Índia (1938). Nos anos posteriores vinha regularmente a Zurique para visitar Jung. As muitas viagens de carro que fizeram juntos proporcionavam diversão e descanso a Jung. Delas participava também Miss Ruth Bailey, amiga da família Jung e que assumiu o cuidado da casa de Jung após a morte de Emma Jung (1955).

2. Gerald Heard, *Is Another World Watching? The Riddle of the Flying Saucers*, Londres, 1950, Nova York, 1951.

Ao Dr. H.
Alemanha

17.03.1951

Prezado Doutor,

Para responder sua longa e profunda carta é preciso ter tempo. Por isso minha resposta está um pouco atrasada.

A psicologia como ciência natural deve reservar-se o direito de tratar como projeções todas as afirmações que não podem ser verificadas com os meios empíricos. Esta limitação epistemológica nada prova a favor ou contra a possibilidade de um ser transcendental. A projeção é um instrumento indispensável do conhecimento. Parece-me de grande importância histórico-simbólica que a projeção cristológica se tivesse atido ao homem Jesus "histórico". A crença no homem concreto foi necessária, caso contrário não teria sido possível a tão importante encarnação de Deus. A concepção já delineada na tradição de Osíris, de um Osíris[1] pertencente ao indivíduo, continua na ideia judeu-cristã da *imago Dei* e na ideia do υἱότης[2]. O docetismo foi um recuo para a visão pagã do mundo. A tentativa de desmitologização de Bultmann é uma consequência do racionalismo protestante e leva a um empobrecimento crescente do simbolismo. O que sobra já não basta para exprimir o mundo tão rico (e tão perigoso) do inconsciente e ligá-lo à consciência ou, conforme o caso, afastá-lo dela. Assim, o protestantismo se torna ainda mais enfadonho e depauperado do que já era. Também continuará se dividindo como antes, o que é a intenção inconsciente de todo o exercício. Com a Reforma já perdeu uma perna, o ritual indispensável. Desde então está sobre a outra perna hipertrofiada, a fé, que assim fica sobrecarregada e, aos poucos, vai ficando inacessível. Com este desfolhamento da árvore dos símbolos, a religião torna-se aos poucos assunto privado; mas quanto maior a pobreza espiritual do protestante, mais chance ele tem de descobrir o tesouro em sua própria psique. Seja como for, ele tem melhores perspectivas neste sentido do que o católico que ainda se encontra na posse plena de uma religião realmente coletiva. Sua religião ainda se desenvolve a olhos vistos. A A.B.V.M.[3] é exemplo eloquente disso. É o primeiro passo no cristianismo para chegar à totalidade, isto é, à quaternidade. Temos agora a velha fórmula 3 + 1[4], em que o 1 representa 98% de uma deusa ou ao menos uma mediadora coordenada com a Trindade.

Os sonhos relacionados com a Assunção são extremamente interessantes: eles indicam que por trás da *luna plena* ou da mulher-sol[5] levanta-se a lua nova escura, com seu mistério do hierosgamos e do mundo ctônico da escuridão. Por isso, já no século XVI, o alquimista Gerardo Dorneo atacou violentamente a quaternidade (cf. *Psicologia e religião*)[6], pois através de sua aceitação o "binarius" (= demônio) haveria de romper a Trindade, via princípio feminino que é expresso exatamente pelos número 2 e 4[7]. O papa fez bem em desencorajar a orientação psicológica (sobretudo dos jesuítas franceses). O cavalo de Troia deveria ficar escondido pelo maior tempo possível. Considero por isso a declaração da Assunção o acontecimento histórico-simbólico mais importante dos últimos quatrocentos anos, apesar de todas as ressalvas, e acho lamentáveis todos os argumentos da crítica protestante porque simplesmente ignoram o enorme significado do novo dogma. O símbolo está vivo na Igreja Católica e é alimentado pela psique do povo e até fomentado. Mas no protestantismo ele está morto. Só resta abolir a Trindade e a homoousia[8].

Desde Clemente Romano[9], foi Jacó Böhme que se manifestou de novo adequadamente sobre o problema do mal. Eu não defendo o reconhecimento do "quarto". Ele já não precisa hoje em dia de reconhecimento. É evidente demais. Só constato a existência de um problema que é de grande importância histórico-simbólica. Só defendo a reativação do pensamento simbólico devido à sua importância terapêutica e contra a pretensiosa desvalorização do mito, que poucas pessoas conseguem entender.

Não entendo bem por que o senhor chama a aventura de "fé"[10]. Uma aventura não é aventura quando se está convencido de que ela terá bom êxito. A aventura acontece quando a gente não sabe nem acredita. Quando sua carruagem tombou, Santa Teresa de Ávila disse, voltada para o céu: "Agora sei por que tens tão poucos amigos". Pode acontecer também o mesmo.

Eu só "acredito" quando tenho razões suficientes para uma suposição. Mais do que isso não significa a palavra "fé" para mim. Conheço muito bem os saltos no escuro. Eles têm para mim tudo a ver com coragem e nada a ver com fé, nem tampouco com *esperança* (ou seja, que tudo sairá bem).

Durante o verão será publicado um novo trabalho meu que trata da história cristã dos símbolos (especialmente da figura de Cristo), com o título *Aion*. Então estarei maduro para um auto de fé. Posso dizer com Tertuliano: "Novum testimonium advoco

Ano 1951 ————————————————————————————————

immo omni litteratura notius, omni doctrina agitatius [...] toto homine maius [...] Consiste in medio, anima [...]!"[11] Mas a psique é um anátema para a santa teologia. "Desmitologização"! Que *hybris*! Lembra a desinfecção do céu com sublimato de mercúrio feita por um médico louco e que, nesta ocasião, (não) encontrou Deus[12]. Deus é na verdade o mitologema κατ᾽ ἐξοχήν. Cristo teria sido um filósofo moral, ou o que sobraria dele se não fosse um mitologema?

Saudações cordiais,

(C.G. Jung)

1. A crença primitiva dizia que os reis egípcios se transformavam no deus Osíris após a morte; pouco a pouco ampliou-se a crença de que cada pessoa possuía "seu Osíris", em que se transformava após a morte.

2. Filiação.

3. Assumptio Beatae Virginis Mariae.

4. Neste contexto, 3 significa a Trindade e 1, o elemento feminino que falta. Segundo a concepção de Jung, realiza-se, através do dogma da Assunção, uma aproximação do feminino com a Trindade masculina; mas não surge uma quaternidade, uma vez que Maria não possui plenamente a qualidade da divindade. Cf. cartas a Wylie, de 22.12.1957, nota 3, e a Imboden, de 30.01.1958.

5. *Ap* 12,1. Cf. *Resposta a Jó*, 1952 (em OC, vol. XI, par. 711s.).

6. Cf. também OC, vol. XI, par. 104 e par. 120, nota 11.

7. Dorneo acha que no segundo dia da criação, ao separar as águas superiores das águas inferiores, Deus criou o binário (dualidade) e, por isso, ao entardecer do segundo dia, não disse – como nos outros dias – "que tudo era bom" [...] Como a dualidade é feminina, significa também Eva, enquanto a tríade corresponde a Adão. Por isso o diabo tentou Eva em primeiro lugar [...]" *Psicologia e religião*, 1940 (em OC, vol. XI, par. 104, nota 47).

8. Essência de Deus Pai, de Deus Filho e de Deus Espírito Santo. Cf. "Interpretação psicológica do dogma da Trindade", em OC, vol. XI, par. 217s.

9. Clemente Romano (final do século I, Papa Clemente I) disse de Deus que ele mata com a mão esquerda e salva com a direita. Cf. *Aion* (OC, vol. IX/2, par. 104s.).

10. Na carta do destinatário a Jung (20.01.1951) falava-se que ele, numa situação de extrema necessidade de vida, chamaria de "fé" o "último salto na profundeza, a aventura da decisão".

11. Tertuliano, *De testimonio animae* 1,5: "Eu convoco uma testemunha nova, ou melhor, uma testemunha mais conhecida do que qualquer literatura, mais controvertida do que qualquer doutrina... maior do que qualquer pessoa [...] Aproxime-se, alma [...]".

12. Cf. para isso "A psicologia do inconsciente", em OC, vol. VII, par. 110.

Ao Prof. Adolf Keller[1]
Los Angeles (Calif.)/EUA

20.03.1951

Prezado amigo,

Agradeço a sua resposta detalhada. Ela me deu uma visão clara em muitos aspectos[2].

Ano 1951

"Demonia" é literalmente uma palavra inofensiva, mas não psicologicamente. Será que chamaríamos de "demoníaco" alguém que cultiva aplicada e cuidadosamente o seu campo? Isto cheira suspeitamente a Idade Média, onde eu teria terminado numa masmorra ou numa fogueira. Por isso, a teologia e a Igreja não me são muito confiáveis, pois agem sempre "por ordem superior", contra a qual não há apelação.

O que você considera uma oposição complexada contra o protestantismo é, de minha parte, uma crítica forte contra ele, pois está onde eu queria que não estivesse. Agora, depois que a Igreja Católica deu o passo de graves consequências da Assunção, o protestantismo está verdadeiramente preso à linha patriarcal do Antigo Testamento e na retaguarda, no que se refere ao desenvolvimento dogmático. O católico ao menos acredita numa revelação progressiva, mas o protestante está preso a um documento – aliás tão contraditório – como a Bíblia e, por isso, não pode construir, mas só demolir: vide a famosa "desmitologização" do cristianismo. Como se as afirmações sobre a história da salvação não fossem mitologemas. *Deus sempre fala mitologicamente.* Se assim não fosse, revelaria razão e ciência.

Eu combato o *atraso* do protestantismo. Não quero que ele perca a liderança. Não quero voltar à nebulosidade da inconsciência do concretismo católico, por isso combato também o concretismo protestante da historicidade e o vazio da pregação protestante que hoje em dia só pode ser entendida como um resíduo histórico. Se Cristo significa algo para mim, então só como *símbolo*. Como figura histórica poderia chamar-se também Pitágoras, Lao-Tse, Zaratustra etc. Eu não acho o Jesus histórico edificante, apenas interessante, porque controvertido.

Digo isto para que saiba a minha posição. Mas se, apesar disso, quiser conversar comigo, ficarei contente. Se você tiver algum tempo, estou ao seu dispor.

Agradeço mais uma vez sua atenciosa e amável carta.

Carl

1. Prof. Dr. theol. Keller, 1872-1963, docente na Universidade de Zurique, viveu mais tarde em Genebra e depois em Los Angeles. Era do círculo de amigos mais antigos de Jung. Obra, entre outras, *Vom unbekannten Gott*, 1933.
2. O parágrafo seguinte refere-se a uma correspondência anterior, que não possuímos, em que o Prof. Keller parece ter atribuído à natureza de Jung uma espécie de "demonia".

Ano 1951

Ao Dr. med. Adolf L. Vischer
Basileia

21.03.1951

Prezado colega!

Somente agora consigo agradecer sua amável carta de 26.12.1950. Foi para mim um grande conforto receber os seus pêsames pela morte de meu último amigo mais chegado, Albert Oeri[1]. É possível sentir muito esta perda, sem se tornar culpado de sentimentalismo indevido. Nessas ocasiões percebemos como a idade nos vai conduzindo para fora do tempo e do mundo, para espaços desconhecidos, onde a gente se sente algo isolado e estranho. Em seu livro[2], o senhor tratou com tanta simpatia e compreensão as peculiaridades da velhice, que certamente terá um coração compreensivo também para este estado de espírito. A iminência da morte e a visão do mundo *in conspectu mortis* são de fato experiências singulares: a sensação do presente se alarga para além do dia de hoje, revendo séculos passados e tentando adivinhar um futuro ainda por nascer.

Com os sinceros agradecimentos de
C.G. Jung

1. Cf. carta a Oeri, de 11.12.1920.
2. A.L. Vischer, *Das Alter als Schicksal und Erfüllung*, Basileia, 1942.

Ao Pastor Fritz Pfäfflin
Zwiefalten (Württ.)/Alemanha

22.03.1951

Prezado Pastor,

Muito me alegrei por ter novamente notícias suas. Infelizmente não posso atender ao seu desejo[1]. Tenho tanta outra coisa a fazer e já não consigo produzir o mesmo que antigamente. Também não devo trabalhar demais.

Não sei qual o material de sonhos que o senhor está imaginando, nem como ele poderia estar vinculado com a neutralidade desarmada da Alemanha. O desarmamento da Alemanha já é um sonho que só pode ocorrer numa nação adormecida, e isto num povo que por duas vezes em meio século devastou os países vizinhos com a guerra! Este é o sonho de uma nação profundamente guerreira, mas que se considera conscientemente como inofensiva e amante da paz. De fato, alguém já deve estar sonhando se pensa que pode viver desarmado num mundo anárquico onde só imperam astúcia e violência. Todo alemão que não dorme e sonha sabe que está mais do que na hora de armar-se; e quanto mais conscientemente o fizer, melhor será para a paz. Mas realmente perigosos são os sonhadores inofensivos que não sabem que querem perecer outra vez gloriosamente, e isto por causa de seu maldito jogo de salvadores. Uma vez mata-se os concidadãos para convertê-los à nova religião do nacionalsocialismo; outra vez prega-se o desarmamento para entregar o próprio país à tirania russa. O que teria acontecido a nós na Suíça se não tivéssemos tido um exército? Pessoas como o senhor Noack receberiam uma pensão por relevantes serviços preparatórios, e nós outros seríamos simplesmente prensados contra o muro pelos portadores da cultura. O mesmo aconteceria ao senhor com os russos, pois também eles são salvadores do universo e querem curar o mundo todo com sua doença, exatamente como queriam os nazistas. O senhor acredita deveras que algum assaltante se deixe intimidar pelo desarmamento alemão? O senhor sabe o que o lobo disse ao cordeiro: "Você está me provocando".

É possível ser neutro com armas, sem com isso sucumbir ao militarismo. Mas a neutralidade desarmada parece a mim como a todos os não-alemães o cúmulo da falta de instinto, e eu ainda acrescentaria, com base num certo conhecimento íntimo do caráter nacional alemão, o conformar-se com uma extravagância um tanto alheia à realidade deste mundo. Mas o perigoso da proposta de Noack está no fato de ela representar de novo uma tentativa nacional de suicídio. Donde provém o descomedimento ou "intemperança" do alemão, donde seu amor ao naufrágio nacional? Quando Jacob Burckhard ouviu falar da declaração do imperador em Versalhes[2], disse: "Isto é o naufrágio da Alemanha". Desde então a corrente das tentativas de naufrágio não quer romper-se. Parece-me que, para mudar, seria bom ser também uma vez razoável.

Perdoe-me, prezado Pastor, essas despretensiosas opiniões. Elas podem explicar-lhe por que me parece totalmente fora de propósito – ainda que me fosse possível – considerar como problema sério a questão proposta. Veja nesta carta apenas uma opinião pessoal! Não pretendo ofender a nação alemã na pessoa de algum de seus representantes individuais.

Ter armas é um mal; não tê-las é um mal ainda maior. A pessoa razoável contenta-se modestamente com o mal menor; ela prefere ver heroicos crepúsculos de deuses e gestos herostráticos semelhantes no teatro e deixá-los aos histriões; prefere encarcerar a tempo os loucos e nunca venerá-los como líderes e salvadores. Minhas opiniões e advertências neste sentido são tão fúteis e inúteis quanto as de Jacob Burckhard. *Si non crediderint tibi neque audierint sermonem signi prioris*[3], então apenas Deus tem

Ano 1951 ───

a palavra. A pessoa se contente, em vista de sua *hybris*, sempre com o mal menor e preserve-se da tentação satânica dos grandes gestos que visam apenas impressionar e autointoxicar.

Saudações cordiais,
(C.G. Jung)

1. O Pastor Pfäfflin havia pedido a Jung um artigo sobre o tema "Neutralização desarmada da Alemanha", a ser publicado numa revista recém-fundada na Alemanha, de nome *Versöhnung*, e se possível usando material de sonhos. Dr. Noack, professor de História na Universidade de Würzburg, havia publicado nesta mesma revista um artigo favorável à questão.
2. Em 28 de janeiro de 1871, o rei da Prússia, Guilherme, fora coroado imperador da Alemanha em Versalhes.
3. Ex 4,8: "Se não acreditarem em ti, nem atenderem à evidência do primeiro sinal [...]"

Ao Prof. Adolf Keller
Los Angeles (Calif.)/EUA

Segunda-feira de Páscoa de 1951 (26.03)

Prezado amigo,

No final desta semana irei a Bollingen para passar lá o mês de abril, pois tenho muito trabalho a fazer. Esta semana estarei disponível, se quiser aparecer aqui. Agradeço muito as duas cartas que me enviou. Há muitas questões e possíveis mal-entendidos que só podem ser esclarecidos numa conversa pessoal. Caso contrário, deveria escrever tratados inteiros. Quero observar apenas que não me tornei "mais cristão", mas que somente agora me sinto um pouco mais em condições de contribuir com algo para a psicologia do cristianismo. *Sonhos* podem significar muitas coisas, mas só temos *uma* premissa teórica para sua explicação. O princípio científico "Principia explicandi non sunt multiplicanda praeter necessitatem"[1] deve ser levado a sério. Por isso devemos ir tão longe quanto possível com a teoria da compensação[2].

O tipo da *quaternidade* é um fato empírico, *não uma doutrina*. Como tantos outros sistemas, o cristianismo teve até agora 4 figuras metafísicas: a Trindade + πύρινος θεος ἀριθμῷ τέταρτος[3]. O inconsciente se expressa de preferência em quaternidades, sem levar em consideração a tradição cristã. A quaternidade é tanto veterotestamentária quanto egípcia. Vishnu tem 4 rostos etc. A *theologia naturalis*[4] precisa reconhecer este fato, caso contrário não entrará em contato com a psicologia. A quaternidade não é uma doutrina discutível, mas um fato ao qual está sujeita também a dogmática, como acima demonstramos.

Uma vez que a "incarnatio Dei" nada transmite de inteligível às pessoas de hoje, o σὰρξ ἐγένετο[5] precisa ser traduzido mais ou menos assim: "Assumiu determinada forma empírica". Esta fórmula lançaria a ponte para a psicologia.

Por enquanto, saudações cordiais de seu
Carl

1. Cf. carta a Frischknecht, de 07.04.1945, nota 2.
2. Sendo a psique um fenômeno energético, verificam-se continuamente autorregulações (compensações) inconscientes, com efeito equilibrador. Conteúdos e tendências emergentes do inconsciente compensam uma atitude unilateral da consciência através da ênfase em atitudes opostas. Sobre a psique como sistema autorregulador, cf. OC, vol. VIII, par. 159s.
3. "O Deus de fogo, o quarto na numeração". Assim descreviam os naassenos os demiurgos. Cf. *Aion*, 1951; OC, vol. IX/2, par. 128.
4. A teologia natural procura Deus por meio da razão natural, através da observação da natureza, e não na iluminação pela fé.
5. Fez-se carne.

Ao Pastor Werner Niederer
Zurique

Segunda-feira da Páscoa de 1951 (26.03)

Prezado Pastor!

Nesses dias, ao fazer ordem em minhas coisas, encontrei o seu gentil presente de fevereiro de 1949[1]. Estou em dúvida se já lhe manifestei minha gratidão ou não. Tenho uma secretária que deve prevenir-me das consequências de minha distração e esquecimento, mas também ela às vezes se afoga na enxurrada de papéis que me invade sem parar. Seja como for, reitero o meu agradecimento e peço-lhe tolerância e o perdão dos pecados.

Ao final de sua exposição, o senhor pergunta pelo mérito de Cristo, que o senhor já não entende como acontecimento mágico, mas o substitui, por assim dizer, pela integração de projeções. Isto é *racionalmente correto*, mas, ao que me parece, não é uma resposta bem adequada. O "mérito" psicológico (melhor: significado) de Cristo consiste em ser ele, como "primogênito", o protótipo do τέλειοζ, do ser humano integral. Conforme testemunho da história, esta imagem é *numinosa* e, por isso, só pode ser respondida por outra numinosidade. Ela atinge a *imago Dei*, o arquétipo do *si-mesmo* em nós, e assim desperta este último. Torna-se "constelado" e, devido à sua numinosidade, força a pessoa à totalidade, isto é, à integração do inconsciente ou à subordinação do eu à "vontade" integral que, com razão, é entendida como

Ano 1951

"vontade de Deus". No sentido psicológico, a τελείωσιζ significa uma "integralidade" e não uma "perfeição" da pessoa. A totalidade não pode ser consciente, pois abrange também o inconsciente. Ela é, ao menos em sua metade, um *estado transcendental*, portanto é mística e numinosa. A individuação é uma meta transcendental, uma encarnação do ἄνθρωποζ. Disso só podemos entender *racionalmente* o esforço de integralidade religiosa da consciência, isto é, o "religiose observare"[2] dos impulsos holísticos do inconsciente, mas não o ser do todo, respectivamente do si-mesmo, que é prefigurado pelo εἶναι ἐν Χριστῶ[3].

Aproveito a oportunidade para perguntar-lhe se, por ocasião de meu 75° aniversário (1950), o senhor me enviou uma carta com algumas perguntas. Extraviou-se aqui uma carta desse gênero. Já fiz a mesma pergunta a três teólogos, mas com resposta negativa. *Submersus epistolis libellisque*[4].

Atenciosamente,
C.G. Jung

1. Trata-se de um de seus sermões que o Pastor Niederer enviou a Jung por ocasião de seu aniversário. Jung o chama também de "exposição" na carta.
2. Observar com cuidado.
3. Ser em Cristo.
4. Afogado em cartas e livros.

Ao Dr. med. Bernard Aschner[1]
Nova York

28.03.1951

Prezado colega,

Lembro-me muito bem de quando nos conhecemos em Viena. Foi lá que assimilei, à minha própria maneira, o seu interesse por Paracelso. Ocupei-me dele com particular interesse durante a guerra e sobretudo com sua *religio medica*, como ele a expôs em seu tratado *De Vita Longa*.

Quanto à sua pergunta[2], posso dizer-lhe apenas que permaneço firme na minha posição de outrora. Esta questão evoluirá, mais cedo ou mais tarde, para uma questão humana de primeira categoria, pois rapidamente nos aproximamos de um tempo em que a alimentação das massas populacionais chegará a um limite intransponível. A Índia está em situação tal que basta uma safra ruim para desencadear a fome; e hoje em dia, graças à higiene, o mundo todo se multiplica de modo imperturbável. Isto não pode continuar por muito tempo; surgirá o problema que já está na ordem do dia de todas as sociedades primitivas, isto é, a limitação da natalidade por falta de gêneros alimentícios. Este problema que aí está bem visível ainda não atingiu, por assim dizer, a consciência do grande público – e muito menos do legislador que se caracteriza por uma cegueira toda especial. Sua iniciativa tem, pois, o meu apoio irrestrito.

Com a consideração do colega
(C.G. Jung)

1. Dr. med. Bernhard Aschner, professor de Ginecologia na Universidade de Viena. Desde 1938 exercia a profissão médica em Nova York. Dr. Aschner traduziu as obras de Paracelso para o alemão moderno a partir da edição Huser (Estrasburgo, 1589-1591). Os quatro volumes foram publicados em Jena, 1926-1932.

2. Dr. Aschner fez menção ao encontro deles no "Kulturbund" de Viena e à declaração de Jung naquela ocasião: "Há poucas coisas que trouxeram tanto medo, infelicidade e perversidade às pessoas como a obrigatoriedade de gerar filhos". Perguntou se poderia citar estas palavras na nova edição de seu livro *Lehrbuch der Konstitutionstherapie*, 7ª edição, Stuttgart, 1951.

Ao Dr. Zwi Werblowsky[1]
Amsterdã

28.03.1951

Prezado Senhor Werblowsky,

Espero que tenha recebido, neste ínterim, o meu curto prefácio[2]. Infelizmente, só agora tenho tempo para algumas observações sobre o seu trabalho:

P. 80. Proporia uma terminologia um pouco diferente. Em vez de dizer "promovendo o processo de individuação" – exatamente a coisa que não se pode fazer, porque leva imediatamente a uma inflação ou a uma identificação com arquétipos – recomendaria algo como "tornando-se temerariamente muito egoísta". O termo individuação deve ser reservado para a evolução legítima da enteléquia individual.

É bem esclarecedora sua afirmação de que a *hybris* foi o pior vício específico dos gregos. Corresponde ao conceito de *superbia* de Agostinho. Ele diz que há dois pecados capitais: a *superbia* e a *concupiscentia*[3]. É de se supor então que, se o vício específico dos gregos é a *superbia*, o vício da *concupiscentia* calha para os judeus. Isto encontramos claramente em Freud, sobretudo em seu "princípio do prazer", ao qual corresponde por sua vez o complexo de castração que, dito de passagem, tem um papel bem menos importante nos não judeus. Na minha práxis, foram poucas as vezes que sequer o mencionei. Nos *gentiles* a *hybris* é realmente mais relevante.

P. 84. Sugiro portanto uma revisão de seu texto. A *hybris* não pode ser descrita como uma "hipertrofia da masculinidade", pois não se aplicaria ao caso da mulher.

Ano 1951

A *hybris* é uma inflação da natureza da pessoa em geral. Também é muito duvidoso que se possa derivar da *hybris* a homossexualidade grega. É antes um fenômeno social que se desenvolve sempre que se trata de cimentar uma sociedade de homens como estágio prévio do Estado. Isto é bem evidente na Grécia.

Também não se pode dizer que os homossexuais desprezam as mulheres. São muitas vezes bons amigos delas; e os jovens homossexuais são convidados bem-vindos de mulheres de certa idade, onde eles se sentem bem porque estão rodeados de mães. A maioria dos homossexuais são homens pendentes ou potenciais que ainda estão dependurados na saia da mãe.

O complexo de castração que o senhor menciona neste contexto nada tem a ver propriamente com a homossexualidade, mas sim com o sentido da circuncisão judaica que, como operação marcante num membro sensível, significa uma lembrança da *concupiscentia*. E, por ser uma ação prescrita pela lei de Deus, representa uma limitação da *concupiscentia*. Isto visa consolidar a pertença dos homens à lei, ou a Deus, como um estado permanente. É uma espécie de κατοχή[4], uma expressão do casamento de Javé com Israel. Quando a ideia do casamento com Deus se torna obsoleta, a aludida castração – como vem a ser entendia a circuncisão – regride para o significado de uma dependência da mãe (mito de Átis)[5]. Mas enquanto a mãe significa simplesmente o inconsciente, este toma o lugar de Javé. É certo que a homossexualidade entra indiretamente aqui, enquanto é o resultado de um complexo onipotente de mãe. Devido ao seu "alheamento da mulher", o filho fixado na mãe está em constante perigo de desenvolver o autoerotismo e certa autoestima exagerada. A arrogância característica do jovem contra o sexo feminino é simples meio de defesa contra a dominação da mãe e dificilmente pode ser interpretada como *hybris*.

Como disse acima, a homossexualidade "grega" encontra-se em todas as sociedades primitivas de homens, sem que isto os levasse aos altos voos da cultura grega. A verdadeira razão do espírito grego não está nestes fenômenos primitivos, mas num talento especial do povo. Penso que se deve ter muita cautela em supor que o gênio de uma cultura tenha algo a ver com "masculinidade".

P. 85, nota 21. O senhor diz que o arquétipo virgem-mãe contém uma tendência antissexual. Isto é difícil de afirmar, pois o culto da deusa oriental do amor é tudo menos antissexual.

Li com muito prazer o seu trabalho e achei extremamente esclarecedora sobretudo a diferença entre a psicologia judaica e grega. Devo confessar que nunca li por inteiro o *Paraíso perdido*, de Milton, nem o *Messias* de Klopstock. Por isso aprendi muita

Ano 1951

coisa de seu escrito neste aspecto. No meu prefácio procurei analisar o surgimento da figura de satanás no século XVII na perspectiva milenar.

Muito obrigado pelas notícias sobre Blake que incluiu em sua carta. Não sou grande amigo dele, pois estou sempre inclinado a criticá-lo.

Saudações cordiais,
(C.G. Jung)

1. Dr. R.J. Zwi Werblowsky, nascido em 1924, professor da Universidade de Leeds e do "Institute of Jewish Studies", Manchester. Agora professor de Ciências da Religião na Universidade Hebraica de Jerusalém, de passagem por Amsterdã.
2. Prefácio ao livro de Werblowsky, *Lucifer and Prometheus. A Study in Milton's Satan*, Londres, 1952 (em OC, vol. XI).
3. Jung viu um paralelo à *superbia* e *concupiscentia*, conceitos morais de Agostinho, nos instintos de poder e sexuais, fontes de inúmeros conflitos e com os quais a psicologia profunda deve ocupar-se. Cf. "Presente e futuro", em OC, vol. X, par. 555.
4. Aprisionamento ou cadeia.
5. Cf. *Símbolos da tranformação*, OC, vol. V, par. 659s.

À Aniela Jaffé
Zurique

Bollingen, 29.05.1951

Prezada Aniela,

[...]

Assim vai indo o tempo todo: lembranças que surgem e desaparecem a seu bel--prazer. Dessa maneira também aportou a grande baleia; refiro-me ao livro *Resposta a Jó*. Não posso afirmar que já tenha digerido completamente este ato de violência do inconsciente. Ainda rumoreja um pouco, uma espécie de vibração. Eu o percebo enquanto vou esculpindo minha inscrição (que fez bons progressos). Então me vêm ideias como, por exemplo, de que a consciência é apenas um órgão para perceber a quarta dimensão, isto é, o sentido que está em tudo, e que ela mesma não produz nenhuma ideia real. Estou bem melhor, apenas o meu sono ainda está um pouco delicado. Não devo falar muito, nem com veemência. Felizmente aqui estas oportunidades são raras.

Como vai você? Espero que não se empenhe demais no Instituto. Quanto a visitá-la, não quero fazer falsas promessas. Mas penso no caso.

Por enquanto, saudações cordiais de
C.G.

Ano 1951

Ao Dr. med. St. Wieser
Horgen em Zurique

06.07.1951

Prezado colega,

Agadeço muito a gentil informação sobre sua interessante experiência. Trata-se de um caso que chamaríamos de clarividência. Mas como é uma palavra que nada significa de mais relevante, também nada explica. Pode-se entender alguma coisa a mais desses acontecimentos se os observarmos dentro do grande contexto de fatos iguais e semelhantes. Lançando-se um olhar superficial sobre a soma dessas experiências, chega-se à conclusão de que existe algo como um "conhecimento absoluto"[1], não acessível à consciência, mas provavelmente ao inconsciente, ainda que apenas sob certas condições. De acordo com a minha experiência, essas condições dependem sempre de alguma emoção. Toda emoção mais profunda tem uma influência rebaixadora sobre a consciência, o que Pierre Janet chama de "abaissement du niveau mental"[2]. Mas o rebaixamento da consciência significa por outro lado uma aproximação do inconsciente e, como este parece ter um acesso ao "conhecimento absoluto", pode surgir dessa maneira uma informação que já não pode ser explicada racional e causalmente. A falha eventual da lei causal, aparentemente absoluta, está no fato de também esta lei só ter validade estatística, donde se conclui que deve haver exceções.

Caso o senhor se interesse pela teoria dessas conexões acausais de acontecimentos, gostaria de mencionar que em breve publicarei pela editora Rascher um pequeno escrito com o título "A sincronicidade como princípio de conexões acausais".

Com elevada consideração e agradecimentos do colega
(C.G. Jung)

---

1. Não se trata de um conhecimento consciente, ligado ao eu, mas de um "conhecimento inconsciente, subsistente em si mesmo". Em outras palavras: da "presença no microcosmos de acontecimentos macrocósmicos" (cf. OC, vol. VIII, par. 921 e 913). Sobre o fato de um "conhecimento absoluto no inconsciente" baseia-se a probabilidade de um conhecimento não transmitido por nenhum órgão dos sentidos, característico dos fenômenos sincronísticos como, por exemplo, a precognição e retrocognição (cf. OC, vol. VIII, par. 938).
2. Cf. carta a Künkel, de 10.07.1946, nota 10.

Ano 1951

Ao Prof. Karl Kerényi
Ascona

12.07.1951

Prezado Professor!

A rápida publicação e a bela apresentação de _Einführung in die Mythologie_[1] me supreenderam. É gratificante saber que este livro está agora bem preservado.

As experiências que está fazendo atualmente[2] ocorrem inevitavelmente a quem se ocupa conscientemente com o mundo primitivo das imagens eternas. Ele se estende para além de si mesmo. Nele se confirma a opinião do velho alquimista: "maior autem animae pars extra corpus est [...]"[3].

O senhor tem razão: em relação a seu pano de fundo arquetípico, as imagens banais de sonhos são mais instrutivas e de maior força probatória do que sonhos "mitologizados", que são suspeitos de provirem de leituras. O caso que o senhor conta é muito interessante. Trata-se de um efeito consequente do modelo arquetípico. Estou muito interessado em ouvir os detalhes de suas experiências. Posso imaginar que para um mitólogo a colisão com arquétipos vivos seja uma experiência muito especial. Comigo aconteceu o mesmo; só que para mim era o reencontro com a mitologia. Isto significa uma intensificação e elevação da vida " um olhar meditativo de soslaio para o gênio "vultu mutabilis, albus et ater"[4].

O fato de estarem se alargando os círculos de sua vida e de sua atividade[5] é extremamente gratificante e ensejo de cordiais parabéns!

Com os meus melhores votos de sucesso,

C.G. Jung

1. Jung-Kerényi, _Einführung in das Wesen der Mythologie_, Zurique, 1951.
2. Kerényi menciona numa carta de 10.07.1951 – só bem rapidamente – suas experiências no trabalho com analisandos. Alguns estudantes do Instituto C.G. Jung reagiram às suas preleções sobre mitologia grega com sonhos correspondentes de caráter arquetípico.
3. "A maior parte da alma encontra-se, porém, fora do corpo". Cf. Sendivogius, "De Sulphure", em _Musaeum Hermeticum_, Frankfurt 1678. Ver _Psicologia e alquimia_, OC, vol. XII, par. 396.
4. "De aspecto mutável, ora branco, ora preto". Horácio, _Epistulae_, II,2. Ver "Resposta a Jó", em OC, vol. XI, par. 742.
5. Kerényi falou de uma futura viagem à Grécia e de convites que recebeu de universidades suecas.

Ano 1951 ——————————————————————————————————

Excerto de carta a Aniela Jaffé
Zurique

18.07.1951

Prezada Aniela,

[...]

Alegro-me especialmente pelo fato de a senhora ter conseguido penetrar no sentido da segunda parte de meu escrito[1]. A maioria dos leitores ficou só na primeira parte. Eu pessoalmente prefiro a segunda parte porque está ligada à questão do presente e futuro. Se existe algo como ser arrebatado violentamente por um espírito, então foi desse modo que nasceu este escrito.

[...]

1. Trata-se do manuscrito de *Resposta a Jó.*

Ao Dr. med. S.
Alemanha

08.08.1951

Prezado colega,

Receba meus cordiais agradecimentos pela gentil lembrança de meu aniversário.

Vejo com pesar em sua carta que o senhor sofre de zunidos nos ouvidos. Sintomas desse tipo são muitas vezes usados pelo inconsciente para "expressar" conteúdos psíquicos, isto é, os sintomas são intensificados por um afluxo psicógeno e só então adquirem o verdadeiro caráter de tortura. Sua atenção é forçada para dentro, onde fica presa aos zunidos perturbadores. É claro que ela deve voltar-se para dentro, mas não ficar presa aos zunidos; deveria penetrar naqueles conteúdos que atuam magneticamente sobre ela. A palavrinha "deveria" significa sempre que não sabemos o caminho para o objetivo almejado. Muitas vezes, porém, é útil saber ao menos que sobre o sintoma orgânico ainda há uma camada psíquica que poderíamos fazer sobressair. Sei apenas por experiência que é muito grande a exigência do inconsciente pela introversão – em seu caso, pode ouvir para dentro. Então é grande também o perigo de sucumbir ao ter de ouvir para dentro, em vez de poder ouvir para dentro. Minha própria otosclerose também me presenteou com todo tipo de zunidos, de modo que tenho alguma experiência no assunto. O senhor tem razão em lembrar-se da tempestade que interrompeu a nossa conversa. Devemos ser capazes de ouvir, de maneira irracional, também a voz da natureza como, por exemplo, a do trovão, mesmo que isto nos leve a interromper o processo contínuo da consciência.

Com os melhores votos de

(C.G. Jung)

Ano 1951

Ao Dr. H.
Alemanha

30.08.1951

Prezado Senhor H.,

O senhor precisa desculpar o meu longo silêncio. É que na primavera sofri muito do fígado e tive de ficar muitas vezes de cama. E nesse miserê todo, ainda escrevi um pequeno ensaio[1] (cerca de 100 laudas datilografadas), cuja publicação me trouxe algumas preocupações. Tenho receio de estar mexendo um caldeirão de bruxas. Trata-se da mesma questão que o senhor levantou em sua carta de 1º de maio. Eu mesmo sinto que ainda não encontrei a formulação exata de minha resposta, isto é, aquele modo de exposição clara que pode transmitir ao público a minha concepção, sem provocar tantos mal-entendidos. O meu *modus procedendi* é naturalmente o empírico: como posso descrever satisfatoriamente o fenômeno "Cristo" sob o aspecto da experiência psicológica?

As afirmações sobre Cristo são em parte afirmações sobre um homem empírico e, na maior parte, afirmações sobre um homem-deus mitológico. A partir dessas diversas afirmações é possível reconstruir uma personalidade que, como homem empírico, era idêntica ao tipo tradicionalmente conhecido do filho do homem, encontrado no Livro de Henoc[2], de ampla difusão na época. Onde quer que aconteçam tais identidades, surgem também os efeitos arquetípicos característicos, sobretudo a *numinosidade* e os *fenômenos sincronísticos*, sendo pois inseparáveis da figura de Cristo as narrativas dos milagres. O primeiro efeito explica a força sugestiva irresistível da personalidade, pois só o "capturado" é capaz de "capturar"; os outros ocorrem principalmente no campo de força de um arquétipo e, devido a seu caráter inespacial e intemporal, são *acausais*, isto é, "milagres". (Dei há pouco tempo uma palestra sobre sincronicidade no encontro Eranos[3]. O escrito aparecerá em breve nas atas desse Instituto[4].) Este efeito notável aponta para a natureza "psicoide"[5] e essencialmente transcendental do arquétipo como um "arranjador" das formas psíquicas dentro e fora da psique. (Na física teórica, o arquétipo corresponde ao modelo de um átomo radiativo, com a diferença, porém, de que o átomo consiste de relações quantitativas, ao passo que o arquétipo consiste de relações qualitativas, isto é, *cheias de sentido*, aparecendo o *quantum* apenas no *grau de numinosidade*. Na física o *quale* aparece no ser-assim (*So-Sein*) das chamadas descontinuidades como, por exemplo, no quanto ou no fenômeno do valor médio do tempo de uma substância radiativa.)

Devido à predominância do arquétipo, a personalidade humana "controlada" está em contato direto com o *mundus archetypus*[6] e sua vida, isto é, sua biografia, e

Ano 1951 —————

representa um breve episódio no curso milenar das coisas ou na "eterna revolução" das imagens "divinas". Uma coisa eternamente presente aparece no tempo como uma sucessão. "Quando os tempos se haviam completado", o Deus-criador solitário transformou-se num pai e gerou a si mesmo como filho, ainda que ele exista desde a eternidade, isto é, no não tempo pleromático ou na forma transcendental de ser, sempre Pai-Filho-Espírito-Mãe etc., isto é, a sucessão de pressupostos arquetípicos.

Ainda que o arquétipo psicoide seja apenas um modelo ou postulado, os efeitos arquetípicos têm *existência tão real* quanto a radioatividade. Quem foi capturado pelo arquétipo do *anthropos* vive o homem-deus, e podemos dizer dele que ele é homem-deus. Os arquétipos não são apenas representações, mas entidades, exatamente como todos os números. Estes não são apenas auxiliares da contabilidade, mas possuem propriedades irracionais que não resultam do conceito de contabilidade como, por exemplo, os números primos e seu comportamento. Por isso o matemático Kronecker[7] pôde dizer: O homem inventou a matemática, mas Deus inventou os números todos: ὁ θεὸς ἀριθμητίζει[8].

Esta descrição de Cristo me satisfaz, pois permite uma apresentação não contraditória da combinação paradoxal da existência humana e divina, seu caráter empírico e seu ser mitológico.

O inexprimível e amorfo estar capturado não fala de maneira alguma contra a existência do arquétipo, pois a mera numinosidade do momento já é em si uma das numerosas manifestações e uma forma primitiva da captura arquetípica, ver. kairós, tao ou (no zen) satori. Devido à sua transcendência, o *arquétipo em si* é tão irrepresentável como a natureza da luz e, por isso, deve ser bem distinguido das *ideias arquetípicas* ou do mitologema (cf. "Der Geist der Psychologie", em *Eranos, 1946*[9]). Com isso fica preservada a transcendência da premissa teológica.

Esperando ter respondido de certa maneira às suas perguntas,
permaneço com saudações cordiais,
C.G. Jung

1. *Resposta a Jó.*

2. Em *Resposta a Jó,* Jung refere-se ao apócrifo etíope "Livro de Henoc", escrito por volta do ano 100 aC. Nele Henoc é chamado de "filho do homem" pelo anjo revelador.

3. "Sobre a sicronicidade", *Eranos Jahrbuch, 1951,* Zurique, 1952. Em OC, vol. VIII.

4. A edição ampliada de "Sincronicidade como princípio de conexões acausais" foi publicada, juntamente com o ensaio de W. Pauli "Der Einfluss archetypischer Vorstellungen auf die Bildung naturwissenschaftlicher Theorien bei Kepler", sob o título *Naturerklärung und Psyche* como vol. IV dos "Estudos do Instituto C.G. Jung", Zurique, 1952. (Também em OC, vol. VIII).

Ano 1951

5. O indistinguível "arquétipo em si" bem como a irrepresentável camada profunda do inconsciente coletivo têm "uma natureza que não podemos chamar com certeza de psíquica". Jung denomina esta esfera transcendente da consciência usando o adjetivo *psicoide*, semelhante ao psíquico. Com isso, ele a distingue, por um lado, dos fenômenos concretos da vida e, por outro, dos processos puramente psíquicos. Esta diferenciação (1946) foi o pressuposto da formulação definitiva do princípio da sincronicidade. Cf. *Von den Wurzeln des Bewusstseins*, 1954, p. 525 e 601; OC, vol. VIII, par. 368 e 439.

6. *Mundus archetypus* (sinônimo de "unus mundus") é o mundo como unidade antes de sua criação e conscientização; "um mundo potencial que significa a razão última e eterna de todo o ser empírico"; no sentido psicológico: o inconsciente coletivo. Cf. *Mysterium Coniunctionis* II, par. 414s.

7. Leopold Kronecker, 1823-1891, matemático alemão.

8. "Deus aritmetiza". Expressão atribuída ao matemático Karl Friedrich Gauss (1777-1855).

9. "Der Geist der Psychologie", em *Eranos Jahrbuch, 1946*, Zurique, 1947. Sob o título "Considerações teóricas sobre a natureza do psíquico", em OC, vol. VIII.

À Aniela Jaffé
Zurique

Bollingen, 08.09.1951

Prezada Aniela!

Aqui vai um sinal de vida! Depois de Eranos estive muito cansado. Agora estou um pouco recuperado; e novamente fui tomado por uma ideia, dessa vez referente à sincronicidade. Preciso reelaborar o capítulo sobre a astrologia. Terei que fazer uma mudança significativa; foi Knoll[1] que me deu a pista. A astrologia não é um método mântico, mas parece basear-se em radiações de prótons (do Sol)[2]. Preciso fazer ainda uma experiência estatística para estar seguro. Isto me consome, mas não a ponto de esquecer-me da senhora. Como vai? Espero que esteja melhor. Mande-me notícias suas, por favor. Depois de Eranos perdi a troca diária de ideias e o calor vital envolvente.

Infelizmente tenho de finalizar. Meu filho chegou há pouco de barco.

Por enquanto, cordiais saudações de seu

C. G.

---

1. Dr. Max Knoll, 1897-1970, engenheiro, desde 1948 professor de Eletrotécnica na Universidade de Princeton e desde 1956 diretor do Instituto de Eletrônica em Munique. No encontro Eranos de 1951, deu uma conferência sobre "Wandlungen der Wissenschaft in unserer Zeit".

2. Na edição reformulada da conferência Eranos de Jung (1951) "Sobre sincronicidade", lê-se: "Como o Professor Knoll demonstrou neste encontro, a irradiação dos prótons solares é de tal modo influenciada pelas conjunções, oposições e aspectos quadráticos que se pode prever o aparecimento de tempestades magnéticas com grande margem de probabilidade. É possível estabelecer entre a curva das perturbações magnéticas da terra e a taxa da mortalidade relações

Ano 1951

que fortalecem a influência desfavorável de ♂, 8 e □ e a influência favorável dos aspectos trigonais e sextis. Assim é provável que se trate aqui de uma relação causal, isto é, de uma lei natural, que exclui ou limita a sincronicidade". ♂ = conjunção, 8 = oposição, □ = quadrado). Cf. OC, vol. VIII, par. 977 e 872s. Jung modificou mais tarde esta opinião. Cf. carta a Bender, de 10.04.1958.

To Father Victor White
Oxford

Bollingen, 21.09.1951

Dear Victor,

Vi Mrs. X. e posso garantir-lhe que é vistosa e ainda algo mais! Tivemos uma conversa muito interessante e devo admitir que ela é notável. Se alguma mulher já foi *anima*, então é ela sem dúvida alguma.

Em tais casos é melhor fazer o sinal da cruz, porque a *anima*, especialmente quando é quintessencial como neste caso, lança uma sombra metafísica, comprida como a conta de hotel, contendo itens sem fim que combinam maravilhosamente. Não se pode rotulá-la e colocá-la numa gaveta. Ela realmente faz a gente pensar. Jamais havia esperado coisa igual. Ao menos entendi agora por que ela sonha com vencedores de corridas: isto faz parte dela. Ela é um fenômeno sincronístico perfeito; e não se pode acompanhá-la, tampouco quanto se pode acompanhar o nosso inconsciente.

Suponho que seja muito grato a São Domingos por ter ele fundado uma ordem da qual o senhor é membro. Em tais casos agradece-se a existência de mosteiros. É evidente que ela aprendeu nos livros toda sua psicologia e teria derrotado todo e qualquer analista decente e competente. Espero sinceramente que ela continue a sonhar com vencedores de corridas, pois gente assim precisa de dinheiro para manter-se a flutuar.

Se encontrar Mrs. X. diga-lhe que gostei muito de sua visita, mas não fale das minhas outras ponderações. Não deve ser assustada tão cedo.

Não trabalhe demais!

Yours cordially,
C.G. Jung

P.S. Não esqueça, por favor, de pedir a seu amigo e confrade suíço que procure na biblioteca vaticana algum manuscrito inédito de Santo Tomás!!!

A uma destinatária não identificada
EUA

13.10.1951

Dear Mrs. N.,

Não é fácil nem simples responder à sua pergunta[1], pois vai depender muito de sua faculdade de compreensão. Por outro lado, sua compreensão depende do desenvolvimento e maturidade de seu caráter pessoal.

Não é possível matar parte de seu "si-mesmo" sem que antes mate a si mesma. Se arruinar a sua personalidade consciente, a assim chamada personalidade do eu, a senhora despoja o si-mesmo de seu verdadeiro objetivo, isto é, de tornar-se real. O objetivo da vida é tornar real o si-mesmo. Com o suicídio, a senhora destrói esta vontade do si-mesmo que a guia através da vida para aquele objetivo final. Uma tentativa de suicídio não afeta a intenção do si-mesmo de tornar-se real, mas pode interromper o seu desenvolvimento pessoal, uma vez que não é explicado. A senhora deveria entender que suicídio é o mesmo que assassinato, pois após o suicídio fica um cadáver, exatamente como num assassinato comum. A única diferença é que foi a senhora a assassinada. Esta é a razão por que a lei ordinária pune a pessoa que tenta cometer suicídio, e psicologicamente isto é correto também. Por isso, o suicídio não é certamente a resposta adequada.

Enquanto não se der conta da natureza desse impulso muito perigoso, a senhora bloqueia o caminho para um desenvolvimento ulterior, exatamente como a pessoa que pretende cometer um roubo sem saber o que está pretendendo e sem atinar com a implicação ética de tal ato; também ela só pode progredir no desenvolvimento se tomar consciência de sua tendência criminosa. Essas tendências são bastante frequentes, mas nem sempre se concretizam; e dificilmente há alguém que não deva reconhecer, de um modo ou de outro, que ele tem uma sombra escura a segui-lo. Esta é a sina humana. Se assim não fosse, poderíamos ser perfeitos algum dia, o que também poderia ser apavorante. Não deveríamos ser ingênuos sobre nós mesmos e, para não sê-lo, temos de descer a um nível mais modesto de autoestima.

Esperando ter respondido à sua pergunta, permaneço

Yours sincerely,
(C.G. Jung)

Agradeço muito os honorários. Não há necessidade de outro pagamento.

---

1. A destinatária, de aproximadamente 47 anos de idade, havia perguntado a Jung, num momento de profunda depressão, se a tentativa de suicídio, que fizera aos 21 anos de idade, poderia ter matado parte de seu "si-mesmo".

Ano 1951 ——————————————————————————————————

A um destinatário não identificado
Inglaterra

01.11.1951

Dear Mr. N.,

Lamento estar atrasado com minha resposta. Sua carta chegou enquanto eu estava de férias fora de casa. De qualquer forma, não poderia tê-lo recebido nesta época.

Se o senhor não tivesse tido esta recaída de tuberculose, eu o teria aconselhado a vir novamente a Zurique para conversarmos sobre as dificuldades que parecem existir entre o senhor e suas analistas. Talvez a causa esteja no fato de serem mulheres!

Enquanto está engessado, o senhor tem tempo para pensar e ler; e eu o aconselho a fazer amplo uso disso. Tente descobrir o máximo sobre o senhor mesmo com o auxílio da literatura. Isto poderá dar-lhe alguma coragem masculina, de que o senhor parece estar precisando. A longo prazo, a influência psicológica de mulheres não é necessariamente benéfica. Quanto mais desamparado o homem estiver, tanto mais é evocado o instinto materno, e não há mulher que consiga resistir a esta evocação. Mas maternalidade em excesso corrói a psicologia do homem de modo perigoso. Tudo o que conseguir com esforço próprio compensa cem anos junto a uma analista.

Infelizmente não sou capaz de interpretar o seu sonho[1]. Não ousaria tratar o seu material a partir de minhas intuições. Mas, como eu figuro em seu sonho, preciso dizer que gosto de paredes grossas, de árvores e coisas verdes e de muitos livros. Talvez o senhor precise dessas três boas coisas também.

Com os melhores votos.

Yours sincerely,
(C.G. Jung)

1. Não dispomos do relato do sonho, anexo à carta.

A um destinatário não identificado
Alemanha

01.11.1951

Prezado senhor,

Infelizmente estou atrasado com a minha resposta. Estive viajando nas férias e por isso sua carta ficou esperando.

O senhor experimentou em seu casamento aquilo que é praticamente um fato geral, isto é, que as pessoas são diferentes umas das outras. Basicamente, cada um permanece para o outro um enigma inescrutável. Nunca existe completa concordância. Se o senhor cometeu um erro, foi o de ter insistido demais em entender totalmente sua esposa, não levando em conta que as pessoas, no fundo, não querem saber quais os segredos que dormitam no mais profundo de sua alma. Quando se tenta penetrar demais numa pessoa, percebe-se que estamos forçando nela uma posição de defesa e despertando sua resistência. Através de nossa tentativa de penetração e compreensão, ela se vê forçada a examinar dentro dela aquelas coisas que não gostaria de examinar. Cada pessoa tem seu lado escuro, do qual – enquanto as coisas vão bem – é melhor que nada saiba. Disso o senhor não tem culpa. Trata-se de uma verdade humana universal. E ela é verdadeira apesar de muitas pessoas lhe garantirem que gostariam de saber tudo a respeito de si mesmas. É bem provável que sua esposa tivesse muitos pensamentos e sentimentos que lhe eram desagradáveis e que gostaria de esconder, inclusive de si mesma. Isto é simplesmente humano. Esta é a razão de muitas pessoas mais velhas se fecharem em seu isolamento onde não querem ser perturbadas. E trata-se sempre de coisas sobre as quais não se quer ter consciência bem clara. Certamente o senhor não é culpado da existência desses conteúdos psíquicos. Se, apesar disso, for atormentado por sentimentos de culpa, pense em pecados que nunca cometeu e que gostaria de ter cometido. Isto pode curá-lo provavelmente de seus sentimentos de culpa para com sua esposa.

Saudações cordiais,
(C.G. Jung)

Ao Dr. Hans Schär, Pastor[1]
Berna

16.11.1951

Prezado Pastor!

Quero agradecer a sua amável carta. Estou contente por não me ter condenado. O que o magoa foi também para mim um desgosto. Eu queria ter evitado o sarcasmo e a ironia, mas não consegui, pois foi este o meu sentimento. E se não o tivesse dito, estaria de qualquer forma aí oculto, o que teria sido pior. Só percebi mais tarde que eles têm seu lugar como expressões de resistência contra a natureza de Deus que nos coloca em contradição conosco mesmos. Eu tive de soltar-me de Deus, por assim dizer, para encontrar em mim aquela unidade que Deus procura através do ser humano. Isto se parece mais com a visão de Simeão, o teólogo[2], que procurava em vão Deus em toda parte do mundo, até que este surgiu finalmente em seu coração como um pequeno sol. Onde mais poderia a antinomia divina chegar à unidade, a não ser naquilo que Deus preparou para si para este fim? Parece-me que só a pessoa que procura realizar a sua humanidade faz a vontade de Deus, mas não aquele que foge da dura realidade de "ser humano" e volta ao Pai antes do tempo, ou nunca deixa a casa do Pai. O tornar-se pessoa humana parece-me ser o anseio de Deus em nós.

O sarcasmo não é realmente uma bela qualidade, mas sou forçado a usar meios que gostaria de rejeitar, para poder livrar-me do Pai. Deus mesmo usa outros meios para estimular as pessoas à consciência. Espero que não tenhamos esquecido o que aconteceu na Alemanha e que acontece todos os dias na Rússia. O sofrimento de Jó não para e propaga-se aos milhões. Não posso passar por cima disso. Enquanto permaneço no Pai, nego-lhe a pessoa humana com a qual ele poderia unificar-se; e minha melhor colaboração não seria tornar-me Um? (*Nunquam unum facies, nisi ex te ipso fiat unum*[3].) Deus certamente não escolheu para filhos aqueles que ficam presos a ele como Pai, mas aqueles que tiveram a coragem de andar com os próprios pés.

Sarcasmo é o meio que usamos para esconder de nós mesmos os sentimentos feridos; daí o senhor pode ver o quanto me feriu o conhecimento de Deus e o quanto teria preferido permanecer uma criança na proteção do Pai e evitar a problemática dos opostos. Talvez seja mais difícil libertar-se do bem do que do mal. Mas sem o pecado não há libertação do bom Pai; neste caso o sarcasmo desempenha o papel correspondente. Como indico na epígrafe "Doleo super te"[4], lamento sinceramente ferir sentimentos louváveis. Tive de superar neste aspecto várias hesitações. Além do mais seria eu o prejudicado em relação a uma maioria esmagadora. Todo desenvolvimento e mudança para melhor são sempre cheios de sofrimento. Isto poderiam sabê-lo melhor os da Reforma. Mas o caso é diferente quando eles mesmos precisam de reforma. De um modo ou de outro, certas perguntas precisam ser feitas e respondidas. Sinto ser obrigação minha estimular isto.

Com renovado agradecimento,

(C.G. Jung)

1. Dr. Hans Schär, 1910-1968, professor de Teologia e Psicologia da Religião na Universidade de Berna. Obras, entre outras: *Religion und Seele in der Psychologie C.G. Jungs*, Zurique, 1946 e *Erlösungsvorstellungen und ihre psychologischen Aspekte*, Zurique, 1950. Ele oficiou nos funerais da Senhora Emma Jung e também falou no funeral de C.G. Jung. Jung refere-se a uma carta do Dr. Schär sobre *Resposta a Jó*.
2. Simão, o teólogo, místico da Igreja Oriental, por volta de 949-1022.

Ano 1951

3. "Jamais farás com que os outros se tornem o *Um*, se antes tu mesmo não te tornares *Um*". De Dorneo: "Philosophia meditativa", em *Theatrum Chemicum*, 1602, I, p. 472. Cf. *Psicologia e alquimia*, 1952; OC, vol. XII, par. 358.
4. "Quanto estou dolorido por ti" (2Sm 1,26). Epígrafe de *Resposta a Jó*.

To M. Esther Harding
Nova York

05.12.1951

My dear Dr. Harding,

Lamento profundamente estar tão atrasado com a resposta à sua carta de 6 de setembro. A razão é que não dou mais conta de minha correspondência. Ela é simplesmente demais. Além disso, preciso de tempo para o último capítulo de meu volumoso livro sobre *Mysterium Coniunctionis*. Ele me ocupa tanto que preciso desligar-me do mundo ao máximo.

Em sua carta, a senhora me pergunta sobre os fenômenos de fantasmas. Isto é um assunto de que devo abrir mão. Não sou capaz de explicar os fenômenos localmente restritos de fantasmas. Há neles um fator que não é psicológico. É preciso procurar a explicação adequada em outro lugar. Inclino-me a acreditar que resta algo da alma após a morte, pois já na vida consciente temos evidência de que a psique existe num espaço e tempo relativos, isto é, num estado relativamente sem extensão e eterno. Provavelmente os fenômenos de fantasmas são indicações de tais existências. [...]

Quanto à sincronicidade, posso informá-lo de que meu ensaio sobre este assunto será publicado durante este inverno e aparecerá junto com um ensaio do Professor W. Pauli sobre os fundamentos arquetípicos da astronomia de Kepler[1]. Esperamos que seja publicado também logo em inglês.

Saudações cordiais e recomendações também à Dra. Bertine.

Yours cordially,
(C.G. Jung)

1. Jung-Pauli, *Naturerklärung und Psyche*, 1952.

Ao Dr. med. S.
Alemanha

05.12.1951

Prezado colega,

Admira-me francamente que o senhor se deixe impressionar por T.S. Eliot[1]. A conscientização em si não leva ao inferno. Ela só leva a este lugar desagradável quando se tem consciência apenas de algumas coisas e de outras, não. Na conscientização é

Ano 1951

preciso perguntar sempre o que deve tornar-se consciente. Mas ambos, tanto Eliot como principalmente Sartre, só falam de consciência, e nunca da psique objetiva, isto é, do inconsciente. É óbvio que se alguém andar sempre em círculos na consciência vai acabar no inferno. E é exatamente isto o que Sartre busca, e que Eliot gostaria de impedir com medidas claramente ineficazes.

Não sinto vontade nenhuma de discutir com esses dois. Já apresentei as minhas opiniões bem antes que os dois tivessem escrito alguma coisa, de modo que quem quiser conhecê-las pode dispor delas.

Com saudações do colega
(C.G. Jung)

1. O destinatário havia escrito a Jung sobre o livro de Eliot, *Cocktail Party*.

To Maria Folino Weld
Westertown (Mass.)/USA

05.12.1951

Dear Miss Weld,

Peço desculpas por estar atrasado com a resposta à sua carta. É que estive doente na primeira parte do verão, e minha correspondência se acumulou de tal forma que não consegui mais colocá-la em dia.

Sua carta é interessante[1]. Uma revista desse gênero pode ser muito proveitosa, se planejada corretamente e com bons colaboradores que tentem ser objetivos e não queiram apenas ventilar as suas neuroses.

O livro de Glover[2] – descontadas as suas qualidades mais venenosas – é divertido: é exatamente como aqueles panfletos que se escreviam contra Freud nos primeiros anos. Naquela época eram expressão de ressentimentos, pois Freud havia pisado nos calos das pessoas. O mesmo vale para Glover. Uma crítica como a dele é sempre suspeita de compensar uma inclinação inconsciente em outra direção. Ele certamente não é tão estúpido para não entender o meu ponto de vista, mas eu toquei em seu ponto fraco onde ele reprime sua melhor introspecção e sua crítica latente à sua superstição freudiana. Ele é um pouco fanático demais. Fanatismo significa sempre dúvida supercompensada. Ele simplesmente abafa o grito de sua crítica interna e por isso o seu livro é divertido.

Wishing you every success, I remain,

Yours sincerely,
(C.G. Jung)

1. Miss Weld havia pedido a Jung "sua bênção" para seu plano de publicar uma revista para não junguianos sobre a psicologia de Jung.
2. Edward Glover, *Freud or Jung*, Londres, 1950.

To Alice Lewisohn Crowley

Bollingen, 30.12.1951

Dear Alice,

Muito obrigado por sua coletânea suculenta de delícias culinárias! Cheguei apenas ontem e ainda estou um pouco cansado dos festejos natalinos. Estou praticando a nobre arte de dormir. Depois de algum tempo tentarei aventurar-me ao terceiro estágio da *coniunctio*[1], mas por enquanto estou carregando o tormento de escrever cartas. Somente através da submissão a deveres detestáveis ganha-se algum sentimento de libertação que induz a uma disposição criativa. A longo prazo, ninguém pode roubar a criação. [...]

Fico satisfeito que gostou de nossa reunião do clube. Ela realizou-se exatamente no dia mais curto. Agora a luz já aumenta de novo. Eu a saudei com a saudação antiga:

χαὶρε νύμφιε νέον φῶζ

(Bem-vindo, noivo nova luz)[2].

Há grande agitação na Igreja Católica e muita discussão sobre o novo dogma[3]. Estou lendo alguma coisa sobre isso. O papa os prendeu em suas próprias redes, pois estimularam crenças que não tinham fundamento nas escrituras.

Com os melhores votos para o Ano-novo!

Yours affectionately,
C. G.

1. O alquimista Gerardo Dorneo descreve três estágios de conjunção em sua "Philosophia Meditativa", em *Theatrum Chemicum*, Ursel, 1602. No terceiro estágio trata-se de uma unificação do homem com o "unus mundus" (também chamado "mundus archetypus"); isto é, da conscientização de sua concordância com o Uno do mundo inteiro que é tanto psíquico como físico. Cf. o capítulo "O terceiro grau da conjunção", em *Mysterium Coniunctionis*, II.
2. Firmicus Maternus (século IV) transmitiu a fórmula como saudação a Deus nos mistérios de Dioniso, em *De errore profanarum religionum*, ed. por K. Ziegler, Leipzig, 1907. Cf. *Símbolos da transformação*, 1952; OC, vol. V, par. 487, nota 20.
3. O dogma da Assunção de Nossa Senhora, 1950.

Ano 1952

Ao Dr. Erich Neumann[1]
Tel Aviv/Israel

Bollingen, 05.01.1952

Meu prezado Neumann,

Agradeço muito sua carta e a maneira como me entende. Isto compensa milhares de mal-entendidos. O senhor coloca o dedo no ponto certo, um ponto doloroso para mim: eu já não consigo levar em consideração o leitor médio; é ele que tem de *me* levar em consideração. Tive de pagar este tributo ao fato impiedoso de minha idade. Na serena previsão da mais ampla incompreensão não consegui impor nenhum convencimento e nenhuma *captatio benevolentiae*, e mesmo o funil de Nürnberg escapou-me das mãos. Não com minha farda, mas "nu e sem nada devo descer à sepultura", com plena consciência do escândalo que provocará a minha nudez. Mas o que significa isto em comparação à arrogância que tive de reunir para poder ofender o próprio Deus? Isto me deu maior dor de barriga do que se tivesse todo o mundo contra mim. Este último fato já não é novidade para mim. Expressei meu luto e pesar na epígrafe "Doleo super te frater mi".

Suas perguntas: Trata-se da imagem canônica de Deus. Esta é a minha primeira preocupação, e não um conceito de Deus geral e filosófico. Deus é sempre específico e sempre localmente válido, caso contrário ele seria ineficaz. Para mim vale a imagem ocidental de Deus, quer eu concorde intelectualmente com ela ou não. Não faço filosofia da religião, mas estou impressionado, quase estupefato, e reúno forças. Não há lugar aqui para a gnose ou para midraxes[2], pois não há nada disso ali dentro. Com purusha-atmã e com o tao só meu conhecimento tem algo a ver, mas não minha viva comoção. Ela é local, bárbara, infantil e abissalmente não científica.

A "oscilação entre a formulação teológica e psicológica" é de fato "involuntária". A *sophia*[3] é realmente mais simpática para mim do que o demiurgo, mas não tenho simpatia alguma pela realidade de ambos.

O próprio Deus é uma *contradictio in adiecto*, por isso necessita do ser humano para tornar-se Uno[4]. A *sophia* está sempre na frente e o demiurgo sempre atrás. Deus é uma doença que o ser humano deveria curar. Para esta finalidade Deus entra no ser humano. Por que ele faria isso, se já possui tudo? Para alcançar o ser humano, Deus certamente precisa mostrar sua verdadeira forma; caso contrário o ser humano continuaria eternamente louvando a bondade e a justiça dele, negando-lhe assim o acesso. Isto só pode acontecer através de satanás, o que não justifica, porém, a atividade satânica; caso contrário Deus não seria reconhecido verdadeiramente.

O "advogado" parece-me ser *sophia* ou onisciência. Oceano e Tétis já não dormem juntos[5]. Keter e Malcut estão separados[6], Shekiná está no exílio; esta é a razão do sofrimento de Deus. O *mysterium coniunctionis* é um assunto do ser humano. Ele é o *nymphagogos* do casamento celeste[7]. Como pode um ser humano distanciar-se desse fato? Ele seria então um filósofo que fala *sobre* Deus, mas não *com* Deus. A primeira coisa seria fácil e daria ao ser humano uma certeza falsa, mas a segunda é difícil e por isso extremamente impopular. E foi esta a minha lastimada sorte, havendo necessidade de uma doença enérgica para quebrar minha resistência[8]. Em toda parte devo estar *sob* e não *sobre*. Qual seria a aparência de Jó, se ele pudesse ter-se distanciado?

Mesmo que eu fale da imagem ocidental de Deus, especialmente da protestante, não há textos a que se pudesse recorrer para uma interpretação mais ou menos confiável. Isto é um assunto em bloco, não se podendo atirar com um canhão sobre pardais; isto é, trata-se de uma *représentation collective* da qual cada um tem consciência de certa forma.

No tocante à "nigredo"[9], é certo que ninguém é redimido de um pecado que não cometeu e que ninguém pode subir ao cume em que já se encontra. Aquela humilhação que cada um sente já lhe foi dada junto com o caráter. Se procurar seriamente sua totalidade, entrará inesperadamente no buraco que lhe está destinado, e dessa escuridão nascerá para ele a luz; mas a luz não pode ser iluminada. Se alguém sente que está na luz, eu jamais o induziria à escuridão, pois com sua luz ele procuraria e encontraria em outro lugar algo escuro, o que ele não é de forma alguma. A luz não pode ver a escuridão que lhe é própria. Mas se ela diminuir e ele seguir o seu lusco-fusco como seguiu sua luz, então entrará na *sua* noite. Se a luz não diminuir, ele seria um louco se não permanecesse nela.

Sua obra *Psyche*[10] já chegou – muito obrigado – e já comecei a leitura. Eu lhe escreverei mais tarde sobre isso. Até agora estou bem impressionado com a exposição e estou gostando.

Jó e *Sincronicidade* estão atualmente no prelo. Por ora estou totalmente ocupado, apesar de minha capacidade de trabalho bastante limitada, em escrever o último capítulo de *Mysterium Coniunctionis*[11]. O livro terá dois volumes, seguido de um terceiro que contém a *Aurora Consurgens* (atribuída a Tomás de Aquino)[12], um exemplo da interpenetração recíproca entre cristianismo e alquimia.

Mais uma vez muito obrigado!
C.G. Jung

---

1. Neumann havia lido o manuscrito de *Resposta a Jó* e, além de algumas perguntas, escreveu o seguinte (carta de 05.12.1951): "É um livro que me toca muito; acho que é o mais belo e profundo de seus livros, podendo-se mesmo dizer que já não é propriamente um 'livro'. Em certo

Ano 1952 ———

sentido, é uma disputa com Deus, um desejo semelhante ao de Abraão quando ele falou com Deus por causa da destruição de Sodoma. Ele é, pessoalmente para mim, um livro contra Deus que permitiu fossem assassinados 6 milhões de 'seu' povo, pois Jó também é Israel. Com isto não penso 'pequeno'; sei perfeitamente que somos o paradigma de toda a humanidade em cujo nome o senhor fala, protesta e consola. E exatamente a unilateralidade consciente, inclusive a inexatidão frequente daquilo que o senhor diz é para mim uma prova interna da necessidade e justiça de seu ataque – que não é ataque nenhum, como eu bem sei".

2. Os midraxes contêm a explicação judaica do Antigo Testamento e representam uma parte da tradição oral, em contrapartida aos escritos da Bíblia.

3. Na segunda parte de *Resposta a Jó*, a figura da *sophia* ou sabedoria de Deus (provérbios de Salomão) desempenha uma função central. Jung a descreve como "uma espécie de pneuma coeterno, de *natureza feminina*, mais ou menos hipostasiado e preexistente à criação" e como "amiga e companheira de Deus desde tempos imemoriais [...], uma artífice da criação". Cf. *Resposta a Jó*, 1952, em OC, vol. XI, par. 609 e 617. A *sophia* precisa ser entendida também como "advogada" da pessoa diante de Deus (Jó 19,25). Cf. *Resposta a Jó*, cap. 2 e 5.

4. Cf. A. Jaffé, *Der Mythos vom Sinn im Werk von C.G. Jung*, p. 137s.

5. *Ilíada*, XIV, v. 300s. Cf. *Mysterium Coniunctionis*, I, par. 18, nota 117.

6. Keter (hebr. "coroa") e malcut (hebr. "reino") são as sefirá superiores e inferiores da árvore-sefirot cabalística. Jung pensa provavelmente na separação de tiferet (hebr. "misericórdia") e malcut, que é também chamada shekiná. Cf. carta a Fischer, de 21.12.1944, nota 4.

7. O ser humano é o padrinho de casamento, pois no transcurso de sua conscientização ele une os opostos no si-mesmo, respectivamente na imagem de Deus; em outras palavras: ele une os lados masculino e feminino da divindade numa *unio mystica*.

8. Cf. carta a Corbin, de 04.05.1953.

9. Nigredo, negridão, designa o estado inicial do processo alquímico. No processo de individuação corresponde-lhe o encontro com os seus próprios lados sombrios.

10. Apuleio, *Amor und Psyche*. Com um comentário de Erich Neumann: *Ein Beitrag zur seelischen Entwiklung des Weiblichen*, Zurique, 1952.

11. É o capítulo "A conjunção".

12. Marie-Louise von Franz, *Aurora Consurgens* (*Mysterium Coniunctionis* III), Zurique, 1957.

To Donald Rajapakse
Mount Lavinia
Ceilão

22.01.1952

Dear Mr. Rajapakse,

Como vê, apresso-me em socorrê-lo[1] e espero que não tenha entrado demais na esparrela e se tornado particularmente odioso a seu vice-chanceler. O senhor sabe que uma das qualidades infelizes dos introvertidos é não deixar de colocar o pé errado na frente. Contudo, devo dizer que é uma atitude bastante ousada arriscar uma disputa com o vice-chanceler de sua universidade. É evidente que este senhor não está bem-informado da situação. Provavelmente nunca leu meu livro *Tipos psicológicos*, caso contrário não teria cometido o erro de supor que este livro se baseia numa "premissa". Sou psiquiatra e tenho uma experiência de mais de 50 anos com grande número de pacientes e pessoas em geral; e devo constatar – juntamente com outros pioneiros no campo da psicologia – que há uma diferença bem característica entre a atitude e o ponto de vista das pessoas. O fórum de ciências aceitou praticamente em todo mundo não só os fatos que descrevi, mas também minha terminologia. Parece-me, pois, bastante improvável que o vice-chanceler de sua universidade desconheça esses fatos.

Naturalmente, a aplicação prática que o senhor faz se baseia num método que só interessa ao psicólogo, isto é, àquele que conhece e aprecia o valor prático da classificação psicológica. Não se pode esperar isto de qualquer um. Se o seu vice-chanceler pertence a outra disciplina, então o senhor precisa proceder com cuidado, pois em geral as pessoas são muito sensíveis quando se trata do reconhecimento da verdade psicológica. As pessoas em geral não gostam da psicologia e não querem ser rotuladas com qualidades psicológicas. Assim, só poderá tentar chamar a atenção dele para certas dificuldades que as pessoas sentem por causa de suas atitudes, isto é, deverá apresentar o caso a ele como se fosse uma deficiência sua, e não dele. Diga-lhe que o senhor é um introvertido e explique-lhe o que é ser introvertido, peça-lhe compreensão e paciência. Mas não deixe transparecer que ele deveria saber como lidar com introvertidos e extrovertidos. Não se pode esperar que uma pessoa investida em autoridade conheça psicologia ou saiba aplicar uma verdade psicológica – sobretudo quando se trata de um europeu. Eles subestimam a alma humana de maneira espantosa.

É isto o que saberia dizer quanto à sua pergunta. Desejo-lhe boa sorte!

Sincerely yours,
(C.G. Jung)

1. Mr. Rajapakse estava em controvérsia com o vice-chanceler da Universidade do Ceilão sobre a maneira de fazer entrevistas com os alunos. Ele achava que os introvertidos e extrovertidos deveriam ser tratados de modo diferente.

Ao Senhor A. Galliker
Redator do "Jungkaufmann"
Zurique

29.01.1952

Prezado senhor,

Muito obrigado por sua remessa.

Não acredito que o senhor esteja vendo a situação tão preta assim. Está certo ao dizer que o mundo de hoje prefere as inovações em massa e que por isso esquece

Ano 1952 ————————————————————————————————

o vínculo com o passado, característico de toda cultura. Não se deve recriminar os jovens por causa disso, pois é perfeitamente compreensível que eles tenham os olhos abertos para o novo e o impressionante das assim chamadas conquistas culturais. Mas é preciso considerar também que o verdadeiro tesouro da cultura, nomeadamente a herança do passado, é apresentado muitas vezes de modo tão enfadonho e desinteressante que já é um milagre quando alguém se interessa por ele. Para quem a tradição cultural é apenas conhecimento e simples instrução também não poderá apresentar o assim dito passado como presente vivo. Enquanto médico, eu mesmo experimentei como devíamos afastar como traste velho todas as exposições anteriores da história das religiões, da mitologia e da história em favor das coisas novas e vivas, e como mais tarde encontrar de novo o acesso ao perdido quando se reflete sobre o sentido vivo dessas coisas. Para entender os fatos presentes tive de voltar ao passado mais remoto e desencavar de novo precisamente aquelas coisas que eu achava estarem definitivamente enterradas no monte de lixo. Parece-me perfeitamente possível ensinar a história em seu sentido mais amplo, não como um saber morto, coberto de pó e árido, mas entendê-la a partir do presente bem vivo. Todas estas coisas deveriam ser apresentadas como provindas de nossa experiência atual, e não como relíquias mortas de tempos definitivamente passados. Isto constitui certamente uma tarefa difícil e de responsabilidade para o professor, mas é exatamente para isso que ele é professor.

É sempre útil uma formação mais ampla, além da especializada. Nunca lamentei conhecer coisas além da minha especialidade. Muito pelo contrário! As inovações nunca provêm do conhecimento super-sofisticado e especializado, mas de um conhecimento de assuntos colaterais que nos fornecem novos pontos de vista. Um horizonte mais amplo beneficia a cada um e é mais natural ao espírito humano do que um saber especializado, que leva a um desfiladeiro mental.

Com elevada consideração,
(C.G. Jung)

To Prof. John M. Thorburn[1]
Upper Hartfield, Sussex/Inglaterra

06.02.1952

My Dear Thorburn,

Muito obrigado pelas duas cartas que me escreveu. Infelizmente não me lembro se respondi à primeira delas à mão, durante a ausência de minha secretária. Sei que era minha intenção fazê-lo, mas não sei se a concretizei. Eu simplesmente não dou mais conta de minha correspondência. Seja como for, respondo imediatamente à sua segunda carta e quero dizer-lhe o que penso daquela biografia.

Em primeiro lugar, não gosto de biografias porque raras vezes são verdadeiras, e são interessantes apenas quando aconteceu alguma coisa na vida humana que os leitores possam entender. Enquanto as pessoas não entendem o que eu fiz com a psicologia, não há utilidade numa biografia. Minha psicologia e minha vida estão de tal forma entrelaçadas que minha biografia seria tão só digna de leitura se tratasse também das coisas que descobri sobre o inconsciente.

Fiquei muito interessado pelo que me conta sobre o seu interesse pela astrologia. Nos últimos anos meus pensamentos estiveram pairando sobre problemas semelhantes e acredito que ainda estejam de certa forma, isto é, meu pensamento inconsciente está girando em torno do problema do tempo. Mas não consigo dizer o que estou pensando exatamente, porque só recebo lampejos de tempos em tempos do que *ele* pensa. Está conectado de certa forma com o tema de uma recente discussão na *Society for Psychical Research*, em que um Dr. G.R. Smythies[2] propôs uma nova teoria do espaço absoluto ou do espaço-tempo absoluto. Trata-se de um esquema bastante complexo de não menos do que 7 dimensões, isto é, 3 dimensões do espaço físico, 3 dimensões do espaço psíquico – este último em ângulo reto ao espaço físico – e uma dimensão-tempo comum a ambos. Não ficou claro para mim como ele pretende explicar os fenômenos astrológicos ou a Ψ; também não consegui entender quais seriam as questões que poderiam fomentar o trabalho experimental futuro, partindo dessa base esquemática.

Bem, se eu estivesse em seu lugar, não me preocuparia com minha biografia. Eu não pretendo escrevê-la, pois, sem considerar a falta de motivação, não saberia como fazer isso. Menos ainda poderia eu imaginar alguém desatando este nó górdio monstruoso, cheio de fatalidades, limitações, aspirações e outras coisas mais. Quem se meter nesta aventura deveria analisar-me muito além de minhas próprias possibilidades, se quiser fazer um trabalho correto.

Desejo-lhe muitas felicidades em sua viagem à América. Gostaria de poder viajar ainda, mas isto está fora de cogitação. Devo contentar-me com viagens mentais – provavelmente mais aventureiras do que aquelas pelo mundo afora, onde já não existe lugar nenhum que não tenha sido devastado pela loucura do homem. Até mesmo o Tibet está degringolando![3]

Cordially yours,
(C.G. Jung)

Ano 1952 ───

1. J.M. Thorburn, B.C., M.A., falecido em 1970, amigo de Jung, professor de Filosofia no University College, Cardiff, Inglaterra, onde deu por muitos anos preleções noturnas sobre astrologia a estudantes do College.
2. Cf. carta a Smythies, de 29.02.1952, nota 1.
3. Em 1950, o Tibet foi ocupado por tropas da China comunista e, em 1951, incorporado à federação estatal chinesa.

Ao Pastor Dr. Walter Uhsadel
Hamburgo

06.02.1952

Prezado Pastor,

É extraordinariamente amável de sua parte querer dedicar-me o seu livro[1], e gostaria muito de aceitar esta dedicatória se eu tivesse certeza de que no futuro o senhor não se arrependerá por me haver dedicado o livro. Minha esposa chamou-me a atenção a respeito, sugerindo que isso pode acontecer e eu devo dar-lhe razão. Será publicado em breve um escrito meu bastante controverso, com o título *Resposta a Jó*. Infelizmente não posso entrar em detalhes sobre o que nele escrevi, mas apenas dizer-lhe que este escrito toma uma posição bem crítica diante do Javé veterotestamentário e consequentemente da recepção cristã do referido conceito de Deus. Mostrei o manuscrito a três amigos teólogos, e eles ficaram chocados. Por outro lado, várias pessoas mais jovens tiveram impressão positiva. Mas é fácil imaginar que meu escrito possa ter efeito devastador em meios de pensamento e sentimento ortodoxos – sobretudo contra mim e contra todos os que comigo mantêm relações de amizade. Não gostaria de expô-lo sem razão a este perigo. Por isso lhe peço que considere mais uma vez o caso.

O motivo de meu escrito é um sentimento de responsabilidade que se torna cada vez mais premente e ao qual já não pude colocar nenhuma resistência. Também não pude, a exemplo de Albert Schweitzer, procurar um conveniente refúgio longe da Europa e ali começar uma práxis. Tive de conformar-me com o velho axioma "Hic Rhodus, hic salta" e encarar de frente o problema das pessoas cristãs de hoje. Talvez fosse melhor o senhor esperar até que o meu texto seja publicado[2].

Entrementes, receba as saudações cordiais e
os melhores agradecimentos de
(C.G. Jung)

1. Walter Uhsadel, *Der Mensch und die Mächte des Unbewussten. Studie zur Begegnung von Psychotherapie und Seelsorge*, Kassel, 1952. Traz impressa a dedicatória: "Sr. Prof. Dr. med., Dr. iur.h.c. Carl Gustav Jung, dedicado com gratidão".

Ano 1952

2. Jung enviou-lhe _Resposta a Jó_ com a dedicatória manuscrita: "Ao Pastor W. Uhsadel com amizade e, por isso mesmo, com hesitação do autor, março de 1952".

To Mr. J. Wesley Neal
Long Beach (Calif.)/EUA

09.02.1952

Dear Sir,

Não é fácil responder à sua pergunta sobre a "ilha da paz". Parece-me que possuo uma porção delas, uma espécie de arquipélago de paz. Algumas das ilhas principais são: meu jardim, a vista das montanhas longínquas, minha casa de campo para onde vou quando quero fugir do barulho da vida na cidade, minha biblioteca. Também coisas pequenas, como livros, quadros e pedras.

Quando estive na África, o guia do meu safári, um somali muçulmano, contou-me o que seu chefe de tribo lhe havia ensinado sobre o Chadir: "Ele pode aparecer-lhe como uma luz sem chama e sem fumaça, ou como um homem na estrada, ou como uma folhinha de capim".

Espero que isto responda à sua pergunta.

Yours sincerely,
(C.G. Jung)

To Dr. Ernest Jones[1]
Elsted nr. Midhurst, Sussex/Inglaterra

22.02.1952

Dear Jones,

As cartas de Freud em meu poder não são de importância especial. Contêm principalmente observações sobre editores ou sobre a organização da Sociedade Psicanalítica. E algumas outras são muito pessoais. Nada tenho contra a sua publicação. Em seu conjunto, não seriam uma contribuição importante para a biografia de Freud.

Por outro lado, minhas recordações pessoais constituem um capítulo à parte. Elas têm muito a ver com a psicologia de Freud, mas, como não há outra testemunha além de mim, prefiro abster-me de narrativas não substanciais sobre o falecido.

Esperando que entenda meus motivos, permaneço

Very truly yours,
C.G. Jung

Ano 1952

1. Ernest Jones, M.D., 1878-1958, psicanalista, fundador da "American Psychoanalytical Association" (1911) e da "British Psychoanalytical Society" (1913). Autor de *Sigmund Freud, Life and Work*, 3 vols., Londres, 1953-1957. Em 1920 fundou o *International Journal of Psycho-Analysis* e permaneceu como seu editor até 1933.

Ao Dr. Erich Neumann
Tel Aviv/Israel

28.02.1952

Prezado Neumann!

Eu já devia ter-lhe escrito há mais tempo, mas nesse ínterim tive de baixar outra vez ao leito por causa de uma gripe. Aos 77 anos de idade, isto não é uma coisa muito simples, pois é "facilis descensus Averno"[1], mas difícil "revocare gradum", isto é, os motivos da volta perdem aos poucos sua plausibilidade. Hoje é o primeiro dia em que estou de novo de pé e escrevo-lhe como se costuma fazer num mundo tridimensional. Quero dizer-lhe francamente que gostei muito de seu *Amor und Psyche*[2]. É brilhante e escrito com a mais veemente *participação*. Acredito entender agora por que, seguindo Apuleio, o senhor deixou que se desenrolasse o destino de Psiqué e de sua feminilidade nas praias distantes do primitivo mundo dos heróis. Com o maior escrúpulo e com lapidar precisão o senhor mostrou como este drama, enraizado num mundo primitivo, anônimo e afastado de qualquer capricho pessoal, desenrola-se diante de nossos olhos de forma exemplar, quando Apuleio, imitando Psiqué, desce aos deuses inferiores e experimenta sua perfeição como Sol[3], atingindo assim a "mais alta instância do masculino". Este "Sol meridiano" é um triunfo com o qual começa a carreira do herói: a abdicação voluntária diante do "humano e feminino que ficou demonstrada por sua superioridade no amor".

Parece-me que sua depressão se insere bem no mistério do meio-dia. Para livros ruins, basta que tenham sido escritos. Mas bons livros querem atingir uma realidade mais além e começam a colocar questões cuja resposta é melhor deixá-la a outros. Parece-me que o diálogo já começou. Dez pares de tartarugas[4] não conseguem resistir-lhe. Até mesmo acontecimentos infelizes servem ao melhor se formos bondosos por necessidade interior. Devemos ser apresentados diante de Deus, então algo pelo qual lutamos se tornará verdadeiro. Poucas vezes vi um oráculo mais apropriado. É preciso apenas escutar tranquilamente, então perceberemos o que de nós se espera, se "mantivermos firme o coração"[5].

Paramhansa Yogananda, *Autobiografia de um Iogue*: 100% puro óleo de coco, começando com 40° à sombra e 100% de umidade, torna-se sempre mais confiável como o melhor guia turístico psicológico para regiões ao sul do Paralelo 16; pressupõe um pouco demais uma disenteria por amebas e uma anemia por malária para tornar mais suportáveis a mudança moral de cenário e a alta frequência de *intermezzos* miraculosos; conserva-se ao lado de Amy McPherson[6] e perfeitamente semelhante ao metafísico Luna Park na costa do Pacífico ao sul de São Francisco; não é um substituto comum, mas autenticamente hindu para todos os cinco sentidos e oferece passeios garantidos por centenas de anos na grande hinterlândia com constante escurecimento da pré-lândia; torna supérfluas todas as artes ilusórias e oferece tudo o que poderia ser desejado para uma existência negativa; insuperável como antídoto para uma explosão desastrosa da população, congestionamento de trânsito e subnutrição espiritual ameaçadora, tão rica em vitaminas que se tornam supérfluos as albuminas, os carboidratos e outras banalidades semelhantes. Martin Buber[7] poderia encompridar em dois metros sua barba. Sim, que outras fantasias mais poderiam encher as nossas cabeças? Feliz Índia! Tranquilas ilhas-elefantíases, sacudidas de cocos, tchupatties cheirando a óleo quente – ah! meu fígado já não pode suportar isso! Yogananda preenche a grande lacuna. Mas não gostaria de escrever-lhe um prefácio. É assim que eu sou.

Saudações cordiais e não me leve a mal!

(C.G. Jung)

1. Jung escolheu como epígrafe da segunda parte de *Psicologia e alquimia* os versos da Eneida (VI), de Virgílio:

Facilis descensus Averno;

Noctes atque dies patet atri janua Ditis;

Sed revocare gradum superasque evadere ad auras,

Hoc opus, hic labor est.

(Fácil é a descida aos Infernos; noite e dia o portão do deus sombrio está aberto; mas o retorno aos ares luminosos do céu se faz por caminhos cheios de provações, esta é a obra, a labuta.)

2. Cf. carta a Neumann, de 05.01.1952, nota 10.

3. A história de Amor e Psiqué é uma inserção no romance de Apuleio (nascido por volta de 125) *O asno de ouro; Metamorfoses* em que narra sua iniciação nos mistérios de Ísis. A perfeição do mistério é designada como "tornar-se sol" (*solificatio*).

4. No *I Ching*, hexagrama 42, "O aumento", lê-se:

"Contudo alguém aumenta.

Dez pares de tartarugas não podem resistir-lhe.

Perseverança constante traz felicidade [...]".

Ano 1952

5. No mesmo hexagrama consta ao final:
"Ele não mantém firme o seu coração. Infelicidade!"
6. Aimée Semple McPherson, 1890-1944, evangelista nascida no Canadá e fundadora da "Igreja Internacional do Evangelho Quadrangular", pregadora bem sucedida e de natureza teatral. Morreu de uma dose excessiva de soníferos.
7. Jung estava naquela época chateado com o ataque de Buber na revista *Merkur*; cf. carta a White, de 30.04.1952, nota 5.

To Dr. John R. Smythies[1]
Londres

29.02.1952

Dear Dr. Smythies,

Não me atrevo a escrever uma carta ao editor do *Journal of the S.P.R.*, como o senhor sugere[2]. Receio que meu inglês seja muito pobre, sem boa gramática e muito coloquial. Entre filósofos muito letrados e ilustres a minha argumentação simples não faria boa figura. Além disso, sei por experiência que os filósofos não entendem minha linguagem inculta. Portanto, se me permite, prefiro escrever uma carta ao senhor e deixá-lo à vontade para fazer dela o que achar mais conveniente.

Quanto à sua hipótese, eu já lhe disse que me agrada muito a sua ideia de um corpo perceptivo, isto é, "sutil"[3]. Seu ponto de vista parece-me bastante confirmado pelo fato peculiar de que, por um lado, a consciência tem muito pouca informação direta sobre o corpo a partir de dentro e que, por outro lado, o inconsciente (isto é, sonhos e outros produtos do "inconsciente") se refere muito raramente ao corpo e, quando o faz, é sempre através de rodeios, ou seja, através de imagens altamente "simbolizadas". Por longo tempo considerei este fato como evidência negativa da existência de um corpo sutil ou, ao menos, de uma lacuna estranha entre a mente e o corpo. Seria de esperar ao menos que a psique, residente em seu próprio corpo, tivesse informação imediata e completa sobre qualquer mudança de condições dentro dele. Não sendo este o caso, há que haver alguma explicação.

Vamos agora à sua crítica ao conceito de espaço[4]. Pensei muito sobre isso. Talvez o senhor saiba que o átomo de hélio se caracteriza por 2×3 fatores espaciais e por 1 fator temporal. Não sei se existe algo neste paralelo ou não. De qualquer forma, a suposição de um corpo perceptivo postula um espaço perceptivo correspondente, que separa a mente do espaço físico, da mesma maneira que o "corpo sutil" causa a lacuna entre a mente e o corpo físico. Assim chegamos logicamente a dois espaços diferentes, mas que não podem ser totalmente incomensuráveis, uma vez que existe –

apesar da diferença – comunicação entre eles. O senhor supõe que o fator que eles têm em comum é o tempo. Portanto pressupõe-se que o tempo seja o mesmo física e perceptivamente. Mas os fenômenos-Ψ mostram claramente que entre o tempo físico existe uma diferença.. Eu ouso dizer que o fator tempo prova ser igualmente "elástico" como o espaço, sob as condições da percepção extrassensorial[5]. Se este for o caso, estamos diante de dois sistemas quadridimensionais numa contiguidade contingente. Perdoe-me, por favor, a maneira tão tortuosa de colocar as coisas. Isto mostra apenas a minha perplexidade.

O comportamento nitidamente arbitrário do tempo e do espaço sob as condições da PES (percepção extrassensorial) parece exigir tal postulado. Por outro lado, poderia alguém perguntar se é possível continuar pensando em termos de espaço e tempo como até agora, enquanto a física moderna começa a abandonar esses conceitos em favor de um *continuum* espaço-tempo, em que o espaço já não é espaço e o tempo já não é tempo. Em resumo, a pergunta é: Deveríamos abandonar as categorias espaço-tempo em geral, quando se trata da realidade psíquica? Poder-se-ia entender a psique como *intensidade inexpandida* e não como um corpo movendo-se no tempo. Poderíamos supor que a psique vai surgindo aos poucos da menor extensidade até a infinita intensidade, ultrapassando, por exemplo, a velocidade da luz e assim irrealizando o corpo. Isto explicaria a "elasticidade" do espaço sob as condições da PES. Se não houver um corpo movendo-se no espaço, também não poderá haver tempo, e isto poderia explicar a "elasticidade" do tempo.

O senhor certamente objetará a este paradoxo da "intensidade inexpandida" como sendo uma *contradictio in adiecto*. Concordo. Energia é massa, e massa refere-se a expansão. De qualquer forma, um corpo com velocidade superior à da luz desaparece da visão, e só restarão dúvidas sobre o que aconteceria com um corpo desses. Certamente não haveria meios de afirmar algo sobre seu paradeiro ou sobre sua existência. Seria impossível também fixar o seu tempo.

Tudo isso é altamente especulativo e até indefensavelmente aventureiro. Mas também os fenômenos-Ψ são desconcertantes e provocam um salto extraordinariamente alto do pensamento. Qualquer hipótese é justificável enquanto explica fatos observáveis e é consistente em si. À luz desse ponto de vista, o cérebro seria uma estação transformadora em que a tensão ou intensidade relativamente infinitas da psique em si seriam transformadas em frequências ou "extensões" perceptíveis. Inversamente, o desaparecimento da percepção introspectiva do corpo se explica por uma gradual "psiquificação", isto é, intensificação às custas da extensão. Psique = máxima intensidade no menor espaço.

Ano 1952

No meu ensaio sobre a sincronicidade não me aventurei nesse tipo de especulação. Eu proponho um novo (na verdade, bem antigo) princípio de explicação, isto é, a sincronicidade, que é um termo novo para a já consagrada συμπάθεια ou *correspondentia*[6]. Na verdade, eu me reporto a Leibniz, o último pensador medieval com um critério holístico. Ele explicou o fenômeno por meio de quatro princípios: espaço, tempo, causalidade e correspondência ("harmonia praestabilita")[7]. O último princípio já foi abandonado há muito tempo (ainda que Schopenhauer o tenha reassumido, disfarçado como causalidade). Eu penso que *não há explicação causal para os fenômenos-*Ψ. Conceitos como transferência de pensamentos, telepatia e clarividência nada significam. Como imaginar uma explicação causal para um caso de precognição?

Na minha opinião, os fenômenos-Ψ são contingências além da mera probabilidade, "coincidências significativas" (*sinngemässe Koinzidenzen*) devido a uma condição psíquica especial, isto é, uma certa disposição emocional chamada interesse, expectativa, esperança, fé etc., ou uma situação emocional objetiva como morte, doença, ou outras condições "numinosas". As emoções seguem um padrão instintivo, isto é, um arquétipo. Nos experimentos da PES, por exemplo, temos a situação do *milagre*. Parece que o caráter coletivo dos arquétipos se manifesta também em coincidências significativas, isto é, como se o arquétipo (ou o inconsciente coletivo) não estivesse apenas dentro do indivíduo, mas também fora dele, ou seja, em seu meio ambiente, como se emissor e receptor estivessem no mesmo espaço psíquico ou no mesmo tempo (em casos de precognição). Como no mundo psíquico não há corpos movendo-se através do espaço, também não há tempo. O mundo arquetípico é "eterno", isto é, fora do tempo, e está em toda parte, pois não existe espaço sob condições psíquicas, isto é, arquetípicas. Onde prevalece um arquétipo, podemos esperar fenômenos sincronísticos, isto é, *correspondências acausais* que consistem num ordenamento paralelo dos fatos no tempo. O ordenamento não é o efeito de uma causa. Ele simplesmente acontece como consequência do fato de a causalidade ser mera verdade estatística. Proponho, por isso, 4 princípios para a explicação da natureza[8]:

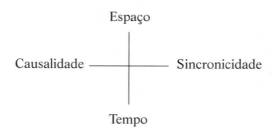

Ano 1952

Ou levando em consideração a física moderna:

Energia indestrutível

Conexão constante dos fenômenos através do efeito (causalidade)		Conexão inconstante através da contingência com identidade ou sentido (sincronicidade)

Continuum de espaço e tempo

A contingência é na maioria das vezes sem sentido, mas os fenômenos-Ψ provam que ela tem sentido às vezes.

Pode-se introduzir a sincronicidade como suplemento necessário de uma causalidade apenas estatística, o que é a maneira negativa de fazê-lo. Mas uma demonstração positiva exige fatos, que não posso fornecer nesta carta. Estão no meu livro. Espero ter-lhe dado ao menos uma ideia do que entendo por sincronicidade. Se o senhor acha que isto é algo não muito diferente da *harmonia praestabilita* de Leibniz, não está longe da verdade. Mas, enquanto se trata em Leibniz de um fator constante, na minha concepção isto é um fator totalmente inconstante e dependente em grande parte da condição psíquica e arquetípica.

Lamento estar atrasado com minha resposta. Mas fui acometido de uma gripe e ainda sofro por causa do tempo.

Yours sincerely,

(C.G. Jung)

1. Dr. John R. Smythies, psiquiatra, professor do Departamento de Medicina Psicológica na Universidade de Edimburgo desde 1959. Diversas publicações sobre parapsicologia teórica.

2. Dr. Smythies havia pedido a Jung para participar com um artigo no simpósio "On the Nature of Mind" a ser publicado em *Journal of the Society for Psychical Research*, 1952.

3. Cf. carta a Frei, de 17.01.1949.

4. Cf. J.H. Smythies, *Analysis of Perception*, Londres, 1956.

5. Sobre a elasticidade ou relatividade psíquicas de espaço e tempo, cf. Jung-Pauli, *Naturerklärung und Psyche*, 1952; OC, vol. VIII, par. 840. Cf. também carta a Künkel, de 10.07.1946, nota 7.

6. Cf. carta a Whitmont, de 04.03.1950, nota 3.

7. Segundo Leibniz, a "harmonia praestabilita" é uma coordenação significativa, criada por Deus, de corpos e almas e um "sincronismo absoluto dos acontecimentos psíquicos e físicos". *Naturerklärung und Psyche*, 1952; OC, vol. VIII, par. 927. Cf. carta a Bender, de 06.03.1958.

8. Os dois esquemas a seguir estão em OC, vol. VIII, par. 951 e 953.

Ano 1952

To Mr. C.H. Josten[1]
Curator of the Ashmolean Museum
Oxford

06.04.1952

Dear Sir,

Muito obrigado por me deixar ver os sonhos de Ashmole[2]. Uma série dessas é realmente única. É preciso retroceder até o século terceiro depois de Cristo para encontrar algo semelhante, ou seja, as visões-sonhos de Zósimo de Panóplis. Estes são indubitavelmente alquimistas, ao passo que os sonhos de Ashmole nada têm de alquimistas, ao menos numa visão superficial. Mas são de grande interesse enquanto contêm um problema que era de muita importância na geração imediatamente anterior ao tempo de Ashmole: o chamado "mysterium coniunctionis", apresentado no documento literário de Christian Rosencreutz, *Chymische Hochzeit*, 1616. Constitui também o fundamento de *Fausto*, de Goethe, e um dos itens mais importantes da "Speculativa Philosophia", de Gerardo Dorneo (final do século XVI, impresso em *Theatrum Chemicum*[3], vol. I, 1602).

O "mysterium" alcança seu ápice no sonho de 29 de dezembro de 1646[4]. A peripécia acontece no sonho de 1º de março de 1647[5] e a catástrofe, no sonho de 16 de maio de 1647[6]. Os sonhos subsequentes mostram a virada do lado feminino para o masculino, isto é, da tentativa da *coniunctio s. compositio* para a supressão do fator feminino em favor da masculinidade unilateral. Isto corresponde a uma total desconsideração do lado "esquerdo"[7], isto é, do inconsciente, e também à restauração completa do estado anterior da consciência. Descrevemos este processo como uma *intrusão dos conteúdos inconscientes* no mundo consciente de um indivíduo. Ele começa em 11 de setembro de 1645[8]: ♀ na nona casa = uma personificação da "sapientia" alquímica (paralelo da "sophia" gnóstica). Todos os sonhos eróticos e semieróticos subsequentes visam a uma *coniunctio* com o feminino, isto é, com o lado inconsciente (chamado "anima"). Curiosamente, o "noivo" é sempre também a cifra[9] escolhida para o próprio Ashmole; e isto é muito correto, porque ela é seu "mistério".

Em 1º de março de 1647, um "jovem" o envenena, ou seja, é ele mesmo enquanto pessoa mais jovem, menos experiente, inferior a ele, que insinua uma ideia mais jovem, mais masculina, contra uma atitude mais velha, mais sábia, tendente a integrar seus pendores mais "femininos" com o propósito de completar o si-mesmo ("processo de individuação"). Este é expresso no sonho de 21 de junho de 1646 pelo paraíso no Polo Norte, pelas 4 fontes (quaternidade) e pela "capela de Nossa Senhora"[10]; também aparece no sonho de 29 de dezembro de 1646: "todos os sentimentos de meu amor terminam em ti", isto é, na *anima-sapientia*. No Polo Norte mora a "cor Mercurii". Ashmole descreve aqui uma "mandala", o conhecido símbolo do si-mesmo. (Todas as complicações necessárias e todo o material comprovador o senhor pode encontrá-los em meu livro *Psicologia e alquimia*, 1944, e em *Simbolismo do espírito*, 1950, aqui principalmente sobre ☿ [11]. Sobre "norte", cf. meu livro *Aion*, 1951.)

Por causa da falta completa de material pessoal, nada posso dizer sobre o aspecto personalístico dos sonhos. Também não seria mais do que um pouco pessoal, ou "*chronique scandaleuse* humana, demasiadamente humana"[12], nada interessante. Restringi-me por isso ao aspecto exclusivamente arquetípico e impessoal. Aqui temos à nossa disposição amplo material comparativo e bastante conclusivo.

Todo o episódio do sonho retrata de maneira bem clara a experiência de uma invasão "inconsciente" para compensar uma atitude masculina um tanto impulsiva e bastante unilateral, característica dos séculos XVI e XVII nos países nórdicos. Um documento paralelo na Itália é a famosa *Ipnerotomachia* de Polifilo (século XV), com uma psicologia bem semelhante. (Cf. o livro de L. Fierz-David: *Der Liebestraum des Poliphilo*, 1947, Zurique.)

Eu lhe dei apenas um rápido esboço do que se poderia dizer dos sonhos de Ashmole. Há muitos detalhes que não abordei aqui. Para isso seria necessário escrever meio livro. Gostaria apenas de chamar sua atenção para o paralelo de *Fausto*: no começo da série um número de mulheres simboliza a aproximação do inconsciente; ele é incapaz de estabelecer uma relação com a parceira feminina (seu lado inconsciente, isto é, sua "anima"), então ele é envenenado por sua sombra (na alquimia: "familiaris", via de regra ☿ , no *Fausto* Mefisto), e através da morte, homicídio e fraude recebe de volta sua atitude masculina anterior com suas ambições: honra e riqueza. Outra solução teria sido possível até mesmo naqueles tempos não psicológicos, se Ashmole tivesse observado cuidadosamente as regras éticas bem como a "Philosophia Meditativa" da alquimia. Parece que a publicação do *Theatrum Chemicum Britannicum*[13] não foi a resposta certa. Contudo, a série de sonhos foi um episódio que poderia ter tido outro efeito se fosse repetido mais tarde em sua vida.

Tratei desse problema clássico da alquimia num livro específico, *Mysterium Coniunctionis*, que ainda não foi publicado. Mas *Psicologia e alquimia* lhe dá ao menos uma orientação geral.

Poderia informar-me algo sobre Mr. Lilly?[14] Era ele uma espécie de feiticeiro? e sobre o "Negative Oath"?[15] Eu nada sei sobre isso.

Mais uma vez obrigado por sua gentileza!

Yours sincerely,

(C.G. Jung)

P.S. O senhor vai publicar os sonhos? Seria um material muito interessante para psicólogos como eu.

1. C.H. Josten, Curador do Museu de História da Ciência, Old Ashmolean Building, Oxford.

2. Josten estava preparando naquela época uma edição crítica dos escritos e notas biográficas do arqueólogo e alquimista inglês Elias Ashmole (C.H. Josten, *Elias Ashmole*, 1617-1692. His autobiographical and historical notes, his correspondence, and other contemporary sources relating to his life and work, with a biographical introduction, 5 vols. Oxford, 1966). Ashmole foi o fundador do Ashmolean Museum de Oxford (1683). As notas biográficas continham em torno de 40 sonhos dos anos 1645-1650, que o Dr. Josten enviou a Jung.

3. *Theatrum Chemicum*, coletânea de tratados alquímicos em 6 volumes. Os três primeiros foram publicados em Ursel, 1602, os demais em Estrasburgo, 1613, 1622 e 1661.

4. "At night she dreamed / that I had written something round, and she was to fill it up in the middle / thereupon I wrote this in a ring of paper / 'All my affections terminate in thee' / and she wrote a verse in the middle". Em sua carta de 29.04 Josten explicou que este sonho não era de Ashmole, mas de Mrs. March, sua namorada na época, mas Jung não se deu conta disso.

5. "This night [...] I dreamed I had poysoned myself with eating poyson in with butter / that a young man had given me [...]".

6. "I dreamed that Jonas Moore was dead / and died suddenly / upon which I much lamented". Trata-se provavelmente de um amigo de Ashmole.

7. O sonho de 10 de dezembro de 1647: "This night I dreamed that my left hand was suddenly rotted off".

8. A primeira anotação de Ashmole diz: "Sept. 11, 1645: About 6: in the morning I dreamed / and from thenceforth began to observe them. Then did ♀ lady of the 9: house of this revolution come to the 18.22 of Ω".

9. Em algumas anotações de sonhos, Ashmole designa-se com o signo astrológico de Mercúrio: ☿. Segundo informação do Dr. Josten (carta de 29.04.1952), Ashmole havia estudado astrologia e, como Mercúrio e Sol, no signo astrológico de Mercúrio em Gêmeos, estavam na primeira casa de seu horóscopo, este planeta tinha importância especial para ele. Ele inseriu o signo de Mercúrio no brasão de suas armas e denominou a si mesmo em suas publicações alquímicas como "Mercuriophilus Anglicus".

10. "Morning that I was near paradise which seemed to be toward the North pole / and the 4 springs issued out of a hill upon which was a chapel erected to our lady Mary / but I could not become nearer but 4 or 5 miles because of the cold and frost".

11. Cf. "O espírito de Mercúrio" também em OC, vol. XIII.

12. Na carta de 29.04.1952, Dr. Josten escrevia entre outras coisas: "Your interpretation of Ashmole's dreams corresponds in a remarkable way with the events in Ashmole's life during the

same period. [...] The dreams are surrounded by much information which, as you rightly presume, is mostly 'chronique scandaleuse'".

13. *Theatrum Chemicum Britannicum*, com o subtítulo: *Containing Several Poetical Pieces of Our Famous English Philosophers, Who Have Written the Hermetique Mysteries in Their Owne Ancient Language*. Collected with annotations by Elias Ashmole. Londres, 1652.

14. William Lilly, 1602-1681, astrólogo e "mágico". Dr. Josten escreveu sobre ele (carta de 29.04.1952): "[...] he dabbled in magic, though in his autobiography he tries to disclaim this". Lilly era um dos amigos mais íntimos de Ashmole. Em 2 de janeiro de 1647, este anotou o seguinte: "At night I dreamed / that Mr. Lilly had assured me, he would procure me ♃ (i.e. Mrs March) by his art".

15. Sob Oliver Cromwell, monarquistas acusados fizeram o juramento (negativo) de nunca mais irem a campo contra o parlamento, para evitar assim o confisco de seus bens.

To Father Victor White
Oxford
pro tempore Locarno, Parkhotel

(? primavera de 1952)[1]

Dear Victor,

Muito obrigado pelas separatas! O senhor esteve certamente muito ocupado. Li todas e acho especialmente boa aquela sobre "The dying God"[2]. O ensaio sobre Freud[3] é perspicaz e bem imparcial. Sua meditação sobre a via-sacra nada contém que eu não possa subscrever. É psicologicamente "correta". Isto é um cumprimento sincero. Estes artigos constarão do livro que pretende escrever?[4]

Espero que tenha recebido o meu livro *Resposta a Jó*[5]. Tive um tempo atribulado no mês de março por causa de uma gripe, da qual me recupero lentamente. Viajei para cá a fim de descansar. Apesar do sol, o ar ainda está bem frio e com muito vento. Terminei o último capítulo, tão temido, de meu *Mysterium Coniunctionis*[6]. Ele me derrubou, e minha cabeça está cansada. Bem, estou chegando aos 78 anos de idade, e queixar-se é inútil. Meu próximo objetivo será uma contemplação minuciosa da vida espiritual de lagartos e de outros animais de sangue-frio. Mas o mundo não me deixa em paz tão facilmente. Depois desta carta devo escrever outra a um teólogo protestante sobre compreensão e fé. Infelizmente só posso conceber a crença religiosa como uma violação de minha consciência do eu, caso contrário nunca saberia se estou crendo em alguma coisa. Se a fé não chegar a mim como um choque, ela não me convencerá. Não sei se alguém vai gostar de minha opinião ou não.

O curador do Museu da Ciência em Oxford enviou-me uma série bem longa de sonhos que ele desenterrou dos manuscritos de Elias Ashmole, o editor do *Theatrum Chemicum Britannicum*, 1646 (?)[7]. Os sonhos cobrem um período de 55 anos

Ano 1952 ─────────────────

e contêm a notável história de uma invasão de conteúdos inconscientes, visando a uma *coniunctio* com o inconsciente. A tentativa fracassa, isto é, é suplantada por um retorno da consciência masculina anterior e unilateral. É um paralelo inconsciente de *Fausto*. A tentativa culmina num símbolo do si-mesmo: paraíso no Polo Norte, 4 fontes e numa colina a capela de Nossa Senhora. A série começa com Vênus na nona casa = *sapientia*. Termina com morte, fraude e homicídio. Belo exemplo de uma individuação que não prosperou.

Espero vê-lo de novo no verão!

Yours cordially,

C. G.

1. Não há data na carta, mas deve ter sido escrita antes de 09.04.1952. "? Spring, 1952" foi acrescentado à mão por Victor White.
2. Um artigo intitulado "The Dying God", incluído como capítulo VIII no livro de Victor White, *God and the Unconscious*.
3. Incorporado como capítulo III no mesmo livro, com o título "Freud, Jung and God".
4. *God and the Unconscious*, 1952.
5. O Padre White acusou o recebimento de *Resposta a Jó* numa carta de 5 de abril. Entre outras coisas, diz: "(it is) the most exciting and moving book I have read in years: and somehow it arouses tremendous bonds of sympathy between us, and lights up all sorts of dark places both in the Scriptures and in my own psyche [...]" Esta primeira reação é notável num teólogo, mas é trágica em vista da crítica dura que ele fez mais tarde ao livro. Cf. carta a White, de 02.04.1955, nota 1.
6. Capítulo VI, "A conjunção".
7. Cf. carta a Josten, de 06.04.1952, nota 13.

To Father Victor White
Oxford
Parkhotel Locarno

09-14.04.1952

Dear Victor,

Muito obrigado por sua carta tão humana[1]. Ela me dá uma ideia do que vai no seu interior.

A "privatio boni" não me parece especialmente problemática, mas entendo que ela é da maior importância. Talvez seja melhor que eu continue expondo o meu ponto de vista, para que o senhor saiba como eu vejo a questão. Procurarei, ao mesmo tempo, levar em consideração também o seu ponto de vista.

Penso que o senhor concorda comigo que, dentro de nosso mundo empírico, o bem e o mal representam as partes indispensáveis de um julgamento lógico, assim

Ano 1952

como branco e preto, direito e esquerdo, em cima e embaixo etc. São equivalentes de oposição, e entende-se que sempre se referem à situação de quem faz a afirmação, uma pessoa ou uma lei. Empiricamente são incapazes de confirmar a existência de qualquer coisa absoluta, isto é, não há meios lógicos para estabelecer uma verdade absoluta, com exceção de uma tautologia.

E assim mesmo somos levados (por motivos arquetípicos) *a fazer tais afirmações*; entre as quais asserções religiosas ou metafísicas como Trindade, o nascimento virginal e outras coisas muito improváveis e fisicamente impossíveis. Uma dessas afirmações é o *summum bonum*[2] e sua consequência, a *privatio boni*. Esta é logicamente tão impossível quanto a Trindade. Por isso é uma afirmação tipicamente religiosa: *prorsus credibile quia ineptum*[3]. Graça divina e mal ou perigo demoníacos são arquetípicos. Mesmo sabendo que nosso julgamento é completamente subjetivo e relativo, somos forçados a fazer tais afirmações mais de uma dúzia de vezes por dia. E quando somos religiosos, falamos em termos de impossibilidades. Eu não tenho argumentos contra esses fatos. Apenas nego que a *privatio boni* seja uma afirmação lógica, mas admito a verdade óbvia de que seja uma verdade "metafísica", baseada em "motivo" arquetípico.

Simplesmente não sabemos como os opostos estão reconciliados ou unidos em Deus. Também não entendemos como estão unidos no si-mesmo. O si-mesmo é transcendental e só parcialmente consciente. Empiricamente ele é bom e mau. Assim como os "atos de Deus" tem indiscutivelmente aspectos contraditórios. Mas este fato não justifica o julgamento teológico de que Deus seja bom ou mau. Ele é transcendental, assim como o si-mesmo, e por isso não está sujeito à lógica humana.

Pressupõe-se que os poderes supremos sejam diferentes ou, mais frequentemente, que sejam bons e não maus. Há um acento arquetípico sobre o aspecto bom, mas apenas de leve. Isto é compreensível, pois há necessidade de certo equilíbrio, caso contrário o mundo não poderia existir.

A grande dificuldade parece estar no fato de que precisamos, por um lado, defender a sanidade e a lógica da mente humana e, por outro lado, temos de aceitar e bendizer a existência de fatores ilógicos e irracionais que transcendem a nossa compreensão. Temos de tratar deles tão racionalmente quanto possível, mesmo que não haja esperança de compreendê-los. Uma vez que não podemos abordá-los racionalmente, devemos formulá-los simbolicamente. Tomado literalmente, um símbolo é quase sempre impossível. Diria, por isso, que a *privatio boni é uma verdade simbólica*, baseada em motivação arquetípica, não podendo ser defendida racionalmente, assim como o nascimento virginal.

Ano 1952 —————————————————————————————————

Desculpe minha letra horrível. Estou no jardim, e aqui não há mesa, apenas os meus joelhos. Não há necessidade de resposta. Tentarei ajudá-lo o máximo que puder.

Yours,

C. G.

1. Cf. a carta precedente a White (primavera de 1952), nota 5. Na carta mencionada por Jung (05.04.1952), o Padre White havia manifestado o desejo de encontrar uma base comum para o problema da "privatio boni": which must affect one's value-*judgments* on almost everything (alchemy, gnosticism, Christ and anti-Christ, the Second Coming, the whole orientation of psychotherapy), without there being any dispute about the facts".
2. Segundo Jung, a concepção de Deus como *summum bonum* é "a razão e origem do conceito da *privatio boni*, um conceito que destrói a realidade do mal [...]". *Aion* (OC, vol. IX), par. 80. Para o desenvolvimento histórico de ambos os conceitos, cf. *ibidem*, par. 74s.
3. Cf. carta a Wegmann, de 20.11.1945, nota 2.

Ao Prof. J. Haberlandt
Viena

23.04.1952

Prezado colega,

Agradeço muito a gentil remessa de sua recensão de *Aion*[1]. Ela se destaca de outras semelhantes porque aparece claramente que seu autor leu de fato o livro, e sou grato por isso. Gostaria de perguntar-lhe em que sentido o senhor toma o conceito "gnose". Dificilmente o senhor o entende como γνῶσιζ = conhecimento em geral, mas em sentido mais específico como, por exemplo, a γνῶσι" θεοῦ[2] cristã ou mesmo no sentido em que a toma o próprio gnosticismo. Nos dois últimos casos trata-se de afirmações ou postulados *metafísicos*, isto é, presume-se que a γνῶσιζ consista no conhecimento de um objeto metafísico. Eu afirmo expressamente e repetidas vezes em meus escritos que a psicologia não pode fazer mais do que ocupar-se com afirmações e imagens antropomórficas. Um sentido eventualmente metafísico dessas afirmações está completamente fora de uma psicologia empírica, ou seja, como ciência. Quando digo "Deus", quero significar uma imagem antropomórfica (arquetípica) de Deus e não pretendo ter dito algo sobre Deus. Com isso não o nego nem o afirmo, ao contrário da γνῶσιζ cristã ou gnóstica que se pronuncia ou pretende pronunciar-se sobre um Deus metafísico. A dificuldade que dá motivo a mal-entendidos é o fato de que os arquétipos são "reais", isto é, podem ser estabelecidos efeitos cuja causa é chamada hipoteticamente de *arqué-*

tipo como, por exemplo, nos efeitos da física pode ser estabelecido que sua causa seja o _átomo_ (que é um simples modelo). Assim como ninguém viu um arquétipo, também ninguém viu um átomo. Mas do primeiro conhecem-se efeitos numinosos e do último, explosões. Quando digo alguma coisa sobre o átomo, falo do modelo dele projetado; quando digo algo sobre o "arquétipo", falo de ideias correspondentes, mas nunca da coisa em si; pois em ambos os casos trata-se de um mistério transcendental. Nenhum físico pretenderá dizer que capturou o pássaro com seu modelo atômico (como, por exemplo, Niels Bohr com seu esquema planetário). Ele tem consciência de que dispõe de um esquema ou modelo variável, que apenas aponta para fatos incognoscíveis.

Isto é gnose científica, que também eu pratico. Mas é novo para mim que este conhecimento seja considerado "metafísico". Para mim a psique é algo real, _pois ela atua_, como pode ser constatado empiricamente. Deve-se admitir portanto que as ideias arquetípicas atuantes, inclusive o nosso modelo de arquétipo, baseiam-se em algo real, ainda que ininteligível, assim como o modelo do átomo se baseia em certas propriedades indistinguíveis da matéria. Mas é impossível à ciência determinar se, ou até que ponto, este pano de fundo incógnito é, em ambos os casos, Deus. Sobre isto decide a dogmática, ou a fé, como no caso da filosofia islâmica (Al Ghasali) que explica a gravitação como sendo vontade de Alá. Isto é gnosticismo com sua transgressão característica dos limites epistemológicos. A este capítulo pertencem também as provas eclesiológicas de Deus que, consideradas do ponto de vista lógico, são todas _petitiones principii_.

Em oposição a isso, pratico uma psicologia científica, que poderíamos chamar de anatomia comparada da psique. Eu pressuponho a psique como algo real. Mas não se pode denominar esta hipótese de "gnóstica", da mesma forma que a teoria atômica não é gnóstica.

A minha pergunta é esta: Segundo sua opinião, em que consiste a minha "gnose", ou o que o senhor entende por "gnose"?[3]

Desculpe-me por importuná-lo com uma carta tão longa. Estou curioso por saber donde provém o fato de que muitas pessoas me consideram gnóstico, ao passo que tantas outras me consideram agnóstico. Gostaria de saber onde cometo um erro tão fundamental que dá ensejo a tais mal-entendidos. Ficaria extremamente grato se pudesse esclarecer-me a esse respeito.

Com a consideração do colega
(C.G. Jung)

Ano 1952

1. Em *Wissenschaft und Weltbild* IV, Viena, 1952.
2. Conhecimento de Deus.
3. A resposta de Halberlandt não foi conservada.

Ao Dr. N. Kostyleff
Le Vésinet (Seine-et-Oise)/França

25.04.1952

Prezado Doutor,

Para a compreensão de meus escritos pressupõe-se naturalmente certo conhecimento da moderna psicopatologia e psicoterapia e de como elas se desenvolveram nos últimos 50 anos. A série de sonhos em *Psicologia e alquimia*, à qual o senhor se refere, é lá citada apenas para ilustrar o surgimento e desenvolvimento do motivo da mandala. Nada tem a ver com alguma história clínica ou terapia. Por isso é indiferente conhecer a anamnese do paciente e o êxito do tratamento. Mas posso adiantar-lhe que se trata de um homem de meia-idade, de vasta cultura e muito inteligente que havia descambado aos poucos para estados de ansiedade, alcoolismo psicógeno e outras perversões morais. O efeito do tratamento foi que não teve mais estados de ansiedade, parou de beber e se adaptou novamente à vida social. Uma parte do demorado processo de desenvolvimento aparece nos sonhos, conforme o senhor pôde ver em meu livro[1]. – A paciente com o sonho do caranguejo[2] sofria de depressão histérica. Ao final da cura as depressões cessaram.

Gostaria de acentuar que não é suposição arbitrária minha quando considero o eu como unidade duvidosa. Vemos constantemente a facilidade com que a consciência do eu se dissocia, tanto na neurose como na esquizofrenia, e isto também na psicologia dos primitivos.

Não podemos estabelecer o que seja o inconsciente, exatamente porque é inconsciente. Somente quando se torna consciente, podemos estabelecer que está presente uma quantidade de conteúdos diversos, entre os quais um tipo de unidade representado pelo motivo da mandala.

É quase impossível fazer uma exposição casuística completa. Analisei o estágio prodromal de uma esquizofrenia[3], do qual nasceu um livro de 820 páginas. Além disso, cada caso é tão individual e os aspectos individuais são tão importantes para a pessoa em questão, que poucas são as análises mais profundas que não são genéricas e superficiais. Por isso desisti de exposições casuísticas.

Devo confessar que ainda não ouvi falar de sua "reflexologia"[4]. Mas vou informar-me sobre ela.

Com elevada consideração,
(C.G. Jung)

Ano 1952

1. Jung menciona o caso em diversas passagens de suas obras; maiores detalhes estão em suas *Tavistock Lectures*, 1935 (em português: *Fundamentos de psicologia analítica*).
2. Cf. *Estudos sobre psicologia analítica*, OC, vol. VII, par. 123s.
3. Trata-se do caso de Miss Miller, cujas fantasias foram publicadas por Théodore Flournoy em *Archives de Psychologie* e, depois, interpretadas por Jung em *Símbolos da transformação*, OC, vol. V, par. 56s.
4. A ciência da reflexologia foi criada pelos pesquisadores russos W.M. Bechterev e I.P. Pavlov; todo e qualquer comportamento é atribuído a reflexos herdados (incondicionados) ou adquiridos (condicionados). Jung tinha uma posição bem crítica em relação ao behaviorismo, muito parecido com a reflexologia.

À Senhora C.C. Vera van Lier-Schmidt Ernsthausen
Scheveningen/Holanda

25.04.1952

Prezada e distinta senhora,

Li com muita atenção a sua minuciosa carta. Não sou filósofo, mas médico e empírico. Pratico a psicologia em primeiro lugar como ciência. Em segundo lugar, ela me serve como psicoterapia. Como a neurose é um problema de atitude e como a atitude depende de certas "dominantes"[1], isto é, das últimas e mais elevadas ideias e princípios, nos quais também se fundamenta, não se pode dizer que o problema da atitude seja religioso. Esta qualificação vem apoiada pelo fato de que nos sonhos e nas fantasias aparecem motivos tipicamente religiosos com a finalidade expressa de regular a atitude e de reconstituir o equilíbrio perturbado. A experiência obrigou-me a dedicar minha atenção às questões religiosas e a examinar mais cuidadosamente a psicologia das afirmações religiosas. Meu empenho está em descobrir as situações psíquicas a que se refere a afirmação religiosa. Descobri que, via de regra, quando aparecem espontaneamente conteúdos "arquetípicos" nos sonhos etc., deles emanam efeitos numinosos e curativos. São *experiências psíquicas primitivas* que reabrem muitas vezes para os pacientes o acesso a verdades religiosas soterradas. Eu mesmo passei por esta experiência.

Longe de mim pensar em "autorredenção", pois dependo inteiramente do fato de me acontecer semelhante experiência ou não. Estou na situação de Saulo que não sabe o que lhe vai acontecer no caminho de Damasco. Se nada lhe acontecer, jamais será um Paulo. Deverá continuar perseguindo os cristãos até que a revelação finalmente o surpreenda. Assim acontece com os meus pacientes, e assim aconteceu comigo. Assim como posso atrasar ou mesmo impedir com ideias preconcebidas o *influxus divinus* (venha ele de onde vier), posso também, através de um comportamento adequado, aproximar-me dele e, se for o caso, até assumi-lo. Não posso forçar nada, mas apenas esforçar-me para fazer tudo a favor e nada contra. A psique é para

Ano 1952

mim algo objetivo da qual saem efeitos para a minha consciência. O inconsciente (a *psique objetiva*) não me pertence, mas eu lhe pertenço por direito ou sem direito. Tornando-o consciente, eu me afasto dele, e, objetivando-o dessa maneira, posso integrá-lo conscientemente. Assim minha personalidade é completada e fica preparada para a experiência decisiva, mas nada mais do que isso. O que então pode entrar, mas não necessariamente, provém da ação espontânea do inconsciente, entendido e simbolizado como *relâmpago* pelos alquimistas Paracelso, Böhme e pelo inconsciente moderno (cf. *Gestaltungen des Unbewussten*, p. 102s.[2]).

Espero ter, assim, respondido à sua pergunta[3]. Peço desculpas pela demora de minha resposta. Mas precisava antes recuperar-me de uma gripe.

Com elevada consideração,

(C.G. Jung)

1. Jung denomina os arquétipos às vezes de dominantes no inconsciente coletivo, sobretudo quando queria acentuar sua função reguladora. Cf. *A dinâmica do inconsciente*, OC, vol. VIII, par. 403.
2. Cf. também OC, vol. IX/1, par. 553.
3. A destinatária havia perguntado se Jung defendia a "autorredenção".

À Linda Veladini
Locarno

25.04.1952

Prezada senhorita,

Gostaria de corroborar suas interessantes observações se estivesse em condições de fazê-lo[1]. Faltam-me, porém, as experiências necessárias nesse campo específico. Tive apenas um caso de paralisia infantil na minha práxis. Tratava-se de um jovem que havia sofrido uma grave paralisia aos 4 anos de idade. Ele ainda se lembrava de um sonho impressionante que tivera pouco antes da manifestação da doença. Sonhou que estava sentado aos pés da mãe, entretido com um brinquedo qualquer. De repente, saiu da mãe uma vespa que o picou. Ele sentiu imediatamente todo o corpo envenenado e acordou com muito medo. Eu conheci a mãe do paciente. Era uma personalidade dominadora e um peso para os filhos. Um irmão mais velho do paciente tinha um grave complexo de mãe, que colocou uma sombra em toda a sua vida futura.

A situação neste caso corresponde perfeitamente à sua suposição de que a opressão da individualidade da criança por influência dos pais pode ser, ao menos, uma predisposição psíquica da paralisia infantil. Mas não temos ainda nenhum material de prova suficiente para concluir que a paralisia infantil é uma doença psicógena. Sabemos apenas que certas perturbações psíquicas causam uma diminuição da resistência corporal e, com isso, uma predisposição para infecções. No caso da angina, por exemplo, temos certeza disso, e no caso da tuberculose há no mínimo uma suspeita bem fundamentada. Eu tratei de alguns casos de tuberculose pulmonar crônica, devida a perturbações psíquicas, e observei por coincidência, por assim dizer, uma cura completa da tuberculose sem tratamento especializado. Por isso já recomendei há bastante tempo que nos sanatórios de doenças pulmonares houvesse médicos com formação psicológica, pois estes lugares estão cheios de neuroses. Em todos os casos, o tratamento psicológico seria um precioso auxílio no tratamento específico da tuberculose.

Esperando que estas observações lhe sejam úteis,
permaneço com elevada consideração,
(C.G. Jung)

1. A Senhorita Linda Veladini, psicoterapeuta infantil, havia contado a Jung suas observações em diversos casos de paralisia infantil: parecia haver uma conexão entre a opressão ou inibição do desenvolvimento do eu na criança e o adoecer por paralisia infantil.

To Father Victor White
Oxford

30.04.1952

Dear Victor,

A *privatio boni* parece ser um problema[1]. Dias atrás tive uma conversa interessante com um padre jesuíta de Munique (seu nome é Z.). É professor de Dogmática (?) ou de Filosofia Cristã. Estava no meio da leitura de meu livro *Resposta a Jó* e sob o impacto de meu argumento contra a *privatio*. Ele admitiu que era um problema, mas que a interpretação moderna explicava o "mal" como uma "desintegração" ou uma "decomposição" do "bem". Se hipostasiamos – como faz a Igreja – o conceito ou a ideia do bem e lhe damos substância metafísica (isto é, *bonum = esse* ou na posse de *esse*), então a "decomposição" seria deveras uma fórmula adequada, também satisfatória do ponto de vista psicológico, uma vez que o bem é sempre um esforço positivo e uma realização integrada, enquanto o mal facilmente resvala ou se desagrega. Mas se tomarmos sua comparação do ovo bom[2], ele se tornará um ovo ruim ou estragado pela decomposição. No entanto, um ovo ruim não se caracteriza pela simples diminuição de ser bom, pois ele desenvolve qualidades próprias que não pertencem ao ovo bom. Entre outras coisas, desenvolve H_2S,

Ano 1952

que é uma substância particularmente desagradável em si. Ela deriva da albumina altamente complexa do ovo bom e, assim, forma a evidência mais óbvia da tese: o mal deriva do bem.

Por isso a fórmula da "decomposição" é bastante satisfatória, enquanto reconhece que o mal é tão substancial quanto o bem, porque H_2S é de realidade tão concreta quanto a albumina. Nesta interpretação, o mal está longe de ser μὴ ὄν. E nisto o padre Z. tem meu aplauso. Mas, o que dizer da *privatio boni*? Por definição, o bem tem de ser totalmente bom, mesmo em suas menores partículas. Não se pode dizer que um pequeno bem seja mau. Se, portanto, uma coisa boa se desintegra em fragmentos mínimos, cada um deles continua bom e comestível como uma fatia de pão dividida em pequenas partículas. Deteriorando-se, porém, o pão, ele oxida e altera-se sua substância original. Não haverá mais carboidratos nutritivos, mas ácidos, isto é, de uma substância surgiu uma coisa ruim. A teoria da "decomposição" levaria à conclusão definitiva de que o *summum bonum* pode desintegrar-se e produzir H_2S, o cheiro característico do inferno. Então o bem seria corruptível, isto é, possuiria uma possibilidade inerente de deterioração. Esta possibilidade de corrupção significa nada mais e nada menos do que uma tendência inerente ao bem de deteriorar-se e transformar-se em mal. Isto confirma naturalmente o meu ponto de vista herético. Mas eu não vou tão longe quanto o padre Z.: estou bastante satisfeito em não hipostasiar o bem e o mal. Eu não os considero substâncias, mas um simples julgamento psicológico, uma vez que não tenho meios de estabelecê-los como substâncias metafísicas. Não nego a possibilidade de uma crença de que eles são substâncias e de que o bem prevaleça sobre o mal. Levo, inclusive, em consideração que há um amplo consenso a este respeito, para o qual deve haver razões importantes (como indiquei no meu livro *Aion*). Mas, se pretendemos fundamentar lógica e racionalmente esta crença, entramos numa grande enrascada, como prova a discussão com o padre Z.

O senhor sabe que não sou apenas empírico, mas também prático. Na prática nada significa a afirmação de que numa ação má está um pequeno bem: [...] pois aqui não é possível negar a οὐσία do mal. No plano metafísico há liberdade de se declarar que aquilo que chamamos de "substancialmente mau" é, na realidade metafísica, um pequeno bem. Mas esta afirmação não faz sentido para mim. Chamamos Deus de Senhor sobre o mal; mas se o mal é um μὴ ὄν, então ele é Senhor sobre nada, nem mesmo sobre o bem, pois como *summum bonum* ele só criou coisas boas, que no entanto mostram uma tendência acentuada para a deterioração. Nem mesmo o mal e a corrupção derivam do ser humano, pois a serpente é anterior a ele. E então πόθεν τὸ κακόν???[3]

Necessariamente a resposta é esta: metafisicamente não existe mal algum; ele só existe no mundo dos homens, e ele procede do ser humano. Contudo, esta afirmação contradiz o fato de que o paraíso não foi criado pelo homem. Ele entrou nele por último, e não foi ele que criou a serpente. Se até Lúcifer, o anjo mais belo de Deus, tinha tão grande desejo de tornar-se corrupto, sua natureza deve mostrar uma considerável falta de qualidades morais – como Javé que insiste ciosamente na moral, mas ele mesmo é injusto. Não admira, portanto, que sua criação esteja marcada pelo mal.

Será que a doutrina da Igreja admite os defeitos morais de Javé? Se sim, então Lúcifer simplesmente retrata o seu criador; se não, o que dizer do Salmo 89[4] etc.? *O comportamento imoral de Javé baseia-se em fatos bíblicos. Não se pode esperar de um criador moralmente dúbio que crie um mundo perfeitamente bom*, nem anjos perfeitamente bons.

Sei que os teólogos sempre dizem: não devemos subestimar a grandeza, a majestade e a bondade do Senhor, e nem se deve fazer qualquer pergunta. Não subestimo a terrível grandeza de Deus, mas eu me consideraria um covarde amoral se me deixasse amedrontar para fazer perguntas.

Do ponto de vista prático, a doutrina da *privatio boni* é moralmente perigosa, porque torna pequeno e irrealiza o mal; e desse modo também diminui o bem, pois tira-lhe o seu oposto necessário: não há branco sem preto, direita sem esquerda, em cima sem embaixo, calor sem frio, verdade sem erro, claridade sem escuridão etc. Se o mal for ilusão, também o bem é necessariamente ilusório. Eis a razão por que tenho a *privatio boni* como ilógica, irracional e tola. Os opostos morais são uma necessidade epistemológica e, quando hipostasiados, criam um Javé amoral, um Lúcifer, uma serpente, um ser humano pecador e uma criação sofredora.

Espero que possamos continuar roendo esse osso no verão próximo.

Cordially yours,
C. G.

P. S. Infelizmente não tenho cópia da carta do teólogo protestante. Mas vou enviar-lhe uma separata de minha resposta a Buber[5]; ele me chamou de gnóstico, o que mostra que não entende o que seja realidade psíquica.

---

1. O Padre White deu apenas uma curta resposta à segunda carta de Jung (09-14 de abril de 1952). Ele lamentava "the deadlock of assertion and counterassertion, in spite of good will". Não acreditava mais num entendimento: "We move in different circles, and our minds have been formed in different philosophical climates".

Ano 1952 ———

2. Na mesma carta havia escrito: "The validity of any particular judgment of value is surely quite another question from the meaning of the terms (good or evil) employed. There is surely nothing religious or archetypal in my motivation, nor anything illogical or transcendental when I call an egg 'bad' because it *lacks* what I think an egg ought to have [...]"

3. Donde o mal?

4. Em *Aion* (OC, vol. IX/2, par. 169), Jung menciona uma narrativa do sábio e poeta judeu Ibn Esra (1092-1167): "Havia na Espanha um grande sábio do qual se diz que jamais conseguiu ler o Salmo 89, pois lhe parecia muito penoso". O Salmo trata da infidelidade de Javé para com Davi. Jung via nisso uma tragédia igual à do livro de Jó.

5. Em "Religion und modernes Denken" (*Merkur*, Stuttgart, fevereiro de 1952), Martin Buber atacou a psicologia da religião de Jung e a caracterizou como gnosticismo. A este mal-entendido Jung respondeu com o artigo "Religion und Psychologie" (*Merkur*, Stuttgart, maio de 1952). A réplica de Buber a este artigo apareceu neste mesmo número de maio. Os dois artigos de Buber estão em seu livro *Religion und modernes Denken*; a resposta de Jung está em OC, vol. XI, apêndice.

A Paul Billeter
Zurique

03.05.1952

Prezado senhor,

Devolvo, em anexo e com meus agradecimentos, o artigo de Buri[1]. Já o havia recebido de outras pessoas. Recuso-me a tomar uma posição aberta. Disse em meu pequeno livro[2] tudo o que tinha a dizer; segundo minha experiência, é inútil discutir com pessoas que não podem ou não querem enxergar certas verdades muito simples. Buri me atribui falsas opiniões e não entende meu ponto de vista epistemológico, ainda que a situação seja tão simples quanto possível. Mesmo que alguém fale longamente e com ênfase sobre seus 100 talentos, isto ainda não é prova de que os tenha no bolso. Eu concedo à teologia inclusive a honra de levar totalmente a sério as suas afirmações, mas não sei deveras se elas correspondem exatamente aos fatos metafísicos e, além disso, não podemos conhecer esses fatos. Não nego a existência deles, mas tenho para mim, baseado em bom fundamento, que se trata antes de tudo de afirmações. Até a Bíblia foi escrita por pessoas humanas. É impossível admitir que Deus seja seu autor. Uma vez que não conhecemos a verdade metafísica, temos de contentar-nos com afirmações e levar estas afirmações no mínimo a sério; e isto significa também criticá-las quando contêm graves contradições. Quando comparo, por exemplo, o comportamento do Deus do Antigo Testamento com uma ideia cristã de Deus, constato que estas afirmações não concordam em muitos aspectos, e que isto pode confundir um coração devoto, que nem todos os teólogos possuem. Os judeus reconheceram expressamente a amoralidade de Javé, como se pode ver nos midraxes. Citei as passagens correspondentes em *Aion* (1951, p. 93s.)[3]. Mas essas coisas são geralmente desconhecidas aos teólogos. Encontrei, por exemplo, um professor de Teologia que nunca havia lido o livro de Henoc.

Com elevada consideração,

(C.G. Jung)

1. Fritz Buri, "C.G. Jungs 'Antwort auf Hiob'", em *National-Zeitung*, Basileia, 27.04.1952. Cf. carta a Buri, de 05.05.1952.
2. *Resposta a Jó.*
3. OC, vol. IX/2, par. 105s.

To Mr. C.H. Josten
Curator of the Ashmolean Museum
Oxford

03.05.1952

Dear Mr. Josten,

Suas observações esclarecedoras sobre os sonhos de Ashmole[1] foram muito bem-vindas. Fiquei especialmente interessado em saber que o sonho de 29 de dezembro não era do próprio Ashmole[2]. (Eu não havia entendido a observação em seu relatório.) Isto torna o caso ainda mais interessante. O sonho é de clareza incomum, comparado com os sonhos do próprio Ashmole. Toda a sua disposição psicológica de então quase exigia a presença feminina, pois normalmente esses processos de individuação são acompanhados do relacionamento com uma *soror mystica*. Esta é a razão por que se diz que muitos alquimistas tiveram uma relação com o que eu chamo de figura *anima*; foram eles, por exemplo, Nicolas Flamel e Péronelle[3], Zósimo e Teosebeia[4], Mrs. Atwood e seu pai[5], John Pordage e Jane Leade[6] etc. O casamento régio na alquimia representa um tal relacionamento. Assim como é comum casais terem coincidências impressionantes de pensamento, também acontece que tenham paralelismos nos sonhos. Podem até intercambiar sonhos. O mesmo pode ser observado entre pais e filhos. Tive um caso em que o homem não tinha sonhos, mas seu filho de nove anos tinha todos os sonhos de seu pai; e pude analisá-los em benefício do pai[7]. Durante este procedimento, o pai começou a sonhar, e o filho parou de ter esses sonhos de adulto. Este fenômeno singular está na base das famosas experiências com PES de Rhine, que o senhor conhece. Estas coisas indicam a relatividade do espaço no inconsciente.

Alegro-me que se tenha confirmado a minha suposição de que Lilly era um mágico.

A identificação clara de Ashmole com Mercúrio, sendo Mercúrio a personificação primitiva da alquimia, torna mais provável que Mercúrio era um símbolo do si-mes-

Ano 1952 ────────────────────────────────────

mo com o qual Ashmole procurava identificar-se[8]. Tendo êxito semelhante tentativa, então ela conduz necessariamente a uma inflação do eu. Seria de presumir portanto que em Ashmole se houvessem manifestado sinais de um eu hipertrofiado. – O uso alegórico de Mercúrio é de fato um sintoma de sua inflação.

Muito obrigado por sua explicação do "Negative Oath"[9].

Infelizmente não possuo exemplar algum do *Fasciculus Chemicus* de Ashmole[10]. Só tenho um exemplar do *Theatrum Chemicum Britannicum*[11].

É tentadora sua proposta de escrever algo sobre os sonhos de Ashmole. Mas não posso aceitá-la, pois devo precaver-me de não trabalhar demais e, além disso, tenho muito trabalho intelectual pela frente. Mas, com sua anuência, vou pensar no caso, sem qualquer promessa formal.

Infelizmente viajar é um assunto complicado para mim e, ao que tudo indica, dificilmente voltarei à Inglaterra. Mas se o senhor vier à Suíça, terei o máximo prazer em examinar o seu material.

Mais uma vez obrigado por sua valiosa informação.

Yours sincerely,
C.G. Jung

1. O Dr. Josten havia respondido em 29 e 30 de abril à carta de Jung, de 06.04.1952.

2. Cf. carta a Josten, de 06.04.1952, nota 4.

3. Nicolas Flamel, nascido por volta de 1330, alquimista francês, casou-se com Péronelle Lethas, que se tornou sua parceira nas atividades alquímicas.

4. Zósimo de Panópolis, alquimista do século III, dirige seu escrito – um dos tratados mais antigos da alquimia que foram conservados – a sua "soror mystica": "Zosimos ad Theosebeiam", em *Artis Auriferae* I, Basileia, 1593.

5. Cf. "A psicologia da transferência", em OC, vol. XVI, par. 505: "Depois de ambos se terem dedicado longamente ao estudo da alquimia, resolveram deixar por escrito suas descobertas e experiências. Nesse intuito, separaram-se: o pai começou a trabalhar em uma ala da casa, e a filha em outra. Ela redigiu um livro volumoso, erudito, mas ele escreveu em forma poética. Ela concluiu antes seu livro e mandou imprimi-lo. Mal havia saído o volume, o pai foi acometido de escrúpulos, receando que tivessem revelado o grande segredo. Conseguiu convencer a filha no sentido de retirar o livro de circulação [...] Ele também sacrificou o seu trabalho poético. Umas poucas linhas deste último foram conservadas no livro da filha. [...] Só após a morte dela (1910), foi feita nova edição (1920). Li o livro: ele não trai nenhum segredo [...]"

6. Cf. carta a v. Pelet, de 15.01.1944, nota 2.

7. Cf. "Child Development and Education", 1928; OC, vol. XVII, par. 106.

8. Cf. carta a Josten, de 06.04.1952, nota 9.

9. Cf. ibid., nota 15.

10. O *Fasciculus Chemicum*, de Ashmole, foi publicado em Londres em 1650.

11. Cf. carta a Josten, de 06.04.1952, nota 13.

Ano 1952

Ao Prof. Fritz Buri
Basileia

05.05.1952

Prezado Professor,

Dada a gentileza de me enviar sua recensão[1], tomo a liberdade de comentar alguns pontos.

É evidente que aplico o meu método não só aos meus pacientes, mas também a todos os produtos intelectuais, históricos e contemporâneos. Quanto à "cura" de Javé deve-se observar que aquilo que acontece na consciência da pessoa humana tem um efeito retroativo sobre o arquétipo inconsciente. A submissão ao arquétipo, que aparece como Deus injusto, deve provocar uma mudança neste "Deus". E isto, como o demonstra a história subsequente, é de fato o caso. A injustiça ou a amoralidade de Javé era conhecida dos judeus e, para eles, fonte de preocupação e tristeza (cf. para tanto as passagens drásticas que menciono em *Aion*, p. 93s.). A transformação do Deus do Antigo Testamento no do Novo não é invenção minha, mas já era conhecida na Idade Média.

Eu estou de fato e expressamente ocupado com as "profundezas da alma humana", o que declaro *expressis verbis*. Nada posso afirmar sobre um Deus metafísico, nem pretendo ter "estabelecido" algo metafísico com o conceito "Deus". Falo sempre e exclusivamente da imagem antropomórfica de Deus. A inspiração verbal da Bíblia eu a considero uma hipótese improvável e indemonstrável. Não nego em absoluto a existência de um Deus metafísico. Mas tomo a liberdade de colocar sob a lupa algumas afirmações humanas. Se eu tivesse criticado a crônica escandalosa do Olimpo, isto teria causado alvoroço há dois mil e quinhentos anos atrás. Hoje em dia ninguém daria a mínima importância.

Eu não pretendo conhecer algo representativo ou comprovável de um Deus metafísico. Por isso não entendi muito bem como pode o senhor pressentir nessa minha atitude uma presunção "gnóstica". Na mais estrita contraposição ao gnosticismo *e* à teologia, limito-me à psicologia da ideia antropomórfica e de seus fundamentos arquetípicos, e nunca afirmei possuir um vestígio sequer de conhecimento metafísico. Assim como o físico toma o átomo como modelo, também eu considero as ideias arquetípicas como esboços para visualizar panos de fundo desconhecidos. Dificilmente diríamos que o físico é um gnóstico, devido aos seus modelos atômicos. Nem se deve querer sabê-lo melhor do que Deus, ele que se *arrepende* de suas ações e assim diz claramente o que *ele mesmo* pensa delas.

Ano 1952 ―――――――――――――――――――――――――――――――――

No mais, fico-lhe grato por haver exposto objetivamente o meu modo chocante de pensar, uma experiência rara para mim!

Com elevada consideração,

(C.G. Jung)

1. "C.G. Jungs 'Antwort auf Hiob'", em *National-Zeitung*, Basileia, 27.04.1952. Cf. carta a Billeter, de 03.05.1952.

À Senhorita Pastora Dorothee Hoch
Riehen – Basileia

28.05.1952

Prezada senhorita,

A suposição de que sou vítima de um complexo pessoal pode ser levantada, quando se sabe que sou filho de pastor[1]. Mas eu tive um bom relacionamento pessoal com meu pai – portanto nenhum complexo de tipo comum. É verdade que eu não gostava da teologia, porque ela colocava problemas para o meu pai que *ele* não conseguia resolver e que *eu* considerava injustificados. Por outro lado, concordo com a senhorita quanto ao meu complexo pessoal de mãe.

Mas, numa discussão com um adversário, é sempre assunto melindroso atribuir-lhe motivos pessoais não comprovados, antes de se pesar e entender a natureza de seu argumento.

Parece que não é claro para a senhorita que eu lido com "ideias". Imagens de Deus, por exemplo, são discutíveis. Considero uma desgraça que a maioria dos teólogos acredite que tenham realmente mencionado Deus quando dizem a palavra "Deus". O rabino, por exemplo, dificilmente se refere ao Deus cristão, o protestante se refere com certeza ao Deus que se encarnou, e o católico se refere ao Deus que revelou à Igreja a Assunção da Virgem Maria. Diante dessas circunstâncias um tanto dolorosas, o empírico, sem detrimento de suas convicções religiosas, não tem outra escolha senão lidar com ideias de Deus, sem abordar a questão metafísica. Ele não toma decisões com base na fé. Ideias de Deus são em primeiro lugar *mitos*, isto é, afirmações sobre coisas indetermináveis do ponto de vista filosófico e científico; são assuntos psicológicos passíveis de discussão. Quem admite que Deus é nomeado e expresso quando se diz "Deus", este hipostasia Javé, Alá, Quetzalcoatl, Júpiter etc. Com isso termina qualquer discussão e com isso saem da discussão os assuntos religiosos e se tornam tabus. E assim os cristãos não conseguem entender-se entre si e nem o leigo, confessionalmente não comprometido, pode abrir a boca por causa do perigo de blasfêmia.

Como psicólogo devo falar até mesmo profissionalmente de ideias e, se necessário, criticá-las quando elas se comportam de maneira muito chocante. Não pretendo com isso ter atingido Deus, mas procuro tão somente colocar ordem em minhas ideias. Posso refletir sobre as minhas ideias, mas não sobre um Deus metafísico que está além de qualquer possibilidade de conhecimento humano. Limito-me portanto ao campo exclusivo da empiria psicológica, e não entro no campo da metafísica confessional.

Não faço de Cristo o "animus" (cf. *Aion*, cap. V), mas é possível colocar Cristo em relação com o conceito do "si-mesmo", conforme o comprova a simbologia.

O "filho das trevas"[2] não é exatamente "inofensivo", conforme pode ver em meu livro sobre Jó.

Imprudente é todo aquele que desencadeia uma catástrofe mundial, não importa o que tenha em mente com isso[3].

Não conheço nenhuma pessoa humana "totalmente perfeita", mas apenas pessoas relativamente completas.

Nunca afirmei ser Deus apenas uma potência intrapsíquica. Se digo de mim mesmo, comprovadamente, que sou capitão-médico do exército suíço, isto não a levará a deduzir que esta é a minha única qualificação.

Concordo perfeitamente com sua opinião de que uma pessoa vive plenamente e somente quando está em relação com Deus, com tudo o que lhe acontece e que a determina.

Minha documentação refere-se ao desenvolvimento histórico das ideias no âmbito da cultura ocidental. Não se pode negar que o Livro de Henoc e outros apócrifos tenham sido lidos no Oriente Próximo e que não tiveram sua influência. O mesmo vale das influências egípcias, bem como dos dogmas católicos. A senhorita deve ter percebido que não pratico nenhuma dogmática, mas discuto criticamente a psicologia das ideias ocidentais de Deus. A senhorita certamente não pensa que critico o Deus metafísico, não é? Já não vivemos na Idade Média, quando se acreditava ser possível causar um transtorno ao bom Deus. Espera-se que protestantes não caiam no erro de imaginar que são os únicos cristãos no mundo. Todo cristão verdadeiro deve reconhecer que vive no cisma. Não se é apenas um protestante ou um católico, mas uma pessoa humana que traz dentro de si ainda o paganismo. Por isso escrevo sobre ideias cristãs em geral e não toco na questão, inacessível para mim, da verdade metafísica. Por isso também não sei como a senhorita pretende provar que ocorreu uma "irrupção no mito"[4]. Parece-me que não foi o caso. O mito continua inalterado,

Ano 1952

como o demonstra o caso da Assunção, que pertence, é claro, ao mundo cristão de ideias, e não ao do islamismo ou do budismo.

Se reler atentamente o que eu disse da individuação, é impossível que chegue à conclusão de que eu queira significar com isso o nirvana ou que menospreze a ressurreição. Seria reles demais atribuir-me tal insensatez. Compreendo que esteja aborrecida. É de fato lamentável que a maioria das pessoas instruídas evite falar de assuntos religiosos. Responsabilizo até certo ponto os teólogos por isso, uma vez que se recusam teimosamente a admitir que eles, tanto quanto nós outros, falamos de ideias antropomórficas, cuja exatidão e inexatidão com que reproduzem um possível fato metafísico é discutível. Com isso matam de pronto qualquer discussão, e somos forçados a evitar cortesmente um diálogo com teólogos, *em grande detrimento da vida religiosa*! O que aproveita a alguém, quando o teólogo "confessa" que ele "encontrou o Senhor vivo"? O coitado do leigo só pode morrer de inveja por nunca lhe ter acontecido o mesmo. Em minha prática profissional tive de dar muitas vezes lições primárias de história da religião para tirar, antes de mais nada, o nojo e o tédio que algumas pessoas sentiam das coisas religiosas, por só terem conversado com confessores e pregadores. As pessoas de hoje querem *entender e não ouvir sermões*. A necessidade de compreensão e discussão é tão grande quanto inconsciente (ao menos na maioria dos casos). Por isso o meu livrinho sobre Jó teve o efeito (inesperado) de que pessoas, que só conheciam a Bíblia por ouvir falar, resolveram agora tomá-la na mão com curiosidade. Interessa muito às pessoas ouvir algo compreensível sobre a religião; e o interesse é tanto que às vezes não consigo fazer a diferença entre mim e um diretor de consciência.

Para mim, pessoalmente, a religião é assunto de primeira ordem; por isso aceito todo ódio que recai sobre o crítico de uma área considerada tabu. Por isso também perturbo o sono dos justos que não querem dar-se ao esforço de acordar de seu subjetivismo, de seu papel de pregadores e de sua irresponsabilidade diante das exigências da época atual. Talvez valha a pena expor compreensivelmente às pessoas cultas de hoje o cristianismo e não deixar esta tarefa premente ao psiquiatra. Com esta finalidade apresentei em meu livrinho o que um contemplativo contemporâneo pode tirar da leitura da tradição cristã. É preciso esquecer o orgulho confessional, que julga estar de posse da única verdade e que vai incubando sempre mais o cisma na Cristandade, e refletir sobre a única questão de real importância: *O que há de verdade na religião*? Apenas uma fração da humanidade branca é cristã; e o cristianismo se dá ao luxo de não dialogar com a inteligência humana em geral.

Ano 1952

Não gostaria de aborrecer as pessoas inutilmente, mas neste caso minha consciência me obrigou a dizer em voz alta o que muitos pensam calados. Espero com isso iniciar a discussão. "Il faut casser les oeufs pour faire une omelette"!

Anexa está minha resposta a Martin Buber[5], que também pensa que pode falar de Deus, sem dizer de qual, e sem provar que este é o único verdadeiro. Estes absurdos precisam ser esclarecidos de uma vez por todas.

Esta carta longa demais pode esclarecer-lhe o ponto de vista de um empírico que se esforça por entender a linguagem dos teólogos.

Com elevada consideração,
C.G. Jung

1. A senhorita pastora Dorothee Hoch havia publicado em *Kirchenblatt für die reformierte Schweiz*, Basileia, 22.05.1952, uma recensão de *Resposta a Jó*, tendo-a enviado a Jung. Na carta anexa havia escrito que este livro "podia ser explicado em parte pelos motivos pessoais do autor", pois, na opinião dela, Jung, filho de pastor, sofria de um complexo de pai e nutria, por isso, sentimentos de vingança contra um "Deus paternal".
2. Segundo o entendimento da destinatária, Jung considerava inofensivo o "filho das trevas", isto é, satanás.
3. A destinatária se referia à seguinte frase de Jung: "A decisão tomada em um momento impensado por uma cabeça herostrática pode bastar para desencadear a catástrofe universal" (*Resposta a Jó*, OC, vol. IX, par. 734). Ela acrescentou: "Isto também poderia ser realizado por alguém conscientemente".
4. Segundo o entendimento dela, houve uma "irrupção no mito" pela vida de Cristo, conforme vem narrado nos evangelhos, o que colocaria em questão, por exemplo, os dogmas marianos.
5. Cf. carta a White, de 30.04.1952, nota 5.

A Gerd Rosen
Berlim

16.06.1952

Prezado senhor,

Visto dentro do espírito da época, o *Malleus Maleficarum*[1] não é tão horrível assim. Era um instrumento para suprimir uma das grandes epidemias psíquicas. Para aquela época representava uma espécie de obra de esclarecimento que foi usada, sem dúvida, com meios drásticos. A psicologia daquela epidemia de mania de bruxas nunca foi corretamente elaborada. Só existem opiniões sem grande valor sobre o assunto. Este só pode ser entendido no contexto global do problema religioso da época e sobretudo no contexto da psique alemã sob as condições medievais. A solução desse

Ano 1952

problema coloca exigências incomuns ao conhecimento das correntes espirituais subterrâneas que precederam a Reforma. Mesmo que eu possua algum conhecimento disso, não ousaria abordar este problema. Para um alemão seria particularmente difícil, porque está vinculado a pressupostos psicológicos especificamente alemães. O senhor pode ter uma ideia se comparar as figuras femininas da literatura alemã com aquelas da literatura francesa e inglesa dos últimos 200 anos[2]. O Reno constitui não só uma fronteira política, mas também psicológica.

Com elevada consideração,
(C.G. Jung)

1. Gerd Rosen havia pedido a Jung que indicasse alguma literatura sobre a mania de bruxas e perseguição a bruxas, e sua opinião sobre o *Malleus Maleficarum*. Este livro, conhecido como "martelo das bruxas", foi escrito por dois inquisidores, Heinrich Institoris e Jakob Sprenger, e publicado em 1489. Trata-se de uma espécie de manual de combate às bruxas; devido à sua influência chegou-se a um verdadeiro dilúvio de processos contra as bruxas.
2. Segundo a opinião de Jung, faltava a qualidade da anima à maioria das figuras femininas da literatura alemã.

Ao Dr. Zwi Werblowsky
University of Leeds, Dept. Semitics
Leeds/Inglaterra

17.06.1952

Prezado Doutor,

Agradeço-lhe muito o gentil envio de suas considerações críticas[1]. São para mim valiosas e interessantes como as reações de um (quase) não participante. Com o seu leve contato com a psicologia, o senhor já adquiriu um "dedo de ouro" e precisa agora responder ao seu meio ambiente. Isto acontece mesmo a pessoas que só me disseram uma vez "bom-dia".

Não sei se devo alegrar-me pelo fato de serem avaliadas ao menos como "ambiguidade engenhosa"[2] as minhas tentativas desesperadas de fazer justiça à realidade da psique. Pelo menos, reconhece-se meu esforço de reproduzir, de certa forma adequada, a "ambiguidade engenhosa" da psique.

Para mim a psique é um fenômeno quase infinito. Não tenho a mínima ideia do que ela é em si, e sei apenas muito vagamente o que ela *não* é. Também só sei em grau limitado o que é individual e o que é geral na psique. Parece-me um sistema de relações que, por assim dizer, abrange tudo, sendo "material" e "espiritual" em primeiro lugar designações de possibilidades que transcendem a consciência. Não

Ano 1952

posso afirmar que nada seja "apenas psíquico", pois tudo na minha experiência direta é psíquico em primeiro lugar. Eu vivo num mundo perceptual, mas não num mundo subsistente por si. Este último é real o bastante, mas só temos informações indiretas sobre ele. Isto vale tanto das coisas externas quanto das "internas", ou seja, das existências materiais e dos fatores arquetípicos que poderíamos chamar de εἴδη[3]. Não importa sobre o que eu fale, os dois fatores se interpenetram de uma forma ou outra. Isto é inevitável, pois nossa linguagem é um reflexo fiel do fenômeno psíquico com seu duplo aspecto de "perceptual" e "imaginary". Quando digo "Deus", então já está implícito aqui o duplo aspecto do ens absolutum e do átomo de hidrogênio (ou partícula + onda). Esforço-me por falar de modo "neutro" (O Prof. Pauli diria: a "linguagem neutra"[4] entre "físico" e "arquetípico").

A linguagem que falo precisa ser ambígua, deve ter *duplo sentido*, para fazer justiça à natureza psíquica com seu duplo aspecto. Eu procuro consciente e intencionalmente a expressão de duplo sentido, porque é superior à univocidade e corresponde à natureza do ser. Seguindo minha índole natural, eu poderia ser bem *unívoco*. Isto não é difícil, mas seria em detrimento da verdade. Intencionalmente deixo soar juntos os tons mais altos e mais baixos, pois estão presentes em qualquer modo e, por outro lado, fornecem um quadro mais completo da realidade. A univocidade só tem sentido no estabelecimento dos fatos, mas não na interpretação, pois "significado" não é tautologia, mas sempre contém em si mais do que é afirmado do objeto concreto.

Eu me defino como *empírico*, pois preciso ser alguém respeitável. O senhor mesmo admite que sou um mau filósofo, e eu naturalmente não gostaria de ser alguém inferior. Como empírico fiz ao menos alguma coisa. Ninguém escreverá na lápide de um bom sapateiro – que a si mesmo se considerava assim – que ele era um péssimo fabricante de chapéus, só porque fez uma vez um chapéu imprestável.

Mais especificamente, sou apenas um psiquiatra, pois minha problemática essencial, para a qual dirijo todos os meus esforços, é a perturbação psíquica, sua fenomenologia, etiologia e teleologia. Tudo o mais desempenha para mim um papel auxiliar. Não me sinto chamado para fundar uma religião, nem para proclamar minha fé em uma delas. Não estou engajado em nenhuma filosofia, mas só desenvolvo o meu pensamento no âmbito da minha tarefa específica para ser um bom psiquiatra. Foi isto que descobri em mim e é assim que funciono como membro da sociedade humana. Nada seria mais absurdo e inútil para mim do que especular sobre coisas que não posso demonstrar e nem mesmo conhecer. Não nego que haja pessoas que saibam mais do que eu sobre estas coisas. Não sei, por exemplo, como poderia Deus ser experimentado fora da experiência humana. Se eu não o experimento, como posso

245

Ano 1952 ───────────────────────────

dizer que ele existe? Mas a minha experiência é muito pequena e limitada e por isso também o experimentado, apesar do pressentimento opressivo do infinito, é pequeno e parecido com o humano, o que se percebe muito bem quando se deseja expressá-lo. Na experiência tudo cai na ambiguidade da psique. A maior experiência é também a menor e a mais limitada, e por isso teme-se falar muito alto dela ou filosofar sobre ela. Somos de fato pequenos e incompetentes demais para um tal atrevimento. Por isso prefiro a linguagem ambígua, pois ela faz a mesma justiça à subjetividade da ideia arquetípica e à autonomia do arquétipo. "Deus", por exemplo, significa por um lado um *ens potentissimum* inexprimível e, por outro, uma alusão altamente inadequada e uma expressão da impotência e perplexidade humanas, portanto uma experiência de natureza abolutamente paradoxal. O espaço da psique é infindamente grande e cheio de realidade viva. À margem dele está o mistério da matéria e do espírito. Não sei se este esquema lhe diz algo, ou não. Para mim é o âmbito dentro do qual posso expressar a minha experiência.

Saudações cordiais,
(C.G. Jung)

1. As considerações críticas de Werblowsky referem-se à controvérsia de Buber e Jung em *Merkur*, fevereiro e maio de 1952. Cf. carta a White, de 30.04.1952, nota 5.
2. No artigo de Buber, que encerrou a controvérsia (*Merkur*, maio de 1952), falava-se da "ambiguidade engenhosa" de Jung.
3. Formas, espécies. Cf. *Naturerklärung und Psyche*, p. 87; OC, vol. VIII, par. 932.
4. Cf. ibid., p. 99; OC, vol. VIII, par. 950.

A carta foi publicada resumidamente em *Memórias* (apêndice), p. 321.

To Father Victor White
Oxford

30.06.1952

Dear Victor,

Antes de mais nada gostaria de saber se a *privatio boni* vale como dogma ou como *sententia communis*[1]. No último caso, seria um assunto discutível, segundo minha compreensão do pensamento eclesiástico. De qualquer forma, comecei a discussão baseado neste pressuposto. Se, no entanto, for uma verdade definida e declarada, não vou discutir mais, mas tentarei compreender as razões mais profundas de sua existência, como o fiz até agora ao menos à guisa de tentativa.

O ponto crucial parece estar na contaminação das duas noções incongruentes de Deus e de ser. Se o senhor supõe, como eu suponho, que Deus é um juízo moral

Ano 1952

e não substancial em si mesmo, então o mal é o seu oposto e tão não substancial quanto o primeiro. Mas se o senhor supõe que Deus é ser, então o mal nada mais pode ser do que não-ser. Na minha concepção empírica, o *tertium quid* é sempre o observador, isto é, aquele que faz a afirmação. O seu exemplo da luz e escuridão[2] é uma afirmação subjetiva e relativa, visto que luz é igual a movimento e escuridão é igual a paralisação, ou seja, uma frequência maior ou menor, ou uma paralisação maior ou menor. A escuridão é certamente uma falta ou diminuição de luz, assim como a luz é uma falta ou diminuição de escuridão. Por isso é um simples jogo de palavras dizer que apenas Deus *é*, isto é, tem substância, e o mal não tem. A paralisação é tão real para um observador quanto o movimento. Não seria possível uma noção de movimento se não houvesse a paralisação para efeitos de comparação.

As coisas seriam bem simples se pudéssemos admitir que Deus e mal são juízos, nada tendo a ver com o conceito incomensurável de Ser. É verdade que o movimento é tudo, pois todas as coisas se movem, mas também é verdade que certas coisas se movimentam menos para certo observador do que outras. A partir desse fato forma-se a noção de paralisação que, enquanto sabemos, não ocorre em nosso mundo empírico. Assim é possível admitir que tudo é bom, mas algumas coisas são menos boas para determinado observador. No entanto, também este argumento depende de um observador e de sua afirmação, que é sempre subjetiva. Por exemplo, as assim chamadas *estrelas fixas* podem de fato mover-se com maior rapidez do que o nosso Sol, e o que chamamos de bom pode ser sob outro aspecto um grande mal, isto é, para outro observador. A questão toda pode ser um caso semelhante ao da Terra, em torno da qual o Sol girava durante a maior parte de nossa era. O fato de a Terra girar em torno do Sol só se tornou verdade aceita em tempos mais recentes.

Se a *privatio boni* é simples doutrina e não dogma, então pode ser discutida. Ou estou errado? Santo Tomás não é infalível. Seus pontos de vista sobre a Assunção, por exemplo, parecem não concordar com o novo dogma.

Enquanto ser é obviamente um conceito + (positivo), não-ser é um conceito – (negativo). Contudo, o mal é tão substancial quanto o bem, e também o demônio e seu inferno são substanciais. Se o mal fosse um bem muito pequeno, seria de qualquer forma um bem, ainda que diminuto, e não um mal de todo. Se eu for condenado ao inferno, eu continuo sendo bom, apesar de ter perdido 99% da bondade, porque o mal é *não*.

Será que é impossível a um teólogo admitir o fato óbvio de que bem e mal são juízos morais e, portanto, relativos para um observador? Não existe a menor evidência de que bem e ser sejam idênticos. Deus é certamente o próprio ser, e o senhor o chama de *summum bonum*. E assim todo ser é bom, e até mesmo o mal é um diminuto bem; a própria desobediência de satanás é ainda boa em grau bem pequeno e nada mais. Por causa desse pequeno bem ele está no inferno. Por que seria o bem jogado no inferno? Qual é a percentagem de bondade que nos torna sujeitos à condenação? Além disso, não há escuridão em Deus, e Deus é tudo – onde está então no inferno a ausência de luz, onde a multidão de anjos decaídos, onde os "praticantes do mal" (isto é, aqueles que fizeram um pequeno bem) e onde o próprio satanás? Por que estaria um pequeno bem contra Deus? Ele sempre está ainda com Deus, inclusive satanás. O que quer que faça é sempre um pequeno bem e nada mais.

É assim que a doutrina cristã se livra de seu inerente dualismo, isto é, maniqueísmo, negando a existência do mal. O senhor nega o mal, chamando-o de um bem reduzido. O mal absoluto é para o senhor uma condição apenas neutra, na qual não existe nada, um μὴ ὄν; mas visto que satanás existe, ela nada mais é do que um bem, pois é ser = bom.

Isto me lembra a história do batismo dos pinguins, ministrado por São Maël, e o conselho de Santa Catarina: Donnez-leur une âme, mais une petite![3]

Alegro-me em poder vê-lo no dia 16 ou 17 de julho. Estarei então em Bollingen[4].

Cordially yours,
C. G.

---

1. O Padre White respondeu em 09.07 que na *privatio boni* não se tratava de um dogma formal da Igreja, mas de uma "sententia communis". A formulação do mal como "privatio boni" pode ser retraçada até Orígenes (185-253), e foi mais tarde confirmada pelos Padres da Igreja ocidentais e orientais. Cf. V. White, *God and the Unconscious*, Londres, 1952.

2. V. White havia escrito (20.04.1952): "I (cannot) think of a single empirical specimen of a real or alleged 'evil' in which the 'privatio' definition is not verified – any more than I can think of an empirical darkness that is not a 'privatio of light'". O fato de Jung voltar, dois meses após ter recebido a carta, à formulação do Padre White mostra uma preocupação muito grande com o problema da *privatio boni* e com uma compreensão religiosa do mal. A discussão com o Padre White sobre este tema já durava dois anos e meio. Cf. carta a White, de 31.12.1949.

3. Cf. carta a Jacobi, de 23.12.1932, nota 8.

4. O Padre White ficou em Bollingen de 17 a 27 de julho. Pouco antes, havia respondido longa e criticamente a esta carta de Jung. Evidentemente a discussão durante esses dez dias não levou a nenhum entendimento. A partir daí as cartas dão claros sinais de distanciamento. Houve ainda algumas poucas cartas mais longas de Jung. E com a carta de 06.05.1955, em que diz: "Uma vez que sou causa de tanto desconforto para o senhor...", cessou a correspondência. Somente no outono e na primavera de 1960 Jung dirigiu-se ao Padre White em três cartas, pouco antes da morte de White. Cf. carta a White, de 06.05.1955, nota 2.

Ano 1952

À senhorita pastora Dorothee Hoch
Riehen – Basileia

03.07.1952

Prezada Senhorita Hoch,

Sou-lhe grato por ter encarado desta vez com mais bondade e compreensão os meus esforços. Concordo evidentemente que motivos pessoais interferem em toda parte de maneira desagradável[1], mas creio que é um pouco leviano demais atribuir a pecha de ressentimento pessoal a um argumento objetivo, sem conhecimento mais acurado das circunstâncias. Poder-se-ia no máximo, ao final de uma discussão e quando esgotados todos os elementos objetivos, ousar perguntar se não teriam concorrido também motivos pessoais. Mas não pretendo escrever nenhum comentário ao livro de Knigge, _Umgang mit Menschen_.

A senhorita se admira de minha reação à sua crença do encontro pessoal com Cristo. Considerei que não deveria esconder-lhe a experiência de que semelhante crença tem um efeito bastante amedrontador sobre muitas pessoas, pois elas acham (com certa razão, suponho eu) que isto tem a ver com um eleito que foi segregado da comunidade humana, dentro os não abençoados, transviados, incrédulos, hesitantes e abandonados por Deus e, especialmente se forem pessoas religiosas, faz com que se sintam inferiores. E assim muitos teólogos se tornam impopulares e deixam que o médico, do qual se espera uma melhor compreensão da pessoa comum e não iniciada, seja uma opção mais indicada.

Sou da opinião de que a Bíblia foi escrita por pessoas humanas e, por isso, é "mitológica", isto é, antropomórfica. Nela Deus é tornado _evidente_, mas não _visível_. Isto seria demais para a nossa insuficiência humana, mesmo que possamos vê-lo em sua forma encarnada. Esta é a μορφή δούλου[2], depois de realizada a quenose[3], portanto também a figura atestada pelo paganismo do κάτοχος[4] e do "servo de Deus" do Antigo Testamento[5], ou do herói fracassado e sofredor como Édipo ou Prometeu.

A afirmação da unicidade, que aliena o cristianismo do ambiente humano e não o admite como mitológico, isto é, como historicamente condicionado, tem sobre o leigo um efeito tão fatal quanto a "crença" acima citada. O Evangelho torna-se irrealizado; tiram-se dele todas as possibilidades de contato com a compreensão humana e, assim, fica sendo extremamente inverossímil e indigno de fé. Ele é realmente esterilizado, pois todas as disposições psíquicas que poderiam aceitá-lo de boa vontade são relegadas bruscamente, ou reprimidas e inutilizadas. Esta visão estreita não é

Ano 1952

razoável nem cristã e esvazia eficazmente as igrejas protestantes; mas ela é *cômoda*, porque assim o pastor não precisa preocupar-se com a compreensão da comunidade e pode contentar-se, como até agora, com a simples pregação. As pessoas cultas, por exemplo, deixam convencer-se mais facilmente do sentido do Evangelho quando se consegue mostrar-lhes que o mito sempre esteve mais ou menos presente e que, além disso, está presente de forma arquetípica em cada indivíduo. Então as pessoas compreendem aonde o Evangelho, habilmente protegido pelos teólogos, quer chegar e do que ele fala. Sem esta conexão, a mensagem de Jesus permanece simples relato maravilhoso que se entende tão pouco quanto um conto de fadas, que serve apenas para distração. Unicidade é o mesmo que incompreensibilidade. O que fazer com um ἅπαξ λεγόμενον?[6] Se a pessoa não fica fascinada na primeira vez, então ele não diz mais nada. Como quer atingir as pessoas "em sua vida", se falar de coisas e sobretudo de unicidades que *nada* têm a ver com a alma humana?

A senhorita me remete às suas prédicas onde fala, por exemplo, de renascimento, um tema que era muito familiar às pessoas de antigamente, mas o que dizer das pessoas modernas? Elas não têm noção de mistérios que, de qualquer forma, foram desacreditados pela teologia protestante porque para ela só existe *uma* verdade; e tudo o mais que Deus possa ter feito pela humanidade não presta para nada. A pessoa moderna sabe o que significam "água" e "espírito"? A água está *embaixo*, é pesada e material; o vento em cima e corpo etéreo, "espiritual". As pessoas antigas entendiam isso como um choque de opostos, como uma *complexio oppositorum*, e sentiam esse conflito como tão impossível que identificaram sem mais a matéria com o mal. Cristo instiga a pessoa para dentro do conflito impossível. Ele mesmo se levou exemplarmente a sério e viveu sua vida até o amargo fim, sem atentar para as convenções humanas e em oposição à sua tradição legalista, como um herege perigosíssimo aos olhos dos judeus e como um louco aos olhos de seus familiares. E nós? Nós imitamos a Cristo e esperamos que Ele nos livre de nosso próprio destino. Nós seguimos como ovelhinhas o pastor, naturalmente para boas pastagens. Não se fala nada sobre unir o nosso em cima com o embaixo! Ao contrário, Cristo e *sua* cruz nos libertam de nosso conflito, que nós deixamos simplesmente como está. Nós somos fariseus fiéis à lei e à tradição; enxotamos a heresia e só pensamos na *imitatio Christi*, mas não na realidade que nos foi imposta, na união dos opostos em nós; preferimos acreditar que Cristo já o fez por nós. Em vez de assumirmos a nós mesmos, isto é, nossa cruz, descarregamos sobre Cristo os nossos conflitos não resolvidos. Nós "nos colocamos debaixo de *sua* cruz"[7], mas de modo nenhum sob a nossa própria. Quem faz esta última parte é um herege, autossalvador, "psicanalista" e sabe Deus o que mais. A cruz de Cristo *foi carregada por ele mesmo*, foi *sua própria*. Colocar-se debaixo da cruz que outro já carregou é bem mais fácil do que carregar sua própria cruz sob o escárnio e desprezo dos que nos cercam. No primeiro caso, é permanecer direitinho, dentro da tradição e ser elogiado como sendo piedoso. Isto é farisaísmo bem organizado e extremamente anticristão. Somente é cristão quem vive no sentido e espírito de Cristo. Quem imita a Cristo e tem, por assim dizer, a insolência de querer levar a cruz de Cristo, quando não consegue levar a sua própria, ainda não entendeu, ao meu ver, nem mesmo o ABC da mensagem cristã.

Será que a sua comunidade entendeu que deve fechar seus ouvidos à doutrina tradicional, experimentar as trevas da própria alma e deixar tudo de lado para tornar-se aquilo que todo indivíduo deve ser por vocação pessoal, uma tarefa ou encargo que ninguém pode assumir por nós? Pedimos constantemente que "este cálice se afaste" e não nos prejudique. Também Cristo fez isto, mas sem sucesso. Por todas essas razões, a teologia não quer saber nada da psicologia, porque através dela poderia descobrir sua própria cruz. Mas só queremos falar da cruz de Cristo e da forma admirável como sua morte na cruz aplainou o caminho para nós e resolveu os nossos conflitos. Poderíamos também descobrir, entre outras coisas, que sob todos os aspectos a vida de Cristo é um protótipo de individuação e, por isso, não pode ser imitada: *neste sentido só podemos viver a nossa própria vida com todas as suas consequências*. Isto é duro e, por isso, deve ser evitado. Como se faz isto, mostra-o o seguinte exemplo: Uma pessoa piedosa (isto é, uma ovelha de Cristo), professor de Teologia, acusou-me publicamente de que eu, "em flagrante oposição à palavra do Senhor", havia dito que não era ético *"continuar sendo"* criança[8]. O "cristão" deveria continuar no colo do Pai e deixar a odiosa tarefa da individuação para o querido e pequeno Jesus. Assim é falseado, ingenuamente, mas com intenção inconsciente, o sentido do Evangelho; e, em vez de nos darmos conta do sentido da vida de Jesus como protótipo, preferimos, numa *pretensa* concordância com a palavra do Senhor, permanecer infantis e irresponsáveis para conosco mesmos. Este é um exemplo típico daquele διδάσκαλος τοῦ Ἰσραήλ[9], que não sabe nem mesmo ler o Novo Testamento. Além de mim, ninguém mais protestou, pois isto convinha a todos. Este é apenas um dos muitos exemplos de como se procede enganosamente em toda a religiosidade. E assim o nosso protestantismo tornou-se imperceptivelmente um judaísmo redivivo.

Ano 1952

Também o *confessionalismo* é uma fuga do conflito: não se quer mais ser cristão, pois ficaríamos entre a cruz e a espada no meio do cisma da Igreja. Confissão é, graças a Deus, algo inequívoco, e é possível safar-se com consciência tranquila dessa divisão e engajar-se "virilmente" numa única convicção, sendo que o outro está sempre errado. Pelo fato de eu, como cristão, tentar unir em mim o catolicismo e o protestantismo, sou considerado, de maneira bem farisaica, como alguém desprovido de qualquer caráter. Que se use de psicologia numa iniciativa dessas, parece ser um escândalo de primeira ordem. A resistência contra a alma e sua desvalorização como "somente psíquica" tornou-se um termômetro da hipocrisia farisaica. Deveria ser motivo de alegria que as ideias dogmáticas tivessem base psicológica. Se não a tivessem, ficariam eternamente estranhas e secariam, o que já está acontecendo no protestantismo. Mas é isto que as pessoas querem inconscientemente, porque então não precisam lembrar-se de sua própria cruz, e pode-se falar mais livremente da cruz de Cristo que nos afasta de nossa própria realidade, conforme desejado pelo próprio Deus. Por causa do entrincheirar-se atrás do confessionalismo, permite-se que persista o escândalo infernal de que os assim chamados cristãos não podem entender-se.

Mesmo que a senhorita pense que haja alguma coisa de aproveitável nessas minhas considerações, dificilmente poderia fazer um sermão sobre elas para a sua comunidade. Seria uma "cruz" talvez pesada demais. Mas Cristo aceitou uma cruz que lhe custou a vida. É relativamente fácil viver uma verdade digna de louvor, mas é difícil posicionar-se sozinho contra uma coletividade e não ser digno de louvor. Será que sua comunidade tem consciência de que Cristo poderia significar exatamente isto?

Estas considerações me vieram à mente quando lia o seu sermão, que a senhorita tão gentilmente colocou à minha disposição. Impressionou-me particularmente o seu enunciado da "entrega total". A senhorita sabe exatamente o que significa *estar entregue incondicionalmente*? Um destino sem, "mas" nem "se", sem garantia de que vai transcorrer inofensivamente, pois do contrário não se teria ousado nem arriscado nada por amor de Deus. Constatei em seu sermão estes tons um tanto escuros, mas bem próximos da realidade.

Saudações cordiais,

(C.G. Jung)

1. Cf. carta a Dorothee Hoch, de 28.05.1952, nota 1.
2. A forma de servo.

3. *Kenosis* significa esvaziamento; cf. Fl 2,5s.: "Jesus Cristo [...] não se apegou à sua igualdade com Deus, mas esvaziou-se a si mesmo, assumindo a condição de servo e tornando-se solidário com os seres humanos". Cf. para isso *Mysterium Coniunctionis*, I, par. 29 e nota 187.
4. O prisioneiro.
5. Cf. Is 42,1-7; 49,1-6; 50,4-9; 52,13; 53,12.
6. Uma expressão usada uma só vez.
7. Palavras de um sermão da Pastora Hoch. Sobre a opinião de Jung a respeito da *imitatio Christi*, cf. *Psicologia e alquimia*, OC, vol. XII, par. 71.
8. Mt 18,3: "Se não vos tornardes como as crianças, não entrareis no reino dos céus".
9. Mestre de Israel.

À Aniela Jaffé
Zurique

24.07.1952

Prezada Aniela,

[...] Sincronicidade é apenas um cantinho onde podemos ventilar um pouco o mistério do mundo. Não convém fazer especulações sobre a eternidade. A sincronicidade também não é a última palavra. Com o tempo aparecerão muitas outras palavras, mas não de minha parte. Felizmente estou improdutivo, e assim me sinto mais normal.

Espero que possa em breve ir às montanhas para uma recuperação total.

Cordialmente,

C.G.

A uma destinatária não identificada

28.07.1952

Dear N.,

Estou muito cansado para pensar em novas aventuras. No momento devo armar minha mente contra os ataques ao meu *Jó*, que vem causando os mais estranhos mal-entendidos. O meu aniversário, apesar de comemorado modestamente no círculo familiar, foi bastante cansativo devido às muitas cartas e telegramas. Em geral estou me recuperando devagar, mas minha cabeça não quer fazer o trabalho sério que precisa ser feito.

Espero que não esteja sendo devorada viva por seus visitantes.

Yours gratefully,

C.G.

Ano 1952

À Valerie Reh
Tel Aviv/Israel

28.07.1952

Prezada senhora!

Muito obrigado por sua amável carta e pelo diagnóstico de caráter[1]. Este é bem apropriado, inclusive quanto aos detalhes. A sensibilidade ao barulho ainda persiste. Procuro sempre o silêncio. Sou um feixe de opostos e só consigo suportar-me quando me considero um fenômeno objetivo. Minha capacidade de trabalho diminuiu muito – provavelmente um sinal de cansaço, já que trabalhei muito nos últimos anos.

Temo novas ideias, pois exigem muito trabalho de mim. Preciso agora de muito repouso.

Com sinceros agradecimentos e saudações cordiais,
C.G. Jung

1. A Senhora Reh fez um diagnóstico de personalidade de Jung com base na "numerologia". Segundo este método, cada letra do nome, correspondente à sua posição no alfabeto, tem um valor numérico, e cada número tem um significado psicológico. Os valores numéricos do nome são combinados com os da data de nascimento e interpretados caracterologicamente.

To Joseph L. Henderson, M.D.[1]
San Francisco (Calif.)/EUA

09.08.1952

Dear Henderson,

Muito obrigado por sua gentil carta! Estou contente por ter tido a oportunidade de falar com X.Y.[2] Ela está "melhor concatenada" do que eu pensava. O equilíbrio se mantém cuidadosamente, ainda que um pouco ansiosamente. Há muita insegurança e incerteza quanto ao caos vulcânico na profundeza. A consciência deveria ser fortificada, uma vez que precisa de um forte ego para contrabalançar as emoções dormentes. É grande a incerteza se ela será capaz de livrar-se da identificação com o inconsciente coletivo. Ela precisa de "theoria"[3], isto é, de conceitos simbólicos que lhe darão a possibilidade de "compreender" os conteúdos do inconsciente. Eu tentaria interessá-la por um conhecimento *geral, teórico* dos conteúdos básicos do inconsciente e de seu significado para a individuação. Eu percebi um certo brilho nela quando nossa conversa tocou temas correlatos. Quanto mais ela souber e entender, melhores são suas chances. Deveria cuidar-se de atividades por demais extrovertidas. Tive a impressão de que ela ainda não está congelada, mas está "fluida". My best wishes,

Yours cordially,
C.G. Jung

1. Dr. med. Joseph L. Henderson, psiquiatra, psicólogo analítico. Obras, entre outras: *The Wisdom of the Serpent*, Nova York, 1963 (em coautoria com Maud Oakes); *Threshold of* Initiation, Middletown, Connecticut, 1967.
2. X.Y. era uma paciente do Dr. Henderson, na iminência de um colapso esquizofrênico.
3. Na alquimia, a "theoria" fazia parte do opus ao lado do trabalho de laboratório, a "practica". A "theoria" era uma autêntica "filosofia hermética" pela qual deveriam ser esclarecidas as experiências mais obscuras durante o trabalho de laboratório. Cf. *Psicologia e alquimia*, OC, vol. XII, par. 403, e *A psicologia da transferência*, em OC, vol. XVI, par. 471 e 488.

Ao Dr. Hans Schär, Pastor
Berna

15.08.1952

Prezado Pastor,

Muito agradecido por me enviar sua recensão de *Jó*[1]. Não o invejo por esta tarefa difícil. Mas o senhor conseguiu realizá-la de maneira bastante objetiva e também conseguiu introduzir nela alguma coisa para ouvidos mais refinados.

Sua ideia a respeito de minha afinidade espiritual com Jacob Burckhardt ou, ao menos, de minha simpatia por ele, é surpreendentemente correta. Burckhardt tinha plena razão em seus pressentimentos pessimistas. Não adianta nada fechar os olhos para o lado escuro.

Estou feliz que uma exposição tão criteriosa e equilibrada tenha chegado a uma revista teológica. Aliás, é a primeira que chegou lá.

Se bem entendi, o senhor estaria disposto a visitar-me durante o mês de setembro. Neste mês estarei em Bollingen, onde o receberei com muito prazer, bastando me avisar com alguns dias de antecedência.

Até lá, com saudações cordiais,
C.G. Jung

1. Hans Schär, "C.G. Jung und die Deutung der Geschichte", em *Schweizerische Theologische Umschau*, VIII, Berna, 1952.

Ano 1952 ——————————————————————————————————————

A Horst Scharschuch
Heidelberg

01.09.1952

Prezado senhor,

É fora de dúvida que o inconsciente chega à superfície na arte moderna e destrói com sua dinâmica a organização própria da consciência[1]. Este processo é um fenômeno que pode ser observado de forma mais ou menos pronunciada em todos os tempos: assim, por exemplo, sob condições primitivas, quando a vida habitual, regulada por leis rígidas, é de repente quebrada por situações aterradoras, ligadas a uma desordenada ausência de leis nos eclipses do Sol ou da Lua, ou na forma da licenciosidade cúltica como, por exemplo, nas orgias dionisíacas, prescritas pelo culto; e entre nós na Idade Média, nos mosteiros, com a inversão da ordem hierárquica e ainda hoje no carnaval. Esta quebra episódica ou costumeira da ordem deve ser vista como medidas psico-higiênicas que desafogam de tempos em tempos as forças caóticas e reprimidas.

Nos dias de hoje isto acontece obviamente na mais ampla escala, porque os ordenamentos culturais reprimiram por tempo demais e com muita violência os desordenamentos primitivos. Se pudermos entender a arte prospectivamente, como eu acredito que se possa, então ela anuncia claramente o surgimento de forças dissolventes da desordem. Ela desafoga e elimina ao mesmo tempo a compulsão da ordem. Eu estou propenso a entender que aquilo que vai surgir será o contrário de arte, pois falta-lhe ordem e forma. O caos que vem à superfície pede novas ideias simbólicas de conjunto que abarcam e expressam não só os ordenamentos existentes até agora, mas também os conteúdos essenciais do desordenado. Estas ideias teriam um efeito mágico por assim dizer, pois pretendem esconjurar as forças destrutivas da desordem, como foi o caso, por exemplo, no cristianismo e em todas as religiões em geral. Segundo antiga tradição, esta magia é denominada magia branca; ao passo que a magia negra exalta os impulsos destrutivos como única verdade válida em oposição à ordem até agora existente e, além disso, compele-os a servir ao indivíduo em oposição à coletividade. Os meios empregados para isso são primitivos, fascinantes, ou ideias e imagens aterradoras, afirmações incompreensíveis à inteligência comum, palavras e configurações estranhas, ritmos primitivos, soar de tambores e coisas assim. Na medida em que a arte moderna usa esses meios como fins em si mesmos e com isso aumenta o estado de desordem, pode ser denominada diretamente como magia negra.

O demoníaco, ao contrário, baseia-se no fato de que há forças inconscientes de negação e destruição e de que o mal é real. Reconhece-se por exemplo o demoníaco não só porque práticas de magia negra são possíveis, mas também porque possuem um efeito sinistro, e poderíamos supor até que o praticante da magia negra estivesse possuído por um demônio. A magia de Hitler, por exemplo, consistia em dizer oportunamente o que ninguém queria expressar abertamente, porque o considerava de qualidade duvidosa e inferior (o ressentimento contra os judeus, por exemplo). O demoníaco de Hitler estava no fato de que seu método era de uma eficácia medonha e de que ele mesmo se tornou vítima clara do demônio, que tomou posse total dele.

O estudo dessas questões deveria começar naturalmente com o conhecimento completo das práticas primitivas de magia. Eu o aconselharia a ler o livro de Mircea Eliade[2], *Le Chamanisme*, bem como *Philosophia Occulta*, de Agrippa von Nettesheim[3], e alguns escritos de Paracelso como, por exemplo, o *Liber Azoth*. Principalmente em Paracelso encontrará muita coisa sobre a magia da simpatia. Encontrará ali também a mesma espécie de neologismos sugestivos que caracterizam a filosofia alemã atual: as palavras incompreensíveis, sinais e gestos, etc. Talvez possa aproveitar alguma coisa de meu pequeno ensaio *Paracelsica* (1940). Vale ainda lembrar a teoria de Alberto Magno[4], segundo a qual quem se entrega totalmente à sua emoção violenta e nesse estado deseja o mal pode provocar um efeito mágico. Isto é a quintessência da magia primitiva e dos fenômenos de massa correspondentes da época moderna como, por exemplo, o nacional-socialismo, o comunismo etc. Foi com razão que Ernst Robert Curtius[5] chamou certa vez a obra do clássico James Joyce, *Ulysses*, de "infernal". Receio que esta qualificação possa ser aplicada em larga escala a todas as artes modernas.

Com elevada consideração,
(C.G. Jung)

1. O destinatário havia perguntado sobre os aspectos do "mágico" e do "demoníaco" na arte moderna, bem como sobre a atitude da estética moderna em relação ao inconsciente.
2. Mircea Eliade, *Le Chamanisme et les techniques archaïques de l'extase*, Paris, 1951.
3. Henricus Cornelius Agrippa von Nettesheim, *De occulta philosophia libri tres*, Colônia, 1533. Agrippa já havia escrito o livro em 1510. Como contivesse uma defesa da magia, só pôde ser publicado 20 anos depois, devido à ameaça da Inquisição.
4. Alberto Magno, nascido por volta de 1193 em Colônia, falecido em 1280. Dominicano e filósofo escolástico. Foi ele que abriu o caminho do Aristotelismo no Ocidente cristão e foi professor de Tomás de Aquino. Devido à sua cultura incomum, foi denominado "doctor universalis". Foi canonizado em 1931. Quanto à sua concepção da magia, cf. *Naturerklärung und Psyche*, p. 34s.; OC, vol. VIII, par. 859.
5. Ernst Robert Curtius, 1886-1956, romanista. Em seu livro *James Joyce und sein Ulysses*, 1929, fala de "uma obra do Anticristo". Cf. *Mysterium Coniunctionis* II, par. 120.

Ano 1952

To Don L. Stacy
Nova York

01.09.1952

Dear Mr. Stacy,

Se houvesse granito à disposição, eu o usaria, mas no lugar onde vivo há um arenito duro, verde-azulado, suficientemente sólido para o que quero[1].

Não sou artista. Tento apenas moldar em pedra algumas coisas que acho importante ficarem em material duro para permanecerem por longo tempo. Ou tento dar forma a alguma coisa que me parece estar na pedra, e isto me deixa sem sossego. Não é nada para exposição; é apenas para dar firmeza e durabilidade a estas coisas inquietantes. Nada disso tem a ver com forma; são principalmente inscrições, e o senhor não aprenderá nada com isso.

Sincerely yours,
(C.G. Jung)

---

1. O destinatário, um escultor, havia feito várias perguntas a Jung sobre seus trabalhos em pedra em Bollingen. Cf. *Memórias,* p. 198s.

À Senhorita Pastora Dorothee Hoch
Riehen-Basileia

23.09.1952

Prezada senhorita,

A senhorita tem razão: em minha última carta[1] falei muito mais do que me permitia o seu sermão. Os teólogos me criticam tanto e me interpretam tão mal que seria antinatural que eu às vezes não agredisse também. Mas não foi nada pessoal contra a senhorita.

Se eu acentuo a evolução histórica do cristianismo, isto não significa que eu despreze o que de novo ele traz. Gostaria apenas de suavizar a transição para que se possa entender o sentido da mensagem. As pessoas são tão diferentes! Há poucos dias, um pastor suíço mais idoso escreveu-me uma comovente carta de agradecimento, dizendo que os meus escritos lhe *abriram finalmente o acesso à Bíblia.* Nunca esperei semelhante coisa. Mas isto indica que a linguagem figurada da Bíblia não é compreendida nem mesmo por um pastor. Os arquétipos estão presentes em toda parte, mas há uma *resistência geral* contra esta "mitologia". Por isso também o evangelho deve ser "desmitologizado".

Ano 1952

Trata-se, sem dúvida, do sentido e conteúdo dos mitologemas. Certamente "Cristo" é um novo sentido do mito para o *homem da Antiguidade*. Mas se nós, após dois mil anos, ainda continuamos a acentuar a novidade, devemos mostrar também em que consiste este *novo para nós*, que *nunca havíamos ouvido ou entendido*. Então podemos sentir-nos de novo como os cristãos primitivos. Mas ouvimos sempre as mesmas palavras antigas e, como Bultmann, ficamos enjoados de mitologia. *Até que ponto a mensagem é nova para nós?* Até que ponto Cristo nos é desconhecido? Que ele está aqui como pessoa viva, isenta de nossa arbitrariedade, isto já ouvimos há muito tempo e todo o resto também. Há necessidade aqui de um novo ponto de partida, que não se pode encontrar sem estabelecer um novo sentido. A mensagem só vive se criar novo sentido. Eu não acredito que ela esteja esgotada, mas talvez a teologia esteja. Como explica a senhorita ao seu ouvinte que a morte e ressurreição de Cristo são a sua morte e ressurreição? Não está equanimizando Cristo e o si-mesmo da pessoa, ponto de vista que é criticado em mim? Se a morte e ressurreição de Cristo significam a minha morte e ressurreição, isto é, se a = b, então também b = a. Está implícito no Evangelho que Cristo é o si-mesmo da pessoa humana, mas a conclusão Cristo = si-mesmo nunca foi tirada claramente. Isto é uma atribuição de sentido novo, um grau além na encarnação ou da concretização de Cristo. A senhorita está chegando perto dessa concepção a passos rápidos e, até mesmo, já a pronunciou. E assim ele se torna uma experiência psicologicamente formulável: o si-mesmo é uma pessoa viva e sempre presente. É um conhecimento sobre o qual concordam a filosofia hinduísta (que corresponde à teologia ocidental), o budismo, o taoismo, uma certa orientação mística do islamismo e o cristianismo. A esta ilustre assembleia pertence também a minha psicologia, como colaboração modesta, e a senhorita formulou, do ponto de vista cristão, o princípio psicológico essencial nas palavras acima citadas[2]. Graças a esta experiência e conhecimento interiores, a figura de Cristo tornou-se viva para a senhorita e significa uma verdade última e inabalável, porque procede de um tipo coletivo, universalmente disseminado, o ἀχειροποίητος[3]. Com isso deveria alegrar-se todo cristão, mas temo que os teólogos façam cara feia. Eu, no entanto, me alegro que o inconsciente tenha colocado em sua boca o verdadeiro sentido: Θαρρεῖτε μύσται τοῦ θεοῦ σεσωσμένου[4]. Eu escrevi em detalhes sobre isso, como a senhorita sabe, em meus livros *Resposta a Jó* e *Aion*, entre outros.

É claro que não sou da opinião de que se devam *pregar* vivências que só o indivíduo pode ter. Sei que o sermão é um assunto premente para o pastor e que ele deve realizá-lo da melhor maneira possível bem. Mas sua alma talvez seja um assunto ainda mais premente. É dela que falo. Neste sentido há uma *fuga geral para fora*, um torcer o nariz quanto à "psicologia", uma ignorância assustadora dela e um desleixo

Ano 1952 ——————————————————————————————————————

com a *cura animarum*. Em vez disso, vai-se às missões entre os pagãos. Os primeiros mensageiros foram para os grandes centros de civilização da Antiguidade, mas não às nascentes do Nilo. Isto aconteceu só com o monaquismo que nasceu de um desgosto pelo mundo civilizado, com o qual não se chegava a um acordo. Bom exemplo disso é Albert Schweitzer, que teria sido muito necessário na Europa, mas que preferiu ser um salvador comovente de selvagens negros e pendurou sua teologia na parede. Só temos uma justificação para missionar quando chegamos aqui a um acordo conosco mesmos, caso contrário só espalhamos a nossa própria doença. Como está a situação do Reino de Deus na Europa? Nem mesmo os selvagens são tão estúpidos para não verem nossas mentiras. Desavergonhada e infantilmente difundimos nossos cismas irreconciliáveis entre nossos "irmãos" negros e pregamos a eles o pacifismo, a irmandade, o amor ao próximo etc. etc., através da boca de evangélicos, luteranos, *High Church*, não conformistas, batistas, metodistas, católicos, todos decididos até a morte a *não* se entender com o irmão. Cumprimos assim a vontade de Deus?

Estas reflexões me chegam espontaneamente quando a senhorita fala de um compromisso total, por exemplo, com a missão. A gente pode comprometer-se naturalmente com tudo, até com o nacional-socialismo, como a senhorita viu. Mas se este objetivo, considerado "certo" por nós, corresponde também à vontade de Deus, é outra questão. Sobre isso nos informa apenas uma voz muito suave dentro de nós. E não raras vezes ela contradiz os nossos ideais coletivos (veja as experiências vocacionais dos profetas).

Parece-me que um dos maiores obstáculos ao nosso desenvolvimento psíquico é não dar atenção à voz interior, mas preferimos um ideal coletivo e convencional, que nos torna insensíveis aos danos causados à nossa própria casa e nos dá o direito de dar bons conselhos ao próximo. Quando se participa de uma assim chamada grande causa, podemos facilmente recorrer à desculpa de não precisarmos melhorar algo em nossa psique – afinal tão pequena e insignificante! Mas é então que o bom meio na mão do homem errado produz perversidades, e nisso ninguém pensa. Não acha a senhorita que teríamos mais razões de nos preocupar com a situação do cristianismo na Europa do que com medidas higiênicas em Lambaréné? A primeira coisa é naturalmente muito impopular, ao passo que a segunda é idealismo exemplar que garante uma boa consciência de primeira classe e que não prejudica em parte alguma o sentimento dominador do homem branco.

Por favor, não tome minhas observações em sentido pessoal, mas considere-as o que elas são: notas de rodapé à questão religiosa da atualidade.

Sinceramente seu
C.G. Jung

Ano 1952

P.S. Devo-lhe uma explicação por que a bombardeio com cartas tão longas e desagradáveis. Por um lado, sou obrigado a ouvir tanta besteira e negativismo contra o cristianismo e, por outro, sou tão grotescamente mal-entendido pelos teólogos que faço o possível para levar minha crítica a um lugar onde posso pressupor boa vontade, isto é, uma atitude verdadeiramente cristã que tenha algo a ver com amor ao próximo. Além disso, sua última carta me deu ensejo de mostrar-lhe o quanto as suas concepções religiosas estão próximas às minhas.

1. Cf. carta a Dorothee Hoch, de 03.07.1952.
2. Literalmente: "Creio que [...] devemos dizer aqui pura e simplesmente ao povo que a morte e a ressurreição de Cristo é a morte e a ressurreição *deles*" (carta de Hoch, de 13.09.1952).
3. Não feito por mãos humanas (cf. Mc 14,58).
4. "Sede confortados, iniciados nos mistérios de Deus salvador" (Firmicus Maternus, século IV, *De errore profanarum religionum*, 22).

À Senhora L. Stehli
Zurique

31.10.1952

Prezada senhora,

Se não estivesse velho e doente, eu me daria o trabalho de explicar-lhe pessoalmente que as ideias que as pessoas fazem de Deus não são necessariamente corretas. Deus é algo incognoscível. Um antigo místico alemão disse: "Deus é alguém que geme nas almas". Paulo, como a senhora sabe, disse algo parecido[1]. Apesar das terríveis contradições dos textos bíblicos, minha convicção religiosa pessoal não sofreu o mínimo abalo. Queria dizer-lhe isto para sua tranquilidade.

Saudações cordiais,
(C.G. Jung)

1. Cf. Rm 8,26: "[...] porque não sabemos pedir o que nos convém. O próprio Espírito é que intercede por nós com gemidos inefáveis".

To Upton Sinclair[1]
Corona (Calif.)/EUA

03.11.1952

Dear Mr. Sinclair,

Li com profundo interesse o seu livro *A Personal Jesus*. É obra de grande mérito que ajudará seus leitores a verem sob nova luz uma figura religiosa. Fiquei curioso para saber como o senhor abordaria a difícil tarefa de reconstruir a vida de Jesus. Como filho de pastor e criado numa atmosfera intensamente teológica, ouvi falar de tentativas semelhantes, levadas a cabo por Strauss[2], Renan[3], Moore[4] etc., e anos depois li avidamente a obra de A. Schweitzer[5]. Repetidas vezes, isto é, em diferentes fases de minha vida, procurei fazer para mim, a partir dos escassos testemunhos históricos do Novo Testamento, uma imagem da personalidade de Jesus, pela qual se pudesse explicar também *todo o efeito* de sua existência. Minha experiência psicológica deveria ter-me dado elementos suficientes para tal tarefa, mas cheguei finalmente à conclusão de que, devido em parte à escassez de dados históricos e em parte à abundância de misturas mitológicas, era incapaz de reconstruir um caráter pessoal, isento de contradições bastante fatais.

O senhor certamente teve êxito em apresentar uma imagem aceitável de um certo Jesus. Ousaria mesmo dizer que é um retrato semelhante desse caráter supostamente único. Pode até ser convincente a um intelecto americano moderno, mas do ponto de vista de um cientista europeu, o seu *modus procedendi* parece um pouco seletivo demais; isto é, o senhor exclui muitas afirmações autênticas pelo simples fato de não servirem às suas premissas como, por exemplo, predestinação e esoterismo, que não podem ser excluídos por razões textuais. Não podem ser afastados como meras interpolações. Também há evidência textual incontestável do fato de que Jesus previu seu trágico fim. Além disso o senhor exclui praticamente toda a impressionante quantidade de escatologia, cuja autenticidade é inegável, quer ofenda a nossa racionalidade ou não.

Quando o senhor pinta um retrato, ainda que da mais alta qualidade literária, ele está sujeito à mesma crítica que o senhor faz ao Evangelista João (p. 155s.): "Vamos aprender o que este intelectual helenizado pensa de Jesus". Nós aprendemos de seu livro o que um escritor americano moderno "pensa de Jesus". Isto não é menosprezo; apenas mostra a minha perplexidade. Podemos certamente fazer uma imagem de Jesus que não ofende nosso racionalismo, mas isto se faz às custas de nossa *lealdade* à autoridade textual. Na verdade *não podemos omitir nada do texto autêntico*. Não podemos criar uma imagem verdadeira da filosofia hermética do século IV se omitirmos a metade dos *libelli* contidos no *Corpus Hermeticum*. O Novo Testamento, tal como o temos hoje, é o *Corpus Christianum* que deve ser aceito em sua totalidade, ou rejeitado de todo. Não podemos omitir nada que resiste a uma crítica filológica razoável. Não podemos suprimir nenhuma contradição porque não possuímos nenhum testemunho mais antigo, melhor ou mais confiável. Temos que assumir o todo e fazer dele o melhor que pudermos.

Ano 1952

O *Corpus Christianum* conta a história de um Homem-Deus e as várias maneiras como foram entendidos sua vida e seus ensinamentos. Se Jesus tivesse sido, como o senhor o retrata, um mestre racionalmente compreensível de fina moral e um fervoroso crente num Deus-Pai bondoso, por que os evangelhos estão recheados de histórias miraculosas, e Ele mesmo cercado de afirmações esotéricas e escatológicas que o apresentam no papel de um Deus-Filho e salvador cosmológico?

Se Jesus foi realmente apenas um grande mestre, que se enganou redondamente em sua expectativa messiânica[6], jamais poderíamos entender seu efeito histórico que aparece tão claramente no Novo Testamento. Mas se não pudermos entender por meios racionais o que é um Homem-Deus, também não entendemos o sentido do Novo Testamento. Mas seria exatamente a nossa tarefa compreender o que eles entendiam por um "Homem-Deus".

O senhor dá um excelente quadro de um possível mestre religioso, mas nada dá a entender do que o Novo Testamento tenta contar: a vida, o destino e o efeito de um Homem-Deus no qual somos intimados a crer como uma revelação divina.

Eis a razão por que proporia tratar do *fenômeno primitivo* chamado cristianismo de maneira algo diferente. Penso que deveríamos admitir que não entendemos a charada do Novo Testamento. Com os meios à nossa disposição, não podemos tirar dele uma história racional sem interferir nos textos. Se corrermos este risco, podemos ler várias histórias a partir dos textos e podemos dar-lhes um certo grau de probabilidade:

1. Jesus é um idealista, mestre religioso de grande saber e com plena consciência de que seu ensinamento causará a necessária impressão somente se Ele estiver disposto a sacrificar sua vida por ele. Assim Ele força o desfecho, com pleno conhecimento antecipado dos fatos que Ele pretende que aconteçam.

2. Jesus é uma personalidade muito forte, cheia de energia, sempre em oposição ao seu meio ambiente e com impressionante força de vontade[7]. Ainda que dotado de inteligência superior, percebeu que não adiantava afirmar-se num plano terreno de sedição política, como vinham fazendo muitos políticos fanáticos de seu tempo. Prefere o papel do antigo profeta e reformador de seu povo, e institui um reino espiritual em vez de uma revolta política sem êxito. Para isso não adota apenas as expectativas messiânicas do Antigo Testamento, mas também a figura então popular de "Filho do Homem", do livro de Henoc. Mas sendo envolvido no turbilhão político de Jerusalém, viu-se preso em suas intrigas e encontra um fim trágico com inteiro reconhecimento de seu fracasso.

Ano 1952

3. Jesus é uma encarnação de Deus-Pai. Como Homem-Deus percorre sua terra e reúne em torno de si os ἐκλεκτοί[8] de seu Pai, anunciando a mensagem da salvação universal e sendo na maioria das vezes incompreendido. Como coroação de sua curta carreira, ele consuma o supremo sacrifício de oferecer-se como hóstia perfeita e assim redime a humanidade da perdição eterna.

Em prol de cada uma das três variantes bem distintas, é possível construir uma bela história a partir dos textos, mas com a necessária omissão e violação da autoridade escriturística. A primeira e segunda variantes são "racionais", isto é, elas parecem estar dentro do campo de nossa compreensão atual, ao passo que a terceira está definitivamente fora dela; ainda que até 200 anos atrás ninguém pensasse assim.

Se evitarmos violações dos textos autênticos, temos de considerar as três possibilidades, e talvez algumas mais, e tentar encontrar a teoria que melhor sirva à imagem toda. Como os evangelhos não dão, nem pretendem dar uma biografia do Senhor, a simples reconstrução de uma vida de Jesus nunca explicaria a figura apresentada pelos textos. O pouco que sabemos de sua biografia precisa ser complementado por um estudo muito cuidadoso da atmosfera mental e espiritual típica do tempo e lugar dos redatores dos evangelhos. As pessoas daquela época eram bastante helenizadas. O próprio Jesus estava sob a influência da literatura escatológica, como o prova o υἱὸς ἀνρώπου[9] (cf. também a sinagoga de Dura Europos[10], que lança nova luz sobre o sincretismo judaico).

O que chamamos "Jesus Cristo" é – temo eu – muito menos um problema biográfico do que social, isto é, fenômeno coletivo, criado pela coincidência de uma personalidade maldefinida, ainda que extraordinária, com um "espírito da época" (*Zeitgeist*) muito especial e que tem sua psicologia própria, não menos extraordinária.

Prezado senhor, devo pedir desculpas pela extensão de minha carta. Tendo eu mesmo dedicado muita reflexão ao problema de Jesus e tendo realizado algum trabalho pioneiro neste campo, julguei importante indicar-lhe como e onde eu tropecei ao tentar entender o desafio do enigma cristão.

É certo que devemos acreditar na razão. Mas ela não deve impedir-nos de reconhecer um mistério quando nos defrontamos com ele. Parece-me que nenhuma biografia racional poderia explicar um dos efeitos mais "irracionais" jamais observados na história humana. Acredito que este problema só poderá ser abordado com a ajuda da história dos símbolos e da psicologia comparada dos símbolos. Tentativas neste sentido já conseguiram alguns resultados interessantes. (Infelizmente ainda não há publicações em inglês que eu possa indicar.)

Fico grato por sua gentil atenção.

Yours sincerely,
(C.G. Jung)

1. Upton Sinclair, 1878-1968. Escritor americano. Esta carta foi publicada em *The New Republic*, Washington, 27.04.1953.

2. David Friedrich Strauss, *Das Leben Jesu, kritisch bearbeited*, 2 vols. 1835-1836. Strauss diz que os relatos dos evangelhos são formações inconscientes de mitos das comunidades cristãs primitivas, mas sem negar a realidade histórica de Jesus. O livro provocou celeuma, e ele perdeu sua cátedra num instituto de Tübingen.

3. Ernest Renan, *La Vie de Jésus*, 1863 (volume I de sua *Histoire des Origines du Christianisme*, 1863-1881). Renan tentou unir a ciência positivista e o cristianismo, e apresentou a vida e personalidade de Jesus de maneira natural a partir de seu tempo e de seu povo.

4. Trata-se provavelmente do teólogo americano George Foot Moore e de sua *History of Religions*, 2 vols., 1913-19.

5. Albert Schweitzer, *Von Reimarus zu Wrede; eine Geschichte der Leben-Jesu-Forschung*, 1916. Ele defende um modo de ver escatológico da vida de Jesus.

6. Cf. Mt 16,27s. Jesus tinha dito a seus discípulos que alguns deles haveriam de presenciar seu retorno para julgamento do mundo e para a instituição definitiva do reino de Deus (parusia).

7. Cf. carta a Zarine, de 03.05.1939, parágrafo 4.

8. Os eleitos.

9. O filho do homem.

10. Dura Europos, antiga cidade no Eufrates. As escavações de 1928-1937 trouxeram à luz uma sinagoga do século III dC. O fato de estar ornada de afrescos com motivos do Antigo Testamento – contrariando a proibição judaica de imagens – deve ser atribuído a influências do meio ambiente.

A Friedrich Bach
Schorndorf (Württ.)/Alemanha

05.11.1952

Prezado senhor!

Muito me impressionou a sua sugestão[1]. Seria a resposta que um médico deveria dar para validar o que o médico sabia desde tempos imemoriais, ou que acreditava saber. Eu nunca o disse, mas o fiz pelo menos na medida de minhas forças. É preciso mais do que uma vida para resistir, uma vez que seja, contra a influência científica na medicina. Seu ponto de vista é admiravelmente correto, e isso me deixa assombrado.

Saudações cordiais,
C.G. Jung

Ano 1952

1. O destinatário havia escrito a Jung sobre a experiência que tivera durante sua doença num hospital de tuberculosos. Sugeria a Jung que escrevesse um livro sobre "o encontro com o espírito na doença", isto é, um livro sobre a experiência, feita na doença, de uma grandeza transcendental à vida.

To Dr. James Kirsch
Los Angeles (Calif.)/EUA

18.11.1952

Dear Kirsch,

Envio-lhe dessa vez uma carta em inglês, pois ainda não consigo escrever cartas a mão[1]. Tive outro ataque de arritmia e taquicardia devido a excesso de trabalho. Estou aos poucos me recuperando, o pulso já bate normalmente há quase uma semana, mas ainda estou cansado e devo ir devagar.

A questão[2] que o senhor coloca é muito importante e eu acho que posso entender o seu alcance. Não seria capaz de dar-lhe uma resposta satisfatória; mas tendo estudado a questão até onde foi possível, posso chamar sua atenção para o extraordinário desenvolvimento na cabala. Estou quase certo de que a árvore-sefirot[3] contenha todo o simbolismo do desenvolvimento judeu, paralelo à ideia cristã. A diferença característica é que a encarnação de Deus é entendida na crença cristã como sendo um fato histórico, enquanto que na gnose judaica ela é um processo totalmente pleromático, simbolizado pela concentração da tríade suprema de kether, hokhmá e biná[4] na figura de Tiferet[5]. Este, sendo o equivalente do Filho e do Espírito Santo, é o *sponsus* que traz a grande solução mediante sua união com Malcut[6]. Esta união corresponde à *Assumptio Beatae Virginis*, mas é bem mais abrangente, pois parece incluir até mesmo o estranho mundo do kelipot[7]. X. está enganado quando pensa que a gnose judaica não contém nada do mistério cristão. Na verdade ela contém praticamente todo ele, só que em seu estado pleromático não revelado.

Existe um livrinho muito interessante, escrito em latim medieval pelo próprio Knorr von Rosenroth, ou ao menos sob sua influência direta. O título é *Adumbratio Kabbalae Christianae, Idest Syncatabasis Hebraizans, Sive Brevis Applicatio Doctrinae Hebraeorum Cabbalisticae Ad Dogmata Novi Foederis*, Francofurti, 1684. Este pequeno livro é precioso; contém um paralelo interessante entre o mistério cristão e o cabalístico, que pode ajudá-lo, como ajudou a mim, a entender este importantíssimo problema do desenvolvimento religioso dos judeus. Seria sumamente recomendável sua tradução. Estou quase certo de que a reação violenta e venenosa dos rabinos ortodoxos contra a cabala baseia-se no fato inegável desse paralelismo judeu-cristão impressionante. Isto é material quente e, pelo que eu saiba, ninguém ousou tocar nele desde o século XVII; mas nós estamos interessados na alma humana e por isso não nos deixamos cegar por preconceitos confessionais tolos [...].

Sincerely yours,
C.G. Jung

P.S. Eu creio no lema do autor anônimo: "Quaeritur una salus"[8].

1. Naquela época a secretária de Jung era inglesa.
2. Dr. Kirsch havia colocado a questão de qual havia sido o papel de Cristo e do mistério cristão para a psique judaica.
3. Os dez sefirot (manifestações ou atributos místicos de Deus) constituem a "árvore mística de Deus" que por sua vez vive da vida do Deus escondido. São representados em grupos uns sobre os outros como uma árvore.
4. São os três sefirot supremos da árvore-sefirot. Scholem dá as seguintes traduções: kether = a "coroa máxima" da divindade; hokhmá = a "sabedoria" ou ideia primitiva de Deus; biná = a "inteligência" de Deus que se difunde (cf. Gershom Scholem, *Die jüdische Mystik in ihren Hauptströmungen*, Zurique, 1957, p. 232).
5. Tiferet é a "misericórdia" de Deus, chamada sefirá, que dá o equilíbrio entre o sefirot "amor" ou "graça" (kessed), por um lado, e "poder" de Deus (din), por outro lado (cf. Scholem, l. c.).
6. Malcut é, segundo Scholem, a sefirá chamada de "reino" de Deus, a imagem mística primitiva da comunidade de Israel. Também é denominada shekiná. Cf. carta a Fischer, de 21.13.1944, nota 4.
7. Segundo a cabala de Isaak Luria, 1534-1572, Deus criou vasos para neles guardar as luzes que fluíam no espaço primitivo. Mas eram fracos para guardar a luz divina e se quebraram. Desses cacos ou cascas, o kelipot, surgiram, ao lado do mundo da luz, os contramundos demoníacos do mal (cf. Scholem, l. c., p. 267s.).
8. Procura-se *uma* só salvação.

To Barbara Robb[1]
Londres

19.11.1952

Dear Mrs. Robb,

Muito obrigado por sua amável carta que me trouxe algumas informações valiosas. Minha discussão com Victor sobre a *privatio boni* foi uma experiência infeliz[2]. Por isso fico satisfeito em ter algumas notícias a mais sobre este problema e, dessa vez, aparentemente mais positivas, presumindo eu que o ponto fraco na doutrina da *privatio boni* também foi percebido por Victor. Seu sonho sobre a palavra "evil"[3] é muito instrutivo e bastante incomum em certo sentido. Ele contém resumidamente quase tudo o que se pode dizer sobre o problema do mal. Vale a pena recordá-lo. O segundo sonho[4] traz também uma demonstração excelente da estrutura dinâmica dos opostos morais em geral.

Ano 1952 ───────────────────────────────────

Infelizmente minha doença nada tem a ver com o tempo, ou apenas indiretamente, uma vez que o esplêndido verão me seduz para uma atividade que supera minhas forças momentâneas. Estou me recuperando devagar de meu esgotamento.

Agradeço mais uma vez sua gentil informação.

Yours cordially,
C.G. Jung

1. Barbara Robb, psicóloga analítica. Cf. seu livro *Sans Everything: A Case to Answer*, Londres, 1957.
2. Cf. carta a White, de 30.06.1952, nota 4.
3. No sonho, Mrs. Robb está jogando "anagrams" com Jung, que lhe apresenta a palavra "evil". Ela a muda para "live", o que parece agradar a Jung. Ao acordar, ocorreram-lhe ainda as seguintes palavras: "veil" (mostrando cegueira para os horrores do mal) e "vile" (simbolizando a incapacidade de avaliar o bem do mal).
4. No sonho, Mrs. Robb vê uma massa giratória, semelhante a cabelos. Representa a energia psíquica que ela precisa para fazer o bem ou o mal. Quando o movimento é no sentido dos ponteiros do relógio, isto significa que a sonhadora está fazendo o bem; e quando é no sentido contrário, significa que está agindo mal. Quando os movimentos vão uma vez no sentido dos ponteiros e outra vez no sentido contrário, então há um momento de absoluta paralisação, e esta "condição neutra" poderia ser designada de *privatio boni* ou igualmente de *privatio mali*.

To Upton Sinclair
Corona (Calif.)/EUA

24.11.1952

Dear Mr. Sinclair,

Muito obrigado por ter recebido e aceito tão bem a minha carta com minha atitude aparentemente crítica[1]. Não sou muito feliz no uso da língua inglesa, pois tenho a impressão de causar muitos mal-entendidos. Gostaria, portanto, de deixar bem claro que não só valorizo plenamente o retrato magistral que faz de um Jesus pessoal, mas também a louvável tendência de seu livro: o senhor mostra a um mundo apático a possibilidade de uma abordagem pessoal de uma figura religiosa altamente discutível. É evidente que minha carta lhe deu ensejo para analisar a condição mental de seu perpetrador[2]. Segundo a regra geral de que não se analisa ninguém sem antes conhecer as suas associações (se elas realmente existirem), gostaria de ajudar em sua tentativa analítica e dar-lhe algumas informações a mais: *Eu tenho certa imagem de um Jesus pessoal*. Foi-me sugerida imprecisamente através de certos dados do Novo Testamento. Mas a impressão mais forte me veio do Linceul de Turin, o Santo Sudário[3]. Sua fisionomia austera e augusta confirmou minhas suposições anteriormente vagas. Estou, de fato, profundamente impressionado com a superioridade dessa personalidade extraordinária, a ponto de não ousar reconstruir sua psicologia. Não tenho certeza se minha capacidade mental estaria à altura dessa tarefa. Eis a razão por que devo me abster de uma tentativa biográfica dele.

O senhor tem razão em dizer que o mundo deveria esperar algo mais positivo de mim do que simples crítica. Na verdade, publiquei (desde 1948) tudo o que julguei defensável sobre o *fenômeno documentado Cristo* e sua reconstrução psicológica. Há três ensaios:

1. "Tentativa de uma interpretação psicológica do dogma da Trindade", 1948 (OC, vol. XI).

2. *Aion*: Estudos sobre o simbolismo do si-mesmo, 1951 (OC, vol. IX/2).

3. *Resposta a Jó*, 1952 (OC, vol. XI).

Na maioria das vezes, as pessoas não entendem o meu ponto de vista. Eu pesquiso fenômenos psíquicos e não me interesso por questões ingênuas, em geral irrespondíveis, se uma coisa é histórica, isto é, concreta, verdadeira ou não. Basta que tenha sido dita ou acreditada. Provavelmente a maior parte da história é feita de opiniões, cujos motivos são bastante questionáveis em vista dos fatos; em outras palavras: na história a psique desempenha papel tão importante quanto desconhecido.

Ao estudar Cristo, meu ponto de partida é em primeiro lugar o *Corpus Christianum* que consiste *exclusivamente* de escritos canônicos. Dessa fonte aprendemos não só sobre um Jesus pessoal e racional, mas também e principalmente sobre um Cristo escatológico. Eu uso (como outros) o termo "escatologia" no sentido mais amplo (isto é, não só com vistas à parusia), como igualdade com Deus, filiação, missão messiânica, identidade com o *anthropos* (Filho do Homem), como Cristo ressuscitado e glorificado, o κύριος τῶν ἀγγέλων καὶ τῶν δαιμόνων[4], o *iudex vivorum et mortuorum*[5], sem esquecer o λόγο" preexistente.

Este aspecto irracional é inseparável da figura evangélica de Cristo.

Em segundo lugar, na investigação dos efeitos históricos de Cristo, devo levar em consideração não apenas os dogmas da Igreja, mas os gnósticos e hereges tardios e inclusive a alquimia da alta Idade Média.

Não admira que as pessoas não entendam tudo isso. A dificuldade está em que estão presas ainda na questão imbecil de saber se uma afirmação metafísica é verdadeira ou não, ou se um mitologema se refere a um fato histórico ou não. Elas não veem e não querem ver o que a psique pode fazer. Mas aí está infelizmente a chave.

Ano 1952

Agradeço muito ter-me deixado ler a carta altamente elogiosa do professor Einstein (sobre o seu livro). Estou impressionado e sinto-me bem pequeno.

Yours very truly,
C.G. Jung

P.S. Ter-lhe-ia enviado com muito prazer exemplares de meus livros, mas não estão traduzidos.

1. Cf. carta a Sinclair, de 03.11.1952. Sinclair respondeu em 15.11.1952. Ele colocou em dúvida a justificativa da afirmação crítica de Jung de que a apresentação de Jesus em seu livro *A Personal Jesus* era "a bit too selective". Devido à insuficiência dos testemunhos históricos, cada qual seria forçado a fazer para si uma imagem de Jesus. Também o título de seu livro dizia que se tratava de *seu* Jesus: "I offer you mine, and I invite you in return to give me yours [...]".

2. Upton Sinclair havia escrito: "I am going to be very presumptuous and psychoanalyse one of the world's great psychoanalysts. I suspect that your willingness to write such a long letter is a confession of guilt because you yourself have not written the book on this subject. As a cure I prescribe that you should write it [...]".

3. Trata-se de uma mortalha de linho em que teria estado envolto o cadáver de Cristo. Os traços que nele aparecem são explicados como uma impressão surgida naturalmente do corpo e da face de Cristo. O lençol está guardado na catedral São João Batista de Turim. Sua autenticidade é discutida, mas também não se provou sua inautenticidade. No escritório de Jung está dependurada, atrás de uma cortina, uma cópia da cabeça que se vê na mortalha (cf. W. Bulst, *Das Grabtuch von Turin*, Frankfurt no Meno 1959).

4. Senhor dos anjos e demônios.

5. Juiz dos vivos e dos mortos.

A Noël Pierre
Paris

03.12.1952

Cher Monsieur,

Agradeço o livro que me enviou[1]. Eu o li realmente do começo ao fim. Isto não me acontece com frequência ou quase nunca quando se trata de poesia moderna ou de arte moderna em geral. Estas coisas me repugnam, mas alguns de seus poemas eu os li até mais de uma vez. Seus versos têm algo de vivo e real, uma vivência genuína, uma centelha de fogo divino e infernal. Por isso tenho empatia por eles. Não é um monte infantil de cacos, tirado de uma vida sem visão e sem busca. Foi a primeira vez que senti prazer numa poesia moderna. Eu o parabenizo por este sucesso, totalmente inesperado para mim. Que bom que sua poesia tenha algo a dizer e – graças a Deus –

Ano 1952

também o diz! Ela fala a linguagem eterna, a linguagem dos símbolos que nunca deixa de ser verdadeira e é compreendida "semper, ubique, ab omnibus".

Agréez, cher Monsieur, l'expression de ma sincère reconaissance.

Votre très obligé,
C.G. Jung

1. Trata-se do livro de poesias de Noël Pierre (pseudônimo do Conde Pierre Crapon de Caprona), *Soleil Noir*, Paris, 1952 (cf. carta a Schmied, de 05.11.1942, nota 3). Segundo informação do autor, a editora teria enviado o livro a umas 50 pessoas. Só Jung havia acusado o recebimento. Em seu ensaio "A árvore filosófica", Jung cita alguns versos do canto XXVI e XXVII como exemplo de uma vivência autêntica do inconsciente (cf. OC, vol. XIII, par. 348s.).

Ao Prof. Oskar Schrenk
Paris

08.12.1952

Prezado Professor!

Muito me alegrou e interessou a sua carta[1]. Naturalmente sua "reação" me impressionou bastante. Estava bem no sentido mais profundo de seu sonho que o senhor o tivesse contado a mim. *O "professor" revela-lhe o segredo de sua "filha".* Talvez eu já deva chamar-lhe a atenção neste sonho para um pequeno erro de méto- do, mas de graves consequências em sua interpretação. (Ele desempenha um papel maior no sonho seguinte.) A crítica mais negativa do sonho em seu "produto" pode estar ligada a isto[2].

O ponto de partida consciente do sonho é a leitura de meu livro ou uma impressão emocional correspondente, que evoca a imagem de seu antigo professor. O sonho vai de mim para o Professor G. que ocupa toda a sua memória. G. não escreveu nenhum *Jó*, não tem nenhuma filha, mas é um professor *ideal*. Contra toda a expectativa, o sonho me silenciou e me substituiu de certa forma por G.

Por que faz o sonho semelhante arranjo? Por que diz ele "águia"[3] em vez de Schrenk ou Jung? O sonho quer dizer claramente Professor G. e águia[4]. Só nós achamos que deveria significar propriamente Schrenk ou Jung. No último caso, o senhor já foi corrigido por seu colega, mas ele cai no mesmo erro de querer saber mais do que o sonho. Trata-se aqui de desconhecimento dos fatos. É como se um médico tivesse encontrado açúcar na urina de seu paciente e dissesse: "O açúcar significa na verdade albumina", e então lhe desse remédios para uma nefrite, baseado em mera suposição. Este erro primário também já o cometeu o próprio Freud. É o caminho mais fácil de escamotear o sentido do sonho.

271

Procuramos obviamente figuras em nosso mundo empírico para explicar os sonhos. Mas deveríamos primeiro estabelecer com todo cuidado que o sonho é um fenômeno natural, que não podemos interpretar com facilidade, caso contrário praticamos alquimia em vez de química. Como o segundo sonho quer obviamente significar águia e como nem o senhor, nem eu somos águias que voam em círculos sobre campos de concentração, esta interpretação é arbitrária. Mas, o que é a águia então?

A águia é entendida aqui como um fator *de ameaça* que deveria ser "derrubado". Ela é algo que *tudo vê*, que espreita do alto sua presa, com olhos telescópicos a que nada escapa. É compreensível que este olhar seja especialmente incômodo ao judeu racionalista e ateu, pois ele lhe recorda os *olhos de Javé* "que percorrem toda a terra"[5] (passagem mencionada em meu *Jó*). A águia "agarra" e "leva para o alto" (Ganimedes e a águia de Zeus). Seu colega é lembrado de que ainda está preso num campo *intelectualista* e de que sente até mesmo seu *libertador* como inimigo. Trata-se aqui de um arquétipo e não do autor Jung. O mesmo se dá no caso do professor e ainda mais no caso da filha. Insinua-se aqui a figura da *Sofia*, repartida entre o "velho sábio" e sua filha, que representa a virgem *alma*. Ambos os sonhos não correm de volta para a impressão diurna, mas para frente, para dentro do mundo de figuras arquetípicas vivas, que já esquecemos aparentemente, ou de fato, há muito tempo, mas que sempre estão presentes, bastando que pensemos cientificamente e não nos contentemos com meras suposições.

Por favor, não considere estas observações como crítica de um mestre-escola; acreditei apenas que poderiam servir-lhe para entender minha psicologia obviamente bem difícil e muitas vezes malcompreendida.

Agradeço sua carta estimulante e envio cordiais saudações.

C.G. Jung

1. Após a leitura de *Resposta a Jó*, o professor Schrenk escreveu a Jung (02.12.1952) e lhe enviou dois sonhos dele mesmo e um de um colega francês de 25 anos idade, que também havia lido o livro: os três sonhos seriam atribuídos a esta leitura. Nos dois primeiros parágrafos de sua carta, Jung refere-se ao segundo sonho de Schrenk, no qual ele encontra o seu muito estimado Professor G. Este lhe diz: "Quero mostrar-lhe hoje o banho de sol de minha filha". O sonhador esperava ver o corpo nu de uma mulher atrás de um biombo. Cf. também carta a Schrenk, de 18.11.1953.

2. No mesmo sonho aparece que o sonhador tenha de urinar, e a urina parece ser antiestética.

3. O sonho do jovem colega de Schrenk, ateu e adepto de Sartre, preso por longo tempo num campo de concentração, soava assim: "Eu estava de novo num campo de concentração. Ao alto, bem por cima do campo, voava em círculos uma águia que 'espreitava' o campo. Ele pertencia ao partido oposto [...]. Eu tinha a tarefa de [...] derrubá-lo". Ao perguntar sobre o significado da águia, o Professor Schrenk havia levantado a possibilidade de ser ele a águia, pois já havia aparecido algumas vezes nos sonhos do amigo. Mas o amigo respondeu espontaneamente: "Não, mas agora eu sei, é o Professor Jung". Jung descreve este sonho, com minuciosa interpretação, em "A árvore filosófica", em OC, vol. XIII, par. 466s.

Ano 1952

4. Jung se refere a ambos os sonhos: no sonho de Schrenk trata-se do Professor G. (e não de Jung); no sonho do jovem colega trata-se da águia (e não de Schrenk ou Jung).
5. Zacarias, 4,10: "[...] são os olhos de Javé que percorrem toda a terra". Cf. *Resposta a Jó*, OC, vol. XI, par. 575.

To Paul Campbell
Glasgow/Escócia

19.12.1952

Dear Mr. Campbell,

Muito obrigado por sua amável carta e pelo programa da reunião[1]. Sei perfeitamente que os analistas católicos enfrentam sérios problemas que, por um lado, são um agravante do trabalho já difícil em si mesmo, mas, por outro lado, uma vantagem, pois começam num mundo de pensamento e sentimento baseado em realidades arquetípicas.

Eu tive no passado certo número de pacientes tuberculosos e consegui muitas vezes bons resultados com a psicoterapia[2]. Mas é verdade que, na média, o caso somático sofre geralmente resistência contra um tratamento psicológico, sobretudo por parte dos tuberculosos, pois a tuberculose é de certa forma uma doença "pneumática", isto é, afeta a respiração que mantém a vida. Tais pacientes parecem fixar-se com orgulho e obstinação no sucesso de uma resposta somática para um problema psicológico insolúvel.

Tudo de bom para o Natal e o Ano-novo.

Yours cordially,
C.G. Jung

1. Mr. Paul Campbell, analista, havia enviado a Jung o programa de uma "Catholic Jungian Conference", de janeiro de 1953, em Londres.
2. Um especialista em doenças pulmonares havia recomendado a Paul Campbell submeter os pacientes a um tratamento psicológico, pois estava convencido da importância da análise no tratamento da tuberculose. Cf. também carta a Swoboda, de 23.01.1960.

Ao Dr. Stanislaw Komorowski
Cracóvia/Polônia

19.12.1952

Prezado colega!

Receba meus agradecimentos por sua amável carta.

Conheço Suzuki pessoalmente. Estudei o zen não na prática, mas apenas pelo lado psicológico[1]. Eu me ative mais aos desenvolvimentos europeus, que apontam para a mesma direção. Muitos caminhos levam à experiência central. Quanto mais a gente se aproxima do centro, mais facilmente se compreende também os outros

Ano 1952

caminhos que conduzem ao meio. Sem dúvida, esta preocupação é a mais importante de nosso tempo.

Meus melhores votos para o *natalis Solis invicti*.

Atenciosamente,
(C.G. Jung)

1. Cf. "Prefácio à obra de Suzuki: A grande libertação", em OC, vol. XI.

To Dr. Mitchel Bedford
Los Angeles (Calif.)/EUA

31.12.1952

Dear Dr. Bedford,

Quanto ao Dr. Buber[1] posso dizer-lhe que, ao que me consta, nunca houve o menor atrito pessoal entre nós e também não acho que Buber tenha sido alguma vez descortês comigo. O único problema dele é que não entende aquilo de que eu falo. Quanto a Kierkegaard, é sem dúvida uma excelente leitura para muitos, pois faz considerações cujo valor está em levar as pessoas a refletir sobre estas questões. Eu pessoalmente não o acho de muito bom gosto. Ouve-se falar muito dele mesmo, mas pouco daquela voz que eu preferiria ouvir[2].

Não tenho opinião pessoal sobre Buber; encontrei-o poucas vezes e não gosto de formar opinião baseado em conhecimento insuficiente.

Sincerely yours,
(C.G. Jung)

1. Cf. carta a White, de 30.04.1952, nota 5.
2. Cf. carta a Künzli, de 28.02 e 16.03.1943; a Bremi, de 26.12.1953.

À Elisabeth Metzger
Leonberg/Alemanha

07.01.1953

Prezada senhora!

Evidentemente a pessoa humana não é Deus; só a ele é possível conservar ou destruir a vida. A pessoa só tem possibilidades muito limitadas, mediante as quais pode escolher com liberdade prática dentro do alcance de sua consciência. Quando a causalidade é axiomática, isto é, absoluta, então não pode haver liberdade. Mas se for verdadeira apenas de forma estatística, o que de fato é o caso, então persiste a possibilidade da liberdade.

Ano 1953

A imagem paradoxal de Deus não é nenhuma inovação no sentido de ser realmente um novo na história do mundo. O próprio Deus do Antigo Testamento, bem como as divindades não cristãs são intrinsecamente contraditórios, e os não cristãos também precisam viver e sempre viveram. Mas é certo que a pessoa se vê forçada, por uma imagem paradoxal de Deus, a entender-se com a sua própria paradoxalidade. Esta é na verdade a nossa tarefa da qual viemos fugindo até agora.

Com elevada consideração,
(C.G. Jung)

Ao Dr. med. Ignaz Tauber[1]
Winterthur

23.01.1953

Prezado colega!

Muito obrigado por sua amável visita. Tive uma noite muito boa. Um quidinal bastou para sustar a taquicardia. Hoje vou melhor e já estou de pé.

Ontem esqueci completamente de perguntar-lhe o que o senhor acha de eu fumar. Até agora eu venho fumando um cachimbo com condensação de água[2] pela manhã antes de começar o trabalho, um charuto pequeno, correspondente a um ou dois cigarros, após o almoço, outro cachimbo pelas 4 horas da tarde, um charuto pequeno após o jantar e geralmente mais um cachimbo pelas nove e meia. Um pouco de tabaco ajuda-me na concentração e contribui para a paz de espírito. Peço também que me envie a conta dos honorários. O senhor teve a gentileza de trazer-me o Corhormon. Já tomei hoje uma injeção.

Com sincera gratidão por seus conselhos, sou atenciosamente
C.G. Jung

1. Dr. med. Ignaz Tauber, Winterthur; clínico geral e analista. Ele e sua família eram velhos conhecidos de Jung.
2. Jung fumava de preferência cachimbos refrescados em água; havia sempre uma série deles em cima de sua mesa de trabalho, perto de sua poltrona.

To William Hamilton Smith[1]
Springfield (Mass.)/EUA

26.01.1953

Dear Mr. Smith,

Cada um é livre de crer o que lhe convém no caso de coisas sobre as quais nada sabemos. Ninguém sabe se existe reencarnação, mas também ninguém sabe se não existe. O próprio Buda estava convencido da reencarnação, mas perguntado duas vezes por seus discípulos sobre isto, deixou em aberto a questão se existia uma continuidade da personalidade ou não. É verdade que não sabemos de onde viemos nem para onde vamos, ou por que estamos aqui neste tempo atual. Penso que seja correto acreditar que havendo feito aqui o melhor que podíamos, também estamos preparados da melhor forma possível para coisas futuras.

Yours sincerely,

(C.G. Jung)

1. Mr. Smith apresenta-se como "just a little fellow 58 years old and employed as a packer in a government arsenal [...] with an intense desire to know where I came from, where I am going and why I am here in the present time". Entre outras coisas, perguntava se era errado acreditar na reencarnação.

Ao Dr. James Kirsch
Los Angeles (Calif.)/EUA

29.01.1953

Meu prezado Kirsch!

Gostaria de agradecer-lhe bem pessoalmente a grande honra com a qual me distinguiu e a grande alegria que isto me proporcionou[1]. Espero e desejo tudo de bom para o futuro de sua associação. Se eu tivesse um título *doctor honoris causa* a conferir, colocaria em sua cabeça o chapéu acadêmico mais do que merecido, como reconhecimento de sua atividade verdadeiramente notável e meritória em favor de "minha" psicologia, ainda que eu não reivindique qualquer direito de propriedade. Ela representa um movimento do espírito que tomou conta de mim e ao qual pude e tive de servir durante a vida toda. É isso que ilumina o crepúsculo de minha vida e me enche de juvenil serenidade: ter recebido a graça de colocar o melhor de mim a serviço de uma grande causa.

O que o senhor escreve sobre o efeito que *Jó* exerceu nos analistas concorda plenamente com a minha experiência: o número de indivíduos capazes de reação é relativamente pequeno, e os analistas não constituem exceção. Está prestes a sair uma nova edição de *Jó*; incluí nela as correções que o senhor sugeriu[2]. Mandar-lhe-ei, então, um exemplar.

Estou me recuperando devagar, mas agora as coisas vão indo bem melhor. Terminei hoje um trabalho mais longo sobre a "árvore filosófica" que me acompanhou durante a minha doença[3]. Descobri algumas coisas interessantes. Foi uma verdadeira distração, como substituto ao fato de que poucos de meus contemporâneos podem entender o que se pretende com a psicologia do inconsciente. O senhor deve ter visto as recensões de *Jó* na imprensa. O que apareceu de ingênua estupidez é difícil imaginar!

Queira aceitar mais uma vez os meus agradecimentos e saudações cordiais.

C.G. Jung

1. Jung havia sido nomeado membro honorário do recém-criado "Analytical Psychology Club of Los Angeles".

2. Para os participantes de seu seminário em Los Angeles, Dr. Kirsch aprontou uma tradução inglesa de *Resposta a Jó* (1952/53) que colocou à disposição do tradutor das obras de Jung, Richard F.C. Hull. Cf. "Translator's Note" in Coll. Works II, p. VII.

3. "A árvore filosófica", em OC, vol. XIII.

À G. van Schravendijk-Berlage
Baarn/Holanda

11.02.1953

Prezada e distinta senhora!

Só posso confirmar sua impressão sobre a disposição geral de ajudar. Aqui na Suíça participamos intensamente da terrível catástrofe que atingiu o seu país[1]. Visto superficialmente, temos de considerar esta disponibilidade de ajuda como um sinal positivo do sentimento de solidariedade humana. Mas como a senhora vê corretamente, há algo mais profundo nisso, isto é, a pressão que pesa sobre toda a Europa e o medo mais ou menos patente da possibilidade de uma catástrofe ainda maior. Historicamente considerada, a situação política atual é única, como se uma cortina de ferro dividisse o mundo em duas partes que mantêm, por assim dizer, o equilíbrio da balança. Ninguém sabe a resposta para este problema. Mas sempre que o homem se defronta com uma pergunta ou situação sem resposta, em seu inconsciente se constelam arquétipos correspondentes. A primeira coisa que isto produz é uma inquietação geral do inconsciente, traduzida em medo, que faz com que as pessoas procurem mais união para defender-se do perigo. Quando ocorre uma catástrofe como a holandesa, as pessoas se lembram de estar vivendo sob a ameaça de um perigo maior ainda. Sob este aspecto a fúria dos elementos, tempestades e inundações são um símbolo do possível fim de nosso mundo.

Com elevada consideração,

(C.G. Jung)

1. Nos primeiros dias de fevereiro de 1953, a Holanda foi assolada por uma inundação catastrófica. A destinatária havia perguntado a Jung sobre os fundamentos psicológicos da resposta de solidariedade mundial a esta desgraça.

Au Docteur Henri Flournoy
Genebra

12.02.1953

Cher Confrère,

Sempre tive minhas restrições a uma autobiografia, pois nunca se pode dizer a verdade. Se a gente for sincero, ou acredita ser sincero, isto é uma ilusão ou mau gosto. Recentemente fui solicitado, por parte de americanos, a dar minha contribuição para uma tentativa de biografia na forma de entrevistas. Alguém deveria começar este trabalho após o ano-novo, mas até agora nada aconteceu. Eu pessoalmente não tenho a mínima vontade de escrever um romance ou um poema sobre esta bizarra experiência, chamada vida. A mim basta tê-la vivido. Minha saúde não está bem; tenho quase 78 anos de idade – segundo Cícero o "tempus maturum mortis"[1]. Lamento não poder dar-lhe uma informação mais satisfatória.

Agréez, cher Confrère, l'expression de ma parfaite considération.

(C.G. Jung)

1. O tempo maduro para a morte.

To Prof. J.B. Rhine
Duke University
Durham (N.C.)/EUA

18.02.1953

Dear Professor Rhine,

Muito obrigado por sua gentil carta[1]. Infelizmente meu estado de saúde não é bom, o que não me permite muito trabalho. O trabalho que planejo sobre a PES (percepção extrassensorial) não diz respeito ao fato em si (o senhor já fez isto com o maior sucesso), mas ao *fator emocional* peculiar que parece ser uma condição muito importante e decisiva do sucesso ou fracasso do experimento com a PES. Normalmente (ainda que nem sempre) os casos espontâneos de PES acontecem sob circunstâncias emocionais (acidentes, morte, doença, perigo etc.) que despertam as camadas arquetípicas e instintivas mais profundas do inconsciente. Eu gostaria de examinar o estado do inconsciente nos casos de acontecimentos maiores ou menores que ocorrem não raras vezes com os nossos pacientes. Observei vários casos de PES em meus pacientes durante esses anos todos. A única dificuldade é encontrar métodos adequados para estabelecer objetivamente o estado do inconsciente. Começamos a

Ano 1953

provar estes métodos[2]. São difíceis, não ortodoxos e precisam de um treinamento todo especial. Agradeço muito o seu oferecimento de ajuda, mas no estado atual de nossa pesquisa não saberia onde entraria o método estatístico; espero, no entanto, chegar a um estágio em que se possa aplicar a estatística.

É pena que meus trabalhos mais recentes não estejam publicados em inglês. Mas o que fazer quando há ao menos dois comitês trabalhando na publicação de minhas obras completas? Tentei injetar-lhes um pouco de agilidade, mas estão levando mais de cinco anos com um único volume que ainda não saiu[3]. Escrevi a Mr. Barrett da Bollingen Press[4] a respeito de meu ensaio sobre a sincronicidade. Poderia ser facilmente traduzido e publicado.

Agradeço o seu amável interesse.

Yours sincerely,
(C.G. Jung)

1. O Professor Rhine havia escrito a Jung (carta de 04.02.1953) agradecendo o envio do livro de Jung-Pauli, *Naturerklärung und Psyche* (Zurique, 1952). Ali está contido o ensaio de Jung, "Sincronicidade como um princípio de conexões acausais", em que se refere várias vezes aos estudos de Rhine sobre as "Extrasensory Perceptions". Rhine havia proposto testar experimentalmente a teoria da sincronicidade de Jung e pediu sua ajuda.
2. Por sugestão de Jung, um grupo de pesquisadores trabalhava no Instituto C.G. Jung, de Zurique, com métodos intuitivos como astrologia, numerologia, tarô, I Ching etc. A pesquisa era realizada com pessoas que haviam sofrido um acidente.
3. O primeiro volume das Obras Completas de Jung publicado em inglês foi *Psychology and Alchemy* (Bollingen Series, New York, Collected Works 12). Jung não tinha noção naquela época das dificuldades para planejar uma edição de vinte volumes e esperava ansiosamente a saída do primeiro. Mais tarde acompanhou com agradecimentos e alegria a publicação dos diversos volumes isolados.
4. Cf. carta a Barrett, de 11.02.1954, nota 1.

Ao Dr. Carl Seelig[1]
Zurique

25.02.1953

Prezado senhor!

Cheguei a conhecer Albert Einstein[2] através de seu discípulo, um certo Dr. Hopf[3], se não me engano. O Professor Einstein foi naquela época várias vezes meu hóspede ao jantar, quando estavam presentes, uma vez, Adolf Keller[4] e outras vezes o professor Eugen Bleuler, um psiquiatra e meu chefe em tempos idos. Isto foi há muito tempo, quando Einstein estava desenvolvendo sua primeira teoria da relatividade[5].

Ano 1953

Ele tentou expor-nos, com maior ou menor êxito, os elementos fundamentais dela. Como não matemáticos, nós psiquiatras tivemos dificuldade de acompanhar o seu argumento. Mesmo assim, entendi o suficiente para ter uma boa impressão dele. Foi sobretudo a simplicidade e retidão de seu modo genial de pensar que me impressionou profundamente e exerceu uma influência duradoura sobre o meu próprio trabalho intelectual. Foi Einstein que me deu o primeiro impulso para pensar numa possível relatividade do tempo e espaço e de seu condicionamento psicológico. Mais de 30 anos depois desenvolveu-se, a partir desse impulso, minha relação com o físico e Professor W. Pauli e minha tese da sincronicidade psíquica. Com a saída de Einstein de Zurique, cessaram meus contatos com ele, e não creio que ele se lembre ainda de mim. É difícil imaginar um contraste maior do que o existente entre o matemático e a mentalidade psicológica. O primeiro é extremamente quantitativo e a segunda é também extremamente qualitativa.

Com saudações cordiais de
(C.G. Jung)

1. Dr. phil. Carl Seelig, 1894-1962. Escritor, jornalista, crítico de teatro. Obras, entre outras: *Albert Einstein und die Schweiz*, Zurique, 1952. Este estudo biográfico foi ampliado para *Albert Einstein. Eine dokumentarische Biographie*, Zurique, 1954, e finalmente para *Albert Einstein. Leben und Werk eines Genies unsere Zeit*, Zurique, 1960. Em sua carta de 23.02.1953, Seelig pedia a Jung que contasse bem livremente alguma coisa sobre o seu relacionamento com o professor Einstein e suas impressões sobre ele.
2. Até 1909, Einstein trabalhava no bureau de patentes em Berna; 1909-1910, professor de Física Teórica na Universidade de Zurique e em 1912, professor na Eidgen. Technischen Hochschule, Zurique (1911-12, professor na Universidade Alemã de Praga).
3. Dr. Ludwig Hopf, físico teórico.
4. Cf. carta a Keller, de 20.03.1951, nota 1.
5. O trabalho fundamental de Einstein sobre a "Teoria especial da relatividade" foi publicado em *Annalen der Physik*, vol. 17, 1905; em 1915 ele o ampliou para "Teoria geral da relatividade".

Ao Dr. Ignaz Tauber
Winterthur

13.03.1953

Prezado colega!

Desculpe o meu atraso. Já deveria tê-lo informado há mais tempo. O Convenal teve bom efeito. Devido a um sonho abandonei completamente o fumo há 5 dias[1]. A última queda do barômetro, dois dias atrás, *não* me afetou. Espero agora pela próxima. A nevada teria sido ideal em outras ocasiões. Dê minhas saudações especiais à sua esposa. Agradeço a sua carta. Por enquanto estou ainda de péssimo humor. O que fariam os deuses sem um sacrifício de fumar?

Estou razoavelmente bem. Saudações cordiais de

C.G. Jung

1. No dia 04.02. Jung havia escrito ao Dr. Tauber: "Por certo tempo observei fielmente as rigorosas prescrições de abstinência, até que minha impaciência me levou novamente a algumas cachimbadas. Dos dois males pareceu-me ser o cachimbo o menor [...]".

Ao Dr. Josef Rudin[1]
Zurique

14.03.1953

Prezado Doutor!

Devo-lhe meu agradecimento pelo gentil envio de seu ensaio sobre *Jó*[2]. Na polaridade divina, trata-se psicologicamente de uma *oppositio* e não de *contradictio*[3], e por isso Nicolau de Cusa fala de "opposita". A não reciprocidade da relação homem-Deus é uma doutrina difícil[4]. As criaturas seriam então coisas, mas não indivíduos livres, e qual seria o motivo para a encarnação se o destino da humanidade não afetasse a Deus? Também nunca se ouviu dizer que uma ponte levasse apenas a um lado do rio. A ideia original não é que o homem não pode exercer nenhuma *compulsão sobre Deus*? Mas que, por exemplo, a oração das pessoas pode chegar a Deus? E que pela encarnação Deus tornou-se muito mais acessível?

Desculpe, por favor, estas perguntas ingênuas. Não precisam de resposta.

Com elevada consideração,

(C.G. Jung)

1. Prof. Dr. phil. Josef Rudin, psicoterapeuta, professor no Instituto de Psicologia Aplicada da Universidade de Friburgo; professor honorário da Universidade de Innsbruck. Obras, entre outras: *Psychotherapie und Religion*, 2ª ed., Olten, 1963; *Fanatismus*, Olten, 1965; "Das Schuldproblem in der Psychologie von C.G. Jung", em *Weltgespräch*, n. 6, Friburgo, 1968.
2. J. Rudin, "'Antwort auf Hiob', zum gleichnamigen Buch von C.G. Jung", em *Orientierung*, Zurique 28.02.1953.
3. Dr. Rudin havia proposto em sua carta (26.02.1953) procurar uma solução ao problema do mal e do "duplo aspecto de Deus" com base na distinção escolástica entre "oppositio" e "contradictio", "atribuindo a Deus a tensão interna da 'oppositio' de diversos atributos (no sentido da 'complexio oppositorum'), mas não qualquer 'contradictio'".
4. Dr. Rudin havia chamado a atenção para a doutrina católica, segundo a qual era necessária a relação do homem com Deus, mas não deste com aquele.

To Mr. E. Roenne-Peterson[1]
Estocolmo

16.03.1953

Dear Sir,

A *inseminatio artificialis* poderia de fato tornar-se um problema público e legal numa sociedade em que veio a predominar um ponto de vista racionalista e materialista, e onde foram suprimidos os valores culturais como a liberdade de pensamento e relacionamentos humanos. Este perigo não está tão afastado que se possa desconsiderá-lo. Por isso é uma questão legítima quando alguém pergunta sobre as possíveis consequências de semelhante prática.

Do ponto de vista da psicopatologia, o efeito imediato seria uma gravidez "ilegítima", isto é, sem pai, ainda que a fertilização tenha ocorrido dentro do matrimônio e sob condições legais. Seria um caso de *paternidade ignorada*. Uma vez que os seres humanos são cada qual um indivíduo, e não algo intercambiável, o pai não poderia ser substituído artificialmente. A criança sofreria inevitavelmente os embaraços da ilegitimidade, ou da orfandade, ou da adoção. Estas condições deixam seus traços na psique da criança.

O fato de a inseminação artificial ser um procedimento bem conhecido na geração do gado rebaixa o *status* moral da mãe humana ao nível da vaca, não importando o que ela pense ou o que lhe foi impingido. Como qualquer touro, que tenha as características raciais desejadas, pode ser um doador, assim qualquer homem, apreciado do ponto de vista geracional, é bom o suficiente para a procriação anônima. Tal procedimento leva a uma depreciação catastrófica da pessoa humana, e seu efeito destrutivo sobre a dignidade humana é óbvio. Não tendo experiência prática neste assunto, não sei qual é a consequência psicológica de uma concepção levada a efeito dessa maneira "científica" a sangue-frio e o que poderia sentir a mãe que tivesse que carregar o filho de alguém totalmente estranho. Posso imaginar que o efeito poderia ser igual ao de um estupro. Parece-me um sintoma sinistro da condição mental e moral de nosso mundo o simples fato de que tais problemas tenham que ser discutidos.

Sincerely yours,
(C.G. Jung)

---

1. Mr. E. Roenne-Peterson era assistente psicológico de um grupo de cientistas escandinavos que protestavam contra a permissão da inseminação artificial nos países nórdicos.

Ao Pastor Dr. Jakob Amstutz
Frauenkappelen/Suíça

28.03.1953

Prezado Pastor!

Queira desculpar o atraso da resposta à sua gentil carta de 09.03. Ela é na verdade uma agradável exceção. Existem realmente exceções. No mais, reina sombria escuridão. O que o senhor sentiu na minha crítica da imagem javista de Deus também eu senti em relação ao meu livro: um drama que fugiu ao meu controle. Senti-me totalmente como *causa ministerialis* de meu livro. Sobreveio-me repentina e inesperadamente durante uma doença febril[1]. Considero o conteúdo como um desdobramento da consciência divina na qual eu tenho parte *nolens volens*. Foi necessário ao meu equilíbrio interno que tomasse consciência desse desenvolvimento.

A pessoa humana é o espelho que Deus coloca diante de si, ou o órgão dos sentidos pelo qual apreende o seu ser.

O chamado progresso possibilita uma tremenda multiplicação de pessoas e leva ao mesmo tempo a uma inflação espiritual e a uma inconsciência de Deus (genitivo acusativo). O ser humano se confunde com Deus, é idêntico aos demiurgos e começa a apoderar-se de forças cósmicas de destruição, isto é, arranja um dilúvio moderno. Mas ele deveria conscientizar-se do enorme perigo de Deus tornar-se homem, que o ameaça com o tornar-se Deus, e entender melhor os mistérios de Deus.

Com a fé, na Igreja Católica, não é tão perigoso na prática. A Igreja está sobre dois pés, o protestantismo só sobre a "sola fide"[2] e por isso é tão importante a fé, ao passo que para o católico não é assim. Às vezes basta-lhe "semel credidisse"[3], pois ele possui as graças rituais.

Saudações cordiais,
(C.G. Jung)

1. Cf. para tanto a carta a Corbin, de 04.05.1953.
2. Cf. carta a White, de 05.10.1945, nota 9.
3. Cf. *Psicologia e alquimia*, OC, vol. XII, par. 12.

To Professor R.A. McConnell[1]
University of Pittsburgh
(Pennsylvania)/EUA

14.04.1953

Dear Sir,

Li o seu interessante artigo "ESP – Facts or Fancy?", em *The Scientific Monthly*[2], para o qual o Professor Pauli, de Zurique, me chamou a atenção. Impressionou-me

Ano 1953

sobretudo o fato de o problema da PES como um todo tenha sido assumido por físicos, já que esta ciência se preocupa mais com fenômenos que questionam os conceitos básicos de tempo e espaço. Eu me defrontei com vários casos de PES espontânea com meus pacientes, e suas implicações teóricas ocuparam meus pensamentos em boa parte durante trinta anos, mas só no último consegui decidir-me a escrever sobre este problema desconcertante[3]. Ainda não existe uma tradução inglesa, mas a Bollingen Press parece haver decidido publicar o livro.

Ficarei agradecido se me mantiver ao par de seus resultados. Não espero um relatório detalhado; bastará dar-me as linhas principais. Com os melhores votos, sou

Sincerely yours,
(C.G. Jung)

1. R.A. McConnell, professor de Física, Universidade de Pittsburgh, EUA.
2. *The Scientific Monthly*, LXIX, 2, Lancaster, Pa., 1949.
3. "Sincronicidade: um princípio de conexões acausais", em OC, vol. VIII.

À Senhorita Pastora Dorothee Hoch
Riehen-Basileia

30.04.1953

Prezada senhorita!

Foi muita gentileza sua escrever-me outra vez, ainda que eu não tenha respondido sua carta de 05.12.1952. Visto que meu estado de saúde vem deixando a desejar há mais tempo e visto que a senhorita não está em condições de seguir a minha linha de pensamento, fugiu-me o ânimo de responder-lhe mais uma vez. Trata-se simplesmente e apenas de uma questão que já os antigos cristãos haviam entendido, que sempre foi entendida na Idade Média e que toda a Índia já entendeu desde tempos imemoriais[1]. O quanto a senhorita me entende mal conclui-se de sua frase de que "a psicanálise (!) quer levar a pessoa a descobrir o seu si-mesmo como a meta última". Talvez a "psicanálise" pretenda algo parecido, mas eu não penso em semelhante futilidade, pois o si-mesmo é por definição uma grandeza transcendental com a qual se defronta o eu. É um completo mal-entendido (e o contrário daquilo que eu sempre acentuei) que o si-mesmo seja uma "concentração sobre o mim". Isto é precisamente o que ele não é. Qualquer que seja o destino último do si-mesmo (e os místicos cristãos também têm algo a dizer aqui), ele significa em todos os casos e em primeiro lugar o fim do eu. A senhorita mesmo diz (o que v. Orelli[2] disse e eu sempre afirmei) que Cristo é o "si-mesmo de todos os si-mesmos"[3]. Esta é a definição correta do si-mesmo e significa: assim como Cristo está relacionado com todos os indivíduos, todos os indivíduos estão relacionados com Cristo. Todo si-mesmo tem a qualidade de pertencer ao "si-mesmo de todos os si-mesmos", e o si-mesmo de todos os si-mesmos consiste dos si-mesmos individuais. O conceito psicológico concorda plenamente com isto.

Nada tenho a objetar contra suas formulações teológicas, pois se quisesse criticá-las deveria antes conseguir conhecimentos teológicos bem maiores. A senhorita trata a psicologia com pouco caso e não percebe que a compreende tão mal. Meu empenho visava dar-lhe uma concepção mais correta de minha psicologia. Mas isto é impossível, conforme devo admitir para tristeza minha. Realmente não é fácil entrar em diálogo com os teólogos: eles não escutam o outro (que está errado de antemão), mas apenas a si mesmos (e chamam isto de Palavra de Deus). Isto talvez provenha do fato de terem de pregar de cima do púlpito, a que ninguém tem direito de responder. Esta atitude, que encontrei quase em toda parte, afugentou-me da Igreja, bem como a muitos outros. Gosto de conversar com teólogos protestantes e católicos, que entendem e querem entender o que eu falo. Mas o diálogo chega ao fim quando se esbarra contra a parede da Igreja e da Confissão, pois ali começa o autoritarismo e o instinto de poder que não admite nada fora dele próprio. Por isso o diabo ri diante das 400 denominações protestantes que se hostilizam e diante do grande cisma reformador. As Igrejas cristãs não conseguem entender-se! Que escândalo infernal! A senhorita não encorajou a minha tentativa de construir pontes. Não desejo importuná-la mais com os meus paradoxos, devo antes pedir-lhe perdão por aquilo que lhe parece inevitavelmente como sendo agressividade injusta de minha parte. Não gostaria de ofendê-la ou magoá-la inutilmente, por isso quero repetir que nada tenho contra as suas formulações teológicas e que as considero válidas dentro de seu gênero. Minha esperança era proporcionar-lhe uma visão mais razoável e menos deturpada de minha psicologia. Evidentemente sou péssimo advogado em causa própria e, por isso, gostaria de despedir-me da senhorita com muitas desculpas.

Com elevada consideração,
C.G. Jung

1. Jung refere-se ao mal-entendido na carta da destinatária (05.12.1952) de que era "um sofisma crer que o si-mesmo humano pudesse alguma vez coincidir com o si-mesmo divino, que tem sozinho a vida em si mesmo".

Ano 1953

2. Cf. carta a v. Orelli, de 07.02.1950, nota 1.

3. Sobre a relação de Cristo e o si-mesmo, cf. o capítulo "Cristo, símbolo do si-mesmo", em *Aion* (OC, vol. IX/2) e o capítulo "Cristo como arquétipo", em OC, vol. XI.

Prof. Henry Corbin[1]
Institut Franco-Iranien
Teerã/Irã

04.05.1953

Cher Monsieur,

Recebi, há poucos dias, a separata de seu ensaio sobre a "Sophia Eternelle"[2]. Infelizmente não consigo expressar todos os pensamentos e sentimentos que me ocorreram durante a leitura de sua admirável exposição. Meu francês está por demais enferrujado para que possa formular com precisão o que gostaria de lhe dizer. Seja como for, preciso dizer-lhe o quanto me alegrei com seu trabalho. Foi uma alegria incomum e uma experiência muito rara, única mesmo, ser entendido totalmente. Estou acostumado a viver num vácuo intelectual mais ou menos completo, e meu *Resposta a Jó* em nada colaborou para uma diminuição disto. Ao contrário, provocou uma avalanche de preconceitos, mal-entendidos e sobretudo de tremendas bobagens. Recebi centenas de críticas, mas nenhuma, nem de longe, chega perto de sua compreensão clara e profunda.

A intuição do senhor é espantosa. Schleiermacher é de fato um de meus ancestrais espirituais. Foi ele que batizou o meu avô, católico de nascimento, que já era médico na época[3]. Mais tarde foi muito amigo do teólogo de Wette[4] que, por sua vez, tinha bom relacionamento com Schleiermacher. O espírito aberto, esotérico e individual de Schleiermacher faz parte da atmosfera intelectual de minha família por parte de pai. Nunca estudei as suas obras, mas inconscientemente ele foi o *spiritus rector*.

O senhor diz que leu o meu livro como um "oratório". O livro "me veio à mente" durante uma doença febril. Acompanham-no a grandiosa música de um Bach ou de um Händel. Não sou do tipo auditivo. Por isso nada ouvi realmente; tive apenas a sensação de assistir a uma grande sinfonia ou, melhor, a um concerto. Tudo era uma aventura que me arrebatou, e eu me apressei em escrevê-la.

Devo lembrar ainda que de Wette tinha a tendência de "mitificar" (como ele dizia) os relatos "maravilhosos" (isto é, chocantes) da Bíblia. Assim conservava o seu valor simbólico. Este foi precisamente o meu empenho, não só com referência à Bíblia, mas também com referência às más ações de nossos sonhos.

Não sei como expressar-lhe minha gratidão, mas preciso dizer-lhe mais uma vez que apreciei muitíssimo sua benevolência e sua compreensão única.

Minhas recomendações à Madame Corbin. O caviar não ficou esquecido.

Veuillez agréer, cher Monsieur, l'expression de mes sentiments reconnaissants,

C.G. Jung

1. Henri Corbin, professor de Religião Islâmica na École des Hautes Études, Sorbonne, Paris. Diretor do Departamento de Iranologia do Instituto Franco-Iraniano de Teerã. Frequente conferencista nas reuniões Eranos.
2. Corbin, "La Sophia Eternelle", *La Revue de Culture Européenne*, III, 5, Paris, 1953.
3. Sobre o avô de Jung, Carl Gustav Jung, 1794-1864, cf. "Dados sobre a família de C.G. Jung", em *Memórias*, p. 342.
4. Wilhelm de Wette, 1780-1849, teólogo. Em 1819 teve de abandonar o professorado em Berlim, devido a suas ideias políticas avançadas; em 1822 tornou-se professor de Teologia na Universidade da Basileia.

Ao Dr. Zwi Werblowsky
The University
Leeds/Inglaterra

21.05.1953

Prezado Doutor!

Meus agradecimentos pelo gentil envio de suas duas conferências[1]. Eu as li com grande interesse; a segunda, até duas vezes, pois anteontem chegou a Zurique o Padre White. Sua crítica é muito interessante, mas um tanto difícil de se ler. Quando encontrei recentemente o Padre White, ele ainda não a havia lido. Mas espero ter a oportunidade de discutir com ele alguns pontos. O senhor tem toda a razão com o "hornet's nest"[2].

As duas figuras pretas em Kafka[3] referem-se a uma duplicação da sombra, ou do si-mesmo (the two white balls)[4]. Esta dualidade associa-se, por exemplo, aos mensageiros do submundo (Apocalipse de Pedro[5]) ou "aos animais úteis". Normalmente a sombra só aparece na unicidade. Se, às vezes, aparece na dualidade, trata-se por assim dizer de uma duplicação ótica, ou seja, de uma metade consciente e outra inconsciente, de uma figura sobre o horizonte e outra abaixo dele. O que eu sei de definitivo é que a duplicação parece ocorrer quando a figura separada é real num sentido especial, real como um fantasma. Aliás, as duplicações acontecem também no sonho, mas bem menos do que nos contos de fada e nas lendas. A duplicação é, por exemplo, a origem do motivo do "irmão hostil"[6].

Ano 1953 ───────────────────────────────

Li a passagem de Ibn Esra[7] em algum livro, mas não consigo lembrar-me dela no momento. Espero encontrar novamente a citação.

Com os melhores votos,

(C.G. Jung)

1. Dr. Z. Werblowsky, "Psychology and Religion", *The Listener*, Londres, 23.04.1953 e "God and the Unconscious", *The Listener*, Londres, 02.05.1953; as duas conferências no terceiro programa da BBC. "God and the Unconscious" era uma recensão crítica do livro, de igual título, do Padre Victor White.

2. Na segunda conferência-BBC, dizia o autor: (In certain cases the psychologist) "makes affirmations not only merely of what 'apears' but of what 'really' is in spite of appearances [...] and this raises a hornet's nest of questions".

3. Um motivo muitas vezes encontrado em Kafka é o aparecimento de duas figuras escuras e grotescas como, por exemplo, nos romances *Das Schloss* e *Der Prozess*.

4. Cf. Kafka, "Blumfeld, ein älterer Junggeselle", em *Beschreibung eines Kampfes*.

5. O Apocalipse de Pedro é um escrito apócrifo da primeira metade do século II, atribuído a Pedro.

6. Para o problema da duplicação, cf. OC, vol. IX/1, par. 608 (fig. 10). Para o motivo dos "irmãos inimigos", cf. carta a Evans, de 17.02.1954, nota 4.

7. Cf. carta a White, de 30.04.1952, nota 4.

Ao Dr. James Kirsch
Los Angeles (Calif.)/EUA

28.05.1953

Prezado colega!

Finalmente consigo agradecer-lhe pessoalmente a amável carta que me enviou por ocasião da morte de Toni Wolff[1]. No dia da morte dela, antes mesmo de haver recebido a notícia, tive uma séria recaída de taquicardia. Esta retrocedeu, mas deixou uma arritmia que prejudica muito minha capacidade física. Durante a época de Pentecostes arrisquei-me a vir para Bollingen, e espero recuperar-me ainda mais aqui.

Toni Wolff morreu tão repentina e inesperadamente que é quase impossível acreditar em seu desaparecimento. Eu a vi ainda dois dias antes. Ninguém suspeitava de nada. Os sonhos com o Hades, que eu havia tido já em meados de fevereiro, eu os referi exclusivamente a mim, pois nada indicava Toni Wolff. Nenhum dos que se relacionavam direta e intimamente com ela haviam tido sonhos premonitórios; e na Inglaterra, Alemanha e Zurique, só pessoas que a conheciam superficialmente.

No começo de minha doença, em outubro de 1952, sonhei com um grande elefante preto que estava arrancando uma árvore. (Desde então escrevi um ensaio mais longo sobre a "árvore filosófica"[2].) O arrancar a árvore pode significar também a morte. A partir de então sonhei mais vezes com elefantes que eu sempre tive de evitar cuidadosamente. Eles estavam aparentemente ocupados na construção de uma estrada.

Suas notícias interessaram-me muito. O professor de Antigo Testamento[3] aqui na universidade está tratando de meu *Jó* num seminário. É evidente que podemos considerar "Jó" sob vários ângulos. Atualmente estou ocupado com a relação do homem com Deus, isto é, com a imagem de Deus. Se a consciência de Deus é mais clara do que a humana, então a criação não tem sentido e a pessoa humana não tem razão de ser. Então Deus realmente não joga mais dados, como diz Einstein[4], mas inventou uma máquina que é pior ainda. De fato, a história da criação parece antes uma experiência com dados do que algo intencional. Estas considerações significam uma tremenda mudança na imagem de Deus.

Sincronicidade deve ser publicado brevemente em inglês e *Psicologia e alquimia* saiu finalmente.

A prática clínica da psicoterapia é simples medida de emergência que impede ao máximo as vivências numinosas. Isto funciona até certo ponto. Mas haverá sempre casos que passam além disso, mesmo entre os médicos.

A "pedrinha branca" (*calculus albus*) aparece no Apocalipse como símbolo da eleição[5].

À base do modelo do si-mesmo, em *Aion*, está a visão de Ezequiel[6].

Saudações cordiais,
C.G. Jung

---

1. A Senhorita Toni Wolff (1889-1953), psicóloga analítica, foi por longos anos colaboradora e amiga de Jung. Era presidente do Clube de Psicologia de Zurique desde sua fundação, em 1916, até 1952. Cf. seu livro *Studien zu C.G. Jungs Psychologie*, Zurique, 1959. O prefácio de Jung está em OC, vol. XVIII.

2. Em *Von den Wurzeln des Bewusstseins* e em OC, vol. XIII.

3. Prof. Dr. Victor Maag.

4. Dr. Kirsch havia citado a fase cunhada por Einstein: "I cannot believe that God plays dice with the world". Em Lincoln Barnett, *The Universe and Dr. Einstein*, Nova York, 1948, p. 26. Barnett não informa onde Einstein escreveu estas palavras.

5. Ap 2,17.

6. Ez 1,4s. Para o "modelo", cf. *Aion*, OC, vol. IX/2, par. 410s.

Ano 1953

À Aniela Jaffé
Zurique

29.05.1953

Prezada Aniela!

[...]

O espetáculo da natureza eterna me dá uma sensação dolorosa de minha fraqueza e transitoriedade, e não encontro diversão alguma em imaginar uma *aequanimitas in conspectu mortis*. Como sonhei certa vez, minha vontade de viver é um δαίμων fogoso que torna às vezes infernalmente difícil a consciência de minha mortalidade. Pode-se no máximo salvar a cara, como o administrador infiel, e isto nem sempre, para que meu Senhor não encontre coisas demais a elogiar. Mas o δαίμων não se importa com isso, pois a vida é no fundo aço sobre pedra.

Cordialmente seu
C.G.

To Richard F.C. Hull[1]
Ascona/Ticino

Sem data (carimbo do correio: 03.08.1953)

Dear Mr. Hull,

Nenhuma objeção para usar minha analogia da formiga e do telefone[2]. Na verdade, o experimento todo está enfeitiçado[3], muito mais do que eu disse. O velho mago teve um tempo glorioso. Há dois anos, quando eu elaborava as estatísticas, ele me olhou fixamente de uma pedra que está na parede de minha torre em Bollingen[4]. Quando eu o esculpi, descobri sua identidade. Pensei que o tivesse exorcizado, mas eu estava de novo e obviamente enganado. A última notícia é que "Sincronicidade" vai aparecer com Pauli![5]

Sincerely yours,

C.G. Jung

1. Richard Francis Carrington Hull, nascido em 1913, Ascona, atualmente Palma-Mallorca, tradutor das obras e das cartas de C.G. Jung para o inglês.
2. Numa carta a Hull (16.07.1953), Jung usou as analogias mencionadas para esclarecer o cálculo de probabilidade de seus experimentos sincronísticos. Ambas foram assumidas na edição inglesa (Coll. Works 8, par. 901). Cf. também *Naturerklärung und Psyche*, 1952, p. 62; OC, vol. VIII, par. 897.
3. Houve uma porção de cálculos errados na avaliação estatística dos resultados de "Um experimento astrológico" (cap. 2 do trabalho sobre a sincronicidade). Jung e Markus Fierz (cf. carta a Fierz, de 30.04.1954) fizeram para a edição inglesa as devidas correções, às quais Jung acrescentou algumas explicações.

4. Na face não polida das pedras com que foi construída a "torre" em Bollingen, Jung enxergava esboços de figuras que ele esculpiu em baixo-relevo. Também esculpiu a cabeça do mago do qual afirmou mais tarde ser parecido com Balzac. Cf. o capítulo "A torre", em *Memórias* e a carta a Tauber, de 13.12.1960.

5. Trata-se da tradução inglesa de Jung-Pauli, *Naturerklärung und Psyche*. Foi publicado sob o título *The Interpretation of Nature and the Psyche*, como volume LI da "Bollingen Series", Nova York e Londres.

A uma destinatária não identificada
Suíça

Bollingen, 03.08.1953

Prezada M.,

Agradeço de coração os seus votos de feliz aniversário. Infelizmente não consigo lembrar-me, aqui em Bollingen, do que a senhora me enviou como presente. Foi tão grande a avalanche de cartas, flores e presentes que me inundaram de modo que não me lembro mais de nada, a não ser de sua carta com a questão central sobre a *oração*. Isto foi e é um problema para mim. Alguns anos atrás, achava eu que todas as reivindicações que iam além do que *é*, eram injustificadas e infantis, de modo que não se deveria pedir nada que não fosse garantido. Não podemos lembrar a Deus de nada, nem prescrever-lhe coisa alguma, a não ser que ele nos queira impor algo que a limitação humana não pode suportar. Deve-se perguntar naturalmente se isto acontece. Acredito que a resposta é sim, pois se Deus precisa de nós como reguladores de sua encarnação e de sua conscientização, é porque em sua ilimitação ultrapassa todas as limitações necessárias para a aquisição da consciência. Ficar consciente é uma renúncia constante, pois é uma concentração progressiva.

Se isto for correto, então pode acontecer que Deus precise ser "lembrado". O si-mesmo mais profundo de toda pessoa e animal, das plantas e dos cristais é Deus, mas infinitamente diminuto e adaptação à sua definitiva forma individual. Numa aproximação das pessoas ele é por isso também "pessoal" como um Deus antigo, por isso semelhante à pessoa humana (como Javé em Ezequiel).

Um antigo alquimista formulou assim o relacionamento com Deus: "Ajuda-me, para que eu te ajude"[1].

Saudações cordiais,
(C.G.)

1. Citação parecida encontra-se no *Rosarium Philosophorum*, Frankfurt no Meno 1150, p. 239. Aqui é o lapis que diz as palavras: "Protege-me, protegam te" (Protege-me, para que eu te proteja). Cf. *Psicologia e alquimia* (OC, vol. XII), par. 155.

Ano 1953

Ao Dr. Gerhard P. Zacharias[1]
Zurique

24.08.1953

Prezado Doutor!

A leitura de seu manuscrito[2], até onde cheguei no momento, foi muito interessante e instrutiva. Acho que o senhor conseguiu, do ponto de vista teológico, assimilar com bastante abrangência os resultados da moderna psicologia do inconsciente, o que se assemelha a uma encarnação ou realização do *logos*. Assim como Orígenes entende a Sagrada Escritura como corpo do *logos*, também a psicologia do inconsciente pode ser entendida como um fenômeno de recepção. A imagem de Cristo, como a concebemos anteriormente, não surgiu por intermediação humana, mas o Cristo transcendental ("total") criou para si um corpo novo e mais específico[3]. O Reino de Cristo, ou o *âmbito* do *logos* "não é deste mundo", mas uma interpretação para além do mundo; por isso é tão lamentavelmente incorreto quando a teologia, toda vez que faz uma de suas inevitáveis afirmações *contra naturam*, procura ansiosamente uma desculpa racional como, por exemplo, o fogo no Sinai é justificado através de restos da atividade vulcânica no Mar Vermelho! Isto mostra o quanto descambou a transcendência da concepção cristã.

Por favor, não me leve a mal pela opinião de que sua aproximação ocasional do estilo esquizofrênico heideggeriano ou neo alemão clássico (como *Auf-forstung, betreten, An-rempelung, Unter-teilung*) não atua convincentemente sobre o leitor. O senhor também cita demais o meu nome. Desculpe!

Atenciosamente[4]

C.G. Jung

Recomendações especiais à sua esposa!

---

1. Dr. Gerhard P. Zacharias, na época pastor greco-ortodoxo, agora analista em Munique. Obras, entre outras: *Psyche und Mysterium*, Zurique 1954; *Ballett – Gestalten und Wesen*, Colônia, 1962; *Satanskult und Schwarze Messe*, Wiesbaden, 1964.
2. *Psyche und Mysterium*, Zurique, 1954, Estudos do Instituto C.G. Jung, vol. V.
3. Para entender esta passagem da carta, cf. A. Jaffé, *Der Mythus vom Sinn im Werk von C.G. Jung*, Zurique, 1957, p. 145.
4. Jung riscou a palavra "ergebener" e a substituiu por "er-gebener".

À Condessa Elisabeth Klinckowstroem[1]
Nassau/Lahn
Alemanha, Zona francesa

02.09.1953

Prezada Condessa!

Muito me alegrou ouvir novamente alguma coisa da senhora após tantos anos. Também me alegrei muito por saber que gostou de meus livros. A perda da Senhorita Wolff me atingiu de fato profundamente[2]. Ela deixou em nosso meio uma lacuna impreenchível. Minha saúde está numa base oscilante. Mas quando se tem 79 anos, nada mais causa admiração.

A filosofia oriental preenche uma lacuna em nós, mas sem resolver o problema colocado pelo cristianismo. Como não sou hindu nem chinês, devo contentar-me com meus pressupostos europeus, caso contrário corro o perigo de perder pela segunda vez as minhas raízes. Prefiro não arriscar algo assim, pois sei o que custa recompor uma continuidade perdida. Cultura é continuidade. Fiquei feliz em saber que conheceu Jacobsohn. A senhora conhece seu excelente escrito "Das Gespräch eines Lebensmüden mit seinem Ba"?[3]

Minha esposa envia-lhe saudações.

Atenciosamente
C.G. Jung

1. A Condessa Klinckowstroem encontrou Jung pela primeira vez em 1927, no círculo de relações do Conde Keyserling, por ocasião de uma reunião da "Escola da Sabedoria" em Darmstadt.
2. Cf. carta a Kirsch, de 28.05.1953, nota 1.
3. Publicado em *Zeitlose Dolumente der Seele*, Estudos do Instituto C.G. Jung, Zurique, 1952.

Ao Dr. R.J. Zwi Werblowsky
The University
Leeds/Inglaterra

02.09.1953

Prezado Doutor!

Muito obrigado pelo gentil envio do texto de R. Gikatilla sobre os sonhos[1]. A identificação de chalom e cholem com Kether[2] é muito interessante, apesar de toda chulice. Quando li isto tive que pensar na questão, levantada recentemente por um matemático, se era possível produzir *grupamentos absolutos de casualidade*. De cada unidade – enquanto unidade – devem ser feitas as mesmas afirmações. E nesta medida todas as unidades são idênticas. A unidade é necessariamente "$\dot{\alpha}\rho\chi\dot{\eta}$"[3] e origem da

Ano 1953

multiplicidade. Devido à indiferenciação, o inconsciente é unidade e, por isso, ἀρχὴ μεγάλη[4] e também indistinguível de Deus.

Compreendo que a África do Sul não o atraia. Uma colônia é a coisa mais desagradável que se possa imaginar hoje em dia.

Saudações cordiais,
C.G. Jung

1. Cf. para isso Zwi Werblowsky, "Kabbalistische Buchstabenmystik und der Traum (Joseph ben Abraham Gikatillas Exkurs über Herkunft und Bedeutung der Träume)". em *Zeitschrift für Religions- und Geistesgeschichte*, ano VIII, caderno 2, Colônia, 1956. O ensaio contém a tradução de um texto hebraico de Gikatilla sobre o sonho (Scha'ar ha-Nikkud). Gikatilla, 1248-1305, um mestre da cabala, vincula a mística do alfabeto, muito difundida na cabala, com a doutrina do chamado sefirot.
2. Segundo Werblowsky, cholem é o ponto vogal mais elevado da gramática hebraica que representa ao mesmo tempo "a unidade de todas as possibilidades da linguagem". Pelos cabalistas é ele coordenado com a suprema sefirá kether ("coroa") que, segundo Werblowsky, deve ser entendida como "fonte primitiva e oculta de todo ser e essência". Assim também o ponto vogal mais elevado, cholem, representa não só a "unidade de todas as possibilidades da linguagem", mas, em coordenação com kether, igualmente a unidade do ser. Werblowsky considera como "ideia chula" o fato de o cabalista Gikatilla ligar o termo gramatical cholem à raiz ch-l-m "sonhar" (chalom = sonho, cholem = sonhador). "De acordo com Gikatilla, o sonho é uma mistura de afluxo do kether [...], por um lado, e de elementos humanos, por outro lado; ele é constituído de elementos arquetípicos e pessoais.
3. O início.
4. O grande início.

To Carleton Smith[1]
Director, National Arts Foundation, Inc.
c/o American Embassy/Berna

09.09.1953

Dear Sir,

É muita gentileza sua convidar-me para conselheiro da National Arts Foundation.

Seu plano de estabelecer prêmios no âmbito da atividade humana não coberta pelo Prêmio Nobel é de fato uma bela ideia. Uma vez que o Prêmio Nobel só considera as descobertas ou méritos no campo das ciências naturais e da medicina (com exceção do "prêmio da paz" político)[2], o bem-estar psíquico e espiritual foi completamente relegado. A paz interior da pessoa, seu equilíbrio mental e inclusive sua saúde dependem em grande parte de fatores mentais e espirituais que não podem ser substituídos por condições físicas. Se a saúde psíquica e a felicidade dependessem de uma boa alimentação e de outras condições físicas de vida, então todas as pessoas ricas seriam saudáveis e felizes, e todas as pessoas pobres seriam mentalmente desequilibradas, fisicamente doentes e infelizes. Mas não é o que acontece.

Os grandes perigos que ameaçam a vida de milhões não são fatores físicos, mas esquemas alucinantes e diabólicos que causam epidemia mental nas massas psiquicamente indefesas. Não há comparação entre a pior doença ou a maior catástrofe da natureza (tremores de terra, enchentes e epidemias) e aquilo que o homem pode fazer a outro homem hoje em dia.

Um prêmio deveria ser dado às pessoas que suprimem eficazmente a irrupção da loucura política ou do pânico (Churchill!), ou que promovem grandes ideias para alargar o horizonte mental e espiritual do homem. Deveriam ser premiadas as grandes descobertas relativas à origem do ser humano (paleontologia e arqueologia), à estrutura do universo (astronomia e astrofísica), ou à natureza da psique (por exemplo J.B. Rhine, por seus experimentos da percepção extrassensorial).

O que o senhor precisa sobretudo são *bons conselheiros*, isto é, representantes dos mencionados campos de conhecimento e pesquisa, que não são apenas especialistas, mas que têm um horizonte amplo.

O grande problema é que as novas ideias raramente são reconhecidas pelos contemporâneos. A maioria deles combatem cegamente toda tentativa criativa em seu campo específico. Eles prosperam em coisas já conhecidas e, por isso, "seguras". As universidades são as piores sob este ponto de vista. Mas é possível encontrar pessoas independentes e inteligentes também entre os professores.

A melhor coisa que o senhor poderia fazer seria viajar e conversar com os principais representantes dos departamentos de história, arqueologia, filologia (teologia?), psicologia, biologia, religião comparada, etnologia (antropologia), política e sociologia. Não menciono a filosofia, pois sua tendência moderna já não inclui uma forma correspondente de vida e por isso só consiste de palavras.

Albert Schweitzer teria merecido um prêmio por seu livro corajoso e de suma importância sobre a pesquisa da biografia de Jesus[3], mas não por causa de suas proezas africanas, que qualquer médico modesto poderia ter vivido sem ser considerado santo. É simples fuga do problema chamado Europa.

Esta é uma carta não oficial que lhe dá minhas ideias e opiniões sobre o seu grande empreendimento[4].

Desejo-lhe tudo de bom!

Sincerely yours,
(C.G. Jung)

Ano 1953 ————————————————————————————

1. Carleton Smith, escritor americano, fundador e presidente da "National Arts Foundation", Nova York.
2. Jung não se lembrou do Prêmio Nobel de Literatura.
3. Albert Schweitzer, *Von Reimarus zu Wrede; eine Geschichte der Leben-Jesu-Forschung*, 1906.
4. Nunca chegou a distribuir prêmios.

À Aniela Jaffé
Zurique

Bollingen, 16.09.1953

Querida Aniela!

Perdoe-me por responder só agora à sua última carta. Estive sobrecarregado com a leitura de provas de meus livros e com a correspondência. Além disso chegaram as provas inglesas de "Sincronicidade", com uma porção de perguntas sobre a terminologia. Tenho no mínimo um trabalho de escrever durante 3 horas em 4 dias da semana. Isto é aproximadamente o máximo que posso produzir sem ter que pagar o excesso com sono perturbado e sintomas cardíacos. [...]

Tenho aqui 5 manuscritos para ler e uma porção de coisas menores para cuidar dentro e ao redor da casa. Tudo vai devagar e eu preciso cuidar-me, pois meu desempenho cardíaco é ainda arrítmico. Em geral estou melhor, pois consigo novamente dormir bem. Felizmente o tempo aqui esteve muito favorável nas últimas semanas.

Com as montanhas, nem pensar. Para mim é tudo complicado. Posso caminhar, no máximo, durante quinze minutos, e com isso não se chega a lugar nenhum.

Vejo, para espanto meu, que só falei de mim. Perdoe, por gentileza, este egoísmo senil. O septuagésimo nono ano é 80-1, e isto é um *terminus a quo* que só se pode levar a sério. O provisório da existência é indescritível. Tudo o que fazemos – se observamos uma nuvem ou cozinhamos uma sopa – nós o fazemos no limiar da eternidade e é seguido pelo sufixo da infinitude. É significativo e ao mesmo tempo fútil. E assim somos nós também: um centro singularmente vivo e ao mesmo tempo um momento que já passou. Somos e não somos. Este estado de espírito me confunde e me limita. Só com muito esforço consigo ver mais longe, para dentro de um mundo quase subsistente em si mesmo e que mal posso alcançar ou que me deixa para trás. Tudo está correto, pois não tenho forças para mudá-lo. Este é o *débâcle* da velhice – "je sais bien qu'à la fin vous me mettrez à bas".

Cordialmente seu
C.G.

To Prof. J.B. Rhine
Duke University
Durham (N.C.)/EUA

25.09.1953

Dear Dr. Rhine,

Lamento estar atrasado com a resposta à sua carta[1]. Já não tenho a mesma eficiência. Tudo precisa de seu tempo, normalmente um longo tempo.

Não tenho certeza se posso reunir todas as minhas reminiscências sobre os acontecimentos parapsicológicos. Foram muitas. A reunião dessas histórias não me parece proveitosa. A coletânea de Gurney, Myers e Podmore[2] trouxe poucos resultados. As pessoas que sabem que existem tais coisas não precisam de confirmação ulterior, e as pessoas que não querem saber estão livres – como estiveram até hoje – para dizer que lhes contamos histórias de fadas. Encontrei tanta resistência desencorajadora que estou fartamente convencido da estupidez do mundo erudito. A *propos* – o senhor provavelmente ouviu falar que um jovem matemático de Bruxelas, um tal de Mr. Brown (?), defendeu a seguinte opinião: se sua PES é fato, os fundamentos de seu cálculo de probabilidade devem estar errados, pois neste caso não se trata de genuínos grupamentos ou séries de acasos[3]. Até certa (pequena) medida, tudo parece em ordem. Não estou bem certo, mas isto não estaria mal para a minha concepção da sincronicidade.

O homem-mescalina no Canadá é o Dr. Smythies, do Queens Hospital em Londres[4]. Ele é o autor dessa monstruosa hipótese de um universo 7-dimensional, o tema de um simpósio no Proc. do SPR[5]. Não consigo ver o que esta hipótese pode trazer de interessante para o estudo da PES.

Acho totalmente sem futuro tentar ligar a PES a qualquer psicologia personalista[6]. Também acho que o fator emocional não tem nenhuma importância causal, isto é, etiológica. Como o senhor diz, e com razão, os fatores pessoais podem apenas atrapalhar ou ajudar, mas não causar. *O aspecto mais importante da PES é que ela relativiza os fatores espacial e temporal*. E isto vai muito além da psicologia. Se espaço e tempo forem psiquicamente relativos, então a *matéria* também o é (telecinese!); assim a *causalidade seria apenas estatisticamente verdadeira*, o que significa que há inúmeras *exceções acausais*, *quod erat demonstrandum*.

Como ninguém sabe o que é telepatia, precognição ou clarividência (a não ser que são nomes para grupos de acontecimentos maldefinidos), poderíamos designá-las perfeitamente como x, y e z, isto é, três incógnitas que não conseguimos definir, ou

Ano 1953

seja, não conseguimos diferenciar x de y e de z etc. Sua única característica óbvia é a de serem designações arbitrárias de *um fator desconhecido*. Pode até mesmo ser que x = y = z e provavelmente vale que *principia explicandi praeter necessitatem non sunt multiplicanda*!![7] Mas parece que ninguém se dá conta desse gancho.

Esperando que esteja sempre com boa saúde,

Yours cordially,
(C.G. Jung)

1. Numa carta de 24.07.1953, Rhine propôs a Jung que ele reunisse suas experiências e observações parapsicológicas. Escreveu também sobre experimentos de PES sob o efeito da mescalina e na hipnose.

2. E. Gurney, F. Myers, F. Podmore, *Phantasms of the Living*, 2 vols., Londres, 1886. Uma coletânea de relatos, em grande parte comprovados, sobre fenômenos de fantasmas, "aparições", premonições etc.

3. Cf. Spencer Brown, "De la recherche psychique considérée comme un test de la théorie des probabilités", *Revue métapsychique*, Paris, maio-agosto 1954 e *Probability and Scientific Inference*, Londres e Nova York, 1957. Já antes Brown havia escrito duas cartas à revista *Nature*, Londres, julho e setembro de 1953, afirmando que os cálculos estatísticos dos experimentos de PES de Rhine continham erros. Mas isto foi refutado pelos matemáticos S.G. Soal e F. Bateman no livro *Modern Experiments in Telepathy*, Londres, 1954.

4. Dr. Smythies era na época psiquiatra no Hospital Saskatchewan, Weyburn, Canadá. Cf. carta a Smythies, de 29.02.1952, nota 1.

5. O tema do simpósio foi "On the Nature of Mind". Publicado em *Proceedings of the Society for Psychical Research*, Londres, 1952.

6. Da carta de Rhine: "psi functions [...] are not likely to be associated with personality characteristics or traits except as they are inhibited by the other operations of personality".

7. Cf. carta a Frischknecht, de 07.04.1945, nota 2.

Ao Pastor L. Memper
Kleinhüningen/Suíça

29.09.1953

Prezado Pastor!

Desculpe, por favor, o atraso de minha resposta. Sua carta me trouxe grande alegria e a lembrança de tempos remotos, há muito apagados. Já se passaram 59 anos desde que deixei a casa paroquial de Kleinhüningen[1]. Por isso agradeço de coração o seu convite[2]. Anos atrás eu o teria aceito de pronto, porque me sinto ligado a todas as etapas de meu caminho, mas agora estou velho demais e, por razões de saúde, já não posso assumir a responsabilidade de proferir uma conferência difícil em público. Falar a um público simples sobre um assunto complicado é uma arte difícil. De qualquer maneira não subiria ao púlpito. Isto só me aconteceu uma vez, num grande congresso de professores em Berna, que se realizou numa igreja sem o meu conhecimento prévio. Para meu horror, fui forçado a subir ao púlpito, o que me causou tamanho choque que nunca mais falei numa igreja. Não me dera conta do quanto significava para mim um espaço sagrado e um recinto sacrossanto. O uso profano que os protestantes fazem de suas igrejas eu o considero grave erro. É verdade que Deus pode estar em toda parte, mas isto não dispensa os fiéis da obrigação de oferecer-lhe um espaço declarado santo, caso contrário seria possível haver uma reunião com fins religiosos também numa sala de espera de terceira classe de uma estação ferroviária. Não se garante ao protestante nem mesmo um lugar sossegado e piedoso no qual possa refugiar-se do tumulto do mundo. Em lugar nenhum existe para Ele um *temenos* santificado, que sirva para um só e único destino sagrado. Por isso não é de admirar que tão poucas pessoas frequentem a igreja.

Mesmo antigamente, apesar de toda a minha disposição de atendê-lo, eu teria colocado como condição não realizar o encontro dentro da igreja, pois sou um fiel antiprofanador. Perdoe-me se aproveitei a ocasião de seu gentil convite para manifestar o meu protesto subjetivo. Mas sei de longa experiência psicológica que é muito doloroso para inúmeras pessoas cultas a profanação racionalista de nossas igrejas.

Ouvi dizer que a lápide sepulcral de meu pai foi erigida nas proximidades da igreja. Infelizmente não fiquei sabendo, quando a lápide ficou pronta, que meu pai ficou designado como *Dr. theol.*, em vez de *Dr. phil.* Na verdade, como orientalista, ele se doutorou em árabe.

Foi para mim grande alegria ouvir novamente alguma coisa de minha terra natal, pois lá passei ao menos 16 anos de minha juventude. Espero que não leve a mal os meus escrúpulos. Encontrei na Índia um templo magnífico e que agora está abandonado no deserto. Ele foi dessacralizado pelos muçulmanos há 400 anos, o que resultou em permanente profanação. Isto me deu certa ideia sobre a força desse sentimento de um recinto sagrado e sobre o vazio que nasce quando entra o profano.

Com elevada consideração e saudações cordiais,

(C.G. Jung)

1. Em 1879, o Pastor Paul Jung, pai de C.G. Jung, assumiu a paróquia de Kleinhüningen. Cf. *Memórias*, p. 28s.
2. O Pastor Memper havia convidado Jung para fazer uma conferência no domingo da Reforma dentro da igreja "para ele ter a oportunidade de falar no mesmo púlpito em que havia pregado seu pai".

Ano 1953

Ao Pastor W. Niederer
Zurique-Wipkingen

01.10.1953

Prezado Pastor!

Responderei os pontos que me coloca da melhor forma que posso fazê-lo por escrito[1].

1. Meu interesse estava, em primeiro lugar, em entender eu mesmo o sentido da mensagem cristã; em segundo lugar, transmitir este entendimento aos meus pacientes que sentiam uma necessidade religiosa; e, em terceiro lugar, salvar o sentido dos símbolos cristãos em geral.

2. Eu não faço nada com Deus. Como poderia? Critico apenas nossas *concepções de Deus*. Eu não sei o que Deus é em si. Em minha experiência só há fenômenos psíquicos que, em última análise, são de origem desconhecida, pois a psique em si é irremediavelmente inconsciente. Todos os meus críticos ignoram os limites epistemológicos que eu respeito claramente. Assim como tudo o que percebemos é fenômeno psíquico e, portanto, secundário, o mesmo acontece com toda a experiência interior. Nós deveríamos ser realmente modestos e não imaginar que podemos dizer qualquer coisa de Deus em si. Defrontamo-nos na verdade com enigmas terríveis.

Devemos estar conscientes de que existe um inconsciente. Eu não ouso formular o que o teólogo faz, mas o que eu faço é tentar tornar as pessoas suficientemente conscientes para que saibam onde podem querer e onde se confrontam com a força de um não eu. Na medida em que posso observar os efeitos desse não eu, também é possível para mim fazer afirmações sobre ele. Não tenho nenhum meio cognitivo real (apenas decisões arbitrárias) que me permitem distinguir o não eu em si incognoscível daquilo que os homens vêm chamando de Deus (ou deuses etc.) desde tempos imemoriais. Assim, por exemplo, parece-me que o supremo arquétipo do si-mesmo tem um simbolismo idêntico ao da imagem tradicional de Deus. Para mim é incompreensível como se poderia entender tudo isso sem o conhecimento da psicologia do inconsciente ou sem o autoconhecimento. Na psicologia só se entende aquilo que se experimentou ou vivenciou.

O arquétipo é a última coisa que posso entender do mundo interior. Com isso não se nega nada do que ainda poderia estar ali dentro.

3. Quando se admite que Deus atinge o profundo da psique, que a torna efetiva, ou seja, ela mesma, então os arquétipos são por assim dizer órgãos (instrumentos) de Deus. O si-mesmo "funciona" como a imagem de Cristo. É o "Christus in nobis" teológico. Assim já pensaram os antigos, inclusive Paulo, e não só eu. Eu me coloco

Ano 1953

claramente no plano empírico e falo psicologicamente, ao passo que o teólogo fala uma linguagem teológico-analógica ou mitológica.

Certamente a afirmação teológica do éon cristão não corresponde em todos os pontos ao empirismo psicológico, por exemplo em relação a Deus como *Summum Bonum* ou a Cristo como figura de luz pneumática e unilateral. Mas tudo o que vive se transforma, evolui inclusive; por isso o cristianismo já não é aquilo que era há 1.000 anos, ou há 1.900 anos. Pode diferenciar-se ainda mais, isto é, continuar *vivendo*, mas para isso precisa ser interpretado de forma nova a cada éon. Se isto não aconteceu (isto acontece até mesmo na Igreja Católica), sufoca-se no tradicionalismo. O fundamento, porém, continua eternamente o mesmo, isto é, os fatos básicos da psique.

4. Aqui só posso dizer: *O sancta simplicitas!* Sei que sou parte da fogueira *ad maiorem Dei gloriam*. Eu me considero uma pessoa cristã, mas isto não adiantou muito para Savanarola[2] e para Serveto[3]; nem o próprio Cristo escapou desse destino. Ai daquele por quem vier o escândalo[4]. O que dizer desse clero medíocre em relação ao seguimento de Cristo? Onde estão crucificados? Eles estão salvos sem aquele sofrimento, e Cristo pode continuar cuidando de tudo.

Recomendações à sua esposa e saudações cordiais,

(C.G. Jung)

1. O Pastor W. Niederer havia pedido a Jung que se pronunciasse sobre os seguintes pontos: 1. O esforço de Jung para tornar compreensível ao homem moderno a mensagem bíblica; 2. A afirmação dos críticos de que Jung "despersonalizava" Deus. A relação entre grau de consciência e pensamento religioso; 3. Se era possível considerar o efeito dos arquétipos como força de Deus; 4. A acusação frequente de que Jung era um "psicólogo não cristão da religião".
2. Girolamo Savanarola, 1452-1498, monge dominicano da Itália, autor de uma tentativa de reforma eclesiástico-política. Queimado na fogueira em Florença como herege e cismático.
3. Miguel Serveto, 1511-1553, médico e teólogo espanhol que atacou a doutrina da Trindade e professou uma espécie de neoplatonismo panteísta. Foi levado à fogueira por instigação de João Calvino, em Genebra. Oralmente Jung manifestou sua decepção pelo monumento modesto que os genebrinos erigiram em sua cidade como reparação a este homem religioso.
4. Mt 18,7.

To John Symonds
Londres

13.10.1953

Dear Sir,

A citação que o senhor gentilmente me enviou é muito interessante[1]. Obrigado.

Conheço pessoalmente casos em que crianças foram educadas de maneira muito racionalista e foram privadas do conhecimento do mundo encantado das histórias; elas mesmas criaram para si histórias fantásticas, evidentemente para preencher as lacunas deixadas pelos preconceitos estúpidos dos adultos.

Conheço o livro *The Great Beast*[2]. É realmente indescritível e excelente leitura para pessoas que têm uma imagem otimista demais da humanidade.

Yours sincerely,
C.G. Jung

1. Trata-se das seguintes frases de Charles Lamb, *The Essays of Elia*, "Witches and Other Night Fears", 1821: "Gorgons, and Hydras, and Chimaeras [...] may reproduce themselves in the brain of superstition – but they were there before. They are transcripts, types – the archetypes are in us, and eternal. How else should the recital of that, which we know in a waking sense to be false, come to affect us all?" Mr. Symonds chamou a atenção de Jung para o emprego da palavra "Archetypes".
2. John Symonds, *The Great Beast, The Life of Aleister Crowley*, Londres, 1951.

Ao Prof. Oskar Schrenk
Paris

18.11.1953

Prezado Professor,

Muito obrigado por sua amável carta que recebi na primavera deste ano. Naquela época eu estava doente e não pude cuidar de minha correspondência, de modo que sua carta ficou esperando. No entanto, não gostaria de perder a oportunidade de voltar a ela, porque contém coisas importantes. O "professor e sua filha"[1] é uma imagem moderna bem conhecida para o arquétipo do velho e sua filha na gnose: Bythos e Sofia[2]. O senhor deve lembrar-se da interessante história de amor de Sofia em *Adversus Haereses* de Irineu[3]. Quando se lê sobre materiais arquetípicos, é de todo inevitável que sejam atingidas as imagens primitivas no nosso próprio inconsciente. Quando a gente lê livros que nos afetam pessoalmente, existe sempre o perigo da imitação, e há muitas pessoas que acham que assim está tudo resolvido. Mas se tivermos uma atitude crítica e honesta para conosco mesmos, percebe-se logo o engano. Tudo quer ser vivido, positiva ou negativamente.

Quanto ao sonho de seu colega X.[4], descobri desde então que nos midraxes o símbolo da águia é atribuído ao Profeta Elias que, enquanto tal, sobrevoa a terra e espiona os segredos do coração humano. Sei de experiência que estas tradições antigas foram totalmente esquecidas pelos judeus, mas que, à menor provocação, podem reviver e causar às vezes sentimentos muito intensos de ansiedade.

Quanto às experiências telepáticas etc., gostaria de indicar-lhe um pequeno escrito, publicado por mim e pelo físico Prof. W. Pauli, cujo título é *Naturerklärung und Psyche*, Rascher & Co., Zurique. Lá encontrará as opiniões e os resultados mais modernos sobre este assunto.

Sua observação sobre a casa paroquial suábia faz sentido, pois minha avó por parte de mãe foi uma Faber (germanização de Favre du Faure) e, segundo penso, era de Tuttlingen. Era casada com meu avô, o antístete Samuel Preiswerk de Basileia[5]. Tive sempre a desconfiança de que meu bem-aventurado avô colocou um ovo muito estranho em minha mistura.

Com elevada consideração,
C.G. Jung

1. Cf. carta a Schrenk, de 08.12.1952, nota 1.
2. Segundo a gnose de Valentino (no Egito por volta do ano 160), o perfeito Pai primitivo Bythos (= abismo, profundeza) gerou com sua filha Sofia o salvador Cristo.
3. Irineu, bispo de Lião, por volta de 130-202, Padre da Igreja. Seus escritos contra os gnósticos, *Adversus Haereses libri quinque* são fonte importante para o conhecimento da doutrina gnóstica.
4. Cf. carta a Schrenk, de 08.12.1952.
5. Cf. *Memórias*, p. 345.

To Dr. Edward A. Bennet[1]
Londres

21.11.1953

My Dear Bennet,

Muito obrigado pelo gentil envio do livro de Jones sobre Freud. O incidente à página 348 é correto, mas as circunstâncias em que ocorreu estão desvirtuadas[2]. Trata-se de uma discussão sobre Amenófis IV: o fato de ele ter raspado dos monumentos o nome de seu pai e colocado o seu próprio; segundo modelo consagrado, isto se explica como um complexo negativo de pai e, devido a ele, tudo o que Amenófis criou — sua arte, religião e poesia — nada mais foi do que resistência contra o pai. Não havia notícias de que outros faraós tivessem feito o mesmo. Mas esta maneira desfavorável de julgar Amenófis IV me irritou e eu me expressei de maneira bastante vigorosa. Esta foi a causa imediata do desmaio de Freud. Ninguém nunca *me* perguntou como as coisas realmente aconteceram; em vez disso faz-se apenas uma apresentação unilateral e deformada de minha relação com ele.

Percebo, com grande interesse, que a Royal Society of Medicine começa a interessar-se por minhas "contribuições para a ciência médica"[3].

Espero revê-lo em futuro não muito distante.

Yours cordially,
(C.G. Jung)

1. Edward A. Bennet, psiquiatra, psicólogo analítico. Amigo de muitos anos de Jung. Cf. seus livros *C.G. Jung* (1961); *What Jung Really Said* (1966).
2. Trata-se do relato sobre um desmaio que Freud teve em Munique, em novembro de 1912 (cf. Jones, *Sigmund Freud*, I p. 348). Jones atribuiu o desmaio a uma crescente dissensão entre Freud e Jung. A explicação discordante, além da manifestada nesta carta, está em *Memórias*, p. 141s. Cf. também carta a Jones, de 19.12.1953.
3. A Royal Society of Medicine havia pedido ao Dr. Bennet que organizasse um encontro, em março de 1954, sobre "Jung's Contribution to Psychiatric Theory and Practice".

To Father Victor White
Oxford

24.11.1953

Dear Victor,

Esqueça por um instante a dogmática e ouça o que a psicologia tem a dizer sobre o seu problema: *Cristo como um símbolo está longe de ser inválido*[1], ainda que Ele seja um lado do si-mesmo e o demônio seja o outro. Este par de opostos está contido no Criador como sua mão direita e esquerda, como diz Clemente Romano[2]. Do ponto de vista psicológico, a experiência de Deus criador é a percepção de um impulso irresistível, provindo da esfera do inconsciente[3]. Não sabemos se esta influência ou compulsão merece ser chamada de boa ou ruim, mesmo que não possamos deixar de saudá-la ou amaldiçoá-la, dando-lhe um nome bom ou mau, de acordo com a nossa disposição subjetiva. Javé possui os dois aspectos porque é essencialmente o criador (*primus motor*) e porque ainda é irrefletido em toda sua natureza.

Com a *encarnação* a figura muda completamente, pois significa que Deus se torna manifesto na forma de homem que é consciente e, por isso, está obrigado a julgar. Deve dizer que uma coisa é boa e a outra, ruim. É um fato histórico que o demônio real só veio à existência junto com Cristo[4]. Ainda que fosse Deus, Cristo estava separado de Deus como homem; Ele viu o demônio caindo fora do céu[5], separado de Deus, assim como Ele (Cristo) estava separado de Deus enquanto ser humano. No mais completo desamparo na cruz, Ele chegou a confessar que Deus o havia abandonado. O *Deus Pater* o abandonaria ao seu destino, pois ele sempre "castiga"[6] aqueles que Ele havia antes enchido com esta abundância, quebrando sua promessa. É exatamente isto que São João da Cruz descreve como "a noite escura da alma". É o predomínio da escuridão, que também é Deus, mas uma provação para a pessoa humana. A divindade tem um duplo aspecto; e, segundo o Mestre Eckhart, Deus não é feliz em sua mera divindade, e este é o motivo de sua encarnação[7].

Mas ao encarnar-se Deus se torna ao mesmo tempo um ser determinado, que é isto e não aquilo. Por isso a primeira coisa que Cristo deve fazer é separar-se de sua sombra e chamá-la de demônio (lamento, mas os gnósticos de Irineu[8] já sabiam disso).

Quando um paciente sai, hoje em dia, de seu estado de inconsciência, defronta-se imediatamente com sua *sombra* e deve decidir-se pelo bem, caso contrário estará perdido. *Nolens volens* ele "imita" Cristo e segue seu exemplo. O primeiro passo no caminho da individuação consiste em distinguir entre ele mesmo e a sombra.

Neste estágio, o bem é a meta da individuação e consequentemente Cristo representa o si-mesmo.

O passo seguinte é o *problema da sombra*: ao lidar com a escuridão, é preciso agarrar-se ao bem, caso contrário o demônio vai devorar a pessoa. Ao lidar com o mal, e sobretudo aqui, a pessoa precisa de todo pedacinho de sua bondade. O importante é conservar viva a luz na escuridão, e somente ali tem sentido sua vela.

O senhor poderia me dizer quantas pessoas conhece que poderiam afirmar com certa verossimilhança terem levado a cabo seu entendimento com o demônio e, por isso, poderem lançar fora o símbolo cristão?

Na verdade, nossa sociedade nem começou a defrontar-se com sua sombra e nem a desenvolver aquelas virtudes cristãs tão urgentemente necessárias para lidar com as forças da escuridão. Nossa sociedade não pode dar-se o luxo de separar-se da *imitatio Christi*, mesmo que soubesse que o *conflito com a sombra, isto é, Cristo contra satanás, é apenas o primeiro passo no caminho para o objetivo mais distante da unidade do si-mesmo em Deus*.

Contudo, é verdade que a *imitatio Christi* leva a pessoa para o *conflito* próprio, muito real e *semelhante a Cristo* com a escuridão. E quanto mais estiver envolvida nesta guerra e nestas tentativas de paz, ajudada pela *anima*, tanto mais começará a olhar para frente, para além do éon cristão, para *a unidade do Espírito Santo. Ele é o estado pneumático que o criador alcança através da fase da encarnação. Ele é a* experiência de todo indivíduo que sofreu a completa abolição de seu ego através da oposição absoluta, expressa no símbolo Cristo contra satanás.

Ano 1953

O estado do Espírito Santo significa uma restituição da unidade original do inconsciente no nível da consciência. A isto alude, a meu ver, o *logion* de Cristo: "Vós sois deuses"[9]. Este estado não *pode ser* entendido totalmente. Trata-se de mera antecipação.

Por um lado, o desenvolvimento último do éon cristão para aquele do Espírito Santo foi chamado de *evangelium aeternum* por Gioacchino da Fiori, num tempo em que a grande divisão havia apenas começado[10]. Esta visão parece concedida por graça divina como uma espécie de *consolamentum*[11], de modo que a pessoa não é abandonada a um estado de completa desesperança durante o tempo da escuridão. Nós estamos realmente no estado da escuridão do ponto de vista da história. Nós estamos ainda dentro do éon cristão e começamos a perceber a era da escuridão, na qual precisamos *em grau máximo* das virtudes cristãs.

Num estado desses não podemos descartar Cristo como um símbolo válido, ainda que vejamos claramente a aproximação de seu oposto. Mas não vemos nem sentimos esta aproximação como passo preliminar para a união futura dos opostos divinos, mas antes como ameaça contra tudo que é bom, belo e santo para nós. O *adventus diaboli* não invalida o símbolo cristão do si-mesmo; ao contrário, ele o complementa. É uma transmutação misteriosa de ambos.

Vivemos numa sociedade que está inconsciente desse desenvolvimento e longe de compreender a importância do símbolo cristão; por isso somos chamados a trabalhar contra a invalidação do símbolo, mesmo que a alguns de nós seja concedida a visão de um desenvolvimento futuro. Mas ninguém de nós poderia dizer com segurança que realizou a assimilação e integração da sombra.

Uma vez que a Igreja cristã é a comunidade de todos aqueles que se submeteram ao princípio da *imitatio Christi*, esta instituição (isto é, esta atitude mental) deve ser mantida até que seja claramente entendido o que significa a assimilação da sombra. Aqueles que preveem devem ficar, por assim dizer, atrás de sua visão, para ajudar e ensinar, principalmente se pertencem à Igreja como seus servidores.

O senhor não deve preocupar-se se algum de seus analisandos abandonou a Igreja. Isto é o destino e a aventura deles. Outros permanecerão. Também não importa se as instâncias eclesiais aprovem sua visão ou não. Quando o tempo se completar, uma nova orientação vai impor-se de modo irresistível, como vimos no caso da Imaculada Conceição[12] e da Assunção; ambos os casos desviam-se dos princípios secularmente consagrados da autoridade apostólica[13], fato antes inconcebível. Seria atitude irresponsável e autoerótica privar os nossos contemporâneos de um símbolo de importância vital antes de terem uma ocasião razoável de entendê-lo completamente; e tudo isto porque não está completo, se considerado a partir de um estágio antecipado que nós mesmos ainda não tornamos real em nossa vida individual.

Qualquer pessoa que vai em frente está sozinha ou pensa às vezes que está só, não importando que esteja na Igreja ou no mundo. Seu trabalho prático como *directeur de conscience* lhe traz pessoas que têm algo em seu caráter que corresponde a certos aspectos de sua personalidade (à semelhança das muitas pessoas que se enquadravam como pedras na construção da torre do *Pastor de Hermas*)[14].

Qualquer que seja sua decisão definitiva, o senhor deveria reconhecer de antemão que faz sentido permanecer na Igreja. É importante levar as pessoas a compreender o que significa o símbolo de Cristo, pois tal compreensão é indispensável para qualquer desenvolvimento ulterior. Não há como contornar isso, assim como não dá para eliminar de nossa vida a idade, a doença, a morte ou a cadeia nidana de males de Buda[15]. A grande maioria das pessoas está ainda em tal estado inconsciente que deveríamos quase protegê-las contra o choque pleno da real *imitatio Christi*[16]. Além do mais, estamos ainda no éon cristão, ameaçados por completa aniquilação de nosso mundo.

Como não existe apenas a maioria, mas também os poucos, alguém recebeu a tarefa de olhar para diante e falar das coisas por vir. Isto é parcialmente minha tarefa, mas devo ser muito cuidadoso para não destruir as coisas que existem. Ninguém será tão tolo a ponto de destruir os fundamentos quando levanta mais um andar em sua casa; e como poderia levantá-lo se os fundamentos não estão bem colocados? Se afirmo que Cristo não é um símbolo completo do si-mesmo, não posso torná-lo completo, abolindo-o. Devo conservá-lo em ordem para construir o símbolo da perfeita contradição em Deus, acrescentando esta escuridão ao *lumen de lumine*[17]. Aproximo-me assim do fim do éon cristão e devo assumir a antecipação de Gioacchino e a predição de Cristo sobre a vinda do Paráclito. Este drama arquetípico é ao mesmo tempo esquisitamente psicológico e histórico. Vivemos numa época de divisão do mundo e de desvalorização de Cristo.

Mas a antecipação de um futuro distante não é uma saída para a situação atual. É apenas um "consolamentum" para aqueles que se desesperam diante das possibilidades terríveis de nosso tempo. Cristo é ainda o símbolo válido. Somente o próprio Deus pode "invalidá-lo" através do Paráclito.

Era o que eu tinha a dizer. É uma carta longa e eu estou cansado. Se não lhe servir para nada, ao menos mostra o que eu penso.

Vi X. Ela está tão bem quanto pode estar e quanto normalmente está, e tão mal quanto sua natureza permite e também tão esperançosa quanto um temperamento histérico pode estar.

O senhor certamente ouviu falar de nossa pequena festa por causa do Códice gnóstico Nag-Hamâdi[18], doado ao Instituto por um generoso benfeitor. Até no *Times* saiu uma notícia[19]. Foi uma celebração desproporcional, não sendo de minha iniciativa nem de meu agrado. Mas, ao final, fui forçado a dizer algumas palavras sobre a relação entre a gnose e a psicologia[20].

Meus melhores votos!

Yours cordially,
C. G.

1. Numa carta (08.11.1953), o Padre White havia escrito sobre a suposta afirmação de Jung de que Cristo não seria mais um símbolo válido ou adequado do si-mesmo. Na presente carta, Jung esclarece o mal-entendido.

2. A afirmação não é de Clemente Romano. Ela é atribuída à ideia judeu-cristã de que Deus teria um filho mais velho, satanás, e um mais novo, Cristo. Encontra-se isto nas chamadas *Homilias de Clemente*, uma coletânea de escritos gnóstico-cristãos, redigidos provavelmente por um desconhecido por volta do ano 150 dC. Sobre um dito semelhante de Clemente Romano, cf. carta a Dr. H., de 17.03.1951, nota 9.

3. Cf. "Psicologia e religião", OC, vol. XI, par. 137: "[...] porque é sempre ao valor psíquico avassalador que se dá o nome de Deus. Logo que um deus deixa de ser um fator avassalador, converte-se num simples nome".

4. Jung considera o demônio do Novo Testamento, em oposição ao satanás do Antigo Testamento, como adversário escuro do Cristo reluzente. Cf. *Aion*, OC, vol. IX/2, par. 113.

5. Lc 10,18.

6. Ap 3,19: "Eu repreendo e corrijo os que eu amo".

7. Cf. o capítulo "A relatividade do conceito de Deus em Mestre Eckhart", em *Tipos psicológicos* (OC, vol. VI).

8. Irineu menciona em seu *Adversus Haereses libri quinque* o conceito de uma "umbra Christi", empregado pelos gnósticos. Cf. *Aion*, par. 75, nota 23.

9. Jo 10,34: "Jesus respondeu: Não está escrito em vossa Lei: Eu disse: vós sois deuses?" (Jesus refere-se ao Sl 82,6).

10. Gioacchino da Fiori, por volta de 1130-1202, teólogo místico. Ele ensinou que havia três períodos na história: o período do Pai ou da lei, o período do Filho ou do Evangelho e o período do Espírito Santo ou da contemplação. Este ensinamento foi considerado pelos radicais franciscanos como "evangelium aeternum". Ele esperava o fim do período do Espírito Santo no mais tardar para a segunda metade do século XIII. Suas doutrinas foram condenadas pelo quarto Concílio do Latrão (1215). Cf. *Aion*, par. 137s.

11. Consolamentum, "rito de consolação", foi realizado pelas seitas heréticas dos cátaros e albigenses. Trata-se de um batismo com o Espírito Santo, que fora prometido por Cristo aos

homens como "consolador" (Jo 14,26). O "consolamentum" deveria libertar os homens do pecado original.

12. O dogma da Imaculada Conceição foi proclamado por Pio IX, em 1854, pela bula "Ineffabilis Deus". Ele diz que Maria havia sido preservada do pecado original.

13. A "autoridade apostólica" designa o princípio segundo o qual tudo o que os apóstolos ensinaram é infalível, e nada é cristão se não provier desta fonte.

14. O *Pastor de Hermas*, um escrito confessional dos primórdios do cristianismo, provavelmente de meados do século II, redigido em grego, foi atribuído a Hermas, irmão do Papa Pio I. Consiste de uma série de visões e revelações que apresentam a consolidação da nova crença. Sobre o escrito de Hermas e sobretudo sua visão da construção de uma torre, cf. *Tipos psicológicos*, OC, vol. VI, par. 430s.

15. De acordo com a concepção budista, a cadeia nidana consiste de doze aspirações e condições, começando pela "ignorância" e terminando com o "desespero", que mantêm presas as pessoas na cadeia dos renascidos.

16. Sobre a *imitatio Christi*, cf. *Psicologia e alquimia*, OC, vol. XII, par. 7s.

17. Como *lumen de lumine* (luz da luz) foi Cristo, a "verdadeira luz" (Jo 1,9) designado pelo Concílio de Niceia (325).

18. Trata-se de um manuscrito gnóstico de papiro, em língua copta, datado do século II dC, encontrado na aldeia Nag-Hamâdi no Alto Egito e adquirido pelo Instituto C.G. Jung com o auxílio de um generoso benfeitor. O manuscrito, que recebeu o nome de *Codex Jung*, contém vários escritos: o "Evangelium veritatis", atribuído a Valentino; "De Resurrectione (Epistulae ad Rheginum)"; "Epistula Jacobi Apocrypha"; "Tractatus Tripartitus" (1ª parte: De Supernis, 2ª parte: De Creatione Hominis, 3ª parte: De Generibus Tribus). Os editores foram R. Kasser, M. Malinine, H.-Ch. Puech, G. Quispel, W. Till e J. Zahndee. Ao texto original copta, além da tradução inglesa, francesa e alemã, foram acrescentados comentários.

19. "New Light on a Coptic Codex", *The Times*, 16.11.1953.

20. O discurso de Jung na entrega do Codex, 15.11.1953, está em OC, vol. XVIII.

O Padre White responde a esta carta de Jung com um breve, mas cordial agradecimento (29.11.1953) e acrescentou o seguinte: "[...] the points that 'ring the bell' most immediately are those about the 'autoerotic attitude' and about 'an anticipation of a faraway future is no way out' [...]".

Excertos desta carta de Jung foram publicados em OC, vol. XI, p. 637.

To Rev. S.C.V. Bowman[1]
Canterbury, Kent/Inglaterra

10.12.1953

Dear Sir,

O seu problema do *liberum arbitrium*[2] tem obviamente vários aspectos, que eu não saberia como abordar nos limites de uma carta. Só posso dizer que, até onde a consciência chega, a vontade é entendida como sendo livre, isto é, que o sentimento de liberdade acompanha nossas decisões, não importando se elas são realmente livres ou não. Esta última questão não pode ser decidida empiricamente. Onde a pessoa não está consciente aí obviamente não pode haver liberdade. Através da análise do inconsciente amplia-se o horizonte da consciência e cresce automaticamente o grau de liberdade. Uma consciência plena significaria uma liberdade e responsabilidade igualmente plenas. Se os conteúdos inconscientes que se aproximam da esfera da consciência não foram analisados e integrados, então a esfera da liberdade fica diminuída pelo fato de tais conteúdos serem ativados e ganharem mais influência compulsiva sobre a consciência do que se fossem totalmente inconscientes. Não creio que haja maiores dificuldades nesta linha de abordagem. Parece-me que a verdadeira dificuldade começa com o problema de como lidar com os conteúdos integrados, que antes eram inconscientes. Isto, porém, não pode ser tratado numa carta.

Esperando vê-lo na primavera, sou

Yours sincerely,
(C.G. Jung)

1. S.C.V. Bowman, sacerdote da Igreja episcopal nos Estados Unidos. Ao tempo desta carta estava estudando na Inglaterra.
2. Livre-arbítrio. O Rev. Bowman havia expresso sua preocupação de que a psicologia de Jung poderia destruir "man's divinely given free-will".

Ao Pastor Dr. Willi Bremi
Basileia

11.12.1953

Prezado Pastor,

Receba meu sincero agradecimento pela agradável surpresa que me proporcionou com o envio de seu esplêndido livro[1]. Já comecei a lê-lo com avidez e aprendi muita coisa que eu não conhecia bem ou simplesmente não conhecia. O senhor sabe dar um conspecto geral sem omitir o essencial. Até agora li quase uma terça parte. Ele é interessante e para mim especialmente cativante, como tudo que trata de nossa problemática atual. Até agora pude acompanhá-lo e aprová-lo em tudo, só com relação a Albert Schweitzer há algumas questões. Considero muito este homem e seu trabalho científico e admiro sua aptidão e versatilidade. Mas não consigo ver grande mérito em seu reconhecimento de que Cristo e os apóstolos se enganaram em sua expectativa da parusia[2] e que esta desilusão teve suas consequências no desenvolvimento do dogma eclesiástico. Isto já era sabido há muito tempo. O fato de havê-lo dito em alto e bom som nada mais é do que honestidade científica. Este fato brilha com tal intensidade porque contrasta com o lado escuro da pusilanimidade e desonestidade de outros que já sabiam disso há mais tempo, mas não queriam admiti-lo. Mas, ao que eu saiba, Schweitzer não deu nenhuma resposta sobre a conclusão de que com isso Cristo fica irremediavelmente *relativizado*. Qual é a posição dele diante disso?

O que faz ele com este estarrecedor conhecimento de que Cristo se enganou e que talvez não tenha visto claramente também em outros assuntos? Cristo é para ele a "autoridade máxima", portanto *primus inter pares*, e um dos melhores fundadores de religião, ao lado de Pitágoras, Zaratustra, Buda, Confúcio etc. Mas não foi isto que se pretendeu originalmente; em todo caso, nenhuma crença cristã e muito menos Karl Barth subscreveriam este julgamento. Todo racionalista de boa vontade e também a pieguice mental dos maçons e dos antropósofos poderiam endossar sem hesitação a fórmula "autoridade máxima".

Diante da *afflictio animae*[3] verdadeiramente terrível dos europeus, Schweitzer renunciou à tarefa imposta ao teólogo, isto é, a *cura animarum*, e estudou medicina para tratar do *corpo enfermo dos negros*. Para os negros isto foi muito gratificante; e eu sou o primeiro a louvar aqueles médicos dos trópicos que, em postos isolados e sob condições perigosas, arriscam sua vida e muitas vezes a perdem. Nenhum desses mortos que repousam na terra africana está cercado da auréola de um santo protestante. Ninguém fala deles. Schweitzer não faz mais do que sua obrigação profissional, assim como qualquer missionário médico. Todo médico dos trópicos em postos isolados gostaria muito de construir seu próprio hospital, mas infelizmente não tem o talento de Schweitzer de dar conferências remuneradas e recitais comoventes de órgão para esta finalidade.

Visto o caso pelo ângulo contrário: O que dizer de um cirurgião competentíssimo, especialista quase insubstituível que, confrontado com um enigma médico, se fizesse padre franciscano para rezar missa e ouvir as confissões de camponeses nos rincões mais afastados de Lötschental? Talvez a Igreja Católica o beatificasse e, após alguns séculos, também o canonizasse *ad maiorem ecclesiae gloriam*. Mas o que diria a razão protestante ou mesmo a associação médica sobre isso?

Infelizmente sinto muito que Schweitzer tenha encontrado a resposta à conclusão catastrófica de sua *Geschichte der Leben-Jesu-Forschung* nisso: renunciar à *cura animarum* na Europa e tornar-se um salvador branco entre os negros. Surge aqui uma analogia fatal com Nietzsche: "Deus está morto", e apareceu o super-homem, segundo a regra de que as pessoas que rejeitam os deuses se tornam deuses elas mesmas (um grande exemplo: a Rússia). Um Cristo relativizado não é mais o mesmo

Cristo da anunciação. Quem o relativiza incorre no perigo de se tornar ele mesmo o salvador. E onde é isto possível da melhor maneira? Bem, na África. Conheço a África e sei como lá o médico branco é idolatrado, de modo comovente e sedutor.

Schweitzer deixou aos cristãos europeus a tarefa de descobrir o que fazer com um Cristo relativizado.

Permita-me ainda algumas palavras sobre o ideal da *caritas christiana*. Ela é um dom ou um carisma, como a *fé*. Há pessoas que por natureza creem e confiam. Para elas a fé e o amor são expressões naturais da vida, beneficiando também seus coirmãos. Para os outros, menos dotados ou sem nenhum dom, são ideais quase inatingíveis, portanto um esforço convulsivo que também é sentido pelos coirmãos. Também aqui se levanta a questão sempre ignorada: *Quem* acredita e *quem* ama? Em outras palavras, sob certas circunstâncias tudo depende de *quem* pratica certa ação ou de qual é a constituição do sujeito de uma função; pois "os meios corretos na mão do homem errado" produzem desgraça, como diz muito bem a sabedoria chinesa. Como realizar a necessária *metanoia*[4], quando um Cristo relativizado nos diz tanto ou tão pouco quanto um Lao-tse ou um Maomé? Será que a relação religiosa não é realmente outra coisa senão a submissão a uma autoridade reconhecida como falível? Seguindo o lema de Schweitzer, deveríamos todos ir para a África e curar as doenças dos negros, quando entre nós a *doença da psique* brada aos céus?

Quando o senhor escreve "de Lutero a Schweitzer", surge a questão: O senhor coloca em comparação Lutero e Schweitzer no mesmo plano? Em caso afirmativo, continua a pergunta: Qual foi a inovação ou liderança que ele trouxe ao mundo? Ele é um cientista e pesquisador eminente, um organista brilhante e um benfeitor médico dos negros em Lambarene. Ele anunciou com toda clareza o fato já conhecido de que Cristo se havia enganado sobre a parusia e, assim, apresentou ao mundo um Cristo relativizado e localmente condicionado. Este mérito poderíamos conceder também ao Prof. Volz, que fez uma exposição impressionante sobre a demonia de Javé[5]. Este Javé é também o Deus do Novo Testamento?

Parece-me que o destino ulterior do protestantismo depende em grande parte da resposta dessas duas perguntas.

Sob o aspecto da caridade, a ação filantrópica de Schweitzer mal se compara com a atividade do Pastor von Bodelschwingh[6], do General Booth[7] e de muitos outros *sancti minores* do protestantismo.

Parece-me também que o fundamento metafísico da fé e da exigência ética não seja algo indiferente. O que se ouve comumente: "Tu deves querer ter fé e amar" está em oposição direta ao caráter carismático desses dons. O médico pode eventualmente dizer a um doente desmoralizado: "O senhor pode também querer restabelecer-se", sem com isso admitir seriamente que a doença ficará curada e que seu *conhecimento e sua aptidão* sejam supérfluos. O *sermão* é de todo insuficiente como *cura animarum*, pois a doença é um assunto do indivíduo e não será curada num salão de conferências. O médico deve levar em consideração as disposições do indivíduo, mesmo quando trata apenas do corpo. Mas a *cura animarum* é um assunto individual em grau ainda muito maior e que não pode ser resolvido a partir do púlpito. Parece-me, pois, da máxima urgência responder às questões acima, pois o interessado em religião perceberá com o tempo que o conceito protestante de Deus não está claro e que o salvador é uma autoridade duvidosa. Como pode alguém orar a deuses relativizados, se não é mais um indivíduo pré-cristão?

Peço-lhe, senhor pastor, que não leve a mal minhas perguntas de leigo. Não me interessa criticar a pessoa de A. Schweitzer. Não o conheço pessoalmente. Mas interesso-me pela problemática religiosa, pois isto me atinge não só pessoalmente mas também a minha atividade profissional. O livro que lhe envio em retribuição ao seu[8] pode esclarecer-lhe os pontos de contato entre a psicologia e as questões teológicas.

Como paralelo à sua mandala, anexo o recorte da revista da BBC[9].

Com elevada consideração e renovado agradecimento,

(C.G. Jung)

P.S. Talvez o senhor me permita chamar sua atenção para a p. 525. Lá o senhor faz o mito derivar de considerações racionais. Este ponto de vista está superado. Todas as ascensões e descensões mitológicas derivam de fenômenos psíquicos primitivos, isto é, dos estados de transe dos feiticeiros, conforme podemos ver no xamanismo espalhado no mundo inteiro. Ao transe está ligado normalmente o relato da subida ao céu ou descida ao inferno. Quase sempre faz parte disso o rito mágico da subida em árvores (árvore do mundo, montanha do mundo, eixo do mundo), da chegada à morada celeste (aldeia, cidade) e à esposa celeste (*nuptiae coelestes*, hierosgamos), ou da descida ao mundo inferior, ao mundo dos mortos, para junto da "mãe dos animais" no fundo do mar. Isto são fenômenos psíquicos genuínos que ainda hoje podemos observar em formas modificadas. Na tradição cristã o senhor encontra o mesmo mitologema em Santo Agostinho (*Serm. Suppositus* 120, 8): "Procedit Christus quasi sponsus de thalamo suo, praesagio nuptiarum exiit ad campum saeculi; [...] pervenit usque ad *crucis torum* et ibi firmavit *ascendendo* coniugium; ubi cum sentiret anhelantem in suspiriis creaturam commercio pietatis se pro coniuge dedit ad poe-

Ano 1953

nam [...] et copulavit sibi perpetuo iure matronam"[10]. A *arbor crucis* [11] é entendida aqui como "cama nupcial" (torus). A coletânea mais recente e talvez a mais completa da fenomenologia xamanista está em M. Eliade, *Le Chamanisme*, 1951. Trata-se de um arquétipo de experiência psíquica que pode surgir *espontaneamente* em qualquer parte. O arquétipo pertence à estrutura básica da psique e nada tem a ver com fenômenos astronômicos ou meteorológicos.

1. W. Bremi, *Der Weg des protestantischen Menschen, von Luther bis Albert Schweitzer*, Zurique, 1953.

2. Cf. carta a Sinclair, de 03.11.1952, nota 7.

3. Sofrimento da alma.

4. Conversão.

5. Cf. P. Volz, *Das Dämonische in Jahwe*, Tubinga, 1924.

6. Friedrich von Bodelschwingh, 1831-1910, clérigo evangélico, fundador de numerosas instituições beneficentes que serviram de apoio à missão interna alemã.

7. William Booth, 1829-1912, pregador metodista inglês, fundador e "general" do Exército da Salvação.

8. Jung enviou ao Pastor Bremi seu livro *Aion*.

9. O recorte era a publicação na revista *The Listener*, 23.04.1935, de uma conferência de Zwi Werblowsky na BBC (terceiro programa). Cf. carta a Werblowsky, de 21.05.1953, nota 1. Werblowsky citou o sonho de uma mandala cujo centro estava vazio.

10. "Cristo caminha em frente como o esposo ao deixar seu aposento; com o presságio das núpcias sai para o campo do mundo; [...] chega ao leito nupcial da cruz e, subindo para lá, estabeleceu a união conjugal [...] e ao sentir os penosos suspiros da criatura entregou-se ao castigo em lugar da esposa [...] e uniu a si sua mulher por um direito eterno" (Santo Agostinho, *Sermo Suppositus*, 120, 8s. Cf. *Símbolos da transformação*, OC, vol. V, par. 411; *Mysterium Coniunctionis* I, OC, vol. XIV/1, par. 25).

11. Árvore da cruz. Sobre a cruz de Cristo como árvore, cf. "A árvore filosófica", em OC, vol. XIII, par. 446 e *Símbolos da transformação*, OC, vol. V, par. 411s.

To Dr. Ernest Jones
Elsted nr. Midhurst, Sussex/Inglaterra

19.12.1953

Dear Jones,

É claro que o senhor tem minha autorização para ler as cartas de Freud[1]. As cópias encontram-se nos Freud Archives em Nova York.

O seu material biográfico é muito interessante, ainda que tivesse sido de bom alvitre consultar-me sobre alguns fatos. Por exemplo, a história do desmaio de Freud está relatada de modo equívoco[2]. Também não foi o primeiro; já teve um anteriormente, em 1909, em Bremen, antes de viajarmos para a América, e sob as mesmas condições psicológicas[3].

Espero que continue a desfrutar da idade avançada.

Yours very truly,

(C.G. Jung)

1. Cf. Prefácio da editora, em *Cartas* I.
2. Cf. carta a Bennet, de 21.11.1953, nota 2.
3. Ernest Jones menciona este desmaio no segundo volume de sua biografia de Freud (*Freud: Life and Work*, Londres, p. 165s.). Este primeiro desmaio é descrito em *Memórias*, p. 141.

Ao Pastor Dr. Willi Bremi
Basileia

26.12.1953

Prezado Pastor,

Sei que as obrigações de um pastor são muitas e exigentes durante as festividades de fim de ano, por isso não esperava uma resposta tão rápida e completa de sua parte[1]. Não havia realmente pressa.

Foi muita gentileza sua esclarecer-me sobre a importância subjetiva que A. Schweitzer representa para o senhor[2]. A virada que ele deu é deveras impressionante. Devo confessar que o niilismo nunca foi problema para mim. Tenho bastante, e mais do que o bastante, com o que existe na realidade. Por isso interessou-me no caso Schweitzer muito mais o problema que sua crítica deixou para o leigo interessado na religião, isto é, *a autoridade relativizada da figura de Cristo. O que diz a teologia protestante sobre isso*?

Conheço a resposta de Bultmann[3]. Ela não me parece plausível. Karl Barth, assim como a Igreja Católica, pode não levar em consideração este problema (e pelas mesmas razões).

Lendo sua exposição detalhada de Kierkegaard, fiquei novamente chocado com a discrepância entre a contínua conversa sobre o cumprimento da vontade de Deus e a realidade: quando Deus lhe veio ao encontro na forma de "Regina"[4], ele fugiu. Para ele era terrível demais ter de subordinar seu autocratismo ao amor de outra pessoa. No entanto, K. viu algo bem essencial e ao mesmo tempo bem terrível: que a "paixão de Deus é amar e ser amado". Naturalmente foi esta qualidade que mais impressionou K. Poderíamos atribuir a Deus ainda outras paixões, que são igualmente óbvias e que enfatizam ainda mais claramente seu caráter veterojudaico, o que leva à questão número 2: *Javé é idêntico ao Deus do Novo Testamento*?

Por favor, não se deixe pressionar por minhas cartas. Ficarei satisfeito por uma resposta curta e eventual. Não é mera curiosidade intelectual que me leva a estas questões. Fazem-me tantas perguntas que eu aproveito toda ocasião propícia para me instruir melhor.

Com os melhores votos para o novo ano,

C.G. Jung

1. Cf. carta a Bremi, de 11.12.1953. O Pastor Bremi respondeu em 18.12.1953.
2. Da carta de Bremi: "Para mim [...] Schweitzer tornou-se um ponto de referência porque, através das crises psíquicas e espirituais, próprias da modernidade, encontrou e trilhou um caminho que preservou a ele e outros do colapso espiritual diante do niilismo concreto. [...] Para mim ele é um dos mais eminentes vencedores do niilismo".
3. A resposta de Bultmann consistia em desprender a mensagem neotestamentária da imagem mítica do mundo (desmitologização).
4. Kierkegaard havia rompido de repente seu noivado com Regine Olsen. Com a forma latinizada "Regina", Jung se refere à obra alquimista ou ao processo psicológico da individuação em que Rex (rei, psicologicamente: o animus) e Regina (rainha, psicologicamente: a *anima*) colaboram. Eles representam os aspectos polares da "pessoa interior" ou da totalidade humana. Neste caso a denominação "Regina" significa também uma promoção da *anima* de sedutora para guia. Cf. para isso o capítulo "Rex e Regina", em *Mysterium Coniunctionis*, II.

To E.L. Grant Watson
Northam, Devon/Inglaterra

25.01.1954

Dear Mr. Watson,

Seu sonho é notável[1]. O sonho com o cavalo representa a união com a alma animal, de que o senhor sente falta há muito tempo. A união produz um estado peculiar da mente, isto é, um pensamento inconsciente que lhe permite perceber o progresso natural da mente em sua esfera própria. O senhor pode considerar o sonho como um processo natural de pensar no inconsciente ou como antecipação de uma vida mental após a morte[2]. (Isto é uma possibilidade, dado que a psique é, ao menos em parte, independente do espaço e do tempo. Cf. os experimentos de Rhine com a PES.) Os pés significam "ponto de vista"; os hindus = ponto de vista oriental. O sonho indica sua transmutação da perspectiva ocidental para a percepção oriental do atmã = si-mesmo e sua identidade com o atmã universal. O senhor passa além do ego para horizontes sempre mais amplos, onde o atmã revela gradualmente seu aspecto universal. O senhor integra o seu animal, seus pais, todas as pessoas que ama (to-dos vivem no senhor, e o senhor já não está separado deles). Este é o segredo de Jo 17,20s. e também a doutrina hindu essencial do atmã-purusha. Nosso inconsciente

Ano 1954

prefere sem dúvida a interpretação hindu da imortalidade. Ali não há solidão, mas totalidade ou integridade que aumenta em grau infinito.

Estes sonhos ocorrem no portão de entrada da morte. Eles interpretam o mistério da morte. Eles não a predizem, mas mostram-lhe a maneira correta de chegar perto do fim.

Yours sincerely,
C.G. Jung

1. Mr. Watson enviou a Jung dois sonhos. O primeiro era sobre um cavalo mágico que morrera numa batalha e cujas entranhas o sonhador teve de carregar consigo por longos anos, até que o cavalo voltou à vida, comeu as suas entranhas, e o sonhador pôde montá-lo. O segundo sonho, três ou quatro meses após, consistiu de várias cenas. A primeira ocorreu num teatro. Quando subiu o pano, havia pessoas deitadas no palco – aparentemente mortas. O sonhador foi deitar-se com elas. Ouviu então que elas conversavam entre si, mas ele nada entendeu. Na cena seguinte, o sonhador é conduzido por dois guias hindus através de um deserto. O caminhar lhe era cansativo, pois tinha os pés de um velho. Chegaram a um lugar onde se realizou a sua iniciação: profundos cortes foram feitos em seus pés, e ele teve de ficar em água fervente. Após este procedimento divisou sua própria imagem como figura idealizada num imenso espelho côncavo. Os guias lhe disseram que deveria continuar sozinho o seu caminho. Na longa jornada pelo deserto encontrou dois outros guias hindus. Eles o acompanharam até um edifício, onde encontrou muitas pessoas, inclusive seu pai, seu padrasto e sua mãe que lhe deu um beijo de boas-vindas. Mas teve de prosseguir, e seu caminho terminou diante de um precipício. Uma voz aconselhou-o a lançar-se para baixo. Ele recusou-se desesperadamente, mas afinal obedeceu. Para sua surpresa, não caiu no abismo, mas nadou feliz para o azul da eternidade ("swimming deliciously into the blue of eternity").

2. Cf. o capítulo "Sobre a vida depois da morte", em *Memórias*, p. 260.

Ao Dr. Erich Neumann
Tel Aviv/Israel

30.01.1954

Prezado Neumann,

Muito obrigado por sua amável carta. Estava escrevendo agora mesmo a Hull para inserir na edição inglesa de *Symbole der Wandlung* uma referência aos trabalhos do senhor[1].

A passagem para o novo ano não transcorreu sem algumas dificuldades: o fígado e os intestinos se revoltaram contra a comida gordurosa do hotel de Locarno, o que, por outro lado, trouxe a vantagem de eu ter uma semana e meia a mais de férias do que o previsto.

Já penetrei um bom pedaço em seu "Kulturentwicklung"[2] e poderei continuar com a leitura assim que me livrar da montanha de cartas, que se acumulou na minha ausência.

Ano 1954

Eu retribuiria sem mais com a denominação "gnóstico", não fosse ela uma palavra injuriosa na boca de um teólogo. Eles me acusam do mesmo erro que eles mesmos cometem, isto é, a desconsideração presunçosa dos limites epistemológicos: quando um teólogo diz "Deus", então deverá ser Deus, e exatamente como o mágico quer, sem que este último se sinta obrigado a esclarecer a si mesmo e a seu público qual o conceito que está usando. Oferece fraudulentamente ao ouvinte ingênuo o seu conceito (limitado) de Deus como uma revelação especial. De que Deus fala, por exemplo, Buber? De Javé? Com ou sem *privatio boni*? Se de Javé, onde diz ele que este Deus não é certamente o Deus dos cristãos? Esta maneira suja de fazer comércio sagrado eu a lanço em rosto dos teólogos de todas as confissões. Eu não diria que minhas imagens "gnósticas" são uma reprodução fiel e obrigatória do pano de fundo transcendental deles e que este último seja esconjurado pelo fato de eu o mencionar. É evidente que Buber não tem uma boa consciência, porque só publica as cartas *dele*[3], e não faz nenhuma referência gentil à minha pessoa, pois sou apenas um gnóstico, e ele não tem a mínima ideia do que motivava o gnóstico.

Por enquanto os melhores votos e saudações de
(C.G. Jung)

1. Cf. Collected Works, vol. V, p. 6: "In my later writings I have concerned myself chiefly with the question of historical and ethnological parallels, and here the researches of Erich Neumann have made a massive contribution towards solving the countless difficult problems that crop up everywhere in this hitherto little explored territory. I would mention above all his work, *The Origins and History of Consciousness*, which carries forward the ideas that originally impelled me to write this book, and places them in the broad perspective of the evolution of human consciousness in general".
2. E. Neumann, *Kulturentwicklung und Religion*, Zurique, 1953.
3. Cf. carta a White, de 30.04.1952, nota 5.

To Dr. John W. Perry
San Francisco (Calif.)/EUA

08.02.1954

Dear Perry,

Lamento que o senhor devesse esperar tanto por minha resposta à sua pergunta[1]. Aconteceram várias coisas neste meio-tempo, e também minha saúde não se comportou bem. Tentarei responder à sua pergunta do modo mais simples possível; é um problema difícil, como o senhor mesmo deve ter percebido.

Em primeiro lugar, a regressão que ocorre no processo de renascimento ou integração é em si um fenômeno normal, podendo ser observado também em pessoas que não sofrem de nenhuma psicopatia. No caso de uma constituição esquizoide, observa-se quase o mesmo, apenas com a diferença de que há uma tendência marcante do paciente ficar preso ao material arquetípico. Neste caso, repete-se sempre de novo o processo de renascimento. Esta é a razão por que a esquizofrenia clássica desenvolve condições estereotipadas. Até certo ponto, a experiência é a mesma com indivíduos neuróticos. Isto é assim porque o material arquetípico tem uma estranha influência fascinante que tenta assimilar a pessoa por inteiro. Ela procura identificar-se com alguma das imagens arquetípicas que são características do processo do renascimento. É por isso que os casos esquizofrênicos apresentam quase sempre um comportamento de certo modo bem infantil. Pode-se observar quase o mesmo em pacientes neuróticos; desenvolvem inflações por conta da identificação com imagens arquetípicas ou desenvolvem um comportamento infantil por conta da identidade com a criança divina. Em todos estes casos a dificuldade real está em libertar os pacientes da fascinação (através do material arquetípico). Os casos esquizoides, bem como os casos neuróticos repetem muitas vezes sua história pessoal da infância. Isto é um sinal favorável na medida em que é uma tentativa de voltar a crescer no mundo, como eles já o fizeram antes, ou seja, em sua infância. [...]

Via de regra não é preciso levar os pacientes a que revivam suas reminiscências infantis; geralmente eles o fazem por si mesmos, pois é um mecanismo inevitável e, como eu disse, uma tentativa teleológica de crescer novamente. Se observar apenas o material que os pacientes produzem, verá que eles entrarão forçosamente em suas reminiscências, costumes e maneiras infantis e que projetarão especialmente as imagens dos pais. Se houver uma transferência, o senhor ficará envolvido e integrado na atmosfera familiar do paciente. A insistência dos freudianos em fazer que as pessoas revivam o seu passado mostra simplesmente que na análise freudiana o paciente não chega naturalmente a reviver o passado, e isso porque tem resistência contra o analista. Quando deixamos que o inconsciente siga o seu caminho natural, então podemos estar certos de que virá à tona tudo o que o paciente precisa saber; também podemos estar certos de que tudo o que tiramos do paciente por insistência em bases teóricas não será integrado na personalidade do paciente, ao menos não como valor positivo, mas no máximo como resistência duradoura. Nunca lhe ocorreu que em minha análise pouco se fala de "resistência" e que este termo é o mais frequente na análise freudiana?

Quando se trata de pacientes esquizoides, a dificuldade de libertá-los do domínio do inconsciente é obviamente bem maior do que nos casos de neuroses comuns. Muitas vezes não conseguem encontrar seu caminho de volta do mundo arquetípico

Ano 1954

e que conduz para o mundo infantil correspondente, onde haveria uma chance de libertação. Não é sem razão que Cristo insiste em "tornar-se como crianças", o que significa uma resolução consciente de aceitar a atitude da criança, na medida em que esta atitude é exigida pelas circunstâncias. Como se trata sempre do problema de aceitar a sombra, é preciso a simplicidade de uma criança para submeter-se a esta tarefa aparentemente impossível. Portanto, quando o senhor perceber que o processo de renascimento mostra uma tendência de repetição, precisa saber que a fascinação pelo material arquetípico ainda deve ser superada, talvez porque sua ajuda foi insuficiente ou porque a atitude do paciente provocou resistência.

Mas esta questão etiológica significa pouco. O senhor deve simplesmente tentar de novo transformar a fascinação arquetípica numa simplicidade parecida com a da criança. Há evidentemente casos em que nossa ajuda é insuficiente ou chega tarde demais, mas isto acontece em todos os ramos da medicina. Eu procuro sempre seguir o caminho da natureza e evito ao máximo aplicar pontos de vista teóricos; jamais lamentei este meu princípio.

Anexo um exemplar encantador de um médico americano, especialmente iluminado, para sua distração ou como uma espécie de consolo quando não encontrar a necessária compreensão de seus contemporâneos.

Faço votos de que esteja bem de saúde.

Yours cordially,
(C.G. Jung)

P.S. Acho que nós subestimamos na Europa a dificuldade que os senhores têm na América de comunicar aos ouvintes alguma coisa que pressuponha certa formação humanista geral. Temo que o sistema educacional dos senhores produza a mesma unilateralidade tecnológica e científica e o mesmo idealismo de bem-estar social como na Rússia. A maioria dos seus psicólogos, ao que me parece, ainda estão no século XVIII, pois acreditam que a psique humana é *tabula rasa*[2] no nascimento, ao passo que todos os animais algo diferenciados nascem com instintos específicos. A psique humana parece ser menos (diferenciada) do que a de um pássaro ou de uma abelha.

---

1. Dr. John Weir Perry, psiquiatra e psicólogo analítico, havia perguntado a Jung sobre a importância de uma regressão para a infância e de uma identificação com o arquétipo da criança durante um tratamento analítico ou psicoterapêutico. Dr. Perry via uma conexão entre o processo de individuação e o arquétipo do renascimento. Cf. o livro dele *The Self in the Psychotic Process, its Symbolization in Schizophrenia*, 1953.

2. *Tabula rasa* significa literalmente: tabuleta apagada (era uma tabuleta de cera para nela se escrever; após o uso, a escrita era apagada). Jung rejeitava a ideia de que a criança nascesse com uma "psique vazia". Mas a criança viria ao mundo com um cérebro diferenciado, predeterminado pela hereditariedade e por isso também individualizado. Sobretudo os fatores do inconsciente coletivo, denominados arquétipos, não são conquistas da consciência, mas dominantes ou padrões preexistentes. Cf. *Von den Wurzeln des Bewusstseins*, Zurique, 1954, p. 77; OC, vol. IX/1, par. 136.

To John D. Barrett[1]
Bollingen Foundation Inc.
Nova York

11.02.1954

Dear Barrett,

Muito obrigado pelo envio do relatório de meus direitos autorais. Há pouco tempo encontrei Kurt Wolff[2] e sua esposa. Conversamos sobre muitas coisas, mas não precisamente sobre coisas que eu mencionaria nesta carta.

A partir de um número de reações, independentes entre si, da América sobre o objetivo geral e atividade da Bollingen Foundation, concluí que a Fundação deve ser uma exceção singular nos Estados Unidos. Minha impressão é que se trata de uma pequena ilha num mar infinito de incompreensão e superficialidade. Não consegui entender ainda o que significa para o nível educacional a ausência quase completa das ciências humanas em geral. Tanto mais valorizo hoje o gênio de Mrs. Mellon que planejou a Bollingen Foundation, com a generosa contribuição de Paul Mellon.

Gostaria apenas de dizer-lhe que não é fácil para um europeu julgar corretamente uma situação mental que ele não conhece em seu próprio país. Quando ouço das dificuldades de meus alunos em sua atividade docente nos Estados Unidos, fico muito impressionado com os efeitos de uma educação unilateral no que se refere às ciências naturais; por isso mesmo valorizo tanto a importância cultural de sua Fundação. É um farol luminoso na escuridão da era atômica.

Ouvi dizer que meus livros seguem bom caminho, e estou surpreso com a rapidez com que saem do prelo. Agradeço pessoalmente todo o trabalho que teve em colocar as coisas nos eixos e toda a paciência que teve com a minha impaciência[3].

Espero que tenha iniciado este novo ano com uma perspectiva otimista.

Yours cordially,
(C.G. Jung)

Ano 1954

1. John D. Barrett, presidente da "Bollingen Foudation", Nova York, até 1969; desde 1946, editor da "Bollingen Series". Estimulou a publicação inglesa das obras completas de Jung na "Bollingen Series" e promoveu a publicação das cartas de Jung. Cf. carta a Mellon, de 19.06.1940, nota 1.
2. Cf. carta a Kurt Wolff, de 01.02.1958, nota 1.
3. Cf. carta a Rhine, de 18.02.1953, nota 3.

To Prof. G.A. van den Bergh von Eysinga[1]
Bloemendaal/Holanda

13.02.1954

Dear Sir,

Neste meio-tempo, alguém ajudou-me num cuidadoso resumo de sua recensão[2]. Parece-me que há certo mal-entendido de minhas ideias básicas.

Antes de mais nada, não sou filósofo e meus conceitos não são filosóficos e abstratos, mas empíricos ou *biológicos*. O conceito em geral malcompreendido é o de *arquétipo*, que cobre certos fatos biológicos, mas que não é uma ideia hipostasiada. O "arquétipo" é praticamente sinônimo do conceito biológico de "padrão comportamental" (*behaviour pattern*). Mas como este designa principalmente fenômenos externos, escolhi o termo "arquétipo" para o "padrão psíquico" (*psychic pattern*). Não sabemos se o pássaro tecelão contempla uma imagem interna ao seguir um modelo imemorial e hereditário na construção de seu ninho; mas, pelo que sabemos da experiência, nenhum pássaro tecelão inventou seu ninho. É como se a imagem da construção do ninho tivesse nascido com o pássaro.

Como nenhum animal nasce sem os seus padrões instintivos, não existe razão para supormos que o ser humano tenha nascido sem suas formas específicas de reação fisiológicas e psicológicas. No mundo inteiro os animais da mesma espécie apresentam os mesmos fenômenos instintivos, assim também o ser humano apresenta as mesmas estruturas arquetípicas, onde quer que ele viva. Não há necessidade de ensinar ao animal procedimentos instintivos; também o ser humano possui suas formas psíquicas básicas, que ele repete espontaneamente, sem tê-las aprendido nunca. Na medida em que possui a consciência e a capacidade da introspecção, também recebe a possibilidade de perceber suas estruturas instintivas na forma de imagens arquetípicas. Como é de se esperar, estas representações são praticamente universais (cf., por exemplo, a identidade notável das estruturas xamanistas). Também pode acontecer que surjam de novo e espontaneamente tradições na psique da pessoa, que haviam sido totalmente esquecidas. Este fato atesta a autonomia dos arquétipos.

Ano 1954

O "pattern of behaviour" mostra também sua *autonomia* no fato de se impor e atuar quando as circunstâncias gerais o permitem. Ninguém jamais pensaria que a estrutura biológica fosse uma suposição filosófica, no sentido da ideia de Platão ou de uma hipóstase gnóstica. O mesmo vale para o arquétipo. Sua autonomia é um *fato observável* e não uma hipóstase filosófica. Sou médico e exerço a psiquiatria, tendo pois boas oportunidades de observar fenômenos psíquicos que a filosofia não conhece, ainda que o livro *Automatisme Psychologique,* de Pierre Janet, já tenha aparecido há mais de 70 anos.

Sua crítica à minha liberdade poética: a *noite* que circunda a "mulier amicta sole"[3], é justificada uma vez que o texto não menciona a noite. Mas a imagem não é tão despropositada, pois fala-se do dragão que varreu com sua cauda uma terça parte das estrelas do céu[4]. O meu mitologema faz alusão à Leto, às mães dos heróis em geral e às deusas-mães matriarcais, com todas as suas associações ctônicas e noturnas. Mas isto tem pouca importância.

Outro ponto: se Javé não tivesse sido influenciado por satanás – o que o senhor parece admitir – então ele teria torturado Jó contra sua própria e melhor convicção, o que teria piorado ainda mais o seu caso. A amoralidade de Javé nada tem a ver com a diferenciação moral dos crentes. Ela persiste ainda hoje e é reconhecida mesmo por manuais de teologia. Mas não fazemos caso dessas suas emoções descontroladas e de sua injustiça, e não nos conscientizamos das consequências que já foram indicadas há muito tempo pelos midraxes[5] (por exemplo a admoestação ao Senhor de que ele se lembre de suas melhores qualidades; o toque do chofar para recordá-lo da trama assassina contra Isaac[6] etc.).

É lamentável que o senhor não tenha lido minhas notas introdutórias. Teria descoberto ali meu *ponto de vista empírico*, sem o qual – eu lhe garanto – meu pequeno livro não tem sentido algum. Do ponto de vista filosófico, sem considerar sua premissa psicológica, é pura imbecilidade; do ponto de vista teológico é nada mais do que crassa blasfêmia; e do ponto de vista do senso comum racionalista é um monte de fantasmagorias ilógicas e cretinas. Mas a psicologia tem suas próprias proposições e suas próprias hipóteses de trabalho, baseadas na observação dos fatos, isto é, (em nosso caso) a *reprodução espontânea de estruturas arquetípicas* que aparecem nos sonhos e também nas psicoses. Não se conhecendo estes fatos, fica difícil entender o que significa "realidade psíquica" e "autonomia psíquica".

Concordo com o senhor que minhas afirmações (em *Resposta a Jó*) são chocantes, mas não mais, e até bem menos, do que as manifestações da natureza demoníaca

Ano 1954

de Javé no AT. Os midraxes sabem disso, mas a Igreja cristã precisou inventar este espantoso silogismo da *privatio boni* para anular a ambivalência original do Deus judeu. Enquanto a Igreja Católica tem ao menos uma espécie de *sententia communis*[7] para explicar a transmutação de Javé, que "ad instar rhinocerotis"[8] pôs em desordem o mundo do AT, no Deus de amor do NT, o protestantismo mantém firme a identidade dos dois Deuses e não admite uma transformação do único Deus. Isto é um escândalo. Mas os teólogos sofrem do fato de que quando dizem "Deus", então este Deus *é*. Porém quando digo "Deus", sei que expressei minha imagem de tal ser, e honestamente não tenho certeza se ele é igual à minha imagem ou não, mesmo que eu acredite na existência de Deus. Quando Martin Buber fala de Deus, ele não nos diz de qual Deus, mas presume que seu Deus seja o único. Minha imagem de Deus corresponde a um padrão arquetípico *autônomo*. Por isso posso experimentar Deus como se Ele fosse um objeto, mas não preciso admitir que esta seja a imagem única. Sei que estou lidando com um "antropomorfismo simbólico", como diz Kant, que envolve a "linguagem" (e expressão mímica em geral), mas *não o objeto em si*[9]. Criticar o antropomorfismo intencional ou não intencional não é blasfêmia nem superstição, mas está perfeitamente dentro do âmbito da crítica psicológica.

Yours faithfully,

(C.G. Jung)

1. G.A. van den Bergh van Eysinga, 1874-1957, professor de Teologia.

2. Depreende-se da carta de Jung que se trata de uma recensão crítica de *Resposta a Jó*.

3. Ap 12,1: "Uma mulher vestida de sol". Cf. *Resposta a Jó*, OC, vol. XI. par. 711s.

4. Cf. Ap 12,3s.: "[...] um grande dragão cor de fogo. [...] A cauda varreu do céu a terça parte das estrelas [...]".

5. Trata-se de ditos rabínicos e talmúdicos sobre o lado escuro de Javé, que o Prof. Zwi Werblowsky, Jerusalém, reuniu para Jung e que são citados em *Aion*, OC, vol. IX/2, par. 105s.

6. O chofar é um instrumento de sopro, feito de chifre de carneiro, que é usado ainda hoje no culto judeu, por exemplo no anúncio do ano novo e como memória da obediência de Abraão a Deus. Segundo uma legenda do Talmud, Abraão acusou a Deus de infringir sua palavra quando mandou sacrificar Isaac: "É de Isaac que sairá tua posteridade". E ele disse a Deus: "Se os meus descendentes um dia procederem contra ti e tu quiseres castigá-los por causa disso, lembra-te de que também tu não és inocente, e perdoa-lhes". Deus escutou as palavras de Abraão, mostrou-lhe o carneiro e disse: "E se teus descendentes um dia pecarem e eu me sentar no dia do ano novo para julgá-los, então devem tocar o chifre de carneiro para que eu me lembre de tuas palavras e faça prevalecer a misericórdia sobre a justiça". Fromer-Schnitzer, *Legenden aus dem Talmud*, Berlim,1922. Cf. OC, vol. XI, par. 406, nota 26.

7. Na *sententia communis* (por exemplo a explicação do mal como "privatio boni") trata-se de uma afirmação teológica, que é crida em geral, mas que não é dogma.

8. "A modo de um rinoceronte". O jesuíta francês Nicolau Caussino (primeira metade do século XVII), confessor de Luís XIII, menciona o rinoceronte como símbolo perfeito do Deus do Antigo Testamento, pois colocou o mundo em desordem, como um rinoceronte enfurecido. Entretanto, vencido afinal pelo amor de uma virgem pura, converteu-se no Deus de amor, no seio dessa

mesma virgem. N. Caussino, *De Symbolica Aegyptiorum Sapientia*, Paris, 1618-1631. Cf. OC, vol. XI, par. 408.

9. Cf. I. Kant, *Prolegomena* III, par. 57.

Ao Dr. James Kirsch
Los Angeles (Calif.)/EUA

16.02.1954

Dear Kirsch,

[...]

Não acredito que os *judeus* devam aceitar o *símbolo de Cristo*. Só precisam compreender o seu significado: Ao querer transformar Javé num Deus moral do bem, Cristo separou os opostos (satanás cai do céu, Lc 10,18) que estavam unidos nele (Deus), ainda que de modo desarmônico e irrefletido; daí a suspensão entre os opostos na crucifixão. O objetivo da reforma cristã (através de Cristo) foi eliminar as consequências morais perniciosas, causadas pelo protótipo divino amoral. Não se pode ao mesmo tempo "filtrar mosquitos e engolir camelos" (Mt 23,24) ou "servir a dois senhores" (Mt 6,24) etc.

Esta diferenciação moral é um passo imprescindível no caminho da individuação. Sem profundo conhecimento do "bem e do mal", do eu e da sombra, não existe conhecimento do si-mesmo, mas no máximo uma identificação arbitrária e, por isso, perigosa com ele.

O judeu tem atrás de si praticamente o mesmo desenvolvimento moral que o europeu cristão; por isso tem o mesmo problema. Tanto quanto eu, ou talvez melhor ainda, pode um judeu reconhecer o *si-mesmo* no par hostil de irmãos – Cristo-satanás – e, com isso, a encarnação ou assimilação de Javé aos homens. Por causa disso, o estado dos seres humanos é modificado em grau máximo.

O judeu tem a vantagem de ter antecipado o desenvolvimento da consciência humana já em sua história espiritual. Penso aqui nos graus da cabala (de Isaak Lurja), na quebra dos vasos[1] e na ajuda das pessoas na restauração. Aqui surge pela primeira vez a ideia de que o ser humano precisa ajudar a Deus a reparar o prejuízo causado pela criação. Pela primeira vez reconhece-se a responsabilidade cósmica do ser humano. Naturalmente trata-se aqui do si-mesmo e não do eu, ainda que este último seja gravemente afetado.

Seria isto que eu responderia a um judeu.

Saudações cordiais,
(C.G. Jung)

1. Cf. carta a Kirsch, de 18.11.1952, nota 7.

To Rev. Erastus Evans
c/o The Guild of Pastoral Psychology
Londres

17.02.1954

Dear Mr. Evans,

Permita que lhe expresse meu sincero agradecimento por sua recensão[1] verdadeiramente objetiva de minha desajeitada tentativa de perturbar a odiosa sonolência dos guardiães. É assim que vejo este meu maldito e pequeno livro. *Habent sua fata libelli*! Por mim não teria escrito sobre este assunto. Eu me mantive afastado dele cuidadosamente. Publiquei anteriormente o volume *Aion* em linguagem cortês e tão humana quanto possível. Mas aparentemente isto não bastou, porque fiquei doente e, quando estava com febre, esta coisa me atacou e me obrigou a escrever, apesar da febre, da minha idade e de meu coração que não está muito bom. Posso assegurar-lhe que sou um covarde moral enquanto possível. Como pequeno e bom burguês estou ainda sob o choque de todas as minhas indiscrições e mantenho-me prostrado e escondido o mais que posso, jurando a mim mesmo que não haverá outras, porque desejo paz, vizinhança amigável, boa consciência e o sono dos justos. Por que seria eu o louco indizível que salta para dentro do caldeirão?

Bem! Não quero ser melodramático. Isto é para sua informação pessoal. Não tenho mérito nem propriamente culpa neste livro, pois cheguei a ele "como o cachorro ao pontapé", como nós costumamos dizer. E o pequeno covarde moral, que sou eu, continua a lamentação: Por que sou sempre eu que coleciono todos os safanões?

Digo-lhe estas coisas porque o senhor foi gentil, justo e complacente comigo. O atributo "rude" é pouco em comparação com o que se sente quando Deus desloca os costados de alguém ou quando mata os primogênitos. Garanto que os socos que Jacó deu no anjo não foram carícias ou gestos corteses[2] Foram da mais crua dureza e, como o senhor diz muito bem, "sem luvas".

Isto é *um lado* de minhas experiências com o que se chama "Deus". "Rude" é uma palavra fraca demais para isso. "Bruto", "violento", "cruel", "sanguinário", "infernal", "demoníaco" seria melhor. O fato de eu não ter sido diretamente blasfemo deve-se à minha educação e covardia cortês. E a cada passo eu me senti impedido por uma visão beatífica, sobre a qual preferi não dizer nada.

O senhor interpretou meus pensamentos de modo admirável. Em apenas um ponto parece-me que o senhor escorregou, isto é, ao atribuir a mim a imagem tradicional, dogmática e "familiar" de Cristo. Isto não é de forma alguma minha ideia pessoal de Cristo, pois simpatizo com uma imagem mais sombria e mais severa do homem Jesus. Mas a concepção dogmática e tradicional de Cristo é tão brilhante quanto possível, e deve sê-la – *lumen de lumine*[3] –, e toda substância negra está no outro canto.

O senhor provavelmente ficou chocado com a ideia dos "irmãos hostis"[4] e da encarnação incompleta[5]. Se tivesse sido completa, a consequência lógica, a parusia, teria acontecido. Mas Cristo estava enganado a este respeito.

Praticamente não faz diferença se o Cristo dos evangelhos se transforma por uma enantiodromia[6] no juiz implacável do Apocalipse, ou se o Deus de amor se torna um destruidor.

Cristo tem um oposto – o Anticristo e/ou o demônio. Se vemos um pouco de escuridão demais em sua figura, nós o tornamos semelhante demais a seu pai, e então fica difícil entender por que ele pregou um Deus tão diferente daquele do AT. Ou renegamos toda a tradição cristã de grande parte dos 1.900 anos.

Decididamente, Cristo não é toda a divindade, pois Deus é ἕν τὸ πᾶν[7]. Cristo é o *anthropos* que parece ser uma prefiguração daquilo que o Espírito Santo criará mais tarde no ser humano. (Gostaria que lesse o meu livro *Aion*; lá encontrará a maioria do material em que se baseia *Resposta a Jó*.) Numa parte da *Kabbala*, de Luria, desenvolve-se a ideia fantástica de que o homem está destinado a tornar-se o ajudante de Deus na tentativa de restaurar os vasos, que se quebraram, quando Deus pensou em criar o mundo[8]. Faz poucas semanas que encontrei esta doutrina impressionante; ela dá sentido ao estado do homem, exaltado pela encarnação. Estou feliz por poder citar ao menos uma voz em favor de meu manifesto involuntário. Ou não acha o senhor que a humanidade deveria produzir algumas reflexões pertinentes, antes que ela exploda na eternidade? Eu percebi algo quando o fogo estava chovendo sobre as cidades alemãs e quando Hiroshima desapareceu num relâmpago. Achei que o mundo em que vivíamos era muito drástico. Há um provérbio que diz: um tronco grosso pede uma cunha grossa. Não é tempo para sutilezas! Este é um dos problemas de nosso cristianismo.

I remain, dear Mr. Evans,

Yours gratefully,
(C.G. Jung)

---

1. E. Evans, *An Assessment of Jung's "Answer to Job"*, Guild Lectures, n. 178, Londres, 1954.
2. Cf. Gn 32,24s. Cf também *Memórias*, p. 297.
3. Luz da luz, cf. Jo 1,9.

Ano 1954

4. Como o demônio (satanás) também é filho de Deus, Jung considerava as figuras mutuamente opostas de Cristo-demônio como manifestações do "par de irmãos hostis" arquetípico. Via prefigurações nos pares de irmãos Caim e Abel, Jacó e Esaú. Cf. OC, vol. XI, par. 254, nota 21. Sobre o fenômeno desse padrão intemporal e arquetípico como sequência aperiódica, ou seja, numa repetição muitas vezes irregular no tempo, cf. *Resposta a Jó*, OC, vol. XI, par. 629.

5. Jung fala no mesmo contexto também da encarnação contínua. Entende por isso uma morada do Espírito Santo no homem mortal. "A encarnação de Deus em Cristo precisava ser continuada e complementada, pelo fato de Cristo não ser um homem empírico devido à sua partenogênese e impecabilidade. [...] A ação contínua e direta do Espírito Santo sobre os homens convocados à condição de filhos de Deus é, de fato, uma encarnação que se realiza permanentemente. Enquanto filho gerado por Deus, Cristo é o primogênito ao qual se seguirá um grande número de irmãos" (*Resposta a Jó*, OC, vol. XI, par. 657s.).

6. Cf. carta a Sinclair, de 02.11.1952, nota 6.

7. O um, o todo.

8. Cf. carta a Kirsch, de 18.11.1952, nota 7.

Ao Dr. E. Schwarz
Neustadt a. d. Weinstrasse/Alemanha

02.03.1954

Prezado Doutor,

O conceito de finalidade parece-me um complemento lógico da causalidade e por isso sou de opinião de que apenas os dois aspectos perfazem o todo da causalidade.

Assim como a conexão causa-efeito é uma necessidade, também é uma necessidade a conexão entre a chamada causa final e o resultado. Sem necessidade não há causalidade nem finalidade, ainda que não poucos tratem hoje o conceito da causalidade de modo bem leviano.

A finalidade se manifesta no caráter teleológico de fenômenos biológicos; mas no campo do inorgânico eu não saberia dizer onde entra em consideração a finalidade. Os 4 aspectos da causalidade[1] possibilitam um conspecto causal homogêneo, mas não total. Para tanto parece-me necessário que a causalidade (em todos os seus aspectos) seja confrontada com uma acausalidade. Não simplesmente porque a liberdade também é garantida num mundo preso a leis, mas porque a liberdade, isto é, a acausalidade, existe. Mas para fazer semelhante afirmação é preciso ter um conceito "rigoroso" de causalidade e usar a expressão "causalidade" apenas quando se trata realmente de conexões necessárias; e usar o conceito "acausalidade" só quando for inconcebível uma conexão causal como, por exemplo, no *hysteron-proteron*, isto é, quando um acontecimento presente parece ser causado por um acontecimento futuro.

Quanto à sua pergunta referente à fé[2], devo salientar que existem aparentemente duas realidades: uma objetiva e outra subjetiva, e isto devido ao fato de que a realidade objetiva pode ser estabelecida como não psíquica, ao passo que a realidade psíquica não pode ser estabelecida como sendo objetiva no mesmo sentido. Mas isto se deve em primeiro lugar à premissa irrevogável de que a percepção e o julgamento são psíquicos e que consequentemente não se pode voar sobre a própria cabeça. No entanto, o psíquico pode ser constatado como real através de afirmações codificadas ou através de sintomas objetivamente verificáveis.

Na esperança de ter respondido às suas perguntas,
subscrevo-me com elevada consideração.
(C.G. Jung)

1. Jung refere-se ao escrito de Schopenhauer, *Über die vierfache Wurzel des Satzes vom zureichenden Grunde*, 1813. Cf. OC, vol. XI, par. 246.
2. Em vista das afirmações contidas em *Resposta a Jó*, Dr. Schwarz perguntou sobre a fé de Jung.

Ao Dr. James Kirsch
Los Angeles/EUA

05.03.1954

Prezado Kirsch,
[...]
A integração do inconsciente coletivo significa algo como tomada de consciência do mundo e adaptação a ele; isto não significa que deveríamos ter vivido em todos os climas e continentes do mundo. Obviamente a integração do inconsciente é sempre apenas um assunto bem relativo e atinge sempre apenas o material constelado, não a extensão teórica total. *A noite escura da alma*, de João da Cruz, nada tem a ver com isso[1]. A integração é antes um confronto consciente, um processo dialético, como o descrevi no livro *O eu e o inconsciente*[2]. Parece que aqui se espalhou todo tipo de névoa.

Saudações cordiais,
C.G. Jung

1. Dr. Kirsch colocou a questão se na individuação se tratava da integração do inconsciente coletivo total e se *A noite escura da alma*, de João da Cruz (1542-1591) descrevia uma tal integração.
2. 1928, em OC, vol. VII.

Ano 1954

To Dr. D. Cappon[1]
Toronto/Canadá

15.03.1954

Dear Doctor Cappon,

Quanto à sua pergunta sobre o substrato físico de fatos mentais como os arquétipos, este é um problema que dificilmente ouso abordar. Ele leva a toda espécie de especulações estranhas, e é exatamente isto que procuro evitar. Se dissermos que dependem dos genes, podemos não estar errados. Tudo depende deles.

A mesma pergunta se coloca no caso dos instintos. Onde estão localizados? No caso dos vertebrados poderíamos dizer que se baseiam no cérebro e em seus anexos, mas onde estão localizados num inseto que não tem cérebro? Pelo visto, no sistema nervoso simpático. Pode-se igualmente supor que um padrão instintivo, idêntico ao arquétipo, esteja baseado em nosso sistema simpático. Mas tudo isto é mitologia, bastante difícil de provar do ponto de vista epistemológico e tão inadmissível quanto aquelas ridículas fantasias sobre experiências psicológicas intrauterinas.

Estou convencido de que nossa mente corresponde à vida fisiológica do corpo, mas a maneira em que está conectada com o corpo é incompreensível por razões óbvias. Especular sobre essas coisas incompreensíveis é mera perda de tempo. Querendo ser bem exato, ambas as afirmações, isto é, que a psique se baseia num processo orgânico do corpo ou que a psique é independente do corpo são irrespondíveis. A questão da localização do cérebro é extremamente delicada, pois ao se destruir certa parte do cérebro, destrói-se certa função. Contudo não se sabe se houve realmente a destruição da função, pois é bem possível que tenha havido apenas a destruição do transmissor dessa função – como, por exemplo, tirar o aparelho do telefone não significa eliminar a linha telefônica. Não há certeza absoluta se a psique depende do cérebro; conhecemos fatos que provam que a mente pode relativizar espaço e tempo, conforme demonstrado pelos experimentos de Rhine e pela experiência em geral. Eu já disse que os arquétipos são as representações psicológicas de padrões instintivos e se comportam exatamente como tais. Como entram num indivíduo os instintos? Os instintos foram herdados desde tempos imemoriais e se desenvolveram supostamente com as diferentes espécies. Por isso datam de milhões de anos na maioria dos casos. Também com relação aos instintos é questionável se eles continuam a existir quando foi destruído seu transmissor, isto é, se eles mesmos foram mortos.

É claro que não há necessidade alguma de desvelar os arquétipos em todo tratamento da neurose. É possível obter êxito com muito menos, mas também é verdade que às vezes não está em nossas mãos decidir se vamos entrar nos arquétipos ou não, uma vez que eles surgem por si mesmos e às vezes com tal veemência que a gente não gostaria. Eu nunca procuro os arquétipos e não tento encontrá-los; é suficiente quando eles vêm por si mesmos. Isto acontece quase regularmente quando a análise dura muito e quando se trata de uma pessoa de espírito vivaz.

1)[2] Não há motivo para levar o paciente a entender o material arquetípico, uma vez que ainda não tomou conhecimento de seus complexos pessoais e sobretudo da natureza de sua sombra.

2) O paciente pode ser praticamente curado sem nunca ter ouvido falar de arquétipo.

3) Já houve cura de neuroses da maneira mais espantosa muito antes de nossa psicologia moderna. Quando não há meios técnicos à disposição, é a sinceridade da atitude do médico e sua presteza em ajudar que restauram a totalidade danificada do paciente; mas se houver um refreamento de um conhecimento técnico melhor, então o menos bom nunca chega a um resultado positivo. A atitude terapêutica de êxito sempre pressupõe que a gente faça realmente o melhor, não importando o quanto isto seja bom ou ruim em si mesmo, ou qual a técnica que se emprega. É necessário apenas que se tenha a certeza de estar fazendo o melhor que se sabe.

Eu não me preocuparia com esta conversa de localização. Praticamente é tudo tolice e um remanescente da velha mitologia do cérebro, como a explicação do sono através da contração dos gânglios, o que não é mais inteligente do que a localização da psique na glândula pituitária[3].

Espero ter respondido às suas perguntas.

I remain, dear Dr. Cappon, yours sincerely,
C.G. Jung

---

1. Dr. D. Cappon, anteriormente professor de Psiquiatria, agora professor de Estudos Ambientais, York University, Toronto, Canadá. Em sua carta a Jung ele se denomina "as a lone exponent of 'dynamic' (analytical) psychology [...] who ran across many problems and much resistance".

2. Entre outras perguntas, Dr. Cappon apresentou a Jung os três pontos seguintes: 1) imagens arquetípicas poderiam surgir já no início da análise, mas só seriam entendidas bem mais tarde; 2) até então podem ter desaparecido todos os sintomas; 3) outros métodos como, por exemplo, a psicanálise, conseguiram bons resultados, mesmo que nunca se falasse de arquétipos e de sua interpretação.

3. Para a concepção de Jung sobre a relação entre psique e corpo, cf. OC, vol. VI, par. 979s.

Ano 1954 ————————————————————————————

A Philip Metman[1]
Londres

27.03.1954

Prezado Senhor Metman,

Agradeço sua amável carta, que me interessou muito. Percebi, com prazer, que o senhor sofreu um acidente de carro, mas que só a lataria foi afetada, não tendo o senhor nem sua esposa sofrido qualquer dano físico. Isto pode estar naturalmente numa conexão interna com o que o senhor escreve, pois a experiência mostra que acidentes desse tipo estão ligados muitas vezes à energia criativa e se voltam contra nós, porque não receberam a devida atenção. Isto pode acontecer facilmente, pois sempre julgamos de acordo com aquilo que já sabemos e poucas vezes prestamos atenção ao que ainda não conhecemos. Por isso podemos dar passos em direção errada, ou permanecer tempo demais no caminho certo até que se torne errado. Pode acontecer então que sejamos levados a uma mudança de atitude neste caminho um tanto rude.

Pretendo examinar em breve o seu manuscrito[2], pois agora estou novamente ocupado *nolens volens* com a questão da sincronicidade e da astrologia. Eu me vi quase obrigado a suprimir na edição inglesa o capítulo sobre a astrologia, porque aparentemente ninguém o entendeu[3]. Reduzo-o agora a poucas páginas e sem nenhuma tabela de números. Talvez consiga agora tornar acessível a meu público o chiste duvidoso e um ordenamento acausal.

Entrementes, saudações cordiais,

(C.G. Jung)

P.S. Ficaria satisfeito em saudá-lo no dia 10 de outubro, mas o senhor sabe como são as coisas na idade avançada: a gente promete e sabe que tudo é provisório [...].

1. Philipp Metman, 1893-1965, psicoterapeuta e astrólogo. Emigrou para a Inglaterra. Cf. seu *Mythos und Schicksal*, Leipzig, 1936.
2. *Some Reflections on the Meaning of Illness*. Guild of Pastoral Psychology, Lecture nr. 83, Londres, 1954.
3. O capítulo "An Astrological Experiment" não caiu fora da edição inglesa do ensaio sobre a sincronicidade (Coll. Works VIII), mas foi publicado numa forma reelaborada e ampliada. Em alemão foi publicado sob o título "Ein astrologisches Experiment", em *Zeitschrift für Parapsychologie und Grenzgebiete der Psychologie* I, caderno 2-3, Berna, 1958. Cf. para tanto a carta a Bender, de 12.02.1958, nota 2.

Ano 1954

À Aniela Jaffé
Zurique

Bollingen, 06.04.1954

Prezada Aniela!

Muito obrigado pela excelente recensão[1], na qual nada tenho a corrigir! Entre tanta porcaria que recebo em minha casa sobre as minhas obras, é deveras gratificante encontrar também algo sensato e amável. Eu me pergunto muitas vezes por que a maioria dos "críticos" é tão inamistosa e sem objetividade. Será que meu estilo é muito irritante, ou que coisa há em mim que ofenda tanto os outros? Em _Resposta a Jó_ isto é compreensível, pois foi intencionado para isto. Mas agora estou bastante aborrecido.

Seus piedosos votos de tempo bom só se cumpriram no domingo, mas de modo total. Agora o tempo está pior, de modo que só dá para ficar atrás do fogão. Minha ocupação principal é cozinhar, comer e dormir. Entrementes estou escrevendo uma longa carta ao Padre White[2]. Ele escolheu – graças a Deus – o melhor caminho, isto é, enfrentar suas dificuldades com toda honestidade. Vejo agora com absoluta clareza que minha psicologia representa um desafio fatal para um teólogo e, ao que parece, não só para ele.

Eu me observo na tranquilidade de Bollingen e, com toda a minha experiência de quase oito décadas, devo admitir que não encontrei uma resposta satisfatória para mim mesmo. Estou agora, como antigamente, em dúvida sobre mim mesmo, e tanto mais quando procuro dizer algo definitivo. É como se, através disso, ficasse ainda mais afastado da familiaridade comigo mesmo.

Cordialmente,

C.G.

1. "C.G. Jung: 'Von den Wurzeln des Bewusstseins'", em _Tages-Anzeiger für Stadt und Kanton Zürich_, 29.04.54.
2. Cf. carta a White, de 10.04.1954.

To Father Victor White
Oxford

Bollingen, 10.04.1954

Dear Victor,

Sua carta[1] ficou em cima de minha escrivaninha, esperando um tempo propício para resposta. Nesse meio-tempo estive ocupado com um prefácio que havia prometido a P. Radin e K. Kerényi[2]. Eles querem publicar um livro sobre a figura do *Trickster*. Ele é a sombra coletiva. Terminei ontem o prefácio.

Suponho que o senhor conheça o sacerdote greco-ortodoxo Dr. Zacarias[2a]. Ele terminou seu livro (*Psyche und Mysterium*) que contém seu modo de ver de uma possível recepção da psicologia junguiana pelo cristianismo ou, melhor, uma tentativa de integração correspondente. O Dr.Rudin SJ, do Instituto de Apologética, não gostou. Mas o Professor Gebhard Frei manifestou sua opinião bem positiva.

Para mim, sua concepção de Cristo é uma charada, mas tento compreendê-la. Parece-me que o senhor não faz diferença entre a ideia de Cristo como ser humano e divino. Enquanto divino, é óbvio que conhece tudo, pois todos os conteúdos macrocósmicos são também microcósmicos, e podemos dizer que são conhecidos do si-mesmo. (Além do mais, as coisas se comportam como se fossem conhecidas.) É de fato assombroso que o inconsciente coletivo pareça estar em contato com quase tudo. Naturalmente não há evidência empírica para tal generalização, mas há muitas provas de sua expansão sem limites. Por isso a sentença "animam Christi nihil ignoravisse etc." não é contraditada pela experiência psicológica. *Rebus sic stantibus*, pode-se dizer que Cristo, como si-mesmo, "ab initio cognovisse omnia" etc. Eu diria que Cristo conhecia sua sombra-satanás – que Ele afastou de si logo no início de sua carreira. O si-mesmo é uma unidade, consistindo porém de duas, isto é, de opostos, caso contrário não seria uma totalidade. Cristo se divorciou conscientemente de sua sombra. Enquanto divino, ele é o si-mesmo, ainda que apenas sua metade luminosa. Enquanto humano, nunca perdeu completamente sua sombra, mas parece que tinha consciência dela. Como, pois, poderia ter dito: "Por que me chamas de bom?"[3] Também é razoável crer que Ele, enquanto ser humano, não estava totalmente consciente dela e, na medida em que não tinha consciência dela, Ele sem dúvida a projetava. A divisão de seu si-mesmo fazia dele, enquanto humano, um ser tão bom quanto possível, ainda que não fosse capaz de alcançar o grau de perfeição que já possuía o seu si-mesmo luminoso.

A doutrina católica só pode declarar que *Cristo, mesmo como ser humano, conhecia tudo*. Esta é a consequência lógica da união perfeita das *duae naturae*. O Cristo na concepção da Igreja é para mim um ser espiritual, isto é, mitológico; até mesmo sua humanidade é divina, pois é gerada pelo pai celeste e isenta do pecado original. Quando falo dele como ser humano, refiro-me aos poucos traços que constam dos evangelhos. Isto não basta para reconstruir um caráter empírico. Além disso, mesmo que pudéssemos reconstruir uma personalidade individual, não preencheria o papel de redentor e homem-Deus que é idêntico ao si-mesmo "onisciente". Uma vez que o ser humano individual é caracterizado por uma seleção de tendências e qualidades,

Ano 1954

ele é uma especificação e não uma totalidade, isto é, não pode ser individual sem imperfeição e restrição, ao passo que o Cristo da doutrina é perfeito, completo, total e portanto não individual, mas um mitologema coletivo, respectivamente um arquétipo. Ele é muito mais divino do que humano e muito mais universal do que individual.

Com relação à onisciência é importante saber que *Adão* já era dotado de conhecimento sobrenatural, conforme a tradição judaica e cristã[3a], quanto mais Cristo.

Penso que a grande divisão naqueles dias não foi um erro, mas um fato coletivo muito importante de correspondência sincronística com o éon de Peixes que então começava[4]. Apesar de sua natureza conservadora, os arquétipos não são estáticos, mas estão num *constante fluxo dramático*. Por isso o si-mesmo como mônada ou unidade contínua estaria morto. Mas ele vive na medida em que se divide e se une de novo. Não há energia sem opostos.

Todos os conservadores e institucionalistas são fariseus, se usarmos este nome sem preconceitos. Era de se esperar, pois, que exatamente a melhor parte do povo judeu fosse mais atingida pela revelação de um Deus exclusivamente bom e pai amoroso. Esta nova mensagem enfatizava com desagradável clareza que o Javé adorado até então tinha algumas tendências adicionais e menos decorosas. Por razões óbvias os fariseus ortodoxos não podiam defender seu credo, insistindo nas qualidades más de seu Deus. Com seu ensinamento de um Deus exclusivamente bom, Cristo deve ter sido para eles sumamente incômodo. Provavelmente o consideravam um hipócrita, pois era esta a principal objeção dele contra eles. Alguém se torna hipócrita quando é obrigado a defender algo que outrora foi bom e que em sua época significou progresso considerável ou melhoria. Foi um grande passo à frente quando Javé se revelou um Deus *ciumento*, fazendo seu povo escolhido saber que Ele estava por trás dele com bênção e punição, e que o objetivo de Deus era o ser humano. Não sabendo proceder melhor, eles o enganavam obedecendo literalmente à sua lei. Mas, como Jó descobrisse a amoralidade primitiva de Javé, Deus percebeu o embuste, que consistia em observar a lei e engolir camelos[5].

Os antigos papas e bispos conseguiram eliminar da Igreja muito paganismo, barbárie e coisas verdadeiramente ruins, de modo que ela se tornou bem melhor em vista de alguns séculos anteriores: não houve mais Alexandre VI[6], autos de fé, esmagamento de polegares e cavaletes; as virtudes mais drásticas (ascetismo etc.) já não precisavam compensar mais nada e perderam, até certo ponto, o seu sentido. A grande separação, que foi por longo tempo um fato puramente espiritual, atingiu também o mundo exterior, na maioria das vezes numa forma bastante grosseira e pouco reconhecível como, por exemplo, a cortina de ferro, a realização do segundo Peixes[7].

Agora deve começar uma nova síntese. Mas como pode o mal absoluto ser conectado e identificado com o bem absoluto? Parece impossível. Quando Cristo resistiu à tentação de satanás[8], este foi o momento fatal em que a sombra foi cortada. Mas ela deveria ser cortada de forma tal a possibilitar ao homem tornar-se moralmente consciente. Se os opostos morais pudessem ser unidos de todo, eles seriam neutralizados e já não haveria moralidade alguma. Certamente não é isto que a síntese quer. Num tal caso de irreconciliabilidade, os opostos estão unidos por uma ponte neutra ou ambivalente, um símbolo que expressa ambos os lados de tal forma que eles podem funcionar juntos. Este símbolo é a *cruz* em sua interpretação tradicional como a árvore da vida ou simplesmente como a árvore em que Cristo está preso sem poder fugir. Esta característica especial indica o sentido compensador da árvore: a árvore simboliza aquela entidade da qual Cristo foi separado e com a qual deveria ser conectado novamente para tornar completa sua vida ou seu ser. Em outras palavras, o *crucificado* é o símbolo que une os opostos morais absolutos. Cristo representa a luz; a árvore, a escuridão; Ele é o filho, a árvore é a mãe. Ambos são *andróginos* (árvore = falo)[9]. Cristo está tão identificado com a cruz que os dois termos se tornaram quase intercambiáveis na linguagem eclesiástica (por exemplo: "redimido por Cristo ou pela cruz" etc.). A árvore traz de volta tudo o que foi perdido pela extrema espiritualização de Cristo, principalmente os elementos da natureza. Através de seus ramos e folhas, a árvore reúne as forças da luz e do ar; e, por meio de suas raízes, reúne as forças da terra e da água. Cristo sofreu por causa de sua divisão, mas recobra sua vida perfeita na Páscoa, quando é novamente sepultado no seio da mãe virginal. (Temos algo correspondente no mito de Átis: a imagem de Átis está associada à árvore que foi cortada e levada para a caverna da mãe Cibele[10]. A Igreja da Natividade, em Belém, foi construída sobre um santuário de Átis[11].) Este complexo mitológico parece representar um desenvolvimento ulterior do antigo drama, isto é, a existência tornando-se real através do reflexo, na consciência, da tragédia de Jó[12]. Mas agora se trata do problema de lidar com os resultados da discriminação consciente. A primeira tentativa é o reconhecimento moral do bem e a decisão pelo bem. Ainda que indispensável esta decisão, ela não se mostra realmente boa a longo prazo. Não se pode permanecer nela, caso contrário a gente sai da vida e morre lentamente. Então a ênfase unilateral no bem torna-se duvidosa, mas aparentemente não há possibilidade de reconciliar o bem e o mal. Este é o ponto em que estamos agora.

A história simbólica da vida de Cristo tem um aspecto teológico central: a crucifixão, isto é, a união de Cristo com o símbolo da árvore. Já não se trata de uma reconciliação impossível do bem com o mal, mas do homem com sua vida vegetativa (= inconsciente). No caso do símbolo cristão, a árvore está morta e o homem na cruz vai morrer, isto é, a solução do problema acontece após a morte. Foi até aí que chegou a verdade cristã. Mas é possível que o simbolismo cristão expresse a condição mental dos homens na era de Peixes, assim como os deuses-touro e capricórnio a expressaram na era de Áries e Touro. Neste caso, a solução pós-mortal tornar-se-ia símbolo de um estado psicológico inteiramente novo, isto é, de Aquário. Aquário é certamente uma unidade, supostamente a do *anthropos*, a realização da alusão de Cristo "Dii estis"[13.]

Isto é um mistério terrível e de difícil compreensão, pois significa que o ser humano será essencialmente Deus, e Deus essencialmente ser humano. Os sinais que apontam nessa direção consistem no fato de que o poder cósmico de autodestruição é posto nas mãos dos homens, e o homem assume a natureza dúplice do Pai. Ele a compreenderá mal e estará tentado a destruir toda a vida da terra pela radioatividade. O materialismo e o ateísmo – a negação de Deus – são meios indiretos para atingir este objetivo. Negando Deus, o homem se deifica, isto é, fica tão poderoso como Deus e sabe o que é bom para a humanidade. É assim que começa a destruição. Os mestres-escola intelectuais do Kremlin são exemplo clássico disso. É grande o perigo de seguir o mesmo caminho. Ele começa com a mentira, isto é, a projeção da sombra.

Há necessidade de pessoas que conheçam sua sombra, pois precisa haver pessoas que não projetem. Deveriam estar numa posição visível, onde seria de se esperar que projetassem, mas inesperadamente elas não projetam! Poderiam dar um exemplo visível, que não seria visto se elas fossem invisíveis.

Há certamente fariseísmo na Igreja, espírito legalista, instinto de poder, obsessão sexual e falso formalismo. Mas estas coisas são sintomas de que os antigos caminhos e métodos vistosos e facilmente compreensíveis perderam seu sentido e foram lentamente substituídos por princípios mais significativos. Isto significa realmente problema para a amoralidade cristã. Mas não se pode derrubar o mundo todo porque ele contém em si também algo de ruim; por isso a luta vai acontecer individualmente e dirigir-se contra aquilo que o senhor chama corretamente de "avidya"[14.] Como "tout passe", também os livros de teologia não são verdadeiros para sempre; mesmo que esperem que se acredite neles, é preciso que alguém lhes diga fraterna e paternalmente que eles às vezes erram. Um pensamento introvertido, verdadeiro e honesto, é um carisma e possui autoridade divina, ao menos por certo tempo, principalmente se for modesto, simples e direto. As pessoas que escrevem estes livros não são a voz de Deus. São apenas humanas. É verdade que o pensamento genuíno a isola. Mas o senhor tornou-se monge por causa de uma sociedade congenial? Ou acha o senhor que o pensamento genuíno isola apenas um teólogo? Ele fez o mesmo comigo e o fará com qualquer um que tenha sua bênção*.

Deveríamos reconhecer que a vida é uma passagem. Uma ponte velha e coberta, em Schmerikon[16], traz a seguinte inscrição: "Tudo é passagem". Também a Igreja e suas *sententiae* são vivas na medida em que mudam. Todas as verdades antigas precisam de nova interpretação, de modo que continuem vivendo sob forma nova. Não podem ser substituídas nem reprimidas por outra coisa, senão perdem todo seu valor ou eficácia. A Igreja espera que a gente assimile a sua doutrina. Mas, assimilando-a, a gente a muda imperceptivelmente e, às vezes, perceptivelmente. O pensamento introvertido está consciente dessas alterações sutis, ao passo que outras mentes as engolem sem perceber. A tentativa de entender literalmente a doutrina põe de lado o ser humano, até que não sobrem mais do que cadáveres para segui-la. Se, por outro lado, alguém assimila verdadeiramente a doutrina, ele a alterará criativamente por sua compreensão individual e assim lhe dará vida. A vida de grande parte das ideias consiste em sua natureza controversa, isto é, pode-se discordar delas, mesmo reconhecendo sua importância para uma maioria. Se alguém concorda plenamente com elas, então pode ser substituído por um toca-discos. Além do mais, se não discordar, não será um bom *diretor de consciências,* pois muitos sofrem das mesmas dificuldades e precisam urgentemente de sua compreensão.

Levo muito a sério o problema moral com o qual o senhor se defronta. Antes de o senhor pensar que isto é um erro fundamental, seria preferível tentar entender por que foi colocado na situação atual de profundo conflito. Lembro-me perfeitamente de sua *charta geomantica*[17], que retrata claramente seu caminho para o monacato. Admito que há pessoas que têm o dom especial de sempre e inevitavelmente chegarem ao lugar errado. Com elas nada se pode fazer; no máximo, pode-se tirá-las de um buraco e conduzi-las a outro, igualmente dúbio. Mas, se eu encontrar uma pessoa inteligente numa situação aparentemente errada, penso que existe uma razão qualquer para isso. Talvez ela tenha algum trabalho a realizar. Há muito trabalho a realizar onde muita coisa falhou, ou onde muita coisa precisa melhorar. Esta é uma das razões por que a Igreja atrai bom número de pessoas inteligentes e responsáveis,

---

* Eis a razão de haver funções compensadoras. O pensador introvertido precisa de um sentimento desenvolvido, isto é, de um relacionamento menos autoerótico, sentimental, melodramático e emocional com as pessoas e coisas. No começo, a compensação é um conflito infernal, mas, depois, quando se compreendem o sentido de "nirdvandva"[15], torna-se ela os pilares da porta da função transcendental, isto é, da passagem para o si-mesmo.

na secreta (ou inconsciente?) esperança de serem fortes o suficiente para levar ao futuro o sentido da Igreja e não suas palavras** A pessoa que se deixa engolir pela instituição não é bom servidor dela.

É evidente que as autoridades eclesiásticas precisam proteger a Igreja contra elementos subversivos. Mas, levado ao extremo, este princípio seria sabotagem, pois sufocaria qualquer tentativa de progresso. A Igreja é "passagem" e ponte entre os que possuem maior e os que possuem menor grau de consciência; e como tal ela tem sentido. Uma vez que o mundo está amplamente *sub principatu diaboli*, é inevitável que haja tanto mal na Igreja como em qualquer outra parte; e, como em qualquer outra parte, há que se ter cautela. O que faria o senhor se fosse gerente de banco ou médico assistente numa grande clínica? Sempre e em toda parte estará em conflito moral, a não ser que viva em crassa inconsciência. Acho que não é apenas honesto, mas altamente moral e altruísta, ser da melhor maneira possível o que se professa ser, com plena consciência de estar fazendo este esforço em prol dos fracos e não- -inteligentes, que não conseguem viver sem um apoio seguro. Um bom médico é aquele que não importuna o paciente com suas próprias dúvidas e sentimentos de inferioridade. Mesmo que saiba pouco ou seja ineficiente, pode uma boa *persona medici* exercer sua influência benéfica, caso faça seu trabalho com seriedade e no interesse do paciente. A graça de Deus pode intervir, se a gente não perde a cabeça numa situação claramente desesperadora. Tudo o que se faz em benefício do paciente, mesmo que seja uma mentira, está bem-feito; e estaremos justificados, ainda que não consigamos livrar-nos do penoso sentimento de dúvida. Será que algum verdadeiro servo de Deus pode livrar-se desse sentimento de profunda insegurança, contrabalançando sua evidente justificação? Não consigo esquecer aquela senhora negra, doente mental, que me disse: "Deus está em mim como um sino – alegre e sério"[18]. Por "sino" parece que entendia algo preciso e regular, inclusive monótono; por "alegre e sério", uma compensação de eventos e aspectos irracionais – uma serie-dade humorística, expressando a natureza lúdica e terrível de experiências fatídicas.

Quando me encontro numa situação crítica ou duvidosa, pergunto sempre a mim mesmo se não existe algo nela que explique a necessidade de minha presença antes de fazer um plano para escapar. Se não encontrar nenhuma esperança ou sentido nela, acho que não hesitaria em pular fora o mais rápido possível. Posso estar enganado, mas o fato de o senhor estar dentro da Igreja não me parece descabido. É óbvio que

---

** O velho estratagema da obediência à lei ainda goza de alta estima, mas a doutrina cristã primitiva é uma advertência.

Ano 1954

se esperam grandes sacrifícios do senhor, mas existe alguma vocação ou vida plena de sentido que não exija algum tipo de sacrifício? Na busca de conscientização não há segurança absoluta. Dúvida e insegurança são componentes indispensáveis de uma vida plena. Somente aqueles que conseguem perder sua vida *realmente* podem ganhá-la. Uma vida "plena" não consiste numa plenitude teórica, mas no fato de se aceitar, sem reservas, o emaranhado aleatório em que estamos presos, de tentar introduzir um sentido nele ou criar um cosmos a partir da mistura caótica na qual nascemos. Se vivermos a vida correta e plenamente, entraremos sempre numa situação em que se dirá: "Isto é demais. Não posso aguentar mais". Então é preciso responder à pergunta: "Não é possível aguentar mesmo?"

"Fidem non esse caecum sensum religionis e latebris subconscientiae erumpentem"[19] etc., evidentemente não! No sentido eclesiástico, *fides* é uma construção expressa pelo credo totalmente artificial, mas não um produto espontâneo do inconsciente. Pode-se jurar por ela com toda a inocência, assim como eu juraria se fosse interpelado a fazê-lo. Também o senhor pode *ensinar*, se interpelado a fazê-lo, a *sólida* doutrina de Santo Tomás de Aquino, assim como eu poderia fazê-lo se tivesse o conhecimento necessário. O senhor pode, quer e deve criticá-la, mas com certa discrição, pois nem todas as pessoas são capazes de entender os seus argumentos. "Quieta movere" nem sempre é um princípio bom. Como analista, sabe-se muito bem o pouco que se pode dizer, e às vezes é suficiente que apenas o analista o saiba. Certas coisas se transmitem pelo ar quando elas são realmente necessárias.

Não concordo com a ideia de X.Y. de que não se deve ser meticuloso a respeito da consciência. Isto é absolutamente desleal e – desculpe – um pouco católico demais. É preciso ser meticuloso quando se trata de questões morais, e que questões! Somos interpelados a decidir se podemos agir com ambiguidade, dolo, "duplicidade" e outras coisas infames por amor à alma de nosso próximo. Tratando-se do "fim que justifica os meios", então é preferível comprar uma passagem que leva direto ao inferno. É presunção demoníaca ter-se em tão elevada estima, mesmo só em pensamento, que possa decidir sobre os meios a aplicar. Isto não existe, e muito menos na psicoterapia. Se não quisermos ir moralmente à breca, só existe uma pergunta: "Qual é a necessidade que pesa sobre os nossos ombros se tomarmos a peito a carência ou miséria de nosso irmão"? Trata-se da questão *até que ponto estamos envolvidos* no processo da cura, e não o que poderíamos dar para nos ver livres. Naturalmente muito depende da maneira como o senhor vê sua posição com referência à Igreja. Eu sugeriria uma atitude analítica, confiável e honesta, isto é, considere a Igreja como seu empregador doente e seus colegas como internos inconscientes de um hospital.

É mescalina a droga LSD?[20] Os efeitos são deveras estranhos – vide Aldous Huxley![21] – sei muito pouco disso. Também sei muito pouco sobre o valor psicoterapêutico em pacientes neuróticos ou psicóticos. Sei apenas que é inútil querer *saber* sobre o inconsciente coletivo mais do que nos informam os sonhos e as intuições. Quanto mais se sabe disso, maior e mais pesada se torna a carga moral, pois logo que os conteúdos do inconsciente começam a tornar-se conscientes, eles se transformam em tarefas e deveres individuais. Por que mais solidão e incompreensão? Por que sempre novas complicações e crescentes responsabilidades? Já temos o bastante. Se pudesse dizer que fiz tudo o que sabia fazer, então me parece talvez necessário e legítimo que tome mescalina. Mas se a tomasse agora, não estaria certo se a teria tomado por pura curiosidade. Eu odiaria a ideia de haver tocado na esfera onde nasce a cor que tinge o mundo, onde é criada a luz que faz resplandecer o brilho do crepúsculo, as linhas e formas de todo tipo, o som que enche o orbe, o pensamento que ilumina a escuridão do vazio. Talvez haja algumas pobres criaturas para quem a mescalina é um presente do céu, sem reação prejudicial, mas desconfio muito dos meros "presentes dos deuses". Paga-se muito caro por eles. "Quidquid id este, timeo Danaos et dona ferentes"[22].

Não se trata de saber sobre o inconsciente ou do inconsciente, nem termina a história aqui; ao contrário, trata-se de saber como e onde começar a verdadeira busca. Estando inconsciente demais, é um grande alívio saber um pouco sobre o inconsciente coletivo. Mas logo torna-se perigoso saber mais, porque não se aprende ao mesmo tempo como equilibrá-lo através de um equivalente consciente. Este é o erro de Aldous Huxley***; ele não sabe que está no papel do "Zauberlehrling", que aprendeu de seu mestre chamar os espíritos, mas não sabe como se livrar deles outra vez:

> "Não consigo livrar-me
> dos espíritos que invoquei"!

Ficaria muito agradecido se o senhor me deixasse ver o material conseguido através do LSD. É horrível que os psiquiatras se tenham apoderado de um novo veneno com o qual possam brincar sem o menor conhecimento ou senso de responsabilidade. É como um cirurgião que nunca aprendeu mais do que abrir a barriga do paciente e deixar tudo por isso mesmo. Quando alguém chega a conhecer os conteúdos inconscientes, é preciso que saiba lidar com eles. Só posso esperar que os médicos se encham de mescalina, o *alcaloide da graça divina*, para que aprendam eles mesmos

---

*** Este é de fato o erro de nossa época. Achamos que basta descobrir coisas novas, mas não nos damos conta de que o maior conhecimento exige um desenvolvimento correspondente da moralidade. Nuvens radiativas sobre o Japão, Calcutá e Saskatchewan indicam um envenenamento progressivo da atmosfera do universo.

Ano 1954

o seu efeito maravilhoso. Não chegamos ainda ao fim do lado consciente. Por que esperar mais do inconsciente? Após 35 anos conheci o suficiente sobre o inconsciente coletivo, e todo o meu esforço está concentrado em preparar os caminhos e modos de lidar com ele.

Para terminar esta longa epístola, devo dizer que apreciei muito sua confiança, franqueza, coragem e honestidade. É um fato tão raro e precioso que é um prazer responder-lhe com carta minuciosa. Espero que encontre seu caminho para a Suíça... Apesar de muito frio, o inverno foi camarada comigo. Minha esposa e eu estamos cansados, mas bem ativos, ainda que em menor escala.

Estou passando o mês de abril em Bollingen *procul negotiis*, e está sendo o pior dos últimos anos.

Sincerely yours,
C.G.

1. O Padre White respondeu à carta de Jung, de 24.11.1953, no dia 03.05.1954. Entrou em detalhes no problema mencionado por Jung, de uma "sombra de Cristo" e apresentou a doutrina católica de que nada era desconhecido à alma de Cristo (*animam Christi nihil ignoravisse*), mas que sabia de tudo desde o começo (*ab initio cognovisse omnia*) e que, por essa razão, não se podia falar de uma sombra de Cristo.
2. Trata-se do comentário de Jung "Zur Psychologie der Schelmenfigur", em Paul Radin, Karl Kerényi, C.G. Jung, em *Der göttliche Schelm*, Zurique, 1954. Em OC, vol. IX/1 sob o título "Sobre a psicologia da figura do Trickster".
2ª. Cf. carta a Zacarias, de 24.08.1953.
3. Mc 10,18; Lc 18,19.
3ª. Cf. *Mysterium Coniunctionis*, II, par. 235s.
4. Cf. carta a Baur, de 29.01.1934, nota 1.
5. Mt 23,24: "Guias cegos, que filtrais um mosquito e engolis um camelo".
6. Papa Alexandre VI (Rodrigo Borgia), 1482-1503, incentivador das artes e das ciências, mal-afamado devido à sua vida imoral.
7. Segundo a tradição astrológica, o primeiro peixe do zodíaco de Peixes corresponde a Cristo, o segundo ao demônio. Por volta do ano 1000 teria começado o reino do segundo peixe, que acabaria por volta do ano 2000, pois o ponto primaveril desloca-se para o signo de Aquário. Cf. *Aion*, OC, vol. IX/2, par. 149; *Resposta a Jó*, OC, vol. XI, par. 725.
8. Mt 4,1-11.
9. O nascimento da árvore, descrito em vários mitos, indica o caráter maternal da árvore. Pelo fato de a árvore ter um sentido fálico, apresenta um símbolo andrógino. Cf. *Símbolos da transformação*, OC, vol. V, segunda parte, capítulo 5: "Símbolos da mãe e do renascimento".
10. Átis era um dos jovens divinos destinado a morrer cedo. Era amante de Cibele, a grande deusa-mãe da Anatólia. Segundo a lenda, ele se emasculou debaixo de um abeto. No culto a Cibele, principalmente em março, um abeto era trazido para dentro de seu santuário, como símbolo de Átis. Cf. carta a White, de 25.11.1950, nota 4.
11. Um santuário helênico de Adônis, parente próximo de Átis, achava-se numa caverna de Belém. Considerava-se que fosse o local do nascimento de Cristo; o imperador Constantino (306-337) construiu lá uma basílica. Adônis, o amante de Afrodite, pertence também aos jovens deuses que morriam cedo.
12. Cf. para tanto *Memórias*, p. 294s. e carta a Neumann, de 10.03.1959.

13. "Vós sois deuses", Jo 10,34.

14. Não saber.

15. Livre de opostos. Cf. OC, vol. VI, par. 327s.

16. Schemerikon é um vilarejo próximo a Bollingen (cantão de St. Gallen), onde estava "a Torre", a casa de férias de Jung.

17. Na geomancia (arte dos pontos), um método mântico, são anotados os resultados dos dados segundo um plano determinado, a "carta", e depois interpretados. Jung conheceu a geomancia através do livro do médico inglês e rosacruz Robert Fludd, 1574-1637, "De animae intellectualis scientia seu De geomantia", in *Fasciculus Geomanticus*, Verona 1687. – Jung gostava de fazer experiências com métodos mânticos, para "testar" a sincronicidade. Parece que jogou com o Padre White o jogo de dados geomântico. Cf. *Aion*, OC, vol. IX/2, par. 415.

18. Durante sua estada nos Estados Unidos, 1912, Jung trabalhou com negros dementes no Hospital St. Elisabeth, em Washington. Lá encontrou a "negra Mammy" que disse esta frase.

19. "A fé não é um sentimento religioso cego que brota da escuridão do subconsciente". Da promulgação do *motu proprio* (documento publicado pelo papa por iniciativa própria), do Papa Pio X (1º de setembro de 1910), "Sacrorum Antistitum", dirigido contra o modernismo na Igreja Católica.

20. Padre White disse em sua carta que fora convidado a falar aos médicos de um manicômio sobre o material arquetípico-religioso, produzido por pacientes sob o efeito do LSD.

21. Aldous Huxley, *The Doors of Perception*, Londres, 1954. Huxley recomenda o uso da mescalina para chegar "ao mundo da experiência transcendental".

22. "[Homens de Troia, não confiai no cavalo!] Seja o que for, tenho medo dos gregos, mesmo que tragam presentes". Virgílio, *Eneida*, I, 48.

To Eugene M.E. Rolfe
Londres

01.05.1954

Dear Mr. Rolfe,

Muito obrigado por seu interessante artigo sobre "Rival Gods"[1]. O senhor faz uma pergunta bem pertinente[2]. Temo que não haja ninguém para respondê-la, ao menos não no sentido da nossa tradição. O senhor consegue imaginar um verdadeiro profeta ou salvador em nossos dias de televisão e reportagens jornalísticas? Sua popularidade haveria de acabar com ele em poucas semanas. E, assim mesmo, espera-se por uma resposta. O senhor aponta com razão o vazio de nossas almas e a perplexidade de nossa mente quando devemos dar uma resposta que seja tão precisa, simples e compreensível como, por exemplo, o marxismo. O pior é que a maioria de nós acredita nos mesmos ideais e ou em ideais semelhantes. A humanidade como um todo ainda não entendeu que a decisão última está em suas mãos. Ainda está possessa de deuses irados e faz a vontade deles. São poucos os que reconhecem a verdadeira situação e sua desesperadora urgência.

Estou satisfeito que tenha formulado a pergunta.

Sincerely yours,
C. G.

1. E. Rolfe, "Rival Gods", *The Hibbert Journal*, vol. LII, abril de 1954.
2. E. Rolfe conclui seu ensaio sobre os "Rival Gods", isto é, Estados Unidos e Rússia com a pergunta: quem haveria de mostrar à humanidade a verdade espiritual ou religiosa pela qual valeria a pena engajar-se?

Monsieur André Barbault[1]
Paris

26.05.1954

Monsieur,

Antes de mais nada gostaria de pedir desculpas pela demora em responder à sua carta de 19 de março. Isto se deve às minhas férias ou doença. Além disso, minha idade já não me permite cumprir todas as minhas obrigações como eu gostaria.

Eis as respostas às suas perguntas:

1. Relação entre astrologia e psicologia:

Há muitos exemplos de analogias surpreendentes entre constelações astrológicas e fatos psicológicos, ou entre o horóscopo e a disposição do caráter. Até certo ponto é possível predizer inclusive o efeito psíquico de uma passagem, por exemplo[2].

Pode-se esperar com um grau de possibilidade bastante elevado que uma situação psíquica determinada venha acompanhada de uma configuração astrológica análoga. A astrologia, assim como o inconsciente coletivo, com o qual se ocupa a psicologia, consiste de configurações simbólicas: os planetas são os "deuses", símbolos das forças do inconsciente (em primeiro lugar, ao lado de outro).

2. O modus operandi de constelações astrológicas:

Parece-me que se trata principalmente daquele paralelismo ou daquela "simpatia" que eu chamo *sincronicidade*, isto é, a conexão acausal que expressa relações não explicáveis por uma causa como, por exemplo, a precognição, premonição, a psico-cinese (PK) e também o que chamamos de telepatia. A causalidade é uma *verdade estatística*, mas existem exceções de natureza acausal que integram a categoria dos fatos sincronísticos (não "sincrônicos"). Eles se referem ao "tempo qualitativo".

3. Minha posição quanto à suposição astrológica de existir um quadro psíquico desde o nascimento e quanto à explicação psicanalítica da etiologia das neuroses por meio de experiências da primeira infância:

O efeito específico (patogênico) das primeiras experiências baseia-se, por um lado, nas influências do meio ambiente e, por outro, na predisposição psíquica, isto é, na hereditariedade, o que parece ficar demonstrado no horóscopo. Parece que o horóscopo corresponde a um momento determinado na conversa dos deuses, ou seja, dos arquétipos psíquicos.

Ano 1954

4. *O tempo qualitativo*:

Empreguei este conceito em tempos passados, mas eu o substituí pela ideia da sincronicidade, uma analogia à simpatia ou *correspondentia* (a συμπάθεια[3] dos antigos), ou à *harmonia preestabelecida* de Leibniz. O tempo em si consiste de nada. Ele é apenas um *modus cogitandi* que utilizamos para exprimir e formular o fluxo das coisas e acontecimentos, assim como o espaço nada mais é do que um modo de circunscrever a existência de um corpo. Se nada acontecer no tempo e não houver corpo no espaço, então não haverá tempo nem espaço. O tempo é "qualificado" sempre e exclusivamente por acontecimentos, e o espaço pela extensão dos corpos. "Tempo qualitativo" é uma tautologia e não diz nada, ao passo que *sincronicidade* (não "sincronismo") expressa o paralelismo e a analogia dos acontecimentos, enquanto forem não causais. O "tempo qualitativo" é uma hipótese que pretende explicar o paralelismo dos acontecimentos em termos de causa e efeito. Mas enquanto o tempo qualitativo é apenas um fluxo de coisas e igualmente "nada" como o espaço, esta hipótese só confirma a tautologia: o fluxo das coisas e dos acontecimentos é a causa do fluxo da coisa etc.

A sincronicidade não admite a causalidade para explicar a analogia entre acontecimentos terrenos e constelações astrais (excetuando-se a deflexão dos prótons solares e sua possível influência sobre acontecimentos terrenos). E não a admite de modo algum nos casos de percepções extrassensoriais (PES), sobretudo no caso da precognição; pois é inconcebível que se possa perceber o efeito de uma causa não existente, ou ainda não existente.

O que se pode afirmar com a ajuda da astrologia é a analogia dos acontecimentos [terrenos e das constelações astrais][4], mas não a causa ou efeito de uma série de acontecimentos em relação à outra (a mesma constelação significa, por exemplo, na mesma pessoa, uma vez uma catástrofe e outra vez um resfriado...).

Apesar disso, o problema da astrologia não é tão simples. Essas deflexões dos prótons solares existem nas conjunções, oposições e quadrantes, por um lado, e nos trígonos e sextis, por outro, e exercem influência sobre o rádio e outras coisas mais[5]. Não tenho competência para julgar da importância que deve merecer esta possibilidade.

De qualquer forma, a posição da astrologia é especial entre os métodos intuitivos; existem razões para duvidar da teoria da causalidade e também da validade exclusiva da hipótese da sincronicidade[6].

5. Observei várias vezes que uma fase psíquica bem-definida ou um acontecimento correspondente eram acompanhados de uma passagem astral (sobretudo quando Saturno e Urano eram atingidos).

Ano 1954

6. *Minha principal crítica aos astrólogos:*

Se eu pudesse manifestar-me sobre um campo que conheço apenas superficialmente, diria que o astrólogo nem sempre toma as indicações como simples possibilidade. A interpretação é às vezes literal demais e simbólica de menos, e é também pessoal demais. O zodíaco e os planetas não fornecem dados pessoais, mas dados impessoais e objetivos. Também devem ser consideradas diversas "camadas de interpretação" na interpretação das casas.

7. É evidente que a astrologia tem muito a oferecer à psicologia, mas é menos evidente o que esta última pode oferecer à sua irmã mais velha. Eu diria que seria proveitoso para a astrologia se ela tomasse em consideração a existência da psicologia, sobretudo a psicologia da pessoa e do inconsciente. Estou quase certo de que alguma coisa pode ser aprendida de seu método da interpretação dos símbolos. Trata-se da interpretação dos arquétipos (dos deuses) e de suas relações mútuas, interesse comum das duas artes. Sobretudo a psicologia do inconsciente trata da simbologia arquetípica.

Espero ter respondido às suas perguntas.

Je vous présente, Monsieur, l'expression de mes sentiments distingués.

(C.G. Jung)

---

1. André Barbault era vice-presidente do "Centre International d'Astrologie", Paris. Enviou a Jung as seguintes perguntas:

a. Qual a relação que o senhor vê entre astrologia e psicologia?

b. Como pode ser descrita esta relação: física, causal ou sincrônica?

c. Qual a sua posição diante do fato de que os astrólogos admitem um quadro psicológico existente desde o nascimento, enquanto os psicanalistas explicam a etiologia das neuroses a partir de experiências da primeira infância?

d. A astrologia traz o conceito de um tempo qualitativo no universo. O senhor aceita seu papel na psique individual (problema de ciclos e passagens)?

e. No transcurso do tratamento analítico, o senhor observou que fases típicas de estagnação ou de progresso coincidiram com certas constelações astrológicas, por exemplo, passagens?

f. Qual é a sua principal crítica aos astrólogos?

g. Qual a nova orientação que aconselharia para a astrologia?

2. Os símbolos astrológicos introduzidos à mão por Jung faltam nesta cópia da carta.

3. Cf. carta a Whitmont, de 04.03.1950, nota 3.

4. Cf. "Em memória de Richard Wilhelm", em Jung-Wilhelm, *O segredo da flor de ouro*, 1957 e OC, vol. XV, par. 81s.: "O que nasce ou é criado num dado momento adquire as qualidades deste momento".

5. Cf. carta a Jaffé, de 08.09.1951, nota 2.

6. Cf. carta a Bender, de 10.04.1958.

Ano 1954

To Dr. Michael Fordham[1]
Londres

18.06.1954

Dear Fordham,

Sua carta traz más notícias; senti muito que não tenha conseguido o posto no Instituto de Psiquiatria[2], ainda que seja um pequeno consolo para o senhor que tenham escolhido ao menos um de seus discípulos, o Dr. Hobson[3]. Depois de tudo, o senhor se aproxima da idade em que a gente deve familiarizar-se com a dolorosa experiência de ser superado. O tempo passa e inexoravelmente somos deixados para trás, às vezes mais e às vezes menos; e temos de reconhecer que há coisas além de nosso alcance que não deveríamos lamentar, pois esta lamentação é um remanescente de uma ambição por demais jovem. Nossa libido continuará certamente querendo agarrar as estrelas, se o destino não tornasse claro, além de qualquer dúvida razoável, que devemos procurar a perfeição dentro e não fora... infelizmente! Sabemos que há muito a melhorar no interior da pessoa, de modo que devemos agradecer à adversidade quando ela nos ajuda a reunir a energia livre necessária para lidar com a deficiência de nosso desenvolvimento, isto é, com o que "foi destruído pelo pai e pela mãe"[4]. Neste sentido, uma perda desse tipo é puro ganho.

Cordially yours,
(C.G. Jung)

1. Michael Fordham, nascido em 1909, psiquiatra e psicólogo analista em Londres. Coeditor das "Collected Works", de Jung. Obra, entre outras: *New Developments in Analytical Psychology*, Londres, 1957 (prefácio de Jung em OC, vol. XVIII).
2. The Institute of Psychiatry, Maudsley Hospital, Londres.
3. Dr. med. Robert F. Hobson, psicólogo analista.
4. No hexagrama 18 de *I Ching*, "O trabalho sobre o que foi destruído", fala-se do "consertar o que foi destruído pela mãe" e do "consertar o que foi destruído pelo pai".

Ao Senhor P.F. Jenny
Zurique

01.07.1954

Prezado senhor,

O aparecimento em público e o consequente sucesso estrondoso de uma criança-prodígio trazem um grande perigo; por isso um aparecimento sem estardalhaço não apenas não prejudica, mas é inclusive recomendável. O desenvolvimento de tal criança costuma ser irregular; não raro, parte da personalidade permanece longo

Ano 1954 ——————————————————————————————————

tempo subdesenvolvida, ou seja, infantil, e este lado precisa ser protegido de um dispêndio exagerado de natureza psíquica e física; caso contrário, pode sobrevir um esgotamento prematuro das fontes do prodígio. Em muitos casos acontece que crianças bem-dotadas são envolvidas no grande mundo e em seu tumulto nervoso cedo demais para sua situação, esgotando-se então bem rapidamente seus dotes. Penso que o senhor faria bem se mantivesse sua atenção voltada para este lado subdesenvolvido; o gênio cuida de si mesmo.

Com elevada consideração,
(C.G. Jung)

To Carol Jeffrey[1]
Londres

03.07.1954

Dear Mrs. Jeffrey,

Peço desculpas pela demora em responder. Tenho pouco tempo e às vezes minhas energias são poucas. Olhei os seus quadros com apreço e admiração. Fiquei surpreso com a sua pergunta: "Para quem pintei os quadros?" Eles são seus, e a senhora os pintou como apoio de seu próprio processo de individuação. Como o *Jongleur de Notre-Dame* exibiu suas obras de arte em honra da Madonna[2], assim a senhora pintou para o si-mesmo. Em reconhecimento a este fato, estou devolvendo para a senhora os quadros. Eles não devem ficar aqui, e em nenhum outro lugar a não ser com a senhora, pois eles representam a aproximação dos dois mundos, do espírito e do corpo, ou do ego e do si-mesmo. Os opostos se procuram mutuamente, de modo que o outro lado vem para cá e o aqui é engolido pelo lá. [...]

De qualquer forma, agradeço o fato de me haver mostrado os seus quadros. Acredito que vá ajudar-lhe contemplá-los por tanto tempo quanto for necessário para compreendê-los. [...]

Espero que no mais tudo esteja em ordem com a senhora.

Yours sincerely,
C.G. Jung

1. Mrs. Carol Jeffrey, psicoterapeuta na Inglaterra.
2. "Le Jongleur de Notre-Dame" é o personagem principal de uma história francesa do século XIII: um saltimbanco já idoso entrou num mosteiro e, como não tivesse nada para ofertar, executou suas danças e artes diante da estátua da Santíssima Virgem, e ela lhe retribuiu com um amável sorriso.

A Fernando Cassani
Caracas/Venezuela

13.07.1954

Prezado senhor,

Muito obrigado por sua amável carta. Quanto aos meus livros, posso dizer que nenhum deles apresenta uma síntese ou fundamento, ao menos na minha opinião. Não sou filósofo, que pudesse fazer algo tão ambicioso, mas um empírico que apresenta os progressos de suas experiências; por isso minha obra não tem um início absoluto nem um fim abrangente. É como a vida de uma pessoa que de repente se torna visível em algum lugar, que se baseia em pressupostos determinados, mas invisíveis, e que portanto não tem um verdadeiro início nem verdadeiro fim, cessando repentinamente e deixando para trás questões que deveriam ter sido respondidas. O senhor não conhece ainda os meus últimos escritos (talvez os mais importantes). Incluo por isso uma lista deles.

Quanto aos escritos de Ouspensky[1] e Gurdieff[2], sei o bastante sobre eles para não perder o meu tempo. Estou à procura de verdadeiro conhecimento e evito toda especulação não comprovável. Já vi demais disso como psiquiatra. O senhor poderia aconselhar-me também *Isis Unveiled*, de Mme. Blavatsky ou a volumosa obra de Rudolf Steiner ou de Bô Yin Râ[3]. (Por que não Schneiderfranken?) Em todo caso, agradeço sua boa intenção.

É tão difícil estabelecer fatos, que eu detesto tudo o que os obscurece. O senhor pode atribuir-me uma *déformation profissionnelle* por causa disso.

Concordo com o senhor sobre a liberdade de pensamento. Mas o comunista não cabe nesta categoria, porque ele não pensa; ele age de maneira perigosa para o mundo em geral. Se ele pensasse, já teria descoberto há muito tempo o seu embuste.

Peço que desculpe minha "liberdade de pensamento".

Com elevada consideração,
(C.G. Jung)

1. Peter D. Ouspensky, 1878-1947, matemático e escritor russo, cf. sua obra *In Search of the Miraculous*, 1950. Partindo das ciências naturais, ocupa-se principalmente do esoterismo ocidental e oriental; desde 1914 trabalhou com George I. Gurdieff. Na Inglaterra, França e Estados Unidos vivem grupos que seguem suas regras.
2. George Ivanovitch Gurdieff, 1877-1949, escritor russo, cf. seu *All and Everything*, 1950. Estudou as doutrinas esotéricas da Ásia central. Em 1922 fundou o "Institute for the Harmonious Development of Man", em Fontainebleau.
3. Bô Yin Râ, pseudônimo do escritor e pintor alemão Josef Anton Schneiderfranken, 1876-1943.

Ano 1954 ———————————————————————————————————————

A uma destinatária não identificada

Bollingen, 31.07.1954

Dear N.,

Durante o tumulto do congresso[1] não tive tempo de examinar seus dois sonhos. Eles possuem alguns aspectos confusos. O primeiro sonho tenta demonstrar-lhe que o símbolo de uma união sexual perfeita significa a imagem ctônica da unidade no si-mesmo. Esta tentativa se choca logo com sua divisão entre o em cima e o embaixo, e a senhora começa a perguntar-se se não deveria ter-se mantido do lado ctônico. É evidente que deve fazer isto, sem contudo perder de vista o aspecto espiritual. Sexualidade e espírito – ambos são um e o mesmo no si-mesmo, ainda que o seu ego seja dominado por seu lado ctônico sempre um pouco fraco demais. Neste caso a senhora corre o perigo de perder-se completamente nele, apoiada num *animus* idiota que só pode captar um ou outro por vez. Enquanto estiver no si-mesmo, ambos os aspectos estão vivos porque são um e o mesmo, ainda que nossa consciência do eu os distinga. Finalmente, o ego deve ceder e restringir-se ao julgamento. Ele não sabe compreender, deve simplesmente aceitar o paradoxo. O si-mesmo é mais do que podemos compreender. Por isso não tente compreender, senão levará seu *animus* à tentação de analisar a experiência. A senhora deveria alegrar-se por uma experiência de sonhos tão positiva.

Cordially yours,
C.G.

1. Primeiro Congresso Internacional de Psicologia Analítica, Zurique.

To Prof. J.B. Rhine
Duke University
Durham (N.C.)/EUA

09.08.1954

Dear Dr. Rhine,

Obrigado por sua gentil carta.

A tradução inglesa de "Synchronizität" será publicada pela Bollingen Press. O tradutor é Mr. Hull, que está traduzindo minhas obras completas. Ele entende bem o conceito de sincronicidade, que "no fundo" não é complicado e tem longa história, desde a remota antiguidade até Leibniz. Este tinha ainda quatro princípios para explicar a natureza: espaço, tempo, causalidade e sua *harmonia praestabilita*, um princípio acausal.

Se não me engano, minha dissertação de doutorado[1] foi publicada em meu livro *Collected Papers on Analytical Psychology* (2ª edição, 1920). (No momento não estou em casa.)

A dificuldade principal com a sincronicidade (e também com a PES) está em que as pessoas pensam que ela é produzida pelo sujeito, enquanto eu penso que ela está antes na natureza dos acontecimentos objetivos. Mesmo que a PES seja um dom de certas pessoas e parece depender de uma percepção emocional, o quadro que produz é o de um fato objetivo. Esta verdade torna-se muito problemática no caso da precognição, onde é percebido um fato que aparentemente não existe. Como ninguém pode perceber um fato que não existe, temos de admitir que ele possui certa forma de existência para poder ser percebido apesar de tudo. Para explicar isto temos de admitir que o fato objetivo (futuro) está em paralelo com uma disposição subjetiva, isto é, psíquica, semelhante ou idêntica, que não é explicável por nenhum efeito causal que a precede. Mas é bem possível, e o senhor demonstrou claramente esta possibilidade, que o paralelismo subjetivo seja percebido de tal forma como se fosse o próprio fato futuro. Neste caso, a explicação óbvia seria a *harmonia praestabilita*.

Penso que todas as formas de PES (telepatia, precognição etc.), inclusive a PC (psicocinese), têm como substrato essencialmente o mesmo princípio, isto é, a identidade de uma disposição subjetiva e objetiva coincidindo no tempo (daí o termo "sincronicidade").

With my best wishes,

Yours sincerely,
(C.G. Jung)

1. "Sobre a psicologia e a patologia dos fenômenos chamados ocultos", em OC, vol. I.

À Cécile Ines Loos[1]
Basileia

07.09.1954

Prezada senhora,

Foi uma gentileza inesperada de sua parte ter-se lembrado de meu aniversário. Não me admiro que a princípio o tenha esquecido; o que me admira muito mais é que se tenha lembrado dele.

No que se refere aos escritores da Suíça[2], não se pode esquecer nunca que a Suíça é um país muito pequeno e nunca confiou no próprio gosto, apesar do filistinismo cultural e do modismo artístico, e nunca se pode exigir idealismo dos livreiros. [...]

Conforme seu desejo, estou enviando meu livro *Von den Wurzeln des Bewusstseins*.

O pedido do "pão de cada dia" é pertinente em todas as circunstâncias, ainda que em Mt 6,11 o pedido soe assim: "Panem nostrum supersubstantialem da nobis hodie" (Dá-nos hoje o nosso pão supersubstancial). Foi assim que São Jerônimo traduziu a palavra grega que, aliás, só ocorre no Evangelho de Mateus e que recebeu diversas interpretações, banais e outras. Certamente Jerônimo sabia o que estava fazendo, sobretudo quando se observa o que está em versículos a seguir, onde Cristo admoesta seus discípulos a não se preocupar com as necessidades diárias, o que é mais fácil num país quente do que no nosso clima, sobre o qual dizia Zola com muita razão: "Mas entre nós a miséria sente frio".

Com os melhores votos de
(C.G. Jung)

1. Cécile Ines Loos, 1883-1959, escritora suíça. Obras, entre outras: *Die leisen Leidenschaften*, 1934; *Jehanne*, 1946; *Leute am See*, 1951.
2. A Senhora Loos havia se queixado de uma falta de valorização das obras de autores suíços.

Ao Dr. Josef Rudin
Zurique

01.10.1954

Prezado Doutor,

Receba meu caloroso agradecimento pelo amável envio de seu interessante ensaio sobre a liberdade[1].

Devido ao desenvolvimento do pensamento científico, especialmente no campo da física, mas também agora na psicologia, tornou-se claro que a "liberdade" é um correlato necessário à natureza puramente estatística do conceito de causalidade. Ela cabe particularmente bem na categoria das coincidências significativas de que falo em meu ensaio sobre a sincronicidade. A liberdade poderia ser colocada em dúvida somente por causa da supervalorização unilateral e acrítica da causalidade, que foi elevada a axioma, ainda que – estritamente falando – ela nada mais seja do que um modo de pensar.

Com elevada consideração,
(C.G. Jung)

1. J. Rudin, "Die Tiefenpsychologie und die Freiheit des Menschen", *Orientierung*, n. 16, 31 de agosto de 1954, p. 169-173.

A um destinatário não identificado
EUA

02.10.1954

Dear Mr. N.,

Não conhecendo eu o caso de Mrs. X., sou incapaz de dar-lhe algum conselho sobre o tratamento dela. De qualquer forma, na idade dela, uma psicose é sempre coisa séria, que ultrapassa todos os esforços humanos. Tudo depende da possibilidade de se estabelecer um relacionamento mental e moral com os pacientes. O tratamento por choque normalmente embota a capacidade mental deles, de modo que resta pouca esperança de se exercer influência sobre eles. Também não vejo como quer levar seus pacientes a uma concepção religiosa da vida, se o seu próprio conceito de Deus é puramente intelectual. Eu não iria tão longe como o senhor, a ponto de dizer que as pessoas com uma concepção religiosa da vida sejam imunes a psicoses. Isto só vale em casos excepcionais.

O problema da religião não é tão simples como o senhor imagina: não se trata absolutamente de convicção intelectual nem de filosofia ou de fé, mas antes de experiência interior. Reconheço que é uma concepção que parece ser ignorada completamente pelos teólogos, ainda que falem muito dela. Paulo, por exemplo, não foi convertido ao cristianismo por algum esforço intelectual ou filosófico, mas pela força de uma experiência direta e interior. Sobre ela baseava-se sua fé, mas nossa teologia moderna torce as coisas e supõe que primeiro devemos acreditar para, só então, ter uma experiência interior; mas esta reviravolta leva as pessoas para um falso racionalismo que torna impossível qualquer experiência interior. É perfeitamente natural que identifiquem a divindade com energia cósmica, uma grandeza impessoal e quase física, para a qual não se pode rezar. Mas a experiência interior é bem diferente; ela mostra que existem forças pessoais com as quais é perfeitamente possível ter um contato íntimo e pessoal. Ninguém que não conheça realmente a experiência interior é capaz de convencer um outro a respeito dela. Somente o falar – por melhor que seja a intenção – nunca vai convencer. Tratei de muitas pessoas sem formação religiosa e sem atitude religiosa, mas no decurso do tratamento, que normalmente é um empreendimento longo e difícil, elas tiveram inevitavelmente experiências interiores que as ajudaram a tomar uma atitude correta.

É claro que é impossível fazer-lhe um breve relato do caminho a seguir para chegar à experiência interior. Não se pode dizer que seja assim ou assim; ela não é transmitida por palavras. Não sei se o senhor conhece alguns de meus escritos;

Ano 1954 —————————————————————————————

eles falam muito sobre os métodos, mas sua leitura pode deixá-lo também muito confuso. Talvez queira conversar com uma de minhas discípulas, por exemplo, Mrs. Frances G. Wickes. Ela poderia esclarecer-lhe melhor isto tudo do que eu numa simples carta.

Sincerely yours,
(C.G. Jung)

To Prof. Calvin S. Hall
Western Reserve University
Cleveland (Ohio)/EUA

06.10.1954

Dear Sir,

Agradeço a gentil oportunidade que me deu para eu tomar conhecimento da psicologia de um psicólogo americano. Fiquei muito animado pelo fato de o senhor ter tirado algo de positivo de meu trabalho incompetente e estou agradecido 1) por sua disposição em ouvir minhas impressões, 2) pela honestidade e sinceridade de sua intenção e 3) por sua tentativa séria de ser imparcial e deixar de lado os seus preconceitos.

Mas o senhor me deixou um problema difícil de me desvencilhar. Em primeiro lugar, não consigo entender a sua maneira típica de apresentar minha obra. Para ser bem claro, usarei o seguinte exemplo:

Alguém se propõe a apresentar a obra de Mr. Evans a um auditório ignorante em Creta. Para isso fala quase exclusivamente das conjeturas de Evans sobre a história e cultura minoicas. Mas por que não menciona o que ele escavou em Cnossos? Suas conjeturas são irrelevantes em comparação com os *fatos* e os resultados de suas *escavações*; e pelo fato de seus ouvintes ignorarem seu mérito principal, não estão preparados para entender o que ele pretende com suas conjeturas.

Dessa forma, a gente lida sobretudo com palavras e nomes, em vez de abordar o substancial. Eu tenho uma postura totalmente empírica, por isso não tenho sistema algum. Tento descrever os fatos dos quais o senhor menciona apenas os nomes. Tive a estranha impressão de que, ao dizer que está me apresentando, o senhor se restringe às minhas roupagens externas, o que para mim é indiferente e com certeza não é essencial.

Nunca afirmei, por exemplo, conhecer perfeitamente a natureza dos arquétipos, como se formaram ou se é que se formaram, se foram herdados ou se foram implantados sempre de novo em cada pessoa pela graça de Deus. O senhor afirma inclusive o superado sofisma da não hereditariedade de qualidades adquiridas. O que dizer da *mutação* que se mantém nas gerações subsequentes? O que dizer das coisas estranhas que se podem ver nas Ilhas Galápagos?[1] Se nenhuma mudança é herdada, então nada muda a não ser por uma infinita série de atos criadores. Mas eu não insisto, como o senhor pode facilmente ver, sobre tais sofisticações. A sua insistência em conjeturas tão irrelevantes talvez esteja ligada a outro problema que gostaria de esclarecer por outro exemplo:

Alguém tenta apresentar a obra filosófica de Platão. Nós europeus esperamos que este alguém, para realizar o seu intento, leia *todos os escritos de Platão* e não apenas a metade ou os primeiros deles. Semelhante *procedere* não qualifica ninguém e não pode ser chamado de responsável ou confiável. Isto não se recomenda nem mesmo com referência a um autor tão insignificante como eu.

O último e maior problema é o notável preconceito que me traz à lembrança a opinião muito difundida de que um psiquiatra deve ser louco porque lida com doentes mentais. Se o senhor me chama de ocultista porque estou pesquisando seriamente *fantasias religiosas, mitológicas, folclóricas e filosóficas* em pessoas atuais e em textos antigos, então o senhor deve diagnosticar *Freud como um per*vertido sexual porque ele está fazendo o mesmo com fantasias sexuais, e um criminologista com interesses psicológicos deve estar maduro para a forca. Exemplo típico de meu recente trabalho é *Psicologia e alquimia*.

Não é responsabilidade minha que a alquimia seja oculta e mística; também não tenho culpa das delusões místicas dos doentes mentais, nem das crenças peculiares da humanidade. Talvez o senhor tenha percebido que eu sigo o conhecido método da anatomia comparada ou da história comparada das religiões ou aquele de decifrar textos antigos difíceis, como se pode ver facilmente em *Psicologia e alquimia*. Tratando de tais fantasias, tenho de aduzir material análogo, encontrado em textos místicos ou nos mitos e nas religiões. Ou o senhor acredita que os psicopatas não têm fantasias dessa espécie? Veja, por favor, o meu livro *Símbolos da transformação*.

Não consigo entender por que o estudo das fantasias sexuais seria mais objetivo e científico do que o estudo de outra espécie de fantasia como, por exemplo, a religiosa. Mas parece óbvio que as fantasias sexuais são verdadeiras e reais, ao passo que a fantasia religiosa não é verdadeira, é um erro e não deveria existir, e aquele que dela se ocupa é altamente não científico. Esta lógica ultrapassa o meu horizonte.

Na condição de médico e cidadão estou não apenas autorizado, mas moralmente obrigado a avisar e aconselhar quando eu o julgar necessário. Não sou propenso a pregar, mas sinto-me socialmente responsável e me decidi a não participar do arquipecado do intelectual, ou seja, da *trahison des clercs*[2], como um autor francês denomina esta forma peculiar de autoerotismo infantil. Esta é a razão por que me interesso pelo aspecto social da psicologia.

O que me surpreende é que quase nenhuma das críticas de minha obra mencione os fatos que estou produzindo. Geralmente os ignoram completamente. Mas gostaria de saber como vão explicar o impressionante paralelismo entre o simbolismo individual e histórico, que não pode ser atribuído à tradição. Este é o verdadeiro problema. Negar os fatos é simples e barato demais. Nunca convém subestimar novas ideias ou fatos novos.

Espero que não leve a mal que eu exponha minhas impressões sem rodeios gentis. O senhor pode rejeitá-las como irrelevantes, mas isto não seria benéfico para o progresso da ciência. Sempre me lembrarei do tempo em que Freud perturbou a soneca pacífica das Faculdades de Medicina e da filosofia pelas suas descobertas chocantes, que agora são tomadas a sério. Certa vez um professor rejeitou minhas afirmações, dizendo: "Os seus argumentos se chocam com a doutrina da unidade da consciência. Por isso o senhor está errado". Esta frase ficaria bem no século XIII, mas infelizmente foi dita no século XX.

Seguem em breve minhas observações ao seu datiloscrito.

Espero que minhas críticas não o tenham ofendido.

Yours respectfully,
(C.G. Jung)

1. As Ilhas Galápagos (pertencentes ao Equador), no Pacífico, possuem uma fauna peculiar. Ela atraiu a atenção de Charles Darwin e lhe deu uma base para suas ideias sobre a seleção natural e evolução. Jung interessou-se especialmente pelo fato de uma espécie de insetos sem asas ter-se desenvolvido através da mutação, e que esta característica adquirida se tenha tornado hereditária. Cf. carta a Kristof, julho de 1956.
2. Referência ao livro do filósofo francês Julien Benda, *La Trahison des Clercs*, Paris, 1927. Vai contra certo tipo de racismo e certa forma de ditadura, que causou grande celeuma na época.

A uma jovem da Grécia
Atenas

14.10.1954

Dear Miss N.,

Quanto à sua pergunta[1], se faz diferença a seus sonhos ter lido algo semelhante a eles, devo dizer que sonhos do tipo que me enviou podem ocorrer se leu (meus livros) ou não. É natural que os sonhos peguem material de qualquer fonte disponível, seja de livros ou de outras experiências. Há pessoas que leem meus livros e nunca têm sonhos referentes a eles. Mas é verdade que, tendo compreendido o que leu, a pessoa adquire uma atitude mental ou concepções problemáticas que não tinha antes e que influenciam naturalmente seus sonhos.

Não acredito que seu sonho[2] tenha sido influenciado pelo que leu. Não costumo interpretar sonhos de pessoas que não conheço pessoalmente; a gente se engana facilmente. Faço uma exceção no seu caso porque percebo que a interpretação do sonho é muito importante para a senhorita. No começo há certo medo de uma situação catastrófica – a tempestade e a escuridão. A repentina descoberta do alto-relevo é algo como uma revelação, um desnudamento do pano de fundo compensador de sua psicologia consciente, que tem inclinações masculinas (*animus*)[3]. É o mistério eleusino de Deméter e de sua filha Perséfone[4]. O elemento masculino rende homenagem a esta figura materna. Parece óbvio que o sonho quer chamar sua atenção para este grande mitologema, tão importante para uma psicologia feminina. Isto é especialmente importante no seu caso porque a senhorita está muito ligada à mãe e, ao que parece, parcialmente identificada com ela, sendo sua filha única. Também está afastada de seu pai, do qual não recebeu o que é devido a uma filha[5]. Por isso a senhorita desenvolveu uma espécie de substituto para a influência espiritual que não brotou de seu pai como devia. Isto é uma grande obstrução, atuando tanto sobre o lado masculino quanto feminino de sua personalidade. Seria inteligente, pois, seguir a sugestão do sonho e meditar sobre todos os aspectos do mito de Deméter e Perséfone.

A Grécia teve seu culto eleusino porque sofreu de uma condição psicológica muito semelhante: as mulheres sob a influência demasiada de suas mães e espiritualmente privadas de seus pais; os homens também por demais influenciados pela mãe, por causa da emocionalidade incontrolada dos pais e vitimados pelo apetite emocional de suas mães, daí a homossexualidade tão difundida na população sobretudo masculina. No tempo de Péricles houve até mesmo uma epidemia de suicídios entre mulheres jovens que se sentiam desprezadas por homens voltados a atividades homossexuais. Procure descobrir o que Deméter tem a lhe dizer. A senhorita sente-se bem mais atraída pelo mistério ctônico, representado por Deméter do que pelas tendências espirituais e paternais do cristianismo, do qual a senhorita aparentemente se separou. É esta atitude crítica que deve ser considerada como causa imediata desse sonho com sua atmosfera claramente antiga.

Isto é quase tudo o que poderia dizer com segurança sobre o seu sonho. Se lhe der toda a atenção, provavelmente terá outros sonhos que vão esclarecer os ulteriores passos de seu caminho.

Sincerely yours,
(C.G. Jung)

1. A destinatária havia lido a maioria dos livros de Jung e perguntava se esta leitura havia influenciado os seus sonhos.
2. O sonho: Numa escuridão repentina e no começo de uma tempestade, a sonhadora procura refúgio numa casa. Lá encontra um alto-relevo de duas figuras femininas com longas vestes gregas. Reconhece uma delas como sendo Deméter. No seguimento do sonho, dois jovens com vestes longas inclinam-se diante da deusa e lhe trazem oferendas.
3. A destinatária havia escrito sobre seu grande apreço pelos valores intelectuais e sobre uma diferenciação conscientemente cultivada de seus traços masculinos.
4. De acordo com o hino a Deméter, de Homero, Hades, deus dos ínferos, rouba a filha de Deméter, Perséfone, a Core (a menina). Com muita raiva, a mãe e deusa da terra Deméter amaldiçoa a terra com a esterilidade, até que Zeus intervém e consegue que Perséfone passe dois terços do ano com sua mãe e um terço com Hades, como sua esposa. Os mistérios eleusinos são celebrados em honra da deusa Deméter e de sua filha. Cf. K. Kerényi "Die Kore in Eleusis" e "Die Eleusinische Paradoxie", em Jung-Kerényi, *Einführung in das Wesen der Mythologie*, Zurique, 1951.
5. Ao que parece, o pai da destinatária era altamente introvertido e indiferente com relação à filha.

À Aniela Jaffé
Zurique

22.10.1954

Prezada Aniela!

Finalmente pude assimilar coerentemente suas 16 páginas sobre *Der Tod des Vergil*[1]. Causou-me profunda impressão e admirei sua mão prodigiosa que, tateando ao longo das linhas diretrizes secretas de Broch, trouxe à luz de vez em quando algo precioso. Você tem razão: *a coisa está aí dentro*.

Eu me admirei muito de minha relutância em deixar que se aproximasse de mim este *Tod des Vergil*, contra o qual opus todo tipo de empecilhos. Hoje de manhã me veio a intuição: estava com *ciúme* de Broch porque ele conseguiu aquilo que eu tive de proibir a mim mesmo sob pena de morte. Revirando-me no mesmo turbilhão infernal e arrebatado em êxtase pela visão de imagens abissais, ouvi uma voz que queria sussurrar-me de que era possível fazê-lo "esteticamente"[2], sabendo eu porém que o artista da linguagem em mim, necessário para isso, era apenas um embrião, incapaz de real obra de arte. Eu nada mais teria produzido do que um monte de cacos, do qual jamais sairia um vaso. Apesar desse reconhecimento já existir há muito tempo, o artista *homunculus* dentro de mim nutriu todo tipo de ressentimentos e certamente levou muito a mal que eu não lhe tenha colocado na cabeça uma grinalda de poeta.

Eu tinha de lhe contar logo este *intermezzo* psicológico. Na próxima semana tentarei tirar umas férias. A senhora pode imaginar meu caos de cartas – sem secretária!

Cordialmente,

C.G. Jung

P.S. Além do mais, por que deveria ser *a morte do poeta*?

1. O manuscrito do trabalho "Hermann Broch: Der Tod des Vergil". Uma versão ampliada foi publicada na obra comemorativa dos 80 anos de Jung, *Studien zur Analytischen Psychologie C.G. Jungs*, vol. II, Zurique, 1955.
2. Cf. para isso *Memórias*, p. 164s.

A Henry D. Isaac
Kew Gardens (N.Y.)/EUA

25.10.1954

Prezado senhor!

Sua pergunta[1] é deveras atual, pois é muito provável que nenhuma medida ou proposta social tornem a pessoa humana mais consciente, conscienciosa ou responsável, mas terão antes o efeito contrário. Isto parece estar no fato de que toda aglomeração de pessoas revela uma tendência clara de diminuir o nível de consciência do indivíduo. Todos os conselhos que começam com "você deveria" mostram-se, por isso, em geral, como totalmente ineficazes. Isto se deve ao fato óbvio de que apenas o indivíduo é o portador das virtudes, e não a massa. Mas este eminente e importante portador da função social está hoje em dia seriamente ameaçado pela nossa cultura ou incultura. Se pudéssemos melhorar o indivíduo, penso que teríamos uma base para a melhoria do todo. Nem mesmo um milhão de zeros podem chegar ao número um. Sou, por isso, da impopular opinião de que também um melhor entendimento no mundo só pode provir do indivíduo e por ele ser promovido. Mas, considerando o grande número envolvido, esta verdade parece uma nulidade quase desesperadora. Suponhamos, porém, que alguém queira fazer o esforço de dar sua contribuição infinitesimal para o ideal desejado, então deverá estar em condições de realmente compreender uma outra pessoa. A precondição indispensável é que compreenda a si mesmo. Se não o fizer, verá o outro inevitavelmente através da névoa deformadora e enganosa de seus próprios preconceitos e projeções; vai também recomendar e imputar ao outro aquilo de que ele próprio mais falta sente. Portanto, é preciso que nos compreendamos, de certa forma, se quisermos entender-nos realmente com o outro.

Já existe atualmente uma porção de coisas que um adulto deveria saber para estar equipado para sua vida. Na verdade, já deveria ter assimilado estas coisas na escola, mas naquela época era ainda jovem demais para entendê-las, e depois nada mais o motiva para voltar à escola. Quase sempre não tem mais tempo para isso. Ninguém lhe fornece qualquer conhecimento útil a esse respeito. Ele permanece num estado de ignorância infantil. Deveria haver algo como escola para gente mais crescida, onde se dariam às pessoas ao menos os elementos do autoconhecimento e do conhecimento do outro. Já dei esta sugestão várias vezes, mas ficou como um desejo piedoso, ainda que todos concordem teoricamente que sem autoconhecimento não pode haver entendimento em geral. Meios e modos seriam encontrados se o assunto fosse algum problema técnico. Mas, como se trata apenas do essencial, ou seja, da psique humana ou do relacionamento humano, não há professor, nem aluno, nem material didático e nem curso adequado; tudo fica no enfadonho "você deveria". O começar cada um por si mesmo é muito impopular, por isso tudo permanece como era. Só quando as pessoas ficam tão nervosas que o médico diagnostica uma neurose, elas vão ao especialista, cujo horizonte médico não inclui normalmente a responsabilidade social.

Infelizmente as assim chamadas religiões nunca provaram ser veículos de entendimento humano em geral, pois, com raras exceções, sofrem da pretensão absolutista e, neste sentido, pouco se diferenciam de outros ismos e por isso interrompem num ponto decisivo o relacionamento humano.

Quando se está, como eu enquanto médico, na posição de conhecer intimamente muitas pessoas, inclusive algumas de boa cultura, fica-se profundamente admirado da espantosa inconsciência das pessoas civilizadas de hoje. A ciência moderna pode fornecer a essas pessoas uma grande quantidade de conhecimentos esclarecedores sobre coisas que elas deveriam ter sabido já no início de sua vida social, mas que não tiveram oportunidade de adquirir em parte alguma e de modo algum. Em vez do conhecimento, tiveram de contentar-se com preconceitos ridículos. Toda a nossa sociedade está estilhaçada por especialidades e pelo conhecimento especializado autossuficiente; as disciplinas diferenciam-se tanto que nenhuma sabe o que faz a outra. Da universidade, então, nada se pode esperar, porque só forma alunos especializados. Até mesmo a psicologia não se preocupa com a unidade da pessoa, mas dividiu-se em inumeráveis subdivisões com seus testes e teorias especiais. Quem, no entanto, procurar a necessária sabedoria, vai encontrar-se na situação do velho Diógenes que, em plena luz do dia, saiu com uma lanterna na mão procurando uma pessoa no mercado de Atenas.

Isto é quase tudo o que saberia dizer sobre a situação atual do entendimento humano.

Com elevada consideração,
(C.G. Jung)

1. A pergunta era: "What is the best way for an individual to contribute to better understanding in the world?" O destinatário fez a mesma pergunta a várias personalidades de renome na ciência, arte e política.

To Prof. Calvin S. Hall
Western Reserve University
Cleveland (Ohio)/EUA

08.11.1954

Prezado Professor Hall,

Muito grato por sua gentil resposta. Estou satisfeito por ter levado minha crítica com espírito esportivo[1]. A minha dificuldade está em aturar críticas desatentas e superficiais. Nenhum de meus críticos tentou alguma vez aplicar conscientemente os meus métodos. Se alguém o fizer, descobrirá fatalmente o que eu chamo de motivos arquetípicos. Eles aparecem nos sonhos, bem como na linguagem e nas obras de nossos poetas. A única questão é: São espontâneos ou devidos à tradição? Para respondê-la é preciso entrar nos detalhes, mas são precisamente os detalhes que os críticos desprezam. Durante muitos anos interpretei em torno de 2.000 sonhos por ano, o que me deu certa experiência neste campo.

Como já lhe falei, tenho minhas restrições ao termo "sistema". Se eu tivesse um sistema, teria construído certamente conceitos melhores e mais filosóficos do que aqueles que estou empregando. Veja, por exemplo, *animus* e *anima*. Nenhum filósofo sensato teria inventado tais ideias irracionais e canhestras. Quando as coisas coincidem, nem sempre se trata de um sistema filosófico; às vezes são os fatos que coincidem. Motivos mitológicos são fatos; eles nunca mudam; somente as teorias mudam. Nenhuma época poderá negar a existência de motivos mitológicos; não se trata de um obscurecimento bárbaro da mente. Contudo, a teoria sobre eles pode mudar muito a qualquer época.

Anexo envio-lhe uma lista de todos os meus escritos, de modo que poderá compará-la com sua lista de meus livros.

Peço desculpas por minha impaciência.

Yours sincerely,

(C.G. Jung)

1. Cf. carta a Hall, de 06.10.1954.

To J.B. Priestley
Brook, Isle of Wight/Inglaterra

08.11.1954

Dear Mr. Priestley,

Alguns amigos me enviaram os seus dois artigos[1]. Estou comovido por sua gentileza e compreensão. Como escritor, o senhor está em condições de avaliar o que significa para um indivíduo isolado como eu escutar uma voz humana amiga entre os ruídos estúpidos e maldosos que se levantam nesta selva infestada de escrivinhadores. Sou realmente grato por seu apoio cordial e sua avaliação generosa. Seu socorro chegou numa hora em que ele se fazia extremamente necessário; em breve será publicado na Inglaterra um pequeno livro meu que os editores americanos não ousaram publicar. O título é *Resposta a Jó*[2]. Ele trata do desfecho insatisfatório do livro de Jó e das consequências históricas para o desenvolvimento de certas questões religiosas, inclusive dos pontos de vista cristãos. Em alguns círculos o livro será muito malvisto e será consequentemente mal-entendido e mal-interpretado. A edição alemã já enervou aqui representantes de três religiões, não porque o livro seja irreligioso, mas porque leva a sério as afirmações e pressupostos das religiões. Desnecessário é dizer que também os melhores livres-pensadores ficaram chocados. Sir Robert Read, que conhece o conteúdo, disse muito bem: "Você sabe com certeza como colocar o seu pé nisso". Mas estou muito feliz que eles o queiram publicar. Pedirei aos meus editores que lhe mandem um exemplar tão logo seja publicado.

Faço votos que esteja bem de saúde e ativo como sempre.

Yours gratefully and sincerely,

(C.G. Jung)

1. J.B. Priestley, "Jung and the Writer", em *The Times Literary Supplement*, 06.08.1954 (uma resenha de Ira Progoff, *Jung's Psychology and its Social Meaning*, Londres, 1953) e J.B. Priestley, "Books in General", em *The New Statesman and Nation*, Londres, 30 de outubro de 1954 (uma resenha de *The Collected Works of C.G. Jung*, vols. 7, 12, 16 e 17).

Ano 1954

2. Naquela época estava em voga o "Permanent Sub-Committee of Investigations", do Senador J.R. McCarthy, e as desconfianças sem fim da "atividade não americana". Jung supunha que era esta a razão de seu livro *Resposta a Jó* não ter saído na "Bollingen Series", mas deixado aos editores ingleses (Routledge & Kegan Paul). Nos Estados Unidos o livro foi publicado somente em 1956 sob os auspícios do "Pastoral Psychology Book Club". Cf. carta a Doniger, de novembro de 1955, nota 1.

À Senhora H. Oswald
Munique

11.11.1954

Prezada senhora,

Aceitaria com muito prazer sua sugestão de dedicar-me à obra de Hölderlin, se tivesse competência para isso. Infelizmente já não tenho a necessária energia e estou velho demais – em meus 80 anos – para enfrentar tal tarefa. Os versos de Hölderlin que a senhora cita, eu os conheço muito bem[1]. Trabalhei tanto nestas últimas décadas que preciso poupar-me inclusive de esforços intelectuais relativamente pequenos. É tarefa das novas gerações abrir algumas portas, ainda trancadas, com as chaves que eu preparei. Contudo, não vejo até agora ninguém que possa enfrentar um trabalho sobre Hölderlin. Esta tarefa está reservada a um futuro distante. Uma pessoa carrega a tocha apenas até certo ponto, então precisa deitá-la ao chão; não porque tenha chegado a um fim, mas porque suas forças já não o permitem. Seria muito inconveniente abordar tal assunto com impaciência senil. Não posso negar que me passou pela cabeça todo tipo de pensamentos a este respeito, mas este traidor, o corpo, me abandona. De qualquer forma, agradeço o seu piedoso desejo que tem sua plena justificação.

Com elevada consideração,
(C.G. Jung)

1. Trata-se dos versos iniciais de Hölderlin do poema *Patmos*:
Nah ist
Und schwer zu fassem Gott.
Wo aber Gefahr ist, wächst
das Rettende auch...
(Deus perto está
Difícil de captar.
Mas, onde há perigo, cresce
o que salva também).
Jung interpretou partes deste poema e de outros poemas de Hölderlin em *Símbolos da transformação* (OC, vol. V, par. 618s.). – Em 1953, Dr. Georg Gerster publicou uma coletânea de poemas, seus preferidos, de pessoas famosas e pediu a Jung que indicasse três que ele preferia. Jung respondeu:

Ano 1954 ───────────────────────────────────

"Fazer uma seleção de meus superlativos parece quase impossível. Qualquer uma dentre as inumeráveis ilhas de bem-aventurados me é suficiente. Só posso dizer que Goethe, Hölderlin e Nietzsche caracterizam aqueles mundos dos quais me veio a maioria das coisas. Minha tentativa: Goethe 'Der Gott und die Bajadere', a primeira estrofe de hino de Hölderlin 'Patmos' e Nietzsche 'Aus hohen Bergen'. Isto, porém, sem garantia, pois na abundância a gente se engana facilmente. Amanhã talvez me ocorra outra coisa". Cf. Georg Gerster, *Trunken von Gedichten. Eine Anthologie geliebter deutscher Verse*, Zurique, 1953, p. 63.

To Prof. Arvind U. Vasavada[1]
Zurique

22.11.1954

Dear Friend,

Muito obrigado por sua gentil carta e pela encantadora "saudação ao mestre perfeito". Percebo que no guru o senhor saúda o Deus infinitesimal, cuja luz se torna visível onde quer que a consciência da pessoa tenha dado o menor passo para frente e para além de seu próprio horizonte. A luz do crepúsculo, louvada pelos nossos pensadores medievais como *aurora* consurgens[2], a luz matutina que surge, inspira veneração; ela enche nosso coração de alegria e admiração, ou de irritação e medo, ou mesmo de ódio, conforme a natureza daquilo que nos revela.

O ego recebe a luz do si-mesmo. Ainda que saibamos alguma coisa do si--mesmo, nós não o conhecemos. Podemos ver uma grande cidade, saber seu nome e posição geográfica, mas não se conhece nenhum de seus habitantes. Podemos conhecer uma pessoa por contato diário, mas ignorar totalmente seu verdadeiro caráter. O ego está contido no si-mesmo assim como está contido no universo do qual conhecemos apenas a menor parte. Uma pessoa com maior visão e inteligência do que eu pode conhecer-me, mas eu não posso conhecê-la se minha consciência for inferior à dela. Ainda que recebamos do si-mesmo a luz da consciência e saibamos que ele é a fonte de nossa iluminação, não sabemos se ele possui algo que poderíamos chamar de consciência. Por mais belas e profundas que sejam as palavras de sua sabedoria, elas são essencialmente manifestações de admiração e tentativas entusiastas de formular as impressões irresistíveis que uma consciência do eu recebeu do impacto de um sujeito superior. Mesmo que o ego fosse (conforme penso) o ponto supremo do si-mesmo, uma montanha infinitamente maior do que o Everest, seria apenas um pequeno grão de pedra ou de gelo, nunca a montanha toda. Ainda que o grão se reconhecesse como parte da montanha e entendesse a montanha como imensa aglomeração de partículas como ele, não conheceria sua natureza íntima, porque todos os outros são, como ele, *indivíduos*, incomparáveis e incompreensíveis em última análise. (Só o indivíduo é verdadeira realidade e tem capacidade de conhecer o ser.)

Se o si-mesmo pudesse ser experimentado como totalidade, seria assim mesmo apenas uma experiência limitada, conquanto na realidade sua experiência é ilimitada e infinda. É tão somente nossa consciência do eu que é capaz de experiência apenas limitada. Só podemos *dizer* que o si-mesmo é ilimitado, mas não podemos *experimentar* sua infinitude. Posso *dizer* que minha consciência é a mesma do si-mesmo, mas isto são palavras, pois não há a menor evidência de que eu participe mais ou em maior abrangência do si-mesmo do que alcança a minha consciência do eu. O que sabe o grão a respeito da montanha toda, ainda que seja uma parte dela? Se eu fosse uma unidade só com o si-mesmo, eu teria conhecimento de tudo, eu falaria sânscrito, leria a escrita cuneiforme, conheceria os acontecimentos da pré-história, teria familiaridade com a vida de outros planetas etc. Infelizmente nada disso acontece.

Não se deve misturar a autoiluminação com a autorrevelação do si-mesmo. Através do autoconhecimento não conhecemos forçosamente o si-mesmo, mas apenas uma parte infinitesimal dele, ainda que o si-mesmo lhe tenha dado a luz.

O seu ponto de vista parece coincidir com aquele dos nossos místicos medievais, que tentaram dissolver-se em Deus. Vocês todos parecem interessados em como voltar para o si-mesmo, em vez de olhar para o que o si-mesmo quer que façam no mundo, onde – ao menos neste momento – estamos colocados, provavelmente para determinado fim. Parece que o mundo não existe com a finalidade única de a pessoa negá-lo ou dele fugir. Ninguém pode estar mais convencido da importância do si-mesmo do que eu. Mas, como o jovem não fica na casa do pai, mas vai para o mundo, assim eu não olho para trás para o si-mesmo, mas o recolho a partir de múltiplas experiências e o reconstituo novamente. O que deixei para trás, aparentemente perdido, eu o encontro em tudo que me acontece no caminho e o recolho e o reconstituo como era. Para me livrar dos opostos, é imprescindível aceitá-los de imediato, mas isto me afasta do si-mesmo. Devo aprender também como os opostos podem ser unidos, e não como podem ser evitados. Enquanto estou na primeira parte da estrada, tenho de esquecer o si-mesmo para entrar propriamente na moenda dos opostos, caso contrário viverei apenas fragmentária e condicionalmente. Ainda que o si-mesmo seja minha origem, ele é também a meta de minha busca. Quando ele foi minha origem, eu não conhecia a mim mesmo; e quando aprendi a conhecer a mim mesmo, nada soube do si-mesmo. Tenho de descobri-lo em minhas ações, onde ele aparece em primeiro lugar sob máscaras estranhas. Esta é uma das razões por

Ano 1954 —————————————————————————————

que devo estudar o simbolismo, caso contrário corro o risco de não reconhecer meu próprio pai e mãe se os reencontrar após longos anos de ausência.

Espero ter respondido às suas perguntas.

Yours sincerely,
(C.G. Jung)

1. Prof. Arvind U. Vasavada, psicoterapeuta na Índia. Estudou no Instituto C.G. Jung, de Zurique. Obra, entre outras: *Tripura-Rahasya (Iñanakhanda)*, English translation and a comparative study of the process of individuation. Chowkhamba Sanskrit Studies, vol. 50, Varanasi, 1965.
2. Cf. Dr. M.-L. von Franz, *Aurora consurgens*, um documento sobre a problemática alquimista dos opostos, atribuído a Santo Tomás de Aquino, *Mysterium Coniunctionis*, vol. III, Zurique, 1957.

To Fowler McCormick
Zurique

24.11.1954

Dear Fowler,

Não se preocupe, pois eu me diverti na outra noite e tive um belo sono depois. Uma conversa interessante nunca perturba o meu sono. Só uma falação sem sentido me perturba. Qual é o seu programa para sexta-feira? Poderíamos tentar Einsiedeln para um pouco de sol, por volta das 10 horas[1].

Cordially yours,
C.G. Jung
(sorry!) C.G.

1. Cf. carta a McCormick, de 22.02.1951, nota 1.

Ao Dr. Bernhard Martin
Kassel-Wilhelmshöhe/Alemanha

07.12.1954

Prezado Doutor,

É muita gentileza sua submeter o seu manuscrito[1] à minha opinião. [...]

Concordo com o senhor que o crente nada vai aprender de meu *Resposta a Jó*, pois ele já possui tudo. Eu escrevo só para descrentes. Graças à sua fé, o senhor sabe mais do que eu. Desde minha tenra juventude fui levado a sentir que os crentes são ricos e sábios e muito pouco inclinados a escutar outra coisa qualquer. Reconheço francamente minha extrema pobreza no conhecimento pela fé e sugiro-lhe que fe-

Ano 1954

che estrondosamente o meu *Resposta a Jó* e escreva na capa como texto de orelhas o seguinte: "Aqui não há nada de proveitoso para o cristão que tem fé". Estou de pleno acordo.

Realmente, eu não abordo o que é "crível", mas apenas o que é cognoscível. Parece-me que não estamos em condições de "gerar" ou "manter a fé", pois ela é um carisma que Deus dá ou retira. Seria presunção imaginar que podemos decidir sobre ela.

Por questão de brevidade, meus comentários são algo diretos e espontâneos. Espero que não os leve a mal, mas perceba como são diferentes os dois planos em que se move a discussão. Sem atentar contra a fé, eu me restrinjo às suas *afirmações*. Como o senhor vê, eu tomo a sério até o novo dogma, altamente controverso[2]. Não me julgo competente para discutir a verdade metafísica dessas afirmações, apenas tento esclarecer seu conteúdo e suas conexões psicológicas. Como o senhor mesmo admite, as afirmações são antropomórficas e por isso não podem ser consideradas confiáveis quanto à sua verdade metafísica. Na condição de crente, o senhor acha que a afirmação "Deus é" tem como corolário inevitável que Deus existe realmente, quando Kant já demonstrou irrefutavelmente (em sua crítica à prova anselmiana de Deus[3]) que a palavrinha "é" nada mais significa do que uma "cópula no julgamento".

Também outras religiões fazem afirmações absolutas, mas são bem diferentes. Como psicólogo e pessoa humana devo admitir que meu irmão talvez possa ter razão. Não pertenço aos *electi* e aos *beati possidentes* da única verdade, mas devo levar em justa consideração todas as afirmações humanas, inclusive a negação de Deus. Se o senhor vier a mim como apologeta cristão, estará em outro plano que não o meu. O senhor se fixa no "conhecimento da fé"; neste caso eu levo sempre a pior, pois "de fide non est disputandum"[4], como não se discute gosto. Não se pode argumentar com o dono da verdade. Só aquele que busca precisa de reflexão, pesquisa e ponderação, pois ele reconhece seu pouco conhecimento. Como crente, o senhor só pode me rejeitar e condenar como não cristão, sendo inútil e prejudicial tudo o que eu digo. Bem, a pólvora foi uma invenção perigosa, apologeticamente condenável, mas encontra também um uso benéfico. Tudo pode servir a um fim benéfico ou malévolo. Por isso não havia razão plausível para eu me calar, sem considerar o fato de que a "Cristandade" de hoje dá muito que pensar. Na qualidade de médico devo dar a muitas pessoas aquelas respostas que o teólogo deveria dar.

Eu já pedi humildemente aos teólogos que me esclarecessem a posição do protestantismo moderno sobre a questão da identidade do conceito de Deus no Antigo e no Novo testamentos. Dois nem me responderam, e um terceiro me disse que

Ano 1954 ———————————————————————————————

nos tempos atuais ninguém estava preocupado com o conceito de Deus. Mas para a pessoa interessada na religião isto é uma questão palpitante e que foi um dos motivos de eu escrever *Resposta a Jó*. Gostaria de recomendar à sua atenção o escrito do Prof. Volz, *Das Dämonische in Jahwe*, e com relação ao Novo Testamento coloco a pergunta: É necessário apaziguar um "Pai amoroso" pelo martírio de seu Filho? Qual é a relação aqui entre o amor e o rancor? Como eu me sentiria se meu próprio pai apresentasse tal fenomenologia?

Estas são as perguntas da pessoa descrente da religião para a qual eu escrevo. Para ela vale o princípio amável (predestinador) de Mt 13,12: "A quem tem, será dado" etc. "Illis non est datum"[5] (v. 11), precisamente a essas ovelhas perdidas para as quais Cristo teria sido *exclusivamente* enviado, conforme afirma outro *logion* igualmente autêntico[6]. Quem não consegue crer gostaria ao menos de *entender:* "putasne intelligis quae legis?"[7] (At 8,30). O entender começa bem ao pé da montanha, em cujo topo se encontra aquele que tem fé. Ele sabe tudo muito melhor pela fé e por isso pode dizer: "Agradeço-vos, Senhor, não ser tão tolo e ignorante como aqueles lá embaixo que querem *entender* alguma coisa" (cf. Lc 18,11). Eu não posso antecipar algo com uma crença, mas devo contentar-me com minha descrença até que meu esforço se encontre com a graça da iluminação, isto é, com a experiência religiosa. Eu não posso *produzir* fé.

Para finalizar, uma pergunta indiscreta: O senhor não acha que o anjo do Senhor, ao lutar com Jacó, também não levou alguns socos e pontapés bem aplicados?[8] (Isto vai em acréscimo à minha crítica "escandalosa" de Javé.) Sei que *Resposta a Jó* significa um choque pelo qual eu deveria polidamente me desculpar (por isso minha epígrafe, p. 5).

Atenciosamente
(C.G. Jung)

P.S. Ficaria grato se me enviasse oportunamente alguns exemplares da revista que vai publicar o seu artigo.

---

1. Como não foi possível encontrar o manuscrito, as três primeiras páginas da carta, com os comentários, ficaram incompreensíveis e por isso foram omitidas.

2. O dogma da Assunção de Maria, *Munificentissimus Deus*, 1950.

3. A chamada "prova ontológica de Deus", de Anselmo de Cantuária, 1033-1109, faz a existência de Deus derivar da ideia de Deus (*non potest esse in intellectu solo*, não pode estar apenas no intelecto). Tomás de Aquino argumenta que não se pode concluir de uma ideia para a realidade. Cf. *Tipos psicológicos*, OC, vol. VI, par. 53s. Kant critica a prova anselmiana de Deus no capítulo "Dialética transcendental", em *Crítica da razão pura*. Cf. *Tipos psicológicos*, l.c., par. 57s.

4. Sobre fé não se discute.

Ano 1954

5. Mt 13,11: "[...] mas a esses não é dado".
6. Mt 9,13: "[...] porque não vim para chamar os justos, mas os pecadores". Cf. também Mc 2,17 e Lc 5,32.
7. "Porventura entendes o que lês"?
8. Gn 32,24s. Cf. *Memórias*, p. 297.

À Aniela Jaffé
Zurique

26.12.1954

Prezada Aniela,

Não sei o que mais admiro, se sua paciência, seu sentido do essencial e sua força descritiva, ou a penetração admiravelmente profunda de Broch no mistério da transformação, a perseverança e coerência dele e, finalmente, a maestria linguística dele[1]. Em última instância, devo alegrar-me por não ter tido esta capacidade linguística, pois se a tivesse tido nos anos 1914 a 1918[2], meu desenvolvimento posterior teria tomado outro rumo, menos condizente com minha natureza. Apesar disso, Broch e eu tivemos algo em comum: esmagados pela numinosidade das coisas vistas, um envolveu sua visão num nevoeiro impenetrável (ou quase assim) de imagens, enquanto o outro a cobriu com uma montanha de experiências práticas e paralelos históricos. Ambos quiseram mostrar e revelar, mas, por excesso de motivos, ambos ocultaram novamente o inefável e assim abriram novos caminhos laterais para o erro. Aconteceu-nos o mesmo que a Goethe no *Fausto* II: "Misteriosa em plena luz do dia, a natureza não permite que lhe tirem o véu [...]"!

Contudo, algumas novas luzes foram acesas, e uma delas é seu ensaio sobre Broch, de modo que também em nosso tempo aquele que está procurando possa encontrar o caminho do essencial.

Muito lhe agradeço também o presente de Natal. Comecei a lê-lo de imediato. O livro é muito bem escrito e seu conteúdo exerce influência benéfica. Há coisas nas fotografias do céu que me tocam de maneira sumamente estranha. Mas não quero ou não posso dizer nada sobre elas, pois ainda não encontrei as palavras certas. Elas me afetam de alguma forma, mas não sei como nem onde.

Com agradecimentos cordiais de seu fiel
C.G.

1. Cf. carta a Jaffé, de 22.10.1954.
2. Cf. para isso o capítulo "Confronto com o inconsciente", em *Memórias*, p. 152.

Ano 1954 ——————————————

To Laurens van der Post[1]
Londres

26.12.1954

Dear Van der Post,

Muito obrigado pelo gentil envio de seu livro *Flamingo Feather*[2]. Foi a coisa mais linda que a grande onda de correspondência natalina trouxe à minha praia. Ele trouxe de volta as recordações já remotas de 30 anos atrás, mas de modo muito vivo as cores inesquecíveis, sons e aromas de dias e noites passados na selva. Sou grato àquele gênio – *vultu mutabilis, albus et ater*[3] – que entreteceu a experiência da África e de sua grandiosidade na teia de meu destino[4].

Peço que aceite meu livrinho *Resposta a Jó* como retribuição humilde a seu generoso presente.

Meus melhores votos e saudações ao senhor e à Senhora Van der Post.

Cordially yours,
(C.G. Jung)

1. Laurens van der Post, nascido em 1906 na África do Sul, passou muitos anos viajando pela África, Japão, China e Indonésia. Há mais de vinte anos vive como escritor na Inglaterra. Muitas de suas obras têm como tema a África e os africanos.
2. *Flamingo Feather. A Story of Africa*, Toronto, 1955.
3. Cf. carta a Kerényi, de 12.07.1951, nota 4.
4. Cf. o capítulo "Quênia e Uganda", em *Memórias*, p. 224.

To Upton Sinclair
Corona (Calif.)/EUA

07.01.1955

Dear Mr. Sinclair,

Após a leitura de seu romance *Our Lady*[1] e tendo apreciado cada uma de suas páginas, preciso importuná-lo novamente com uma carta. Este é o perigo que corre quando entrega seus livros a um psicólogo que tem como profissão receber impressões e ter reações. Um dia após a leitura de sua história encontrei por acaso o belo texto do "Exultet", da liturgia da noite pascal:

> "O inaestimabilis dilectio caritatis
> Ut servum redimeres, Filium tradidisti!
> O certe necessarium Adae peccatum,
> Quod Christi morte deletum est!
> O felix culpa
> Quae talem ac tantum meruit habere Redemptorem"![2]

370

Ainda que eu tenha especial sensibilidade pela beleza da linguagem litúrgica e pelo sentimento nela expresso, há algo aqui que causa estranheza, como se uma cantoneira estivesse quebrada ou uma pedra preciosa estivesse fora de seu engaste. Quando tentei entender o texto, lembrei-me imediatamente de seu romance e da perplexa Marya, confrontada com as incongruências do exorcismo, sua bela e simples humanidade presa nas engrenagens de um imenso processo histórico; ele substitui sua vida concreta e imediata por uma superestrutura quase inumana de natureza dogmática e ritual tão estranha que, apesar da identidade de normas e dados biográficos, ela não foi mais capaz de reconhecer a história de si mesma e de seu amado filho*.

Lembrei-me também de seu romance anterior[3] sobre o jovem idealista que quase se tornou um salvador através de um daqueles truques angelicais, bem conhecidos desde os tempos de Henoc (a aventura terrena de Semias e de seu exército de anjos[4]). Além disso, lembrei-me de sua biografia de Jesus[5]. Compreendi então o que me causava aquele sentimento dúbio: era o senso comum e o realismo do senhor, reduzindo a legenda sagrada a proporções humanas e a possibilidades previsíveis. O senhor sempre consegue derrubar um pedaço da construção espiritual e causar um pequeno tremor na poderosa estrutura da Igreja. Portanto, é bem compreensível a ansiedade dos sacerdotes para suprimir a tentativa supostamente satânica da verossimilhança, pois o demônio é particularmente perigoso quando fala a verdade, como muitas vezes o faz (cf. a biografia de Santo Antão do Egito, escrita por Santo Atanásio[6]).

Evidentemente sua "laudabilis intentio"[7] quer extrair uma quintessência de verdade do incompreensível caos de distorções históricas e construções dogmáticas, uma verdade de proporção humana e aceitável ao senso comum. Semelhante tentativa é auspiciosa e promete sucesso, uma vez que a "verdade" representada pela Igreja está tão afastada da compreensão comum que é quase inaceitável. Em todo caso, ela não diz mais nada ao espírito moderno que quer entender e é incapaz de crer cegamente. Neste sentido o senhor continua a teologia liberal da tradição Strauss-Renan[8].

Admito que seja bem provável haver na raiz de tudo isso uma história humana. Mas, nestas condições, devo perguntar: Por que esta história simples e, portanto, satisfatória teve que ser enfeitada e distorcida além da compreensão? Ou por que Jesus assumiu traços mitológicos inequívocos já nos redatores dos evangelhos? E por que este processo continuou até o nosso tempo esclarecido, quando a imagem original

---

* De qualquer forma, um artifício magistral.

Ano 1955

foi obscurecida para além de qualquer expectativa razoável? Por que a Assunção, de 1950, e a Encíclica *Ad Coeli Reginam*"[9], de 24 de outubro de 1954?

A impossibilidade de um salvador concreto, conforme apresentado pelos redatores dos evangelhos, é e sempre foi para mim óbvia e indubitável. Mas conheço bem demais os meus contemporâneos para esquecer que para eles é novidade escutar a história simples e fundamental. A teologia liberal e também sua "laudabilis intentio" têm realmente seu lugar onde fazem sentido. Para mim a história humana é o inevitável *point de départ*, a base evidente do cristianismo histórico. São os "pequenos inícios" de um desenvolvimento assombroso. Mas a história humana – desculpe-me – é apenas banal, bem dentro dos limites da vida cotidiana, nada excitante, nada extraordinária e, assim, nada de particularmente interessante. Nós o ouvimos dizer milhares de vezes e nós mesmos a vivemos ao menos em parte. É o "ensemble" psicológico bem conhecido da Mãe e de seu amado Filho; então a legenda começa com as ansiedades e esperanças da mãe e com as fantasias de herói do filho, amigos prestativos e inimigos entram também em cena, exagerando e aumentando pequenos desvios da verdade e, assim, criando lentamente a teia chamada *reputação de uma personalidade*.

Aqui estou eu – o psicólogo – com aquilo que os franceses chamam de "déformation professionnelle". Ele está "blasé", farto da história humana "simples"; ela não desperta o seu interesse, muito menos seu sentimento religioso. A história humana é inclusive uma coisa da qual a gente deveria se afastar, pois a pequena história não é excitante nem edificante. Em vez disso, a gente gostaria de ouvir a grande história de deuses e heróis e como o mundo foi criado etc. As pequenas histórias podem ser ouvidas quando as mulheres lavam roupa nos rios, ou nas cozinhas e nas bicas de água da cidade e, sobretudo, são vividas em casa por todas as pessoas. Isto foi assim desde o alvorecer da consciência. Houve uma época na Antiguidade, por volta do século IV aC (não estou bem certo da data. Como estou de férias no momento, sinto falta de minha biblioteca), quando um homem, de nome Evêmero[10], criou fama com uma nova teoria: o mito dos deuses e heróis baseava-se na pequena história de um chefe humano comum, ou de um rei insignificante de renome apenas local, que foi glorificado na fantasia de um menestrel. O pai de todos, Zeus, o poderoso "reunidor das nuvens" foi originalmente um pequeno tirano, que governava algumas cidades a partir de sua *maison forte* sobre uma colina, e "nocturnis ululatibus horrenda Proserpina"[11] era provavelmente sua aterradora sogra. Esta foi certamente uma época que estava farta dos velhos deuses e de suas ridículas histórias de fadas, e que se parece curiosamente com o "iluminismo" de nossa época. Também ela está farta de seu "mito" e acolhe com prazer todo tipo de iconoclasmo, desde a "Encyclopédie"[12] do século XVIII até a teoria de Freud que reduz a "ilusão" religiosa ao "romance familiar", com suas insinuações incestuosas, no início do século XX.

Diversamente de seus predecessores, o senhor não insiste na *chronique scandaleuse* dos Olímpicos e de outras figuras idealizadas, mas com mão bondosa e com a decência de um benévolo pedagogo o senhor toma o leitor pela mão: "Vou contar-lhe uma história melhor, algo bonito e razoável que toda pessoa pode aceitar. Não vou repetir aqueles absurdos antigos, aqueles teologúmenos medonhos como o do nascimento virginal, mistérios de carne e sangue, e toda a conversa supérflua de milagres. Vou mostrar-lhe a comovente e simples humanidade que está além do horrendo imaginário de ignorantes cérebros eclesiásticos".

Isto é iconoclasmo cordial, bem mais mortífero do que as flechas francamente assassinas da aljava de M. de Voltaire: todas essas afirmações mitológicas são evidentemente tão impossíveis que não precisam ser refutadas. Essas relíquias dos tempos obscuros desaparecem como névoa matutina diante do sol nascente, quando o jovem jardineiro, idealista e charmoso, faz experiências com milagres da boa e velha espécie, ou quando sua autêntica avó galileia "Marya" não consegue mais reconhecer a si mesma nem o seu amado filho na imagem refletida no espelho mágico da tradição cristã.

Mas, por que uma história mais ou menos comum de uma boa mãe e de seu filho idealista e bem-intencionado deveria assumir um desenvolvimento mental ou espiritual dos mais fantásticos de todos os tempos? Qual ou o que é o seu *agens*? Por que os fatos não poderiam ter permanecido como foram originalmente? A resposta é óbvia: A história é tão comum que não haveria motivo algum para sua tradição e certamente não para sua expansão pelo mundo todo. O fato de a situação original ter-se transformado num dos mitos mais extraordinários sobre um *herói* divino, um homem-Deus e seu destino cósmico, não se deve à história humana subjacente, mas à ação poderosa de motivos mitológicos preexistentes, atribuídos a Jesus, biograficamente quase desconhecido, um rabino errante que fazia milagres no estilo dos antigos profetas hebreus, ou no estilo de seu contemporâneo João Batista, ou dos bem posteriores zadics do hassidismo. A fonte e origem imediatas do mito projetado sobre o mestre Jesus devem-se ao Livro de Henoc, muito popular na época, e à sua figura central, o "Filho do Homem"[13], com sua missão messiânica. Depreende-se inclusive dos textos evangélicos que Jesus se identifica com este "Filho do Homem". Portanto, é o espírito de sua época, a expectativa e esperança coletivas, que produziram esta surpreendente transformação, e não a história mais ou menos insignificante desse homem Jesus. O verdadeiro *agens* é

Ano 1955

a imagem arquetípica do homem-Deus, que aparece pela primeira vez na história judaica na visão de Ezequiel[14], mas que é uma figura bem antiga na teologia egípcia, isto é, Osíris e Hórus.

A transformação de Jesus, isto é, a integração de seu si-mesmo humano numa figura super-humana ou inumana de uma divindade é a causa da enorme "distorção" de sua biografia comum. Em outras palavras: a essência da tradição cristã não é de forma alguma o simples homem Jesus, que procuramos em vão nos evangelhos, mas o anúncio do homem-Deus e de seu drama cósmico. Os próprios evangelhos assumem como tarefa especial provar que o seu Jesus é o Deus encarnado, com todos os poderes mágicos de um Κύριος τῶν πνευμάτον[15]. Por isso são tão pródigos em falar de milagres, pois, em sua ingenuidade, acreditavam que isto provava sua tese. É muito natural que o desenvolvimento pós-apostólico subsequente desse mais alguns passos neste sentido, e em nossos dias o processo de integração mitológica está em expansão, estendendo-se inclusive até a mãe de Jesus, que foi conservada cuidadosamente entre os humanos ao menos nos primeiros 500 anos da história da Igreja. Quando o papa proclamou a "Assumptio Mariae" como novo dogma da fé cristã, ele quebrou astuciosamente a sacrossanta regra sobre a definibilidade de nova verdade dogmática, ou seja, que esta nova verdade é *definibilis* apenas quando foi crida e ensinada, *explicite* ou *implicite*, nos tempos apostólicos. Como justificativa baseou-se na piedosa crença das massas por mais de 1.000 anos, que ele achou suficiente como prova da ação do Espírito Santo. Obviamente a "piedosa crença" das massas continua o processo de projeção, isto é, da transformação de situações humanas em mito.

Mas por que existem mitos? Minha carta já é longa demais para responder a esta questão; escrevi vários livros sobre isto. Queria apenas explicar-lhe minha ideia: ao tentar extrair a quintessência da tradição cristã, o senhor a eliminou, assim como o fez o Prof. Bultmann em sua tentativa de "desmitologizar" os evangelhos. É evidente que a história humana tem muito mais probabilidade, mas pouco ou nada tem a ver com o problema do mito que contém a essência da religião cristã. Com muita habilidade o senhor apanhou seus sacerdotes na desagradável situação, que eles criaram para si mesmos, de pregar uma historicidade concreta de fatos claramente mitológicos. Ninguém que lê seu admirável romance pode negar que ficou profundamente impressionado pela confrontação altamente dramática da imagem original com a mitologia, e é bem provável que vá preferir a história humana à sua "distorção" mitológica.

374

Mas, o que dizer do εὐαγγέλιον, a "mensagem" do homem-Deus e Redentor e de seu destino divino, o verdadeiro fundamento de tudo o que é sagrado para a Igreja? Como explicação vale sempre ainda a herança espiritual e a colheita de 1.900 anos, mas duvido muito que a redução ao senso comum seja a resposta correta. Na verdade, atribuo importância incomparavelmente maior à verdade dogmática do que à provável história humana. Para a necessidade religiosa ela nada significa e, em todo caso, significa menos que a pura fé em Jesus Cristo ou em qualquer outro dogma. Se for real e viva, a fé funciona. Mas se for pura imaginação e um esforço da vontade sem compreensão, vejo pouco mérito nela. Infelizmente esta condição insatisfatória prevalece nos tempos atuais, e na medida em que não há nada além de fé sem compreensão, mas dúvida e ceticismo, toda a tradição cristã cai por terra como pura fantasia. Considero este fato uma perda enorme pela qual teremos de pagar um preço terrível. O efeito se torna visível na dissolução dos valores éticos e na completa desorientação de nossa visão do mundo. As "verdades" da ciência natural ou a "filosofia existencial" são substitutas pobres. As "leis" naturais são na maioria dos casos meras abstrações (médias estatísticas) em vez de realidades, abolindo a existência individual como se fosse pura exceção. Mas o indivíduo, como único portador de vida e existência, é de suma importância. Ele não pode ser substituído por um grupo ou pela massa. Aproximamo-nos mesmo de um estado em que ninguém mais quer aceitar a responsabilidade individual. Preferimos deixá-la como assunto odioso a grupos e organizações, na feliz inconsciência de que a psique do grupo ou da massa é a de um animal e totalmente inumana.

O que precisamos é o desenvolvimento de um ser humano interiorizado e espiritual, o único indivíduo cujo tesouro está escondido, por um lado, nos símbolos de nossa tradição mitológica e, por outro, na psique inconsciente das pessoas. É trágico que a ciência e sua filosofia desanimem o indivíduo, e que a teologia resista a qualquer tentativa razoável de entender os seus símbolos. Os teólogos chamam o seu credo de "símbolo"[16], mas recusam-se a chamar sua verdade de "simbólica". Contudo, se for alguma coisa, então é simbolismo antropomórfico e portanto possível de reinterpretação.

Espero que não tenha levado a mal minha discussão franca de seu escrito verdadeiramente inspirador.

Meus melhores votos para o Ano-novo!

Yours sincerely,
C.G. Jung

Ano 1955 —————————

P.S. Muito obrigado por sua gentil carta que acabou de chegar. Estou pasmo que tenha dificuldade para encontrar um editor[17]. Aonde chegará a América, se seus melhores autores não chegam mais ao público leitor? Que tempos!

1. Upton Sinclair, *Our Lady*, Emaus, Pa. 1938. A história trata de Maria, uma camponesa de Nazaré, que fala aramaico, mãe de Jeshu, que foi descrito como reformador religioso e social. Quando este tinha por volta de 30 anos e Maria já era viúva e avó, ela, preocupada com seu destino, consultou uma vidente para saber algo sobre o futuro dele e dela. A vidente a transferiu para Los Angeles (La Ciudad de Nuestra Señora de Los Angeles), para o ano de 1930. Num jogo de futebol americano entre as equipes de Notre Dame University (Indiana) e da University of California, conversou por acaso com o jovem Padre O'Donnell, professor de línguas semitas que, espantado, ouviu ela falar em aramaico antigo e intuiu o que esta mulher desorientada era ou que o pretendia ser. Levou-a ao bispo, que a exorcizou com as orações e invocações costumeiras, que também mencionavam o seu nome e o de seu filho. Depois disso acordou na Galileia. Ao despedir-se da vidente, disse: "I asked to see the future of myself and my son: and nothing I saw has anything to do with us".

2. Oh! inestimável bondade do amor, para remir o servo, entregaste o Filho! Oh! pecado de Adão certamente necessário, que foi apagado pela morte de Cristo! Oh! feliz culpa, que mereceu tão grande Redentor! (*Missal Romano*, bênção do círio pascal.)

3. Upton Sinclair, *What Didymus did*, Londres, 1954. Um anjo visita um jovem jardineiro em Los Angeles e lhe confere o poder de fazer milagres. Dídimo, gêmeo, é o nome do apóstolo Tomé. Cf. Jo 11,16.

4. O apócrifo Livro de Henoc (por volta do ano 100 aC) traz um relato sobre a "queda dos anjos": duzentos anjos, sob o comando de Semias, desceram à terra. Ensinaram aos homens ciências e artes, tomaram por esposas as formosas filhas dos homens e geraram gigantes com elas. Cf. Gn 6,2; cf. também *Resposta a Jó*, OC, vol. XI, par. 669.

5. Upton Sinclair, *A Personal Jesus*, 1952. Cf. carta a Sinclair, de 03.11.1952.

6. Santo Atanásio, Doutor da Igreja, grego (por volta de 293-373), bispo de Alexandria, escreveu uma biografia de Santo Antão do Egito (por volta de 250-356), considerado o "pai do monaquismo". Ali se lê: "Se por causa disso um simples irmão, ao ouvir essas coisas, sentir em si que procedeu mal, como disse o Maligno, e não está acostumado com esta astúcia, sua mente ficará perturbada... Não é necessário, meus caros, ficar aterrorizados com estas coisas, mas devemos temer apenas quando os demônios começam a repetir coisas que são *verdadeiras* [...] Acautelemo-nos pois em não inclinar nossos ouvidos às suas palavras, ainda que sejam palavras da verdade que eles proferem; pois seria para nós vergonha se aqueles que se rebelaram contra Deus viessem a ser nossos mestres". Cf. *Tipos psicológicos*, OC, vol. VI, par. 77.

7. "Intenção louvável".

8. Cf. carta a Sinclair, de 03.11.1952, notas 2 e 3.

9. Na Encíclica *Ad Coeli Reginam*, o Papa Pio XII fixou uma festa anual em honra da dignidade régia ("regalis dignitas") da Virgem Maria como Rainha do céu e da terra (outubro de 1954). A Encíclica era uma espécie de reforço do dogma da Assunção de Maria (*Munificentissimus Deus*), de novembro de 1950.

10. Filósofo, 311-298 aC, dizia que os deuses gregos eram heróis e reis antigos.

11. "Prosérpina que provocava terror com seu ulular noturno". Em: Apuleio, *Metamorfoses*, XI, 2.

12. *Encyclopédie ou Dictionnaire raisonné des sciences, des arts et des métiers*, 35 vols. 1751-1780, editado por Diderot e d'Alembert; a obra exerceu grande influência sobre a época da Renascença.

13. No Livro de Henoc, cuja origem se situa por volta do ano 100 aC, é descrita a figura de um "filho do homem" que, como anjo ou filho de Deus, está ao lado de Deus, o "bem idoso", nasceu para a justiça e procederá ao julgamento de todas as criaturas no fim dos tempos. Ao final do livro o próprio autor Henoc é chamado "filho do homem" e arrebatado para o céu. Cf. *Resposta a Jó*, OC, vol. XI, par. 669s.

14. Ez 1,26s. e 2,1s.

15. "Senhor dos espíritos".

16. "Símbolo" significa a confissão formulada de fé. O "Symbolum Apostolicum" aparece pela primeira vez no doutor da Igreja, latino, Ambrósio (340-397). Segundo a tradição teria sido composto pelos apóstolos em Jerusalém. Cf. *Simbolismo do espírito*, OC, vol. XI, par. 211s.

17. Na introdução à publicação da carta de Jung em *The New Republic*, Washington, 21.02.1955, Sinclair escreveu: "At the time Dr. Jung wrote the letter which follows, *Didymus* had been declined by a dozen New York publishers; while his letter was on the way here I received word that a Philadelphia merchant had volunteered to put up the funds, and the dangerous task had been undertaken by an occasional publisher. It is curious to observe that now, at the age of 76, I am in the same position with my seventy-sixth book that I was with my first, just 55 years ago".

Monsieur le Pasteur William Lachat
Neuchâtel/Suíça

18.01.1955

Cher Monsieur,

O livro *Baptême dans l'Eglise réformée*[1], que teve a gentileza de me enviar, trata de um problema eminentemente teológico. Sinto-me por demais leigo e incompetente para mexer com isto. A única questão que me toca é a do *rito* no protestantismo. Mas é da maior importância. Uma religião que se baseia apenas no ponto de vista da "sola fide" parece-me incompleta. Toda religião baseia-se em dois pés: a fé e o rito.

Em geral, nenhuma das duas Igrejas cristãs valoriza a importância e o sentido psicológico do rito: para uma delas ele é uma espécie de fé ou hábito, para a outra é um ato mágico. Na verdade, há um terceiro aspecto: um ato simbólico, expressão de *expectativa arquetípica* do inconsciente. Quero dizer com isso que toda fase de nossa vida biológica tem caráter numinoso: nascimento, puberdade, casamento, doença, morte etc. São realidades naturais que, uma vez reconhecidas, colocam questões a serem respondidas e necessidades a serem satisfeitas. E isto acontece por meio de um ato solene que realça o momento numinoso numa combinação de gestos e palavras arquetípicos e simbólicos. Por meio do *rito* é dada satisfação ao aspecto coletivo e numinoso do momento, para além de seu sentido puramente pessoal. Este aspecto do rito é da maior importância.

Ano 1955

A oração pessoal do pastor não satisfaz de forma nenhuma esta necessidade, porque a resposta tem que ser coletiva e histórica; ela deve evocar os "espíritos ancestrais" para unir o presente com o passado histórico e mitológico; por esta razão é necessária a representação do passado: o rito deve ser *arcaico* (em sua linguagem e gestos). O efeito do rito genuíno não é mágico, mas psicológico. Uma missa bem celebrada produz um efeito muito forte quando se pode acompanhar o sentido da cerimônia. Isto é o que falta ao protestantismo. Uma vez perdido, perdido para sempre! É a tragédia do protestantismo! Ele ficou apenas com uma perna. É possível substituí-la por uma prótese, mas sua utilidade não pode ser comparada à da perna natural. O protestante está cheio de ansiedade e alguma coisa nele está à procura de solução. A roda do tempo não se deixa virar para trás. É possível destruir e renovar, um empreendimento perigoso, mas também os sinais dos tempos são perigosos. Se já houve um tempo apocalíptico, então é o nosso. Deus colocou nas mãos dos homens os meios de uma destruição total...

As pessoas odeiam a alma humana como se ela *nada* mais fosse *do que* "psicológica". Não entendem suas necessidades e jogam pela janela os seus tesouros, sem ao menos compreendê-los. O que o protestantismo começou e os enciclopedistas continuaram, a *Déesse Raison*[2] vai terminar. Os nossos ritos serão uma síntese solene das bombas de hidrogênio.

Assim como os outros sacramentos, o Batismo é um verdadeiro mistério: ele representa uma resposta à pergunta inconsciente do momento numinoso que espera de nós uma reação satisfatória. Se não houver resposta, aumenta a insatisfação geral até à neurose, a desorientação até à cegueira espiritual e psicose coletiva, que caracterizou o nosso tempo desde 1933, ou (na Rússia) desde a guerra de 1914-1918.

Agradeço mais uma vez o envio do livro sobre o batismo; vou lê-lo devagar. Talvez eu tenha outras reações.

> Veuillez agréer, cher Monsieur le Pasteur,
> l'expression de ma parfaite considération.
> (C.G. Jung)

1. W. Lachat, *Le Baptême dans l'Eglise réformée*, Neuchâtel, 1954, editado por Paul Attinger. Nesse livro o Pastor Lachat sugere que as Igrejas da Suíça adotem uma postura mais liberal na administração do batismo. Cf. também carta a Lachat, de 29.06.1955. Uma terceira carta a Lachat, por ser longa demais para este volume, foi publicada no vol. XVIII das Obras Completas.
2. O culto à "Déesse Raison" foi introduzido por Pierre-Gaspar Chaumette, procurador público da Comuna de Paris durante a Revolução Francesa de 1793. Com sua execução, o culto desapareceu em 1794.

Monsieur le Prof. Mircea Eliade[1]
Paris

19.01.1955

Cher Monsieur,

Foi muita honra para mim receber o seu livro sobre a ioga[2]. Aprecio muito sua gentileza e generosidade. Estou agora estudando o seu livro cuidadosamente e desfrutando de suas riquezas. É certamente a melhor e mais completa explanação de ioga que conheço, e estou feliz em possuir tal mina de informação. Contudo, fiquei surpreso que o senhor não me creditasse uma inteligência normal e uma responsabilidade científica. Como o senhor sabe, comecei minha formação científica nas ciências naturais e seu princípio é "nihil est in intellectu quod non antea fuerit in sensu"[3]. De qualquer forma, este é o credo fundamental do psiquiatra. O senhor pode imaginar o quanto fiquei surpreso quando encontrei associação de ideias ou "thought forms" em doentes mentais e, mais tarde, em neuróticos e pessoas normais para os quais não se poderiam aparentemente encontrar modelos. Naturalmente fiquei muito impressionado que os modelos bem reconhecíveis em si eram totalmente inacessíveis aos pacientes. Nada de criptomnésia, uma vez que não existem modelos no meio ambiente dos pacientes. Antes que publicasse os fatos esperei por catorze anos e examinei todas as possibilidades. Fui aos Estados Unidos da América para estudar os sonhos dos negros dos estados do sul, e constatei que os sonhos deles continham os mesmos motivos arquetípicos que os nossos[4].

Sempre que um paciente trazia espontaneamente uma mandala, eu procurava descobrir donde a havia conseguido. Não havia modelos. Entre nós não temos essas figuras, nada sabemos de seu uso ou significado e nada se ensina a seu respeito. Nem existe aqui um entendido como Tucci[5] para explicá-las. Na Índia as coisas são bem diferentes. Lá as mandalas são *copiadas e imitadas*; são encontradas quase em toda parte. Quando existe em qualquer lugar uma "imitação de macaco"[6], ela pode ser tibetana e hindu; mas *o inconsciente reage instintivamente, e o instinto nunca imita, ele reproduz sem um modelo consciente*: ele segue seu "behaviour pattern" biológico. Isto acontece especialmente com as mandalas individuais: são configurações instintivas e automáticas, sem modelos e sem imitação.

Nem meu antigo mestre Freud teria admitido que o complexo de incesto com suas fantasias típicas (o que eu chamo "arquétipo do incesto") seria uma reação simiesca e imitação de um modelo. Para ele o incesto era um dado biológico, isto é, um instinto sexual pervertido. A criança que desenvolve este tipo de fantasias não está imitando

Ano 1955

os adultos. Seu próprio instinto está na base de suas fantasias. Cada instinto gera suas próprias formas e fantasias, que são mais ou menos idênticas em toda parte, sem que tenham sido difundidas pela tradição, migração, imitação ou educação. A mandala, por exemplo, parece ter sido originalmente um gesto apotropaico com a finalidade de concentração. Por esta razão é também a forma mais primitiva do desenho infantil. Isto foi provado estatisticamente por Kellogg com base em milhares de desenhos infantis dos primeiros anos de vida [7].

É grave erro atribuir qualidades da psique consciente ao inconsciente. Eu não o faço, nem sou tão idiota e ignorante a ponto de não reconhecer o caráter instintivo do inconsciente. Se passar os olhos pelos meus livros, poderá certificar-se de que identifico o arquétipo com o "pattern of behaviour"[8]. O senhor também usa o termo "arquétipo", mas sem mencionar que entende por este termo apenas a repetição e imitação de uma imagem ou ideia conscientes. O verdadeiro "macaco" em nós é a consciência; é nossa consciência que imita e repete. Mas o inconsciente, sendo instintivo, é muito conservador e difícil de ser influenciado. Ninguém melhor do que o psiquiatra sabe que o inconsciente resiste a qualquer esforço de mudá-lo ou de influenciá-lo por pouco que seja. Se fosse "simiesco", seria fácil fazê-lo esquecer suas compulsões e ideias obstinadas; e se fosse imitativo, não seria criativo. As felizes intuições do artista e do inventor nunca são imitações. Semelhante ideia nem passaria pela cabeça dessas pessoas.

Resta um problema psicológico que não consigo explicar. Por um lado, o senhor pratica o gesto generoso e muito gentil de enviar-me o seu livro; por outro lado, o senhor me considera um idiota que nunca pensou seriamente sobre a natureza do inconsciente. Será que mereço tal malevolência? Desde que tive a honra e o prazer de conhecê-lo pessoalmente, jamais alimentei outro sentimento que não o de admiração e estima pelo seu grande trabalho, e ficaria infeliz se o tivesse ofendido sem querer.

Espero que não me leve a mal por escrever esta longa e importuna carta, mas não gosto que uma ferida se propague ocultamente. É desnecessário dizer que apreciaria receber algumas palavras de explicação!

Agréez, cher Monsieur, l'expression de mon admiration et de ma gratitude perpétuelle.

Votre très dévoué,
(C.G. Jung)

1. Mircea Eliade, nascido em 1907, professor de História das Religiões na Universidade de Chicago, presidente do "Centre Roumain de Recherches", Paris, professor visitante de várias universidades europeias.

2. *Le Yoga. Immortalité et Liberté*, Paris, 1954.

3. "Nada há no intelecto que não tenha antes existido nos sentidos". Cf. Leibniz, *Neue Abhandlungen über den menschlichen Verstand*, 1768, livro II, cap. 1.

4. Cf. carta a White, de 10.04.1954, nota 18.

5. Giuseppe Tucci, nascido em 1894, professor em Roma de Religião e Filosofia indiana e do oriente longínquo.

6. Eliade usou a expressão "simiesque" e o verbo "singer" (macaquear) para expressar uma atividade imitativa do inconsciente. Queria uma explicação para as inúmeras representações de mandalas. Cf. *Le Yoga*, de Eliade, l. c., p. 230. Devido à crítica de Jung, ele mudou as frases correspondentes na edição inglesa.

7. Mrs. Rhoda Kellogg, pedagoga de São Francisco, examinou mais de um milhão de garatujas e pinturas de crianças de 2 a 5 anos, em mais de trinta países, com relação a formas básicas sempre repetidas. O círculo (a mandala) foi uma das figuras mais numerosas. Cf. R. Kellogg, *The Psychology of Children's Art*, 1967.

8. Cf., por exemplo, *Von den Wurzeln des Bewusstseins*, OC, vol. VIII, par. 397s.

To Father Victor White
EUA

19.01.1955

Dear Victor,

Já se passaram mais de 2 meses que comecei a escrever-lhe esta carta, mas não consegui terminá-la antes de saber o que estava fazendo na Califórnia e por que havia sido enviado para lá. Concluí de sua última carta que sua estadia nos Estados Unidos faz sentido[1]. Não importa o pouco que possa transmitir a seu público despreparado; ele contém ao menos alguns grãos do futuro.

Eu deveria ter agradecido há mais tempo sua gentil mensagem com os votos de Feliz Ano-novo, mas não consigo mais dar conta de minhas obrigações. Há muitas coisas que poderia ou deveria contar-lhe, mas *desunt vires*. É muito bom saber que virá a Zurique no final de abril.

Sei que terá algumas dificuldades quando meu *Resposta a Jó* vier a público[2]. Desculpe. Philip Toynbee já fez uma recensão dele de modo "profundamente estúpido"[3], como disse muito bem (numa carta a mim) o tradutor R.F.C. Hull. Era de se esperar. Eu fui imprensado contra a parede da estupidez durante 50 anos. Isto é assim mesmo, e nada pode ser feito.

Sua citação de Santo Tomás é uma charada maravilhosa[4]. Fiquei meditando sobre o texto por longas horas e não encontrei nele pé nem cabeça, a não ser uma tentativa de dar ao mal alguma substancialidade, em reconhecimento ao fato de que

Ano 1955

nós experimentamos o mal como tão "substancial" quanto o bem. O que é então o bem *in apprehensione animae*? Santo Tomás não leva até o final o seu argumento *cum malum sit privatio boni*, no qual ele se fixa sem olhá-lo também pelo outro lado. Segundo a lógica comum, o frio é *carentia oppositi habitus, ergo* privação de calor e vice-versa; isto vale também para em cima-embaixo, direito-esquerdo, preto-branco etc. Em minha "estupidez abissal" só posso ver uma *petitio principii*, se é que existe algo assim. Por que uma emoção seria psicologicamente mais concreta do que a *ratio*? A *ratio* não afeta o corpo?

Na sua carta há uma piada: após o seu argumento o senhor escreve: "Well, I will weary you *now* more". O senhor acertou; trabalhei duro por vários dias e não cheguei a lugar nenhum. Por favor, não se ofenda comigo. Realmente sou obtuso demais. Espero que seja paciente com minha fraqueza e me explique verbalmente a charada quando nos encontrarmos de novo.

Não posso queixar-me de minha saúde, mas sinto o peso da idade. Minha última obra, *Mysterium Coniunctionis*, está no prelo, e já não tenho mais ideias – graças a Deus.

Meus melhores votos para o Ano-novo.

Cordially yours,
C.G. Jung

1. Em outubro de 1954, o Padre White foi enviado pela Ordem dele para a Califórnia, sem que recebesse qualquer satisfação para esta viagem. Na Califórnia encontrou grande interesse por todas as questões sobre "religião e psicologia". Deu conferências em universidades e seminários de padres, para ativistas sociais, colegas etc. Teve que falar sobre a psicologia de Jung na televisão. Tudo isto ele escreveu a Jung numa carta de 08.01.1955.
2. O Padre White escreveu: "that he was frankly rather relieved that *Answer to Job* has not yet appeared in USA", pois o livro dificultaria sua tarefa de levar a seu público ainda ingênuo a psicologia de Jung.
3. Ela foi publicada em *Observer*, Londres, 09.01.1955. Cf. carta a Hull, de 24.01.1955.
4. O padre White citou em sua carta um texto mais longo de Tomás de Aquino, *Summa Theologica*, Ia, IIae, 36, l.c. Jung refere-se às seguintes frases: "Malum enim [...] est privatio boni. Privatio autem in rebus naturae nihil aliud est quam carentia oppositi habitus [...]. In apprehensione autem, ipsa privatio habet rationem cuiusdam entis, unde dicitur ens rationis. Et sic, malum, cum sit privatio, se habet per modum contrarii [...]". Tradução: "O mal, no entanto, é [...] a ausência do bem. A ausência, porém, nas coisas da natureza, nada mais é do que a falta de comportamento oposto [...]. E mesmo a ausência, quando percebida, tem o aspecto de um ser, e por isso é chamada um ser da razão. E assim, o mal, sendo uma ausência, comporta-se como um oposto [...]".

Ano 1955

To Upton Sinclair
Corona (Calif.)/EUA

20.01.1955

Dear Mr. Sinclair,

Muito obrigado por sua carta tão gentil. O senhor não deve pensar que poderei escrever-lhe sempre cartas tão longas no futuro; tudo vai depender do botão que se aperta. Acontece que seus escritos recentes atingiram certas cargas elétricas. Fico satisfeito em saber que minha carta lhe tenha agradado e nada tenho a objetar que a publique em *New Republic*[1]. Para mim é uma grande incógnita se o público americano ou ao menos alguns de seus representantes mais destacados podem acompanhar os meus argumentos. Se a redução (da vida de Jesus) à simples história humana fosse a resposta acertada, ficaria apagada toda a tradição de 2.000 anos, juntamente com a Igreja que é sua portadora. A descontinuidade da tradição significa a destruição de uma cultura. Não sei se devemos correr este risco. Se quisermos manter o conteúdo espiritual de 2.000 anos de tradição cristã, precisamos entender o que ele significa. Isto só é possível se aceitarmos que ele faz sentido. Como as afirmações religiosas nunca fazem sentido quando entendidas concretamente, suas necessidades precisam ser entendidas como fenômeno psíquico-simbólico. É isto que tento esclarecer aos meus contemporâneos. É uma tentativa ambiciosa e talvez sem esperança, mas acredito no princípio romano "dulce et decorum est pro patria mori"[2]; em vez de *patria* pode-se ler "patrimonium christianum"[3].

Depreendi de sua última carta que o senhor já tem 76 anos de idade; não sabia disso. Eu estou com 80 e sou grato àquele que administra o meu destino por ter encontrado no senhor uma alma gêmea, interessada em e falando de coisas que lhe parecem vitais. Asseguro-lhe que não há muitas pessoas assim. A *ecclesia spiritualis* é uma referência muito pequena e paga poucos dividendos.

Com os meus melhores votos,

Yours cordially,
C.G, Jung

P.S. É claro que me lembro de Frederik van Eeden[4]: talvez o tenha encontrado pessoalmente, mas não tenho plena certeza; faz tanto tempo, entre 40 e 50 anos. Lembro-me dele, com sua natureza sensível e doce, sem a resistência necessária a um pioneiro. Ele estava perigosamente próximo à mentalidade moderna, mas sua fraqueza levou-o à proteção dos muros eclesiásticos. Não sei como foi para ele esta conversão. Foi um passo para trás, mas não para fora.

Ano 1955

1. A carta de Jung, de 07.01.1955 foi publicada em *The New Republic*. Cf. carta a Sinclair, de 03.11.1952, nota 1.
2. "É doce e honroso morrer pela pátria". Horácio, *Odes*, II,13.
3. "O patrimônio cristão".
4. Frederik van Eeden, escritor holandês, psiquiatra e reformador social, 1860-1932. Em 1887 fundou a primeira clínica psicoterapêutica na Holanda e, em 1899, a colônia socialista de Walden, que não prosperou. Em 1922 converteu-se ao catolicismo. Van Eeden era amigo de Upton Sinclair.

To Dr. Michael Fordham
Londres

24.01.1955

Dear Fordham,

Conforme seu desejo e devido ao meu notório desconhecimento da alta matemática, enviei as provas de paquê e suas observações ao Professor Fierz[1]. As outras observações eu as anexo a esta carta. Sou profundamente grato por todo o transtorno que teve com este assunto complicado.

Uma aluna minha, Dra. Progoff (Nova York)[2], tentou adaptar e explicar a sincronicidade ao leitor mediano, mas deu com os burros n'água, pois não conseguiu libertar sua mente da crença arraigada na Santíssima Trindade, nos axiomas de tempo, espaço e causalidade. É incrível como poucas pessoas são capazes de deduzir da natureza estatística da causalidade que existem exceções. Pode-se negá-las arbitrariamente como partes indispensáveis do mundo real, caso se prefira os valores médios aos fatos casuais. Estes últimos são de qualquer forma fatos, e não podem ser tratados como não existentes. Além do mais, uma vez que toda pessoa é sempre um indivíduo e fato único e, como tal, apenas "casual", haveria que rotular toda humanidade como essencialmente "inútil". Mas por outro lado só o indivíduo é o portador da vida e é a consciência da vida, um fato muito importante que não deveria ser desconsiderado ao menos pelo médico. Pode-se fazer isto na Alemanha nazista ou na Rússia, mas – Deus nos guarde – não entre nós. Mas onde predomina uma filosofia com base nas ciências (como, por exemplo, nos Estados Unidos), o indivíduo perde seu espaço e é "massificado", transformado numa partícula da massa, pois como "exceção" ele é inútil, não muito diferente do russo.

Este é o sentido e o objetivo do meu ensaio. Estou convencido de que algo deve ser feito em relação a esta crença cega e perigosa na segurança da trindade científica. Não espero que meus contemporâneos aceitem minha ideia, mas meu livro aí está e, mais cedo ou mais tarde, alguém chegará às mesmas conclusões.

Ademais, o senhor conhece o ensaio de Brown sobre os experimentos de Rhine?[3] Eu só o conheço em francês (G. Spencer Brown, "De la Recherche Psychique considérée comme un Test de la Théorie des Probabilités", *Revue Métapsychique*, Mai-Août, 1954, p. 87s.). O autor não consegue negar a validade dos resultados de Rhine. Mas como é "impossível" enxergar atrás da esquina e conhecer o futuro, o cálculo de probabilidade deve estar basicamente errado! Isto mostra o impacto da sincronicidade sobre a unilateralidade fanática da filosofia científica.

Agradeço mais uma vez seu carinho e atenção.

Yours sincerely,

(C.G. Jung)

1. Trata-se das provas de paquê do ensaio de Jung sobre a sincronicidade em tradução inglesa, "Synchronicity – An Acausal Connecting Principle", bem como das observações feitas pelo Dr. Fordham como coeditor das "Collected Works" de Jung. Cf. também a carta de Hull, de 03.08.1953, nota 3, e a Metmann, de 27.03.1954, nota 3.
2. Ira Progoff, nascida em 1921 em Nova York, Dra. em Filosofia e psicóloga. Obras, entre outras: *Jung's Psychology and its Social Meaning*, Nova York, 1953; *Depth Psychology and Modern Man*, Nova York, 1959.
3. Cf. carta a Rhine, de 25.09.1953, nota 3.

To Richard F.C. Hull
Ascona

24.01.1955

Dear Hull,

Muito obrigado por sua reparadora resposta a Mr. Philip Toynbee[1]. Fez bem! Não há razão alguma para se supor que o senhor não possa retificar esses grosseiros mal-entendidos. Agradeço muito a sua resposta corajosa. Existem pouquíssimos que têm a coragem de me defender. A mais nova sobre "Sincronicidade": O ensaio não pode ser aceito porque abala a certeza de nossas bases científicas, como se isto não fosse precisamente o meu objetivo e como se a natureza puramente estatística da causalidade nunca tivesse sido mencionada. Também é verdade que os asnos fazem a opinião pública. Cinquenta anos desse assunto poderiam ter-me subjugado facilmente se eu não tivesse tido a inabalável experiência de que a minha verdade foi boa o suficiente para mim e que eu pude viver com ela. Se alguém gostar de Camembert, então que goste dele, ainda que todo mundo grite que ele nada vale. Mais cedo ou mais tarde, outro descobrirá que nada é seguro, nem mesmo a Santíssima Trindade, o espaço, o tempo e a causalidade.

Lamento não tê-lo visto outra vez. Só o vi passando rápido num carro. Minha intenção é ir a Ascona novamente em fevereiro e passar lá uns quinze dias.

Muito obrigado!

Yours cordially,
C.G. Jung

1. Cf. carta a White, de 19.01.1955 e nota 3. A resposta de Hull nunca foi publicada.

Ao Dr. Hans A. Illing
Los Angeles (Calif.)/EUA

26.01.1955

Prezado Doutor,

Enquanto médico, considero a perturbação psíquica (neurose ou psicose) uma doença individual; e assim deve ser tratada a pessoa. No grupo o indivíduo só é atingido na medida em que é membro do mesmo[1]. Em princípio isto é um grande alívio, pois no grupo a pessoa é preservada e está afastada de certa forma. No grupo o sentimento de segurança é maior e o sentimento de responsabilidade é menor. Certa vez entrei com uma companhia de soldados numa terrível geleira coberta de névoa espessa. A situação foi tão perigosa que todos tiveram que ficar no lugar onde estavam. Não houve pânico, mas um espírito de festa popular! Se alguém estivesse sozinho ou apenas em dois, a dificuldade da situação não teria sido levada na brincadeira. Os corajosos e experientes tiveram oportunidade de brilhar. Os medrosos puderam valer-se da intrepidez dos mais afoitos e ninguém pensou alto na possibilidade de um bivaque improvisado na geleira, que não poderia ter transcorrido sem congelamentos, sem falar do perigo de morte de um possível desmoronamento. Isto é típico da mentalidade das massas.

Quando em grupo, jovens se deixam levar para direções que por si sós nunca trilhariam. Na guerra desapareceram da noite para o dia neuroses compulsivas em soldados. As vivências grupais das seitas como as do Movimento de Oxford são bem conhecidas; assim também as curas em Lourdes seriam impensáveis sem o público admirador. Os grupos ocasionam não só curas estupendas, mas também "transformações" psíquicas e conversões igualmente espantosas, exatamente porque a *sugestionabilidade está presente em alto grau*. Disso já estavam cientes há muito tempo os líderes dos países totalitários; por isso promoviam passeatas de massas, barulho etc. Hitler foi o maior fenômeno de transformação grupal na Alemanha desde a Reforma e custou à Europa milhões de mortos.

Sugestionabilidade elevada significa não liberdade individual, porque o indivíduo está à mercê das influências ambientais, sejam elas boas ou más. A capacidade de discernir está enfraquecida, bem como a responsabilidade individual que no Movimento de Oxford, por exemplo, é deixada para o "Senhor Jesus". Todos se admiraram posteriormente da psicologia do exército alemão – nenhum motivo para admiração! Cada um dos soldados e oficiais era apenas uma partícula da massa sob sugestão e sem responsabilidade moral.

Mesmo um grupo pequeno é regido por um *espírito sugestivo de grupo* que, sendo bom, pode ter efeitos sociais benéficos, às custas no entanto da independência mental e moral do indivíduo. O grupo *enaltece o eu*, isto é, a pessoa torna-se mais corajosa, mais pretensiosa, mais segura, mais atrevida e imprudente, mas o *si-mesmo* é minimizado e relegado ao plano de fundo em benefício da média geral. Por isso todos os fracos e inseguros querem pertencer a sociedades e organizações, se possível a países com 80 milhões de habitantes. Aí sim o indivíduo é grande porque é idêntico a todos os outros, mas perde seu si-mesmo (isto é, a alma que é cobiçada e tomada pelo demônio!) e sem livre-arbítrio individual. Mas o grupo só imprensa o eu contra a parede quando este não mais concorda com o grupo em suas opiniões. Por isso a tendência do indivíduo no grupo é concordar o máximo possível com a opinião geral ou, então, impor sua opinião ao grupo. A influência niveladora do grupo sobre o indivíduo é compensada pelo fato de que um deles se identifica com o espírito do grupo e se torna *líder*. Por isso haverá no grupo sempre conflitos de prestígio e poder que se baseiam no egoísmo exacerbado da pessoa grupal. O egocentrismo social multiplica-se de certa forma com o maior número de membros do grupo.

Não tenho objeções práticas contra a terapia de grupo, nem contra a Christian Science, o Movimento de Oxford e nem contra outra seita que atua terapeuticamente. Eu mesmo fundei há quase 40 anos um grupo[2], constituído de pessoas "analisadas", com a finalidade de constelar a atitude social do indivíduo. Este grupo existe ainda hoje. A atitude social não entra em função no relacionamento dialético entre paciente e médico, e pode, por isso, ficar num estado de desadaptação, como aconteceu com a maioria de meus pacientes. Este obstáculo só se manifestou na formação do grupo e precisou de um mútuo polimento.

Na minha opinião, a terapia de grupo só é capaz de educar a pessoa *social*. Experiências desse tipo, sobretudo com pessoas "não analisadas" estão sendo feitas na Inglaterra (com base em pontos de vista psicológicos trazidos por mim). O Senhor P.W. Martin[3] pode dar-lhe maiores informações. Considero muito valiosas estas experiências. Contudo, em vista de minhas observações críticas acima, sobre terapia de grupo, não acredito que ela possa substituir a análise individual, isto é, o processo dialético entre dois indivíduos e a discussão intrapsíquica subsequente, o diálogo com o inconsciente. Uma vez que o indivíduo é o único portador da vida e a única essência de qualquer tipo de comunidade, segue-se que ele e sua qualidade são da maior importância. O indivíduo deve ser completo e ter substância, caso contrário nada subsistirá, pois uma quantidade de zeros, por maior que seja, nunca passará de zero. Um grupo de gente inferior nunca é mais do que apenas um dele, isto é, igualmente inferior; e um país constituído de ovelhas nunca será mais do que um rebanho de ovelhas, mesmo quando conduzido por um pastor, acompanhado de cão que morde.

Em nosso tempo, que dá tanta importância à socialização do indivíduo, porque é necessária uma capacidade especial de adaptação, a formação de grupos psicologicamente orientados é de grande importância. Mas na notória tendência das pessoas de se agarrarem aos outros e a -ismos, em vez de encontrar segurança e autonomia em si mesmas – o que seria a principal necessidade – está o perigo de o indivíduo fazer do grupo pai e mãe, permanecendo tão dependente, inseguro e infantil como antes. Ele pode estar socialmente adaptado, mas o que é ele como individualidade que unicamente dá sentido ao contexto social? Se a socialidade consistisse exclusivamente de indivíduos de alto valor, a adaptação valeria a pena, mas na verdade ela se compõe de uma maioria de imbecis e moralmente fracos, e o nível dela está abaixo daquele de seus melhores representantes, acrescendo ainda que a massa em si já sufoca os valores individuais. Quando se reúnem num grupo 100 pessoas inteligentes, então surge um grande hidrocéfalo, porque cada indivíduo será tolhido pelo ser diferente do outro. Antigamente estava em voga a seguinte adivinhação: Quais são as três grandes organizações com a moral mais baixa? Resposta: Standard Oil, a Igreja Católica e o exército alemão. Seria de se esperar o máximo de moralidade de uma organização cristã, mas a necessidade de harmonizar as mais diversas correntes exige compromissos de caráter duvidoso (casuística jesuíta e deturpação da verdade no interesse da Igreja!). Os piores exemplos em nosso tempo são o nacional-socialismo e o comunismo, onde a *mentira* se tornou a razão do Estado.

Virtudes manifestas são coisa rara e, na maioria das vezes, são realizações individuais. Preguiça mental e moral, covardia, preconceito e inconsciência têm a preponderância. Eu tenho 50 anos de trabalho pioneiro atrás de mim e, por isso, sei dizer alguma coisa a este respeito. Existe, é verdade, progresso científico e técnico, mas não se percebeu nenhuma melhora na sensatez ou na moralidade das pessoas.

Ano 1955

Os indivíduos são passíveis de melhoria porque procuram tratamento. Mas as sociedades se deixam apenas enganar e seduzir, transitoriamente até para o bem. Mas trata-se apenas de efeitos passageiros e moralmente enfraquecedores da sugestão. (Por esta razão psicoterapeutas médicos, com raras exceções, abandonaram há bastante tempo a terapia por sugestão consciente.) Não se pode atingir facilmente o bem; sempre é assim: quanto melhor tanto mais caro.

Também os bons efeitos sociais devem ser pagos, em geral com atraso, mas então com juros e juros compostos (por exemplo a era Mussolini na Itália e seu fim catastrófico).

Em vista dessas considerações posso concluir o seguinte:

1. A terapia de grupo é necessária para a educação da pessoa social.

2. Mas ela não substitui a análise individual.

3. As duas formas de psicoterapia se complementam.

4. O risco da terapia de grupo é ficar parado no nível coletivo.

5. O perigo da análise individual é menosprezar a adaptação social.

Com elevada consideração,
(C.G. Jung)

1. Dr. Hans A. Illing estava preparando, juntamente com seu colega Dr. G.R. Bach, um ensaio sobre terapia de grupo e perguntou a opinião de Jung sobre este método. Excertos da carta de Jung em: Illing-Bach, "Historische Perspektiven zur Gruppenpsychotherapie", *Zeitschrift für Psychosomatische Medizin*, Göttingen, janeiro de 1956. O texto integral da carta foi publicado em inglês em: H.A. Illing, "C.G. Jung and the present Trends in Group Psychotherapy", *Human Relations*, 10.01.1957. Cf. carta a Illing, de 10.02.1955.
2. Isto se refere ao Clube de Psicologia de Zurique, fundado em 1916.
3. Cf. carta a Martin, de 20.08.1937, nota 1.

Ao Dr. Hans A. Illing
Los Angeles (Calif.)/EUA

10.02.1955

Prezado Doutor,

Sou plenamente favorável à adaptação do indivíduo na sociedade[1]. Mas defendo o direito inalienável do indivíduo, pois é o único portador da vida e está gravemente ameaçado hoje em dia pelo processo nivelador. Até nos menores grupos ele só é aceito quando parece aceitável à maioria. Deve resignar-se a ser tolerado. Mas a simples tolerância não é estímulo; ao contrário, gera autodúvida, da qual sofre particular-

Ano 1955

mente o indivíduo isolado que tem algo a patrocinar. Não sou nenhum promotor do isolamento e tenho a maior dificuldade de esquivar-me do ataque das pessoas e da exigência dos relacionamentos. Sem um valor próprio, até mesmo o relacionamento social não tem sentido.

Com elevada consideração,
(C.G. Jung)

1. Cf. carta ao Dr. Illing, de 26.01.1955. Em sua resposta, o Dr. Illing manifestou sua concordância com o ponto de vista de Jung, mas salientou também o valor positivo da vivência grupal para o desenvolvimento do indivíduo. A carta de Jung, de 10.02.1955, foi publicada em Hans A. Illing, "Jung und die moderne Tendenz in der Gruppentherapie", *Die Heilkunst*, Munique, caderno 7, julho de 1955.

To Capt. A.M. Hubbard
c/o Uranium Corp. of B.C. Ltd.
Vancouver/British Columbia

15.02.1955

Dear Sir,

Muito obrigado por seu gentil convite de contribuir com um ensaio para os seus estudos sobre a mescalina. Ainda que eu mesmo nunca tenha experimentado a droga e nunca a tenha indicado para outra pessoa, dediquei ao menos 40 anos de minha vida ao estudo dessa esfera psíquica que se desvenda pelo uso dessa droga, isto é, a esfera da experiência numinosa. Trinta anos atrás tomei conhecimento das experiências do Dr. Prinzhorn com mescalina[1], e assim tive ampla oportunidade de aprender alguma coisa sobre os efeitos da droga, bem como sobre a natureza do material psíquico envolvido no experimento.

Devo concordar com o senhor que o mencionado experimento é do maior interesse psicológico do ponto de vista teórico. Mas quando se trata da aplicação prática e mais ou menos geral da mescalina, tenho minhas dúvidas e reticências. O método analítico da psicoterapia (por exemplo, a "imaginação ativa") chega a resultados bem semelhantes, ou seja, à plena conscientização dos complexos, a sonhos e visões numinosos. Estes fenômenos ocorrem em seu devido tempo e lugar durante o tratamento. A mescalina, porém, encobre esses fatos psíquicos a qualquer tempo e lugar, quando e onde ainda não é certo que o indivíduo esteja suficientemente maduro para integrá-los. A mescalina é uma droga semelhante ao haxixe e ao ópio; trata-se de um veneno que paralisa a função normal da apercepção e dá livre-curso aos fatores psíquicos que estão à base da percepção dos sentidos. Estes fatores estéticos correspondem às cores, sons, formas, associações e emoções atribuídos pela psique inconsciente ao simples estímulo dado pelos objetos. Na filosofia hindu correspondem ao conceito de "pensador" do pensamento, do "sentidor" do sentimento, do "soador" do som etc. É como se a mescalina estivesse tirando a camada superior da apercepção, que produz a imagem "exata" do objeto como ele nos aparece. Se esta camada for removida, descobrimos imediatamente as variantes da percepção e apercepção conscientes, isto é, uma rica escala de possíveis cores, formas, associações etc. das quais o processo de apercepção seleciona em condições normais a qualidade correta. A percepção e a apercepção resultam de um complicado processo que transforma o estímulo psíquico e fisiológico numa imagem psíquica. Dessa maneira a psique inconsciente acrescenta cores, sons, associações, significado etc. que ela retira do tesouro de suas possibilidades subliminares. Estes acréscimos, se incontrolados, se dissolveriam na imagem objetiva ou a cobririam com uma variedade infinda, uma verdadeira "fantasia" ou sinfonia de sombras e nuanças, tanto de qualidades como de significados. Mas o processo normal da percepção e apercepção conscientes visa produzir uma representação "correta" do objeto, excluindo todas as variantes subliminares da percepção. Se pudéssemos destampar a camada inconsciente que está próxima à consciência durante o processo de apercepção, estaríamos diante de um mundo em constante movimento e cheio de cores, sons, formas, emoções, significados etc. Mas fora disso tudo, emerge uma imagem relativamente enfadonha e banal, sem emoção e pobre de sentido.

Descobrimos na psicoterapia e na psicopatologia as mesmas variantes (normalmente, porém, numa disposição menos deslumbrante) através da amplificação de certas imagens do inconsciente. A mescalina remove bruscamente o véu do processo seletivo e revela a camada subjacente das variantes perceptivas, aparentemente um mundo de riqueza sem fim. Assim o indivíduo obtém uma visão completa das possibilidades psíquicas, que de outra maneira (por exemplo, através da "imaginação ativa") só conseguiria por meio de trabalho assíduo e treinamento relativamente longo e penoso. Mas se conseguir isto, então a experiência é legítima e ele conquistou também a atitude mental que o torna capaz de integrar o sentido de sua experiência. A mescalina é um atalho e, por isso, tem como resultado apenas uma impressão estética, talvez impressionante, mas que permanece isolada, sendo uma experiência não integrada e pouco contribuindo para o desenvolvimento da personalidade humana.

Vi no Novo México alguns peiotes que não tinham semelhança positiva com os índios pueblo comuns. Pareciam dependentes de drogas. Talvez fosse interessante examiná-los do ponto de vista psiquiátrico.

É absurda a ideia de que a mescalina possa provocar uma experiência *transcendental*. A droga apenas revela a camada funcional normalmente inconsciente das variantes perceptivas e emocionais; estas são apenas psicologicamente transcendentes, mas de forma nenhuma "transcendentais", isto é, *metafísicas*. Este experimento pode ajudar na prática as pessoas que desejam convencer-se da existência real de uma psique inconsciente. Poderia dar-lhes uma boa ideia de sua realidade. Mas nunca pude aceitar a mescalina como meio de convencer as pessoas da possibilidade de uma experiência espiritual para superar o seu materialismo. Ao contrário, é uma excelente demonstração do materialismo marxista: a mescalina é a droga pela qual se pode manipular o cérebro de forma que produza experiências até mesmo chamadas "espirituais". É o caso ideal para a filosofia bolchevique e seu "brave new world". Se isto for tudo o que o Ocidente tem para oferecer em termos de experiência "transcendental", só confirmaria a aspiração marxista de provar que a experiência "espiritual" pode ser provocada também por meios químicos. [...][2]

Finalmente há uma questão que sou incapaz de responder por não ter experiência correspondente: refere-se à possibilidade de uma droga que abre a porta para o inconsciente poder também *deslanchar uma psicose latente e potencial*. Segundo minha experiência, essas disposições latentes são mais frequentes do que as psicoses agudas, e existe então uma boa possibilidade de topar com um caso desses durante a experiência com mescalina. Seria uma experiência muito interessante, mas também desagradável que tais casos fossem o espantalho da psicoterapia.

Espero que a franqueza de minha opinião crítica não o tenha ofendido.

I remain, dear Sir,

Yours very truly,
(C.G. Jung)

1. Dr. Hans Prinzhorn, 1866-1933, psiquiatra, famoso por seu livro *Bildnerei der Geisteskranken*, Berlim, 1922.
2. Nas frases omitidas, Jung repete o que já havia dito antes.

A uma destinatária não identificada
Inglaterra

17.02.1955

Dear N.,

Muito obrigado por sua gentil carta, que li com grande interesse. Só sabia da existência de uma grande biblioteca alquimista escondida nas docas de Londres, atrás de portas de ferro; mas é novidade para mim que houvesse um fóssil antigo numa casa isolada, ainda ocupada por alambiques e outros aparelhos alquimistas. Saber o endereço não ajudaria muito, porque aquelas pessoas, segundo minha experiência, são inacessíveis ao pensamento moderno. Tenho fósseis o suficiente com que lidar! Apesar de tudo, agradeço a informação. Cordial greetings.

Sincerely yours,
C.G. Jung

A Pater Lucas Menz, OSB
Abtei Ettal, Oberbayern
Alemanha

22.02.1955

Prezado Pater Lucas,

Li o seu rascunho com grande interesse. Considerando os tempos terríveis que vivemos, só posso concordar com o senhor. O seu texto me lembra o trabalho abençoado da OSB[1] naqueles séculos de obscurantismo, quando a cultura antiga ia desmoronando aos poucos. Estamos outra vez num tempo de decadência e transição, como por volta de 2000 aC, quando naufragou o Antigo Império do Egito, e por volta do início da era cristã, quando o Novo Império chegou ao fim definitivo e, com ele, a Grécia clássica. O equinócio da primavera começa a sair do signo de Peixes e passar para Aquário, como antigamente de Touro (os antigos deuses-touro) para Áries (os deuses com chifres de carneiro), ou de Áries (o cordeiro sacrificado) para Peixes (᾽Ιχθύζ)[2]. Seria desejável que a OSB conseguisse também agora colocar em andamento uma obra redentora. Outrora, há mais de 1.500 anos, São Bento conseguiu colocar o vinho novo em garrafas novas, isto é, introduzir nas sementes, que brotavam na decadência, uma nova cultura através de um novo espírito, o espírito cristão. Também em nossa época apocalíptica há sementes de um futuro diferente, inaudível e ainda inconcebível, que poderiam ser assumidas no espírito cristão, se este pudesse ao menos renovar-se, como aconteceu com as sementes que estavam na antiga cultura decadente.

Mas acho que aqui está uma grande dificuldade. O novo que está para chegar será tão diferente quanto foi o mundo do século XIX em relação ao do século XX, com sua física atômica e sua psicologia do inconsciente. Nunca antes a humanidade esteve tão dividida em duas partes e jamais esteve nas mãos humanas a possibilidade da destruição total. É uma possibilidade "divina" que caiu nas mãos dos homens. A "dignitas humani generis" ascendeu para uma grandeza realmente diabólica.

O que responderá a isto o gênio da humanidade? Ou o que fará Deus com isto? O senhor responde com o espírito histórico no qual São Bento respondeu em sua época; mas ele falou e agiu com um novo espírito que era adequado para o antiespírito de seu tempo. Será que a resposta daquele tempo serve ainda para o problema atual? Abrange ela a terrível grandeza que se revelou no ser humano?

Parece-me que nós ainda não percebemos que tal questão foi levantada. Estamos presos ainda no medo sombrio e na confusão da inconsciência. Naquele tempo, o cristianismo trouxe para o mundo um *Novum Lumen*, a "lux moderna" (como os alquimistas chamavam sua *lumen naturae*). Esta luz treme e bruxuleia hoje perigosamente, e a roda da história não se deixa mover para trás. Nem César Augusto, com todo o seu poderio, conseguiu êxito em sua tentativa de repristinação.

O senhor está certo ao supor que sua aflição não me é estranha e que simpatizo com o seu esforço. Mas, por que o senhor vem a mim, que sou protestante desde que nasci? O senhor presume muito bem que minha psicologia, nascida do espírito cristão, se esforça por dar respostas adequadas ao espírito da época; é a voz de um médico que luta para curar a confusão psíquica de sua época e que, por isso, é forçado a usar outra linguagem bastante diferente da que o senhor usa. Muitas pessoas já não entendem a linguagem antiga, ou a entendem de modo errado. Se eu tiver que tornar inteligível a um paciente o sentido da mensagem cristã, deverei *traduzi-la* e comentá-la. Mas isto é realmente o objetivo prático de minha psicologia ou, melhor, psicoterapia. A teologia dificilmente concordaria com isso, ainda que o próprio São Paulo tenha falado grego com os gregos, e isto ele provavelmente não deixaria de fazer, mesmo que o chefe da comunidade de Jerusalém o proibisse.

Tomo a liberdade de enviar-lhe meu livro *Aion*, no qual poderá ver que está lidando com um herege e correndo o risco de queimar os dedos. Gostaria de livrá-lo disso, pois o senhor pode ser útil a muitas pessoas, mesmo sem a psicologia moderna. Desejo-lhe pleno êxito em seus esforços, pois entendo perfeitamente suas preocupações, mesmo que isto não seja evidente para os de fora. Para a maioria das pessoas permanece oculto o fato de eu me basear no espírito cristão; devido à estranheza da linguagem e à incompreensão de meus anseios, mereço ser evitado.

Com saudações amigáveis de
C.G. Jung

1. Ordem de São Bento. São Bento de Núrsia, por volta de 480-542, fundou o primeiro mosteiro da ordem beneditina no Monte Cassino perto de Nápoles.
2. Cf. carta a Baur, de 29.01.1934, nota 1.

To Prof. Edward Vernon Tenney[1]
Fresno (Calif.)/EUA

23.02.1955

Dear Dr. Tenney,

Foi grande satisfação receber uma carta sua. Eu me perguntei várias vezes como estaria passando e como teria digerido todos aqueles assuntos difíceis que devorou em Zurique. Percebi em sua carta que o processo digestivo deu um passo à frente, o que é gratificante. Não tenho objeções a que aproveite extratos de textos do seminário, mas devo previni-lo de que nunca tive oportunidade de revê-los e corrigir pequenos erros que aparecem espalhados no texto inteiro. Gostaria de pedir-lhe que não publique nenhuma citação sem a devida autorização. Vamos, agora, às suas perguntas:

1)[2] Falar em línguas (glossolalia) pode ser observado em casos de êxtase (= *abaissement du niveau mental*, predomínio do inconsciente). É provável que a estranheza dos conteúdos inconscientes, ainda não integrados na consciência, exija uma linguagem igualmente estranha. Como ela exige imagens estranhas de caráter inaudível, existe também uma expectativa tradicional de que a inspiração demoníaca espiritual se manifeste numa linguagem hierática ou de outra forma incompreensível. Esta é também a razão por que povos primitivos e civilizados ainda usam formas arcaicas de linguagem em ocasiões rituais (sânscrito na Índia, copta antigo nas igrejas coptas, esloveno antigo nas igrejas grego-ortodoxas, latim nas igrejas católicas, alemão medieval ou inglês antigo nas igrejas protestantes). Há relatos de casos de médiuns que falavam línguas estranhas que não conheciam quando em estado normal. Théodore Flournoy em Genebra relatou um caso desses, demonstrando que se tratava de um sânscrito criptomnésico; o médium o havia pego numa gramática de sânscrito de cuja existência ninguém sabia[3]. A criptomnésia dificulta enormemente a prova da verdade desses casos.

2) A função curadora não é necessariamente uma característica de individuação; ela é uma coisa em si mesma. Também não atua exclusivamente através da transferência; isto é um preconceito freudiano. É evidente que a cura pressupõe um modo e uma faculdade especiais de compreensão e compaixão.

3) No processo analítico as imagens visuais encontram-se principalmente em pessoas do tipo visual. A maneira como se manifesta o inconsciente depende muito do tipo funcional. Pode manifestar-se da maneira mais inesperada e de várias formas. Sua história dos padres católicos é deliciosa[4]. É claro que estavam se protegendo do demônio que brotava daquilo que o senhor dizia. Quando se discute problemas religiosos e se traz um ponto de vista psicológico, colide-se imediatamente contra o concretismo da crença religiosa. O senhor sabe que a Virgem foi assunta ao céu, e isto deve ser crido de modo bem concreto. Mas nenhum teólogo sabe explicar-me se ela foi com sua blusa, com outras peças de roupa, ou nua, ou o que aconteceu com suas roupas: tornaram-se eternas também? Ou o que aconteceu com os micróbios que estão em todo corpo humano: também eles se tornaram imortais? O senhor vê que a psicologia leva em consideração todos esses aspectos heréticos, enquanto os que creem na verdade concreta nunca pensam em tais coisas.

O senhor fez muito bem em não fundar nenhuma organização, pois aí as coisas esclerosam.

Fico satisfeito em saber que *Time* publicou um artigo decente[5]. Eu temia que fizessem uma caricatura, como costumam fazer.

Outro aspecto desse concretismo é a rigidez da filosofia escolástica, dentro da qual o Padre White se retorce como pode. Ele é no fundo uma pessoa honesta e sincera que se vê obrigado a admitir a importância da psicologia, mas o problema é que ele sente grande ansiedade por causa disso. Infelizmente a psicologia analítica toca no ponto fraco da Igreja, isto é, o concretismo insustentável de suas crenças e o caráter silogístico da filosofia tomista. Isto é naturalmente um terrível obstáculo, mas felizmente – poderíamos quase dizer – as pessoas não percebem os contrastes conflitantes. Contudo, o Padre White não está inconsciente desses conflitos; eles constituem um problema pessoal muito sério para ele. O mesmo acontece com o protestantismo: ali existe a mesma dificuldade entre uma fé concreta ou histórica e uma compreensão simbólica. Pode-se dizer que é um problema de nosso tempo se nossa mente é capaz de um desenvolvimento tal que possa entender o ponto de vista simbólico ou não.

Mantive recentemente uma correspondência epistolar com Upton Sinclair; ele está para publicar minha última carta em *New Republic*[6]. Quando tiver oportu-

Ano 1955

nidade de ler esta carta, verá que tento insinuar o ponto de vista simbólico numa atitude racionalista.

Espero ter respondido às suas principais perguntas. Saudações à Mrs. Tenney.

Yours sincerely,

(C.G. Jung)

1. Dr. E. Vernon Tenney, professor de Filosofia, Fresno State College, Califórnia, psicoterapeuta.
2. O parágrafo a seguir, sobre glossolalia, foi publicado em Morton T. Kelsey, _Tongue Speaking_, Nova York, 1964.
3. _Des Indes à la Planète Mars. Etude sur un cas de somnambulisme avec glossolalie_, Paris-Genebra 1900. Como médico assistente em Burghölzli, Jung leu o livro e propôs a Flournoy traduzi-lo para o alemão. Cf. _Memórias_, p. 324.
4. Tenney escreveu a Jung sobre dois padres católicos que rezavam de olhos fechados durante sua conferência sobre Psicologia e Religião.
5. O _Time_ (Chicago) publicou em 14.02.1955 um longo artigo sobre Jung, com o título "The Old Wise Man" (p. 62-68), com várias ilustrações e uma fotografia de Jung na página de abertura. O autor do artigo não assinado é Leonard Bernstein.
6. A carta de Jung a Sinclair, de 07.01.1955 (a penúltima), foi publicada em _The New Republic_, Washington, 21.02.1955.

Ao Prof. Adolf Keller
Los Angeles (Calif.)/EUA

25.02.1955

Prezado amigo!

Foi muito amável de sua parte ter gasto tempo e esforço para reagir tão extensamente ao artigo no _Time_[1]. Sua interpretação de minha cara esquisita é excelente[2]. O fotógrafo, que me importunou com inúmeras tomadas, deve ter pego um momento em que eu estava mentalmente ausente, mergulhado em meus pensamentos. Realmente, meus pensamentos sobre "este mundo" não eram e não são nada agradáveis. O panorama da pressão do inconsciente sobre o assassinato em massa e em escala global não é nada promissor. As transições dos éons parecem sempre tempos melancólicos e desesperadores como, por exemplo, o colapso do Antigo Reino do Egito ("Gespräch eines Lebensmüden mit seiner Seele"[3]) entre Touro e Áries. A melancolia da era augustiana entre Áries e Peixes. Agora chegamos a Aquário, do qual dizem os livros sibilinos[4]: _Luciferi vires accendit Aquarius acres!_ (Aquário inflama as forças selvagens de Lúcifer.) E estamos apenas no início desse processo apocalíptico! Já sou duas vezes bisavô e vejo crescer aquela geração distante que há de viver inevitavelmente naquela escuridão muito tempo depois de nós. Eu poderia acusar-me de

Ano 1955 ─────────────────────────────────

pessimismo senil, se não soubesse que a bomba H já está pronta – um fato do qual infelizmente não se pode mais duvidar. Basta um heróstrato no Kremlin apertar o botão. E se tivermos sorte neste caso, o que será do problema da superpopulação?

Saudações cordiais de seu
Jung

1. Cf. carta a Tenney, de 23.02.1955, nota 5.
2. O Professor Keller havia escrito: "Sua foto é a melhor que já vi. Você está humano, quase paternal e emocionado, contudo sempre com um resto de superioridade médica e cínica".
3. H. Jacobsohn, "Das Gespräch eines Lebensmüden mit seinem Ba", em *Zeitlose Dokumente der Seele*, Zurique 1952 (Estudos do Instituto C.G. Jung, Zurique, III).
4. Jung refere-se aos chamados "oráculos sibilinos" (*Oracula Sibyllina*), datados do século II e que traziam uma coletânea de 14 livros com profecias em hexâmetros gregos. São reelaborações cristãs de oráculos judaicos que, por sua vez, se baseiam em tradições pagãs. Jung possuía o livro *Sibyllina Oracula. E veteribus codicibus emendata* [...] studio Servatii Gallaei [...], Amsterdã, 1689. Daí tirou a citação latina.

To Upton Sinclair
Corona (Calif.)/EUA

25.02.1955

Dear Mr. Sinclair,

Muito obrigado por tudo que me enviou[1]. O senhor é realmente de uma fertilidade impressionante. Li o seu drama com o maior interesse[2]. Tocou-me profundamente o aspecto humano desse problema horrível. Não há realmente outra saída para ele do que o suicídio. Isto é assim porque estas invenções – as bombas de urânio e hidrogênio – são produzidas pela mente humana, instigada pelo grande genocídio que o inconsciente planeja para compensar o incessante e inevitável aumento populacional, que deve levar a catástrofes gigantescas se não intervierem invenções miraculosas e imprevistas. Mas ainda assim a conflagração será apenas adiada. É a espada de Dâmocles suspensa sobre nossas cabeças por um fio bem tênue. Seu drama é um golpe certeiro, ao menos na opinião de um espectador ingênuo como eu, mas de cuja incompetência literária devo preveni-lo.

Li sua carta ao *Time* e acrescentei – com sua permissão – alguns detalhes históricos[3].

Agradeço-lhe o exemplar do *Time*. A. Keller gostou do meu retrato. Não preciso dizer que eu não me conhecia por este lado. O fotógrafo deve ter-me flagrado num momento incomum.

Também agradeço o seu interessante artigo *Mental Radio*[4]. Sempre que leio tais relatos lembro-me do fato de que nossa psique tem um aspecto que desafia o espaço e o tempo e, incidentalmente, a causalidade; e é isto precisamente o que os nossos parapsicólogos ainda não entendem.

Sua ideia de uma revolta feminista no céu é muito engraçada. Por falar nisso, esta é a razão, a saber: a *Assumptio B.V. Mariae*, porque aprecio uma imprensa *relativamente* decente do lado católico, ao passo que o material costumeiro que recebo é exatamente da espécie que o senhor me enviou. Os recenseadores incompetentes e profundamente ignorantes me subestimam. Em geral só tenho maus recenseadores para os meus livros, o que poderia convencer-me de que escrevo coisas bastante boas. Às vezes é difícil acreditar nisso. Nesta mesma remessa do correio recebi uma recensão deveras decente de *Psicologia e alquimia*, escrita por um americano, um tal de Mr. Sykes[5]. Ele tem algo a ver com Salzburgo e com a Escola Americana de lá. Mas felizmente, a julgar pela venda satisfatória de meus livros, o público não leva em consideração essas críticas inadequadas.

O senhor está certo: com o dogma da *Assumptio*, o inconsciente "flui para dentro da Igreja", pois a mulher é sua (do inconsciente) representante na Terra.

Quanto a *Enemy in the Mouth*[6], o senhor poderia procurar a Bollingen Press. Informe-me a respeito e eu o recomendarei a Barrett. O alcoolismo é uma ameaça terrível para uma nação. *Veja a França!*

Meu *Resposta a Jó* foi cedido pela Bollingen Press aos editores ingleses; parece que temem algo como "unamerican activities"[7] e também perda de provável prestígio. É um livro para a minoria, e assim mesmo – temo eu – muitos dos que o lerem vão entendê-lo de modo errado. Apesar disso recebo cartas entusiasmadas, ainda que praticamente todas de pessoas simples. Parece que são elas os principais leitores de meus livros.

Não se aborreça – eu não sou muito respeitável, e o senhor é bem mais conhecido na América do que eu. Por favor, não se exponha tanto em favor de meu pequeno livro. Ele fará o seu caminho devagar, como todos os meus outros livros. O regente de meu nascimento, o velho Saturno, tornou lento meu processo de maturação, a ponto de eu só tomar consciência de minhas próprias ideias no começo da segunda metade de minha vida, isto é, quando tinha exatamente 36 anos de idade[8]. Peço desculpas por usar metáforas astrológicas antigas. A "astrologia" é outro daqueles "fenômenos casuais" rechaçado pelo ídolo do valor médio, que todos acreditam ser uma realidade e que, no entanto, é mera abstração. Em breve aparecerá em língua inglesa um livro

Ano 1955

que publiquei com o físico Prof. W. Pauli[9]. Ele é mais chocante do que *Jó*, mas dessa vez para o cientista e não para o teólogo. Trata do "fenômeno casual" da percepção extrassensorial, sobretudo do aspecto teórico, ao menos a parte que eu escrevi. A parte de Pauli trata do papel do arquétipo na formação de certos conceitos físicos. A reação do público será bem pior do que no caso de *Jó*.

O modo de reagir do mundo científico lembra-me vivamente aqueles tempos remotos em que estive sozinho em favor de Freud contra um mundo cegado pelo preconceito; e desde então fui objeto de calúnia, irritação e desprezo, ainda que tenha colhido também boa quantidade de reconhecimento, paradoxalmente por parte de universidades (entre as quais Oxford e Harvard[10]). Não ouso acreditar que elas não sabiam o que estavam fazendo. Quem está certo, meus críticos ou as academias? Neste meio-tempo posso dizer com Schopenhauer: *legor et legar!*[11] (Seu destino foi pior: da primeira edição [de seu *Welt als Wille und Vorstellung*] só foi vendido um exemplar!)

Lamento tomar o seu precioso tempo com desabafos pessoais. Quis apenas esclarecer que a crítica negativa era coisa esperada, ao passo que uma recensão decente é exceção rara e, por isso, um "fenômeno casual" imprevisível.

Espero ter respondido a todos os pontos de sua carta.

I remain,

Yours sincerely,
(C.G. Jung)

---

1. Upton Sinclair mandou a Jung vários manuscritos seus; cf. as notas a seguir.

2. Trata-se de um drama faustiano moderno, "Dr. Fist". O físico Dr. Fist fabrica a bomba atômica após um pacto com Mefisto, o comandante-chefe do inferno. Ao final do drama, Dr. Fist comete suicídio e o diabo reclama sua alma. A peça nunca foi publicada e só se encontra disponível na forma datilografada, como "livro do ponto" (no teatro), na NYPL Theatre Collection do Lincoln Center, Nova York.

3. A carta de Sinclair apareceu no *Time*, em 7 de março de 1955. Ele se opôs à afirmação de ser Freud o "descobridor" do inconsciente; o conceito seria muito anterior a Freud. A carta de Sinclair foi uma resposta a um artigo publicado no *Time*, em 14 de fevereiro de 1955; cf. carta a Tenney, de 23.02.1955, nota 5.

4. Upton Sinclair, *Mental Radio*, Pasadena e Nova York, 1930. Sinclair fala de uma experiência em que ele se concentrava mentalmente numa imagem, e sua mulher, dentro de casa, procurava desenhar esta imagem.

5. A recensão de Gerald Sykes foi publicada em *New York Times Book Review*, em 02.08.1953.

6. O manuscrito de Sinclair, *Enemy in the Mouth*, foi publicado mais tarde com o título *The Cup of Fury*, Great Neck, 1956. Trata das consequências do alcoolismo. A tese vem ilustrada por 80 casos de alcoólicos, metade deles escritores de renome.

7. Cf. carta a Priestley, de 08.11.1954, nota 2.

8. Jung refere-se a *Wandlungen und Symbole der Libido*. O livro foi publicado em 1912, quando Jung tinha 37 anos. Levou-o a separar-se de Freud e foi o marco inicial de sua própria psicologia.

Ano 1955

9. Jung-Pauli, *The Interpretation of Nature and the Psyche*, Nova York e Londres 1955. O livro contém o ensaio de Jung sobre sincronicidade.
10. Entre os inúmeros títulos de *doutor honoris causa*, recebidos por Jung, estão os da Universidade de Harvard (1936) e da Universidade de Oxford (1938).
11. Eu sou lido e serei lido.

Ao Prof. Manfred Bleuler
Zurique

23.03.1955

Prezado colega,

Receba meu sincero agradecimento pelo amável convite de falar sobre esquizofrenia no Congresso Internacional de Psiquiatria[1]. Seria um grande prazer para mim – sem falar da grande honra – dar esta conferência. Infelizmente minha idade está avançada, e um compromisso desses se torna difícil para mim. Não suportaria mais o esforço de uma conferência e por isso devo renunciar à satisfação de seu desejo. Faço isto com o maior pesar, pois há aproximadamente 50 anos eu chamei a atenção para a psicologia dessa doença que, na época, era designada por *dementia praecox*[2]. Às vezes pareço um anacronismo para mim mesmo.

Renovo os meus sinceros agradecimentos e
permaneço com elevada consideração
C.G. Jung

1. Prof. Manfred Bleuler havia pedido a Jung dar uma conferência sobre esquizofrenia no Segundo Congresso Internacional de Psicoterapia (1-7 de setembro de 1957, em Zurique). Com a recusa de Jung, pediu-lhe numa segunda carta que elaborasse um simples texto de conferência "resumindo para este Congresso seu trabalho sobre esquizofrenia", para poupar-lhe o esforço da conferência. Jung aceitou a sugestão. Sua conferência "A esquizofrenia" foi lida por seu neto, o psiquiatra Dr. Dieter Baumann. Foi publicada em Schweizer Archiv für Neurologie und Psychiatrie, vol. 81, caderno 1-2, Zurique, 1958, bem como no vol. III das Obras Completas.
2. Em seu livro *A psicologia da dementia praecox*, 1907 (OC, vol. III), Jung trata pela primeira vez do aspecto psicológico da esquizofrenia.

To Evelyn Thorne
Lake Como (Flórida)/EUA

23.03.1955

Dear Miss Thorne,

Muito obrigado por sua interessante carta[1]. Posso confirmar sua observação por experiência própria. Repetidas vezes constatei o seguinte: quando estava entretido com uma ideia especial ou com um trabalho sobre um tema incomum, achava que o assunto era abordado em artigos de jornal ou em cartas que eu recebia de estranhos, como se tudo tivesse sido divulgado por rádio. Esta experiência foi às vezes tão intensa que cheguei a pensar na possibilidade de um fenômeno de sincronicidade. Mas sua observação das cores usadas por pessoas numa multidão indica tratar-se antes do fenômeno de grupamento numa série casual. Pode-se observar facilmente este fato no tráfego descontínuo das estradas. Percebe-se que os carros ou os pedestres têm uma tendência de aparecer em grupos não periódicos, interrompidos por pedestres ou carros isolados. Esses fenômenos de grupamento são meros eventos casuais. Por isso temos de considerar a coincidência de temas em manuscritos ou artigos de jornal primeiramente como simples acaso, ainda que com certa reserva mental. Ao tempo de Immanuel Kant havia um bom número de filósofos com um modo de pensar bastante parecido, e também na época de Charles Darwin havia ao menos três outros pensadores em atividade para produzir ideias semelhantes, cada um trabalhando por si. Em tais casos somos tentados a pensar num *Zeitgeist* especial, atuando secretamente e empurrando para frente certos indivíduos instrumentais.

Infelizmente é difícil provar esta hipótese. Mas parece-me que os últimos fenômenos estão entre fatos meramente fortuitos e fenômenos expressamente sincronísticos.

Seja como for, meu ensaio sobre sincronicidade será publicado brevemente em inglês por Bollingen Press. Agradeço-lhe mais uma vez.

Yours sincerely,

(C.G. Jung)

1. Miss Thorne, editora de pequenas revistas, contou a Jung sua observação de que às vezes eram enviadas a ela e a uma amiga sua, que também editava revistas, "short stories" de conteúdo e caráter muito semelhantes. Ela e a amiga haviam interpretado isto como fenômeno sincronístico.

A Pater Lucas Menz, OSB
Abadia Ettal, Oberbayern/Alemanha

28.03.1955

Prezado Pater Lucas,

Muito obrigado por sua carta amiga e esclarecedora. Ela me proporcionou uma valiosa oportunidade de aprender algo sobre o processo de tornar-se total (inteiro) e santo. No caminho retroativo da história da humanidade[1] , é possível integrar muita coisa, que também pertence a nós e, mais abaixo, inclusive algo do irmão animal que é mais piedoso do que o ser humano, porque ele não pode fugir da vontade divina nele implantada, uma vez que sua consciência obscura não lhe aponta outros caminhos. Neste caminho – não importa onde tenha começado, contanto que seja trilhado com seriedade – caímos no fogo ou, como diz o ditado, chegamos à proximidade dele: "Quem está perto de mim está perto do fogo e quem está longe de mim está longe do reino"[2].

A "domesticação da besta", como diz o senhor, é na verdade um longo processo que coincide com a dissolução do *egotismo*. O que o senhor chama de "dessimemiza-ção" eu o chamo de "tornar-se um si-mesmo", pois aquilo que parecia até agora "eu" é assumido numa dimensão maior que me excede e circunda por todos os lados e que não posso conceber em sua totalidade. Neste contexto o senhor cita corretamente, como eu, Paulo que expressa a mesma experiência[3].

Por um lado, esta experiência é um carisma, pois *nisi Deo concedente*, não a podemos fazer. Queimaremos no fogo até às cinzas. Por outro lado, ela só acontece se nós renunciarmos ao eu como suprema instância e nos colocarmos inteiramente sob a vontade de Deus.

O senhor mesmo acha necessária uma definição do conceito de "perfeição". O senhor a explica como "pleno desenvolvimento da natureza no plano da santidade, mediante a doação a Deus". Sendo Deus a própria totalidade, sendo ele "inteiro" (= total) e "santo" em si, a pessoa humana só alcança sua totalidade em Deus, isto é, só alcança a plenitude de seu si-mesmo através da submissão à vontade de Deus. Uma vez que o ser humano, no estado de sua "inteireza" e de seu "ser santo", está longe de qualquer *perfeição*, a palavra τέλειος do Novo Testamento deve ser traduzida como "completo"[4]. O estado humano de totalidade é para mim uma "integridade ou completitude" e não "perfeição", cuja expressão eu evito, bem como "santidade".

O senhor descreve o *eu* (após a "domesticação" da "besta") como "na completa posse de si mesmo". Eu diria aqui que a resistência da profundeza da alma cessa quando nós podemos renunciar à nossa egocidade, e o si-mesmo (consciência + inconsciente) nos recebe em sua dimensão maior, onde somos então "todo" e, de-vido à nossa relativa totalidade, estamos na proximidade do verdadeiro todo, isto é, da divindade. (Discussões a este respeito o senhor as encontrará no cap. IV e V de *Aion*[5].) Diria de preferência então que Deus está na "completa posse do eu e de meu si-mesmo", e não acentuaria a força do eu.

Não sei se é lícito refletir sobre assuntos divinos em nosso estado de impotên-cia. Eu acho que todos os meus pensamentos giram em torno de Deus, como os planetas em redor do Sol e por ele são atraídos irresistivelmente. Eu o sentiria como o mais hediondo dos pecados se tivesse que opor resistência a esta força. Sinto que é vontade de Deus que eu empregue o dom do pensamento que me foi concedido. Coloco por isso meu pensamento a seu serviço e entro, por meio dele, em conflito com a doutrina tradicional, sobretudo com a doutrina da *privatio boni*. Perguntei em vão a vários teólogos qual é na verdade a relação de Javé com o Deus dos cristãos, pois aquele, sendo um guardião da justiça e da moralidade, é ele mesmo injusto (cf. Jó 16,19s.). E como fica este paradoxo em vista do "summum bonum"? Segundo Is 48,10s., Javé atormenta os homens (*excoxi te*) por causa dele mesmo: "Propter me, propter me faciam"[6].

Isto é compreensível em termos de sua natureza paradoxal, mas não em termos do *summum bonum* que, por definição, já contém todo o necessário para sua perfeição. Por isso ele também não precisa das pessoas, ao contrário de Javé. Tenho de questionar a doutrina do *summum bonum* na medida em que o μὴ ὄν do mal tira deste qualquer substância e só deixa o bem, ou simplesmente nada, o qual, sendo nada, também nada produz, isto é, não pode causar o mínimo impulso mau. E, como não é nada, também não pode provir do ser humano. Além disso, o demônio *existiu* antes do homem, e certamente não foi bom. Mas o demônio não é *nada*. Portanto, o oposto do bem não é nada, mas sim um mal igualmente real.

O profundo da psique, o inconsciente, não foi criado pelo homem, mas é natureza criada por Deus. Não deve ser insultado pelo homem, mesmo que lhe traga as maiores dificuldades. Seu fogo, que nos "cozinha na fornalha da aflição", é segundo Is 48,10 a vontade do próprio Deus, isto é, a vontade do próprio Javé que *precisa* do ser humano. A inteligência e a vontade humanas são requisitadas e podem ajudar, mas nunca podem pretender ter pesquisado a profundeza do espírito e ter apagado o fogo vinculado a ele. Só podemos confiar na graça divina, e que Ele não nos obrigue a descer ainda mais e nos deixe queimar por seu fogo.

O senhor evidentemente ofereceu-lhe sacrifícios a bastar, suportando seu fogo até que seu egotismo estivese suficientemente abafado. Na verdade, seu eu não está na posse de seu si-mesmo, mas foi reduzido praticamente a cinzas, de modo que o senhor tornou-se capaz de um amor abnegado. O senhor poderia alegrar-se com isso, se sua "alegria" não entrasse em oposição direta com o sofrimento do mundo e de seus concidadãos. O próprio Salvador não demonstrou nenhuma alegria na cruz, ainda que pudéssemos atribuir-lhe a total dominação do mundo e de si mesmo. Um "objeto" (como o senhor escreve), isto é, um *ser humano*, que não sabe que acendeu amor no senhor, não se sente amado, mas humilhado, pois é simplesmente submetido ou exposto ao estado psíquico do senhor, do qual ele não tem nenhuma participação. Tal modo de ser amado me deixaria frio. Mas o senhor mesmo diz que, na medida em que a gente é o que é, também é *o outro*. Então será afetado também pelo sofrimento dele e verá diminuída a alegria do senhor. Mas quando o senhor escreve que "não precisa mais da criação", dá a entender ao seu coirmão (que também pertence à criação) que ele lhe é supérfluo, mesmo que "aclame o Senhor através dele".

Quem superou alguma coisa e dela se livrou cabe-lhe, na mesma medida, a tarefa de carregar o fardo dos outros. Na maioria dos casos, eles são tão pesados que desaparecem os gritos de alegria. Já é motivo de alegria se puderem respirar de tempos em tempos.

Posso acompanhá-lo em seu processo de "tornar-se inteiro", mas não posso acompanhá-lo em suas afirmações com relação ao "eu em completa posse de si mesmo" e ao amor que tudo reveste, ainda que com isso o senhor se aproxime perigosamente do ideal da ioga, ou de seu "nirdvandva" (livre dos opostos). Sei que no decurso dos processos cintilam semelhantes momentos de libertação. Mas eu os temo, pois sinto em tal momento que sacudi o fardo de ser humano e que ele voltará a mim com peso dobrado.

O senhor não precisa mudar o seu ponto de vista para chegar ao conhecimento dos arquétipos. O senhor já o tem, mesmo que possua a mesma posição do padre confessor que, procurado por um estudante de psicologia, deu-lhe este conselho: "Não estude nada que o intranquilize".

Como não chegamos ainda à eterna bem-aventurança, pendemos da cruz entre subida e descida, não só por amor a nós, mas por amor a Deus e à humanidade.

Com saudações cordiais,
(C.G. Jung)

1. Segundo o Padre Menz, o processo de santificação é um caminho através de toda a humanidade, começando com Adão.
2. Cf. carta a Corti, de 30.04.1929, nota 5.
3. O Padre Menz cita em sua carta *At* 17,28: "É nele que vivemos, nos movemos e existimos".
4. Cf., por exemplo, Mt 19,21: "Jesus respondeu: Se queres ser perfeito (τέλειοζ εἰνει), vai, vende o que tens [...]" – Cf. *Psicologia e alquimia*, par. 208: "A vida em sua plenitude não precisa ser *perfeita*, e sim completa". Cf. também *Aion*, OC, vol. IX/2, par. 123 e 333.
5. Trata-se dos capítulos "O si-mesmo" e "Cristo, símbolo do si-mesmo".

Ano 1955 ——————————————————————————————————————

6. Is 48,10s.: "Vê, eu te purifiquei, mas não como a prata; provei-te na fornalha da aflição. Por amor de mim, por amor de mim faço isto [...]".

Extratos desta carta em: A. Jaffé, *Der Mythus vom Sinn im Werk von C.G. Jung*, Zurique, 1967.

To Father Victor White
Oxford

02.04.1955

Dear Victor,

Muito obrigado por sua carta e por toda a crítica que ela contém[1]. Enquanto o senhor não se identificar com o anjo vingador, posso sentir sua humanidade e dizer-lhe que lamento sinceramente minhas faltas e que estou sentido com o comportamento de Deus em relação aos pobres antropoides que foram previstos para ter um cérebro e pensar de modo crítico. Da mesma maneira como lhe agradeço por me ter chamado à ordem e que seu julgamento – seja ele correto ou não – não me poupou, espero que Deus escute a voz de um mortal, como escutou Jó, quando este pequeno e torturado verme se queixou de sua natureza paradoxal e amoral. Assim como Jó levantou sua voz, para que todos pudessem ouvi-la, também eu me decidi a arriscar minha pele e fazer o melhor possível para sacudir os meus contemporâneos de sua inconsciência, em vez de permitir que minha frouxidão pudesse conduzir à ameaçadora catástrofe mundial. O ser humano deve saber que ele é o pior inimigo do ser humano, assim como Deus teve de aprender de Jó sobre sua própria natureza antitética. É óbvio que o anjo de Deus (não tendo vontade própria) quis ter sua luta com Jacó e, inclusive, matá-lo se este não se defendesse. Aposto que o anjo aplicou uma porção de bons socos até que conseguiu deslocar a articulação da coxa de Jacó. Certamente Deus esperava que Jacó lhe respondesse na mesma moeda. Estou quase certo de que o caso de Jó foi o mesmo. E tenho a meu favor a autoridade bíblica (Is 48,10-11): "Vê, eu te purifiquei, mas não como a prata; provei-te na fornalha da aflição. *Por amor de mim, por amor de mim faço isto*".

Devo colocar a luz desse conhecimento "debaixo do alqueire"? Em condições pacíficas e inofensivas teria sido muito insensato "movere quieta". Mas em nosso tempo tudo está em jogo, e ninguém se preocuparia com a pequena perturbação que eu causo. É uma simples picada de pulga no imenso corpo da Cristandade. Lamento se perturbo a paz de espírito de teólogos sérios, mas realmente não vejo por que o sono deles seja melhor do que o meu. Eles não têm a prerrogativa de esconder-se do grande vento do mundo e deixar as coisas desagradáveis entregues a si mesmas.

Dias atrás recebi uma carta de um estudante de teologia (católica) que havia pedido um conselho ao seu *directeur de conscience* sobre o estudo da psicologia moderna. O revdo. padre deu-lhe uma resposta condizente: "Não estude aquilo que o intranquiliza". Temo que isto seja típico.

O senhor deveria ficar satisfeito em saber que alguém pensa em Deus. Os apóstolos e os primitivos Padres da Igreja não tiveram vida fácil e, além do mais, nenhum cristão está destinado a dormir num banco seguro da igreja. Dê uma olhada no mundo – toda a maldita organização está dilacerada de cima até embaixo, bem como o ser humano em nossa época infernal. Eu resisti e hesitei muito tempo para então decidir-me a dizer o que penso. A paz da Igreja é uma coisa, mas ficar atrás dos tempos é outra coisa. Perguntei a quatro teólogos (protestantes) sobre a posição moderna da Igreja quanto à questão se o Deus do Antigo Testamento era o mesmo do Novo Testamento. Dois simplesmente não responderam. Um disse que nos últimos 30 anos a literatura teológica já não falava de Deus. O último disse: "É fácil responder à sua pergunta. Javé é meramente uma concepção arcaica de Deus em comparação com a ideia do NT". Eu disse: "Este é precisamente o tipo de *psicologismo* do qual o senhor me acusa. Quando convém ao senhor, Deus nada mais é do que uma concepção; mas quando pregam, ele é a verdade absoluta". O que ele disse? Nada. O velho jesuíta Nicolau Caussino teve uma resposta melhor: No AT, Deus foi igual a um rinoceronte furioso, mas no NT Ele se transformou num Deus de amor, conquistado pelo amor de uma virgem pura em cujo seio encontrou finalmente a paz[2]. Isto é ao menos uma espécie de resposta. É na verdade uma resposta profunda, pois mostra a importância do ser humano no drama divino da encarnação. É evidente que o drama começou quando Deus (diferente de todos os outros deuses) assumiu uma *personalidade*, isto é, *finitude*. Este foi o primeiro ato da *kenosis* no caminho da encarnação. Esta é a "Resposta a Jó": Ele teve de renunciar a ser vítima de opostos irrefletidos.

A gente não perde nada, mas sempre ganha algo ao considerar esses pensamentos. Isto atinge sua posição eclesiástica, mas não menos minha posição científica. Quando o papa ultrapassou a autoridade apostólica e atropelou a oposição teológica de seu próprio clero[3], também ele recebeu sua parte. Após "Ad Caeli Reginam"[4], adoeceu. Deve ter sido um conflito tremendo para ele ser papa, por um lado, e inovador religioso, por outro. Poderia ter poupado seu clero que não concordava com o novo dogma?

Não tenho autoridade papal, mas apenas um honesto senso comum; não tenho nenhum poder, exceto o consenso de reduzido número de pessoas que pensam.

Como a gente não pertence exclusivamente à Igreja, mas também à humanidade, não é do interesse da Igreja quando não se paga tributo ao nosso tempo. Até o papa agiu desta forma.

O seu Sol em Libra[5] exige equilíbrio sereno. Só se chega a ele *quando ambos os lados têm peso igual*. Cristo foi crucificado entre um que subia e outro que descia, isto é, entre opostos. Portanto, não tente escapar de seu destino "escrito nas estrelas". Sei que é este o erro das pessoas de Libra: temem tudo aquilo que possa perturbar o equilíbrio. Mas só podem mantê-lo "estudando aquilo que os intranquiliza".

Sua crítica de meu motivo em *Jó*[6] é muito injusta, e o senhor sabe disso. É uma expressão do tormento mental que o senhor teve de sofrer nos Estados Unidos – e na Europa. Ninguém possui mais solidariedade com sua situação embaraçosa do que eu, pois mais de 30 anos de trabalho externo contra a maré e trabalho interno sobre o inconsciente me ensinaram alguma coisa. Ao escolher a vida monacal, o senhor separou-se deste mundo e se expôs às chamas eternas do outro. Para alguém o senhor tem de pagar o tributo, seja para o homem, seja para Deus, e no final descobrirá que ambos exigem demais. Nesta cruel suspensão perceberá que a redenção só pode ser encontrada no campo do meio, no centro de seu si-mesmo, que tanto é a favor como contra Deus; a favor de – enquanto Deus o determina; contra – enquanto a autonomia luciferiana do ser humano existe fora de Deus. Na verdade, a redenção é um produto dos opostos em Deus. Este é exatamente o problema que eu abordo em *Jó*, e é por isso que Jó invoca a ajuda de Deus contra Deus. Seria grave erro pensar que o senhor poderia escapar de tão grande provação sem as mais violentas emoções. O senhor está numa profunda comoção em relação a isto e não consegue que alguém acredite que não esteja num inferno de sofrimentos. Não há em parte alguma conforto nem consolação, a não ser na submissão ao si-mesmo e na aceitação dele ou, como o senhor poderia dizer também, de Deus que sofre na sua própria criação. "Excoxi te [...] et elegi te in camino paupertatis. Propter Me, propter Me faciam" (Is 48,10).

Infelizmente minha psicologia procura ser honesta. É, sem dúvida, o árduo caminho, não uma consolação fácil nem narcótica. Ninguém que o trilha seriamente pode evitar ver e sentir o lado escuro. Eu jamais tamparei a verdade assim como a vejo. A Igreja pode considerar isto como uma das tentações diabólicas do mundo, e o mundo pode condená-la como loucura. Permaneço com minha convicção de que meu *Resposta a Jó* é uma honesta aplicação de meus princípios psicológicos a certos problemas centrais de nossa religião. Eles podem aceitar ou recusar isto. Além do mais podem fazer o que quiserem, sem me perguntar nada.

De certa forma posso proporcionar-me minha independência, mas estou bem consciente de que existem muitos que não podem fazer o mesmo sem arriscar a sua vida social. Eles precisam ser capazes de viver e para isso devem proteger-se da melhor forma possível. Se eu não tivesse sido capaz de levar uma vida independente, teria sido bem mais cauteloso em imprensar minhas opiniões, e muitas coisas teriam seguido outro caminho; por exemplo, não teria arriscado minha cabeça por causa de Freud, minha primeira e grande imprudência. *Primum vivere necesse est, deinde philosophari*[7] – esta é a norma severa para todo aquele que é mantido por uma instituição por causa de serviços que presta. Só quem trabalha com liberdade pode arriscar dizer algo além do convencional e, com isso, causar desconforto a si mesmo, sem colocar em perigo sua vida real.

Compreendo perfeitamente sua explosão crítica, mas deve permitir-me que lhe chame a atenção para o fato de que todos os mártires de sua Igreja foram muito pouco sábios neste aspecto. Em minha vida particular descobri que um verdadeiro cristão não vive num mar de rosas, nem foi criado para a paz, mas para a guerra. Contudo, percebi também que nem todos possuem uma natureza tão belicosa como a minha, ainda que eu tenha atingido – *Deo concedente* – um certo estado de paz interior, pelo qual tive de pagar o preço de um estado de guerra exterior bastante desconfortável. Mas, ainda que nossa natureza pacífica tenha alcançado um certo grau superior de consciência, não consegue escapar do conflito violento dos opostos em sua alma, pois Deus deseja unir seus opostos no ser humano. Assim que for estabelecida uma consciência mais honesta e mais completa, para além do nível coletivo, o ser humano já não será um fim em si mesmo, mas um instrumento de Deus; isto é *realmente* assim, e não piada. Eu não criei este mundo nem coloquei nele uma alma humana. É obra e responsabilidade de Deus, e não há juiz acima dele. Por isso a história começa com Jó no plano humano e, no plano divino, com a encarnação. É possível, como Jó, lamentar-se disso, mas sem sentido algum. O fato é simplesmente este. Quando a desordem e o tormento forem grandes demais, permanece ainda a unicidade do si-mesmo, a fagulha divina dentro de seus limites invioláveis, oferecendo sua paz extramundana. Por favor, gaste mais algumas horas na leitura de meu *Resposta a Jó*, tendo em mente este meu comentário, e veja se ainda mantém a ideia de que é um caso de pura irritação. Não se poderia aplicar a mesma qualificação ao mau humor do senhor?

Quando chegar a Zurique, estarei em Bollingen, mas voltaremos a Küsnacht em princípios de maio, e gostaria que ficasse em nossa casa[8].

Cordially yours,
C.G.

Ano 1955 ───────────────────────────

1. Durante sua viagem de regresso dos Estados Unidos, o Padre White escreveu a Jung a bordo do "Queen Mary" (17.03.1955). Expressou sua admiração sobre a reação de Jung quanto à citação de Tomás de Aquino (cf. carta a White, de 19.01.1955 e nota 4) e lamentou que a discussão deles sobre a "privatio boni" tivesse entrado num impasse desesperador. – Em março de 1955, o Padre White publicou uma recensão extremamente crítica de *Resposta a Jó* na revista *Blackfriars*, Oxford. Escreveu a Jung: "I am very afraid indeed that you will think it unforgivable. [...] I just do not understand what is to be gained by publication of such an outburst (as *Answer to Job*) [...]. I can only see harm coming of it, not least to my own efforts to make analytical psychology acceptable to, and respected by, the Catholics and other Christians who need it so badly [...]". A recensão de White e sua carta soam bem diferente de sua primeira reação a *Resposta a Jó* (cf. carta a White, primavera de 1952, nota 5); mostram a discordância que se estabeleceu entre os dois e que fez sofrer a ambos.

2. Cf. carta a Bergh van Eysinga, de 13.02.1954, nota 8.

3. Cf. carta a White, de 24.02.1953, nota 13.

4. Cf. carta a Sinclair, de 07.01.1955, nota 9.

5. O Padre White indicou seu horóscopo, a posição do Sol no signo de Libra.

6. Na mesma carta, o Padre White apresentou o livro de Jung como "cathartic outburst" e como "public parade of splenetic shadow [...] so unlike the real you".

7. Primeiro é necessário viver, depois filosofar.

8. Nas primeiras visitas em Zurique, o Padre White passava algum tempo com Jung na "Torre", em Bollingen; o convite para ir a Küsnacht, a casa "oficial" de Jung, mostra o distanciamento.

Ao Prof. Markus Fierz
Basileia

05.04.1955

Prezado Professor,

Muito obrigado por enviar-me seu escrito sobre a doutrina do espaço absoluto, de Isaac Newton[1]. É um assunto que me interessa muito, e só espero que minha força mental ainda consiga acompanhar a linha de pensar de Newton.

Tenho a intenção de fazer uma visita à sua mãe[2]; é admirável como suporta sua doença que não tem esperança de cura.

Meus agradecimentos e cordiais saudações.

(C.G. Jung)

1. M. Fierz, "Über den Ursprung und die Bedeutung der Lehre Isaac Newtons vom absoluten Raum", em *Gesnerus* II, Aarau, 1954.
2. Linda Fierz-David, autora de *Der Liebestraum des Poliphilo*, Zurique, 1947. Prefácio de Jung em OC, vol. XVIII.

To Ronald J. Horton
Londres

22.04.1955

Dear Mr. Horton,

A oportunidade de ver e admirar a beleza primorosa dessa peça única da escultura grega[1] foi um privilégio que eu lhe agradeço.

É realmente difícil identificar de que cabeça se trata. Não sou arqueólogo e não tenho competência para julgar este caso. Além de meu trabalho psiquiátrico, meu interesse particular está na pesquisa do simbolismo religioso no campo da psicologia comparada.

Olhando superficialmente a cabeça, poderíamos pensar numa data relativamente remota e vem-nos à ideia os dadóforos mitraicos. Mas como se trata obviamente de uma obra de arte grega mais avançada, precisamos retroceder mais ainda. O elemento erótico, a doçura feminina do rosto, o tratamento peculiar do cabelo, por um lado, e o barrete frígio, a masculinidade juvenil, por outro, sugerem um dos primitivos filhos de deuses morrendo no Oriente próximo. Penso sobretudo em Átis, filho e amante de Cibele. Ele é representado com o barrete. Como seus análogos, por exemplo Adônis, Tammuz e o germânico Baldur, ele tem toda a graça e charme dos dois sexos. No rosto dele há algo da beleza serena de Deméter. (O paralelo é o eleusínico Iaco.) Uma vez que o culto a Átis é muito antigo, existe a possibilidade de ser uma representação antiga de Átis.

Isto é praticamente tudo o que posso dizer como diagnóstico sobre a cabeça e sua fascinante beleza. Em todo caso, expressa perfeitamente o sentimento que um grego asiático experimentaria ao cultuar Átis, ou um de seus equivalentes, um dos *pueri aeterni*, alegria de homens e mulheres, morrendo precocemente como as flores da primavera.

Posso ficar ao menos com uma das fotos?[2] Elas captaram muito bem minha fantasia.

Lamento dar-lhe uma resposta tão pobre e meramente opinativa.

Sincerely yours,
(C.G. Jung)

---

1. Mr. Horton mandou a Jung várias fotografias de uma escultura grega antiga, representando a cabeça de um jovem.
2. Jung ficou com uma foto que, desde então, permaneceu sobre sua mesa de trabalho. Cf. foto no caderno iconográfico.

Ano 1955 —————————————————————————————

Ao Pater Raymond Hostie, SJ
Lovaina/Bélgica

25.04.1955

Prezado Pater,

Infelizmente não posso agradecer o livro de sua autoria que me enviou[1]. Como o senhor soube, através de Père Bruno[2], o senhor me critica como se eu fosse um filósofo. Mas o senhor sabe muito bem que sou um empírico, cujos conceitos em si nada contêm, pois são meros *nomina* que podem ser mudados segundo alguma convenção. Dei-lhe, no passado, ampla oportunidade de discutir pontos obscuros. O senhor nunca apresentou sua crítica.

Eu não tenho doutrina nem sistema filosófico, mas apresentei novos *fatos* que o senhor cuidadosamente ignora. É como alguém que critica as etiquetas das gavetas de uma amostra de minerais, sem olhar o conteúdo. Não posso culpá-lo por não entender como os fatos psíquicos, designados por meus conceitos, possuem certa autonomia. Isto é um fato empírico que a maioria das pessoas não entende porque nunca fizeram experiências semelhantes – o que é compreensível porque não tomam conhecimento de meu método. *Si parva licet comparare magnis*[3], a situação é a mesma de Galileo Galilei, que descobriu através do telescópio as luas até então desconhecidas de Júpiter. Mas ninguém queria olhar através do telescópio. E assim Júpiter não tinha luas! Os símbolos das mandalas, por exemplo, são observados não só em Zurique, mas também no Rio de Janeiro e em São Francisco, naturalmente só pelos psiquiatras que induzem seus pacientes a desenhar. O que interessa são esses fatos e não nomes. O senhor desconsidera os fatos e por isso acha que o nome seja também o fato, chegando assim, com muitos outros, à disparatada conclusão de que eu hipostasio ideias e que, portanto, sou um "gnóstico". *Seu ponto de vista teológico, sim, é uma gnose, mas não minha empiria*, da qual o senhor não tem a menor ideia.

Sinto-me na obrigação de manifestar minha suposição de que lhe esteja talvez fazendo pessoalmente *uma injustiça*, ao considerar sua crítica como uma deturpação. O senhor é, em última análise, membro de uma Ordem, cujo princípio é: "Quod oculis nostris apparet album, nigrum illa esse definierit, debemus itidem, quod nigrum sit, pronuntiare"[4]. Portanto, numa discussão, não se tem necessariamente um opositor com o qual se possa entender-se.

Com elevada consideração
(C.G. Jung)

1. Raymond Hostie, *Du Mythe à la Religion*, Bruges, 1955. Cf. carta a White, de 21.05.1948, nota 7.

Ano 1955

2. Numa carta a Père Bruno (22.12.1954), que não consta desta coletânea, Jung criticou acerbamente o livro de Père Hostie.

3. Se for permitido comparar coisas pequenas com grandes.

4. "Quando (a Igreja) declara que algo é preto, mas que a nossos olhos parece branco, devemos acreditar que seja preto". Citação tirada do livro *Das Exerzitienbuch des Hl. Ignatius von Loyola*, "Über die kirchliche Gesinnung", n. 13, editado por M. Meschler, Friburgo na Brisgóvia, 1928.

A Karl Theens, PD
Stuttgart

25.04.1955

Prezado senhor,

Atenderia com muito prazer ao seu gentil convite de contribuir com algo para a literatura sobre *Fausto*, não fosse minha idade avançada a colocar limites precisos e infelizmente bem estreitos à minha capacidade de trabalho. A segunda parte de *Fausto* acompanhou-me a vida toda[1], mas foi apenas há uns 20 anos que surgiram para mim certas luzes, sobretudo quando li o *Chymische Hochzeit*, de Christian Rosencreutz, livro que Goethe também leu[2], mas que ele estranhamente não mencionou entre a literatura alquímica de seus tempos de Leipzig. Isto acontece muitas vezes com livros ou impressões que, atravessando a camada superior da consciência, descem para a profundeza da psique e só voltam mais tarde à superfície de forma alterada para dar testemunho de seu efeito duradouro. Ao que eu saiba, Goethe só utilizou uma literatura alquímica relativamente tardia; e foi somente o estudo das obras medievais, antigas e remotas, que me convenceu que a primeira e segunda partes de *Fausto* constituem um *opus alchymicum* no melhor sentido da palavra. Sobre isto teria muito a dizer, muito mais do que mencionei em meus escritos. Recentemente, o inglês Ronald D. Gray escreveu sobre Goethe como alquimista (*Goethe, the Alchemist*, Cambridge, 1952), evidentemente sob o estímulo de minhas referências ao assunto. Infelizmente seus conhecimentos de alquimia são insuficientes, a ponto de desconsiderar as principais preocupações dela, isto é, o mistério da *coniunctio*, as "bodas químicas" que perpassam todo *Fausto*. Dediquei a este problema uma obra especial, *Mysterium Coniunctionis*, que será publicada em breve. Nela está tudo o que se refere ao pano de fundo histórico – enquanto alquímico – de *Fausto*. Essas raízes penetram fundo e parecem esclarecer muita coisa do efeito numinoso que emana da "principal obra" de Goethe. Mas na minha opinião e sentimento, isto é tão vasto que é melhor eu não dizer nada, pois num pequeno ensaio é totalmente impossível aludir ao grande número de associações e, muito menos, torná-las compreensíveis. Portanto, não é falta de vontade ou de

413

Ano 1955 ─────────────

interesse que inibem minha caneta, mas a dificuldade insuperável de resumir em poucas palavras um material tão extenso. Em vez de uma contribuição substancial, só posso oferecer estas módicas referências a pesquisas e estudos que, na minha opinião, podem ao menos trazer alguma luz sobre o problema do *Fausto*.

Com elevada consideração,
(C.G. Jung)

1. Cf. *Memórias*, p. 63s. e 209s.
2. "Christian Rosenkreuz Hochzeit habe ich hinaus gelesen, es giebt ein schön Mährgen zur guten Stunde zu erzählen, wenn es wiedergebohren wird, in seiner alten Haut ists nicht zu geniesen [...]". Carta de Goethe a Charlotte von Stein, junho de 1787. Cf. também carta a Bernoulli, de 05.10.1944, nota 1.

A uma destinatária não identificada
Suíça

26.04.1955

Prezada senhora N.,

Acho lamentável em certo sentido a decisão de seu filho[1], pois parece que nada mais é do que uma evasão, ainda que isto não seja tão incomum. Quando estive em Calcutá, encontrei um bom número de jovens europeus, ingleses e alemães, que se inscreveram na Ordem Ramakrishna. Entre nós isto significaria algo como entrar numa ordem monástica, mas de compromisso maior, pois é mais difícil sair do convento ou do sacerdócio católico do que de uma comunidade religiosa exótica. Conheço o santo protetor da Ordem Prahmachari, Paramhansa Yogananda, ou melhor, li seu livro[2]. É genuinamente hindu e soa extraordinariamente fantástico aos nossos ouvidos. Como já aconteceu várias vezes antes, pessoas que vivem na Índia se deixam influenciar facilmente pelas ideias hindus, que são realmente impressionantes e satisfazem a fome de conhecimento, ao menos à maneira hindu, que nossa teologia infelizmente não consegue satisfazer. Quando, então, esses jovens voltam para a Europa, não é raro acontecer que, após alguns conflitos, abandonem esta filosofia fantástica em prol de nossos comportamentos e de nossos pontos de vista, simplesmente porque ela não serve aos nossos propósitos. Entre nós não seria admissível andar por aí todo dia com uma tigela de esmoler, esperando nas estradas que uma alma piedosa enchesse a tigela com o arroz necessário. Isto é um espetáculo cotidiano na Índia. Conosco, a polícia e o tráfego nas rodovias tornariam impossível tal exercício religioso incomum. Aqui os missionários têm que confiar em alguns entusiastas mais arrebatados que, mesmo não enchendo suas tigelas de arroz, deixam cair de vez em quando algum

Ano 1955

módico donativo em suas sacolas. Isto é absolutamente insatisfatório a longo prazo para um jovem que possui uma necessidade de autoafirmação, ainda que não totalmente reconhecida.

Acho que o melhor que pode fazer é não colocar-lhe nenhuma dificuldade no caminho, mas deixar que volte para a Europa. Não devem importuná-lo emocionalmente, mas perguntar-lhe simplesmente do que ele pensa viver no futuro: se de esmolas ou de dinheiro ganho com seu trabalho. Se possuir um patrimônio, cujos rendimentos lhe permitam uma vida despreocupada, pode tranquilamente conservar como passatempo sua missão Prahmachari. Com o passar do tempo, ele mesmo fará a experiência de que isto não leva a nada. Estas ideias servem para países onde durante 10 meses é tão quente que mal se consegue abrir os olhos de tanto suor. Esta é a grande diferença que já Emile Zola denunciava: "Mais chez nous, la misère a froid".

Com elevada consideração,

(C.G. Jung)

1. A destinatária havia enviado a Jung uma carta de seu filho de 24 anos em que ele lhe contava sua decisão de ingressar numa seita religiosa da Índia. Havia trocado o seu nome suíço por um nome hindu.
2. Paramhansa Yogananda, *Autobiography of a Yogi*, 1949. Cf. carta a Neumann, de 28.02.1952, último parágrafo.

A um destinatário não identificado
França

28.04.1955

Prezado senhor,

Suas ideias o confrontam com um problema geral da cultura, que é complicado ao extremo[1]. O que é verdade num lugar não é verdade em outro. "O sofrimento é o cavalo mais veloz que vos leva à perfeição", mas também o contrário é verdadeiro. O adestramento pode ser disciplina, e esta é necessária para o caos emocional da pessoa; mas pode igualmente matar o espírito vivo, como o vemos muitíssimas vezes. Na minha opinião não há palavra mágica que resolva em definitivo este complexo de questões; também não existe nenhum método de pensar, viver ou agir que elimine sofrimento e infelicidade. Se a vida de uma pessoa consistisse de duas metades – uma de felicidade e outra de infelicidade – isto é provavelmente o ótimo que se pode alcançar; mas permanece sempre uma questão insolúvel se o sofrimento educa mais ou desmoraliza mais.

Seria errado, porém, entregar-se ao relativismo e ao indiferentismo. O que se pode melhorar em determinado lugar e tempo deve ser feito, pois seria mera tolice não fazê-lo. O destino do homem sempre esteve entre dia e noite. Nada podemos mudar nisso.

Com elevada consideração,

(C.G. Jung)

1. O destinatário havia anexado à sua carta um manuscrito com o título "Die Formel der Verwirrung". Tratava de sua reação diante da desorientação geral de nossa civilização, bem como de suas ideias sobre o crescente "adestramento" dos seres humanos, que os transforma em autômatos.

Ao Dr. Walter Robert Corti
Zurique

02.05.1955

Prezado Senhor Corti,

Finalmente achei um momento tranquilo para terminar a leitura de seu Mytho-poese[1] e dar-lhe uma resposta logo a seguir. O que li deve estar fresco em minha memória, para que eu reaja adequadamente.

Como sempre nesses casos, devo reiterar uma afirmação, que não me parece supérflua, de que não sou filósofo nem teólogo e que por isso não tenho condições de apresentar qualquer munição na batalha dos argumentos. Enquanto lia seu escrito, eu me senti transportado um século ou mais para trás; a princípio só em torno de 60 anos, para um tempo de juventude estudantil em flor e primaveril quando, em tabernas encantadoras em Markgrafenland, discutíamos num círculo de amigos (agora, infelizmente, quase extintos) verdades eternas, esquentando seriamente a cabeça, sem preocupação com o que Bismark havia começado em 1871 e que Guilherme II continuava em seu deslumbramento fatalista. Vivíamos naquela época ainda o tempo romântico de um Hegel, Schelling e Schopenhauer. Não é de admirar pois que suas palavras me tenham evocado uma disposição romântica. "Vocês se aproximam de novo, oscilantes figuras [...]" poderia dizer com Fausto.

A pretensão titânica do intelecto romântico infelizmente fugiu-me de todo. Como pronunciar-se sobre o impossível? O que se pode dizer de Deus? Só antinomias como *Deus est immobilis* e começo de todo movimento, como eterno início e também fim, como criador que contém em si o nascer e o morrer, máxima luz e ao mesmo tempo

Ano 1955

abismo mais tétrico, infinito como Deus, mas limitado enquanto personalidade (só este e nenhum outro!), singular e plural, dispersão e união de todos os opostos. Há pessoas que, diante dessas ilimitações, podem salvar-se na ilha flutuante da fé, no bote salva-vidas dos agraciados, ao número dos quais nunca pertenci.

Parece-me que julgamentos transcendentais do intelecto são impossíveis e, por isso, inúteis. Mas, apesar de Kant e da epistemologia, eles aparecem sempre de novo e não podem ser suprimidos. Isto é porque representam necessidades emocionais e, como tais, são fatos psicológicos que não podem ser eliminados, aparecendo assim à compreensão empírica. A afirmação dessa última não é nenhuma confissão, como sua constatação filosófica, mas um conhecimento empírico que declara que um consenso comum afirma Deus como imóvel e que um consenso também comum entende Deus como sendo. Quem tem razão, nenhum filósofo o sabe; e nem nós sabemos se Deus mesmo o sabe.

Se o senhor confessa – com ou sem argumentos – um Deus sendo, posso dizer-lhe, com base em conhecimentos mitológicos, que o senhor tem um consenso maior do que os crentes num *Deus immobilis*. A "metamorfose biográfica dos deuses"[2] é bem mais popular do que sua imutabilidade estática. Até mesmo Javé, que não teve uma biografia pessoal, criou um mundo no tempo, vinculou-se a um povo, gerou um filho e, μορφὴν δοῦλον λαβών[3], encarnou-se como ser humano etc. No Novo Testamento mudou, inclusive, seu caráter. De uma figura eterna tornou-se figura histórica. Alá age, sem sofrer a ação de ninguém – uma *contradictio in adiecto* – o que está perfeitamente em ordem em vista de sua indiscutibilidade.

Permanece inexplicado o fato de que o homem faça afirmações transcendentes e, como parece, deve fazê-las (disso é exemplo o senhor mesmo, prezado Corti!)[4]. Sem dúvida, as afirmações têm em primeiro lugar causas psicológicas, cuja natureza exata é ainda controversa, pois está ligada ao inconsciente. Sabe-se apenas que a experiência primordial, que está à base da afirmação mitológica, é de natureza altamente numinosa. Isto é um fato constatável, tão certo quanto eu achar bonito um certo quadro, gostar de certa pessoa ou achar apetitosa determinada comida. Além disso, mostra a experiência médica que é conveniente levar a sério experiências numinosas, porque elas têm muito a ver com o destino da pessoa. Parece também que a vontade de ser levada a sério já está implícita na própria experiência, porque ela nos chega com o mais veemente apelo de ser verdadeira. Também o seu escrito dá testemunho disso.

Ouvi dizer que o senhor dará uma conferência a teólogos no cantão de Berna (?)[5]. Nessa ocasião o senhor fará certamente algumas experiências sobre a eficácia

Ano 1955 ──

dos argumentos filosóficos. Mas é assim: a fé, mesmo a filosófica, exige confissão para afastar a dúvida. Mas o conhecimento consiste exclusivamente de dúvidas e, por isso, nada tem a confessar. Ele tem parte na natureza do mistério.

Como o senhor percebe, li seu escrito com tanto interesse e envolvimento que não pude deixar de importuná-lo inclusive com um pouco de minha própria biografia.

Com estima,

(C.G. Jung)

1. W.R. Corti, "Die Mythopoese des Werdenden Gottes", *Archiv für genetische Philosophie*, Zurique, 1953.
2. Cf. Leopold Ziegler, *Gestaltwandel der Götter*, 2 vols., 1920-1922.
3. "Assumindo a condição de escravo" (Fl 2,7).
4. Jung evidentemente entendeu mal. Corti não fez afirmações metafísicas nem transcendentais, mas falou sobre o surgimento de um mito, de pura hipótese de um espírito especulativo e criador, de um Deus que se desenvolve. Literalmente: "Der 'werdende Gott' ist eine Mythopoese, ein Bild des sinndeutenden menschlichen Gemütes, ein Sinnbild [...]" (de "Die Mythopoese des Werdenden Gottes", p. 39).
5. A conferência "Das theogonische Denken Schellings" realizou-se no dia 9 de maio de 1955 para teólogos em Walkringen (cantão Berna).

To Father Victor White
Oxford

06.05.1955

Dear Victor,

A grave doença de minha esposa ocupou todo o meu tempo disponível. Foi submetida a uma cirurgia, ao que parece, com êxito; mas isto a deixou muito debilitada, precisando de muitos cuidados durante as próximas semanas[1].

Já que sou a causa de certos contratempos para o senhor, não sei se estaria com vontade de me ver ou não[2]. Coloque de lado, por favor, qualquer gesto convencional e não se sinta obrigado a nada. Posso entender sua situação atual e não pretendo aumentar suas farpas e espinhos. Uma visita convencional não me diz nada, e uma conversa franca poderia ser pesarosa e indesejada. Por favor, decida o senhor mesmo. Não preciso dizer-lhe que pode contar com minha amizade.

Cordially yours,

C.G.

P.S. Soube agora que o senhor não recebeu uma longa carta que lhe enviei (a/c Blackfriars, Oxford)[3].

1. A senhora Emma Jung faleceu em 27 de novembro de 1955, com a idade de 73 anos.
2. Cf. carta a White, de 02.04.1955. Em maio de 1955, o Padre White veio a Zurique para dar uma conferência no Instituto C.G. Jung. Não visitou Jung, mas escreveu-lhe três cartas. A par de palavras de calor humano, havia palavras duras sobre a diferença de opiniões que os separava. Numa das cartas, o Padre White enumera os problemas que surgiram com a publicação de *Resposta a Jó*. Mas na última das três cartas (21.05.1955) escreve: "[...] perhaps I may tell you how deeply I feel with you personally in this wrestle with the Divine Mysteries and with our Brother Death. I must [leave] the outcome trustingly to them and to your fearless honesty and humility. [...] For myself, it seems, that our ways must, at least to some extent, part. I shall never forget, and please God, I shall never lose, what I owe to your work and your friendship [...]. – Durante os anos seguintes, o Padre White escreveu pouco; Jung não respondeu mais. Em junho de 1958 encontraram-se rapidamente. Em abril de 1959, o Padre White sofreu um grave acidente de motocicleta. Não se sabe como e através de quem Jung o soube. Em sua carta à Madre Prioresa de uma Ordem Contemplativa, de setembro de 1959, e em sua curta carta ao Padre White, de 21.10.1959, faz referência a isso. Depois disso só houve duas cartas mais longas ao Padre White, durante a doença mortal dele (25.03. e 30.04.1960).
3. Trata-se da carta de 02.04.1955.

To B.A. Snowdon
Brighton, Sussex/Inglaterra

07.05.1955

Dear Mr. Snowdon,

O senhor estava certo ao acreditar que eu responderia à sua carta. Evidentemente o senhor é uma pessoa sincera a quem se pode dar uma resposta direta. O senhor quer saber por que acredita tão piamente na existência de Deus, e menciona seus amigos que acreditam serem capazes de explicar a razão de nossa existência ou que dizem que o mundo pode ser apenas um acaso, ou coisas semelhantes. Ninguém pode responder a estas questões, pois não há resposta para elas. Ninguém pode dizer se o mundo é fruto do acaso, intencionado ou planejado. Não é novidade que eu tenha uma causa racional e provável, mas ninguém pode dizer se a existência da humanidade em geral tenha uma causa definitiva e verificável, assim como não sabemos por que existem elefantes, árvores, amebas ou outras coisas mais. Naturalmente há causas de sua existência, mas no fundo se trata sempre de fatos imprevisíveis, isto é, nas épocas geológicas do passado ninguém estava em condições de prever o aparecimento de mamíferos e, incidentalmente, dos humanos. As pessoas que acreditam que podem explicar essas coisas são um tanto palermas e vítimas de suas ilusões. A única coisa que podemos afirmar com certeza é que todas estas coisas existem por razões desconhecidas.

Mas quando o senhor pergunta por que acredita com tanta confiança na existência de Deus, ninguém pode dar-lhe o motivo. É apenas um fato, um dado ou um fruto de sua mente viva. A mente é como uma árvore que ostenta suas flores e frutos característicos; é apenas isto. Assim como a gente chama de belo ou bom aquilo que nos agrada, também confessa que acredita em Deus. Como a macieira que não dá frutos falha, assim nós também falhamos se não confessarmos nossa verdade. Ela apenas cresce dentro e através de nós, e aquele algo desconhecido que fez o universo palpitar e que, incidentalmente, nos leva a criar tais pensamentos e convicções é o que o ser humano chamou de "deuses" ou "Deus" desde os tempos imemoriais. Não importa o que ele chama de seu Deus; não importa que lhe dê o nome de "causa primeira", "matéria", "éter", "vontade de ser", "força criadora" etc. Quando alguém diz que a coisa que ele sugere é algo novo ou diferente de Deus, ele está fraco da cabeça, isto é, incapaz de pensar claramente. Ele ainda acredita no poder mágico de palavras, como se fosse capaz de mudar algo no mundo ao dizer: "Isto não é Deus, mas outra coisa qualquer". Deus é uma experiência imediata de uma natureza bem primordial, um dos produtos mais naturais de nossa vida mental, assim como os pássaros cantam, os ventos assobiam, como o estrondo da arrebentação das ondas. Se o senhor encontrar tal fé em si, o senhor é apenas natural, e sabemos que sua mente funciona bem; mas, por outro lado, somos incapazes de dizer por que existem diferentes espécies de pássaros, ou por que existem os pássaros; não sabemos por que seu canto é assim, e não de outro modo. Nenhum cientista sabe dizer por que nós vemos um determinado comprimento de onda como verde, vermelho ou azul, pois tudo o que podemos concluir disso é o comprimento das ondas de luz, mas que vemos estas cores é um fato.

As pessoas que acreditam que conhecem as razões de tudo desconhecem o fato óbvio de que a existência do próprio universo é um segredo insondável, e isto vale também para nossa existência humana. O senhor pode sentir-se feliz por ter esta convicção, como uma pessoa que está de bom humor, mesmo que ninguém, nem mesmo ele, saiba por quê; mas certamente ninguém pode provar que ele é infeliz ou que seu sentimento de felicidade seja uma ilusão.

Sincerely yours,
(C.G. Jung)

Ano 1955

À Hélène Kiener
Estrasburgo/França

14.05.1955

Prezada senhorita Kiener,

[...] No símbolo de Cristo está certamente sugerida a vitória sobre o mal, através da descida aos infernos e abertura da prisão[1]. Mas nunca se ouviu dizer que, depois disso, o demônio tivesse abandonado de alguma forma a vida terrestre; ao contrário, é opinião aceita no Novo Testamento que ele, após o reinado de mil anos de Cristo, será solto novamente sobre a terra em todo seu frescor juvenil, na forma do Anticristo[2]. Também, como a senhorita diz muito bem, uma luz forte é o melhor projetor de sombras, supondo-se que fora dele exista algo que possa projetar sombra. Até mesmo os santos projetarão sombra. Também não se sabe se haveria mais bem do que mal, ou que o bem seria mais forte do que o mal. Só podemos esperar que o bem predomine. Quando identificamos o bem com o construtivo, existe a possibilidade de que a vida continue numa forma mais ou menos suportável; mas se o destrutivo predominasse, o mundo já teria desaparecido. Isto não aconteceu ainda; podemos supor então que o positivo supera o negativo. Por isso é suposição otimista da psicoterapia que a conscientização acentua mais a existência do bem do que do mal obscurecedor. A conscientização é de fato uma reconciliação dos opostos e constitui assim um terceiro mais elevado.

O título do livro de Père Raymond Hostie é *Du Mythe à la Religion. La Psychologie Analytique de C.G. Jung*. Etudes Carmélitaines, Desclée de Brouwer, Bruges, 1955.

Por algum tempo irei agora de férias com minha esposa que necessita de um período de convalescença e, por enquanto, não escreverei mais cartas.

Saudações cordiais,
(C.G. Jung)

1. Segundo o texto apócrifo *Atos de Pilatos* (século II), Cristo teria descido aos infernos e destruído suas portas.
2. Ap 20,7s.: "Terminados os mil anos, satanás será solto da prisão e sairá para extraviar as nações [...]".

Ao Pastor Dr. Jakob Amstutz
Frauenkappelen/Suíça

Mammern, 23.05.1955

Prezado Pastor,

Neste meio-tempo consegui ler o seu manuscrito "Zum Verständnis der Lehre vom werdenden Gotte". Ao que me parece, ele prova mais uma vez a presunção da tendência gnóstica no pensamento filosófico de atribuir qualidades a Deus, que são produtos de nossas formulações antropomórficas. Todo juízo metafísico é *necessariamente antinômico*, pois ele transcende toda e qualquer experiência e precisa, por isso, ser completado pela posição contrária. Quando designamos Deus como "sendo", temos de levar logo em consideração que ele talvez seja tão grande que o nosso processo de conhecimento passe ao largo dele e que, portanto, o atributo "sendo" caiba mais ao nosso processo de conhecimento do que à divindade. Além do mais, "sendo" como qualidade do processo humano do conhecimento é mais provável empiricamente do que a pretensiosa projeção sobre um ser, cuja natureza e extensão ultrapassam por definição a medida humana sob qualquer aspecto. Afirmações desse tipo são puro gnosticismo.

Ao contrário disso, meu ponto de vista é que há certas experiências (das mais diversas espécies) que nós chamamos "divinas", sem a mínima possibilidade de provar que um ser dotado de determinadas qualidades as tenha causado. Se esta prova fosse possível, o ser causador só poderia ser de natureza finita e portanto – *per definitionem* – não Deus. Para mim, "Deus" é, por um lado, um mistério que não deve ser revelado e ao qual tenho de atribuir apenas *uma* qualidade, isto é, que ele existe na forma de um fato psíquico especial que eu sinto como numinoso e ao qual não posso atribuir nenhuma causa suficiente dentro de meu campo experimental.

Por outro lado, Deus é uma imagem verbal, um enunciado ou mitologema, baseado em pressupostos arquetípicos que, por sua vez, forma a base da estrutura da psique como imagens dos instintos ("instinctual pattern"). Como os instintos, também estas imagens têm certa *autonomia* que lhes permite impor-se às vezes às expectativas racionais da consciência (daí nasce em certo sentido sua numinosidade). Sob este prisma, "Deus" é um "modelo" biológico, instintivo e natural, um arranjo arquetípico de conteúdos individuais, contemporâneos e históricos que, apesar de sua eventual numinosidade, está e deve estar exposto à crítica intelectual e moral como, por exemplo, a imagem do Deus "sendo", de Javé, do *summum bonum* ou da Trindade.

"Deus" como mitologema domina a discussão que dissimula enganadora e ofuscantemente a realidade religiosa. Para a pessoa *religiosa* é "confusão" falar do *mistério* do qual nada saberia dizer além de paradoxos, e que ela gostaria de ocultar ao olhar profano, se tivesse em mãos alguma coisa que pudesse fazer esta ocultação. Infelizmente é verdade: ele tem e contém um mistério e, ao mesmo tempo, ele é contido nele. O que ele pode confessar? A si mesmo ou a Deus? Ou nenhum dos dois? Na verdade não saberia se estava falando de Deus ou de si mesmo.

Falar de Deus ou sobre Ele é mitologia, isto é, um pronunciamento de fundamento e causa arquetípicos. A mitologia, enquanto fato psíquico vital, é tanto necessária quanto inevitável. As especulações metafísicas que se desenrolam no campo da razão (no sentido mais amplo) estão, portanto, bem no lugar, na medida em que estão conscientes de seu antropomorfismo e de sua limitação epistemológica. A vida relativamente autônoma dos arquétipos exige afirmações simbólicas semelhantes como "Deus sendo", ou como as encíclicas *Munificentissimus Deus*[1] e *Ad Caeli Reginam*[2], ou Deus como "complexio oppositorum" etc., porque a vida psíquica coletiva é fortemente influenciada pelas mudanças no "pleroma" do "mundus archetypus" (cf. a "epidemia salvadora" de Hitler e a utopia comunista mundial de autômatos humanos).

Parece-me que nesta discussão precisa ficar bem claro o perigo gnóstico de que o fato do Deus incognoscível, incompreensível e indizível seja reprimido através de filosofemas e mitologemas, para que nada seja interposto entre a consciência humana e a experiência numinosa primordial. Parece que o mitologema da encarnação serve indiretamente a este propósito, porque é simbólico.

Espero que não considere minha opinião como impertinência à sua discussão, mas como interesse participativo. Nós psicoterapeutas, isto é, aqueles que afinal perceberam a grande importância da atitude religiosa para o equilíbrio psíquico, deram grande valor prático à discussão teológica sobre o conceito de Deus, pois perguntas desse tipo nos são feitas com mais frequência do que o leigo imagina.

Com elevada consideração,
(C.G. Jung)

1. Anúncio do dogma da Assunção de Maria.
2. Cf. carta a Sinclair, de 07.01.1955, nota 9.

To Dr. John Gruesen
Washington (D.C.)/EUA

04.06.1955

Dear Dr. Gruesen,

Muito obrigado por sua carta deveras interessante[1]. O lado fisiológico do arquétipo mais frequente e importante é realmente uma grande descoberta, que confirma de certo modo minha suposição de que sua localização pode ter algo a ver com o córtex occipital. Mas como meu trabalho está todo voltado para o lado biológico e psicológico, não ousei especular, tendo ainda a maior dificuldade de convencer os meus contemporâneos da existência de padrões originais e básicos de comportamento psíquico, isto é, de arquétipos.

Como poderá entender de imediato, sua comunicação é da maior importância para mim, e sou muito grato por dar-me esta informação. Infelizmente meus livros mais recentes ainda não foram publicados em inglês, com exceção de *Psicologia e alquimia*, que já saiu há mais de dez anos em alemão. O senhor pode encontrar uma porção de material correspondente em meus livros.

O motivo da mandala, mais especialmente a *quadratura circuli*, é, além disso, a forma mais primitiva do desenho infantil, não ⊕, mas, por razões desconhecidas, ℺. É lamentável que algumas de minhas últimas obras sejam publicadas antes das obras anteriores que lhes servem de base, como, por exemplo, aquela em coautoria com W. Pauli[2].

Sincerely yours,
(C.G. Jung)

1. Dr. Gruesen, biólogo da "Academy of Science", de Washington, D.C., escreveu uma tese sobre "Philosophical Implications of C.G. Jung's Individuation Process". Em sua carta a Jung, informou sobre o livro de Wilder Penfield e Herbert Jasper, *Epilepsy and the Functional Anatomy of the Human Brain*, Boston-Londres, 1954. Jung refere-se a isto no seu ensaio "A esquizofrenia" (OC, vol. III, par. 582): "Recentemente, porém, fui informado que dois pesquisadores americanos parecem ter conseguido provocar a visão alucinatória de uma forma arquetípica, estimulando o córtex occipital. Trata-se de um caso de epilepsia que apresentou, como sintoma anterior ao ataque, uma *quadratura circuli*. Esse motivo pertence à longa série dos símbolos conhecidos como mandalas, cuja localização no córtex occipital já havia sido por mim intuída há muito tempo".
2. Uma das bases mais importantes dos escritos posteriores de Jung é *Aion*, 1951 (OC, vol. IX/2).

Ao Pastor Walter Bernet
Berna

13.06.1955

Prezado Pastor!

Finalmente consegui ler e estudar o seu livro *Inhalt und Grenze* etc., que tão gentilmente me enviou[1]. Queira debitar a lerdeza desse procedimento à minha idade avançada! Não foi falta de interesse que me reteve tanto tempo na leitura, mas curiosidade ou, melhor dizendo, a necessidade de conhecer e entender o modo de pensar teológico, que é bem estranho para mim. Só consegui assimilar fragmentariamente este modo de pensar, para não dizer que não consegui assimilá-lo de forma nenhuma, ainda que eu descenda, pelo lado materno, de um ambiente teológico, e que meu pai tenha sido pastor. O trágico de minha juventude foi ver meu pai desmoronar, diante de meus olhos por assim dizer, no problema de sua fé e ter morte precoce[2]. Este foi o acontecimento objetivo externo que me abriu os olhos para a importância da religião. Vivências subjetivas internas fizeram com que eu não tirasse conclusões negativas quanto à religião, a partir do destino de meu pai, ainda que eu estivesse inclinado a fazê-lo. Eu cresci na florescência do materialismo científico; estudei ciências naturais e medicina e tornei-me psiquiatra. Por um lado, minha formação só me ofereceu razões contrárias à religião e, por outro, foi-me negado o carisma da fé. Eu só dependia da experiência. Sempre esteve diante de mim a experiência de Paulo no caminho de Damasco[3], e eu me perguntava qual teria sido o destino dele sem a visão. Ele foi vítima dessa experiência quando seguia cegamente seu próprio caminho. Como jovem, concluí então que a gente deve cumprir o seu destino para chegar ao lugar onde pode acontecer um *donum gratiae*. Mas não tinha certeza de nada e considerava também a possibilidade de cair eventualmente num buraco escuro, trilhando este caminho. Continuei fiel a esta atitude durante toda a minha vida.

A partir disso pode o senhor conhecer facilmente a origem de minha psicologia: somente se fizesse o que era minha parte, isto é, se integrasse cegamente, por assim dizer, (com Paulo) minhas possibilidades e construísse dessa forma uma certa base, poderia vir de qualquer parte alguma coisa para dentro dela, ou ser colocado sobre ela alguma coisa da qual eu poderia estar certo de que não era apenas uma de minhas próprias possibilidades negligenciadas.

O único caminho que estava aberto para mim era o da experiência das realidades religiosas que eu tinha de aceitar sem considerar sua veracidade. Neste sentido não tenho outro critério senão o fato de que me parecem significativas e concordam com o melhor que as pessoas já proferiram. Não sei se o arquétipo é "verdadeiro". Só sei que ele vive e que não fui eu que o criei.

Uma vez que o número das possibilidades é limitado, chega-se relativamente rápido a uma fronteira ou, melhor, a fronteiras que se protelam provavelmente como etapas até a morte. A partir da experiência dessas fronteiras chega-se aos poucos à convicção de que a experiência é uma aproximação infindável. A finalidade dessa aproximação parece ser antecipada por símbolos arquetípicos que representam algo como a circum-ambulação de um centro. Com a aproximação crescente do centro há uma despotenciação correspondente do eu em favor da influência do centro "vazio", que de forma alguma é idêntico ao arquétipo, mas é para onde o arquétipo aponta. Dito em chinês: o arquétipo é apenas o *nome* do tao, mas não o tao em si mesmo. Como

Ano 1955

os jesuítas traduziram o tao por "Deus", pode designar-se o "vazio" do centro como "Deus". Pela expressão "vazio" não se designa nenhuma "falha" ou "ausência", mas algo incognoscível, dotado da mais alta intensidade. Quando denomino "si-mesmo" este incognoscível, nada aconteceu a não ser que os efeitos do incognoscível receberam um nome agregado, mas seus conteúdos não foram afetados em nada. Uma grande parte desconhecida de meu próprio ser está encerrada nisso, mas não posso indicar seus limites ou extensão, porque é o inconsciente. Por isso o inconsciente é um *conceito-limite*, não preenchido pelos processos psíquicos até hoje conhecidos. Por um lado, abrange também os fenômenos da sincronicidade; por outro lado, seu arquétipo está ancorado na estrutura cerebral e é verificável fisiologicamente: pela estimulação elétrica de certa área do córtex occipital de um epiléptico é possível produzir visões de mandalas (*quadratura circuli*)[4]. Aprendemos dos fenômenos sincronísticos que é próprio do pano de fundo psicoide ter transgressões espaçotemporais. Com isso chegamos diretamente à fronteira da transcendência, além da qual as afirmações humanas só podem ser mitológicas.

Todo o percurso da individuação é dialético e o assim chamado "fim" é a confrontação do eu com o "vazio" do centro. Aqui está o limite de qualquer possibilidade de experiência: o eu se dissolve como ponto de referência do conhecimento. Mas não pode coincidir com o centro, caso contrário ficaríamos inconscientes, isto é, a extinção do eu é, no melhor dos casos, uma aproximação infinda. Mas quando o eu se apodera do centro, ele perde o objeto (inflação!)[5].

Mesmo que o senhor acrescente ao meu "último" um "último absoluto", o senhor dificilmente quer afirmar que meu "último" não seja tão bom quanto o seu "último". De qualquer modo, cessa para mim nesta fronteira toda possibilidade de conhecimento e enunciado devido à extinção do eu. O eu só pode ainda constatar que algo de muito importante lhe está acontecendo. Pode expressar a suposição de que atingiu algo maior, de que se sente impotente diante de uma força maior, que não pode continuar conhecendo, que chegou ao convencimento de sua limitação no decurso de seu processo de integração, assim como antes disso foi compelido a levar praticamente em conta a existência de um inegável arquétipo. O eu tem de reconhecer muitos deuses antes de chegar ao centro, onde já nenhum deus vai ajudá-lo contra outro deus.

Ocorreu-me agora – e espero que não me tenha enganado – que a partir do ponto em que o senhor introduz o "último absoluto", que deveria substituir meu conceito descritivo do si-mesmo por uma abstração vazia, o arquétipo é progressivamente separado de um pano de fundo dinâmico e reduzido aos poucos a uma fórmula puramente intelectual. Dessa forma ele é neutralizado, e o senhor pode então dizer que "assim é possível viver bastante bem". O senhor esquece que os arquétipos que se constelam e as situações daí resultantes ganham em crescente numinosidade, sendo às vezes de um terror demoníaco e trazendo para muito perto o perigo da psicose. O material arquetípico que aflui é aquele do qual provêm as doenças mentais. No processo de individuação o eu está sempre no limiar de uma superforça desconhecida que ameaça arrancar o chão do eu e despedaçar a consciência. O arquétipo não é apenas uma condição formal da afirmação, mas também uma comoção para a qual não tenho comparação. Por causa do espanto dessa confrontação não me atreveria a dirigir-me a este opositor sempre ameaçador e fascinante com a expressão íntima "tu", ainda que paradoxalmente também ocorra este aspecto. Tudo o que se fala desse opositor é mitologia. Todas as afirmações sobre o "último" ou para além dele são antropomorfismos e, se alguém afirmar que, quando diz "Deus" também qualifica Deus, ele emprestou *força mágica* às suas palavras. Como o primitivo, ele é incapaz de distinguir entre sua imagem verbal e a realidade. Ele vai subscrever sem maior consideração a frase "Deus est ineffabilis"[6], mas logo a seguir falará de Deus como se o pudesse expressar.

Parece-me – e vou pedindo seu perdão antecipadamente se estiver cometendo uma injustiça – que algo parecido lhe aconteceu. O senhor escreve, aparentemente sem preocupação, que eu igualo *Deus* e o si-mesmo. O senhor não percebeu que eu falo da *imagem de Deus e não de Deus*, porque não tenho condição alguma de falar deste último. O fato de o senhor não ter percebido esta distinção fundamental é mais que surpreendente, é perturbador. Não sei qual é sua opinião sobre mim, quando me atribui tais absurdos, apesar de ter apresentado corretamente meu ponto de vista epistemológico no começo de seu livro. Na verdade nunca pensei que, ao discutir a estrutura psíquica da imagem de Deus, eu tivesse tomado nas mãos o próprio Deus. Não sou nenhum mágico ou fetichista da palavra que acredita apresentar ou fazer agir uma realidade metafísica com seus encantamentos. A crítica protestante não acusa de magia a missa católica quando esta (a missa) afirma que, com a pronúncia das palavras "Hoc est corpus meum", Cristo se torna necessariamente presente?

Em *Jó*, como em outros lugares, sempre falo explicitamente da *imagem de Deus*. Se a crítica teológica gosta de desconhecer isto, a repreensão cabe a ela e não a mim. Ela acredita que possa conjurá-lo com a palavrinha "Deus", assim como a missa poderia forçar a presença de Cristo com as palavras da consagração. (Naturalmente estou a par da explicação católica dissidente disso.) Não concordo com sua supervalorização de palavras e nunca considerei a equação Cristo = Logos mais do que um símbolo interessante, condicionado por seu tempo.

Esta credulidade e enredamento em palavras estão se tornando cada vez mais surpreendentes em nosso tempo. Prova disso é o surgimento de uma filosofia cômica como o existencialismo que procura ajudar o ser a se tornar ser, devido à força mágica da palavra. Acredita-se ainda que é possível afirmar ou substituir a realidade ou o ser pela palavra, ou que algo aconteceu quando demos um outro nome a alguma coisa. Se eu chamo o si-mesmo de "último", e o senhor o chama de "último absoluto", nada muda na ultimidade dessa questão. O nome significa pouco para mim; bem mais significa a concepção a ele ligada. Parece-me que o senhor acha que eu me revolvo prazerosamente num circo de figuras arquetípicas e as considero como realidades definitivas que bloqueiam minha visão do inefável. Elas são guias, mas também sedutoras; o senhor pode ver em *Resposta a Jó* o quanto de crítica reservei a elas; ali submeti as afirmações arquetípicas a uma crítica que o senhor chama "blasfema". O fato de considerar a crítica dos antropomorfismos como merecedora de todos os epítetos ruins mostra como o senhor está fortemente preso àquelas estruturas psíquicas por meio da magia da palavra. Se a teologia é de opinião que, sempre que pronuncia "Deus", seja realmente Deus, então ela endeusa os antropomorfismos, as estruturas psíquicas e os mitos. Isto é exatamente o que eu não faço; falo exclusivamente da *imagem de Deus* em *Resposta a Jó*. Quem fala de conhecimento e revelação de Deus? Certamente não eu. No "último" estou realmente no último, isto é, com meus pretensiosos antropomorfismos que se simulam conhecimento e revelação. Eu vejo muitas imagens de Deus de várias espécies; sinto-me compelido a fazer afirmações mitológicas, mas sei que nenhuma delas expressa ou apreende o incomensurável Outro, mesmo que eu dissesse que elas o fazem.

Por mais interessantes ou comoventes que sejam para mim as afirmações metafísicas, devo criticá-las como antropomorfismos. Mas aqui entra o teólogo e diz que seu antropomorfismo é Deus e condena como blasfemador todo aquele que critica ali as fraquezas, defeitos e contradições antropomórficas. Deus não é ofendido pelo verme, mas o teólogo que não pode ou não quer reconhecer seu conceito como sendo antropomórfico. Com isso impede a tão necessária discussão e compreensão das afirmações religiosas. Assim como Bultmann parou com seu processo de desmitificação lá onde a desmagificação da palavra não lhe parecia mais aconselhável, assim o teólogo emprega o mesmo conceito uma vez como mítico, isto é, antropomórfico e outra vez como um tabu intocável.

Pedi a quatro renomados teólogos (de formação acadêmica) que me dissessem qual era a posição do moderno protestantismo a respeito da questão da identidade do Deus do AT com aquele do NT, entre os quais o leigo acredita perceber todo tipo de diferenças. É uma pergunta tão inocente como se alguém perguntasse qual a diferença que existe entre minha concepção do inconsciente e a de Freud. Dois dos perguntados simplesmente não me responderam, apesar de eu insistir uma segunda vez. O terceiro me disse que na literatura teológica dos últimos vinte anos já não se falava de Deus. O quarto achou que a resposta era simples: Javé era um conceito algo arcaico de Deus em comparação com o do NT. A este eu respondi: "Vê, meu caro professor, este é precisamente o psicologismo do qual me acusam. Agora a revelação do Deus do AT nada mais é do que um *conceito* arcaico e aquela do NT é simplesmente um *conceito* moderno. Mas, num outro momento, a mesma revelação é, por assim dizer, o próprio Deus e de modo nenhum um conceito".

Cavalga-se assim ora um, ora outro cavalo. Por isso – para eliminar tais truques – proponho, e atenho-me à minha proposta, considerar todo discurso sobre Deus como mitológico e discutir honestamente estes mitologemas. Assim que abrimos nossa boca, falamos em imagens tradicionais de palavras; e o nosso simples pensar se processa sobre estruturas psíquicas existentes há muito tempo. Se Deus se revelasse a nós, só poderíamos receber sua revelação com nossos órgãos psíquicos e não poderíamos expressá-la de outro modo, a não ser nas imagens de nossa respectiva linguagem.

O teólogo protestante deveria abandonar sua magia sacerdotal de palavras e seu pretenso conhecimento de Deus pela fé e confessar ao leigo que ele fala de mitos e que é tão incapaz quanto aquele de expressar Deus. Não deveria insultar, condenar e torcer os argumentos dos outros que se esforçam também seriamente para compreender as coisas religiosas, mesmo que considere desagradáveis ou errôneos os seus argumentos. (Eu não posso desobrigá-lo, por exemplo, de considerar minhas premissas epistemológicas de *Resposta a Jó*, se quiser criticar o meu livro.)

Enquanto estamos conscientes de nós mesmos, somos suportados pela psique e por suas estruturas, mas também estamos presos nelas, sem possibilidade de chegar a um "fora de nós mesmos". Nada sentiríamos nem perceberíamos neste estado, se não estivéssemos sempre confrontados com esta força desconhecida. Sem ela, não teríamos consciência de nossa particularidade, assim como não há consciência sem objeto.

Não somos libertados desse estado "pecaminoso" das afirmações mitológicas pelo fato de dizermos que somos "salvos" ou "redimidos" pela revelação de Deus em

Cristo, pois isto é simplesmente um outro mitologema que contém evidentemente uma verdade psicológica. Daí podemos entender o "sentimento de salvação" ligado a este mitologema; mas a afirmação "revelação em Cristo" só diz que tal mito existe, que pertence evidentemente ao simbolismo do si-mesmo.

O que me impressiona mais profundamente na conversa com teólogos de ambas as confissões é o fato de fazerem afirmações metafísicas sem se darem conta de que falam de imagens míticas que passam a valer sem mais como "Palavra de Deus". Por isso presume-se irrefletidamente que eu faça o mesmo, mas estou treinado por minha prática profissional diária a distinguir exatamente entre ideia e realidade. Uma das tarefas mais importantes da psicoterapia é precisamente reconhecer as projeções.

Li o seu livro erudito com grande interesse e proveito e lamentei muito que, apesar de sua magistral e objetiva apresentação de meu ponto de vista no início, tenha ao final saído dos trilhos. O senhor acha que me desviei em *Jó* de minha posição epistemológica. Mas, se tivesse lido minha introdução a este livro, jamais teria feito este falso julgamento.

Posso entender que esteja chocado com *Resposta a Jó*; eu também estive, e já a partir do Jó original. Parece-me que o senhor tem uma opinião muito ruim a meu respeito, pois me atribui a pretensão de querer fazer uma *exegese* de Jó. Não sei hebraico. Só tentei como leigo ler Jó com o senso comum psicológico, de acordo com o texto traduzido, supondo estar lidando com antropomorfismos e não com palavras mágicas que conjuram o próprio Deus. Quando nos comentários judaicos do Sumo Sacerdote se permite admoestar Adonai que se lembre antes de suas qualidades boas do que das más[7], não é tão chocante que eu também me sirva de semelhantes críticas, sobretudo quando não me dirijo ao próprio Javé, como o faz o Sumo Sacerdote, mas só me refiro à imagem antropomórfica de Deus e me distancio de qualquer afirmação metafísica, o que o Sumo Sacerdote não faz. O senhor certamente não admitirá, apesar de minha afirmação em contrário, que o simples pronunciamento do nome de Deus force a presença do próprio Deus. Contudo, Adonai aceitou sem contestação a crítica do Sumo Sacerdote e um número de outras observações igualmente drásticas, mostrando-se assim mais tolerante do que certos teólogos. A razão por que as afirmações míticas sempre conduzem à magia da palavra está em que o arquétipo possui uma autonomia numinosa e, com isso, uma certa vida psíquica própria. Abordei expressamente em *Jó* esta dificuldade específica. Devo dizer em conclusão que a teoria dos arquétipos é bem mais difícil e que não sou tão bobo como o senhor parece pensar.

Ano 1955

Não quero deixar de agradecer-lhe o grande empenho de aprofundar-se em minha proposição. É natural que isto não pode acontecer sem dificuldades e mal-entendidos, especialmente considerando a circunstância de que nossa época está ainda presa à crença nas palavras. A Antiguidade grega esteve num grau ainda inferior, como demonstra o termo *phrenes* com seu sentido psíquico[8]. Também os índios pueblo no Novo México pensam ainda com o "coração" e não com a cabeça[9]. A ioga tântrica dá para isso localizações clássicas: *anahata*: o pensar (ou localização da consciência) na região peitoral (phrenes); *visuddha* (localizada na laringe), pensar verbal; e *ajna*, visão[10], representada por um olho na testa; esta última só é alcançada quando imagem verbal e objeto não são mais idênticos, isto é, quando sua "participation mystique"[11] é abolida.

Tenho especial predileção por este progresso da consciência humana. Trata-se de tarefa difícil à qual dediquei todo o trabalho de minha vida. Eis a razão por que ousei importuná-lo com carta tão longa.

Com elevada consideração,
(C.G. Jung)

1. *Inhalt und Grenze der religiösen Erfahrung*, Berna, 1952.
2. Cf. *Memórias*, p. 89s.
3. *At* 9,1s.; 22,6s.; 26,12s.
4. Cf. carta a Gruesen, de 04.06.1955.
5. Para a relação entre o eu e o si-mesmo, cf. *Aion*, OC, vol. IX/2, par. 44s.
6. Deus é inefável.
7. Cf. *Aion*, OC, vol. IX/2, par. 110s.
8. Em Homero: diafragma, a sede das emoções.
9. Cf. o capítulo "Os índios pueblo", em *Memórias*, p. 218.
10. Segundo a doutrina da ioga tântrica ou ioga kundalini, trata-se de três dos sete centros da consciência (chacras), espalhados pelo corpo.
11. L. Lévy-Bruhl, 1857-1939. Sociólogo e psicólogo francês, cunhou a expressão "participation mystique" para a mentalidade "pré-lógica" dos primitivos, mas abandonou-a posteriormente. Jung designa com isso a identidade direta entre sujeito e objeto, baseada na projeção.

Uma década depois, W. Bernet publicou extratos da carta de Jung e comentou-os em seu ensaio "C.G. Jung", em *Tendenzen der Theologie im 20. Jahrhundert. Eine Geschichte in Porträts*, ed. por H.J. Schultz, Olten e Friburgo/Br. 1966. Ele conclui: "[...] deve-se reconhecer que com a inflexível determinação com que defende a experiência do ser humano, com sua desconfortável crítica à linguagem eclesiástica sobre Deus, com sua esclarecida visão sobretudo da Igreja protestante, este leigo em teologia propõe ao pensamento teológico contemporâneo questões que, no interesse da teologia, são absolutamente necessárias e, em sua dureza, são indicadoras de caminhos.

Ano 1955

À Hélène Kiener
Estrasburgo/França

15.06.1955

Prezada senhorita!

"Transferência de pensamentos" é um fenômeno sincronístico.

"Si-mesmo" é algo que podemos verificar psicologicamente. Nós experimentamos "símbolos do si-mesmo", que não se deixam distinguir dos "símbolos de Deus"[1]. Não posso provar que o si-mesmo e Deus sejam idênticos, mesmo que na prática pareçam idênticos. Naturalmente, a individuação é em última análise um processo religioso que exige uma atitude religiosa correspondente – a vontade do eu submeter-se à vontade de Deus. Para não provocar mal-entendidos desnecessários, digo "si-mesmo" em vez de Deus. Empiricamente também é mais exato.

A psicologia analítica ajuda-nos a conhecer as potencialidades religiosas.

Eu conheço o jesuíta X. É claro que ele tem medo da verdade psicológica. Seria infelicidade muito grande para a Igreja Católica se todas as religiões pudessem unir-se numa verdadeira *Ecclesia Spiritualis* universal. Então o Père X. já não seria o único a ter razão.

Não tenho planos ambiciosos de poder, procuro tão somente para mim e para algumas outras pessoas um caminho trilhável. Deixo às Igrejas a vontade de poder e também, ligado a ela, o medo de perder o poder. Neste sentido, nada tenho a perder.

Toda ciência é apenas instrumento e não finalidade em si. A psicologia analítica só nos serve para encontrar o caminho da experiência religiosa totalizante. Ela não é a própria experiência, nem a produz. Contudo, sabemos por experiência que, no caminho da psicologia analítica, aprendemos aquela *atitude* ao encontro da qual pode vir uma realidade transcendental.

Recentemente foi publicado em Paris o livro de outro jesuíta, Père *Hostie* (sic!) que critica meus conceitos empíricos como se fossem filosóficos[2]. Os fatos, porém, que eu apresento foram na maioria ignorados. Isto são naturalmente reações de medo que procuram distorcer ao máximo os meus resultados e imputar-me o que aqueles senhores mesmo fazem. Isto é o "cisco no olho do irmão". (Na necessidade, a gente se agarra até a uma palha!)

Com meus melhores votos,
C.G. Jung

---

1. Cf. Resposta a Jó, OC, vol. XI, par. 757: "Podemos observar empiricamente, com suficiente verossimilhança, que existe no inconsciente um arquétipo da totalidade, que se manifesta espon-

taneamente nos sonhos etc., e que existe uma tendência independente do querer consciente, cuja meta é pôr outros arquétipos em relação com esse centro. Por este motivo, não me parece de todo improvável que o arquétipo da totalidade possua, como tal, uma posição central que o aproxime singularmente da imagem de Deus. Esta semelhança é ainda confirmada, em particular, pelo fato de este arquétipo criar um simbolismo que sempre serviu para caracterizar e exprimir imagistica-mente a divindade".

2. R. Hostie, *Du Mythe à la Religion*, Bruges, 1955. Cf. carta a Hostie, de 25.04.1955.

To Patricia Graecen[1]
Londres

29.06.1955

Dear Mrs. Graecen,

Atendendo ao seu pedido, corrigi as páginas de seu manuscrito[2], incluso aqui. A questão da carta a Joyce é um mistério. Estou quase certo de que nunca lhe escrevi, mas a observação sobre o monólogo de Molly é deveras autêntico, ainda que não me lembre quando e a quem a fiz[3]. Lamento.

Se a senhora conhece alguma coisa de minha teoria sobre a anima, Joyce e sua filha são exemplo clássico[4]. Sem dúvida, ela foi sua *femme inspiratrice*, o que explica sua obstinada relutância contra um atestado médico de sua doença mental. Sua pró-pria *anima*, isto é, sua psique inconsciente estava tão solidamente identificada com ele, que um tal atestado teria sido como que uma declaração de sua própria psicose latente. Entende-se assim por que ele não podia ceder. Seu estilo "psicológico" é definitivamente esquizofrênico, com a diferença de que o paciente comum precisa falar e pensar desse modo, ao passo que Joyce o quis assim e assim o desenvolveu com toda a sua força criativa. Isto explica por que ele não ultrapassou o limite. Mas sua filha o fez, porque não era gênio como seu pai, mas simples vítima de sua doença. Em nenhuma época do passado a obra de Joyce teria sido publicada, mas em nosso abençoado século XX ela é uma mensagem, mesmo que ainda incompreendida.

Very truly yours,
(C.G. Jung)

1. Patricia Graecen é a mesma que Patricia Hutchins. Esta carta aparece em parte em seu livro *James Joyce's World*, Nova York e Londres 1957, p. 184s., bem como em Richard Ellmann, *James Joyce*, Nova York, 1959, p. 692.
2. Mrs. Graecen (Hutchins) enviou a Jung as páginas do manuscrito, do livro acima mencionado, onde estava a carta dele a Joyce.
3. A memória de Jung falhou aqui. Cf. carta a Joyce, de 27.09.1932.
4. Cf. Ellmann, l.c., p. 647s.: "Quando o psicólogo (C.G. Jung) apontou elementos psicóides no que Lúcia havia escrito, Joyce, lembrando os comentários que Jung fizera a seu *Ulisses*, insistiu que eram antecipações de nova literatura e disse que sua filha era uma inovadora ainda não compreen-

Ano 1955

dida. Jung concordou que algumas de suas palavras estranhas e neologismos eram notáveis, mas disse que eram apenas casuais; ela e seu pai, comentou mais tarde, eram duas pessoas dentro do leito de um rio, uma se afundando e outra mergulhando" (De uma conversa de Ellmann com Jung, 1953). – Jung fora o vigésimo médico que Joyce consultou por causa de Lúcia. Após alguns êxitos iniciais, também este tratamento foi abandonado. Cf. Ellmann, l.c., p. 645s.

Monsieur le Pasteur William Lachat
Neuchâtel/Suíça

29.06.1955

Cher Monsieur le Pasteur!

Sua carta de 10 de junho[1] chegou numa boa hora, pois estou no hospital e tenho tempo de respondê-la. Posso subscrever todas as constatações principais do senhor Zacharias, com exceção de suas interpretações metafísico-cristãs, sobretudo da identidade de Cristo com o arquétipo do si-mesmo, no sentido de Cristo ser o arquétipo[2]. Não posso provar a identidade de uma personalidade histórica com o arquétipo psíquico. Por isso só vou até a constatação de que no Ocidente considera-se estar este arquétipo ou esta "imago Dei" em Cristo, no Oriente em Buda ou no tao (o tao não é nenhuma personificação, mas uma hipóstase metafísica). Nessas três formas concretas apareceu-nos o arquétipo do si-mesmo. Uma vez que o si-mesmo representa o centro da totalidade, pode-se denominar de "vas mysticum" aquilo que foi enchido pelo *S. Spiritus servator mundi*[3]. Esta fórmula simbólica caracteriza muito bem a natureza psicológica daquele arquétipo, desde que se reconheça o paradoxo do Espírito Santo como também o criador de todas as coisas. Na medida em que atribuímos ao Espírito Santo *a faculdade de procriar na matéria*, temos de conceder-lhe uma natureza capaz de contactar com a existência material, isto é, um aspecto ctônico. Isto foi também a concepção dos filósofos alquimistas; caso contrário, o criador não estaria em condições de influenciar a *physis*. Isto são na verdade considerações metafísicas, não pertinentes ao meu campo empírico. Mas se o senhor as tomar como são, isto é, como qualificações psicológicas, a minha fórmula parecerá perfeitamente aplicável.

Como literatura para este tema recomendo meus livros *Aion* e *Simbolismo do espírito*. Neste último encontrará um pequeno ensaio sobre Mercúrio[4] e sobre o aspecto ctônico do espírito.

Não concordo com o otimismo de Zacharias que acredita poder "repristinar" a realidade do rito, isto é, restaurá-lo. Infelizmente vale para o rito: uma vez perdido, perdido para sempre. Devo acrescentar, porém, que surgirão valores equivalentes; o trabalho psicológico para realizar o processo da individuação é um "opus divinum" que consiste de uma série de atos simbólicos. Exemplos pode encontrar em meu livro *Gestaltungen des Unbewussten* ("Estudo empírico do processo da individuação"[5]).

Do ponto de vista psicológico, a vida de Cristo em nós é idêntica à aspiração do inconsciente à individuação, e isto devido ao fato de a luz de Cristo ser acompanhada pelas "trevas da alma", da qual fala São João da Cruz e que os gnósticos de Irineu chamavam "umbra Christi"; estas escuridões são idênticas ao aspecto ctônico do qual já falei. É ele que nos obriga a viver totalmente nossa vida, uma aventura muitas vezes heroica e trágica. Sem erro e sem pecado não há nenhuma experiência da graça, isto é, nenhuma união entre Deus e os homens. – A vida completa e incondicional é obra do Espírito Santo. Ele nos guia em todos os perigos, derrotas e em toda luz do conhecimento, ou seja, para a máxima consciência. Nisto está a finalidade da encarnação bem como da criação, que desejam que todo ser alcance *sua* perfeição.

Agréez, cher Monsieur, l'expression de mes meilleurs sentiments.

Votre très dévoué,
(C.G. Jung)

1. O Pastor Lachat havia enviado a Jung seu livro *La réception et l'action du Saint-Esprit dans la vie personnelle et communautaire*, Neuchâtel, 1953.
2. Cf. Gerhard P. Zacharias, *Psyche und Mysterium*, Zurique, 1954. Estudos do Instituto C.G. Jung, Zurique, V.
3. O Espírito Santo, salvador do mundo.
4. "O espírito de Mercúrio", em OC, vol. XIII.
5. Também nas OC, vol. IX/1.

Ao Pater Lucas Menz, OSB
Abtei-Ettal, Oberbayern/Alemanha

29.06.1955

Prezado Pater Lucas,

Muito obrigado por sua resposta detalhada à minha carta[1] e pelo relato de sua história de sofrimentos e alegrias. Pode-se dizer que a experiência da graça tem um preço elevado. Numa vida humana comum, os opostos não se acham normalmente tão fendidos quanto no seu caso. Os sofrimentos e as alegrias são menores e, por isso, menos contrastantes. A luz e a sombra estão em relação complementar (Lao-tse), assim também alegria e sofrimento.

A questão da *privatio boni* não é tão simples, pois se mal é igual a não ser, então não existe realmente nada. Mas se eu matar alguém, então existe algo, isto é, um cadáver; ou se eu roubar de alguém 100 marcos, então eu os tenho, e não ele.

Ano 1955

Pateticamente, o mal é tão real quanto o bem, pois ambos são fatos que uma pessoa chama de bem e a outra, de mal. Mal = não-ser significa que eu não fiz nada de mal, pois literalmente não fiz nada e nada está aqui, nenhum cadáver e nenhum dinheiro roubado. Bem e mal são julgamentos humanos relativos sobre o que existe, mas sobre nenhum ser em si. Também não se pode dizer que o sofrimento seja uma privação de alegria, pois isto significa, no máximo, tédio, o que nem de longe representa sofrimento positivo.

Não deixe que isto lhe traga mais cabelos brancos, pois já tem dificuldades que chega. O senhor é como o herói grego Gilgamesch, um "homem pesaroso-alegre": as duas coisas lhe cabem bem, felicidade e infelicidade, uma quarta parte de alegria e três quartas partes de sofrimento; mas sua alegria é tal que compensa plenamente o excesso de sofrimento. O senhor pode servir de exemplo para outros, mostrando como se suporta o sofrimento. Também parece que é nisto que o senhor encontrou a sua verdadeira vocação.

Saudações cordiais e os melhores votos,
(C.G. Jung)

1. Cf. carta a Menz, de 28.03.1955.

Ao Dr. med. Fritz Meerwein
Clínica Psiquiátrica Friedmatt
Basileia

Junho-julho 1955
[29.06.1956][1]

Prezado colega!

Recordando o nosso encontro e considerando sua gentil carta, permita-me uma pergunta que me aflige há mais tempo. Como psiquiatra o senhor sem dúvida conhece bem o fenômeno que pode ser parafraseado, usando-se a metáfora do Novo Testamento do cisco no olho do irmão e da trave no próprio olho. O conceito de projeção[2], que emprego para isso e que assumi diretamente de Freud, é muitas vezes criticado nos círculos existencialistas, sem que eu entenda o que ele tem de errado. Parece-me que ele designa corretamente o fato da ilusão e da suposição inconsciente, pois atribuo ao meu próximo o que eu possuo em grande quantidade. Eu o transfiro de certa forma para ele. Como o senhor também faz restrições ao meu conceito de projeção, eu ficaria muito grato se o senhor me esclarecesse de boa vontade este assunto. Qual é o termo que o senhor usa para isto? Ou o senhor nega simplesmente a existência desse processo? Para mim, trata-se apenas de uma designação mais ou menos apropriada para um grupo de fatos empíricos e não de um problema filosófico, como parece ser para os existencialistas. Um desses filósofos me perguntou com toda seriedade o que aconteceria se todas as projeções fossem contidas. Ele ficou completamente atordoado quando lhe respondi que assim teríamos uma chance melhor de conhecer a realidade. Qual a resposta que esperava e o que o deixou perplexo com a minha resposta? Venho tateando no escuro e ficaria imensamente agradecido se me desse uma explicação[3].

Com elevada consideração de colega e antecipadamente grato,

(C.G. Jung)

1. A carta enviada traz a data de 29.06.1956. Mas foi escrita em junho ou julho de 1955. Devido à doença de Jung, ficou no esquecimento e parecia perdida. Em 1956 foi encontrada e Jung a enviou, com pequena nota explicativa, em 29 de junho de 1956. O conceito "projeção" foi discutido na casa de Jung por ocasião de um encontro dos médicos assistentes da Clínica Burghölzli.

2. O conceito de projeção é definido em *Tipos psicológicos*, OC, vol. VI, par. 881(870). É a transferência inconsciente de um processo subjetivo ou de um conteúdo psíquico para um objeto.

3. Trecho da resposta do Dr. F. Meerwein, de 15.07.1956: "[...] que sua resposta implica de certa forma um conceito de realidade que, enquanto realidade objetiva se defronta com uma realidade subjetiva e que, através desta pode ser deslocada ou deturpada de forma mais ou menos marcante. O 'existencialista' não poderia concordar com tal separação de duas realidades. Ele pensaria que só existe uma realidade que é de antemão determinada – não em primeiro lugar projetada – e que não é deslocada ou deslocável [...]".

To Mary Bancroft[1]
EUA

Agosto de 1955

O desamparo de um homem pode ser autêntico, o de uma mulher é um de seus melhores truques. Por estar mais perto da natureza pelo nascimento e sexo, ela nunca está desamparada completamente, enquanto não houver homem nas proximidades.

Muito obrigado por sua amável carta com suas informações! O "boyfriend" ficou encantado. O artigo no *Time*[2] me fez muito bem, mais do que todos os meus livros. Eu apareci no mundo, se isto é bom para mim. Meu nome desfruta de uma existência quase independente da minha. Meu verdadeiro si-mesmo corta lenha em Bollingen, cozinha as refeições e tenta esquecer as calamidades de um aniversário de oitenta anos.

Many good wishes,

Yours cordially,

(C.G. Jung)

Ano 1955 —————————————————————————————————

1. Esta carta Jung a escreveu à mão sobre o cartão impresso de agradecimento pelas congratulações de seu 80º aniversário (26.07.1955). Em sua carta, Mrs. Bancroft havia perguntado "if he had ever known a helpless woman".
2. Leonard Bernstein, "The Old Wise Man", em *Time*, 14.02.1955.

Ao Prof. Werner Kuhn
Reitor da Universidade
Basileia

06.09.1955

Vir Magnifice!

Permita-me expressar ao senhor e à Universidade da Basileia meus sinceros agradecimentos pela grande honra que me deram de participar da festa de meus oitenta anos de vida. Particularmente grato sou pelo diploma que me concederam nesta ocasião. Ele me lembrou, por um lado, a alegria que senti quando a universidade de minha cidade natal me nomeou professor e, por outro lado, aquela gota amarga que caiu no cálice da alegria quando grave doença impediu a continuação de minha atividade docente[1]. Mas este é o destino do pioneiro: ele mesmo está adiantado, e aquilo por que anseia chega tarde demais. Contudo, um destino bondoso faz com que eu chegasse aos oitenta anos, carregado de reconhecimento e gratificações.

Aceite, Vir Magnifice, a expressão de minha alta
estima e profunda gratidão.
(C.G. Jung)

1. Cf. carta a v. Keller, de 21.08.1944, nota 4.

A Piero Cogo
"Istituto Universitario di Architettura"
Veneza

21.09.1955

Prezado Senhor Cogo,

O senhor não pode imaginar, com base numa reportagem de jornal[1], o que significa quando eu digo que se pode saber sobre Deus, sem precisar fazer o esforço, muitas vezes bastante infrutífero, para crer. Como o senhor sabe, sou psicólogo e me ocupo principalmente com a pesquisa do inconsciente. Neste capítulo entra também, entre outras coisas, a questão religiosa. Se quiser entender-me corretamente, deverá conhecer primeiramente os resultados de minha psicologia. Não posso relatá-los numa carta. Sem um conhecimento profundo da psique humana, estas observações, tiradas do contexto, são totalmente incompreensíveis. Não se pode esperar dos jornalistas que eles se preocupem com os fundamentos de nosso pensar.

Do ponto de vista psicológico, a religião é um fenômeno psíquico que existe de modo irracional, assim como o fato de nossa fisiologia ou anatomia. Se faltar esta função, a pessoa humana, como indivíduo, estará sem equilíbrio, pois a experiência religiosa é expressão da existência e funcionamento do inconsciente. Não é verdade que possamos ter êxito só com a razão e a vontade. Ao contrário, estamos sempre sob o efeito de forças perturbadoras, que atravessam a razão e a vontade, isto é, são mais fortes do que as últimas duas. Por isso, pessoas altamente racionais, e precisamente estas, sofrem de perturbações que não conseguem administrar com a vontade ou a razão. Desde tempos imemoriais, as pessoas designavam como divino ou demoníaco aquilo que sentiram ou experimentaram como sendo mais forte do que elas. Deus é o mais forte nelas. Esta definição psicológica de Deus nada tem a ver com a definição dogmático-cristã, mas descreve a experiência de um Outro, muitas vezes numinoso opositor, que coincide de forma impressionante com a "experiência histórica de Deus". Conheci um professor de Filosofia que acreditava poder viver bem só com a razão. Mas "Deus" lhe impôs uma fobia de carcinoma, que ele não conseguia superar e que transformou sua vida num tormento[2]. A desgraça foi que ele não soube ser simples o suficiente para admitir que a fobia era mais forte do que sua razão. Tivesse sido capaz de admitir isto, teria encontrado um caminho para submeter-se racionalmente ao mais forte. Mas, em sua soberba, não entendeu o caminho de sua superstição racionalista, o perigo que o ameaçava e o sentido inerente a esta ameaça. A atuação do divino é sempre uma espécie de dominação, não importa a forma que assuma. Nossa razão é um presente maravilhoso ou uma conquista nada desprezível, mas ela só cobre um aspecto da realidade, que também consiste de dados irracionais. As leis da natureza não são axiomáticas, mas apenas probabilidades estatísticas. Mas a realidade, bem como nossa psique, consiste sobretudo de dados irracionais. Por isso é impossível uma mecanização da vida psíquica. Como os primitivos, também nós estamos entregues a um mundo escuro e às suas imprevisíveis possibilidades. Por isso precisamos da religião, ou seja, de cuidadosa atenção aos acontecimentos (*religio* é derivada de *religere*, e não de *religare*[3]) e não de sofismas, supervalorização do intelecto racional. Recomendaria ao senhor ocupar-se um pouco mais com a psicologia do inconsciente. Dali podem surgir para o senhor muitas e diversas luzes.

Com elevada consideração,
(C.G. Jung)

Ano 1955

1. O destinatário havia lido, na revista italiana *Oggi*, uma reportagem sobre uma entrevista com Jung. Citou dela a observação de Jung de que não precisava crer em Deus, mas sabia de sua existência. Trata-se da tradução de uma entrevista com Frederik Sands "Men, Women and God" (*Daily Mail*, Londres, 25-29.04.1955). Ali as palavras de Jung foram: "I only believe in what I know. And that eliminates believing. Therefore I do not take His existence on belief – I know that He exists". Cf. também carta a Brooke, de 16.11.1959, nota 1.

2. Cf. *Psicologia e religião*, OC, vol. XI, par. 12.

3. *Religere* = considerar cuidadosamente, examinar de novo, refletir bem; *religare* = amarrar de novo, religar. Cf. "Prefácio ao I Ching", OC, vol. XI, par. 982: "É este, como se sabe, o sentido da palavra *religio*, ou seja, uma cuidadosa observação e consideração (de *religere*) dos numina divinos". E ainda a nota de rodapé: "Esta é a etimologia clássica. Os Santos Padres foram os primeiros a derivar *religio* de *religare* (tornar a ligar)". Cf. *Símbolos da transformação* (OC, vol. V), par. 669, nota 72: "[...] O oposto característico é *religo* e *neglego*".

Ao Dr. med. Armin Haemmerli
Zurique

25.10.1955

Prezado colega!

Agora que cessou a torrente de cartas pelo meu aniversário de oitenta anos, consigo finalmente agradecer o seu cartão vindo da Ilha de Cós e sua estimada carta de 4 de agosto. Sua carta de Cós me comoveu profundamente, ainda mais que seu falecido irmão, que me tratou durante meu infarto cardíaco, está associado de maneira misteriosa a Cós. Em meu estado de delírio na época, a imagem de seu irmão me apareceu, cingindo a coroa de ouro de Hipócrates, e me advertiu – eu estava então a 1.500km longe da Terra e a ponto de entrar num templo de pedra, situado num meteorito – que eu não tinha permissão de me afastar para mais longe da Terra, mas tinha de voltar para ela[1].

A partir do momento dessa visão, temi pela vida de seu irmão, pois eu o tinha visto em sua "forma primitiva", como "príncipe de Cós", o que significava sua morte. Somente mais tarde descobri que os grandes médicos de Cós se denominavam βασιλεῖζ (reis). No dia 4 de abril de 1944, tive licença para me sentar pela primeira vez à beira da cama, e neste mesmo dia seu irmão teve de baixar ao leito, para nunca mais se levantar.

Com agradecimento cordial e com os melhores votos de pronto restabelecimento de sua operação, sempre ao seu dispor,

C.G. Jung

1. Cf. *Memórias*, p. 255s.

To Palmer A. Hilty
State College of Washington
Pullman (Washington)/EUA

25.10.1955

Dear Dr. Hilty,

Seu nome – Hilty – é bem conhecido e até famoso na Suíça. Agradeço as suas perguntas francas[1]; tentarei respondê-las ainda que infelizmente com muito atraso.

I. Sou da Igreja suíça-reformada. Meu pai era pastor. Pelo lado materno, havia não menos de 6 teólogos na família.

II. Eu me considero um protestante, e bem declarado! Protesto inclusive contra o espírito antiquado do protestantismo.

III. Não posso dizer que me atenho aos ensinamentos da Igreja, mas eu os tomo bem a sério.

IV. Não *creio* (num Deus pessoal), mas *conheço* um poder de natureza bem pessoal e de influência irresistível. Eu chamo isto de "Deus". Eu uso este termo porque foi usado desde tempos imemoriais para este tipo de experiência. Desse ponto de vista, quaisquer deuses – Zeus, Wotan, Alá, Javé, *Summum Bonum* etc. – têm sua verdade intrínseca. São expressões ou aspectos diferentes e mais ou menos diferenciados da única verdade inefável (cf. prefácio a *Resposta a Jó* e *Psicologia e religião*, Terry Lectures, 1937).

V. Sendo Deus a experiência esmagadora κατ' ἐξοχήν, Ele é um ἄρρητον, *ineffabile*, além do qual não ousaria fazer qualquer afirmação, embora eu aceite plenamente a influência tradicional dessa unidade absoluta (μονότης) e esta *complexio oppositorum*. O uso de tal imagem inclui obviamente a natureza como um aspecto da deidade.

VI. Não existem leis naturais, apenas probabilidades estatísticas, contidas em "Deus".

VII. Como não existem leis axiomáticas, toda assim chamada "lei" tem exceções. Por isso, nada é absolutamente impossível, exceto a contradição lógica (*contradictio in adiecto*).

VIII. Não sei se Deus faz coisas improváveis.

IX. No âmbito da minha experiência, nunca encontrei um milagre. Por isso não sei se tais coisas que o senhor menciona são possíveis.

X. Não há prova da existência de Deus. Eu só o conheço como experiência pessoal e subjetiva e, indiretamente, através do *consensus gentium*.

XI. Esta pergunta é ridícula. Tempo e espaço são categorias epistemológicas, indispensáveis para a descrição de corpos que se movem, mas incompatíveis com a experiência interna e seus conteúdos.

XII. Ao que posso deduzir dos documentos da tradição cristã, Jesus Cristo foi provavelmente uma personalidade humana bem determinada, ainda que envolta em projeções arquetípicas mais do que outras figuras históricas como Buda, Confúcio, Lao-tse, Pitágoras etc. Enquanto Cristo apresenta uma imagem arquetípica (ou seja, a do ἄνθρωπος ou υἱὸς τοῦ ἀνθρώπου²), Ele é de natureza divina e, portanto, o "Filho de Deus" (cf. *Resposta a Jó* e minhas explanações sobre psicologia e o símbolo-Cristo, em *Aion*, cap. V).

XIII. Conheço algo sobre ressurreição porque é uma ideia arquetípica muito importante. Não sei se ela ocorreu alguma vez como fato físico. Eu não vejo por que acreditar numa coisa que não conheço. A ressurreição é um mito (como a questão 14 e 15) e uma das características do herói (isto é, *anthropos*) que aponta para a natureza extratemporal, isto é, transcendental do arquétipo (cf. meu ensaio sobre o dogma da Trindade, em OC, vol. XI).

XVI. Não acho que a mente humana seja eterna e por isso não suponho que possamos pensar coisas eternas como infinitude, imortalidade etc. Podemos somente usar tais palavras. Não sabemos o que vai acontecer após a morte. A única coisa que sabemos com razoável certeza é que a psique é *relativamente* independente do tempo e espaço, ou que tempo e espaço (incluindo a causalidade) são *relativamente* dependentes da psique (cf. Jung-Pauli, *Naturerklärung und Psyche*, 1955). Outras conclusões a partir desse fato são muito incertas.

XVII-XX. Não nego a existência de coisas desconhecidas, mas também não defendo a crença em tais coisas.

XXI. "Demônio" é um nome bem apropriado para certas forças autônomas na estrutura da psique humana. Neste sentido o demônio me parece uma figura bem real.

XXII-XXIV. Problemas metafísicos irrespondíveis dentro de meu conhecimento específico.

Como o senhor percebeu, não pude responder às suas perguntas com um simples sim ou não, ainda que tivesse preferido fazê-lo. Infelizmente o problema da religião é mais complicado. Não pode ser reduzido à mera crença ou descrença. Isto se aplica apenas a uma confissão ou Igreja, mas não à religião, pois esta é principalmente uma questão de experiência. Minhas respostas estão longe de ser completas, por isso acrescentei alguns livros onde poderá conseguir a informação necessária.

Yours sincerely,

(C.G. Jung)

1. P.A. Hilty, professor de Inglês no "State College of Washington", apresentou a Jung as seguintes perguntas:

I. O senhor provém de uma família que se sente ligada à Igreja (Igreja Reformada de Zwínglio)?

II. O senhor ainda pertence a ela?

III. O senhor ainda se atém mais ou menos *in toto* aos ensinamentos dela ou de outra Igreja?

IV. O senhor acredita num Deus pessoal?

V. Acredita num Deus de certa forma acima, ou fora, ou diferente da totalidade da natureza, considerando-se como natureza o mundo ou os mundos biológica e fisicamente juntos?

VI. O senhor engloba as leis da natureza no conceito "Deus" (panteísmo dos físicos)?

VII. Pode o Deus, no qual o senhor acredita – se é que acredita – opor-se às leis da natureza?

VIII. Ele o faz?

IX. Acredita o senhor que já ocorreram milagres, definidos como fatos que desafiam todas as leis da natureza? (Por exemplo: um homem comeu um peixe e depois atravessa uma porta de madeira, anda sobre as águas e transforma água em vinho.)

X. O senhor considera provas de Deus um sentimento de glória repentina, de intensa satisfação emocional, de intuição repentina também chamada às vezes "inspiração"?

XI. Onde o senhor acha que Deus existe?

XII. O senhor acredita que Jesus foi um filho de Deus mais do que Gautama, Sócrates, Albert Schweitzer, Gandhi?

XIII. O senhor acredita que Jesus ressurgiu dos mortos?

XIV. Que Ele subiu aos céus?

XV. Que a Virgem Maria subiu corporalmente a um céu "no alto"?

XVI. Acredita numa imortalidade pessoal, isto é, numa sobrevida consciente após a morte, com lembrança de coisas que aconteceram na terra?

XVII. Acredita na ressurreição da carne, conforme o credo ortodoxo-cristão?

XVIII. Acredita que um corpo ressuscitado vai para o céu?

XIX. Ou que o "espírito" sem o corpo vai para o céu?

XX. Acredita em espíritos com existência própria, vindos da eternidade ou que começaram a existir há milhares de anos?

XXI. Acredita no demônio?

XXII. Acredita que o ser humano, após a morte, se defrontará com um além de dupla alternativa, isto é, um céu para os bons e um inferno para os maus?

XXIII. Podem os não cristãos entrar neste céu?

XXIV. Se puderem, sob que condições?

2. Homem ou Filho do Homem.

Ao Dr. med. Theodor Bovet
Basileia

09.11.1955

Prezado colega!

É com grande atraso que respondo sua carta de congratulações pelo meu 80º aniversário. Fiquei surpreso por se ter lembrado de mim e tido o incômodo de recordar gentilmente a existência de minha sombra. O senhor sacudirá a cabeça incredulamente se lhe disser que dificilmente teria sido capaz de formular o conceito da sombra se a existência dela não viesse a ser uma das maiores experiências de minha vida, não só com relação aos outros, mas com relação a mim mesmo. Por isso aceito prazerosamente sua alusão ao Voltaire, de Houdon[1], e a "Jó", ainda que seja como vender picolé a esquimó. Gosto de olhar a cara do vellho cínico que me lembra a futilidade de minhas aspirações idealistas, a dubiedade de minha moral, a baixeza de meus motivos, o humano – infelizmente demasiado humano. Por isso o senhor Arouet de Voltaire está ainda na sala de espera, para que meus pacientes não se deixem enganar pelo amável médico. Minha sombra é de fato tão grande que não pude desconsiderá-la no meu plano de vida; tive de considerá-la como parte indispensável de minha personalidade, tirar as consequências dessa consideração e assumir a responsabilidade disso. Tive de admitir, através de muitas experiências amargas, que o pecado, que a gente tem ou é, pode sofrer arrependimento, mas nunca pode ser cancelado. Não acredito no tigre que se converteu totalmente em vegetariano e só come maçãs. Meu consolo foi sempre Paulo, que não achou estar abaixo de sua dignidade admitir que tinha um espinho na carne.

Meu pecado tornou-se minha tarefa mais preciosa. Não o confio a nenhum outro, para então aparecer como salvador a meus próprios olhos, que sempre sabe o que é bom para os outros.

A crítica e a "compreensão" que sofri por parte dos teólogos (bem antes de "Jó") não me dá motivo de tratar mais gentilmente seus conceitos teológicos do que tratam os meus conceitos. Isto vale também para os freudianos[2].

No que se refere à "discussão" de Trüb[3] (que, para ser uma discussão, precisaria de um interlocutor), ela consistiu num monólogo, no qual não tive voz. Apesar do meu esforço honesto e de minha esposa, até mesmo provas documentais foram desconsideradas sem mais. Seu método foi muito parecido com o teológico, como o foi também seu grosseiro mal-entendido.

O protestantismo se defronta com questões que algum dia devem ser ditas em voz alta como, por exemplo, o abominável sofisma da *privatio boni,* que até mesmo teólogos protestantes estão dispostos a subscrever. Ou a questão da relação entre o Deus do Antigo e do Novo Testamento, que eu submeti a quatro professores acadêmicos. Dois nem sequer me responderam. Um deles admitiu que nos últimos vinte anos não se falou mais de Deus na literatura protestante. O quarto achou que a questão tinha resposta fácil, isto é, que o Deus do AT era uma representação algo arcaica diante do Deus do NT, sem perceber que com esta resposta ele incorria

Ano 1955

exatamente naquele psicologismo de que me acusa a teologia. Quando convém a eles, Deus é uma ideia antropomórfica, ou comportam-se como se pudessem convocar a presença de Deus quando invocam o seu nome. Mas quando eu considero discutível uma imagem antropomórfica de Deus, então isto é "psicologismo" ou, pior ainda, é "blasfêmia".

O leigo de hoje em dia não se deixa mais estupidificar por estas fantasmagorias, e o protestantismo faria bem em atentar para o fato de que alguém está batendo à porta. Eu mesmo bati constantemente à porta, para importunar o anacrônico cochilo da teologia protestante, pois, como "protestante", sinto-me responsável. Apresentei minha mensagem tão claramente quanto possível, junto com as provas cabíveis. Se um teólogo como Trüb não a leva em consideração, o problema é dele. Não preciso lembrar-lhe que isto é um triste (*betrüblich*) espetáculo.

O protestantismo deixou há muito tempo de viver de seu "protesto". Ele tira sua força vital do entendimento com o espírito da época, do qual a psicologia hodierna faz parte. Se perder esta oportunidade, vai secar. Na verdade, os teólogos me deveriam ser gratos por meu grande interesse. De fato, alguns poucos o são.

A longa extensão de minha resposta mostra-lhe que seu esforço educativo caiu em chão agradecido. Espero, portanto, que o senhor coloque a questão da sombra aos seus amigos e correligionários, aos teólogos e freudianos.

Com grande estima do colega,

(C.G. Jung)

1. Jung guardou uma reprodução do busto de Voltaire, de Jean-Antoine Houdon, em sua sala de espera em Küsnacht. Dr. Bovet havia escrito que o contraste entre o sorriso cínico e superior de Voltaire e a personalidade benevolente, de calor humano, de Jung o havia perturbado, como se Jung tivesse deixado sua sombra na sala de espera.
2. Dr. Bovet havia manifestado suas dúvidas, se as críticas de Jung aos teólogos e a Freud eram procedentes.
3. Dr. med. Hans Trüb, originalmente amigo da família Jung, entendeu mal o conceito de individuação, de Jung, e o criticou erroneamente como simples "processo de experiência e conhecimento intrapsíquicos". Cf. Hans Trüb, *Vom Selbst zur Welt*, Zurique, 1947 e *Heilung aus der Begegnung, eine Auseinandersetzung mit C.G. Jung*, Stuttgart, 1951.

A uma destinatária não identificada[1]
Inglaterra

19.11.1955

Fico feliz em saber que entende a dificuldade de seu pedido. Como esperar de alguém a competência para dar semelhante conselho? Sinto-me totalmente incompetente – contudo, não posso negar a justificativa de seu desejo e não tenho coração para recusá-lo. Se estivesse em seu lugar, não saberia dizer o que poderia acontecer comigo, mas estou bastante certo de que não planejaria de antemão um suicídio. Eu aguentaria firme, enquanto tivesse condições de suportar meu destino, ou até que o puro desespero forçasse minha mão. O motivo dessa minha atitude "irracional" está no fato de eu não saber o que acontecerá comigo após a morte. Tenho boas razões para acreditar que as coisas não terminarão depois da morte. A vida parece um interlúdio numa longa história. Ela existiu muito antes de mim e provavelmente continuará após o intervalo consciente numa existência tridimensional. Por isso eu aguentaria enquanto fosse humanamente possível e tentaria evitar qualquer decisão previamente tomada, considerando seriamente as alusões recebidas sobre eventos *post mortem*.

Por isso, não posso aconselhá-la a cometer suicídio pelas assim chamadas considerações racionais. É um assassinato, e fica um cadáver, não importa quem tenha matado quem. O *Common Law* inglês pune acertadamente o perpetrador do ato. Antes de mais nada, é preciso ter certeza se matar-se a si mesma é realmente a vontade de Deus ou apenas iniciativa de sua razão. Decididamente, esta última não é suficiente. Se for um ato de puro desespero, não pesará contra a senhora, mas um ato planejado voluntariamente poderá pesar muito.

Esta é a minha opinião incompetente. Eu aprendi a ter precaução contra o "perverso". Não subestimo seu tormento verdadeiramente terrível.

In deepest sympathy,

Yours cordially,
C.G. Jung

1. A carta é destinada a uma senhora idosa e gravemente enferma.

To Simon Doniger[1]
Pastoral Psychology Book Club
Great Neck (N.Y.)/EUA

Novembro de 1955
[antes do dia 28]

Dear Sir,

Em resposta à sua carta de 13 de outubro, mandei-lhe breve biografia e uma relação das datas mais importantes da minha vida, que podem ser úteis ao seu propósito.

Seu pedido de contar-lhe como *Resposta a Jó* chegou a ser escrito coloca-me diante de uma tarefa difícil, porque a história deste livro não pode ser contada em poucas palavras. O problema central dessa obra ocupou-me por anos. Muitas e diferentes fontes alimentaram a torrente de suas reflexões, até que um dia – e após longa consideração – o tempo parecia maduro para colocá-las em palavras.

A causa mais próxima desse livro ser escrito deve-se talvez a certos problemas discutidos em meu livro *Aion*, especialmente os problemas de Cristo como figura simbólica e do antagonismo Cristo-Anticristo, representado no simbolismo zodiacal tradicional dos dois peixes.

Ligada à discussão desses problemas e à doutrina da redenção, critiquei a ideia da *privatio boni* como não condizente com os conhecimentos psicológicos. A experiência psicológica mostra que tudo o que chamamos "bom" é contrabalançado por um "mal" igualmente substancial. Se o "mal" é μὴ ὄν – não existente – então tudo o que existe deve ser "bom". Dogmaticamente nem "bom", nem "mal" podem ser derivados do ser humano, pois o "Malévolo" existiu antes do ser humano como um dos "filhos de Deus"[2]. A ideia da *privatio boni* começou a ter um papel na Igreja só depois de Mani. Antes dessa heresia, Clemente Romano ensinou que Deus governa o mundo com uma mão direita e outra esquerda, sendo a direita Cristo e a esquerda, satanás. A posição de Clemente é claramente *monoteísta*, pois une os opostos num só Deus.

Mas, depois, o cristianismo ficou dualista, rachando uma metade dos opostos, personificada em satanás, e ele se torna *eterno* em seu estado de danação. A questão crucial do πόθεν τό κακόν (donde o mal?)[3] coloca o *point de départ* da teoria cristã da redenção. É, por isso, de primordial importância. Se o cristianismo pretende ser um monoteísmo, então é indispensável a aceitação dos opostos contidos num Deus. Mas, nesse caso, há um confronto com um enorme problema religioso: o problema de Jó. A intenção de meu pequeno livro é chamar a atenção para sua evolução histórica desde Jó, passando pelos séculos, até os mais recentes fenômenos simbólicos como a *Assumptio Mariae* etc.

Além disso, o estudo da filosofia medieval da natureza – da maior importância para a psicologia – levou-me à tentativa de encontrar uma resposta para a questão: Que imagem de Deus tinham estes antigos filósofos? Ou melhor, como eram entendidos os símbolos que suplementavam sua imagem de Deus? Tudo isso apontava para uma *complexio oppositorum* e trazia de volta à minha mente a história de Jó: um Jó que esperava ajuda de Deus contra Deus. Este fato sumamente peculiar pressupõe uma concepção similar dos opostos em Deus.

Ano 1955

Por outro lado, numerosas perguntas, não só de meus pacientes, mas de todas as partes do mundo, faz surgir o problema de se dar uma resposta mais completa e explícita do que eu havia dado em *Aion*. Por muitos anos hesitei em fazê-lo porque estava consciente das consequências problemáticas e da tempestade que isto causaria. Mas eu estava preso à urgência e dificuldade do problema e incapacitado de me livrar dele. Por isso senti-me obrigado a tratar o problema todo e o fiz descrevendo uma experiência pessoal, conduzido por emoções subjetivas. Escolhi deliberadamente esta forma porque eu queria evitar a impressão de que tivera a intenção de anunciar uma "verdade eterna". O livro nada mais pretende ser do que a voz ou a pergunta de um só indivíduo que tem a esperança ou a expectativa de ir ao encontro da reflexão de seus leitores.

Faithfully yours
(C.G. Jung)

1. Dr. Simon Doniger, editor de *Pastoral Psychology*, Great Neck, Nova York, a revista mensal do "Pastoral Psychology Book Club", assumiu a publicação de *Resposta a Jó*, depois que a Bollingen Foundation se havia recusado inicialmente a publicar o livro. Esta carta consta como "Prefatory Note" da edição do Pastoral Psychology Book Club, Great Neck, Nova York, 1956.
2. Cf. Jó 1,6: "Certa vez foram os filhos de Deus apresentar-se ao Senhor, e entre eles estava também satanás".
3. As primeiras palavras da frase faltam na edição do Book Club e também na edição das OC, vol. XI.

Ao Prof. Eugen Böhler[1]
Zollikon – Zurique

14.12.1955

Prezado Senhor Böhler!

Muito obrigado por suas cartas. A perda de minha esposa me transtornou, e é difícil recuperar-se de novo em minha idade.

Sua sugestão de eu descrever o que se faz com os arquétipos[2] é uma ideia interessante. Inicialmente são eles que fazem conosco e só muito tempo depois nós aprendemos que podemos fazer algo com eles.

Pedi ao senhor Dr. C.C. Meier que lhe emprestasse meu seminário de 1925[3], onde descrevi minhas primeiras experiências neste campo. Espero que neste meio-tempo o senhor tenha recebido o relato do seminário e auferido a informação desejada.

Naturalmente é de pouca importância o que um só indivíduo faz com os arquétipos. Infinitamente mais importante é o que a história do pensamento humano tem a dizer sobre isto. Aqui se abre para nós a casa do tesouro da história comparada das religiões e da mitologia. De especial importância são os fragmentos gnósticos e a tradição gnóstica da "filosofia" alquimista; deles nos provêm as melhores informações. Eu trabalhei este campo com todas as minhas forças, e ele deu, ao que parece, todo tipo de frutos. Deles podemos haurir uma compreensão mais abrangente do que das reações e esforços dos indivíduos modernos, ainda que sejam precisamente estas experiências que nos moveram para uma pesquisa histórica mais minuciosa. Praticamente, porém, o problema está com o indivíduo moderno, pois somente ele está em condições de dar a resposta contemporânea, ou seja, moderna. (A *lux moderna* é um termo alquimista). Como sempre, a resposta depende dos conceitos contemporâneos, isto é, ela é psicológico-científica no que se refere à "teoria". Na prática, é a imemorial "religio", isto é, cuidadosa atenção aos *numina* (*religio*, de *religere*, e não do patrístico *religare*). Assim o "datum" inconsciente é integrado na vida consciente (designado "função transcendental"). Informações sobre o processo empírico podem ser encontradas em *O eu e o inconsciente*, na série de sonhos em *Psicologia e alquimia* e em *Configurações do inconsciente*, cap. III: "A empiria do processo de individuação".

Gostaria muito de revê-lo. Pediria que me informasse sobre a data que mais lhe convém.

Saudações cordiais,

(C.G. Jung)

---

1. Dr. Eugen Böhler, professor de Economia Nacional, de Finanças e Estatística na Eidgen. Techn. Hochschule de Zurique, 1924-1964. Ele foi um dos oradores na cerimônia em que Jung recebeu o título de Doutor Honorário de Ciências Naturais na ETH, 1955 (cf. Hug, Meier, Böhler, Schmid, *Carl Gustav Jung*, Kultur und Staatswissenschaftliche Schriften der Eidgen. Techn. Hochschule, n. 91, Zurique, 1955). O interesse do Prof. Böhler na psicologia de Jung levou a uma relação amigável entre os dois pesquisadores. – Cf., entre outros, E. Böhler, "Das Gewissen im Wirtschaftsleben", em *Das Gewissen* (Estudos do Instituto C.G. Jung, Zurique, VII, 1958) e "Die Grundgedanken der Psychologie von C.G. Jung", em *Industrielle Organisation*, n. 4, Zurique, 1960.

2. Prof. Böhler havia proposto a Jung escrever "uma obra definitiva sobre sua relação pessoal com os arquétipos". Pensava assim exercer uma influência benéfica sobre Jung, cuja esposa havia falecido em 27.11.1955.

3. No *Seminar on Analytical Psychology* (março-julho de 1925, no contexto dos seminários ingleses do Clube Psicológico de Zurique), Jung relatou sua própria experiência psíquica desde o tempo de sua separação de Freud até a concepção da ideia do "inconsciente coletivo". As partes mais importantes estão em *Memórias*.

Ao Dr. Erich Neumann
Tel Aviv/Israel

15.12.1955

Prezado Neumann!

Meus profundos agradecimentos por sua cordial carta! Permita que expresse meus pêsames pela morte de sua mãe. Infelizmente só posso apresentar ao senhor palavras áridas, pois a comoção que vivi é tão grande que não consigo me concentrar, nem recuperar minha capacidade de expressão. Eu teria gostado de contar ao seu coração amigavelmente aberto que dois dias antes da morte de minha esposa tive – pode-se chamá-la assim – uma grande iluminação que, como um raio, tornou claro para mim um segredo secular, incorporado em minha esposa, que exerceu em mim uma influência de insondável profundidade e de inestimável grandeza. Não posso pensar de outro modo, a não ser que esta iluminação veio de minha esposa, que naquela ocasião estava na maior parte das vezes inconsciente, e que o tremendo esclarecimento e libertação de meu conhecimento teve um efeito retroativo sobre ela, o que foi uma das razões para que ela pudesse falecer tão regiamente e sem sofrer.

O fim tão rápido e sem sofrimento – somente cinco dias entre o diagnóstico definitivo e a morte – e esta experiência foram para mim grande consolo. Mas a quietude e o silêncio que se pode ouvir ao meu redor, o vazio do ar e uma distância infinda são difíceis de suportar.

Com saudações cordiais também à sua esposa e com meu agradecimento,

C.G. Jung

Apêndice:

Lista dos destinatários das cartas

Damos apenas os nomes dos destinatários e as datas das cartas. Os dados biográficos, quando disponíveis, foram informados na nota de rodapé da primeira carta ao respectivo destinatário. As cartas escritas em inglês ou francês estão assinaladas com um "I" ou um "F", respectivamente.

Amstutz, Pastor Dr. Jakob 08.01.1948, 23.01.1948, 28.03.1953, 23.05.1955

Anderes, Prof. Ernst 22.09.1946

Asbeck, Erna 07.05.1947

Aschner, Dr. Bernard 28.03.1951

Bach, Friedrich 05.11.1952

Bächler, P. 08.03.1948

Bancroft, Mary agosto de 1955 (I)

Barbault, André 26.05.1954 (F)

Barret, John D. 11.02.1954 (I)

Bedford, Dr. Mitchel 31.12.1952 (I)

Bendit, Laurence J. 20.04.1946 (I)

Bennet, Dr. Edward J. 21.11.1953 (I)

Berger, Hermann 12.07.1947

Bergh von Eysinga, Prof. G.A. van den 13.02.1954 (I)

Bernet, Prof. Walter 13.06.1955

Berntson, Oluf 18.06.1947 (I)

Bertine, Eleanor 25.07.1946, 17.04.1947 (ambas I)

Billeter, Paul 03.05.1952

Birkhäuser-Oeri, Sibylle 13.07.1950

Birnie, Dr. C.R. 14.05.1948 (I)

Blanke, Prof. Fritz 10.11.1948

Bleuler, Prof. Manfred 19.08.1950, 23.03.1955

Böhler, Prof. Eugen 14.12.1955

Boltze, Heinrich 13.02.1951

Boner, Dr. Georgette 17.03.1947

Bovet, Dr. Theodor 09.11.1955

Bowman, Rev. S.C.V. 10.12.1953 (I)

Bremi, Pastor Dr. Willi 11.13.1953, 26.12.1953

Buri, Prof. Fritz 05.05.1952

Campbell, Paul 19.12.1952 (I)

Cappon, Dr. D. 15.03.1954 (I)

Cassani, Fernando 13.07.1954

Chang, Prof. Chung-Yuan 26.06.1950 (I)

Cogo, Piero 21.09.1955

Corbin, Prof. Henry 04.05.1953 (F)

Corti, Dr. Walter Robert 02.05.1955

Crowley, Mrs. Alice Lewisohn
06.07.1946, 30.12.1951

Däss, Günther 12.07.1947

Dijk, Pastor Dr. A.F.L. van 25.02.1946

Doniger, Simon novembro de 1955 (I)

Eisler, Dr. Robert 25.06.1946

Eliade, Prof. Mircea 19.01.1955 (F)

England, Canon H. George
08.01.1948 (I)

Erlach, G. Steck von 25.09.1946

Evans, Rev. Erastus 17.02.1954 (I)

Fierz, Dr. Jürg 13.01.1949

Fierz, Prof. Markus 12.01.1949,
22.06.1949, 05.04.1955

Flournoy, Dr. Henri 29.03.1949,
12.02.1953 (ambas F)

Fordham, Dr. Michael 18.06.1954,
24.01.1955 (ambas I)

Frei, Prof. Gebhard 13.01.1948,
17.01.1949

Frischknecht, Pastor Max 08.02.1946

Galliker, A. 29.01.1952

Gilbert, J. Allen 20.04.1946 (I)

Goldbrunner, Dr. Josef 14.05.1950

Graber, Dr. Gustav 14.07.1950

Graecen, Patricia 29.06.1955 (I)

Gruesen, Dr. John 04.06.1955 (I)

H. Dr. 17.03.1951, 30.08.1951

Haberlandt, Prof. Herbert 23.04.1952

Haemmerli, Dr. Armin 25.10.1955

Hall, Prof. Calvin S. 06.10.1954,
08.11.1954 (ambas I)

Harding, Dr. M. Esther 08.07.1947,
05.12.1951 (ambas I)

Heavener, Roscoe 16.05.1950 (I)

Henderson, Dr. Joseph L. 09.08.1952 (I)

Henley, Dr. Eugene H. 20.04.1946 (I)

Hesse, Hermann 19.08.1950

Hilty, Palmer A. 25.10.1955 (I)

Hinkle, Beatrice M. 06.02.1951 (I)

Hoch, Pastora Dorothee 28.05.1952,
03.07.1953, 23.09.1952,
30.04.1953

Hoop, Dr. J.H. van der 14.01.1946

Horton, Ronald H. 22.04.1955 (I)

Hostie, SJ, Padre Raymond 25.04.1955

Hubbard, Capt. A.M. 15.02.1955 (I)

Hull, Richard F.C. 03.08.1953,
24.01.1955 (ambas I)

Hurwitz, Lena 29.05.1946

Illing, Dr. Hans A. 26.01.1955,
10.02.1955

Isaac, Henry D. 25.10.1954

Jacobi, Dr. Jolande 19.08.1946,
27.09.1946, 08.07.1947,
15.04.1948, 24.03.1950

Jaffé, Aniela, 10.08.1947, 12.04.1949,
29.05.1951, 18.07.1951,
08.09.1951, 24.07.1952,
29.05.1953, 16.09.1953,
06.04.1954, 22.10.1954,
26.12.1954

Jeffrey, Carol 03.07.1954 (I)

Jenny, P.F. 01.07.1954

Jones, Dr. Ernest 22.02.1952, 19.12.1953 (ambas I)

Jordan, Prof. Pascual 01.04.1948

Josten, Mr. C.H. 06.04.1952, 03.05.1952 (ambas I)

Jung, Prof. Albert 20.05.1947, 10.11.1948

Kaufmann, Ministro janeiro de 1950

Keller, Prof. Adolf 20.03.1951, segunda-feira da Páscoa de 1951, 25.02.1955

Keller, Alwine von 02.01.1949

Kerényi, Prof. Karl 12.07.1951

Kesser, Armin 18.06.1949

Kiener, Hélène 13.08.1949, 14.05.1955, 15.06.1955

Kirsch, Dr. James 18.11.1952 (I), 29.01.1953, 28.05.1953, 16.02.1954, 05.03.1954

Klinckowstroem, Condessa Elisabeth 02.09.1953

Knopp, Joachim 10.07.1946

Komorowski, Dr. Stanislaw 19.12.1952

Kostyleff, Dr. N. 25.04.1952

Krauskopf, Georg 31.12.1949

Künkel, Dr. Fritz 10.07.1946

Kuhn, Prof. Werner 06.09.1955

Lachat, Pastor William 18.01.1955, 29.06.1955 (ambas F)

Lantero, Erminie Huntress 18.06.1947 (I)

Lay, Wilfrid 20.04.1946 (I)

Lewino, Walter 21.04.1948 (I)

Lichtenthaeler, Dr. Ch. 07.11.1950 (F)

Lier-Schmidt, C.C. Vera van 25.04.1952

Loewenthal, Prof. 11.04.1947

Loos, Cécile Ines 07.09.1954

Lyons, Mr. Roger 12.09.1946 (I)

Magor, Philip 23.05.1950 (I)

Maier, Prof. Emanuel 24.03.1950 (I)

Martin, Dr. Bernhard 07.12.1954

McConnell, Prof. R.A. 14.04.1953 (I)

McCormick, Fowler 22.02.1951, 24.11.1954 (ambas I)

Meerwein, Dr. Fritz julho de 1955

Mees, Dr. G.H. 15.09.1947 (I)

Memper, Pastor L. 29.09.1953

Menz, Padre Lucas, OSB 22.02.1955, 28.03.1955, 29.06.1955

Metman, Philip 27.03.1954

Metzger, Elisabeth 07.01.1953

Meyer, Dr. Hans 30.01.1946

Milt, Dr. Bernhard 13.04.1946

Moça grega 14.10.1954 (I)

Moreux, Serge 20.01.1950 (F)

Nanavutty, Mrs. Piloo 11.11.1948 (I)

Neal, Mr. J. Wesley 09.02.1952 (I)

Neumann, Dr. Erich 05.08.1946, 01.07.1947, 19.07.1947, 17.08.1948, dezembro de 1948, 28.08.1949, 05.01.1952, 28.02.1952, 30.01.1954, 15.12.1955

Niederer, Pastor Werner 23.06.1947, 05.08.1947, segunda-feira da Páscoa de 1951, 01.10.1953

O., Mr. 30.04.1947, 02.05.1947, 07.05.1947, 20.05.1947 (todas I)

Oeri, Hanna 23.12.1950

Ogdon, Mr. J.A. Howard 15.04.1948 (I)

Orelli, Dr. Aloys von 07.02.1950

Oswald, senhora H. 11.11.1954

Payne, Virginia 23.07.1949 (I)

Pelet, Emma von 04.04.1949

Perry, Dr. John W. 08.02.1954 (I)

Pfäfflin, Pastor Fritz 22.03.1951

Pierre, Noël 03.12.1952 (F)

Pinckney, Sally M. 30.09.1948 (I)

Piper, Dr. Raymond F. 21.03.1950 (I)

Post, Laurens van der 26.12.1954 (I)

Preiswerk, Dr. Richard 21.04.1947

Priestley, J.B. 17.07.1946, 09.08.1946, 08.11.1954 (todas I)

Quispel, Prof. Gilles 21.04.1950

Rajapakse, Donald 22.01.1952 (I)

Raman, Prof. B.V. 06.09.1947 (I)

Ramondt, Marie 10.03.1950

Read, Sir Herbert 17.10.1948 (I)

Reh, Valerie 28.07.1952

Rhine, Prof. J.B. 01.04.1948, 18.02.1953, 25.09.1953, 09.08.1954 (todas I)

Robb, Barbara 19.11.1952 (I)

Roenne-Peterson, Mr. E. 16.03.1953 (I)

Rohland-Oeri, Regula 23.12.1950

Rolfe, Eugene M.E. 03.03.1949, 01.05.1954 (ambas I)

Rosen, Gerd 16.06.1952

Rudin, Dr. Josef 14.03.1953, 01.10.1954

Rukser, Udo 06.09.1947

S., Dr. 08.10.1947, 01.04.1948, 30.09.1948, 08.08.1951, 05.12.1951

Savides, Prof. Antonios P. 13.01.1948 (I)

Seelig, Dr. Carl 25.02.1953

Sinclair, Upton 03.11.1952, 24.11.1952, 07.01.1955, 20.01.1955, 25.02.1955 (todas I)

Smith, Carleton 09.09.1953 (I)

Smith, William Hamilton 26.01.1953 (I)

Smythies, Dr. John Raymond 29.02.1952 (I)

Snowdon, Mr. B.A. 07.05.1955 (I)

Splett, Oskar 23.05.1950

Symonds, John 13.10.1953 (I)

Schär, Prof. Hans 16.11.1951, 15.08.1952

Scharschuch, Horst 01.09.1952

Schevill, Margret E. 25.07.1946 (I)

Schmid-Lohner, Julia 20.05.1947

Schravendijk-Berlage, senhora G. van 11.02.1953

Schrenk, Prof. Oskar 08.12.1952, 18.11.1953

Schwarz, Dr. E. 02.03.1954

Stacy, Don L. 01.09.1952 (I)

Stahel, Dr. Jakob 17.03.1947

Stehli, senhora L. 31.10.1952

Tauber, Dr. Ignaz 23.01.1953, 13.03.1953

Tenney, Prof. Edward Vernon 23.02.1955 (I)

Theens, Karl 25.04.1955

Thompson, Dorothy 23.09.1949 (I)

Thorburn, Prof. John M. 06.02.1952 (I)

Thorne, Evelyn 23.03.1955 (I)

Tütsch, Hans E. 23.02.1950

Uhsadel, Prof. Walter 12.07.1947, 06.02.1952

Vasavada, Prof. Arvind U. 22.11.1954 (I)

Veladini, Linda 25.04.1952

Verzár, Prof. Dr. Fritz 31.10.1946

Vischer, Prof. Adolf L. 21.03.1951

Volkening, Dr. Ernesto A.C. 31.12.1949, 19.08.1950

Vuille, Pastor Olivier 22.02.1946 (F)

Watson, E.L. Grant 25.01.1954 (I)

Waveren, Erlo van 25.09.1946 (I)

Weld, Maria Folino 05.12.1951 (I)

Werblowsky, Dr. Zwi 28.03.1951, 17.06.1952, 21.05.1953, 02.09.1953

Westmann, Heinz 12.07.1947

White, Padre Victor 13.02.1946, 13.04.1946, 06.11.1946, 18.12.1946, 27.03.1947, 23.04.1947, 19.12.1947, 27.12.1947, 30.01.1948, 21.05.1948, 24.09.1948, 16.12.1948, 08.01.1949, 31.12.1949, 12.05.1950, 25.11.1950, 21.09.1951, primavera de 1952, 9-14.04.1952, 30.04.1952, 30.06.1952, 24.11.1953, 10.04.1954, 19.01.1955, 02.04.1955, 06.05.1955 (todas I)

Whitmont, Dr. Edward 04.03.1950

Wieser, Dr. St. 06.07.1951

Willwoll, Prof. Alexander 14.01.1946

Zacharias, Dr. Gerhard 24.08.1953

A destinatários não identificados 10.04.1946, 28.04.1946 (I), 10.07.1946, 20.07.1946, 07.10.1946, 07.10.1946 (I), 1947, 15.01.1948 (I), 24.01.1949, 25.04.1949, 13.10.1951 (I), 01.11.1951 (I), 01.11.1951, 28.07.1952 (I), 03.08.1953, 31.07.1954 (I), 02.10.1954 (I), 17.02.1955 (I), 26.04.1955, 28.04.1955, 19.11.1955 (I)

Índice de pessoas, autores e títulos

O índice refere-se apenas ao texto das cartas (não às notas). Os números em itálico indicam os destinatários mencionados no cabeçalho da carta e as páginas em que começa a carta. Textos e documentos como, por exemplo, apócrifos, Bíblia, I Ging, Gilgamesh etc. são mencionados no índice analítico.

Adler, Alfred, 165
Agostinho, 22, 72, 111, 191
– *Sermo Suppositus*, 313
Agrippa de Nettesheim
– *Philosophia Occulta*, 257
Akbar, o Grande, 98
Alano da Ilha (Alain de Lille), 16
Alberto Magno, 257
Al Ghasali, 13, 16, 229
Alverdes, Friedrich, 130
Amstutz, Jakob, *89, 96, 283, 421*
Anderes, Ernst, *46*
Antão do Egito, 371
Apuleio
– *Metamorfoses*, 20, 216, 372
Aristóteles, 63
Artemidoro de Daldis
– *Oneirokritika*, 154
Asbeck, Erna, 66
Aschner, Bernhard, *190*
Ashmole, Elias, 222s., 225, 237
– *Fasciculus Chemicus*, 238
Atanásio, 371

Atwood, 237
Aurobindo, 84
Avicena, 63

Bach, Friedrich, *265*
Bach, Johann Sebastian, 151
– *Kunst der Fuge*, 151
Bächler, P., *101*
Balzac, Honoré de, 133
Bancroft, Mary, *437*
Barbault, André, *344*
Barrett, John D., 279, *321*, 399
Barth, Karl, 311, 315
Basílio Magno, 146
– *Hexameron*, 146
Baynes, Helton Godwin, 30
Bedford, Mitchel, *274*
Beethoven, Ludwig van, 150
Benda, Julien
– *La Trahison des Clercs*, 356
Bendit, Laurence J., *24*
Bento, 393
Bennet, Edward A., *303*

Berger, Hermann, 76
Bergh van Eysinga, G.A. van den, *322*
Bernet, Walter, *424*
– *Inhalt und Grenze der religiösen Erfahrung*, 424
Bernstein, Leonhard
– "The Old Wise Man", 396, 437
Berntson, Oluf, *70*
Bertine, Eleanor, *40, 60*, 205
Billeter, Paul, *236*
Binswanger, K., 88
Birkhäuser-Oeri, Sibylle, *169*
Birnie, C.R., *107*
Bismarck, 64, 416
Bitter, Wilhelm, 149
Blake, William, 118, 193
Blanke, Fritz, *116*
– *Bruder Klaus von Flüe*, 116
Blavatsky, Mrs.
– *Isis Unveiled*, 349
Bleuler, Eugen, 170, 279
Bleuler, Manfred, *170, 401*
– "Die Schizophrenie", 401
Bodelschwingh, Friedrich von, *312*
Böhme, Jakob, 183, 232
Böhler, Eugen, *448*
Boltze, Heinrich, *180*
Boaventura
– *Itinerarium Mentis ad Deum*, 20
Boner, Georgette, *56*
Booth, William, 312
Bovet, Theodor, *443*
Bowman, S.C.V., *309*
Bô-Yin-Râ (Schneiderfranken, Joseph), 349
Bremi, Willi, *310, 315*
– *Der Weg des protestantischen Menschen von Luther bis Albert Schweitzer*, 310s.

Broch, Hermann, 358, 369
– *Der Tod des Vergil*, 358
Brown, G. Spencer, 297
– "De la Recherche Psychique considérée comme un Test de la Théorie des Probabilités", 385
Bruno, Père, 412
Buber, Martin, 217, 274, 318, 324
– "Religion und modernes Denken", 235
Bultmann, Rudolf Karl, 182, 259, 315, 374, 428
Burckhardt, Jacob, 22, 187, 255
Buri, Fritz, 236, *239*
– "C.G. Jungs 'Antwort auf Hiob'", 236

César Augusto, 394
Campbell, Paul, *273*
Cappon, D., *330*
Cassani, Fernando, *349*
Caussinus, Nicolau, 407
– *De symbolica Aegyptiorum sapientia*, 324, 407
Chrétien de Troyes
– *Contes del Graal*, 108
Chung-Yuan Chang, *167*
– "An Interpretation of Taoism in the Light of Modern Psychology", 167
Churchill, Mary, 51
Churchill, Winston, 46, 48, 51, 54, 295
Clemente Romano, 183, 304, 447
Cogo, Piero, *438*
Corbin, Henry, *286*
– "La Sophie éternelle", 286
Corti, Walter Robert, *416*
– "Die Mythopoese des Werdenden Gottes", 416
Crowley, Alice Lewisohn, *32, 207*
Curtius, Ernst Robert, 257
Cusa, Nicolau de, 281

Däss, Günther, *76*
Demócrito (Pseudo-Demócrito), 173
Diderot, Denis
– *Encyclopédie ou Dictionnaire raisonné*, 373
Dijk, A.F.L. van, *20*
Diógenes, 361
Dionísio Areopagita, 111, 130
Domingos, 200
Doniger, Simon, *446*
Dorneo, Gerardo, 174, 183
– "Speculativa Philosophia", 222
Drummond, James, 91

Eckhart, Mestre, 75, 164, 305
Eeden, Frederik van, 383
Einstein, Albert, 270, 280, 289
– "Spezielle Relativitätstheorie", 280
Eisler, Robert, *32*
Eliade, Mircea, *379*
– *Le Chamanisme*, 257, 314
– *Le Yoga. Immortalité et Liberté*, 379
Eliot, T.S., 205
– *Murder in the Cathedral*, 75
– *The Waste Land*, 75
England, H. George, *89*
Epifânio, 108
Eranos-Jahrbuch, 121
Evêmero, 372
Evans, Arthur, 354
Evans, Erastus, *326*
– *An Assessment of Jung's 'Answer to Job'*, 326

Faber, Augusta, 303
Fierz, Jürg, *124*
Fierz, Markus, *123*, *137*, 384, *410*
– "Zur physikalischen Erkenntnis", 137

– "Über den Ursprung und die Bedeutung der Lehre Isaac Newtons vom absoluten Raum", 410
Fierz-David, Linda, 410
– *Der Liebestraum des Poliphilo*, 223
Flamel, Nicolas, 237
Flournoy, Henri, *130, 278*
Flournoy, Théodore, 132, 395
Fordham, Michael, 104, *347, 384*
Franz, Marie-Louise von
– *Aurora Consurgens*, 54, 58, 209, 364
Frei, Gebhard, 88, *92*, 117, *127*, 334
– "Zur Psychologie des Unbewussten", 92
– "Magie und Psychologie", 127
Freud, Sigmund, 9, 13, 17, 22, 131, 137s., 165, 173, 191, 206, 215, 225, 271, 314, 355, 379, 400, 409, 429, 436
– *Totem und Tabu*, 9
– *Die Zukunft einer Illusion*, 10
Frey-Rohn, Liliane, 88
Frischknecht, Max, *12*
– "Das schreckliche Gesicht des Klaus von Flüe", 12s.
Frobenius, Leo, 180
Froboese, Felicia, 77
Fröbe, Olga, *24*

Galilei, Galileo, 412
Galliker, A., *211*
Gikatilla, Joseph ben Abraham, 293
Gilbert, J. Allen, *26*
Gioacchino da Fiori, 306s.
Glover, Edward
– *Freud und Jung*, 206
Godel, 62
Goethe, Joohann Wolfgang von, 19
– *Fausto*, 19, 68, 222s., 226, 369, 413, 416

Goldbrunner, Joseph, *163*
– *Individuation*, 163
Gonseth, 88
Gonzaga da Fonseca, L.
– *Maria spricht zur Welt*, 101
Graber, Gustav, *170*
Graecen, Patricia, *433*
Gray, Ronald D.
– *Goethe, the Alchemist*, 413
Gruesen, John, *423*
Guilherme II, 416
Gurdieff, George Ivanovitch, 349
Gurney, E., Myers F., Podmore F.
– *Phantasms of the Living*, 297

H., Dr., *182, 197*
Haberlandt, H., *228*
Haemmerli, Armin, *440*
Hahnemann, Samuel, 33
Hall, Calvin S., *354, 361*
Hall, Stanley, 138
Harding, Esther, *74, 205*
– *Das Geheimnis der Seele*, 74
Heard, Gerald
– *Is Another World Watching*, 178, 181
Heavener, Roscue (jr.), *165*
Hebel, Johann Peter, 132
Hegel, G.W.F., 416
Henderson, Joseph, *254*
Henley, Eugene H., *27*
Hesse, Hermann, 159, *171*
– *Steppenwolf*, 159
– *Siddharta*, 159
– *Demian*, 159
– *Morgenlandfahrt*, 171
Jerônimo, 352
Hilty, Palmer A., *441*
Hinkle, Beatrice, *178*
Hipólito, 108, 160

Hitler, Adolf, 28, 76, 143, 147, 257, 386, 423
Hobson, Robert F., 347
Hoch, Dorothea, *240, 249, 258, 284*
Hölderlin, Friedrich, 363
Hoop, J.H. van der, *9*
Hopf, Ludwig, 279
Horton, Ronald J., *411*
Hostie, Raymond, 109, *412*
– *Du Mythe à la Religion*, 412, 421, 432
Houdon, Antoine, 444
Hubbard, A.M., *390*
Hull, Richard F.C., *290, 317, 350, 381, 385*
Hurwitz, Lena, *31*
Huxley, Aldous, 341
– *The Doors of Perception*, 341
Hyslop, James Hervey, 35

Ibn Esra, 288
Inácio de Loyola, 111
– *Exercitia Spiritualia*, 111, 412
Illing, Hans A., *386, 389*
Irineu, 435
– *Adversus Haereses*, 302, 305
Isaac, Henry D., *359*

Jacobi, Jolande, *45, 48, 75, 88, 104, 158*
– "Der Schattengeliebte und das Rautendelein", 48
– "Die Tiere bei der Christgeburt", 75
Jacobsohn, H.
– "Das Gespräch eines Lebensmüden mit seinem BA", 293, 397
Jaffé, Aniela, *79, 80, 133, 193, 196, 199, 253, 290, 296, 333, 358, 369*
– "Bilder und Symbole aus E.T.A. Hoffmanns Märchen 'Der Goldne Topf'", 79
– "Seraphita", 133

- "C.G. Jung: 'Von den Wurzeln des Bewusstseins'", 333
- "Herman Broch: 'Der Tod des Vergil'", 358, 369

James, William, 35, 138

Janet, Pierre, 194
- *Automatisme Psychologique*, 323

Jeans, James Hopwood
- *Die neuen Grundlagen der Naturerkenntnis*, 60
- *Physik und Philosophie*, 60

Jeffrey, Carol, *348*

Jenny, P.F., *347*

João da Cruz, 91, 435
- *Die Dunkle Nacht der Seele*, 305, 329

Jones, Ernest, *215, 314*
- *Sigmund Freud*, 303

Jordan, Pascual, *101*
- *Verdrängung und Komplementarität*, 101

Josten, C.H., *222, 237*

Joyce, James, 433
- *Ulysses*, 257

Jung, Albert, *68, 117*

Jung, C.G.
- velhice e morte, 42, 56, 75, 79, 121, 133, 170s., 177, 186, 225, 290, 296, 363, 401, 450
- autobiografia, 95, 213, 278
- memórias, 84, 121, 123, 137, 145, 215, 298, 401, 416, 425, 438
- trabalho intelectual (v. tb. escritos de Jung), 17, 60, 86, 133, 171
- genealogia, 286, 299, 303, 424s., 441
- doenças, 10, 17, 27, 31, 55, 60, 121, 123, 196, 266, 268, 275, 288, 296, 440
- hábitos e tempo livre, 27, 29, 33, 40, 57, 60, 75, 121, 215, 275, 277, 280, 296, 333, 437
- aceitação na Alemanha, 9, 34
- autoavaliações, 98s., 120, 213, 240, 244, 253s., 326, 333, 356, 358, 369, 395, 397s., 399, 406s., 441, 444
- liguagem (estilo), 25, 29, 245s., 333, 358, 369, 395
- pedra (em Bollingen), 193, 258, 290

Jung, C.G. (Escritos)
- *Aion*, 17, 99, 109, 223, 227, 234, 236, 239, 241, 259, 269, 289, 313, 326s., 394, 403, 434, 442, 447
- *Resposta a Jó*, 193, 196s., 208s., 214, 225, 233, 236, 241s., 253, 255, 259, 269, 272, 276, 281, 283, 286, 289, 322, 327, 333, 366s., 370, 381, 399, 407s., 427s., 441s., 447
- *Ensaios sobre história contemporânea*, 99
- *O eu e o inconsciente*, 65, 169, 329, 449
- *Essays on Contemporary Events*, 99, 143
- "Experiences Concerning the Psychic Life of the Child", 138
- *A mulher na Europa*, 151
- *O segredo da flor de ouro*, 157
- "O espírito de Mercúrio", 58, 434
- "O espírito da psicologia", 44, 54, 63, 102, 140, 198
- "Prefácio ao livro de Suzuki: *Die Grosse Befreiung*", 46
- *Configurações do inconsciente*, 157, 171, 173, 232, 435, 449
- "Instinto e inconsciente", 32
- "Conflitos da alma infantil", 138
- *Mysterium coniunctionis*, 119, 205, 209, 223, 225, 382, 413
- *Paracelsica*, 173, 257
- "A árvore filosófica", 276, 289
- *Psicologia e alquimia*, 32, 223, 230, 289, 355, 399, 424, 449

– *A psicologia da dementia praecox*, 401
– "A psicologia do espírito", 58, 68, 114, 434
– *Psicologia e religião*, 22, 180, 183, 441
– *A psicologia da transferência*, 42
– *Tipos psicológicos*, 210
– "Religião e psicologia" (Merkur), 235, 242
– "A esquizofrenia", 401
– *Seminar on analytical Psychology*, 448
– *Símbolos da transformação*, 179, 317, 355
– *A simbologia do espírito*, 58, 62, 72, 77, 80, 136, 223, 269
– "A sincronicidade como um princípio de conexões acausais" (v. tb. Jung-Pauli), 194, 209, 220, 402
– *Two Essays*, 32
– "Sobre os arquétipos do inconsciente coletivo", 32
– "O simbolismo da mandala", 121
– *A psicologia do inconsciente*, 61
– "Sobre o si-mesmo", 121
– "Sobre sincronicidade", 197
– *As raízes da consciência*, 352
– "Prefácio ao livro de Werblowsky: *Lucifer and Prometheus*", 191
– *Transformações e símbolos da libido*, 31, 230
– "Sobre a psicologia e a patologia dos fenômenos chamados ocultos", 351
– "Sobre a psicologia da ideia de Trindade", 54, 58
Jung, C.G./Kerényi, Karl
– *Einführung in die Mythologie*, 195
– *Essays on a Science of Mythology*, 179
Jung, C.G./Pauli, Wolfgang
– *The Interpretation of Nature and the Psyche*, 385, 399s., 424

– *Naturerklärung und Psyche*, 205, 290, 442
Jung, Emma, 146, 169, 418, 421, 444, 448, 450

Kafka, Franz, 287
Kant, Immanuel, 60, 324, 367, 417
– *Prolegomena*, 324
Karrer, Otto, 176
– "Das Neue Dogma und die Bibel", 175
Kaufmann, Edmund, *149*
Kehoe, Donald Edward
– *Flying Saucers are Real*, 178
Keller, Adolf, *184, 188, 279, 397, 398*
Keller, Alwine von, *120*
Kellogg, Rhoda
– *The Psychology of Children's Art*, 380
Kepler, Johannes, 205
Kerényi, Karl (v. tb. Jung/Kerényi), 130, 195, 333
– *Der göttliche Schelm*, 333
Kesser, Armin, *136*
Kiener, Hélène, *140, 421, 432*
Kircher, Athanasius
– *Oedipus Aegyptiacus*, 55
Kierkegaard, Sören, 274, 315
Kirsch, James, *266, 276, 288, 325, 329*
Klinckowstroem, Condessa Elisabeth, *293*
Klopstock, Friedrich
– *Messias*, 193
Knoll, Max, 199
Knopp, Joachim, *33*
Knorr von Rosenroth, Christian
– *Adumbratio Kabbalae Christianae*, 266
– *Kabbala denudata*, 118
– *Klomplexe Psychologie* (In: Der Psychologe), 170
Komorowski, Stanislaw, *273*

Konnersreuth, Teresa de, 116
Kostyleff, N., *230*
Krauskopf, Georg, *145*
– *Die Heilslehre des Buddha*, 145
Kravtchenko, Victor
– *I chose Freedom*, 99
Kretschmer, Ernst, 149
Kronecker, Leopold, 198
Kuhn, Werner, *438*
Künkel, Fritz, *34*

Lachat, William, *377, 434*
– *Le Baptême dans l'Eglise réformée*, 377
– *La réception et l'action du
    Saint-Esprit dans la vie personnelle
    et communautaire*, 434
Lang, Josef, 159
Lantero, Erminie Huntress, *70*
Lay, Wilfried, *29*
Leade, Jane, 237
Le Fort, Gertrud von, 164
Leibniz, Gottfried W., 220, 345, 350
Lévy-Bruhl, Lucien, 130
Lewino, Walter, *106*
Lichtenthaeler, Charles, *173*
Lier-Schmidt Ernsthausen, C.C. Vera
    van, *231*
Lilly, William, 224, 237
Sudário de Turim, 268
Loewenthal, *59*
Loos, Cécile Ines, *351*
Lorber, Jakob, 33
Lutero, Martinho, 312
Lyons, Roger, *45*

Maag, Victor, 289
Magor, Philip, *166*
Maier, Emanuel, *159*

Mann, Kristine, 40s.
Martin, Bernhard, *366*
Martin, P.W., 387
McConnell, R.A., *283*
– "ESP – Facts or Fancy?", 283
McCormick, Fowler, *181, 366*
McPherson, Aimée Semple, 217
Meerwein, Fritz, *436*
Mees, Gualthernus H., *83*
Meier, C.A., 88, 448
Mellon, Mary, 321
Mellon, Paul, 321
Memper, L., *298*
Menz, Lucas, *393, 402, 435*
Metman, Philip, *332*
Metzger, Elisabeth, *274*
Meyer, Hans, *11*
Milt, Bernhard, *22*
Montesquieu, Charles de
– *Esprit des Lois*, 63
Moore, George Foot
– *History of Religions*, 262
Moreux, Serge, *150*
Mussolini, Benito, 389

Nanavutty, Piloo, *117*
– "A title-page in Blake's illustrated
    Genesis Manuscript", 118
Neal, J. Wesley, *215*
Neumann, Erich, *43, 73, 79, 110, 119,
    124s., 141, 208, 216, 317, 450*
– *Apuleius, Amor und Psyche*, 209, 216
– *Kulturentwiklung und Religion*, 317
– "Der mystische Mensch", 110
– "Die mytische Welt und der
    Einzelne", 141

463

– *Tiefenpsychologie und neue Ethik*, 120, 124s.
– *Ursprungsgeschichte des Bewusstseins*, 73
Newton, Isaac, 410
Niederer, Werner, *72, 80, 189, 300*
Nietzsche, Friedrich, 311
– *Also sprach Zarathustra*, 118
Noak, 187

O., Mr., *64, 65, 67, 69*
Oeri, Albert, 177, 186
Oeri, Hanna, *177*
Oeri, Regula, ver Rohland
Oeri, Sibylle, ver Birkhäuser
Ogdon, J.A. Howard, *105*
– *The Kingdom of the Lost*, 105
Orelli, Aloys von, *151, 285*
Orígenes, 20, 74, 147, 292
Oswald, H., *363*
Ouspensky, Peter D., 349

Paracelso, Teofrasto, 140, 173s., 190, 232
– *Liber Azoth*, 257
– *Vita Longa*, 174, 190
Pauli, Wolfgang (v. tb. Jung/Pauli), 88, 102, 137, 205, 245, 280, 283, 399s.
Payne, Virginia, *137*
Pelet, Emma von, *132*
Péronelle Lethas, 237
Perry, John W., *318*
Petit, Paul
– *Résistance spirituelle*, 70
Pfäfflin, Fritz, *186*
Filo, Judeu, 130
– *De opificio mundi*, 111
Pierre, Noël (Pierre Crapon de Crapona), *270*

– *Soleil Noir*, 270
Pillai, Raman, 84
Pinckney, Sally, *112*
Piper, Eleonore, 138
Piper, Raymond F., *157*
Pio X, Papa
– "Sacrorum Antistitum", 343
Pio XII, Papa
– "Ad Coeli Reginam", 372, 407, 423
– "Munificentissimus Deus", 423
Platão, 71, 161, 355
Polifilo
– *Ipnerotomachia*, 223
Pordage, John, 237
Post, Laurens van der, *370*
– *Flamingo Feather*, 370
Preiswerk, Richard Otto, *61*
Preiswerk, Samuel, 303
Priestley, John Boynton, *31, 39, 44, 362*
– "Books in General", 362
– *Bright Day*, 44
"Description of a Visit do Carl Jung", 44
"Jung and the Writer", 362
Prinzhorn, Hans, 390
Progoff, Ira, 384
Putnam, James, 138
Pitágoras, 185, 311, 442

Quispel, Gilles, 160

Raeder, Erich, 52
Radin, Paul, 333
– *Der göttliche Schelm*, 333
Rajapakse, Donald, *210*
Ramakrishna, 84, 106
Raman, B.V., *81*
Ramana Maharshi, Shri, 83s.
Ramondt, Marie, *155*
Rascher, Max, 74

Read, Herbert, *114, 362*
– *Green Child*, 114
Redlich, Monica
– *The Various Light*, 121
Reh, Valerie, *254*
Reinhold, 111
Renan, Ernest, 371
– *La Vie de Jésus*, 262
Rhenanus, Johannes
– *Harmoniae inscrutabilis*, 54
Rhine, Joseph Banks, *102, 278*, 295, *297, 350*
– *The Reach of the Mind*, 102
Rilke, Rainer Maria, 89
Robb, Barbara, *267*
Roenne-Peterson, E., *282*
Rohland, Regula, *178*
Rolfe, Eugene M.E., *129, 343*
– "The Idea of Humanity", 129
– "Rival Gods", 343
Rosen, Gerd, *243*
Rosencreutz, Christian
– *Chymische Hochzeit*, 222, 413
Rudin, Josef, *281, 334, 352*
– "Antwort auf Hiob", 281
– "Die Tiefenpsychologie und die Freiheit des Menschen", 352
Rukser, Udo, *82*

S.,Dr., *85, 103, 113, 196, 205*
Sartre, Jean-Paul, 181, 206
Savides, Antonios P., *95*
Savonarola, Girolamo, 301
Schär, Hans, *203, 255*
– *Religion und Seele in der Psychologie C.G. Jungs*, 43
Schärf, Riwkah, 135
– *Die Gestalt des Satans im Alten Testament*, 19, 58

Scharschuch, Horst, *256*
Schelling, Friedrich W.J., 416
Schevill, Margret E., *42*
Schevill, Mr., 42
Schleiermacher, Friedrich, 286
Schmid-Lohner, Julia, *69*
Schmid, Marie Jeanne, 146
Schneiderfranken, Joseph, ver Bô-Yin-Râ
Schopenhauer, Arthur, 13, 76, 220, 400, 416
Schravendijk-Berlage, G., *277*
Schrenk, Oskar, *271, 302*
Schwarz, E., *328*
Schweitzer, Albert, 214, 260, 295, 310s., 315
– *Eine Geschichte der Leben-Jesu Forschung*, 264, 295, 311
Seelig, Carl, *279*
Sendivogius, Michael
– *De Sulphure*, 195
Servet, Miguel, 301
Simão, o teólogo, 203
Sinclair, Upton, *261, 268, 370, 383, 396, 398*
– *The Cup of Fury*, 399
– "Dr. Fist", 398
– *Mental Radio*, 399
– *Our Lady*, 370
– *A Personal Jesus*, 261, 268, 371
– *What Didymus did*, 371
Smith, Carleton, *294*
Smith, William Hamilton, *275*
Smythies, John R., 213, *218*, 297
– *Analysis of Perception*, 218
Snowdon, B.A., *419*
Splett, Oskar, *166*
Stacy, Don L., *258*
Stahel, Jakob, 57
Stalin, Josef, 147, 181

Stamm, Christian, *133*
Steck-von Erlach, G., *47*
Stehli, L., *261*
Steiner, Rudolf, 349
Stern, William, 137
Strauss, David Friedrich, 371
— *Das Leben Jesu, kritisch
    bearbeitet*, 262
Suzuki, Daisetz Teitaro, 273
— *Die Grosse Befreiung*, 46
Sykes, Gerald, 399
Symonds, John, *301*
— *The Great Beast*, 302

Tauber, Ignaz, *275, 280*
Temple, William, 72
Tenney, E. Vernon, *395*
Tertuliano
— *De testimonia animae*, 184
Theens, Karl, *413*
Teosebeia, 237
Tomás de Aquino, 17s., 58, 63, 147,
    200, 247, 340
— *Aurora consurgens* (v. Franz,
    M.-L. von)
— *Suma Teológica*, 381
Thompson, Dorothy, *141*
Thorburn, J.M., *212*
Thorne, Evelyn, *401*
Thurneysen, Eduard
— *Lehre von der Seelsorge*, 77
Toynbee, Arnold, 130
Toynbee, Philip, 381, 385
Trüb, Hans, 444s.
Tucci, Giuseppe, 130, 379
Tütsch, Hans E., *152*

Uhsadel, Walter, *77, 214*
— *Der Mensch und die Mächte des
    Unbewussten*, 214

Valentino, 161
Vasavada, Arwind U., *364*
Veladini, Linda, *232*
Virgílio, 119
— *Eneida* (I,48), 341
— *Éclogas*, 119
Verzár, Fritz, *52*
Vischer, Adolf L., 70, 88, *186*
— *Das Alter als Schicksal und
    Erfüllung*, 186
Vivekananda, 84
Volkening, Ernesto A.C., *146, 172*
Voltaire, François Marie, 373, 444
Volz, Paul
— *Das Dämonische in Jahwe*, 312
Vuille, Olivier, 19

Wagner, Richard, 150
Watson, E.L. Grant, *316*
Waveren, Erlo van, *48*
Weld, Maria Folino, *206*
Werblowsky, Zwi, *191, 244, 287, 293*
— "God and the Unconscious", 287
— "Kabbalistische Buchstabenmystik
    und der Traum", 293
— *Lucifer and Prometheus*, 191
— "Psychology and Religion", 287
Westmann, Heinz E., *78*
de Wette, Wilhelm, 286
White, Betty, 36
White, Stewart Edward, 34s.
— *Across the Unknown*, 34, 179
— *The Betty Book*, 34, 179
— *The Unobstructed Universe*, 34s., 179
White, Victor, *17, 23, 54, 55, 58, 62,
    72, 85, 88, 97, 108, 110, 119, 122,
    146, 162, 174, 200, 225, 226, 233,
    246, 267s., 287, 304, 333, 381,
    396, 406, 418*
— "The Analyst and the Confessor", 110

- "Correctio fatuorum", 146
- "Dying God", 225
- *Gott und das Unbewusste*, 225
- "Die Psychologie von St. Tomas", 63
- "The Scandal of the Assumption", 174s.
- "St. Thomas Aquinas and Jung's Psychology", 17
- "St. Thomas' Conception of Revelation", 58, 63

Whitmont, Edward, *153*
Wickes, Frances G., 354
Wieser, St., *194*
Wilhelm, Richard, 35, 130
Willwoll, Alexander, *11*
- "Vom Unbewussten im Aufbau des religiösen Erlebens", 11

Wolff, Kurt, 321
Wolff, Toni, 169, 288, 293
Wu Ch'eng-ên
- *Monkeys Pilgerfahrt*, 56
Wylie, Philip, 86
- *Generation of Vipers*, 86
Yogananda Paramhansa, 217
- *Autobiography of a Yogi*, 217, 414

Zacharias, Gerhard P., *292*
- *Psyche und Mysterium*, 292, 334, 434
Zimmer, Heinrich, 84, 130
- *Der Weg zum Selbst*, 84
Zola, Emile, 352, 415
Zósimo de Panópolis, 237

Índice analítico

O índice refere-se apenas ao texto das cartas (não às notas). Se Jung mencionar um assunto no texto da carta, que é mais bem esclarecido na nota, a indicação do índice refere-se assim mesmo sempre ao texto.

abaissement du niveau mental, 37, 194, 395
achurajim, 118
acidente, 278, 332
acima e embaixo, 250, 350
Adão, 335
Adônis, 411
afetividade, 151
África, 215, 370
ágape, 71
agnosticismo, 229
agressividade, 113
água, 250
águia, 271s., 302
ajna, 431
Alá, 13, 229, 240, 417, 441
alegoria, 161
Alemanha (v. tb. nacional-socialismo), 28, 35, 143, 204, 257
– depois da guerra, 43, 49s., 186
– e a comunidade dos povos, 50, 127
– e a culpa coletiva, 49s.
– e a Suíça, 49, 187
– e não alemães, 12, 28, 49, 51

– história do pensamento alemão, 12, 53, 243
– psicologia da, 12, 28, 50s., 76, 142, 187, 244, 386
alma (v. tb. psique, psíquico), 14, 69, 180, 205, 232, 244, 246, 251s., 270, 295, 311, 378
– aspecto duplo da, 245
– e corpo, 41s., 91, 117, 172, 218
– e espírito, 113s., 180
– espacialidade e temporalidade da, 25, 128, 205, 330
– perturbação da, 245
alquimia, 33, 48, 54, 131, 355, 393, 413
– e cristianismo, 86, 109, 209, 269
– filosofia alquimista, 20, 223, 449
– quadratura na, 23, 183
– símbolos (simbolismo) alquimistas, 14, 74, 111, 115, 222, 237s.
alquimistas, 111, 115, 173, 183, 195, 232, 237, 291, 394, 434
Amenófis, 303
América, americano, 28, 52, 83, 86, 122, 137, 141, 150, 167, 262, 321, 384

– e Europa, 28, 86, 138, 143, 262, 320s., 354
– psicologia americana, 28, 137, 138s., 141, 150, 167, 321, 354, 379, 384
amplificação, 29, 391
anahata, 431
análise, 26, 45, 61, 64, 65, 74, 91, 95, 126, 165, 202, 230, 268, 387, 396
– conselhos para terapia analítica, 46, 48, 61, 107, 254, 273, 318, 331, 353
– individual, 388
analista (v. tb. médico, psicoterapeuta), 26, 74, 273, 276, 319, 340
angina, 233
anima, 67, 86, 91, 97, 222, 237, 305, 361, 433
– como arquétipo, 36, 106
– e sabedoria, 106, 308
– e sombra, 129, 223
– figuras (formas) da, 36, 67, 97, 100, 106, 200, 223, 433
animal, 17s., 91, 322
– "útil", 287
animus, 31, 86, 96, 151, 350, 357, 361
antecipação, 306s., 316
anthropos, 115, 189s, 198, 327, 337, 442
anticristo (v. tb. Cristo, demônio), 86, 108, 111, 327, 421, 447
antigüidade, 144s., 372, 393, 431
antropomorfismo, v. imagem de Deus
antropósofos, 311
apercepção, 391
apócrifos
– Apocalipse de Pedro, 287
– Atos de João, 20
– Atos de Tomé, 20
– Henoc, 197, 237, 241, 263, 371, 373
Apóstolo, 310
Aquário (v. tb. era), 393, 397
Aquário, era, 337, 393, 397
Áries (v. tb. era de), 393, 397

Áries, era de, 337
arqueologia, 295, 411
arquétipo(s), 18, 36s., 54, 125, 176, 227, 239, 245, 300, 314, 330, 335, 354, 361, 379, 400, 405, 425s., 448
– autonomia do, 246, 322, 422, 430
– como condição preexistente, 18, 146
– como dominantes, 60
– como esquema das imagens, 13, 146
– como forma (estrutura), 22, 131, 146, 153, 161, 314, 423
– como modelo, 197s., 229
– como ordenador, 146, 197
– conceito/termo, 22s., 111, 130, 146, 322
– do si-mesmo, v. lá
– e hereditariedade, 32, 131, 354
– e horóscopo, 345
– e inconsciente coletivo, 13, 150
– e instinto, 32, 131, 146, 154, 220, 322, 330, 422
– e mitologia, 130, 195, 449
– e modelo atômico, 197, 229, 239
– e pattern of behaviour, 130, 153, 322, 380
– e sincronicidade, 86, 197, 220
– e sonho, 195, 323, 361, 379
– em si, 197, 258
– empiria dos, 22, 130, 146, 161, 198, 228, 258, 425
– fascinação através dos, 18, 319
– imagem arquetípica, 32, 131, 146, 161, 272
– motivos arquetípicos, 195, 227, 323, 361, 379
– mundus archetypus, 197, 423
– natureza psicoide dos, 197
– numinosidade dos, 150, 189, 197, 231, 422, 427, 430
(Ver tb. anima, anthropos, Cristo, dogma, imago Dei, Homem-Deus,

hierosgamos, Virgem-mãe, mãe, Édipo, sacrifício, transe, o velho sábio)
arte, moderna (v. tb. literatura), 75, 256, 270
árvore, 175, 288, 313, 336
– do mundo, 313
Ascona, v. encontros Eranos
associações (clubes, institutos)
– Analytical Psychology Club (Los Angeles), 276
– Analytical Psychology Club (Nova York), 113
– C.G. Jung-Institut, 75, 79, 88, 113, 120, 193, 197
– Christian Science, 387
– Innerschweizerische Ges. Philosophie, 117
– Intern. Allg. Ärztl. Ges. f. Psychotherapie, 10
– Intern. Psychoanalytische Vereinigung, 215
– Institute of Psychiatry, Londres, 347
– Lehrinstitut f. Psychotherapie (Stuttgart), 149
– Lehrinstitut f. Psychotherapie (Zurique), 9, 17
– National Arts Foundation, 294
– Movimento-Oxford, 387
– Psychologischer Club (Zurique), 79, 88, 113, 387
– Royal Society of Medicine, 304
– Society for Psychical Research, 213, 218, 297
Assumptio, v. dogma
Assunção de Maria, v. dogma da Assunção
astrofísica, 295
astrologia, 81, 199, 213, 332, 399
– e psicologia, 344s.
astronomia, 295

ateísmo, 14, 337
Átis, 192, 336, 411
Atlântida, mito da, 180
atmã, 208, 316
atômico(a) (v. tb. autodestruição)
– bomba, 12, 378, 398
– física (v. tb. física), 140
-– e psicologia, 58, 127s., 394
– modelo, v. arquétipo
átomo de hélio, 218
autossalvação, 231
autoconhecimento, 359, 365
autocura, 105
autodestruição (v. tb. bomba atômica), 12, 283, 337, 378, 394, 398
autoerotismo, 192, 356
avidya, 94, 337

Baldur, 411
barrete, 411
Basileia, v. Universidade
batismo, 378
bem e mal (v. tb. o mal), 94, 204, 233s., 246s., 304s., 325, 421
– a união de, 335s.
– como julgamentos, 147, 226, 234, 246s., 436
– como opostos, 226s., 235, 246s., 404
– realidade de, 234s., 247, 382, 447
bem-estar, 143, 320
beneditino, 393
Bhubanesvar (pagode), 84
Bíblia (v. tb. apócrifos), 236, 239, 242, 249, 258, 261, 286, 292
– Antigo Testamento, 88, 185, 249
– – Cântico dos Cânticos, 18
– – Ezequiel, 118, 291, 374
– – Gênesis, 325, 422
– – Isaías, 128, 404, 406
– – Jó (v. tb. Jung, *Resposta a Jó*), 362, 430

– – Oseias, 19
– – Sabedoria, 68
– – Salmos, 235
– Novo Testamento, 251, 262s., 268, 367
– – Apocalipse, 111, 323
– – Atos dos Apóstolos, 94, 99, 368
– – Corpus Christianum, 262, 269
– – Epístola de Tiago, 158
– – Evangelho de João, 262, 306, 327, 337
– – Evangelho de Lucas, 99, 325, 334, 368
– – Evangelho de Marcos, 334
– – Evangelho de Mateus, 94, 251, 325, 335, 368
– – Evangelho, 69, 249, 251, 258s., 371, 373s.
– – mensagem cristã, 258s., 300, 375, 394
Bina, 266
binário, 183
biologia (v. tb. instinto), 17, 59, 63, 130, 295
bolchevismo (v. tb. comunismo, Rússia), 125, 392
Bollingen (v. tb. Torre), 23, 133, 215
Bollingen Foundation (Nova York), 321
Bollingen Press, 350, 399
bomba de hidrogênio, v. bomba atômica
bruxa, 68
Buda, 145, 276, 311, 434, 442
budismo, 76, 91, 94, 109, 145, 242, 259
Burghölzli (clínica), 171

Cabala, 118, 266, 325, 327
cálculo de probabilidade, 297
calculus albus, 289
Calcutá, 414
Cântico dos Cânticos, v. Bíblia
caos e cosmos, 340
caráter, diagnóstico do, 254
carcinoma, fobia de, 439
cáritas, 312
casamento (v. tb. hierosgamos), 151

casos (v. tb. análise, imagens, conselho de vida, fantasias, sonhos, visões)
– clarividência, 194
– depressão, 230
– filho sonha pelo pai, 237
– fobia de carcinoma, 439
– paralisia infantil, 232
– tuberculose, 233, 273
castração, complexo de, 73, 79, 191
casuística, v. análise, imagens, casos, conselho de vida, fantasias, sonhos, visões
catatonia, 105
catolicismo, 182s., 185, 252
– Igreja Católica, 207, 283, 311, 315, 432
católico (v. tb. catolicismo), 125s., 182, 185, 241
causalidade (v. tb. espaço, tempo), 153, 194, 220, 350, 384s.
– como verdade estatística, 221, 274, 297, 344, 352, 384
– e liberdade, 274, 328, 352
– e sincronicidade, 220s., 328, 345, 352
centro, meio, 77, 274, 425
cérebro, 219, 330
céu estrelado, 140
Chadir, 215
chalom, 293
charta geomantica, 338
Chên-yên, 29s.
China, 56
chofar, 323
cholem, 293
Christian Science, 387
Chuang-tsu, 168
chymische Hochzeit, 222, 237, 413
Cibele, 336, 411
ciência, 432
circuncisão, 192
cisma (v. tb. divisão), 125, 241, 252, 260, 285

civilização, 18, 75

clarividência (clairvoyance), 194, 220, 297

Codex Jung, 308

código de moral, 125

coincidência (v. tb. correspondência, sincronicidade), 140, 154, 220, 352

coletivo (v. tb. grupo, massa, sociedade), 78, 112, 129, 260, 378

– e indivíduo, v. lá

compensação (v. tb. o inconsciente), 35, 143, 338s.

– teoria da, 188

complementaridade, 153

complexio oppositorum, 33, 111, 250, 281, 423, 441, 447

complexo (v. tb. complexo de mãe, de castração, de Édipo, de pai), 331

compreensão, 61s.

comunidade das nações, 50, 127

comunismo (v. tb. boschevismo, marxismo, Rússia), 257, 423

concupiscência, 191

conferências (Jung), 40, 43, 88, 298

confissões (v. tb. Igreja, catolicismo, protestantismo), 252, 285, 442

conflito, 97, 142, 250, 305

– de obrigações, 94, 125

– entre os opostos, 305, 409

conformismo social, 70

Confúcio, 311, 442

congressos

– Clark Conference, 137s.

– I. Intern. K. f. Analyt. Psychologie, 350

– Intern. K. f. Psychotherapie, 401

– Present Question Conference, 78

– Zürcher Naturfoschenden Gesellschaft, 51, 54

coniunctio, 21, 207, 222, 226, 413

conjunção (astrol.), 345

consciência, 12, 91, 94, 105, 124, 126, 190, 218, 232, 300, 309, 336, 339, 340, 423, 429, 435

– desenvolvimento (progresso) da, 53, 78, 142, 372, 431

– e emoção, 194

– e liberdade, 274, 309

– e o inconsciente, 141s., 156, 206, 239, 256, 403

– – e compensação através do, v. inconsciente

– – e conteúdos, v. inconsciente

– – e inconsciente coletivo, 91, 104

– – e integração, v. inconsciente

– – separação do, 20, 34s., 63s.

– – união do, 66, 105, 182, 194

– e o si-mesmo, v. eu

– função da (v. tb. função), 24

– limiar da, 103

– localização da, 431

– ocidental, 106

– tipos, 59

– unilateral, 82

conscientização, 35, 39, 206, 291, 421

conselho de vida, 26, 202, 348, 357, 415

– para análise, 46s., 95s., 202

– para com a realidade, 40, 85, 131, 167, 414

– para com o inconsciente, 64s., 69, 103, 135, 169

– para com o si-mesmo, 30, 350

– para com o suicídio, 39, 201, 446

– para extroversão e introversão, 32s., 132, 196, 211

– para imaginação ativa, 64s., 67, 169

– para o problema anima/animus, 67s., 96, 129, 350, 357

– para uma atitude perante o destino, 347, 416

conselhos, v. análise, conselho de vida, sonhos

contemplação, v. meditação
conteúdos, v. psique, o inconsciente
contingência, 221
contos de fadas, 88, 156, 287, 302
Cormorin (Índia), 84
corpo (v. tb. doença)
– e alma, 41s., 91, 117, 172, 218
– e espírito, 175, 218s., 330, 348, 382
– e psique, 172, 218s., 330
corpo sutil (subtle body), 128, 218
Corpus Christianum, v. Bíblia
Corpus Hermeticum, 22, 111, 130, 262
correspondência (v. tb. sincronicidade),
   154, 220, 345
Cortina de Ferro (v. tb. divisão), 179, 336
Cós (médicos de), 440
cosmos e caos, 340
cosmovisão, 125, 375
credo, v. fé
criador, v. Deus
criança, filho(a), 282, 302, 347, 379
– divina, 319
– e pais, 78, 130, 232, 237
criança-prodígio, 347
criativo, o, 207
criminalidade, 201
criptomnésia, 35, 379, 395
cristal, estrutura do, 13s., 22
cristianismo (v. tb. catolicismo, Igreja,
   confissão, protestantismo), 53, 76,
   93, 109, 147, 188, 259, 266, 293,
   334, 357, 374
– atual, hodierno, 125, 126s., 242, 249,
   301, 327
– dualismo do, 248, 447
– e alquimia, 86, 109, 209, 269
– e Europa, 145, 260, 311s.
– e verdade, 109
– histórico, 256, 258, 285, 313, 372,
   374s., 394
– revolução no, 12, 301

Cristo (v. tb. Jesus), 86, 189, 249, 251,
   259, 264, 268s.
– a cruz de, 250, 336
– anima Christi, 111, 122, 334
– como anthropos, 115, 327, 442
– como arquétipo, 18, 111, 335,
   434, 442
– como Deus e homem, 197s., 334
– como Homem-Deus, v. lá
– como experiência interior (em nós),
   93, 259, 300
– como fenômeno sincronístico, 197, 335
– como filho do homem, 263, 269, 373
– como imago Dei, 189, 434
– como logos, 269, 428
– como luz, 301, 327, 336
– como mitologema, 184, 197, 335
– como ser divino, 86, 334
– como ser humano, 189, 197
– como símbolo, 90, 185, 304, 306s.,
   325, 421, 447
– crucifixão, 336, 408
– "desmitificação", v. lá
– desvalorização de, 307s.
– e anticristo, 327, 421, 447
– e as sombras, 161, 305, 335s., 435
– e Deus, 304, 307, 325, 327, 335, 447
– e o mal, 94, 304s., 421
– e o si-mesmo, 111, 189, 241, 259,
   285, 301, 304, 325, 334, 434
– e os judeus, 250s., 266, 325
– e os opostos, 111, 250s., 408
– e parusia, 269, 310, 312, 327
– e satanás, 90, 304, 325, 327, 334,
   336, 447
– encarnação de, 111, 259
– espírito de, 251
– figura, imagem de, 109, 269, 292,
   300, 327
– – numinosidade da, 189

– imitação de, 251, 301, 305
– nascimento de, 111
– reino de, 269
– relativizado, 311, 313, 315
– renascimento de, 111
– ressurreição de, 259, 442
– tentação de, 336
crucificado, 336
crucifixão de Cristo, v. lá
cruz, 82, 156, 336, 405
culpa coletiva, 49s.
cultura, 212, 293
cura animarum, v. pastoral
cura, 33, 105, 340, 386, 396
curandeiro, xamã, 122, 156

daimonion, 71
dementia praecox, 401
Deméter, 357, 411
demiurgo, 208, 283
demoníaco (v. tb. o mal), 75, 185,
    227, 256
demônio (satanás) (v. tb. anticristo,
    binário, o mal), 33, 111, 147, 193,
    208, 241, 247, 285, 305, 339,
    371, 404
– Deus e, v. lá
– e Cristo, 90, 304, 325, 327, 334,
    336, 447
– e psique, 90, 442
– e Trindade, 183
depressão, 216, 230
desenhos infantis, 380, 424
desenvolvimento (v. tb. consciência),
    201, 204, 230, 260
desmitificação (Bultmann), 182s., 185,
    258, 315, 374, 428
Deus (v. tb. Cristo, divindade, o divino,
    Deus-Pai, Javé), 15, 72, 77, 91, 99,

185, 204, 208, 229, 245, 299s.,
    318, 367, 406, 408, 419, 439
– antinomia (v. tb. opostos em D.),
    203, 406, 434
– casamento de, 192
– como centro, 77, 425
– como complexio oppositorum, 281,
    423, 441, 447
– como complexo de representação, 14
– como imagem (v. tb. imagem de
    Deus), 93, 164, 240, 422, 427, 429
– como mitologema, 184, 422
– como Summum Bonum, 234, 248,
    301, 404, 422, 441
– conceito de, 12, 208, 239, 313,
    318, 353
– consciência de, 90, 289, 291
– criador, 198, 235, 304, 434
– cristão, 175, 182
– do Antigo Testamento (javista), 239,
    275, 283
– – e do Novo Testamento (cristão),
    236, 312, 315, 318, 324, 327, 335,
    368, 403, 407, 417, 429, 444
– e arquétipo, v. imagem de Deus,
    Homem-Deus
– e Cristo, 304, 307, 325, 327, 335, 447
– e experiência interior, 180, 245, 300,
    353, 420
– e homem (relação com o ser
    humano), 80, 203, 208, 281, 291,
    325, 327, 335, 337, 403, 409, 435
– e o inconsciente, 12, 300
– e o mal, 234, 248, 304s.
– e o si-mesmo, 93, 227, 291, 300,
    305, 334, 408, 427, 432
– e satanás (v. tb. demônio), 208, 248,
    325, 447
– encarnação, 189, 264, 266, 281, 291,
    304, 325, 407, 423, 435

- homem e Deus (relação do homem com D.), 80, 192, 203, 216, 241, 274, 281, 283, 289, 291, 311, 327, 337, 404
- ideia e imagem de (v. tb. Deus como imagem, conceito e representação de Deus), 240, 275, 289, 300, 324, 427, 430, 447
- - antropomorfismo da, 228, 239, 324, 422, 428, 430, 445
- - católica, 324
- - cristã, v. Deus
- - e teologia, 14, 318, 420
- - imago Dei, 13s., 55, 93, 182
- - como arquétipo do si-mesmo, 189, 434
- - no Antigo Testamento, v. Javé
- - protestante, 209, 313, 324
- imagem sempre igual de, 13s.
- imago Dei, v. imagem de Deus
- incognoscibilidade de, 261, 422, 426, 441
- metafísico, 12, 228, 239, 241
- no ser humano, 14, 99, 203, 339
- opostos em, 227, 275, 281, 304, 306s., 325, 407s., 423, 439, 447
- prova de, 180, 229, 367, 439
- reino de, 143, 260
- representação de, 14, 164, 240, 261
- "sendo", 421s.
- símbolo de, 93, 432
- tornar-se pessoa humana, 182, 203s., 283, 305, 409
- transformação de, 239, 324s., 417
- vontade de, 14, 164, 190
- - e o ser humano, 92, 203, 260, 315, 319, 432, 446
Deus-pai, 106, 198, 264, 304, 335
deusa do amor, 192
deuses, 372, 407, 416, 420, 441
dimensão (v. tb. espaço e tempo), 127s., 213, 297

directeur de conscience, 242, 307, 338, 407
disco voador, 178, 181
dissociação, 179, 230
divindade, 12, 305, 353, 403, 422, 441
divino, o, 68, 439
divisão (v. tb. Cortina de Ferro, cisma), 307, 334, 407
divórcio, 144
docetismo, 182
doença mental, v. psicose
doença(s), 33, 40, 42, 174, 209, 265, 377
- angina, 233
- câncer, 42
- dos ouvidos, 196
- paralisia infantil, 233
- tuberculose, 233, 273
dogma (v. tb. fé, Igreja), 23, 72, 94, 106, 109, 241, 252, 269, 306, 310, 374
- da Assumptio B.M.V., 185, 207, 240, 242, 247, 266, 306, 367, 372, 399, 407
- - a conclusão, 106, 176, 374
- - a declaração, 175, 183
- - como arquétipo, 176
- - como fato espiritual, 175
- - como símbolo, 176, 182, 447
- - e princípio feminino, 175, 183
- da Imaculada Conceição, 306
- do nascimento virginal, 72, 175, 227
- e arquétipo, 72
dogmática, 72, 188, 229, 241, 304
dragão, 90s., 96s., 323
drogas, v. haxixe, LSD, mescalina, ópio
dualismo, 147s., 248, 447
Dura Europos, 264
dúvida, 340

ecclesia spiritualis, 383, 432
Édipo, 249
- complexo de, 130

Egito, 61, 393, 397
ego, 30
– e si-mesmo, 348, 350, 364, 387
Elias, 176, 302
emoção (v. tb. sentimento), 151, 194,
    254, 257, 278, 297, 382
empiria (v. tb. experiência, epistemologia,
    ciência), 10, 16, 165, 180, 231, 243,
    245s., 269, 322, 323, 349
– e filosofia, 71, 76, 165, 240, 412, 417
enantiodromia, 327
encarnação, v. Deus
enciclopedistas, 373, 378
energia (v. tb. libido), 127, 165, 221, 335
entendimento, acordo, 359s.
éon, v. era
epistemologia (teoria do conhecimento),
    235s., 417, 422, 427s.
– limitação epistemológica, 23, 165,
    229, 300, 318, 422
Equipolência, 29
era (éon), 306s.
– cristã, 86, 306
– de Aquário, 337, 393, 397
– de Áries, 393, 397
– de Peixes (Pisces), 86, 336s., 393
– de Touro (Taurus), 337, 393, 397
Eranos, encontros (Eranos-Tagungen),
    24, 40, 44, 46, 51, 58, 63, 197, 199
eros, 71, 152
escatologia, 262, 264, 269
escola, v. escola freudiana, junguiana
Escolástica, 104, 107
escuridão (v. tb. luz e escuridão), 91, 306
espaço e tempo (v. tb. psique, o
    inconsciente, percepção), 25,
    102, 345
– absolutos, 213, 410
– como princípios, 220, 350, 384s., 441
– conceito físico de, 218, 284
– continuado, 102, 219, 220s.

– relatividade de, 25, 36, 102, 127,
    153, 177, 205, 213, 219s., 237, 280
espaço, 60, 218, 237, 410
espada, 90
especialização, 360
espiritismo (v. tb. espíritos,
    parapsicologia), 34
espírito, 25, 72, 113, 122, 176, 196,
    212, 266, 294s., 350, 434
– como qualidade da alma, 114, 180
– e corpo, 175, 218s., 330, 348, 382
– e matéria, 25, 175, 246, 250
– Santo, 97s., 106, 266, 305, 327,
    374, 434
espíritos (v. tb. parapsicologia,
    espiritismo), 35
esquizofrenia, 104s., 142, 171, 230,
    319, 401
Estado, 78
estatística, v. método
ética (moral), 94, 125s., 142, 312,
    336, 339s.
etnologia, 130, 295
eu (v. tb. ego), 90, 169, 230, 238, 325,
    364, 404, 426
– e individuação, v. lá
– e o si-mesmo, 387, 403
Europa (v. tb. Ocidente), 12, 28, 75, 98,
    143, 145, 273, 277, 295, 311, 415
– e América, 28, 86, 138, 143, 262,
    320s., 354
– e cristianismo, 145, 260, 312
Eva, 68
evangelho, v. Bíblia
evangelium aeternum, 306
exercícios de Inácio de Loyola, 20
existencialismo, 375, 428, 436
experiência (v. tb. empiria)
– interna, 168, 180, 245s., 300, 353,
    392, 425
–– e Deus, v. Deus, religião

477

– primordial, primitiva, 231, 417, 423
êxtase, 37, 41, 395
extroversão, 33, 59
extrovertido, 44, 211
Exultet, 370
Ezequiel, v. visões

falar em línguas, 395
fanatismo, 206
fantasia(s), 114, 355, 380
fariseus, 335, 337
farmacopeia, 14
fé, crença (v. tb. dogma, teologia), 225,
    229, 266, 283, 312, 329, 339s.,
    368, 374, 377, 417
– como carisma, 16, 312, 367, 425
– concretismo da, 396s.
– e dogma, 109, 375
– e saber, 15s., 180, 183, 366s., 438
– e verdade, 109, 366s.
femme inspiratrice, 36, 106, 433
fenomenologia, 15, 153
fenômenos de fantasmas, 205
ficção, 114
Filho do Homem, 263, 269, 373
filho, 192, 336, 372
filologia, 295
filosofia (v. tb. epistemologia,
    metafísica), 62, 99, 142, 161, 295,
    323, 355, 361, 375, 447
– alemã, 257
– alquimista, v. lá
– e empiria, v. lá
– e psicologia, 11, 17, 147, 163s., 416s.
– existencialista, 375, 428, 437
– hindu, 104, 106, 414
– islâmica, 229
– oriental, 293
filósofo, 11, 209, 218
finalidade, 328
física (v. tb. física atômica), 58, 221, 352

– e arquétipo, v. modelo atômico
– espaço e tempo na, 219, 284
– e psicologia, 102, 137, 153, 239
física molecular, v. física atômica
físico, 13, 137, 239
folclore, 130, 355
formação, 212
França, 9, 43
frequência (parapsicologia), 37s.
freudiano(a), 9, 131, 445
– psicologia (análise f., escola f.,
    teoria f.), 9, 13, 22, 131, 165, 172,
    215, 319, 373, 396
função, v. pensamento, sentimento,
    sensação, intuição
– tipo, 396
– transcendente, 338, 449

Galápagos, Ilhas, 355
Gilgamesh, 88, 436
glossolalia, 395
Ganimedes, 272
gnose, 108, 159s., 208, 228s., 266,
    302, 305, 308, 412, 449
gnosticismo, 228, 239, 422
gnóstico, 269, 318
Grécia, 192
grupamentos casuais, 293, 297, 402
Grupo, 386
– terapia de, 387
guerra, 28, 48, 166, 386
– mundial, 35
guru, 98, 364

harmonia praestabilita (Leibniz), 220,
    345, 350
hassidismo, 373
hatha-ioga (v. tb. ioga), 105
haxixe, 390
Hécate, 68
Henoc (v. tb. apócrifos), 176

hereditariedade, 354s.
herege, 269
heresiólogo, 77
herói, 175, 216, 249, 323, 373, 442
hierosgamos, 79, 151, 209, 313
– como arquétipo, 19
– e Assumptio B.M.V., 175, 183
hindu (símbolo onírico), 316
hinduísmo, 109, 259, 391
história da salvação, 185
história do pensamento humano (v. tb. história, filosofia), 9, 325, 449
História, 130, 212, 269, 295, 371, 402
Holanda, 10, 277
homem (v. tb. logos, o masculino), 71, 129, 216, 223, 226
– e mulher, 81, 152, 169, 202, 437
Homem-Deus, 197, 263, 375
– como arquétipo, 86, 197s., 334s., 374
Homeopatia, 33
homo quadratus, 23
homoousia, 72, 183
homossexualidade, 192s., 357
horóscopo, 81, 344s., 408
Hórus, 374
Hsiao-yên, 29
hybris, 191s.
Hyraniagarbha, 161

I Ching, 29, 35, 216, 278, 347
Idade Média, 154, 239, 241, 284
idade, 42, 177, 186, 296
ideia(s), 11, 18, 37, 104
identidade, prova da, 35
igreja (casa de Deus), 299
Igreja (v. tb. ecclesia spiritualis, catolicismo, confissão, protestantismo), 62, 185, 285, 306, 337, 383, 442
– divisão da (v. tb. cisma), 125s.
– e o mal, 323s., 335, 339

– e psicologia, 72, 94, 101, 340, 396
ilegitimidade (gravidez), 282
imagem(ns), 13, 32, 146, 195
– arquetípica, v. arquétipo
– de Jeffrey, quadros de, 348
– e psique, 66, 93, 146, 164
– iconoclasmo de, 373
– primordial, 22, 302
imaginação ativa, 20, 64, 67, 108, 169, 390s.
imago, v. imagens dos pais
imortalidade, 25, 442
incesto, 9, 79, 107, 131, 379
inconsciência, 94, 360, 394, 406
inconsciente, o, 37, 40, 60, 106, 133, 141, 150, 165, 188, 196, 213, 218, 226, 237, 277s., 392, 395, 404
– análise do, 66, 309, 319
– coletivo, 13, 19, 37, 63, 107, 140, 220, 254, 334, 341, 344
– – e arquétipo, 13, 150
– – e consciência, 91, 104
– – identificação com o, 254
– – e pessoal, 13, 19
– como psique objetiva, 206, 232
– compensação através do, 12, 35, 82, 104, 107, 223, 398
– conceito/definição do, 13, 15, 37, 63, 90, 97s., 121, 140, 161, 230, 379
– conhecimento do, 35, 194, 316
– conteúdos do, 13, 90, 161, 341
– – e consciência, 35, 103, 161, 310, 341
– – integração dos, 20, 254, 310, 395
– – intrusão de, 222, 226
– descoberta do, 82, 144
– Deus e o, 14, 300
– e consciência, v. lá
– entendimento com o, 64s., 169, 329
– integração do, 142, 169, 189, 232, 329

– luminosidade do, 54
– personificação do, 35s., 107
– produção desordenada do, 65
– psicologia do, v. lá
– símbolos do, 140s., 192, 232, 399
– unidade do, 294, 306
Índia, 83s., 145, 190, 217, 284, 299, 379, 414
– filosofia hindu, 104, 106
índios, v. índios Pueblo
individuação, 48, 66, 136, 151, 164, 190, 237, 242, 254, 305, 325, 396, 405, 432
– e Cristo, 251, 435
– e o eu, 305, 426
– fracassada, 226
– processo de, 33, 74, 157, 222, 348, 434
indivíduo, 77, 112, 334s., 365, 375, 384
– como portador da vida, 384, 388s.
– e coletivo (comunidade, grupo, sociedade), 49, 70, 78, 112, 127, 386, 389s.
– e massa, 78s., 82, 359, 375, 384
Inferno, 247s.
inflação (psíquica), 63, 147, 191, 238, 283, 319
Inglaterra, 43, 87, 122
inseminação artificial, 282
instinto, 14, 18s., 32, 73, 154, 172, 322, 330, 380
– e arquétipo, 32, 131, 146, 154, 220, 322, 330, 422
integralidade e perfeição, 189s., 241, 403
intelecto (v. tb. razão), 151
inteligência, 442
introspecção, 151
introversão, 32, 35, 59, 132, 196, 337
introvertido, 44s., 210, 337s.
intuição, 24, 341
ioga, 105, 379, 405, 431

– tântrica, 431
Irmão Klaus (v. tb. visões), 116
Irmãos do Livre Pensamento, 20s.
irmãos hostis, 287, 327
Isaac, 323
Islã, 109, 229, 242, 259

Jacó, 326, 368, 406
japonês, 35
Javé, 214, 240, 272, 291, 368, 417, 422, 430, 441
– amoralidade, 235s., 239, 304, 323, 335, 404
– demonia, 312, 323
– e Deus cristão, v. lá
– encarnação, 325
Jesus (v. tb. Cristo), 182, 185, 262s., 268s., 442
– como filho do homem, 263, 269, 373
– vida de, 261s., 371, 383
Jó (v. tb. Bíblia), 204, 209, 323, 335, 406, 408, 447
João Batista, 373
Jorge, São, 90, 96
jovem, 192
judeus, 10, 124, 191, 236s., 257, 266, 272, 302
– e cristianismo, 124s, 266, 325, 335
Jung
– discípulos de, 19, 124, 321, 354, 384
– escola de (psicologia), 9, 43s., 71, 94, 259, 334, 394
Júpiter (Deus), 240
Júpiter (planeta), 111
Kairós, 198
Kleinhüningen, 298
kokhmá, 266

Labirinto, 157
Lao-tse, 168, 185, 312, 442
lapis divinus, 14, 33

lembranças da infância, 319, 344
Leto, 323
letras do alfabeto, 136
Liber Hermetis, 16
liberdade, 282
– e causalidade, 274, 328, 352
– e consciência, 274, 309
libido (v. tb. energia), 17, 165, 352
Lilith, 68
linguagem, 161, 245s., 324, 361, 395, 431
literatura, 114, 244
lógica, 227
logos (v. tb. Cristo, homem, o
    masculino), 71, 90, 292
– e eros, 152
Lourdes, 386
LSD, 341
lua, 157
Lúcifer (v. tb. demônio), 235
luna plena, 183
lux moderna, 449
luz, 16
– e escuridão, trevas, 119, 209, 247, 435

maçom, 311
Madras (Índia), 84
mãe, 19, 106, 108, 192, 336, 347, 357
– a grande, 36
– arquétipo da, 35, 106
– complexo de, 192, 232, 240
– deusas-mães, 323
– e filho, 192, 336, 372
magia, 68, 256
– da palavra, 427s.
mal, o (malum) (v. tb. bem e mal,
    sombra, demônio), 28, 124, 267
– como "não sendo" (μὴ ὄν), 147, 234,
    247, 404, 435s., 447
– como privatio boni, 147, 227s., 233,
    246, 267, 318, 324, 382, 404, 435,
    444, 447

– e Cristo, 94, 304s., 421
– e Deus, 234, 248, 304
– e Igreja, 324, 335, 339
– origem do, 146, 233s., 447
– realidade do, 147s., 234s., 247,
    256s., 381s., 447
Malcut, 208, 266
Malleus Maleficarum, 243
mandala, 54, 156s., 230, 379s., 412, 424
mani, 447
mania de bruxas, 243
maniqueísmo, 147s., 248
Maomé, 312
Maria (v. tb. dogma da Assunção,
    nascimento virginal), 101, 106, 108,
    176, 372s.
"martelo das bruxas", 243
marxismo, 143, 343, 392
máscara, 90
masculino, o e o feminino, 216, 222
massa, 211
– e indivíduo, v. lá
– pessoa massificada, 83, 386s.
– psique da, 82, 375
matemática, 279s., 297, 384
matéria, 297
– e espírito, v. lá
materialismo (v. tb. marxismo), 337,
    392, 425
materialismo científico, 174, 425
maternalidade, 202
medicina, 150, 265, 294, 320
médico (v. tb. psicoterapeuta), 341, 360
– e paciente, 73, 313s., 339, 387
– e psicologia, 117, 135, 149
– e teologia, 249, 367
meditação, 20, 104, 151, 166
médium, 395
medo, angústia, 113, 122, 277, 302
Mefisto, 223
mensageiros do submundo, 287

mensagem cristã, v. Bíblia
Mercúrio, 23, 223, 238
mescalina, 341s., 390s.
metafísica (v. tb. filosofia), 162, 227
– afirmações metafísicas, 227, 239,
   269, 417, 422, 428, 430
– e empiria, 165, 229
– e psicologia, 147, 163
método (v. tb. análise, empiria), 142,
   154, 239, 278, 361
microfísica, 102
midraxes, 208, 236, 302, 323
milagre, 175, 197, 220, 441
militarismo, 187
missa, 79, 378, 427
Missal Romano, 370
missão, 260
mistérios, 216, 250, 264, 357
mística, 86, 91, 105, 110, 124, 355, 365
mito, 183, 241, 250, 313, 372s.
mitologema, v. Cristo, Deus
mitologia, 212, 258, 269, 355, 361,
   373, 423, 427
– afirmações mitológicas, 417, 426, 429
– e arquétipo, 130, 195, 449
– e filosofia, 161
Mitra, liturgia de, 20
Mom, 86
monaquismo, 260
moral, v. ética
morte (v. tb. vida e morte), 41s., 56,
   177s., 317, 377
– além da, 205, 276, 316s., 442, 446
– pena de, 52s.
Movimento Oxford, 387
mulher (v. tb. anima, animus, eros,
   femme inspiratrice, o feminino), 71,
   244, 357, 399
– e homem, v. lá
– psicologia da, 36, 152
mundo exterior, 180, 344

mundus archetypus, 197, 423
música, 150s.
mutação, 355
mysterium coniunctionis, 209, 222

naassenos, 109
nacional-socialismo (v. tb. Alemanha,
   Hitler), 10, 28, 83, 187, 257, 260,
   384, 388
nascimento, 177, 377
– de Cristo, v. lá
– virginal (dogma), 72, 175, 227
natureza, 42, 105, 196, 336, 442
– ciências da (v. tb. empiria, física,
   ciência), 18, 90, 173, 229, 265,
   294, 321, 352, 375, 379, 384
-– e teologia, 14s., 22s., 93
– leis da, 375, 439, 441
– princípios de explicação da, 220, 350
negative oath, 224, 238
negros (v. tb. primitivos), 260, 311, 379
neurose, 91, 173s., 230, 386
– como fenômeno da época, 144,
   150, 378
– compulsiva, 386
– cura da, 87, 331
– etiologia da, 344
– terapia da, 174
neurótico, 319s.
neutralidade, 186
nigredo, 209
niilismo, 315
nirdvandva, 338, 405
nirvana, 49, 91, 242
Norte, 222, 226
Noruega (símbolo), 54
Nova York, 32
números, 136, 198
– número cinco, 115
numinosidade, v. arquétipo, imagem
   de Cristo

observação (v. tb. empiria), 71
observador, 247
oceano, 209
Ocidente (v. tb. América, cristianismo, Europa), 20, 98, 142, 145, 316
onisciência, 335
ópio, 390
oposição (astrol.), 345
opostos (v. tb. bem e mal, conflito), 335, 405, 435
– Cristo, v. lá
– em Deus, v. lá
– no si-mesmo, v. lá
– união, conciliação dos (v. tb. coniunctio, complexio), 250, 336, 348, 365, 421
oppositio, 281
oração, 166, 281, 291
ordenamento, ordem, 12, 143, 256
orgias dionisíacas, 256
Oriente, 98, 125, 434
Osíris, 182, 374
otosclerose, 196
ovo, 161
Oxyrinchus Papyri, 129

paciente (v. tb. médico e p.), 61, 319
Padres da Igreja, 77
paganismo, 241, 259, 335
pai (v. tb. Deus), 106s., 357
– complexo de, 240, 303
– incesto do, 107
pais (v. tb. mãe, pai), 38s., 78, 130, 232, 237
– imagens dos, 106
palavra e fato, 168, 412
Palestina, 44
Papa, 407
Paquistão, 83
paralelismo (v. tb. sincronicidade), 153, 220, 237, 344s.

paralisia infantil, 232s.
parapsicologia (v. tb. espíritos, médium, espiritismo), 102s., 116, 127, 138, 220s., 297
participation mystique, 431
parusia, 269, 310, 312, 327
Pastor de Hermas, 307
pastoral, 311s.
paternidade, 282
pattern of behaviour, v. arquétipo
Paulo, 99, 231s., 261, 300, 353, 394, 403, 425, 444
pax romana, 29
paz (1945), 21, 27, 29, 186
pecado, 125s., 204, 209, 435
pedra (v. tb. lapis), 115, 289
Peiote, 392
peixe-mãe (símbolo), 175
Peixes (signo do zodíaco), 447
– era de (Pisces), 86, 336s., 393
peixes, 111
pensamento, 316, 337
percepção extrassensorial, 24, 138, 284, 345, 351, 400
– e emoção, 220, 278, 297
– e intuição, 24
– e relatividade de espaço e tempo, 219
percepção, 391s.
Péricles, 357
Perséfone, 357
persona, 90
pés, 316
PES, v. percepção extrassensorial
pessoa humana (v. tb. indivíduo, psique, alma), 14, 34, 36, 52, 70, 143, 203, 282, 285, 294, 375, 405
– "com asas", 161
– e animal, 17s., 32, 91, 322, 402s.
– e Deus (v. tb. lá), 80, 192, 203, 216, 241, 274, 281, 283, 289, 291, 311, 327, 337, 404

– moderna (v. tb. tempo), 75, 80, 242, 250, 360, 371
– – e antiga, 249s., 259
– ocidental, 76, 168
philosophia meditativa, 223
Pisces, v. era de Peixes
pistis sophia, 108
Pitágoras, 208, 311, 442
planetas (v. tb. Júpiter, Saturno), 344s.
pleroma, 423
pneuma, 54
poesia, 271
política, 141, 295
– mundial, 52, 141, 241, 277
possessão, 395
Prahmachari, Ordem, 415
Prâna, disciplina, 105
precocidade, 166
predestinação, 262
Prêmio Nobel, 294
presente, v. tempo
– e passado, 212, 378
primitivo, o, 73, 180, 439
– psicologia do, 71, 73, 156, 167, 230
principia explicandi, 188, 298
princípio do prazer, 191
privatio boni, v. o mal
problema da fome, 190s.
profeta, 19, 58, 260, 343
progresso, 143, 283
projeção, 16, 81, 156, 182, 374
– reconhecimento da, 12, 360, 430, 436
Prometeu, 249
Prosérpina, 372
protestante, 99, 126, 241
protestantismo (v. tb. Igreja, confissão), 182, 185, 241, 250, 283, 299, 311, 315, 367, 377, 396, 444s.
– Igreja protestante, 250
– imagem de Deus do, 209, 313, 324
psicanálise, 138

psicocinese, 344, 351
psicologia (v. tb. médico, astrologia, física atômica, Alemanha, Igreja, filosofia, física, religião, o primitivo, teólogo, teologia), 39s., 82, 94, 117, 151, 163, 179, 211, 252, 295, 308, 323, 356, 360
– americana, v. América
– analítica, 35s., 74, 113, 396, 432
– como ciência natural, 11, 37, 182, 228s., 231
– da Renascença, 88
– do inconsciente, 35s., 40, 94, 277, 292, 346, 394, 439
– empírica, 11, 164, 228
– freudiana, v. lá
– judaica, 192
– junguiana, v. lá
– personalista, 19, 22, 297
psicologismo, 72, 407, 429, 444
psicopata, 124, 355, 379
psicopatologia, 230, 282
psicose (v. tb. dementia praecox, esquizofrenia), 105, 174, 323, 353, 378, 386, 392, 427
psicoterapeuta (v. tb. analista, médico, terapeuta leigo), 62, 149, 249
psicoterapia (v. tb. análise, terapia de grupo), 20, 230s., 289, 421, 423, 430
– e drogas, 341, 390
– e filosofia, 62
– e psiquiatria, 149
psique (v. tb. alma, o inconsciente, o psíquico), 9, 74, 128, 147, 153, 163s., 173, 219, 232, 246, 269, 295, 300, 320, 439
– (Apuleio), 216
– conteúdos da, 15, 25, 35, 114, 128, 239, 390
– e corpo, 172, 218s., 330

– e imagem, v. lá
– espaço-tempo-relatividade da, 25, 153, 219, 316, 399, 442
– inconsciente, 90, 300, 392
– objetiva, 104, 206, 232
– realidade da, 72, 147, 229, 323, 392
psiquiatria, 117, 139, 149, 171
psíquico, o, 153, 164, 173, 329
Pueblo, índios, 392, 431
puer aeternus, 411
purusha-atmã, 316

quadrante (astrol.), 345
quadratura do círculo, 23, 424, 426
quaternidades, 109, 157, 183, 188, 222, 226
quatérnios, 109
quenose, 249, 407
Quetzalcoatl, 240
quinta essentia, 72

racionalismo, 174, 180, 262, 282, 299, 302, 323, 353, 397, 439
raison, Déesse, 378
Ramakrishna, Ordem, 414
Razão, 439
realidade, 329
recinto sagrado, v. temenos
reencarnação, 276
reflexologia, 230
Reforma (v. tb. protestantismo), 182, 204, 244
reges lapsi, 118
Regina (Kierkegaard), 315
regra de São Bento, 99
regressão, 318
relâmpago, 232
relatividade, teoria da (v. tb. espaço e tempo), 279

religião (v. tb. religio), 99, 142, 175s., 182, 242, 260s., 312, 377, 438
– como ilusão, 13, 373
– concepções, afirmações, motivos religiosos, 12, 231, 242, 353, 355, 367, 383
– e experiência (v. tb. Cristo, Deus)
– – interior, 353, 432, 442
– – religiosa, 368, 417, 432, 442
– e psicologia, 231, 239, 423, 432, 438s.
religio medica (Paracelso), 190
religio, 439, 449
religiões (v. tb. budismo, cristianismo, islamismo), 355, 360, 367
– chinesa, 71
– ciência das, 71, 295
– história das, 212, 242, 355, 449
– primitiva, 71
– psicologia das, 33, 138
Renascença, 88
renascimento, 18, 250
– processo de, 318s.
représentation collective, 209
resistência, 319
ressurreição, 442
revelação (v. tb. fé), 58, 231, 263, 429
revistas (jornais)
– Astrological Magazine, 81
– Bulletin of the Analytical Psychology Club, 113
– Deutsche Blätter, 82
– Neue Schweizer Rundschau, 11
– Neue Zürcher Zeitung, 175
– The New Republic, 383, 396
– Polyphonie, 150
– Time, 308, 396
Rhine, experimentos de, 237, 295, 316, 330, 385

rito, 377, 395, 434
roda, 157
Rússia, 83, 142s., 166, 187, 204, 311, 320, 378, 384

sabedoria (v. tb. sophia, sapientia), 106, 168, 308
saber (v. tb. o inconsciente), 63, 194
– e fé, 15, 180, 183, 367, 438
sábio, o velho, 36, 106, 272, 302
sacerdote (v. tb. teólogo), 122, 374
sacrifício, 73s., 79
– como arquétipo, 73
sal, 154
salvação, redenção, 164, 408, 447
santo, o, 84, 90
sapientia (v. tb. sophia, sabedoria), 222, 226
sarcasmo, 203s.
satanás, v. demônio
Satori, 198
Saturno (planeta), 111, 399
Schmerikon, 338
Sefirot, 266
Semias, 371
sensação, 18, 122, 151
sentimento, 338
– de culpa, 203
– de inferioridade, 95
sentimento, 338
seres, os quatro, 118
Sermão, 313
serpente, 54, 91, 235
sextil, 345
sexualidade, 17, 165, 172, 350, 355
– teoria da (v. tb. psicologia freudiana), 165
Shekiná, 208
si-mesmo, 30, 36, 86, 112, 133, 259, 285, 287, 289, 334
– arquétipo do, 22, 111, 140, 189, 300, 434

– como centro, 112, 140, 434
– como totalidade, 93, 334
– conceito do, 136, 426
– Cristo como, 111, 190, 241, 259, 285, 300, 305, 325, 334, 434
– e Deus, v. lá
– e eu (ego), 284, 348, 350, 364, 387, 403
– e função transcendente, 338
– e sincronicidade, 426
– identificação com o, 83
– opostos no, 136, 227, 325, 334, 350, 365, 403
– símbolos do, 90, 93, 223, 226, 238, 304, 306, 432
– unidade do, 147, 305, 409
Sibyllina Oracula, 397
simbolismo, 72, 103, 109, 266, 356, 366, 375
– alquímico, v. lá
– cristão, 77, 337
– empobrecimento do, 182
símbolo (v. tb. mandala), 73, 161, 182s., 227, 306, 336, 375, 397, 411
– alquímico, v. lá
– cristão, 300
– Cristo como, v. lá
– da eleição, 289
– da totalidade, v. lá
– do inconsciente, v. lá
– do sacrifício, 73, 79
– do si-mesmo, v. lá
– história do, 161, 182s., 264, 337
– invalidação do, 306
– linguagem do, 271
– naasseno, 160
Símbolos, v. águia, árvore, raio, dragão, peixe, pés, Georg, hindu, cruz, lua, Norte, Noruega, sal, serpente, espada, céu estrelado, disco (voador), água, vento, número

simpatia, 344
– magia de, 257
sincronicidade (v. tb. correspondência, coincidência, paralelismo, espaço e tempo), 154, 194, 199, 205, 220s., 253, 280, 290, 332, 384, 402, 426
– astrológica, 81, 344
– conceito de, 137, 297, 344, 351
– e acaso, 293, 297, 402
– e arquétipo, 86, 197, 220
– e causalidade, 221, 328, 345, 352
– e coincidência, 140, 154
– e Cristo, v. lá
– fenômenos sincronísticos, 122, 128, 179, 197, 220, 335
sintoma, 33, 196
soberba, 191
sociedade (v. tb. coletivo), 49s., 147, 388s.
– dos homens, 192
sociologia, 295
sofrimento, 435
sol, 216
– e niger, 111
– mulher do, 183
– prótons do, 345
sombra, 86, 91, 325, 333, 337, 421, 435, 444s.
– confrontação com a, 305, 331
– Cristo, v. lá
– duplicação da, 287
– e anima, 129, 223
– e o mal, 147, 162
– integração da, 162, 306
sonho, 154s., 188, 271, 286, 356s.
– como satisfação de desejo (Freud), 165
– e consciência, 161
– e impressão diurna, 272
– e inconsciente coletivo, 341
– e motivo arquetípico, 195, 323, 361, 379

– interpretação do, 29, 271s., 357
– precógnito, 66
– premonitório, de advertência, 288
– psicologia do, 88
– repetido, 107
sonhos (v. tb. imagens, visões)
– da paralisia infantil, 232
– de B. Robb, 267
– de C.G. Jung, 55, 86, 97, 121, 137, 174, 288s.
– de E. Ashmole, 222s., 225, 237
– de E. Rolfe, 129
– de E. Watson, 316
– de O. Schrenk, 271, 302
– de O., 66
– de pessoa não identificada, 271, 302, 350, 358
– de S. Freud, 137
– de S., 85
– do caranguejo, 230
sophia (v. tb. sabedoria, sapientia), 68, 208s., 222, 272, 302
soror mystica, 237
suástica, 50
subida ao céu e descida ao inferno, 313
submissão, 99
subtle body, 128, 218
sudário de Turim, 268
Suíça, 30, 44, 49, 167, 187, 351
suicídio, 39, 40, 201, 357, 398
Summum Bonum, 136, 227, 234, 248, 301, 404, 422, 441
super-homem, 12, 311
superpopulação, 217, 283, 398

tabu, 73
Tammuz, 411
tao, 77, 168, 198, 208, 425, 434
taoismo, 109, 167s., 259
técnica, 143s.

telepatia (v. tb. clarividência, precognição), 220, 297, 344, 351
temenos, 299
tempestade, 277
tempo, 102, 213, 219, 345
– atual (nosso), 34, 72, 82, 196, 211s., 274, 307, 310, 372, 375, 378, 393, 396, 431
– – inconsciência do, 94, 360, 394, 406
– e espaço, v. lá
– qualitativo, 344
teologia (v. tb. cristianismo, Deus, teólogo), 15, 77, 93, 185, 236, 240, 292, 295, 323, 353, 371, 375
– católica, v. catolicismo
– e alma, 184
– e ciência, 15, 93
– e imagem de Deus, 14, 318, 428
– e psicologia (empiria), 16, 72, 90, 188s., 239, 251, 292, 313, 394, 412
– oriental e ocidental, 259
– protestante, v. protestantismo
teólogo, 16, 72, 77, 249, 251, 258, 261, 301, 353, 444
– e a alma, 250, 259, 311
– e cientista, 13s., 22
– e Deus (conceito teológico de), 236, 240, 242, 318, 324, 428, 430
– e médico, 249, 367
– e psicologia, 259s., 284s., 301, 333, 406s.
teoria, 254
teórica (Paracelso), 173s.
terapeutas leigos, 149
terapia por sugestão, 389
Teresa de Konnersreuth, 116
Tétis, 208
Theatrum Chemicum Britannicum, 223, 225, 238
Theatrum Chemicum, 222
theologia naturalis, 188

Tibet, 213
Tiferet, 266
tipologia, 59, 210s.
Torre (v. tb. Bollingen), 40, 79, 290
tortura, 152
totalidade, 55, 129, 189, 209, 335
– símbolos da, 22s., 93, 179, 190
totalitarismo, 78, 82
touro (v. tb. era de), 393, 397
transcendência, 292, 426
transe, 313
transferência, 42, 319, 396
– de pensamentos (v. tb. telepatia), 37, 220, 432
transformação, 18, 66, 369
Trickster, 290, 333
trígonos, 345
Trindade, 68, 82, 183, 188, 227, 422
trivandrum (Índia), 84
tuberculose, 233, 273

unidade, 293
unio mystica, 151
Universidade(s), 295, 360
– Basileia, 438
– Berlim, 149
– Eidg. Techn. Hochschule (Zurique), 34
– Harvard, 400
– Londres, 149
– Oxford, 400
– Zurique, 9, 46, 48, 149, 289
Uróboro, 69
útero, 161

vas mysticum, 434
vazio, o, 425
vento, 54, 250
viagem noturna pelo mar, 175
vida (v. tb. conselho de vida), 48, 89, 296, 340, 446

– árvore da, 336
– e morte, 26s., 40s., 290, 446
– sentido da, 39
virgem-mãe-arquétipo, 192
Vishnu, 188
visões, 12, 15, 37, 156
– de Ezequiel, 289, 374
– de Inácio de Loyola, 54
– de Jung, 123
– de O., 67
– de Paulo, 425
– de Simeão, o teólogo, 203
– de Zósimo, 222
– do Irmão Klaus, 12, 14s.
visuddha, 431
vontade de poder, 96, 337, 432
vontade livre (v. tb. liberdade), 63, 309s.
voz interior, 124, 126, 260

Wotan, 441

xamanismo, 313s.

Zadics, 373
Zaratustra, 311
Zeitgeist, 402
zen-budismo, 46, 91, 198, 273
Zeus, 372, 441
zodíaco, 346
Zósimo, visões, 222
zunido nos ouvidos, 196
Zurique (v. tb. Universidade), 122

CULTURAL
- Administração
- Antropologia
- Biografias
- Comunicação
- Dinâmicas e Jogos
- Ecologia e Meio Ambiente
- Educação e Pedagogia
- Filosofia
- História
- Letras e Literatura
- Obras de referência
- Política
- Psicologia
- Saúde e Nutrição
- Serviço Social e Trabalho
- Sociologia

CATEQUÉTICO PASTORAL
Catequese
- Geral
- Crisma
- Primeira Eucaristia

Pastoral
- Geral
- Sacramental
- Familiar
- Social
- Ensino Religioso Escolar

TEOLÓGICO ESPIRITUAL
- Biografias
- Devocionários
- Espiritualidade e Mística
- Espiritualidade Mariana
- Franciscanismo
- Autoconhecimento
- Liturgia
- Obras de referência
- Sagrada Escritura e Livros Apócrifos

Teologia
- Bíblica
- Histórica
- Prática
- Sistemática

REVISTAS
- Concilium
- Estudos Bíblicos
- Grande Sinal
- REB (Revista Eclesiástica Brasileira)

VOZES NOBILIS
Uma linha editorial especial, com importantes autores, alto valor agregado e qualidade superior.

VOZES DE BOLSO
Obras clássicas de Ciências Humanas em formato de bolso.

PRODUTOS SAZONAIS
- Folhinha do Sagrado Coração de Jesus
- Calendário de mesa do Sagrado Coração de Jesus
- Agenda do Sagrado Coração de Jesus
- Almanaque Santo Antônio
- Agendinha
- Diário Vozes
- Meditações para o dia a dia
- Encontro diário com Deus
- Guia Litúrgico

CADASTRE-SE
www.vozes.com.br

EDITORA VOZES LTDA.
Rua Frei Luís, 100 – Centro – Cep 25689-900 – Petrópolis, RJ
Tel.: (24) 2233-9000 – Fax: (24) 2231-4676 – E-mail: vendas@vozes.com.br

UNIDADES NO BRASIL: Belo Horizonte, MG – Brasília, DF – Campinas, SP – Cuiabá, MT
Curitiba, PR – Fortaleza, CE – Goiânia, GO – Juiz de Fora, MG
Manaus, AM – Petrópolis, RJ – Porto Alegre, RS – Recife, PE – Rio de Janeiro, RJ
Salvador, BA – São Paulo, SP